敬　启

尊敬的各位老师：

感谢您多年来对中国政法大学出版社的支持与厚爱，我们将定期举办答谢教师回馈活动，详情见我社网址：www. cuplpress. com 中的教师专区或拨打咨询热线：010 – 58908302。

我们期待各位老师与我们联系

高等政法院校规划教材

房地产法新论

司法部法学教材编辑部审定

吴春岐 楚道文 王 倩 著

中国政法大学出版社

前言:"新"视野下的房地产法"新"论

　　房地产法学作为一个新兴的法学学科,具有以下两个特点:第一,房地产法学是与社会发展密切相连的一个学科。这一特点充分体现在房地产法的发展和进步与房地产业的发展和需求相辅相成的密切关系之中。第二,房地产法学是与民法学、行政法学、经济法学、环境法学密切相连的一个学科。这一特点充分体现在民法学、行政法学、经济法学、环境法学等学科的理论发展和制度规范对房地产法学的理论和制度的深切影响之中。

　　基于房地产法学以上的特点,本书力图从我国房地产业的新发展与新需求出发,结合物权法学、行政法学、经济法学、环境法学等相关学科的最新理论发展和立法司法实践,从以下四个"新"视野解读房地产法之最"新"理论和实务:

　　一、结合《物权法》的颁布与实施,从物权法的"新"视角解读和构建房地产法

　　《物权法》的颁布与实施对房地产法之影响是根本性的。因为《物权法》所调整的不动产与房地产法的调整对象可谓异曲同工,范围有相当部分重合,所以如何将物权法的最新理论发展和立法司法实践体现在房地产法学的研究、教学和实务之中,是房地产法学的研究和教学必须重点考虑的问题。本书依据物权法的最新理论发展和立法司法实践,努力探索物权法对房地产法理论和立法司法实践的影响。

　　二、从可持续发展的"新"视角解读和构建房地产法

　　可持续发展是我国的一项基本发展战略。房地产特别是土地既是一项重

要的财产权利，也是一种重要的资源。对于房地产资源的开发利用，要考虑两个方面的关系：一是横向意义上的区际之间（特别是城市和乡村之间）的房地产资源分配的公平问题；一是纵向意义上的代际之间的可持续发展问题。而我国房地产法律中许多规定却不符合可持续发展的要求。因此，从可持续发展的"新"视角解读和构建房地产法是本书写作中着力的一个重要问题。我们专门设计和安排了第十章专题讨论"房地产开发中的环境与资源保护法律制度"，其内容涉及房地产开发中的环境污染防治法律制度、房地产开发中的水资源保护法律制度和房地产开发中的土地资源保护法律制度等最新的房地产开发中的环境与资源保护的理论、制度和实务问题。

三、关注住宅权利实现问题，从住宅保障的"新"视角解读和构建房地产法

随着社会的发展和进步，对中低收入家庭的住宅保障已经成为我国房地产业面临的一个重大社会问题，其进而也成为了房地产法着力解决的一个重要理论和实践问题。本着"居者有其屋"和"住有所居"的理念，本书在论述我国土地法律制度和房地产开发法律制度等有关问题时，着力研究了如何保障弱势群体住宅权利的问题，并专门设计和安排了第十五章专题讨论"住宅保障法律制度"，其内容涉及廉租住房制度、经济适用住房制度和住宅合作社制度等最新住宅保障的理论、制度和实务问题。

四、体现《房地产管理法》、《物业管理条例》等有关法律的最新修改内容和动向

《物权法》的颁布与实施后，《房地产管理法》和《物业服务条例》进行了修改，《土地管理法》等房地产相关法律也正在酝酿修改，物业税等新的房地产法律制度也正在紧锣密鼓的讨论和酝酿之中。房地产法律法规变化密度如此之大、范围如此之广、程度如此之深，在我国房地产法律建设过程中并不多见。因此本书紧紧围绕这些法律的修改，力求全面和准确地反映相关法律修改的精神和内容，对房地产法学作出全新的论述。

房地产法学作为一门全新的实践性很强的学科，其体系和内容随着社会实践特别是房地产业的发展和进步而不断完善和更新。虽然本书作者从事多年房地产法的教学、研究和实务工作，并在历时近一年的本书撰写过程中力求结合物权法学、行政法学、经济法学、环境法学等相关学科的最新理论发展和立法司法实践，立足研究和回应社会发展特别是房地产业发展过程中提出的理论和实践问题，从四个"新"视野解读了房地产法之最"新"理论和实务问题，但尚有一些问题需要随着实践的深入而进一步厘清。衷心希望各位学界前辈、同仁和广大读者提出宝贵意见。

作 者

2008 年 7 月

出版说明

长期以来，在司法部的领导下，法学教材编辑部认真履行为法学教育服务的职能，为满足我国不同层次法学教育发展的需要，在全国高等院校和科研院所的大力支持下，动员了包括中国社会科学院法学研究所、北京大学、清华大学、中国人民大学、浙江大学、厦门大学、中山大学、南京大学、武汉大学、吉林大学、山东大学、四川大学、苏州大学、烟台大学、上海大学、中国政法大学、西南政法大学、中南财经政法大学、华东政法学院、西北政法学院、国家行政学院、国家法官学院、中国人民公安大学、中央司法警官学院、广东商学院、山东政法管理干部学院、河南政法管理干部学院等单位的教学、科研骨干力量，组织编写了《高等政法院校法学主干课程教材》、《高等政法院校法学规划教材》等多层次、多品种的法学教材。

这些教材的出版均经过了严格的策划、研讨、甄选、撰稿、统稿、修订等程序，由一流的教授、专家、学术带头人担纲，严把质量关，由教学科研骨干合力共著，每一本教材都系统准确地阐述了本学科的基本原理和基本理论，做到了知识性、科学性、系统性的统一，可谓"集大家之智慧，成经典之通说"。这些教材的出版对中国法学教育的发展，起了非常重要的推动作用，受到广大读者的欢迎和法学界、法律界的高度评价。

教材是一定时期学术发展和教学、科研成果的系统反映，所以，科研的不断进步，教学实践的不断发展，必然导致教科书的不断修订。国际上许多经典的教科书，都是隔几年修订一次，一版、五版、二十版，使其与时俱进，不断成熟，日臻完善，成为经典，广为流传，这已成为教科书编写的一种规律。

《高等政法院校规划教材》出版至今已有十余年的时间，本套系列教材已修订多次，其中不少种教材多次荣获国家教育部、国家司法部等有关部门的各类优秀教材奖。由于其历史长久，积淀雄厚，已经形成自己独具特色的科学、系统、稳定的教材体系，在法学教育中，既保持了学术发展的连续性、传承性，又及时吸纳新的科研成果，推动了学科的发展与普及。它已成为国内目前最有影响力的一套法学本科教材。

进入 21 世纪，依法治国，建设社会主义法治国家是我国的基本方略。为了更好地适应新世纪法学教育的发展，为了迎接新时代的挑战，尤其是我国加入 WTO 带来的各种新的法律问题，我们结合近年来法制建设的新发展，吸收国内外法学研究和法学教育的新成果、新经验，对这套教材再次进行了全面修订。我们相信重修之规划教材定能对广大师生提供更有效的帮助。

司法部法学教材编辑部

2001 年 8 月

目　录

第一章　房地产与房地产业

■学习目的和要求

　　本章主要讲述房地产、房地产业的有关问题，通过本章的学习，能够对房地产相关概念和我国房地产业存在的问题有一个基本的了解。本章重点掌握房产、地产和房地产的概念，理解房地产业的性质和作用，了解我国房地产业的形成和发展历程。

第一节　房地产概述

一、房产和地产

　　房产和地产是房地产的两大基本内容，二者之间既存在紧密的联系，又具有明显的区别。

　　（一）房产的概念与特征

　　一般认为，所谓房产，是指在法律上有明确所有权权属关系的房屋财产。"所谓房产，是指房屋财产，即指在法律上有明确的权属关系，在不同的所有者和使用者之间可以进行出租、出售或者由所有者自用或作其他用途的房屋。具体包括：住宅、厂房、仓库，以及商业、服务、文化、教育、办公、医疗、体育等多方面的用房。"[1]

　　房产具有以下法律特征：

　　1. 房产不同于房屋。房屋是指建筑于土地之上，供人居住和从事商业或其他社会活动的建筑物，它是自然科学研究的对象；房产是建筑物的社会经济形态，它是社会科学的研究对象，是房地产法调整和保护的对象之一，其调整结果就是赋予房屋以财产所有权的法律形态，并以国家强制力保证其实现。房产作为一种财产权利，体现的并非仅仅是基于房屋自然属性的满足人的物质需要的关系，而是不同主体之间物质利益的权利义务关系。

---

〔1〕　习龙生等：《中国房地产法实务全书》，今日中国出版社 1994 年版，第 34 页。

2. 房产具有更鲜明的物权属性。改革开放以来，我国房地产市场发育过程中，地产与房产的市场化程度有明显差异。总体看，土地关系的核心是管理关系，是不平等主体之间的法律关系；房屋关系则随着住房商品化越来越显现出民事关系的基本属性，是平等主体之间的法律关系。房产关系是纯粹的物权关系；而土地关系则更多的是管理法或以管理法为核心的集合型特别法的关系。

3. 房产的客体范围有广义与狭义之分。狭义房产是指城市中有商品意义的可交易的房产，主要指城市房地产业中的房产。狭义房产首先受城市房地产管理法等特别法的规范，也受民法等一般法的规范。广义上的房产既包括城市房产，也包括乡村房产和特殊用途房产。其中乡村房屋作为房产只能在法律特定的范围内，即农村集体经济组织范围内流转，因而不具有狭义房产的性质。特殊用途房产如古迹建筑、军事建筑等房产，法律上禁止其进入房地产市场。广义房产首先受村镇建设、宗教、军事等特别法的规范，也受民法等一般法的规范。这类房产在法律性质上属于特殊私主体财产或国有资产，有价值，但限制或禁止流转，因而不属于房地产业的范畴，亦不属于狭义房地产法的调整对象。

(二) 地产的概念与特征

我国关于地产的概念有广义与狭义之分。[1] 狭义的地产是指在法律上有明确的权属关系，可以由所有者、经营者和使用者进行土地开发、土地经营，并能够带来相应经济效益的建设用地；[2] 广义的地产从性质上说仅是土地财产的含义，指有明确法律权属关系的土地，而这个土地是由土地物质（纯自然土地）和全部土地资本构成的。[3] 地产是作为财产的土地，亦指从事土地开发和经营的产业。

由于我国土地所有权存在不同的法律类型，而且土地利益在我国具有复杂多样且至关重要的意义，因此，我国地产的概念应当区别不同情况而严格区分：①在城市房地产开发经营中，要严格限制在狭义地产的范围内，只有那些与国有土地使用权相联系的土地才具有地产的意义。而一切作为资源特别是予以保留的资源的土地；或者是法律禁止其发生土地使用权流转关系的土地，如用于防洪、防沙、军事国防等用途的土地，国家森林公园和文化古迹地，特别是耕地，基本上是绝对禁止或严格限制进入房地产市场的。要把作为资源的土地与作为房地产法规范对象的地产区别开来，法律对它们规范的性质、目的、方法都是有别的。②其他地产如乡村地产、有限制允许进入房地产市场的地产，应当首先适用特别法

〔1〕 李延荣主编：《房地产法研究》，中国人民大学出版社 2007 年版，第 5 页。

〔2〕 于光远主编：《经济大辞典》，经济出版社 1990 年版，第 622 页。

〔3〕 毕宝德等主编：《中国地产市场研究》，中国人民大学出版社 1994 年版，第 2 页。

的规定，避免这类地产对城市房地产业的干扰和冲击，同时要更重视土地财产权和广义地产权的法律功能，依法维护地产权人的财产利益。

地产具有以下特征：

1. 自然特征。①土地具有多样性。土地承载力能力不同，能够满足人类不同的要求。肥沃的土地是理想的农业用地；水文条件好且地基稳固的土地为基本建设提供了有利条件。②土地面积是不可增加的。地球的表面积是一定的，陆地面积也是一定的，虽在地质历史时期曾有过海陆变迁，但自有人类历史以来，变化还是微小的。如果工厂占地多、住房增加、耕地面积就会减少。所以充分认识土地面积的有限性十分重要，在实践中应有效地保护土地资源，特别是耕地资源。③土地在空间上具有固定不变性。土地资源和其他资源的不同之处在于它具有一定的位置，而且这个位置是固定的、不变动的，即不能调拨也不能移动。它严格受地形、地域、纬度和气候条件的限制。④土地具有时间性和季节性。由于土地资源具有严格的区域性，因而也具有时间性和季节性。因此在进行农业生产时，就必须考虑作物的布局、品种选择、种植制度、灌溉施肥、轮作的安排、作物的收获等，否则农业就会受损失甚至失败。

2. 经济特征。①地产具有资产性。地产的资产性源于土地在经济上供给的稀缺性。土地是最重要的不动产，是社会财富的最主要组成部分。而且，从法律上讲，一块土地可以通过制度设计衍生出其他的若干权利。在城市，作为地产的土地，其资产价值的大小主要受到土地位置的影响。②地产具有生产能力。土地是自然历史发展的产物，具有一定的生产能力。只要人类合理地经营管理，它就能生长出人类必须的基本物质财富。土地的生产能力能够长期保持并能逐步提高。土地生产能力的高低不仅取决于土地自身的性质，还取决于人类生产和科学技术水平。

（三）房产和地产的关系

1. 房产和地产的联系表现在以下几个方面：

（1）在物质形态上，房地相互连结，房依地建，地为房载，有房必有地，而土地的开发目的和用途也在于形成房产。

（2）在价值形态上，房地始终不能截然分开。在我国，房产的价格往往包含有地产的价格，买房租房之房价房租都包含地租，地租总隐藏其中。在西方一些国家，地产的价格往往包含着地上房屋的价格。

（3）在权属管理上，房地权利要求并行一致。在我国，要保证房屋所有权和房屋所占土地之使用权的一致性，违法占地所建房屋，不能产生合法的房屋所有权。

总之，房地之间密切联系，具有不可分割性，正由于此，人们将二者相提并论，合称为"房地产"。

2. 房产和地产的区别表现在以下几个方面：

（1）地产可单独存在；房产离开地产却不能独立存在。

（2）房产具有使用寿命，会不断损耗直至自然灭失，因而需要折旧；而地产却可永续利用，没有类似房屋的消蚀情况，不需折旧，不仅如此，土地还会随着社会经济发展而产生增值。

（3）地产价格和房产价格的影响因素不尽相同。地价明显受级差地租规律的支配；而房价则决定于建筑成本和地价。

总之，房地之间区别显著，在房地产整体中，地产相对于房产，是主要的，具有主导作用。

二、房地产

（一）房地产的概念

"房地产"一词，是一个复杂、多变的概念。一般说来，可以从自然属性和社会属性两个视角进行理解，而且又有广义和狭义之分。

从自然属性上讲，房地产是指作为物质实体的土地、房屋及其附着物。其中，土地是指包括一定地上空间和地下空间的地球表层（陆地部分），它是在气候、水文、地质、人类劳动等条件作用下，由土壤、植被、砂石、矿物、大气等因素组成的自然综合体。房屋是指供人们居住或作其他用途、具有上盖的建筑产品。另据《城市房地产管理法》第2条规定，房屋还可延伸到诸如水塔、烟囱、堤坝、道路、桥梁等构筑物，而等同于全部建筑产品（或曰建筑物）。至于附着物，是指依附于土地或房屋之上而不可分离的部分，如土地上的花草林木、房屋中的水电设施等，它们可视作土地或房屋的构成部分。

从社会属性（即经济意义或法律意义）上讲，房地产是指在一定经济制度下具有使用价值和交换价值的一类财产或财产权利。申言之，即指蕴含于房地产物质实体中的各种经济利益或由此形成的各种财产权利，其与房地产的自然意义相对应，包括地产和房产两项基本内容。所谓"地产"，即指土地财产及其相关的财产权利，表明土地的经济形态或法律形态；所谓"房产"即指房屋财产及其相关的财产权利，表明房屋的经济形态或法律形态。同时应当指出，作为财产或财产权利意义上的房地产，其内容和形式受到一定社会经济条件的制约。如，我国实行社会主义公有制，土地属于国家或者集体所有，公民个人不能拥有土地所有权，这就不同于私有制国家；再如，由于管理体制的问题、市场经济的不发达等原因，我国房地产权利形式较之发达国家还不够规范、丰富，甚至出现房地脱节，城乡有别的状况。

广义上的房地产包括一切作为财产或不动产的土地、房屋及固着于土地、房屋上不可分离的部分。这种意义上的房地产在不同的历史发展阶段、不同的国家和地区、乃至不同的经济产业结构状态下，其概念的外延有巨大的差异（例如香港、新加坡的房地产概念与城市房地产基本上可以等同，而我国内地的房地产包括或者直接涉及数量巨大的乡村房地产）。此种意义上的房地产包括大部分作为资源的和商品的土地和房屋，适用的主要法律规范包括民法及其相关法律、土地法、城市规划法、国有土地整治法、村镇建设管理法、社会房屋法、军队及铁路、宗教等特殊用途房地产法等，也包括狭义上房地产概念的相关法律。[1]

狭义上的房地产特指以商品经营服务性质为主的地产和房产，尤其特指城市中具有商品房意义的房地产，而不包括乡村房地产和城市中诸如港澳地区的"社会房屋"、"公屋"、"居屋"和我国内地的房改中"部分产权"的房地产、"安居工程"中房地产等非商品经营性质为主的房地产。我国现行的房地产制度和理论是以狭义上的房地产为主要规范和研究对象。狭义房地产的主要相关法律为城市房地产法及其相关法律法规。

综上所述，我们认为界定房地产应将其双重属性结合起来而取广义加以认识，即房地产是房产和地产的通称，[2] 指以土地和房屋作为物质实体所形成的财产或财产权利。

（二）房地产与不动产

关于房地产的概念，在西方国家法律中相对应的是"不动产"。不动产与动产相对称，我国《物权法》等法律中也使用"不动产"的称谓。区分不动产和动产的意义主要在于：①法律规定不动产和动产分别可负载的物权类型不同，如不动产不能成为质权的客体，这影响到当事人的交易选择；②不动产物权的公示方式是登记，动产物权的公示方式是占有及交付，这两种方式的差别当然相当大。[3] 不动产的这些特点当然也适用于房地产，不过，房地产与不动产相比，还是有许多不同之处的，表现在：

1. 概念产生的时间不同。房地产概念比不动产概念的产生要晚得多。不动产概念自罗马法以来已有上千年的历史，而汉语中的财产的概念则实际上包含了动产与不动产关系的含义。依《汉语大词典》的解释，"财"指"金钱、物资的总称"，相当于动产；"产"则解释为产业，尤指"田地、房屋、作坊等等"，显然属于不动产的范畴。我国房地产一词最早见于 20 世纪初叶，它是中国现代城市社会的产物。我国古代对相关概念的称谓只有"田产"、"宅业"，当二者合称

---

[1] 李延荣主编：《房地产法研究》，中国人民大学出版社 2007 年版，第 7 页。

[2] 潘静成等主编：《中国经济法教程》，中国人民大学出版社 1995 年版，第 508 页。

[3] 常鹏翱："论林业物权客体的确定"，载《政法论丛》2008 年第 1 期。

时为"田宅产业"，[1] 从中文的语法规则来看，这种表述与传统大陆法以土地利益为重心的不动产的概念非常接近。事实上，在我国古代农业经济为主的法律中，田地比房屋重要得多，仅从这种意义上来说，我国古代社会也不会有房地产的提法，而最相近似的当属"田宅产业"的概念。

2. 利益的重心不同。传统不动产利益对个人私有财产予以最强有力的法律保护，特别是对土地利益的保护。不动产在法国民法典中的严格保护，反映了私有财产神圣不可侵犯的法律要求。保护的重心是土地，性质是私有。房地产以房屋为重心，它是现代城市经济的产物，只有在城市中，不动产才以房屋为主要表现形式，只有城市的土地才不再称为"田"而称为"地"。房地产概念保护的重心是房屋，性质既包括私益，也包括公益。房地产的概念本身体现了城市不动产特别法律规范的属性，它追求的是一种特殊的利益格局，即城市商业利益优势的格局。事实上，我国现行的房地产社会关系是以发展商经营性行为（包括国家规范发展商行为）为核心的集合型关系，它的产生必然对传统不动产制度造成冲击。

3. 对法律调整的要求不同。当房地产社会关系可以完全被私法所调整时，它就为不动产制度所覆盖，而无需形成所谓的房地产法。但当这种社会关系私法不足以调整而需要特别法或以特别法为主导来调整时，就有形成相对独立的规范体系的必要和可能。例如，以土地公有制为前提的房地产用地制度或行政审批土地制度为主导的地产制度与以体现房产利益为核心的不动产制度并行时，相对独立的房地产制度即应运而生，如果再加上现代城市住房问题的社会保障特殊法律规范，那么这种三位一体的所谓房地产法就显得更名正言顺了。

（三）房地产与财产权

普通法中并无大陆法的物权、所有权和不动产之类的概念，而是泛泛地以财产权（property）代之。虽然财产权是两大法系共同使用的概念，但普通法上的财产权并不包括合同的权利，合同权利另由独立的合同法专门规范。此外，普通法特别是美国法的财产概念比大陆法的内容更为广泛，不仅包括有体物权利，也包括各种无体物的利益和权利；不仅包括人对物的关系，而且包括人与人之间的关系；不仅包括绝对的权利，而且包括受限制的权利和利益。[2]

房地产概念与普通法相关概念形式上的差异十分明显。我国出版的一些词典中译为房地产的英文词汇主要有 property（《新英汉词典》）、real property（《现代汉英词典》）、realty、estate（《汉英法律词典》）等，但这些英文词汇的主要含

---

〔1〕 赵晓耕等主编：《中国古代土地法制述略》，中国人民大学出版社1996年版，第175页。

〔2〕 王利明：《物权法论》，中国政法大学出版社2003年版，第22~23页。

义都不是房地产，甚至在含义上也不能完全准确对应，其中 property 主要被定义为财产或财产权，既包括动产也包括不动产，房地产不过是其概念外延的一部分；real property 在我国香港通常被译为"实产"或"真资产"，[1] 在英国法上它旨在强调这类财产具有永久的、世袭的或用之不竭的属性，且主要指土地而言；estate 的主要含义是身份、等级、产业、业权，在我国香港，人们将它作广义与狭义之分：广义上泛指有属性的整体财富，包括遗产，无动产与不动产之分，甚至一件衣服亦可构成一个 estate，狭义上指有属性的物业的实质及其一切附属权益，[2] 后者与房地产的含义较为接近。

三、房地产的特征

相对其他财产来说，房地产主要具有以下特征：

1. 固定性。所有的房地产在位置上都是固定的，正因为这样，房地产也被称为不动产。这是房地产区别于其他财产的一个重要特征，由此特征决定，房地产的流转交易是权利的转移，而不是物质实体的变动，因而在房地产投资开发和置业消费时，空间位置的选择尤为重要。

2. 耐久性。房地产相对一般财产而言，是使用期限长久的耐用财产。土地能一次又一次地被反复使用，房屋虽有一定物理使用年限，终究会发生灭失，但其使用年限少则几十年，多则上百年，比起其他物品还是耐用。房地产的耐久性特征，决定了房地产的权利（所有权和用益物权）可以分离，在一项房地产上可同时设定不同权益。

3. 短缺性。由于房地产的固定性，同时土地是稀缺资源，不可再生，尤其是市区中心或地段良好的地块相对匮乏，因此，房地产（商品）在区位供给上总是有限的。

4. 聚财性。房地产是大宗财产，价值较大。无论投资开发，还是购买消费，都需耗费大量资金。同时，随着土地资本投入的增加和社会经济的发展以及受社会投资辐射的影响，投资和购买房地产具有保值和增值效应，由此房地产具有较强的蓄财、敛财功能。

四、房地产的分类

(一) 关于土地（地产）的分类

1. 按城市化开发利用程度不同，可将土地分为生地和熟地。生地是指未经城市化开发利用的土地，其一般处于农用状态或者未利用状态，包括未纳入城市

---

〔1〕 许卫凌、廖瑶珠等主编：《中国房地产投资·开发·经营实用全书》，法律出版社 1993 年版，第 672 页。

〔2〕 李宗锷：《香港房地产法》，商务印书馆 1988 年版，第 9 页。

规划的土地（过生地）和已纳入城市规划的土地（一般生地）。熟地是指经过城市化开发而可供建筑房屋的土地，其一般纳入城市规划之内，包括经初始开发的土地（一般熟地）和需再次开发的土地（过熟地）。

2. 按土地利用规划用途不同，将土地分为农用地、建设用地和未利用地。这是1998年修订后《土地管理法》所确定的土地划分。农用地是指直接用于农业生产的土地，包括耕地、林地、草地、农用水利田地、养殖水面等；建设用地是指建造建筑物、构筑物的土地，包括城乡住宅和公共设施用地、工矿用地、交通水利设施用地、旅游用地、军事设施用地等；未利用地是指农用地和建设用地以外的土地。

3. 按所处区域不同，分为农村土地和城市土地。在我国，农村土地主要用于耕种，而城市土地则有多种目的和用途。房地产的地产部分一般指城市土地，城市土地指的是市、县城、县属建制镇行政区划和国有工矿区范围内的土地。

4. 按所有权不同，分为公有土地和私有土地。在我国只存在公有土地，表现为国有土地和集体土地。在国外分为国有土地、政府所有土地、团体所有土地、私有土地等。

（二）关于房屋（房产）的分类

1. 依建筑结构来分，可分为钢结构、钢和钢筋混凝土结构、钢筋混凝土结构、混合结构（即砖混结构）、砖木结构、其他结构等六类房屋。

2. 依功能用途来分，可分为住宅房屋和非住宅房屋。住宅房屋是指用于人们居住生活的房屋，包括普通型住宅、高档型住宅、公寓型住宅等。非住宅屋是指用于人们从事生产、经营、办公等用途的房屋，包括工业用房、商业用房（商铺）、办公用房（写字楼）、宾馆饭店、文化娱乐设施用房、公用设施用房、多功能建筑（综合楼）等。

3. 依商品化程度或价格构成来分，可分为完全商品房和政策优惠房。完全商品房是指实行市场价，完全按照市场机制开发、供应、流通的住房。由开发商开发的"商品房"即属此类。政策优惠房是指按照国家的特殊优惠政策实行开发、供应，并限制流通的住房。这主要表现为我国房改时期按一定政策条件向已分房职工（家庭）以优惠价（标准价）或成本价出售的住房。另外，当前推行的经济适用房、解危解困房、安居房和今后向低收入者供应的廉租房也属此类。

4. 依所有权或产别来分，可分为八类即国有房产、集体所有房产、私有房产、联营企业房产、股份制企业房产、港澳台投资房产、涉外房产、其他房产。概括来说，分为公有房产、私有房产、企业房产和其他产别房屋，其中，公房又分为国有公房和集体公房，直管公房和自管公房。其他产别房屋还包括军产、宗教产等。

5. 依建成时间等因素来分，可分为新房和旧房、现房和期房。新房即增量房，指新建的房屋；旧房即存量房，指建成交付使用达一定时限的房屋。现房指新建成或已建成而可直接交付使用的房屋；期房，俗称"楼花"，指尚未建成而处于待建或在建状态的房屋。

第二节　房地产业概述

一、房地产业的概念和内容

房地产业在国外又称不动产业、不动产交易、不动产市场等。房地产业是指从事房地产开发、经营、管理和服务的产业。1987 年原城乡建设环境保护部《关于发展城市房地产业的报告》对房地产业范围的定义为："土地的开发，房屋的建设、维修、管理，土地使用权的出让、转让，房屋所有权的买卖、租赁，房地产的抵押，以及由此而形成的房地产市场。"

它在内容结构上包括四个方面：

1. 房地产开发。指以土地和房屋为对象的投资建设活动，涉及土地开发、房屋开发，反映房地产商品的使用价值形成过程或曰生产过程。

2. 房地产经营。指房地产（商品）的交易活动，包括房地产转让、抵押、租赁等，反映房地产商品的价值实现过程或曰流通过程。另外，在我国，由国家或政府垄断经营的土地使用权出让，依规定属房地产一级市场行为，其作为一种较为特殊的情形，也列入房地产经营范畴，其实它兼具经营和管理的性质。

3. 房地产管理。指围绕房地产进行的有关行政性、行业性和其他管理活动。其中，房地产行政管理是主要的，涉及房地产开发的用地管理与项目管理、房地产产权产籍管理、房地产市场管理、房地产税费管理、房地产国有资产管理等。房地产行业管理是指房地产行业化组织（如协会、同业工会等）所实施的自律性管理，这在市场经济条件下是必不可少的，我国应当加强。另外，房地产管理还涉及房地产企业管理和物业管理（其兼具管理与服务的性质）等。

4. 房地产服务。指为房地产（商品）的开发、经营和消费所提供的一系列服务性活动，涉及房地产咨询、经纪、评估、金融、保险、法律服务、物业管理服务等。

所以，房地产业不同于房地产，房地产业是一种经营行为，经营的客体是房地产，经营服务的对象是房地产消费者；而房地产是一种财产权，房地产消费者直接追求的是这种财产权，尤其是这种财产权的稳定，此种财产权对于农村房地产和城市房地产消费者并不具有经营性，而基本囿于民事消费范围。

二、房地产业的性质

（一）经营性

这是房地产业商品经济意义上的特征。与其他产业相比，房地产业的经营性更强、商品化程度更高。

1. 房地产的不可移动性，决定了它受周边环境的影响更大，投机的空间也更大；房地产独特的位置决定其具有不可替代的性质，使资源有效配置的完全竞争市场在房地产业领域受到限制；房地产作为权益的载体，土地或土地位置永存，虽然土地总量并不稀缺，但特定位置的土地或建筑稀缺；房地产还具有聚合效应，对项目价值的巨大影响，且成本与效益的差异巨大，同样投资但效益可能差别很大。

2. 房地产的商品属性，决定了房地产业作为一种营利性的经营活动，其经营者要千方百计地使这种财产权流动起来，与传统不动产制度追求的财产权稳定性形成对照的是，房地产业的投机性异常强烈。房地产业在通过市场机制极大地促进房地产经济发展的同时，也在极力扩张自身的利益而有可能损害房地产所有者或消费者的利益，在房地产业迅速发展的阶段这种趋势表现更为明显。

3. 房地产业投资具有周期长、规模大的特点，一般来说投资周期短的要一年左右，长则数年；投资动辄数以千万至数以亿计。投资者之所以愿意对这种周期长、规模大的领域投入巨资，无非是房地产投资的效益巨大。这种高投资、高效益的投机机制具有极强的资金凝聚力，形成所谓"开发热"、"房地产热"。

（二）综合产业性

对于房地产业，人们常把它同建筑业混为一谈，其实二者是属于不同性质的产业门类。建筑业是指从事建造工业、民用建筑物的行业，是建筑产品的生产部门，属于国民经济的第二产业；房地产业则是从事房地产开发、经营、管理和服务的行业，主要存在于流通领域，属第三产业。

联合国在1968年修订的《全部经济活动产业分类的国际标准》中，把经济活动分为10类，其中建筑业列第5类，房地产业列第8类。我国在1984年12月由国家计委、经委、统计局、标准局联合发布《国民经济行业分类和代码》，把我国国民经济分为13个门类，其中建筑业列第4类，房地产业（当时称"房地产管理业"）列第7类；次年5月，国务院办公厅在转发国家统计局《关于建立第三产业统计的报告》中明确提出"房地产业"，将其列为第三产业的第二层次。国务院《关于国民经济和社会发展"九五"计划和2010年远景目标纲要的报告》亦明确将房地产业归入第三产业。可见，无论在国际上还是国内，房地产业与建筑业都并行列出，各自成为独立的产业门类。

房地产业的第三产业性质或服务业性质决定了它的基本功能应当是：以最广

大群众最迫切需要的住房利益的实现为首要宗旨，保证房地产商品全面地、优质地、公正地在社会生活中实现其价值和使用价值。但由于房地产业的投机性，使房地产商对一般服务业的平均利润无兴趣，而对以地价为核心的投机利益过分追求。投机还会导致社会资源向房地产业高利润的投资项目集聚，致使广大群众迫切需要的一般住宅建设投资得不到保证，而投资结构的不合理又必然导致最终消费难以实现，这意味着社会资源的巨大浪费，最终将妨碍国民经济的增长。

房地产业又同时具有综合产业的属性，这实际上是与广义房地产概念相关的属性。房地产业是诸多经济行业和部门共同进行的经济活动，房地产建设用地与作为第一产业的农业密切相关并相互制约，它的发展与建材、建筑、冶金、工程技术、能源、交通等第二产业部门以及金融、信贷、商业、服务业、信息业等第三产业部门直接联系并相互影响。房地产业是以这些一、二、三类产业部门的相关行业为基础组成和发展起来的综合性第三产业。

（三）导向性

1．房地产业对经济总体运行具有较强的导向性。房地产商品在生产、流通和消费过程中需要大量的资金，联系着一系列相关的企业。特别是在人类社会进入工业化发展阶段后，在社会经济活动向城市化和集约化发展过程中，房地产已不再只具有作为人们生产、居住等活动场所的意义，而是逐步成为现代社会经济系统的有机组成部分，直接影响着社会消费、社会就业，以及金融、信贷和多种相关产业发展的社会经济活动。

2．房地产业在工业化、城市化进程中兴起和发展，形成了相对独立的产业，它又反过来促进工业化、城市化的发展。房地产业所创造的财富能够通过与其他部门的联系得到扩大，因而房地产业的兴旺对国民经济总体运行具有明显的促进和导向作用。我国无论是经济发展最快的地区，还是发展最快的时期，都是以房地产业的高速发展为主要内容，无论是经济发展"过热"，还是经济增长的回落，都是以房地产业的起伏为标志，它也是国家实行的宏观经济调控的主要领域之一。

（四）泡沫性

房地产业虽然对其他部门产业具有较大的导向作用，但是它毕竟不是国民经济发展的原动力，也不是国民经济的基础产业，而主要是为经济和社会发展提供服务的第三产业。我们不能把房地产业与房地产混同，不能把房地产业与建筑业混同，如果把房地产业当作基础产业对待，就有可能忽视其最容易产生的泡沫经济问题。

房地产业泡沫性的危害表现在，当房地产业吸纳过多的社会资源时，就出现了所谓的"房地产热"和"开发区热"，形成土地供应量大于实际投资开发量的

"地产热"和房地产滞留在发展商或"炒家"手中而没有形成最终消费的"房产热"。其结果是过量的批地表面上使政府的财政收入大增,房地产业的产值大增,建筑商开工率和效益大增,以及建材等相关产业的企业经营效益的大增,但这一切往往都是一种虚假的繁荣,隐藏在其背后的是社会资源的巨大浪费,是随之而来的深刻危机。

三、房地产业的作用

房地产业在一国国民经济和城市发展以及保障人民生活安定中往往占据重要的地位,发挥多方面的作用。一般来说表现在三个方面:

(一)房地产业对国民经济的作用

1. 房地产业是国民经济发展的基础性产业,房地产业所提供的房地产(商品)是工商业活动和人民生活需要最基本的物质前提。

2. 房地产业是国民经济发展的支柱性产业。主要表现在:一方面,它可以创造巨大的经济效益,为国家开辟重要财源。如许多发达国家或地区取自房地产业的各项收入一般要占全部财政收入的 10% ~ 40%。我国房地产业起步较晚,其对增加财政收入的作用正日益显示出来。如 1991 年涉及四项房地产税收(土地使用税、房产税、房产交易契税和房地产开发企业纳税)达 91.22 亿元,占当年财政收入的 2.3% 以上,1992 年有关房地产税收达 100 多亿元。沿海经济发达城市(如广州、深圳等)房地产业创造的财政积累比重略高(可达 5% ~ 10%)。另一方面,它可凝聚巨大财富,从而构成整个社会财富的基本部分。据统计,英美等国房地产价值可占国民财富的 70% 以上。就我国来看,房地产价值占国民财富的比重并未确定,仅据截至 1992 年的有关统计资料估算,城镇房地产总值可达 8 万亿元以上,也是一笔相当可观的财产。

3. 房地产业是国民经济发展的先导性产业。其先导性表现在,房地产业的发展可直接或间接地带动许多相关产业的发展,创造更多的就业机会,促进城市经济的全面发展。这里,相关产业主要包括建筑、建材、钢铁、机械、化工、金融、电信、旅游等。发达国家房地产经济实践表明,房地产业每增加 1 个单位产值,相关产业可增加 1.5 ~ 2 个单位的产值。

然而,房地产业的上述重要作用和地位,并不意味着房地产业发展得越快越好,规模越大越好。中外房地产实践经验证明,房地产业必须在整个国民经济中占一个适当比例,保持适度发展。过热过快发展,将会导致固定资产投资规模拉大,因过多资金的涌入会造成经济结构失衡而影响工农业的发展,进而引发通货膨胀。

(二)房地产业保障人民生活

房屋是人类赖以生存和发展必不可少的物质资料,是人类衣食住行生存条件不可缺少的组成部分,而且是具有最高价值的部分。在现代城市经济中,人们对房屋的消费主要是通过房地产业实现的。

房地产为人们提供必要的物质生活条件，是人们从事各种活动的物质基础来源。生产力的各要素均与房地产直接相关：住宅等生活性建筑是劳动力生产和再生产的基本条件；劳动条件离不开厂房、办公楼；作为房地产劳动对象的土地是人们生存的基本物质载体。房地产既是一种重要的物质劳动产品和物质财富，又是人们赖以生存和发展的重要社会资源。

房地产作为物质产品或物质财富，有一个如何通过市场实现其价值的问题；其作为一种社会资源，有一个如何在全社会分配该资源的问题。在市场经济条件下，房地产业是解决上述问题的基本途径。房地产业使土地、建筑材料等劳动对象通过市场分配，最大限度地实现其经济效益进而实现其商品价值，促进了社会生产力的发展，同时创造了大量的就业机会，这一切最终都表现为国民经济的发展和人民生活水平的提高。

房地产业的这个特征隐含着一个不可回避的社会矛盾：一方面要满足人民住房的基本需求，另一方面是房地产商品的巨大商业利润。为此对于现代房地产关系的调整已从一般的民法或财产法规范为主，逐步形成了包括房地产交易法、住宅法等专门法规的综合法律调整，而且越来越多地融入公法规范。此外，政府的经济政策对房地产业的发展影响不断加强。正是由于房地产业对民生问题的重大影响，联合国《到 2000 年的全球住房战略》即指出，"有效的国家住房战略的关键是在国家一级协调把住房部门与整个经济联接在一起的宏观经济政策。如果国家的发展战略是有效的话，那么在住房部门的概念上就必须有一个变化"。正确的房地产业发展战略应当是可持续发展战略，首先应当摆正商业利益、部门利益与人民群众利益的关系，把解决民生问题放在发展房地产业的首要地位，这也是把握社会主义房地产业发展方向的基本要求。另外，如果只追求发展速度，不考虑人民群众实际需求的社会效益，必然导致房地产业更深地陷入泡沫经济的泥潭，亚洲一些国家和地区的房地产业在金融危机中首先受到冲击的教训也证明了这个道理。

房地产业事关广大人民群众基本的和巨大的经济利益，这种利益能否公平、安全、稳定地实现，对法律提出了极高的要求。近年来，我国一些城市商品房销售不畅，大量积压，一个重要原因就是法律对公民房屋产权的保护不利，法律和政策规定与人民群众房地产利益的重要性程度不成比例，这个问题不解决，房地产业就不能健康、持续地发展。

（三）房地产业对完善市场体系的作用

房地产业的活力是整个市场活力的重要方面，它促进建筑业的繁荣，促进建材工业、建筑设备工业、建筑机械和冶金、化工、机械、仪表等产业的发展，这种情况被称为房地产业对其他产业的第一次带动；第二次带动是指房屋投入使用后带动房屋装饰、家具、家用电器等相关产业的发展；房地产业对金融业的发展亦具有重要作用，由于房地产业对资金的需求量大、投资回收率高，因而比其他投资领域更具吸引力；此外，房地产业对整个消费市场具有引导和促进作用，房地产业的发展极大地改变人们的消费结构，在发达国家和地区，人们用于房地产的消费占总消费的比例逐步上升。

房地产业对完善市场体系的作用主要是通过价值规律实现的，而价值规律所体现的利益最直接的是商业的利益，这就使单一的价值规律作用有可能出现不利于国家和社会公共的利益情况。一方面，如果没有商业利益就不会有房地产市场，至少没有充满生机与活力的房地产市场，从而房地产业对提高人民生活水平和增加国家财富的作用都会受到不利的影响；另一方面，在既定的房地产价值总量前提下，商业利益的增加即意味着消费者利益减少，商业利益的主导即意味着国家和社会公共利益的弱化。房地产业自身的利益取向是商业利益的拓展，我国在实行宏观经济调控之前的"房地产热"阶段，一些地方的房地产政策亦更多地向房地产业的商业利益倾斜，其最终结果不仅损害了房地产消费者的利益，也不能保证房地产业健康地发展，并使整个市场体系发生扭曲。我们在充分发挥房地产业完善市场体系积极作用的同时，也必须注意防止其商业利益膨胀而对市场体系造成的破坏。

四、我国房地产业的形成和发展

房地产业在我国的形成和发展是改革开放的结果，自十一届三中全会以来，随着市场取向的经济体制改革逐步深入，在房地产领域开始尝试并全面推行两个方面的重大改革即"房改"和"地改"，同时辅之以房地产管理体制、投资开发体制等方面的配套改革，由此也就促进了我国房地产业的复苏并日益发展起来。1992年确立社会主义市场经济目标模式，在新经济背景下，迎来了房地产业的发展热潮。进入21世纪以来，我国实行宏观调控，并加强房地产业立法，引导房地产业进入稳定、健康的发展轨道。

（一）我国房地产业改革的主要体现

1. 在管理体制上，由过去政企不分的行政管理型向政企分开、逐步实行企业自主经营方向转变；由单一的房产管理向房产管理与地产管理并行、且逐步结合管理的体制转变。

2. 在住房制度上，由国家和企业统包福利制向调动一切积极因素解决住房问题进而逐步推行住宅商品化的方向转变。

3. 在经济体制上，由完全依靠国家投资进行房地产开发和再生产，向多渠道投资、以企业和个人积累为主的投资体制转变；由以行政命令为主的房地产计划经济体制向以市场供求为主的房地产市场经济体制转变。

4．在经营内容上，城市房地产业由以往的以房屋租赁业为主，向包括土地使用权出让、转让和出租，房屋销售、预售、租赁等完整的房地产三级市场广阔的经营领域转变。

5．在产权结构上，城市房地产业的产权结构由城市土地单一的全民土地所有权、房屋绝大部分为国家所有权，向城市土地使用权和房屋所有权主体多元化方向转变。

6．在规范方法上，城市房地产业由行政管理规范为主，向宏观经济调控政策、行政管理和法律调整相结合，且逐渐以法律调整为主的方向转变。

（二）我国房地产业所取得的成就

1．在综合开发和住宅建设方面，投资开发能力、综合配套率以及城镇居民人均住房拥有量都有显著提高。现已形成具有一定经济、技术实力的房地产开发企业队伍，年均商品房施工面积可达 1.5 亿平方米以上，城镇居民人均住房按照使用面积计算已由 1978 年的 3.6 平方米提高到 2007 年末的 28 平方米，基本实现平均每户有一套功能相对齐全、综合质量较高的住房，目前正在推行住宅产业的现代化，发展智能化住宅小区。

2．房改、地改取得阶段性成果，房地产市场得以培育、形成并日趋规范、成熟。通过房改，打破了传统的福利分房体制和企业、单位办社会的做法，采取租售并举以及其他配套措施，到 1997 年底全国自有住房率达到 54%，基本实现了住房商品化、社会化的目标。通过地改，现已改变无偿、无期、无流动的划拨用地体制，初步建立起有偿、有期、有流动性的新型土地使用制度。在此基础上，房地产二级、三级市场发展起来，出现房地产买卖、预售、交换、抵押、租赁等多种交易形式。同时，在全国也组建配套齐全的房地产交易场所。

3．房地产中介服务和物业管理从无到有，并逐步规范、加强，现已初具体系。至 2000 年中国物业管理协会成立，物业管理企业已逾 2 万家，物业管理覆盖面在很多省市达 50% 以上。

4．房地产产权产籍管理这一基础工作基本到位，并形成制度。我国已在全国范围内建立健全房地产产权产籍管理机构，并已基本完成；自 1987 年开始的城镇房屋所有权登记和核发权证的工作，已经建立起比较齐全的产权产籍资料，结束了我国城镇房地产产权不清的历史。目前，为规范房地产权属管理，建设部决定启用新的统一印制的权属证书，同时也正在推广应用电脑技术在这一领域的现代化管理方式。

5．房地产业作为国民经济发展的基础性、支柱性、先导性产业的作用已经有所体现，当前我国正将住宅建设培育成为一个新的消费热点和新的经济增长点。

■思考题

1. 什么是房产、地产、房地产？
2. 什么是房地产业？
3. 房地产业的内容有哪些？
4. 房地产业的性质和作用是什么？
5. 试述我国房地产业的形成和发展历程。

■参考文献

1. 李延荣主编：《房地产法研究》，中国人民大学出版社 2007 年版。
2. 习龙生等主编：《中国房地产法实务全书》，今日中国出版社 1994 年版。
3. 高富平、黄武双：《房地产法学》，高等教育出版社 2006 年版。
4. 于光远主编：《经济大辞典》，经济出版社 1990 年版。
5. 毕宝德等主编：《中国地产市场研究》，中国人民大学出版社 1994 年版。
6. 潘静成等主编：《中国经济法教程》，中国人民大学出版社 1995 年版。
7. 赵晓耕等主编：《中国古代土地法制述略》，中国人民大学出版社 1996 年版。
8. 王利明：《物权法论》，中国政法大学出版社 2003 年版。
9. 许卫凌、廖瑶珠等主编：《中国房地产投资·开发·经营实用全书》，法律出版社 1993 年版。
10. 李宗锷：《香港房地产法》，商务印书馆 1988 年版。
11. 李延荣、周珂：《房地产法》，中国人民大学出版社 2000 年版。

第二章 房地产法

■学习目的和要求

　　本章是房地产法的理论基础部分，是深入理解房地产法律制度的前提和条件。对本章的学习，应全面掌握房地产法的概念、调整对象、基本原则、法律关系、渊源和体系等基本内容。理解房地产法及房地产法律关系的特征，理解房地产法律关系的分类和构成。了解科学发展关于我国房地产法的完善的有关内容。

第一节　房地产法概述

一、房地产法的概念与特征

（一）房地产法的概念

　　房地产法有广义和狭义之分。狭义的房地产法，在我国专指 1994 年 7 月 5 日由第八届全国人大常委会第八次会议通过的《城市房地产管理法》，该法自 1995 年 1 月 1 日起施行，2007 年 8 月 30 日修订。广义的房地产法是指调整房地产关系的法律规范的总称，它包括了各类房地产规范，即凡调整有关房地产关系的宪法规范、法律、行政法规、部门规章、地方性法规、司法解释等都可归入其中。就所规范的房地产关系的范围而言，既包括城市房地产关系，也包括农村集体房地产关系。在学理和实践中，房地产法一般是就广义而言。

　　基于以上分析，我国房地产法的概念可以表述为：国家制定或认可的并以国家强制力保障实施的，调整以房地产经营和房地产管理为核心，包括房地产民事和社会保障关系的法律规范的总称。

（二）房地产法的特征

　　与其他法律部门比起来，房地产法有以下四个特征：

　　1. 房地产法调整不动产领域，其所调整的社会关系比较稳定。我国《城镇国有土地使用权出让和转让暂行条例》第 20 条规定的土地使用权出让年限是：居住用地为 70 年，工业用地为 50 年，商业、旅游、娱乐用地为 40 年，综合用地或其他用地为 50 年。相对较长的使用年限决定了房地产法律关系的特殊性，房地产交易实际上是权利的交易，房地产是一个以权属为基础的法，只要权属还存在，就可以不断交易下去，而这种关系总是会得到国家的承认和保护。不动产的这一特征，可以从不同方面满足人们的需要。

2. 房地产法所调整的社会关系置于国家的严密控制之下。房地产社会关系可以分为两大类，一类是当事人之间平等的社会关系，另一类是管理和被管理的社会关系。房地产对国家、企事业单位和公民来说，都是很重要的财富，它关系到经济的发展和社会的稳定，因此，国家公权力对这一领域的干预非常明显。在我国，从土地的无偿划拨到有偿出让、转让，从土地的利用规划到工程施工管理，从商品房的开发到售后服务，从房地产产权产籍登记过户的管理到房地产抵押登记等等，几乎无处不体现着国家有关职能部门行使监督和管理的权力。

3. 房地产法律关系的确定一般都要采取书面形式。房地产法律关系的相对稳定性，客观上要求它必须采用书面形式，即要求房地产法律关系的参加者，将其相互间的权利义务关系用文字记述下来，并由有关机关鉴证、批准，有的甚至还要经过公证机关的公证，以确保这种法律关系的稳定性和严肃性。房产买卖合同、土地所有权证、房屋所有权证、土地使用权证、房屋租赁许可证等都需要通过书面形式表现出来。

4. 房地产权利变动的基本要求是以登记为要件。动产的权利变动以标的物的移转占有为原则，不动产的权利变动，则以当事人在政府有关管理部门办理变动登记为公示的原则，未经政府有关管理部门办理变动登记，其行为不具有法律效力。我国《城市房地产管理法》第 60 条规定："国家实行土地使用权和房屋所有权登记发证制度。"第 61 条规定："以出让或者划拨方式取得土地使用权，应当向县级以上地方人民政府土地管理部门申请登记，经县级以上地方人民政府土地管理部门核实，由同级人民政府颁发土地使用权证书。在依法取得的房地产开发用地上建成房屋的，应当凭土地使用权证书向县级以上地方人民政府房产管理部门申请登记，由县级以上地方人民政府房产管理部门核实并颁发房屋所有权证书。房地产转让或者变更时，应当向县级以上地方人民政府房产管理部门申请房产变更登记，并凭变更后的房屋所有权证书向同级人民政府土地管理部门申请土地使用权变更登记，经同级人民政府土地管理部门核实，由同级人民政府更换或者更改土地使用权证书。法律另有规定的，依照有关法律的规定办理。"

二、房地产法的调整对象

房地产法以房地产关系为调整对象，房地产关系主要是指人们在房地产经济运行过程中围绕房地产而发生的各种社会关系，其基本上可分为房地产财产关系、房地产社会保障关系和房地产管理关系三类。

（一）房地产财产关系

房地产财产关系是指发生在房地产经济运行过程中具有直接物质利益内容的房地产关系，平权性、物质利益性是其基本特点。具体可包括：

1. 静态的房地产产权关系，又分为房地产所有权（或曰自物权）关系和房地产他物权（如土地使用权、房地产抵押权等）关系。

2. 动态的房地产交易关系，涉及房地产转让、抵押、租赁等方面。

3. 房地产投资开发关系，涉及房地产融资、工程招标投标、合资合作开发等方面。

4. 房地产征拆利益关系，即因集体土地征用和城市房屋拆迁而发生的补偿安置关系。

5. 房地产中介服务关系，涉及房地产咨询、经纪、估价等方面。

6. 物业管理利益关系，物业管理实质上是一种具有综合性的有偿服务。

（二）房地产社会保障关系

具体内容包括：住宅社会保障关系，公有房屋的使用、转让和管理关系，单位与其职工的房屋产权和使用关系，房地产消费者保护关系等。

所谓社会保障是指"政府和社会为了保持经济的发展和社会的稳定，对劳动者或社会成员因年老、伤残、疾病、失业而丧失劳动能力或丧失就业机会，或因自然灾害和意外事故等原因面临生活困难时，通过国民收入分配和再分配提供物质帮助和社会服务，以确保其基本的生活需要。"[1] 这类房地产关系虽然具有较强的公法性，但与房地产行政关系有本质上的区别；虽然具有一定的财产内容，但与民商事关系亦有本质上的区别；它与经济法律关系更为接近，但经营管理的因素很有限。在公有制国家，这类房地产关系曾长期依附于劳动关系，目前在我国，这类社会关系介乎于经济法律关系与劳动法律关系之间，而基本上可以纳入经济法律关系。在市场经济条件下房地产社会保障关系是房地产法的重要调整对象。

房地产法调整对象的主要特征决定了房地产法的综合法律规范特征，这一特征决定了对房地产关系的法律调整不能片面强调某一个部门法的功能而忽视其他部门法的功能。例如过分强调房地产法的经营性，即其商法属性，忽视其社会保障法的功能，或排斥其行政法和经济法的功能，势必助长房地产开发热，就不能保证房地产业健康和持续地发展，这是我国前一个时期房地产制度存在的主要问题。房地产法的这种法律规范的综合性特征集中体现了经济法的综合调整功能，

---

〔1〕 覃有土等：《社会保障法》，法律出版社 1997 年版，第 7 页。

因此，从本质上来说，房地产法应当主要属于经济法的范畴。

（三）房地产管理关系

房地产管理关系是指发生在房地产经济运行过程中不具有直接物质利益内容的房地产关系，非平权性、非物质利益性是其基本特点。具体可包括房地产行政管理关系、房地产行业管理关系、房地产企业管理关系和有关物业管理非利益关系等。其中主要表现为房地产行政管理关系，一般又分为地政管理和房政管理两方面，涉及房地产开发的用地管理与项目管理、房地产权属管理、房地产市场管理（如房地产开发企业或中介服务机构的资质管理、房地产价格管理、房地产合同管理等）等。另外，房地产的税费管理、国有资产管理也属房地产行政管理范畴，但其所产生的管理关系具有物质利益内容和国家宏观调控性质，并且常为房地产法与相关法（税法、国有资产管理法等）共同予以调整。

作为房地产法调整对象的上述三类关系，在实践中并非截然分开，而往往紧密联系。一方面，房地产财产关系总是通过一定的管理关系来确认、实现，房地产财产关系的调整有利于房地产社会保障关系的和谐；另一方面，房地产管理关系也要以一定的财产关系和住宅等社会保障为条件、目的，三者常常是结合在一起的。

三、房地产法的基本原则

（一）国有土地有偿、有限期使用原则

改革开放以来，我国在理论和实践上逐渐认可了国有土地的有偿、有限期使用的制度。1988 年 4 月 12 日，第七届全国人大第一次会议通过的《宪法》修正案，将《宪法》第 10 条第 4 款："任何组织或者个人不得侵占、买卖、出租或者以其他形式非法转让土地"，修改为："任何组织或者个人不得侵占、买卖或者以其他形式非法转让土地。土地的使用权可以依照法律的规定转让"。《土地管理法》的相关条文随之于 1988 年 12 月 29 日作了相应修正，规定："国有土地和集体所有的土地的使用权可以依法转让；国家依法实行国有土地有偿使用制度，国有土地有偿使用的具体办法，由国务院另行规定。"1990 年 5 月 19 日，国务院第 55 号令发布了《国有土地使用权出让和转让暂行条例》，至此，国有土地有偿、有限期使用制度在中国建立并逐步实施。其后出台的《城市房地产管理法》再次肯定了这一制度，规定国家依法实行国有土地有偿、有限期使用制度。

（二）扶持发展居民住宅建设原则

房地产法的一个重要职能就在于通过建立有序的房地产法律秩序，保障人们住宅权利的实现。《城市房地产管理法》第 4 条规定："国家根据社会、经济发展水平，扶持发展居民住宅建设，逐步改善居民的居住条件。"同时该法第 29

条规定："国家采取税收等方面的优惠措施鼓励和扶持房地产开发企业开发建设居民住宅。"

（三）保护房地产权利人的合法权益原则

保障房地产权利人的合法权益，是实现房地产交易安全和人民正常生产和生活秩序的前提和基础。它作为房地产法的基本宗旨和任务，贯穿于立法、执法和司法过程中。《城市房地产管理法》、《物权法》等法律法规都规定保障房地产权利人的合法权益，权利人的合法权益受法律保护，任何单位和个人不得侵犯。

第二节　房地产法律关系

一、房地产法律关系的概念

法律关系是一种社会关系，人们在社会活动的各个领域能结成不同类型的社会关系，房地产社会关系受到多种社会规范的调整，如政策规范、法律规范、道德与习惯规范、组织纪律与内部规章规范等，但并非所有的社会关系都是法律关系，法律关系是指法律在调整人们的行为的过程中形成的权利、义务关系。[1]法律规范调整的房地产社会关系形成了具有受法律强制力保护的权利义务关系，这种房地产社会关系即上升为房地产法律关系。所以，房地产法律关系是指房地产法律规范在调整房地产经济关系的过程中发生在房地产主体之间的权利义务或职权职责关系。只有那些为房地产法律规范确认和调整的房地产社会关系才是房地产法律关系。

房地产法律关系的产生是市场经济的必然产物，也是房地产开发、房地产交易、房地产管理及房地产社会保障的必然要求。市场经济下的房地产开发出现了一些亟待解决的问题，如建设用地供应总量失控、国家土地资源流失、房地产开发投资结构不合理、房地产市场行为不规范、房屋的拆迁和土地征用中的利益冲突等，客观上需要法律来加以规范、引导、推动和保障，维护房地产市场秩序。市场经济下的商品流通使越来越多的房产加入流通，需要法律在交易主体之间确立权利义务关系。随着房地产业的不断发展，房地产方面的法律也不断完善，结果是更多的房地产社会关系上升为法律关系。同时，法律规范对房地产社会关系正确有效的调整，也是房地产业健康发展的有力保障。

房地产法律关系在房地产社会关系中的地位是一个社会房地产经济发展程度的重要标志，同时也对一个社会房地产经济的发展方向和利益格局起着重要的决

---

〔1〕 张文显主编：《法理学》，法律出版社 1997 年版，第 158 页。

定作用。例如，在中国封建社会的自然经济状态下，房地产大量地属于自给自足的个体（包括家族），极少进入市场，调整这类房地产社会关系的社会规范即以习惯和宗族规约为主，辅之以行政政策，而法律关系则居于较次要的位置；在计划经济条件下，房地产被作为社会的或企事业单位的福利而主要通过行政分配，且所有权主要为国家或集体所有，相应地，这种房地产社会关系主要通过行政命令和政策以及内部规章调整；只有在市场经济的条件下，才对房地产的法律调整为主提出要求。一方面，房地产社会关系上升为法律关系是市场经济发展的客观要求；另一方面，房地产法律关系的正确调整也是房地产业健康发展的基本保障。

二、房地产法律关系的特征

受法律规范调整后形成的房地产法律关系除具有诸如它是一种独立的、受国家强制力保护的社会关系等法律关系的一般特征外，还具有其自身的特征：

（一）综合性

在主体上，任何社会主体均离不开土地、房屋等人类赖以生存和发展的物质资料，这些是人类衣、食、住、行的基本生存条件。几乎社会生活中的每一个主体都有机会成为房地产法律关系的主体。在房地产法律关系中，涉及房地产开发、交易、中介服务、管理等活动中的各种主体，包括房地产管理机关、工商管理机关、房地产开发公司、房地产经营公司、房地产交易所、房地产咨询服务公司、房地产评估事务所以及其他法人及公民。其中，既有民事法律关系的主体，又有行政法律关系的主体，更有经济法律关系的主体，甚至在某些情况下，一个主体可能同时具有两种主体资格，如在国有土地使用权出让法律关系中国家作为土地的所有者既是合同关系的民事主体，同时又是土地资源的管理者和房地产业的管理者。不同性质的法律关系，所采取的调整方法也会有所不同。

在内容上，房地产法调整的社会关系包括国家对被管理者的管理关系、平等主体之间的经济关系和体现社会法特征的房地产保障关系，片面强调其中的任何一种法律关系都不利于对房地产社会关系的合理调整，这种综合性特征使房地产法具有了经济法律关系内容的特征。这样多重性的法律关系必然具有复杂性，也就需要建立一个系统而完整的法律体系，由多部不同效力、不同层次的法律对其进行全方位的调整。

（二）稳定性

土地和房屋均是不动产，不能在空间上移动位置或者一经移动就会损坏其价值和使用价值，因此在房地产的流转过程中，只有主体的变化，没有客体的变化，只有价值的转移，没有物质实体的转移。而且，没有地产就没有房产，房产在其物质内容上总包含着地产，房产地产经常融合在一起，二者的法律关系也经常互为前提，不可分割。在规则的设定时，也注意到了房地产法律关系的这一个特点，例如，建设用地的使用期限的规定、土地使用权的终止、续期制度等都体现了房地产法律关系的稳定性。

（三）新型性

房地产法律关系是现代城市经济、现代房地产业的产物，是一个新兴的法律分支的调整对象，体现了现代社会新型法律关系的原则和价值。在产权制度方面，房地产法体现了现代物权法和财产法重视土地利用的原则，坚持开发上的环境保护、可持续协调的共同发展；在调整的方法上，房地产法提倡法律对不同利益的协调、兼顾和综合调整；在价值取向方面，房地产法强调房地产的社会价值和公民的居住基本生存权利的价值；在法理学方面，房地产法贯穿了现代法理学的许多新理念，突破了大陆法和普通法的界限，公法和私法的界限。我国房地产法在对土地资源的合理利用方面强调的房地产业可持续发展原理，其代内公平与代际公平原理、发展与限制的原理，是对传统法理学的重大发展。上述新型法律关系的原则在一些具有调整房地产关系功能的相关法律中个别地体现，而在房地产法对房地产法律关系的综合调整体系中得以全面地体现。

（四）程序性

为确保房地产交易的安全，立法机构为房地产法律关系的产生、变更和消灭设定了严格的程序，例如，房地产产权登记制度，它不仅仅是房地产管理的核心，也是现代房地产制度的基础。无论是房地产产权制度还是房地产交易制度或者房地产管理制度的运行，都依赖于房地产登记制度的确立。国家实行土地使用权和房屋所有权登记发证制。房地产的转让、抵押，当事人应当依照《城市房地产管理法》第5章的规定办理权属登记。

此外，房地产法律关系的确立需要采用书面形式，需要当事人双方将法律关系的产生、变更或消灭以文字的形式记述下来，并经过鉴证、批准和公证，法律有特别规定的时候还要报主管机关批准或者备案。《城市房地产管理法》第54条规定："房屋租赁、出租人和承租人应当签订书面租赁合同，约定租赁期限、租赁用途、租赁价格、修缮责任等条款，以及双方其他的权利义务，并向房地产管理部门登记备案。"

（五）有限性[1]

如前所述，房地产业与房地产不同，房地产法律关系主要是法律对房地产业社会关系的调整，广义房地产社会关系中的房地产业以外的社会关系则由其他法

---

[1]　李延荣主编：《房地产法研究》，中国人民大学出版社2007年版，第20页。

律调整，如房地产继承关系、农村房地产关系等属于一般的民事法律关系，土地征用、耕地保护、特殊用地等主要属于土地法律关系。这种局限性在不同国家和地区有所区别，在西方国家，所谓房地产法律关系基本上仅局限于不动产交易法律关系，在港澳地区则主要限于房地产开发和交易关系，我国内地房地产法律关系的范围在理论上尚无定论，主要争论之一在于住宅商品化制度特别是带有社会福利性质的住宅开发和交易应否属于房地产法律关系。实践证明，这类房地产关系有必要进入房地产市场，并且应逐步将其纳入房地产法律关系。

另外，即使是城市房地产社会关系中，也有相当一部分不由法律调整，而由其他社会规范调整，如一些具有涉外因素而政策性较强的房地产的确权问题主要由政策调整而不能适用一般的法律规定，部门或单位内部成员房屋权属的争议主要由内部规章处理，法院亦不受理这类争议的案件。目前我国住房制度改革过程中形成的房地产社会关系主要适用政策规范调整，只有在条件成熟时，例如一些城市公房销售成功而可以进入二级市场时，才使这类房地产关系具有法律关系的性质。

三、房地产法律关系的分类

房地产法律关系的种类和数量随着法律调整范围的增加而增加，式样繁多，举不胜举，正确认识房地产法律关系，就需要对其进行一定的分类。

1. 按照其所调整的社会关系来划分，房地产法律关系可分为房地产民事法律关系、房地产行政法律关系、房地产经济法律关系。

（1）房地产民事法律关系是指的是平等主体之间依法形成的权利义务关系。如土地使用权出让法律关系、房地产租赁法律关系、房地产抵押法律关系等。

（2）房地产行政法律关系，指的是指人民政府及其房地产管理部门依据国家赋予的职权对房地产市场实施管理、监督、检查的行为，而直接要求相对人为或不为一定行为的法律关系。如不平等主体之间基于土地、房屋的征用、拆迁、土地用途管制、建设立项审批、房地产税征收以及行政调处等而形成的法律关系。在此种法律关系中，国家处于支配地位，意思表示不对等，权利义务也不对等。

（3）房地产经济法律关系是指政府及其职能部门与房地产开发公司、公民及其法人和社会组织之间因宏观调控依法形成的权利义务关系，如房地产开发的规划和计划法律关系，房地产价格管理法律关系。

上述三种不同性质的房地产法律关系，有时各自单独存在，有时又交织在一起而构成综合性经济关系。

2. 依据调整对象的不同，可将房地产法律关系分为房地产开发法律关系、房地产交易法律关系、物业管理法律关系、房地产中介服务法律关系、房地产管理法律关系。

（1）房地产开发法律关系，是指因房地产开发而产生的房地产权利人与土地所有权人之间及其他法人或经济组织之间所发生的经济关系。例如：土地征用关系、土地使用权出让关系以及土地使用权作价入股、合资经营开发房地产过程中产生的关系。

（2）房地产交易法律关系，又称房地产流转关系，是指房地产权利人与其他平等主体之间在房地产转让、抵押和租赁的过程中发生的经济关系。我国城市房地产管理法将房地产交易分为房地产转让、抵押和租赁。

（3）物业管理法律关系。物业管理是指物业管理公司受物业所有人的委托，对物业进行修缮、养护、经营并为使用人提供多方面服务的行为。物业管理法律关系是指物业管理公司与业主之间在物业管理过程中形成的社会关系。当前我国在这一方面存在相当多的问题，详细内容我们将专章介绍。

（4）房地产中介服务法律关系。房地产中介服务是为房地产开发和交易提供各种媒介活动的总称。我国《城市房地产管理法》第57条将房地产中介服务机构分为房地产咨询、房地产价格评估、房地产经纪等机构。房地产中介其实不仅仅局限在这些范围，最近我国房地产中介市场发展比较快，表现形式也呈多样化。

（5）房地产管理法律关系，是指人民政府及房地产管理部门与法人、公民或其他社会组织在房地产管理过程中发生的社会关系，如房地产开发用地的审批管理关系、房地产权属登记管理关系、房屋交易登记管理关系等。

四、房地产法律关系的构成

房地产法律关系包括三个要素：主体要素、内容要素和客体要素。主体是指房地产法律关系的参加者；内容是指房地产法律关系主体所享有的权利和承担的义务；客体是指房地产法律关系主体的权利义务所指向的对象。三者对房地产法律关系的构成缺一不可，且任何一个要素的变更和消灭都会导致房地产法律关系的变更和消灭。

（一）房地产法律关系的主体

房地产法律关系的主体是指房地产法律关系的参加者，是房地产法律关系中经济权利的享有者和经济义务的履行者，或者是经济职权的行使者和经济职责的承担者。

按照各类主体在房地产法律关系中的作用可以分为：

1. 国家。国家是国家土地所有权的所有者、国有土地使用权出让及土地征用等法律关系的直接参加者，并根据其参与活动身份的不同形成不同性质的法律关系。

2. 政府机构，包括国家各级房地产管理机关（土地管理部门、建设管理部门、规划管理部门）、物价管理部门等，是代表国家行使房地产管理职能的主体。

3. 房地产开发商，又称房地产发展商，即进行房地产开发的企业。在以房地产业为标志的现代房地产社会关系中，这种主体居于核心地位，它是房地产市场经济的首要主体，是土地、房屋进行全面开发的核心和组织者。房地产开发企业分为专营、兼营和项目公司三类，按照开发商的人员素质、规模等标准分为四个资质等级。

4. 建筑商，又称工程承包商，是指承接开发商提供的房地产开发项目，进行建筑施工的企业。建筑商主要受建筑法和合同法的规范，基于此形成的法律关系是房地产相关法律关系。建筑商不仅要对开发商负合同责任，还要对房地产消费者负建筑质量责任。我国对建筑施工企业的管理主要包括：企业资质管理、施工管理和建设工程监理。我国建筑企业按企业的资历、技术管理人员等级和数量、固定资产和专业设备的数量以及生产能力等条件分为四个等级，并以此划分可承接的不同规模和类别的建筑项目。

5. 房地产的卖方，包括房地产开发商、投机商和房地产业主。房地产开发商是指通过房地产销售获取合理商业利润即平均利润的房地产卖方；投机商则是以获取投机利益为目的，通过"炒地皮"、"倒项目"，或囤积房地产、操纵房地产市场以获取投机暴利的房地产卖方。房地产业主作为卖方是非经营性的，主要指非房地产经营者且非以营利为目的销售房地产者。例如一些公民通过房地产二、三级市场以房屋的实际价值销售现有住房，这种销售者与经营性销售者具有本质上的不同，基本上属于一般的民事法律行为。广义上的非经营性销售者也包括公房出售的卖方，由于这种售卖并非通过房地产市场，主要适用的规范是部门或单位的内部规范而不是法律规范，故不是典型的买卖行为，且"买卖"的标的中往往含有相当成分的福利因素，这种因素的实物化本质上并不属于买卖的范围。但公房出售后上市的关系即应属于买卖关系。

6. 房地产的买方。根据购买房地产的用途不同，其可分为买方自用型和投机牟利型，前者属于房产的消费者，是一般住宅的购买者，是基于公民居住权及基本生存权的消费，应当受到消费者保护法和社会保障法的进一步严格保护。后者购买房地产并非为了自用，而是为了投机牟利，他们往往是在已经满足了基本的住宅需求的基础上对财富的进一步追求。对房地产的投资能够活跃房地产市场，但过分投机也会带来房地产泡沫，应引起足够的重视。

7. 房地产辅助商，又称房地产中介服务主体，是指直接从事房地产开发、交易以外的房产服务性经营者，比如房产经纪人、房产交易行、房产金融保险机构（指为银行、投资公司、保险公司等为房产投资置业提供贷款、融资、保险等服务的业务机构）、房产价格评估机构、房产咨询顾问人、物业管理公司、房产律师等。

8. 房地产的他项权利人和义务人，主要由房地产的业主设立，第三人在经过房地产业主许可或在法律允许的范围下也可以设立，包括房地产业主之外的房地产抵押权人及其他相对人，房地产出租人和承租人等。

在房地产法律关系的多种主体中，房地产管理主体处于最强有力的地位，其次是房地产开发主体，他们具有较强的经济实力。处于最弱势地位的是作为房地产买方的公民个人，他们一般无法与其他主体相抗衡。为了平衡商业利益同公民消费利益之间的对立和冲突，我国房地产法在调整社会关系时候应注意平衡国家、地方、部门、企业和个人之间的利益。

（二）房地产法律关系的内容

房地产法律关系的内容，是指房地产法律关系主体所享有的权利和承担的义务，或其所拥有的职权和履行的职责。

房地产权利是指房地产法律关系主体为实现某种利益，有权依法作出或不作出一定行为或要求义务主体作出或不作出一定行为的资格，如房屋的转让权、租赁权、抵押权等。房地产义务即房地产法律关系主体依法作出一定行为或不作出一定行为的责任，如房地产交易价格申报义务等。房地产权利义务具有对应性，一方的权利正是他方的义务。房地产权利一般包括：

（1）房地产物权。指权利主体对特定的房地产所享有的直接支配并排除他人干涉的权利，包括土地所有权、土地使用权、房屋所有权、建筑物区分所有权、房地产经营管理权、相邻权、抵押权、典权，以及具有一定物权意义的房屋租赁权等。

（2）房地产债权。房地产债权与房地产债务相对应，它们是指当事人依合同的约定或法律的规定，以房地产物质利益为客体的相互权利义务关系，如房地产买卖、房屋保险、房屋拆迁、房地产中介服务、房地产价格评估、房地产物业管理服务、房地产金融服务、房地产代管与托管等活动中形成的权利义务关系。

（3）房地产继承权。指依照法律规定或遗嘱指定取得被继承人房地产遗产的权利。此外，房地产民事权利还可分为绝对权和相对权、请求权和形成权、主权利和从权利等。

房地产职权是指房地产法律关系主体为履行义务，在依法行使领导或组织监管职能时所拥有的权力，如审查批准权、监督管理权、调查处理权等。房地产职责是房地产法律关系主体为符合法律、法规、规章制度的某些要求在运用行政管理职权时，必须作出或不作出一定行为的制约，房地产的职权和职责是不可转让和放弃的，有关的房地产法律关系主体必须依法行使。

房地产职权和职责的特征是主体地位是不平等的，体现的是一种领导与被领导、管理与被管理、命令与服从的关系。在房地产行政管理过程中，管理者作为法律关系的主体所享有的行政权利不同于民事权利，是主体行使行政职能被国家赋予的职权，是一种不可转让或放弃的公权力。我国房地产行政权利义务主要产生于以下房地产法律关系当中：地政管理关系、房屋管理关系、规划管理关系、建筑工程管理关系、销售和价格管理关系、产权和产籍登记管理关系、房地产经营企业管理关系、房地产公证关系等。此外，部门和单位内部的房地产关系在性质上也主要属于房地产行政权利义务关系。

（三）房地产法律关系的客体

房地产法律关系的客体，是指房地产法律关系主体享有的权利、行使的职权、履行的义务和承担的责任所共同指向的对象，能够成为房地产法律关系客体的有物、行为和无形资产。

1. 物。这一客体形式在房地产法律关系中具体表现为土地与房屋及其附属物。

（1）土地依照其权属的不同，可以分为国有土地和集体土地，依照我国土地管理法的规定，属于国家所有的土地包括城市市区的土地；农村和城市郊区中已经依法没收、征收、征购为国有的土地；国家依法征用的土地；依法不属于集体所有的林地、草地、荒地、滩涂及其他土地；农村集体经济组织全部成员转为城镇居民的，原来属于其成员集体所有的土地；因国家组织移民、自然灾害等原因，农民成建制地集体迁移后不再使用的原来属于迁移农民集体所有的土地。集体所有土地包括除由法律规定属于国家所有的以外的农村和城市郊区的土地，宅基地和自留地、自留山。

（2）房屋根据地理位置的不同，可以分为农村房屋和城市房屋。在我国，农村房屋和城市房屋因为房屋占有土地使用权属的不同、城乡户籍的不同等而使两种房屋使用的规则也不同，农村的房屋还不能完全实现商品化。

按照房屋的用途，可分为住宅用房和商业用房。城市住宅又可分为私有房屋和公有房屋，城市私有房屋包括历史遗留下来的个人拥有所有权的房产，以及现在个人合法建造房屋、购买商品房等；城市公有房屋也分为两种，一种是历史上形成的由房屋管理部门享有所有权的或者管理的公房，另一种是由国有企事业单位投资兴建的分配给个人居住，居住者享有使用权的房屋。

2. 行为，指地产法律关系主体为享受权利、行使职权或承担义务、履行职责所进行的活动，如房地产开发活动、房地产交易活动、物业管理等。房地产主体所进行的房地产经济活动必须经过房地产法的调整，纳入法律关系的范畴才能有序进行，以实现房地产主体的经济利益。房地产法针对主体所进行的各种房地产经济行为，规定房地产主管机关对房地产活动的管理职权，规定房地产当事人对其房地产经济活动应负的义务，从而将人们的房地产经济行为纳入法律关系的范畴，由此也就形成了房地产法律关系。[1]

3. 无形资产，指可为从事房地产经营活动的房地产法律关系主体带来的非物质财富。无形资产可以成为某些房地产法律关系的客体，如用于房地产开发的各类规划方案等，作为设计者的个人或单位对该设计方案依法享有著作权。再如用于房地产投资决策或销售的各种具有竞争优势的信息、数据，诸如商业秘密等，则受到反不正当竞争法的保护。当然，由于房地产法律关系内容的限制，这方面的法律客体在房地产法律关系中并不被学者们所广泛讨论。

五、房地产法律事实

（一）房地产法律事实的概念

法律事实与法律关系乃一种因果性存在关系，即法律事实导致法律关系的产生、变更和消灭。房地产法律关系同其他法律关系一样，其产生、变更或消灭总是以一定的房地产法律事实的出现为依据。因而，所谓的房地产法律事实，是指法律所规定的能够引起房地产法律关系产生、变更和消灭的客观情况或现象。

根据房地产法律事实的概念，可以总结出，某种客观情况或现象被认定为房地产法律事实需要符合两个条件：客观性和法定性。作为房地产法律事实首先是某种客观情况，即已经现实发生和存在的客观事实，一般包括行为和事件。然而，在现实经济生活中，涉及房地产的客观现象和情况是多种多样的，并不是每一个客观情况的出现都会引起房地产法律关系的产生、变更和消灭，只有符合房地产法律规定的客观情况，才能引起房地产法律关系的产生、变更和消灭，才是本书中所提到的房地产法律事实。

（二）房地产法律事实的种类

1. 以房地产法律事实的发生是否与人的意志相关为标准。法律事实通常分为行为和事件。行为是指与人的意志相关的活动；事件是指人的意志以外的客观现象。根据房地产法律事实的发生是否与人的意志相关，也可以分为行为和事件。

（1）行为。

第一，房地产法律行为。房地产法律行为是指房地产法律关系主体为了设定、变更和消灭一定的房地产法律关系而实施的合法行为。具体包括：①房地产

---

[1] 黄河主编：《房地产法》，中国政法大学出版社1991年版，第22页。

开发的申请行为。即房地产开发公司就其开发房地产向房地产主管机关请求准许的行为。当事人的申请一旦提出，就可在房地产主管机关与开发公司之间产生房地产管理法律关系。②各种房地产合同行为。包括土地使用权出让合同、房地产转让合同、房地产租赁合同、房地产互易合同、物业管理合同等。这些行为均可引起相应的房地产合同法律关系的产生、变更和消灭。

第二，房地产管理行为。房地产管理行为是指房地产管理主体对房地产开发和交易活动进行计划、审批、检查监督、登记发证等行为。这些行为不同于房地产当事人所实施的房地产法律行为，它不是预期产生、变更或消灭一定的房地产法律关系而以意思表示为特征的行为，而是其职责所要求的必须实施的行为。这些行为也是房地产法律关系产生、变更和消灭的重要的法律事实。

第三，房地产违法行为。房地产违法行为是房地产法律关系主体不履行法定义务或侵犯其他房地产主体权利，扰乱房地产市场秩序的行为。如不按土地使用权出让合同约定进行房地产开发行为、不进行交易价格申报行为等。房地产违法行为往往会导致房地产法律关系无效，或者损害赔偿及有关行政处罚关系的产生。

（2）事件。房地产法律事件是指由房地产法律规定的不以当事人的意志为转移的，能够引起房地产法律关系产生、变更或消灭的客观情况。主要是指国家房地产法律、法规的颁布实施或者修改、废止，以及不可抗力事件等。

2. 以人类（主体）意志能否作用于其间以及作用于其间的程度为标准。按此标准，我们可以大体上将房地产法律事实分为三类：其一是自然现象，其二是社会事件（此二者也时常并称为法律事件），其三是主体行为。[1]

（1）自然现象。作为房地产法律事实的自然现象，乃是指能够引起房地产法律关系产生、变更与消灭的一切来自人类意志之外的事实。例如山洪暴发冲毁房屋、地震阻碍交通等等。

（2）社会事件。作为房地产法律事实的社会事件，指能够引起房地产法律关系产生、变更和消灭的，不以人们意志为转移的重大社会事实，如战争、罢工、社会变革、法律颁布或废止等。

（3）主体行为。作为房地产法律事实的主体行为，可以被界定为在主体意识支配下的，能产生房地产法律上权利义务关系的具体后果的活动。依是否符合法律规定，我们可将其分为合法行为和违法行为；依主体不同，我们可将其分为管理行为、开发行为、交易行为和服务行为等等。这部分内容前文已有论及，此

---

〔1〕 关于此处法律行为之概念和分类，笔者参考了谢晖先生之相关论述。参见谢晖："论法律事实"，载《湖南社会科学》2003 年第 5 期。

处不再赘述。

第三节 房地产法的渊源和体系

一、房地产法的渊源

房地产法的渊源指房地产法律规范的表现形式。它包括从宪法、法律到行政法规、部门规章，以及地方性法规和地方政府规章等多种表现形式。

（一）宪法

宪法作为国家的根本大法，具有最高的法律效力，它规定了国家的根本任务和根本制度，是房地产立法和司法必须遵守的基本依据，也是房地产法律体系具有根本意义的渊源。

我国《宪法》中规范房地产的规定有：

1. 有关土地所有权的规定。《宪法》第 9 条第 1 款规定："矿藏、水流、森林、山岭、草原、荒地、滩涂等自然资源，都属于国家所有，即全民所有；由法律规定属于集体所有的森林和山岭、草原、荒地、滩涂除外。"第 10 条第 1 款规定："城市的土地属于国家所有。"第 2 款规定："农村和城市郊区的土地，除由法律规定属于国家所有的以外，属于集体所有；宅基地和自留地、自留山，也属于集体所有。"

2. 有关土地使用权的规定。《宪法》第 10 条第 4 款规定："任何组织或者个人不得侵占、买卖或者以其他形式非法转让土地；土地的使用权可以依照法律的规定转让。"第 5 款规定："一切使用土地的组织和个人必须合理地利用土地。"

3. 有关土地和房产征收或征用的规定。《宪法》第 10 条第 3 款规定："国家为了公共利益的需要，可以依照法律规定对土地实行征收或者征用并给予补偿。"第 13 条第 3 款规定："国家为了公共利益的需要，可以依照法律规定对公民的私有财产实行征收或者征用并给予补偿。"

4. 有关公民住宅权利保障的规定。《宪法》第 13 条第 1 款规定："公民的合法的私有财产不受侵犯。"第 2 款规定："国家依照法律规定保护公民的私有财产权和继承权。"《宪法》第 39 条规定："中华人民共和国公民的住宅不受侵犯。禁止非法搜查或者非法侵入公民的住宅。"

（二）法律

法律是由全国人民代表大会或者常委会制定和颁布的调整房地产法律关系的法律规范的总称，它包含了调整房地产法律关系的专门法律和调整房地产法律关系的相关法律等。

调整房地产法律关系的专门性法律有:《土地管理法》、《城市房地产管理法》和《城乡规划法》。《土地管理法》是规定土地权属、耕地保护、土地资源利用等制度的法律;《城市房地产管理法》则是我国第一部对房地产开发用地、房地产开发、房地产交易、房地产权属登记管理等问题作出系统规定的法律;《城乡规划法》是在城乡一体规划原则的指导下,对我国城乡规划的制定、管理、规划的实施等问题作出的规定,是房地产开发的重要法律依据。

调整房地产法律关系的相关性法律非常多,如:《建筑法》、《森林法》、《草原法》、《矿产资源法》、《环境保护法》、《水土保持法》、《节约能源法》、《农业法》、《民法通则》、《物权法》、《担保法》、《合同法》、《继承法》、《消费者权益保护法》、《招标投标法》等。

(三)行政法规和行政规章

房地产行政法规是由国务院依法制定的调整房地产关系的条例和规定,其效力低于房地产法律,高于房地产地方性法规和部门规章,范围及于全国。目前我国的房地产行政法规主要有:《房产税暂行条例》、《耕地占用税暂行条例》、《城镇土地使用税暂行条例》、《土地复垦规定》、《城镇国有土地使用权出让和转让暂行条例》、《大中型水利水电工程建设征地补偿和移民安置条例》、《固定资产投资方向调节税暂行条例》、《土地增值税暂行条例》、《城市房地产开发经营管理条例》、《建设项目环境保护条例》、《基本农田保护条例》、《土地管理法实施条例》、《住房公积金管理条例》、《建设工程质量管理条例》、《城市房屋拆迁管理条例》和《物业管理条例》等。

有关房地产法律关系的部门行政规章主要有:《关于处理原去台人员房产问题的实施细则》、《划拨土地使用权管理暂行办法》、《关于国有土地使用权有偿使用收入若干财政问题的暂行规定》、《城市商品房预售管理办法》、《城市房屋租赁管理办法》、《城市房地产转让管理规定》、《城市房地产中介服务管理规定》、《建设用地计划管理办法》、《城市房地产抵押管理办法》、《冻结非农业建设项目占用耕地规定》、《物业管理企业财务管理规定》、《已购公有住房和经济适用住房上市出售管理暂行办法》、《关于推进住宅产业现代化提高住宅质量的若干意见》、《房地产开发企业资质管理规定》、《房产测绘管理办法》、《商品房销售管理办法》、《绿色生态住宅小区建设要点与技术导则》、《城市新建住宅小区管理办法》、《征用土地公告办法》、《住宅室内装饰装修管理办法》、《招标拍卖挂牌出让国有土地使用权规定》、《商品房住宅装修一次到位实施细则》、《关于完善征地补偿安置制度的指导意见》、《城市房屋权属登记管理办法》以及《城镇住宅合作社管理暂行办法》、《经济适用住房管理办法》、《廉租住房保障办法》等。

（四）地方性法规和地方政府规章

地方性法规是指由省、自治区和直辖市的人民代表大会及其常委会依法制定的调整本区域内房地产关系的条例和决定，省、自治区、直辖市、较大的市、自治州、自治县的人民代表大会及其常委会根据宪法、地方组织法或民族区域自治法的授权，可以制定调整房地产法律关系的地方性法规、自治条例或单行条例。经济特区所在地的省、市人民代表大会及其常委会，按照全国人民代表大会的授权，可以制定调整房地产法律关系的法规，在经济特区范围内实施。地方政府规章，是指省、自治区、直辖市和较大的市的人民政府根据法律、行政法规和本省、自治区、直辖市的地方性法规，依照《规章制定程序条例》制定的规章。有关房地产关系的地方性法规和和地方政府规章是房地产法律渊源中数量最大的一种表现形式。

（五）司法解释

法律解释是由特定的机关、组织或个人，根据国家的立法意识、法律原则和政策观点对现行法律或法律条文的内容、含义及所使用的概念、术语、定义所作的必要说明，其目的是正确阐明法律的含义，保证法律的准确适用。根据对房地产法作出解释的机关不同，可以分为立法解释、司法解释和行政解释三大类。其中，司法解释是由国家司法机关在适用法律的过程中，对具体应用法律问题所作出的解释，包括人民法院所作的审判解释和人民检察院所作的检察解释。目前我国关于房地产方面的司法解释主要有：《最高人民法院、国务院宗教事务管理局关于寺庙、道观房屋产权归属问题的复函》、《最高人民法院关于房屋典当回赎问题的批复》、《最高人民法院关于房屋典当回赎中几个有关问题的批复》、《最高人民法院关于适用〈城市房屋拆迁管理条例〉第十四条有关问题的复函》、《最高人民法院关于审理房地产管理法施行前房地产开发经营案件若干问题的解答》、《最高人民法院关于审理商品房买卖合同纠纷案件适用法律若干问题的解释》等。

（六）政策性规范

在房地产实践中，国务院发布过很多具有重大指导意义和现实针对性的政策文件，虽然这些文件不是正式的法律，但它们可以作为处理房地产纠纷的参考，因此，具有规范性文件的性质。政策具有适应性和针对性强的特点，而法律规范则可能滞后或落后，在政策经过一段时间实施后，又可以转化为具有规范性和稳定性的法律。政策性文件主要有：《中共中央、国务院关于加强土地管理、制止乱占耕地的通知》、《关于处理原去台人员房产问题的通知》、《国务院关于发展房地产业若干问题的通知》、《国务院关于深化城镇住房制度改革的决定》、《关于进一步加强土地管理切实保护耕地的通知》、《关于继续冻结非农业建设项目占用耕地的通知》、《关于进一步深化城镇住房制度改革加快住房建设的通知》、《关于继续冻结各项建设工程征占用林地的通知》、《关于促进小城镇健康发展的若干意见》、《国务院关于进一步加强住房公积金管理的通知》、《国务院关于深化改革严格土地管理的决定》及《国务院关于解决城市低收入家庭住房困难的若干意见》。

二、房地产法的体系

房地产法的体系是全部房地产法律规范共同组成的有机联系的整体。一个国家或地区房地产经济的发展水平、房地产业及其利益结构的性质、立法者的意志取向决定了其房地产法律体系结构的差异。

（一）房地产立法体系的模式

一般认为，当今世界上以所有制划分的房地产经济模式及相应的立法体系主要有三种：

1. 以土地私有制为基础的市场经济模式。主要存在于美国、日本、法国等国家的房地产经济运行中，其标志是以物权法或不动产所有权为房地产立法体系的基础，因而理论上私人自由处置权最大。这一模式是建立在不动产所有权基础上，基本上属于不动产所有权分别主义模式，我国台湾地区和澳门特别行政区的房地产制度基本上也属于此种模式；而在大陆法中极具影响的德国法却不属于此种模式，其不动产所有权的结合主义模式在土地所有权问题上更多地保持了罗马法的传统。

2. 以土地公有制为主的国家控制市场的模式。主要存在于英国、英联邦国家和地区，理论上私人自由处置权适中，可以较有效地抑制房地产投机。这一模式事实上其法律并无不动产所有权之说，至少土地所有权问题是虚化的，然而在房地产经济模式上至少英国法与香港法有巨大差异。在英国，根据官方公布的数字，60%以上的土地事实上为私人所有，而且土地资源的分配不存在国家垄断问题；而在我国香港特别行政区，无论在法律上还是在事实上，私人所有的土地极少，且政府完全垄断了土地资源的分配权。在房地产投机问题上，其无论在深度还是广度上，都比美国、日本或我国台湾地区严重得多。

3. 建立在土地公有制基础上的非市场经济模式。以前苏联和传统体制下的中国最为典型，理论上私人自由处置权最小，房地产投机可以杜绝。不过，这一模式现在已经有了较大的变化，比如我国，已经初步建立起了以土地公有制为基础的、市场经济条件下的房地产法律体系模式。

（二）我国房地产法律体系

关于我国房地产的立法体系，不同学者提出了不同的主张，主要有两分法和三分法等几种主张。两分法认为：房地产法体系以城市房地产法和住宅法为主干而构成。建设部曾在 1991 年通过《房地产法律法规体系规划方案》，将房地产法律法规体系分为城市房地产法体系和住宅法体系。其中城市房地产法应主要包括：城市房地产开发、城镇房地产经营管理、城市房屋拆迁管理、城市房地产纠纷仲裁等方面的内容。住宅法应主要包括：城市住宅建设管理、城镇个人投资建房管理、住宅基金管理以及公房出售和出租的管理规定等。三分法认为：房地产法由城市房地产管理法、住宅法、相关法律法规为主干而构成。其中第一部分包括宪法、民法通则、城乡规划法、土地管理法、环境保护法、物权法等；第二部分应包括现有的城市房屋管理法规及待制订的城市房地产综合开发条例、城市国有土地经营管理条例、房地产交易市场管理条例、及涉外房地产开发经营管理规定等；第三部分应包括现有的城市房屋拆迁管理条例、城镇个人建造住宅管理办法，及待制订的城镇住宅建设管理条例、住房基金管理条例、公房出售和出租管理规定、公民住宅储蓄及社会保险储蓄条例等。还有人提出：房地产法在体系上应分为基本法律和配套法律，其中基本法律包括《城市房地产管理法》、《土地管理法》和《城乡规划法》三个主干法律，配套法律包括开发法、交易法、管理法等。

科学的房地产法律体系应该是既能全面概括所有房地产法律制度内容，又能对不同制度进行类型化划分，使其既相互区别又相互联系。由此，我们认为，我国房地产法律体系应包括三个有机组成部分：房地产财产法、房地产管理法、房地产社会保障法。

1. 房地产财产法。房地产财产法是规定房地产权属关系（包括所有权关系和房地产他物权关系）、房地产交易关系等内容的规范。因集体土地征收和城市房屋拆迁而发生的补偿安置关系也属于房地产财产法的内容。另外，房地产中介服务法律规范，包括房地产咨询、经纪、估价、物业服务与管理等内容，他们是为房地产财产权的享有和流通进行服务的，都属于广义上的房地产财产法的范畴。

2. 房地产管理法。房地产管理法是对房地产经济运行过程中不具有直接物质利益内容的房地产关系进行调整的法律规范。包括房地产行政管理法、房地产行业管理规范、房地产企业管理法等。在具体制度内容上，涉及房地产开发的用地管理制度与项目管理制度、房地产权属管理制度、房地产市场管理制度（如房地产开发企业或中介服务机构的资质管理、房地产价格管理、房地产合同管理等）等。另外，房地产的税费管理制度、房地产环境管理制度也属房地产行政管理制度的范畴。

3. 房地产社会保障法。具体内容包括：住宅社会保障法，公有房屋的使用、转让和管理法律制度等。其中最为重要的就是住宅法律制度。这类房地产法律制度虽然具有较强的公法性，但与房地产管理法有本质上的区别；虽然具有一定的财产内容，但与房地产财产法亦有本质上的区别。

我们认为，把住宅法作为我国房地产法立法体系的重要组成部分的做法是正确的。原因在于：

（1）住宅法集中体现的是公民不动产生存利益，是我国宪法中有关居民休息权和居住权，个人自有住房财产不受侵犯，国家发展住宅建设、不断提高居民的居住水平等基本权利规定的具体化。

（2）房地产业是房地产商品化的产物，房地产法本身是适应房地产业的发展而产生的，房地产业是以商业利益为核心，而不是以房地产消费者利益为核心，房地产商业利益的本能是排斥房地产消费者利益，房地产法应当对这种倾向予以矫正，住宅法集中体现了这种功能。

（3）房地产业商品化是以房地产生产市场为主流，其发展必然导致生产市场与消费市场的脱节，其结果是对房地产业自身的健康发展造成损害，住宅建设是将这两个市场联结起来的重要纽带，住宅法则是实现这种联结的基本法律保障。

第四节　科学发展观与我国房地产法的完善

一、科学发展观

（一）科学发展观的含义

科学发展观，第一要义是发展，核心是以人为本，基本要求是全面、协调、可持续，根本方法是统筹兼顾。科学发展观是立足社会主义初级阶段基本国情，总结我国发展实践，借鉴国外发展经验，适应新的发展要求提出来的。

我们认为，科学发展关包含两个重要的概念："发展"的概念，尤其是在我国物质文化条件尚不十分发达的今天，应将满足人民的需要、促进经济社会又好又快地发展作为首要的目标。"科学"的概念，也就是说，发展不应是盲目的，应该在可持续发展理念的指导下，实现全面、协调发展。这一发展的科学性表现在：人与人之间是公平的，城乡发展、区域发展、经济社会发展也是平衡的；人与自然之间是友好的，应保障自然环境能够满足人们眼前和将来的需要，因此对技术和组织的能力应施加限制，总之，科学发展的结果应该是构建起和谐的社会。

（二）科学发展观的要求

1. 必须坚持把发展作为第一要务。发展，对于全面建设小康社会、加快推进社会主义现代化，具有决定性意义。要牢牢抓住经济建设这个中心，坚持聚精会神搞建设、一心一意谋发展，不断解放和发展社会生产力。更好实施可持续发展战略，着力把握发展规律、创新发展理念、转变发展方式、破解发展难题，提高发展质量和效益，实现又好又快发展，努力实现以人为本、全面协调可持续的科学发展。

2. 必须坚持全面协调可持续发展。传统的发展是以高投入、高消耗为其重要手段和基本途径，以高消费、高享受为其追求目标和推动力，因而它往往片面地强调发展的经济目标，片面地强调发展的速度和发展的数量，而忽视对资源的保护，忽视生态、环境、资源与发展的合理比例。在科学发展观的要求下，我们坚持生产发展、生活富裕、生态良好的文明发展道路，建设资源节约型、环境友好型社会，实现速度和结构质量、效益相统一，达到经济发展与人口、资源、环境相协调，使人民在良好生态环境中生产生活，实现经济社会永续发展。

3. 必须坚持统筹兼顾。统筹城乡发展、区域发展、经济社会发展、人与自然和谐发展、国内发展和对外开放，统筹中央和地方关系，统筹个人利益和集体利益、局部利益和整体利益、当前利益和长远利益，充分调动各方面积极性。既要总揽全局、统筹规划，又要抓住牵动全局的主要工作、事关群众利益的突出问题，着力推进、重点突破。

4. 深入贯彻落实科学发展观，要求我们积极构建社会主义和谐社会。要通过发展增加社会物质财富、不断改善人民生活，又要通过发展保障社会公平正义、不断促进社会和谐。

由上述科学发展观的含义和要求，我们可以看出：科学发展观是可持续发展理念在中国的提升与进化，可持续发展理念的内容仍然是科学发展观的基本内核。

二、我国房地产法律制度发展的历史回顾

总体上说，我国现代房地产法律的发展总是伴随着中国革命的深入和社会变革的进行而发展，伴随着房地产经济的发展而发展。

（一）改革开放以前的房地产立法

早在 1927 年 12 月颁行的湘赣边区政府《井冈山土地法》开始，我国现代房地产法律发展就进入了萌芽时期。此后，1928 年 4 月颁布的《兴国土地法》、1931 年 11 月中央苏维埃政府发布的《中华苏维埃共和国土地法》以及 1938 年至 1942 年期间根据地政府相继发布的《陕甘宁边区土地所有权证条例》、《陕甘宁边区土地条例》、《陕甘宁边区地权条例草案》、《晋冀鲁豫边区土地使用暂行条例》等法规，还有抗日战争胜利后中共中央在 1947 年公布的《中国土地法大纲》等，它们共同奠定了新中国房地产法律的制度基础和思想来源。

新中国成立初期，除了没收大地主、大资本家和大官僚的房地产外，政府对一般个人的私有房地产采取保护的措施。1950 年 6 月 30 日，中央人民政府颁布《中华人民共和国土地改革法》，同年 11 月，政务院公布了与《土地改革法》配套的《城市郊区土地改革条例》。上述法律宣布在全国"废除地主阶级封建剥削的土地所有制，实行农民的土地所有制，借以解放农村生产力，发展农业生产，为新中国的工业化开辟道路。"《土地改革法》规定了没收和分配土地的原则和办法，将土地改革的目标集中在地主阶级，保护了富农、中农和小土地所有者的房地产权。《土地改革法》公布以后，在拥有 3.1 亿人口的新解放区分期分批地，有计划、有领导、有秩序地开展了土改运动。到 1953 年春，全国除新疆、西藏等少数民族地区以及台湾地区外，基本上完成了土地改革任务。1952 年提出的过渡时期总路线规定了"逐步实现国家对农业、手工业……的社会主义改造"的目标，对农业的社会主义改造主要通过农业合作化的方式完成，逐步引导农民摆脱私有制走上公有制的道路。为了保证国家建设的需要，政务院于 1953 年 12 月发布了《政务院关于国家建设征用土地的办法》，确立了国家建设征用土地的基本原则：根据国家建设需要，保证国家必需的土地，照顾当地人民的切身利益，尽量保护耕地良田，节约用地。并对征用土地的手续和征地补偿办法作了具体的规定。到 1956 年社会主义改造基本完成，农民的土地所有制被改造成了农村土地的集体所有。1958 年 1 月，国务院重新发布了《国家建设征用土地办法》，对全国土地基本实现公有化后征用土地的办法进行了规定。进入社会主义建设时期之后直至改革开放前，在"一大二公"的口号下，国家一直努力消灭私有房地产权。在基本完成土地公有化之后，与计划经济体制相联系，国家在保留农村房屋个人所有和有限度地承认历史遗留的城市私房产权的同时，城镇住房主要采取由国家和全民单位负责投资建设，而后分配给干部和职工居住，只收取少许租金的政策。这种情形可概括为"国家包揽建设，行政福利分配，低租无期使用"的城镇住房制度。这一时期虽然仍存在私房转让，但是数量极少，而且国家不承认房地产为商品，因此不存在房地产市场，加之当时蔑视法制的特殊政治背景，更不存在调整房地产交易的立法。

1978 年 3 月，国务院《关于加强城市建设工作的意见》总结了建国 28 年来城市建设工作所取得的经验，要求全国各城市"都要根据国民经济发展计划和各地区的具体条件，认真编制和修订城市的总体规划、近期规划和详细规划"，"要有强有力的城市管理机构，把城市规划、房产、市政工程、公用事业、园林绿化等等都管起来"，"要严格管理用地。城市各项建设，都要按照国家建设征用土地办法办理用地手续，领取施工执照"，确立了城市建设依法进行宏观规划、管理和实施的指导思想。

从建国时期到党的十一届三中全会召开以前的历史时期，是我国现代法制系统化建设的酝酿和打基础时期。在这段历史时期内制定和实施的许多法律、法规和规章为以后的法制建设提供了有力的基础和宝贵的经验。许多有关土地、房产的法律、法规和规章为我国全国范围内土地改革的顺利实施、大规模社会主义改造运动的完成和全国土地所有权公有化的转变提供了有力的法律依据。这些法律、法规和规章中的某些规定直至改革开放、大力发展社会主义市场经济的今天，在落实政策和处理历史遗留问题中仍然发挥着巨大的作用。

（二）改革开放以后的房地产立法

1979 年我国开始探索一条新的社会主义建设道路，在经济方面最重要的是引入市场机制，在政治体制方面的一个表现是恢复法制，走依法治国的道路，经济建设的需要、政治环境的改善，使得我国房地产立法开始走上正轨。1983 年 5 月国务院批准，城乡建设环境部发布《城镇个人建造住宅管理办法》，赋予城镇个人建造住宅的权利。1983 年底，国务院颁布了《城市私有房屋管理条例》，该条例成为新中国第一部保护城市私有房屋所有权、规范私房交易的法规。同时，国务院还发布了《城市规划条例》（1990 年为《城市规划法》取代）等行政法规，规范城市建设规划等其他土地管理事项。1986 年 6 月全国人大常委会出台了《土地管理法》，对宪法所确认的两种土地公有形式及农村土地城市化唯一方式（征用制度）作了规范，同时规范城乡建设用地规范和对耕地的保护，确立我国土地归属和利用的基本规范。但是，这一时期的立法主要是以规范既有土地利用现状为内容，可流转的房地产制度还没有确立起来。

从 1988 年《宪法》修订以及之后的《土地管理法》修改起，我国房地产立法进入新制度设计阶段。这一新制度的特征在于，在保留必要的划拨取得方式外，创立了有偿出让土地使用权制度，并使土地使用权成为一种可转让、可继承、可抵押、可出租的一种财产权利，继而创立了可流动转让的房地产，形成今天的房地产权利，形成了以土地使用权为基础的房地产市场。1990 年 5 月国务院发布了《城镇国有土地使用权出让和转让暂行条例》，条例明确规定："国家按照所有权与使用权分离原则，实行城镇国有土地使用权出让和转让制度"，中国境内外的公司、企业、其他组织和个人均可依照本条例的规定取得土地使用权，进行土地开发、利用、经营，由此为建立可流转的房地产和房地产市场的形成奠定了基础。1994 年，全国人大常委会颁布了《城市房地产管理法》（1995 年 1 月 1 日实施、2007 年 8 月 30 日修订），建设部门、土地管理部门等颁布了一系列的法规、规章等，基本上是围绕规范土地使用权出让、转让、出租、抵押等交易行为和房地产开发、房地产市场的管理展开的。2007 年 3 月，《物权法》得以通过，它规定了房地产物权法律问题，上述立法基本上构筑了目前房地产立法的基本框架。

《城市房地产管理法》在统一房地产法律、确立房地产基本制度方面作出了重要贡献，但是由于房地产行业仍然在探索发展阶段，有些制度一时还难以确立或不宜以法律的形式规范，故该法仍然是一个粗线条的立法，既没有废止以前颁布的法规和规章，同时又有许许多多法规、规章出台。显然，我国的房地产立法不应当是这样庞杂无序，也不应当相互重叠甚至冲突，而应该有一个整合过程，使之成为一个体系分明、规则统一的法律体系。我们认为，在我国《物权法》已经付诸实施的今天，应当对房地产立法进行系统清理，形成新的房地产法体系。

三、我国房地产法科学发展中的问题

（一）在立法价值取向上，重经济效益、轻环境效益和社会效益

我国房地产法把立法的重心放在了促进房地产业快速发展的问题上，这导致了我国房地产业在很大程度上依然保留着以往以传统发展和粗放经营为特征的发展模式，具体表现为：重经济效益，轻环境效益和社会效益；重发展的速度和数量，轻发展的效益和质量；重外延性的扩大再生产，轻内涵性的扩大再生产等。

（二）对土地资源的保护措施不到位，土地资源浪费严重

我国土地资源利用制度设置上存在着极不合理的地方，表现在：在土地使用权出让制度上，约束不严，过分注重经济利益的导向，导致批地过多过滥，土地资源浪费严重。一些城市和地区，卖地的收入相当于自身财政收入的1/4到1/2，一些地方提出了"以土地生财，以财兴市"的口号。到1992年全国房地产投资总额732亿元，仅够开发732平方公里，而同期批地数量却高达15000平方公里，供大于求的批地比例不仅没有使批地者的热情降低，却形成争相杀价的局面，一些地方领导竟然先把农地空出来，铺上沙子，为的是表明诚意，诱惑外商前来买地，由于没人来买，只好闲置起来晒太阳，被群众称为"太阳工程"。滥批地导致的土地资源特别是耕地的巨大浪费，严重加剧了我国土地资源的短缺的状况，对国民经济可持续发展构成巨大威胁。这一问题必须及时、认真地加以解决。正如《中国21世纪议程》所指出的："随着社会主义市场经济机制的运行，中国土地资源作为不可替代的生产要素日益趋向于市场化。因此，如何建立健全土地市场机制、政策、法规，以及现代化土地管理，一方面发挥市场机制在土地资源配置中的基础作用，另一方面加强政府的合理干预，达到土地高效、公平和可持续性利用，已成为中国土地资源面临的重大问题。"

（三）有关住宅保障的法律规范很不完善

科学发展观中的"科学"内涵在房地产制度中表现为人民群众基本住宅需求利益的满足，但在住宅保障问题上，我国存在着较为严重的制度供给不足的问题。

人们的住宅利益与土地所有者利益的关系具有冲突的一面，这种冲突是通过房地产市场而间接发生的：地价越高房价也越高，人们满足住宅需求的负担也就越重；此外，土地所有者对高利润房地产发展项目的追求，使一般住宅所需的土地供给得不到保证，从而损害了大多数群众的住宅保障利益。房地产商热衷于对高档的高档商品房的投资，使一般住宅的投资紧缺，损害了人民群众居住生存利益；房地产商进行地产投机，牟取暴利，抬高房屋售价；更有甚者，个别房地产商为增大利润比例，与建筑商串通，不顾工程质量，偷工减料，极大地危害了消费者的利益。在房地产开发热期间一些地区大力发展房地产业在利益的倾向上是注重对房地产商业利益的保护，而对人们住宅保障利益的制度保护则相对滞后，这不仅不符合现代社会对公民生存利益的优先保护原则，而且与科学发展要求的公平正义原则也是相悖的。

四、构建科学发展的房地产法

科学发展观的提出和实施，是传统的生产方式和经济生活的变化，是经济基础的重大变革，而法律是社会经济生活条件的产物和反映，是社会制度之一，属于上层建筑，并随着社会经济生活的发展而演变。经济基础决定上层建筑，科学发展观必然对与"非科学发展模式相适应"的现行法律制度产生深刻的影响。在科学发展观的影响下，包括房地产法在内的法学在理论上和实践上都打上了科学发展观的烙印，正在向着更科学的方向发展，这已成为当代法学理论和法治建设发展的一个重要特点和趋势。

（一）加强对土地资源的保护

总的来说，土地使用权出让制度在对土地资源的利用特别是商品化开发方面较为积极，保护功能则较为次要；而传统物权法特别是土地所有权制度则在土地商品化问题上较为保守，对土地资源保护的功能较为强烈。在我国《物权法》制定过程中，有不少学者提出应在《物权法》中突出规定包括土地在内的自然资源的生态功能的保护的内容。但是，由于主流观点认为，《物权法》不应、也不能承载太多的其他职能（如环境保护），最终出台的《物权法》对于土地资源更多的是财产意义上的保护，更多的是发挥土地的经济功能。所以，我们仍然有必要在《物权法》对土地进行物权保护的基础上，制定更为严格的土地法律，全面发挥土地资源的经济功能和生态功能。

在任何时候，法律制度的发展变革都是经济、社会、政治等各种因素相互作用的结果，波斯纳曾断言，由于一贯的功利主义和绝对人类中心思想的发展，对于每个人来讲，土地都是应当最大限度利用以产生最佳效益的财产，所以没有人会考虑资源的持续能力问题。[1] 而实施科学发展观能够从根本上促进土地等资源的可持续利用，推动房地产市场的可持续和良性发展，从而必然对我国的房地产法学理论和法律制度产生根本的、内在的影响。完善我国土地使用权出让制度的一个重要方面是强化科学发展观的"科学"和"发展"内核，为此应对《土地管理法》、《房地产法》等现行法律中的有关制度进行必要的修改，引入科学发展机制，同时要学习和借鉴国外土地资源保护法律中公众参与、政府与社会相结合的监督机制。

（二）强化房地产环境利益的保护

科学发展观成为房地产法的指导思想和原则，这是房地产法的指导思想的一个新的、重大的变化。由于房地产法的指导思想、指导原则是对房地产法具有全局影响、全程影响、根本影响的因素，因而科学发展观必将对房地产法产生广泛深远的影响和作用，房地产法理论和法制建设都打上了科学发展观的烙印。从这个意义上可以认为，科学发展观成为包括房地产法学在内的法学理论和法制建设的指导思想和指导原则是人类法律文明进步的一种表现；是当代房地产法日趋成熟的标志，是房地产法在科学发展观阶段的基本标志，即房地产法进入科学房地产法阶段的主要标志。

当代房地产法的许多特征和发展特点，如房地产法的综合化、经济化、科技化等都与实施科学发展观作为房地产法的指导思想指导原则、将房地产法视为实施科学发展观的重要工具有关。在科学发展观影响下的房地产立法工作强调消除不科学的掠夺式的房地产开发，更加重视注意环境保护，更加重视土地资源的可持续利用，充分发挥环境影响评价和环境预测的作用；更加重视公众的长远利益，兼顾本代和后代的利益。科学发展观向房地产法学的发展提出了更高的要求，也提供了更大更好的发展机遇，建立能体现科学发展观性质，协调人与自然关系，规范开发、利用、保护土地资源，监督管理房地产市场的房地产法律体系，是对传统房地产法学的充实和发展。

（三）完善住宅保障法律制度

我们应加快制定《住宅法》，为当前正在进行的住房制度改革及改善居民居住条件工作奠定法律基础。世界上大多数国家都根据自己的国情颁布了有关住宅建设的法律。而目前我国城镇居民住房相当紧张，解决城镇居民住房问题应当是当前房地产业的首要问题之一。对于普通居民住房的开发建设，国家应给予相应的优惠政策予以扶持。《城市房地产管理法》中对此虽有所反映，列有关于扶持

---

〔1〕 吴春岐主编：《房地产法学》，中国民主法制出版社 2005 年版，前言第 2 页。

发展居民住宅建设的条款，如第 29 条规定"国家采取税收等方面的优惠措施鼓励和扶持房地产开发企业开发建设居民住宅"，但这一规定较为原则、空泛。我国虽然在 1983 年就将《住宅法》纳入全国人民代表大会的立法规划中，但至今仍未出台，现在应借鉴国外先进经验，尽快制定《住宅法》，把实施住房制度改革政策所取得的成果固定化、法律化，以促进居民住宅建设，满足人民最迫切的要求。首先，要保证居民的居住权，保证居者有其屋，不同收入阶层的人都要有房住；其次，要保护消费者的权益，即消费者拥有房屋的所有权，具体来说就是消费者的使用权、经营权、处置权和收益权。住宅问题是社会普遍关注的热点，也是问题普遍存在的难点，在制定《住宅法》的同时，当然还需要出台其他许多切实可行的法规，提高其权威性和执行力度，以保障大众的权益、协调在发展住房过程中产生的各种矛盾和冲突。

■思考题

1. 房地产法的概念与特征是什么？
2. 简述房地产法的调整对象。
3. 试述房地产法律关系的特征、分类和构成。
4. 我国房地产法的渊源有哪些？
5. 从科学发展观的角度，谈谈我国房地产法的完善。

■参考文献

1. 符启林：《房地产法学》，法律出版社 2002 年版。
2. 覃有土等：《社会保障法》，法律出版社 1997 年版。
3. 张文显主编：《法理学》，法律出版社 1997 年版。
4. 李延荣主编：《房地产法研究》，中国人民大学出版社 2007 年版。
5. 黄河主编：《房地产法》，中国政法大学出版社 1991 年版。
6. 谢晖："论法律事实"，载《湖南社会科学》2003 年第 5 期。
7. 张跃庆：《中国房地产市场研究》，经济日报出版社 2002 年版。
8. 张景伊：《房地产法律与应用》，北京市城市发展研究所 1992 年版。
9. 梁书文等主编：《房地产法及配套规定新释新解》，人民法院出版社 1997 年版。

第三章　土地所有权法律制度

■学习目的和要求

　　本章主要是讲述土地所有权法律制度的有关内容。通过本章的学习，能够对我国土地所有权的分类、利用及征收征用等制度有一个深入的把握。对本章的学习，需要掌握土地所有权的概念和限制，掌握国有土地和集体土地的归属、范围和利用制度；理解我国土地所有权制度的设计理念和意义；对土地的征收和征用制度也应该引起足够的重视。

第一节　土地所有权制度概述

一、土地所有权的概念

　　土地是人类生活和生产不可或缺的资源，它不仅满足人们居住及各项活动的空间需要，还是各种资源的最终来源。土地所有权是大陆法国家以及美国法律所普遍设置的一项土地权利，尽管法律规定的表述有所不同，但基本内容均包括两个方面：一是所有人对其所有的土地，在法律规定限制内，有自由占有、使用、收益及处分的权利；二是排斥他人干涉的权利，即禁止他人对所有物为任何行为的权利。所以，所谓土地所有权，是指土地所有人按照法律规定对特定土地享有的占有、使用、收益、处分并排斥他人干涉的权利。许多国家在宪法和民法中对土地所有权作出规定，其中大部分国家还在土地法中作出进一步详细的规定。

二、土地所有权的限制

　　任何权利，皆有其限度，具有绝对性的物权也不能例外。[1] 土地所有权制度的宗旨本来在于严格保护私人对土地所拥有的财产权，强调这种权利的绝对性、排他性和永续性，但随着社会经济的发展，传统大陆法土地权利制度越来越不能适应现代社会经济发展的需要，客观上要求对土地所有权制度中的土地权利

---

[1] 刘保玉、李燕燕："一物一权原则质疑"，载《政法论丛》2004 年第 3 期。

予以重新设置，这些新的设置主要是对土地所有权作出了一些限制，表现在以下几个方面：

（一）土地所有权主体上的限制

土地所有权主体上的限制，即对拥有土地的主体的限制，各国法律一般都规定哪些人不可拥有土地、规定禁止某些土地为私有、规定私人拥有土地的最高限额等。

（二）土地所有权客体上的限制

长期以来，尽管人们对土地的利用是以地表平面为主，但传统大陆法规定土地所有权的行使在空间上却及于地表、地上和地下，如美国法律规定的土地所有权曾经是下至地心，上至无限的空间。随着经济和社会的发展以及科学技术的提高，人们开发利用土地的广度和深度不断扩展，各种地上物和地下设施迅速增多，航空航天事业日显重要，传统的土地权利制度必须予以限制和重新设置。各国的立法开始限制土地所有权的范围，逐步将土地立体空间各部分的所有权分离开来，土地的所有权仅与地表直接相联系，而对地上物、上空、地下物、下空等部分的权利则不同程度地从土地所有权中分离出来，如《德国民法典》规定：“土地所有人对于他人在其毫无利益的高处及深处所为的干涉，不得加以禁止”。

（三）土地所有权内容上的限制

土地所有权内容上的限制，即对土地所有权主体对土地所享有的权利作出限制，主要体现在对土地使用的限制方面：

1. 对土地用途的限制。许多国家对农业土地的使用作出限制性规定，以确保耕地不至减少；对城市土地使用作出限制规定，以确保城市土地按规划合理地利用；并规定禁止或限制空闲土地，以防止土地资源的浪费。

2. 对土地交易的限制。通过立法规定限制土地交易的基本原则，主要是限制土地交易中的投机行为，并规定相应的具体措施，如实行土地买卖的申请和许可证制度，以及国家土地先买制度等。

3. 土地征收征用。一些国家对非国有土地实行国有化作出较灵活的规定，政府对私人土地的征收或征用有较大的行政处置权，即为了公共利益的需要对土地所有权所作出的永久或暂时的限制，这使传统的土地所有权制度面临新的挑战。土地征收征用在法国、德国及我国台湾等大陆法国家和地区被称为“土地征收”，英国法律中称之为“强制收买土地”，美国称之为“最高土地权的行使”，我国香港特别行政区则称之为“官地收回”，一般是指国家或政府为了公共目的而强制将私有土地征收为国有并给予补偿的法律制度。土地征收征用制度源于政府拥有的土地征收征用权，即政府在不需要私人或集体土地所有者同意的情况下，将其土地用于公共目的的权力。各国对公共目的的界定总的趋势是逐步拓宽，不仅包括政府部门和公益机构等代表公共利益的主体使用土地的目的，而且往往还包括一些具有社会和公共利益用途的使用土地的目的，如为低收入者建造的租赁住宅和低价商品房等。

4. 为保护相邻权作出的限制。相邻权是为调节在行使房地产所有权中的权益冲突而产生的一种权利。根据法律的规定，房地产所有人和使用人行使权利，应给予相邻的房地产所有人和使用人以行使权利的必要便利。这样对于一方来说，因提供给对方必要的便利，就使自己的权利受到了限制。例如，土地所有权人在行使土地所有权时，因尊重相邻房地产权利人的相邻权而应受到一定的限制。

5. 为保护社会的公共利益作出的限制。个人利益与社会的公共利益发生冲突的情况下，法律往往倾向于保障公共利益，原因在于：没有公共利益的保障，个人利益也很难获得充分的、持久的和全面的保障。所以，应该对个人利益作出一定的限制，如：对地役权的限制、对不动产所有人消极行为的限制、对采矿权的限制、对私人土地的限制等规定。

三、我国的土地所有权制度

在我国，土地所有权是指国家或集体经济组织对其所有的国有土地或集体土地依法享有的占有、使用、收益、处分并排斥他人干涉的权利的权利。

我国土地所有权制度具有以下特征：

（一）主体的特定性

我国实行土地公有制，土地所有权的主体只限于国家和农村集体，私人以及其他主体不得成为土地所有人。

我国的国家土地所有者也与其他一些国家和地区的法律规定不同，表现为国家主体的唯一性和统一性，县级以上各级政府并不是国有土地所有权独立的主体，这与美国等联邦制国家各州均为独立的土地所有权主体的"多元制国有土地所有权"不同，也与我国台湾地区的公有土地依行政设置分级所有的"一元多级制"不同。

（二）客体的差异性

我国土地所有权客体的差异性首先表现为地域上的差异，其划分基本上是按照城市和农村的地域为标准。如我国城市国有土地的范围主要是指城市市区的土地；而集体所有的土地是农村集体经济组织及其成员较长期固定的生产经营和生活的农业用地等。

其次，我国土地所有权客体的差异性在法律上表现为：一方面，主体不得同时拥有两种土地的所有权，即拥有国有土地者不拥有集体土地，反之亦然。这与土地私有制下主体可以同时拥有城市和农村土地的情形不同。另一方面，两种土地所有权的确权形式也不同，集体土地所有权的范围经履行法定程序后个别确定的，以土地所有权证书为形式；而国有土地所有权的范围是法律一般确定的，即凡未确权给集体的土地都属于国家所有，不必履行任何程序，也不必以土地所有权证书为形式。但国有土地使用权特别是以出让方式取得的国有土地使用权，则应以土地使用权证书为标志。

（三）内容的限制性

我国的两种土地所有权的权利义务内容均受到法律较严格的限制，主要表现在土地所有权不能以任何形式交易，无论是两种所有制的不同主体之间，还是集体所有制不同主体之间，均不得以买卖、赠与、互易等任何形式进行土地所有权的交易，其主体的变更仅限于国家对集体土地征收征用，或经政府有关部门审批在不同集体经济组织间进行极有限的土地边界调整。这是我国为维护土地所有权稳定的法律保证措施。

我国国有土地所有权内容的限制表现在：首先，我国的国有土地所有权比较虚化，其财产权利的内容主要通过国有土地使用权体现而不是通过所有权直接体现；其次，国有土地所有权的权能高度分离，国家为保证土地资源的有效利用，将土地使用权从土地所有权中分离出来，成为一项独立的物权，这使我国国有土地所有权的内容与传统大陆法的土地所有权有了很大的差异，局限于较狭小的范围。

我国集体土地所有权内容的限制表现在：首先，集体土地所有权受到国有土地所有权的限制，国有土地所有权是绝对的和无条件的，而集体土地所有权是相对的和受限制的，国家可以依法将集体所有的土地征收为国有；其次，集体土地所有权还受到集体经济组织内部成员对集体土地的各种使用权的限制，我国法律规定的农民个人对集体土地的承包经营权以及自留地、自留山、宅基地等的使用权，都使集体土地所有权的内容进一步虚化，以至有学者提出应当将集体土地所有权取消。

目前我国的土地所有权制度主要规定于民法和土地法当中，从产生的历史来看，土地法规范要比民法规范更久远。另外，最高人民法院和政府土地及房屋管理部门在实践中发布了大量的有关规范性文件，几乎涉及所有与土地所有权制度相关的内容，这些规定有待进一步完善和系统化。

第二节　国有土地的归属与利用制度

一、国家土地所有权的概念

国家土地所有权，又称国有土地所有权，是指国家作为民事主体所享有的土地所有权。

我国《土地管理法》第 2 条第 1、2 款规定："中华人民共和国实行土地的社会主义公有制，即全民所有制和劳动群众集体所有制。全民所有，即国家所有土地的所有权由国务院代表国家行使。"国有土地属于全民所有，即国家所有，国家是国有土地的绝对的、唯一的主体。中央人民政府即国务院是国家所有权的唯一代表，国务院及其所属部门有权决定国有土地的占有、使用、收益，并保留国有土地的最终处分权。

在我国，国家土地所有权的取得主要采取了四种方式：①没收和接管，指建国初期国家对帝国主义、官僚资本主义、国民党反动政府和反革命分子等占有的城市土地，通过没收与接管的形式，无偿地将其变为国有土地，这是我国城市国有土地的主要取得方式；②赎买，指 20 世纪 50 年代中后期对城市资本主义工商业、私营房地产公司和私有房地产业主所拥有的城市地产进行社会主义改造，用赎买的办法将其转变为国有土地；③征收征用，包括对城市原非国有土地的征收征用和对城市郊区非国有土地的征收征用，对被征收征用者予以适当补偿并将这部分土地变为国有土地；④收归国有，指 1982 年宪法规定全部城市土地属于国有，据此，当时城市中少数尚未属于国有的土地全部被收归国家所有。

国家土地所有权不同于国家领土主权，后者是国际法上的权利，是公法上的权利，它所对抗的是其他国家对主权的侵犯；而前者是国内法上的权利，是私法上的权利，是相对于其他民事主体的权利。国家土地所有权也不同于国家的土地征收征用权，后者是宪法和行政法规定的国家权力，体现的是一种命令与服从的行政关系，而不是前者所体现的平等主体之间的民事关系。

国有土地的所有权主体是国家，国务院是国家所有权的唯一代表，这是毫无疑问的。但是，权利的行使并不等同于权利的归属；权利归属的单一性并不妨碍权利行使方式的多样性、灵活性。委托行使所有权是各国财产法普遍承认的一种方式，所以，地方政府经中央政府授权，可以代表国家行使国有土地所有权。我国实行的是一元制下的"单一代表、分级行使"的土地所有权行使制度，地方政府的行使权不是以所有权代表的资格为基础，而是以所有权代表即中央政府的授权为基础。地方政府依据法律或国务院授权进行的有关土地所有权的取得及土地使用权的出让、划拨、投资、回收等所有者行为，应当向中央人民政府负责，并随时受中央人民政府监督和制约。

二、国家土地所有权的范围

我国《宪法》第 9 条第 1 款规定："矿藏、水流、森林、山岭、草原、荒地、滩涂等自然资源，都属于国家所有，即全民所有；由法律规定属于集体所有的森林和山岭、草原、荒地、滩涂除外。"第 10 条第 1 款规定："城市的土地属于国家所有。"第 10 条第 2 款规定："农村和政府郊区的土地，除由法律规定属于国家所有的以外，属于集体所有；宅基地和自留地、自留山，也属于集体所有。"从这些法律规定可以看出，国家土地所有权范围的问题，实际上是指国家土地与集体土地的划分问题。根据现行法律法规规定，国家土地所有权的范围包括：

（一）城市的土地

所谓城市土地，在我国房地产法规中有时称为城镇土地，包括县级以上城市和建制镇的土地，一般应理解为已进行城市配套建设、具备城市功能、基本连片的区域。城市土地是国有土地中最重要的部分，是法定的房地产建设用地资源。

（二）农村和城市郊区的土地

根据《土地管理法实施条例》第 2 条的规定，下列城市市区以外的土地属于国家所有：农村和城市郊区中已经依法没收、征收、征购为国有的土地；国家依法征用的土地；依法不属于集体所有的林地、草地、滩涂及其他土地；农村集体经济组织全部成员转为城镇居民的，原属于其成员集体所有的土地；因国家组织移民、自然灾害等原因，农民成建制地集体迁移后不再使用的原属于迁移农民集体所有的土地。

（三）推定为国家享有所有权的土地

根据国家土地管理局 1995 年发布的《确定土地所有权和使用权的若干规定》第 18 条的规定，土地所有权有争议，不能依法证明争议土地属于农民集体所有的，属于国家所有。这体现了国家所有权优先的原则。[1]

三、国家土地所有权的内容

按照大陆法系的物权法原理，所有权的内容包括占有、使用、收益和处分四项权能。我国的国家土地所有权的四项权能具有以下特点：

（一）占有

由单一的所有人占有向混合的所有人占有和非所有人占有转化。所有人占有指国家作为所有人直接对国有土地的实际控制；非所有人的占有指国家以外的民事主体依法对国有土地进行实际控制的情形。大陆法上的土地占有主要是所有人的占有，而普通法上的占有则主要是非所有人的占有，后者更有利于土地资源按照市场要求的合理配置和充分利用，在房地产业方面尤为明显。

我国的国有土地在计划经济下完全表现为国家作为所有人直接对国有土地的占有，具体的占有主体包括国家机关和国有企事业单位，途径是无偿划拨。我国

---

〔1〕　符启林主编：《房地产法教程》，首都经贸大学出版社 2002 年版，第 23 页。

实行国有土地有偿使用制度以来，意味着国有土地可以由非所有人通过市场占有和使用，而且即使是国有企事业单位，如果其占有国有土地的目的不是履行国家和社会职能（而是例如从事房地产经营），那么其对国有土地的占有途径与非所有人的占有是相同的，即都是通过有偿的方式从土地市场获得。

（二）使用

由单一的无偿划拨使用向混合的无偿划拨使用和有偿出让使用转化。土地使用权能是土地所有权四项权能中的一项最基本的权能，但这项权能的主要意义已发展为并不在于所有权人自己行使，而在于由非所有人行使。土地物权中的许多权利都是土地使用权能由非所有人行使发展的结果，例如地上权、永佃权、地役权等。

国有土地使用权能更具有特殊重要的意义，国有土地的使用目的往往事关国家和社会职能的实现，事关土地资源价值能否充分实现。我国的国有土地使用权能在改革前属于土地所有权的一般权能，而且是由土地所有人直接行使，方式为单一的无偿划拨使用；改革以来土地使用权能已经从所有权中分离出来，发展为一项独立的权利——国有土地使用权，包括无偿的划拨土地使用权和有偿的出让土地使用权两种形式，且后者的适用越来越广泛。

（三）收益

由无收益到租税费混合收益。我国长期以来计划经济的理论和体制否认土地的价值和收益，导致土地资源的巨大浪费。实行土地使用权有偿使用制度以来，国家和各级地方政府通过有偿出让国有土地使用权获得大量的土地出让金，这种收益在香港被称为地租，是实行土地使用权出让制度政府的主要地产收益形式。

地租的好处是可以在短期内得到大量的收益，但这种源于殖民地掠夺式的地产收益形式也有其致命的缺陷。其缺陷表现在：①它鼓励政府在自己的任期内尽可能多地批地卖地，为此才有了中英土地联合小组（澳门也有中葡土地联合小组）的设置，主要职能之一是限制政府批地数量。我国内地一些地方滥批地屡禁不止与这种制度的弊端不无关系。②这种收益形式是以增量土地为主要对象，不利于城市存量土地资源的充分利用，是一条以大量消耗资源为代价的非可持续发展的途径。③这种收益极不稳定，以香港为例，20 世纪 80 年代一些年份政府批地收益占全部财政收入的约 40%，近几年则不足 1%，而当今世界上大部分国家政府土地收益的主要形式是不动产税费。目前我国新《土地管理法》对批地予以更严格的控制，随着房地产市场的健全，我国国有土地收益的主要形式正向租税费相结合、以税为主的方向发展。

（四）处分

由无序处分权到严格限制的处分权。计划经济体制下国有土地处分权的无序性表现在：一方面土地所有者对土地处分的权利依据主要是传统大陆法所有权原理，理论上所有者的处分权是绝对性和无限的，使用者则无任何处分权，后者的权利在法律上缺乏保障，而体制的弊端又决定了所有者对土地的处分往往是不合理的；另一方面，由于体制和管理上的原因，行政权力往往有力所不及之处，土地使用者得以对土地进行事实上的处分，而其中许多处分是不当或不法的，例如变相出租土地等。

我国土地法和民法通则确立了国有土地使用权制度之后，所有者对土地的处分权受到了严格的限制，而土地使用者则依法取得了一定的处分权，其中以出让形式取得土地使用权的，其处分权与所有者基本无异；以划拨形式取得土地使用权的，在补交土地出让金后亦取得处分权。

四、国有土地用益物权

（一）国有土地用益物权的概念与特征

国有土地用益物权，是指用益物权人对国家所有的土地，依法享有占有、使用和收益的权利。它是以支配国有土地之使用价值为内容而在国有土地上设立的定限物权。

国有土地用益物权具有以下的主要法律特征：

1. 国有土地用益物权是一种限定物权。这是相对于国有土地所有权而言的，国有土地所有权是一种完全物权，是物权的圆满状态，而国有土地用益物权是基于国有土地所有权而产生的，是将所有权的某一或某些权能分离出来的结果。所以，国有土地用益物权人不可能享有国有土地所有权的全部权能，他要受到所有权的限制。

2. 国有土地用益物权具有独立性。所谓独立性是指国有土地用益物权不以国有土地用益物权人对国有土地所有人享有其他财产权利为其存在的前提。国有土地用益物权的独立性表明国有土地用益物权不具有国有土地担保物权所具有的从属性和不可分性的属性。在国有土地用益物权独立性问题上，地役权似有例外。通说认为，地役权具有从属性和不可分性，这似乎与担保物权相同，其实不然，地役权的从属性和不可分性与担保物权的从属性和不可分性存在明显的差别。地役权的从属性是指地役权不得与需役地所有权分离而存在，不得保留地役权而处分需役地所有权，这是为保证需役地人的用益目的而采取的措施，而非为保证某一债权的实现而设置的。

3. 国有土地用益物权的成立和实现以占有国有土地为前提。物权是一种支配权，国有土地用益物权和担保物权都是如此，但国有土地用益物权和担保物权的支配形态不尽相同。国有土地用益物权的内容在于使用收益的实体，即对物的使用价值的用益，因而它必然以物的实体上的有形支配即实体占有为必要。用益物必须转移给国有土地用益物权人实际占有支配，否则，国有土地用益物权人的用益目的就无法实现，例如，若不转移土地，地上权人或永佃权人就无法在土地上营造建筑物、种植树木或进行耕作。担保物权的内容在于取得物的交换价值，因而可不必对物进行实体上的有形支配，以无形支配为满足。

4. 国有土地用益物权的设立目的是对国有土地进行使用和收益。使用和收益可简称为用益性，用益性是国有土地用益物权的基本属性，是国有土地用益物权与担保物权相区别的基本标志。按照马克思主义的观点，物具有价值和使用价值的双重属性。国有土地用益物权和担保物权是就这两种不同的价值而设立的权利：国有土地用益物权侧重于国有土地的使用价值，担保物权侧重于国有土地的价值或曰交换价值。正因为如此，国有土地用益物权又称为国有土地使用价值权，而担保物权又称为价值权。国有土地用益物权的用益性因用益物权的种类不同而存在着范围和程度上的差别，例如，传统民法上的地上权和永佃权都是以土地为用益物的权利，但两者的用益范围和程度却存在着明显的不同：地上权以在土地上营造建筑物和种植树木为用益范围，而永佃权则以在土地上耕作或牧畜为用益范围。

现代物权法在强调传统的以所有权为核心的静态归属的同时，更不断地向动态利用方面发展，表现为他物权体系的建立与完善。在资源有限的现代社会，一物一权主义原则，限制了人们取得所有权以及对所有权的利用的需要，为解决这一难题，只有另辟他途，国有土地具有的使用价值与交换价值的二重属性正好迎合此需要。国有土地用益物权是人们在社会实践中，为解决物质资料的所有与需求之间的矛盾而产生发展起来的，是所有权与其权能相分离的必然结果。

（二）建设用地使用权

1. 建设用地使用权的概念与特征。根据我国法律的规定，建设用地是指国家或集体所有的建造建筑物、构筑物的土地，包括城乡住宅和公用设施用地、工矿用地、交通水利设施用地、旅游用地、军事设施用地等。建设用地使用权，是指建设用地使用权人为在土地上建造并经营建筑物、构筑物及其他附属设施而依法对国家或集体所有的土地享有占有、使用和收益的权利。建设用地使用权可以在土地的地表、地上或者地下分别设立，但是，新设立的建设用地使用权，不得损害已设立的用益物权。

建设用地使用权的特征有四个方面：①建设用地使用权的客体是城镇国有土地或集体土地；②设立建设用地使用权的目的是为在土地上营造并拥有建筑物或其他工作物；③建设用地使用权的取得方式特殊，主要有出让、划拨、租赁等；④建设用地使用权具有商品性质，可以进入流通领域。

在我国现阶段，建设用地使用权主要是以城镇土地为客体的。城镇国有土地的所有权主体为国家（实代表全体人民）所垄断，而国家主体为抽象的存在，其权利必须由实然的主体去行使，即设立国家所有权的代表机关。另一方面，既然国家垄断所有，则在土地交易市场上不可能存在所有权的交易，而城镇国有土地要改变以前无偿无期无限制的使用状况，并使土地进入地产市场成为交易的客体，则必须寻找另一种土地上的权利替代土地所有权以带动土地进入流通领域。而这种权利在我国就是建设用地使用权。

2. 建设用地使用权当事人的权利义务。

（1）建设用地使用权人的权利主要包括：①对土地的占有、使用、投资入股的权利；②建设用地使用权人建造的建筑物、构筑物及其附属设施的所有权属于建设用地使用权人，但有相反证据证明的除外；③将建设用地使用权转让、出租和抵押的权利；④从事必要附属行为的权利；⑤相邻关系之适用。

（2）建设用地使用权人的义务主要包括：①建设用地使用权人应当依照法律规定以及合同约定支付出让金等费用；②建设用地使用权人对土地应合理使用，不得改变土地用途，需要改变土地用途的，应当依法经有关行政主管部门批准。

3. 建设用地使用权的续期与消灭。

（1）建设用地使用权的期限与续期。建设用地使用权的期限是由土地使用权出让合同所确定的期限所决定的。《城镇国有土地使用权出让和转让暂时条例》第12条规定不同用途的建设用地使用权出让的最高年限为：①居住用地70年；②工业、教育、科技、文化、卫生、体育用地50年；③商业、旅游、娱乐用地40年；④综合或者其他用地50年。

建设用地使用权期限届满后，面临着建设用地使用权如何续期的问题，这无论在理论上还是在实务上都是一个重要的问题。1990年国务院发布的《城镇国有土地使用权出让和转让暂行条例》规定：土地使用权期满，土地使用权及其地上建筑物、其他附着物所有权由国家无偿取得。虽然国内外法律皆有此种立法例，如我国香港特别行政区就规定了土地批租制度，当土地批租期满以后，要把这块土地连同土地上的建筑物无偿交还香港政府。[1] 但是，这一规定有失公正，人们无法面对房屋"被国家无偿取得"的现实。2007年新修订的《城市房地产管理法》修正了这一规定，该法第22条第2款规定："土地使用权出让合同约定的使用年限届满，土地使用者未申请续期或者虽申请续期但依照前款规定未获批准的，土地使用权由国家无偿收回。"很明显，这一规定仅仅规定土地使用权

---

〔1〕 徐静："土地使用权期满地上建筑物归属的理论探析"，载《政法论丛》2000年第3期。

期限届满后，土地使用权由国家无偿收回，回避了地上建筑物或附着物如何处理。《物权法》第149条第一次以法律的形式回答了这一问题，对住宅和非住宅作了区别对待：住宅用途的建设用地使用权期限届满的，自动续期。住宅土地使用权到期后自动续期，这一规定符合市场资源的最优配置原则和尊重人权的精神，至于自动续期后是否缴纳土地使用费以及缴纳多少，仍存在着广泛的争议，物权法没有作出规定。非住宅用途的建设用地使用权期限届满的，依照法律规定办理。这里的"法律规定"主要是指《城市房地产管理法》第22条。根据该条款，如果非住宅用途的建设用地使用权人需要继续使用土地的，应当至迟于届满前1年申请续期，除根据社会公共利益需要收回该幅土地的，应当予以批准。经批准准予续期的，应当重新签订土地使用权出让合同，依照规定支付土地使用权出让金。非住宅土地使用权的续期，按照约定办理，体现了民法的私法自治精神，充分尊重当事人的意思表示；在没有约定或者约定不明确的情况下，依照法律、行政法规的规定办理。

案例与评析

李某在一块自己以出让方式取得的国有土地上建造了一商业楼。2008年3月土地使用权到期，市政府要求无偿收回土地使用权及地上商业楼，因为市政府认为按照《城镇国有土地使用权出让和转让暂行条例》的规定：土地使用权期满，土地使用权及其地上建筑物、其他附着物所有权由国家无偿取得。李某认为：虽然当时在出让合同中未约定土地到期后建筑物的归属，但是建筑物是自己建的，理应属于自己。政府要是想要建筑物，就应该给自己赔偿。双方发生争执，李某诉至人民法院。

本案例是关于土地使用权到期后土地上建筑物的归属问题。焦点在于土地使用权到期后土地上建筑物的归属是否应按照《城镇国有土地使用权出让和转让暂行条例》的规定由政府无偿收回。在《物权法》出台后，该问题迎刃而解，因为《物权法》第149条第2款规定："非住宅建设用地使用权期间届满后的续期，依照法律规定办理。该土地上的房屋及其他不动产的归属，有约定的，按照约定；没有约定或者约定不明确的，依照法律、行政法规的规定办理"。根据我国立法法和司法实践，上位法优先适用于下位法，而与《城镇国有土地使用权出让和转让暂行条例》相比较，《物权法》是上位法，所以适用《物权法》的规定。本案中，双方并未在合同中约定土地到期后建筑物的归属，就应该按照法律的规定来认定。所以我们认为：建筑物应该由政府无偿取得。

（2）建设用地使用权的消灭。建设用地使用权的消灭事由主要是：①非住宅建设用地使用权出让的期限届满，未申请续期或虽申请续期未获批准的；②因公共利益的需要或土地使用权人的违法行为而收回建设用地使用权。

建设用地使用权消灭事由不同，其法律效果也不尽相同：未如期申请或未获批准的，土地使用权及其地上建筑物、其他附着物有约定的，按照约定；没有约定或者约定不明确的，由国家无偿收回；建设用地使用权期间届满前，因公共利益需要提前收回该土地的，应当依法对该土地上的房屋及其他不动产给予补偿，并退还相应的出让金；如果国家无偿收回划拨的土地使用权的，对其地上建筑物或其他工作物应当根据实际情况给予适当补偿。

建设用地使用权消灭的，出让人应当及时办理注销登记。登记机构应当收回建设用地使用权证书。

（三）地役权

1. 地役权的概念与特征。

（1）地役权的概念。地役权是一种古老的物权形式，不仅在大陆法系国家普遍存在，而且英美法系国家也予以确认。在《物权法》出台之前，我国民法仅规定了相邻关系，而未规定地役权，且相邻关系的规定非常简单，难以适应现实的需要，多数学者认为除完善相邻关系的规定外，还应规定地役权这种物权，以适应物权主体不同层次的需要。《物权法》顺应这一需要，首次规定了地役权制度，第156条规定："地役权人有权按照合同约定，利用他人的不动产，以提高自己的不动产的效益。前款所称他人的不动产为供役地，自己的不动产为需役地。"

地役权，就是指土地的所有权人或使用权人为使用自己土地的便利而使用相邻他人土地的权利，这里所称相邻他人土地为供役地，自己的土地为需役地。地役权制度对于合理、充分地利用土地及其他不动产，提高其使用价值和使用效益，具有其他制度无可替代的重要作用。地役权与前述房地产相邻关系十分相似，都是设定在房地产上的权利，都是为尽可能发挥相邻房地产的利用价值和使用效益而设定的。但从法律性质上说，地役权与相邻关系是不同的：相邻关系属于自物权的范围，其创设的目的是对所有权行使效力及范围进行直接限制；而地役权属于他物权的范围，其创设的目的在于利用他人土地以便于实现自己土地的利益。相邻权是法定的；而地役权是双方意定的。另外，两者对房地产利用关系调节的程度、取得是否有偿、是否为独立的权利类型、其设定是否需要登记及当事人之间的权利义务关系等方面均有明显的差异，不可混为一谈。以前我国法律仅设有相邻关系制度，而未设地役权制度。《物权法》借鉴大陆法系各国关于地役权的规定，在相邻关系制度之外建立了较为完善的地役权制度。

（2）地役权的特征。地役权的特征表现在以下几个方面：

第一，地役权为他物权。地役权本质上说是对所有权的限制，是存在于他人房地产（不动产）之上的物权，其存在必须以供役地和需役地属于不同所有人（在我国主要为土地使用权人即地上权人）为要件，在自己的房地产上设立的地役权由于役权与所有权混同而消灭。

第二，地役权是以他人房地产供自己房地产便宜之用的权利。这种便宜，不仅体现为经济上的利益，而且还包括某种精神上的满足。比如：甲在海边购买了一处海景公寓，该地旁边有乙商店，甲为了今后能够在家中眺望大海，就与商店签订了设立地役权的合同，约定若干年内该商店不得新建高层建筑。这个案例中，此效益对于甲可以说就是一种精神上的满足。

第三，地役权具有从属性，地役权具有从属于需役地的所有权或使用权的性质。需役地所有人或使用人不得自己保留土地所有权或使用权而将地役权单独转让；不得自己保留地役权而将土地所有权或使用权转让；不得将土地所有权或使用权与地役权分别转让于不同的人。比如说：甲拥有一块土地的使用权，在旁边的乙土地上设立了地役权，在地役权有效存续期间内，甲将土地使用权转让给丙，那么其土地上的地役权也随之一起转让。

第四，地役权容许当事人自由约定。法律对于地役权的控制是通过类型强制实现的，但是当事人之间对于地役权的内容是可以自由设定的，只要不违反法律和公序良俗，就可以通过地役权来实现对他人土地的便宜利用，通过对地役权内容的约定，就可以很好地满足当事人物权利用要求。地役权容许当事人自由约定是地役权制度与其他物权最大的不同，也是地役权的最大特色。

第五，地役权具有不可分性。地役权的不可分性，指地役权存在于需役地和供役地的全部，不能分割为各个部分或者仅仅以一部分而存在，即使供役地或需役地被分割，地役权在被实际分割后的需役地和供役地的各个部分上仍然存在。地役权的不可分性的理由在于：地役权是为需役地全部利用而设定，地役权不能部分地设立，因为它所允许的对物的享有表现为单纯的使用权，这种使用权当然不能分割，因而人们说地役权是不可分的。地役权不可分性就在于地役权是用益物权，其设立目的是通过对供役地的利用提高需役地的整体利用价值。

案例与评析

甲为通行方便与丁协商在 A 地设立通行地役权，并开设道路 B，后丁将 A 地划分为 C、D 两块土地，分别转让给乙、丙两人，而 B 道路只是通过 C 地，那么此时甲是否有权向丙的 D 地主张通行地役权？

本案主要涉及的核心问题就在于：在需役地或供役地被分割后，原地役权是否依然有效存在。

如前所述，需役地分割的，分割后的每份土地仍然享有完整的地役权；而同时，供役地分割的，分割后的每份土地仍是需役地的供役地。《物权法》第167条规定："供役地以及供役地上的土地承包经营权、建设用地使用权部分转让时，转让部分涉及地役权的，地役权对受让人具有约束力。"因此，依据该规定，对转让部分享有地役权的前提是"涉及地役权"。原则上分割后的每块土地均享有完整的地役权或仍是需役地的供役地，但是如果分割后的土地依其性质和地役权无关，则不享有完整的地役权或不是需役地的供役地。本案中，D地和道路B以及通行权没有任何联系，所以地役权此时仅对于C地继续存续，D地则不负担此役权。所以，甲无权在D地址上向丙主张通行地役权。

2. 地役权的种类。各国法律上对地役权的种类规定是有所不同的。如在罗马法上，根据需役地的性质和用途不同，将地役权分为田野地役权与城市地役权：前者系为土地耕作的便利而设定，故又称耕作地役权；后者系为房屋建筑和使用的便利而设定，故又称建筑地役权。在法国、意大利、西班牙等国民法中，地役权有强制地役权（又称法定地役权，实际上属于相邻关系的内容）和任意地役权（即约定地役权）之分等。

各国法律上所规定的各种地役权，在民法理论上可以从客体、内容和行使上进行分类。如根据客体的不同，可分为地表地役权与空间地役权；根据内容的不同，地役权可以分为通行地役权、引水地役权、排水地役权、眺望地役权、建筑地役权等；而理论上更多地是从地役权的行使方面对其进行以下分类：①以地役权行使的内容为标准，分为积极地役权与消极地役权；②以地役权行使的方法为标准，分为继续性地役权与非继续地役权；③以地役权行使的状态为标准，分为表见地役权与不表见地役权等。我国《物权法》上并未对地役权的种类作详细划分。

3. 地役权的取得。地役权的取得方式分为两种：基于法律行为取得和基于法律行为以外的事实取得。

（1）基于法律行为设定地役权。通过法律行为对地役权进行设定的，有两种类型：有基于契约行为的，有基于单独行为的，例如遗嘱。我国法律上的地役权是以合同约定的方式而设定的。地役权合同应采用书面形式，包括以下内容：当事人的姓名或者名称和住所、供役地和需役地的位置、利用目的和方法、利用期限、费用及其支付方式、解决争议的方法等。

地役权生效的时间，各国有登记对抗主义和登记生效主义两种不同的做法，我国采登记对抗主义，即地役权自地役权合同生效时设立，当事人要求登记的，可以向登记机构申请地役权登记；未经登记，不得对抗善意第三人。

地役权的期限由当事人约定，但不得超过土地承包经营权、建设用地使用权等用益物权的剩余期限。

在设定地役权时，应注意处理好地役权与宅基地使用权、土地承包经营权等用益物权的关系。一方面，土地所有权人享有地役权或者负担地役权的，设立土地承包经营权、宅基地使用权时，该土地承包经营权人、宅基地使用权人继续享有或者负担已设立的地役权；另一方面，土地上已设立土地承包经营权、建设用地使用权、宅基地使用权等权利的，未经用益物权人同意，土地所有权人不得设立地役权。

（2）基于法律行为以外之原因取得地役权。基于法律行为以外之原因取得地役权的，无非有两个原因：一是时效取得，二是因为继承。我国《物权法》没有规定时效取得制度，因此，基于法律行为以外的原因取得地役权的仅限于继承一种情况。需役地所有人或其他取得地役权的用益物权人死亡时，需役地的所有权或用益权即由继承人继承，则其地役权无论就其从属性或为用益物权的让与性而言，当然可以由继承人继承。

4. 地役权当事人的权利与义务。

（1）地役权人的权利与义务。地役权人的权利主要包括：

第一，利用供役地为必要行为的权利。地役权人为了达到提高自己房地产效益的目的在其他房地产上设立地役权，必然要利用他人的土地，也就是供役地，从而在供役地上要为一定的行为。地役权人对供役地使用的方法、范围及程度等，应该依当事人的约定而定，不能超出当事人约定的范围。如果没有约定，一般而言行为之"必要性"在于非此行为，地役权人行使地役权的基本要求就无法达到。

第二，为必要附属行为与设置的权利。在某些情况下，地役权人为了实现地役权设定的目的，有权行使必要的附属行为，如在供役地上修筑道路等，或者建造必要的设施，如为了通过他人的土地而取水，就必须要在他人的土地下铺设管道。但是，这种附属行为和必要设施的行使和建立，比起利用供役地本身而为的必要行为，在必要性上要严格得多，因为本身就是附属义务，同时地役权人在为必要附属行为和建设必要设施时，应该遵循最小损害原则，避免给供役地人造成损害。

第三，优先利用的权利。当地役权人的利用与供役地所有人的利用相冲突时，原则上应依双方当事人原约定的内容确定。如果不能确定的，应认为地役权人有优先使用的权利，这就是学者所称的地役权人利用优先的原则。当然这种优先性也是有一定限度的，必须是在不明显损害供役地人行使所有权或用益物权的前提下利用。

第四，基于地役权的物权请求权。对于地役权而言，可以适用的物权请求权包括恢复原状、排除妨害、消除危险、停止侵害，至于返还原物，自然没有适用的余地。

地役权人的义务主要包括：

第一，支付对价的义务。地役权的设定，可以是有偿的，也可以是无偿的。如果地役权的设定是有偿的，那么地役权人自然有支付价金的义务，租金支付的数额、时间以及方式则按照合同的约定。

第二，维持设施的义务。地役权人为必要附属行为、建造必要设施的权利的同时，有维持其设置的义务，其维持的费用，如果双方没有特别约定，则由地役权人负担。

第三，为最小损害的义务。地役权人在行使地役权的过程中，可能为必要行为、必要附属行为、建造必要建筑物，这些积极行为的行使必然要和供役地人的所有权或其他用益物权发生冲突。那么，法律上就课以地役权人为最小损害的义务。

(2) 供役地人的权利与义务。供役地人的权利主要包括：

第一，为合理目的变更使用场所及方法的请求权。地役权的目的是为了限制供役地使用，而不像其他用益物权，全部夺去了所有人对房地产的使用。因此，供役地房地产权利人为了使用土地的需要，在不影响地役权设定目的的前提下，可以请求变更地役权人利用供役地的场所和方法，如果双方没有相反约定，地役权人不得拒绝。当然因此付出的费用，由供役地房地产权利人负担。

第二，可在同一房地产上设立多个地役权。两个以上内容不同的地役权（如用水地役与通行地役）或内容相同但互不排斥的地役权（如不作为地役），也可并存于一宗土地之上；在同一土地的上下得成立不同范围的数个地役权，如建筑房屋的地役权和地下停车场的地役权。

第三，使用附属设施的权利。供役地房地产权利人在不影响地役权设定目的的前提下，可以对地役权人建筑在自己土地上的设施予以使用。比如：地役权人在供役地上建设一条道路方便通行，供役地房地产权利人在不影响地役权人通行的前提下，也可以使用。但是，如果供役地房地产权利人使用附属设施的，也就应该分担对附属设施维持和修缮的费用。当然，双方也可以约定排除供役地房地产权利人使用附属设施的权利。

第四，请求支付对价的权利。如果地役权的设定是有偿的，那么供役地房地产权利人自然有要求地役权人支付对价的权利，对价支付的数额、时间以及方式则按照合同的约定。

供役地人的义务主要包括：

第一，忍受供役地上负担的义务。地役权人在供役地上设立、行使地役权，供役地房地产权利人就负有容忍地役权人为或不为一定利用行为的义务，总的来说就是承担一种负担，这些负担包括容忍他人对自己土地实施某种程度上的损害等。

第二，对工作物设置或修缮的义务。供役地房地产权利人一般只负有容忍或不作为的义务，原则上不负积极的作为义务。但是，双方当事人也可以约定，使供役地房地产权利人负有以其自己的费用设置地役权行使的必要的工作物或为其修缮的义务。

案例与评析

乙的 B 地邻近公路，甲的 A 地在 B 地的内侧，甲、乙通过协商，设立地役权，约定：甲在 B 地开一条 C 路，乙允许甲从 C 路通行，甲为此向乙支付一笔费用。后乙在其土地上发现了地下温泉，盖了一座温泉娱乐中心，但由于温泉的位置原因，娱乐中心毗邻 C 路，为减少对娱乐中心旅客的噪音污扰，乙向甲请求将 C 路移至其他适于地役权人的位置，移路费用由乙承担。甲不容许，乙因此诉至法院，要求甲容许其改 C 路于其他适于地役权人的位置。

本案主要涉及的问题是：原告是否有权利将被告设置的道路改道。首先，如前所述，原告具有为合理目的变更使用场所及方法的请求权。因为地役权的目的是为了限制供役地使用，而不像其他用益物权全部夺去了所有人对房地产的使用。因此，供役地房地产权利人为了使用土地的需要，在不影响地役权设定目的的前提下可以请求变更地役权人利用供役地的场所和方法。这一点虽然《物权法》没有明文规定，但是兼顾双方当事人利益，符合诚信原则，应该予以肯定。本案中，乙开设温泉娱乐中心，为客人提供一个安静的休息环境显然符合合理与必要的要求，并且，乙答应为甲在有利于其的地方再开辟一条道路，兼顾了双方当事人利益，因此，本案中甲作为地役权人不得拒绝乙的请求，当然因此付出的费用，由供役地房地产权利人负担。

5. 地役权的消灭。地役权的消灭是指主体不再享有地役权的情形，包括土地灭失、目的不能、国家征收、期限届满、抛弃、混同和解除等情形。

（1）土地灭失。需役地是地役权存在之根本，如果需役地全部灭失，那么地役权当然也就随之消灭。但是如果只有一部分需役地灭失，地役权就不当然消灭，而要看残余的土地是否使地役权的行使不能进行。

（2）目的不能。目的不能和土地灭失同属于事实不能的一种。在有些情况下，尽管需役地完好无损，但是设立地役权的目的已经无法实现，此时地役权也随之消灭。比如说，当事人订立引水地役权，水道通过供役地，但是后来水源枯竭了，那么此时尽管需役地完好无损，但事实上地役权已经无法实现了。

（3）国家征收。一般而言，如果国家因社会公共利益的需要而征收需役地或者供役地，致使地役权行使不必要或者不可能时，地役权消灭，但是征收以后，应当给予地役权人适当的补偿。

（4）期限届满。地役权存续的期限由当事人自主设立，如果设立的是永久地役权，那么自然没有期限届满的问题；如果设立的是有期地役权，那么当地役权期限届满时，地役权消灭。

（5）地役权抛弃。地役权是一种限制物权，当然也是一种权利，民事权利可以由权利人自由处分。对于地役权而言，当然可以因为地役权人的抛弃行为而消灭，但是，需要注意的是，如果地役权人的地役权是有偿的，那么地役权人须支付对价之后，方可抛弃。

（6）混同。混同是合同法上合同权利义务关系消灭的原因之一，那么对于地役权人而言，如果地役权人和需役地人为一人时，地役权自然消灭。但是按照地役权的不可分性，如果需役地或供役地为共有时，共有人中的一个为混同，地役权并不为之消灭。

（7）解除地役权。《物权法》第168条中规定了两种需役地人享有的法定解除权：一种是违反法律规定或者合同约定，滥用地役权的；另一种是有偿利用供役地，约定的付款期间届满后在合理期限内经两次催告未支付费用的。在这两种情况下，需役地权利人可以单方面解除合同，地役权就此失效。

第三节　集体土地的归属与利用制度

一、集体土地所有权的概念与特征

（一）集体土地所有权的概念

集体土地所有权是指农村劳动群众集体经济组织对依法属于自己所有的土地享有占有、使用、收益和处分的权利。我国绝大部分农用地及农村建设用地都属于集体所有，因而集体土地所有权是我国一种非常重要的土地所有形式。

建国初期，随着土地改革运动的基本完成，农村土地除依法属于国家所有的以外，均属农民所有。经过初级农业合作社、高级农业合作社和人民公社的农业合作化运动，农村的土地私有制逐步转变为集体所有制，建立了"三级所有，队为基础"的土地权属关系。改革初期，农村土地由原来的集体所有、集体共同使用转变为集体所有、农户承包经营的体制，集体土地使用权逐渐与所有权相分离，这种新型的土地权利由初期的合同权利性质为主逐步发展为与所有权相并列的一种物权，并在民法通则中得到确认。

（二）集体土地所有权的特征

根据我国法律规定及现实情况，农村集体土地所有权具有如下特征：

1. 主体具有多元性。与国有土地不同，农村集体土地未有一个全国范围内的统一主体，呈现多元性的特点。根据我国《民法通则》第74条、《土地管理法》第10条的规定及相关规定，农村集体经济组织作为集体土地所有权的主体，主要包括村农民集体、农村集体经济组织和乡（镇）农民集体三种：

（1）集体所有的土地依法属于村农民集体所有的，由村集体经济组织或者村民委员会经营、管理。这主要指原来以生产大队为基本核算单位的村，其土地由村农民集体所有。如果该村级单位有统一的农业集体经济组织，例如生产大队，则由该级组织行使所有权；如果没有统一的农业集体经济组织，则由村民委员会行使所有权。这是我国农村集体土地所有权主体的主要类型。

（2）土地已经分别属于村内两个以上农村集体经济组织的农民集体所有的，由村内各农村集体经济组织或者村民小组经营、管理。也就是说，土地已经归生产小队或村民小组占有使用的，法律对其所有权主体地位予以认可。这主要是考虑到当前在有些地方，生产小队和村民小组仍然是农业经济实体和土地发包单位，承认其主体地位有利于稳定目前农村的集体土地所有制形式。

（3）土地已经属于乡（镇）农民集体所有的，由乡（镇）农村集体经济组织经营、管理。这是从立法上明确了原来以人民公社为基本经济核算单位的乡或者镇的土地，以及在人民公社时期或农村经济体制改革以后由公社或者乡（镇）工业企业、农场、林场、渔场等使用的已经属于乡（镇）农民集体经济组织所有的土地。

但是在现实生活中，我国农村土地所有权却存在着主体虚位的情况。哪些土地该属于哪一级的农村集体经济组织所有、该集体经济组织通过什么样的运行方式来行使自己的土地所有权，至今都没有明确。不仅已有的地籍登记模糊混乱，甚至不少地方的集体土地所有权属证书都尚未发出。主体虚位使得集体土地所有权的行使混乱，给某些人滥用权力、非法转让土地大开方便之门，造成农村土地大量流失，严重损害了农民利益。如何对农村集体土地所有权进行符合物权法要求的改造，保护农民利益，防止耕地流失，成为我们的当务之急。

2. 客体具有广泛性。农村集体土地所有权的客体是集体土地。农村集体土地形成于20世纪50年代，它是在农业集体化时期，由农民个人和家庭的私有土地通过初级合作社、高级合作社和人民公社化过程逐渐演化而成的。我国目前还是农业社会，农村集体土地的数量是相当大的，如何对其进行保护性的开发利用、维护农民权益，是我们面临的重要问题。

3. 权能受到限制。农村集体土地所有权的权能包括集体经济组织对其所有的土地行使占有、使用、收益、处分的权能。上述权能可以由集体经济组织统一行使，也可通过某种方式将某些权能分离出去，由其他集体组织或农民个人行使。比如设定承包经营权，将土地交由农民使用。但是实践中，不少基层人民政府常常以调整产业结构为名，用行政命令的方式，把国家保护农民利益为基本出发点的指导性计划，变成损害农民利益的指令性计划，强行要求或禁止农民从事某些属于经营自主权范围的生产经营活动，这就侵犯了农村集体所有权的使用权能，损害了农民利益。另外，根据法律的规定，农村集体经济组织所有的土地流转上具有单向性，不得进行自主的买卖交易。处分权能作为所有权的核心权能不归农村集体所有人，却归国家，若想在集体土地上进行开发建设性使用，只有在经国家征用、变为国有土地后才能进行。政府征用集体土地，高价出让给商家，而农民只能得到少量的地力、地上损失费和失去土地的人口安置费，不包括土地的价值，这实际上是仅承认集体土地上设定的用益物权，而无视集体土地所有权的存在。

二、农村集体土地的范围

农村集体土地的范围，我国《宪法》第 10 条和《土地管理法》第 8 条都作出了明确规定：农村和城市郊区的土地，除由法律规定属于国家所有的以外，属于集体所有；宅基地和自留地、自留山也属于集体所有。

这里的所谓"由法律规定属于国家所有的以外"，是指在我国 20 世纪 50 年代农村土地改革时被征收、没收的土地中依法被确定为国家所有的部分土地及国家建设（如铁路建设、公路建设、高速路建设等）的留用地和依法被征用的土地。[1] 另外，根据《土地管理法》第 8 条的规定，城市市区的土地属于全民所有即国家所有。但实践中，集体所有土地与国家所有土地的界限仍有不清楚的地方。在城市的范围内，也存在着许多历来由农村或城市集体经济组织所有的土地，特别是随着城市的发展，老城市市区的范围不断扩大，而原集体所有的土地又并没有被完全征用，这就出现了在城市范围仍存在集体所有的土地的情况，即所谓"城中村"。这种情况有待于我们加强土地调查与登记工作，以进一步明确土地所有权的归属。[2]

我国有关法律规定中提出的农村的"宅基地"，是指农村现有建筑物占用的土地和没有建筑物的非耕种所用的空地，该空地可供建设建筑物。"自留山"、

---

〔1〕　程惠瑛：《房地产开发与交易——房地产法原理与实务》，复旦大学出版社 1998 年版，第 117 页。

〔2〕　王利明：《物权法论》，中国政法大学出版社 1998 年版，第 521 页。

"自留地"是指农业集体化以后到公社化时期，农村集体经济组织从集体所有的土地或山地中划配给社员个人长期使用的少量的农用土地或山地，这之后我国农村继续保留了自留地制度。农民集体所有的土地，还可分为农用地、建设用地和未利用地，农用地是指直接用于农业生产的用地，包括耕地、林地、草地、农田水利用地、养殖水面用地等；建设用地是指建造建筑物、构建物的土地，主要包括乡（镇）村企业用地、工矿用地、乡村公益事业和公用设施用地、旅游用地及农村宅基地等。[1]

三、集体土地用益物权

集体土地用益物权是民事主体依法享有的对集体所有土地进行使用的权利。集体土地用益物权的主体，既可以是自然人，又可以是单位。《物权法》规定的集体土地用益物权包括承包经营权、宅基地使用权和地役权，地役权已在国有土地用益物权中进行了讲述，这里重点讲述前两种。

（一）土地承包经营权

1. 土地承包经营权概述。农村土地承包经营制度与农村经济体制改革有着密切的联系。[2] 1978年，安徽省凤阳县小岗村的农民率先实行了包干到户，从此在全国实行了家庭联产承包责任制，重新确立了家庭经营的主体地位。这是一场从"身份到契约"的变革，它使农民及农户不再仅仅是集体的一名成员，而成为具有自主经营权的独立的经济主体。农民的土地承包经营权在我国的《民法通则》中就得到了确认。但是，家庭承包制变革的是传统集体土地制度中的经营权关系，并没有改变传统集体土地制度中的归属关系。

在《物权法》出台以前，对于农村集体土地用益物权是否包括承包经营权，有学者认为，"集体土地用益物权与承包经营权之间有联系又有区别。从历史的角度看，承包经营权是集体土地用益物权形成过程中的一个阶段。"[3] 而还有人认为，我国《土地管理法》将土地使用权规定在第7条，而将承包经营权规定在第14条，立法上似乎并未将二者等同，因而承包经营权是一项独立的民事权利，不应包括在集体土地用益物权中。[4] 我国于2002年8月颁布了《农村土地承包法》，该法虽然沿用了承包经营权这一称谓，但对其进行了物权法改造。《物权法》出台以后，承包经营权被规定为一种土地用益物权的形式，关于承包经营权性质的认定有了明确的法律依据。

---

〔1〕 刘保玉：《物权法》，上海人民出版社2002年版，第225页。

〔2〕 夏凤英："论农村土地承包经营权流转制度的完善"，载《政法论丛》2006年第5期。

〔3〕 王卫国：《中国土地权利研究》，中国政法大学出版社1997年版，第181页。

〔4〕 江平：《中国土地立法研究》，中国政法大学出版社1999年版，第280页。

《物权法》第 124 条第 2 款规定："农民集体所有和国家所有由农民集体使用的耕地、林地、草地以及其他用于农业的土地，依法实行土地承包经营制度。"第 125 条规定："土地承包经营权人依法对其承包经营的耕地、林地、草地等享有占有、使用和收益的权利，有权从事种植业、林业、畜牧业等农业生产。"

土地承包经营权具有如下法律特征：①土地承包经营权的主体是一切农业生产者，并且一般都是农地所属的村集体经济组织的成员。②土地承包经营权的标的物是集体所有或国家所有由农民集体使用的农业土地，但主要是集体所有的土地。正因为此，本书在集体土地用益物权部分集中讨论土地承包经营权的有关问题。③土地承包经营权的设立目的是从事种植、养殖或畜牧等农业活动。④土地承包经营权都有期限的限制：耕地的承包期为 30 年，草地的承包期为 30 年至 50 年，林地的承包期为 30 年至 70 年，特殊林木的林地承包期，经国务院林业行政主管部门批准可以延长。上述承包期届满，由土地承包经营权人按照国家有关规定继续承包。

传统民法上，与土地承包经营权制度最为接近的是永佃权制度，但二者在设立的经济基础、当事人双方的地位、收益分配的性质及存续期限等许多方面存有差异。

2. 土地承包经营权的取得与流转。土地承包经营权主要通过双方当事人订立合同而创设，这是基于法律行为的取得。土地承包分为家庭承包和其他方式的承包两种，以采用农村集体经济组织内部的家庭承包方式为主。两种承包方式中的承包方、承包地、取得承包权的方式、条件、期限、当事人之间的权利义务等均有较大差异。土地承包经营权自土地承包经营权合同生效时设立，由县级以上地方人民政府向土地承包经营权人发放土地承包经营权证、林权证、草原使用权证，并登记造册，确认土地承包经营权。

土地承包经营权作为房地产用益物权之一种，应允许其流转。但从我国土地公有制、农业生产的稳定发展和农用土地的管理制度角度看，对农地承包权的流转也应作出必要的限制。根据《农村土地承包法》的规定，通过家庭承包取得的土地承包经营权可以依法采取转包、出租、互换、转让或者其他方式流转；通过招标、拍卖、公开协商等方式承包农村土地，经依法登记取得土地承包经营权证或者林权证的，其承包经营权可以依法采取转让、出租、入股、抵押或者其他方式流转。《物权法》确认了《农村土地承包法》关于土地承包经营权流转的规定，同时进一步规定：土地承包经营权流转的期限不得超过承包期的剩余期限，而且未经依法批准，不得将承包地用于非农建设；土地承包经营权人将土地承包经营权互换、转让，当事人要求登记的，应当向县级以上地方人民政府申请土地承包经营权变更登记；未经登记，不得对抗善意第三人。

3. 土地承包经营权当事人的权利与义务。

（1）发包方的权利和义务。发包方的主要权利包括：①监督承包方依照承包合同约定的用途合理利用和保护土地；②制止承包方损害承包地和农业资源的行为；③合同约定和法律、法规规定的其他权利，如依法收取公益提留、承包费，在符合法定条件和程序的情况下调整承包地等。

发包方的主要义务包括：①维护承包方的土地承包经营权，不得非法变更、解除承包合同；②尊重承包方的生产经营自主权，不得干涉承包方依法进行正常的生产经营活动；③依照承包合同的约定为承包方提供生产、技术、信息等服务；④执行县、乡（镇）土地利用总体规划，组织本集体经济组织内的农业基础设施建设；⑤合同约定和法律、法规规定的其他义务。

《物权法》对发包方的义务也作了规定：承包期内发包人不得调整承包地；因自然灾害严重毁损承包地等特殊情形，需要适当调整承包的耕地和草地的，应当依照农村土地承包法等法律规定办理；承包期内发包人也不得收回承包地。如果因为公共利益的需要，享有土地承包经营权的承包地被征收的，土地承包经营权人有权按照法律的规定获得相应补偿。

（2）承包方的权利义务。承包方享有的主要权利包括：①依法享有承包地使用、收益和土地承包经营权流转的权利；②自主组织生产经营和处置产品的权利；③在承包地被依法征用、占有时依法获得相应补偿的权利；④合同约定和法律、法规规定的其他权利。

承包方的主要义务包括：①维持土地的农业用途，不得用于非农建设；②依法保护和合理利用土地，不得给土地造成永久性损害；③合同约定和法律、法规规定的其他义务，如依法缴纳提留，依约定的方式、数额等缴纳承包费用等。

4. 土地承包经营权的消灭。土地承包经营权的消灭事由主要有如下几项：①农地承包期限届满；②承包方在承包期内交回承包地；③发包方在承包期内依法收回土地；④农地被依法征收、占用；⑤承包方依法将土地承包经营权转让给第三人。

（二）宅基地使用权

1. 宅基地使用权的概念和特征。宅基地使用权是指农村居民在集体所有的土地上建筑房屋，供作居住的权利。宅基地使用权具有以下法律特征：

（1）宅基地使用权是一种保障性权利，村民人人都享有使用宅基地的权利，这在国际法上已经成为一项基本人权。宅基地因自然灾害等原因灭失的，宅基地使用权才消灭，对失去宅基地的村民，应当重新分配宅基地。我国现行《土地管理法》中对农村村民在集体所有的土地上的宅基地使用权作有原则规定；根据《物权法》第152条的规定可知，宅基地使用权是宅基地使用权人依法对集体所有的土地享有占有和使用的权利。

（2）农村的宅基地与集体经济组织成员的权利和利益是联系在一起的。也就是说，农民申请宅基地很大程度上是因为农民是农村集体、经济组织的成员，每一个成员都有权以个人或者农户的名义申请宅基地，土地的有限性决定了集体经济组织以外的人员一般不能申请宅基地，所以宅基地通常是与成员权联系在一起的。农村的宅基地具有一定的福利性质，这种福利主要表现在农民能够廉价取得宅基地，获取基本的生活条件，这也是农村居民与城市居民相比享有的最低限度的福利。因为提供了宅基地，农村居民享有了基本的居住条件，从而维护了农村的稳定。由于宅基地具有福利的性质，集体经济组织的成员获得宅基地大多是无偿的或者只要支付较少的地款就可以获得，而不是按市价购买。

（3）宅基地使用权是特定主体对于集体土地的用益物权。宅基地作为用益物权，首先表现在权利人可以对宅基地长期享有占有、使用的权利。对于宅基地，权利人有权在宅基地上建设房屋和附属物。由于房屋可以继承，所以宅基地使用权实质上也可以继承，因此宅基地使用权是一种无期限限制的即长期的权利。尽管权利人对宅基地享有长期的使用权，但这种使用权不是长期不变的。如果因为国家建设需要征用土地，或者村镇规划需要改变土地用途，或者居民个人的宅基地实际过多，远远超过了当地规定的标准，可以经过法定程序，进行合理的调剂或重新安排。应当指出的是，由于宅基地主要是作为生活资料提供的，所以权利人不能将宅基地作为生产资料使用，例如将宅基地投资建厂或者改为鱼塘等。

（4）集体经济组织的成员只能申请一处宅基地。因为土地资源的有限性，不可能给每个农村居民提供更多的宅基地，而每户申请到一处宅基地，即足以保证其基本的生活需要，如果允许申请多处，则将导致土地资源的浪费。《土地管理法》第62条明确规定一户只能拥有一处宅基地。我们认为这一规定是必要的，但应当有一些例外的规定，因为在农村中客观上存在一户可能拥有多处宅基地，如某人分家离去之后又继承父母的房屋，这就形成多处宅基地的情况；又如子女成家盖房，申请了一块宅基地，不一定分户，这样一户形成两块宅基地。

法律是否禁止公民获得两处以上的宅基地呢？对此存在着两种以上的观点：①一种观点认为，既然现行法律禁止公民拥有一处以上宅基地，因此对于多出的宅基地，应当由集体收回；②另一种观点认为，公民只要是通过合法的方式取得宅基地，集体不能予以收回，否则，等于禁止对公民的房屋进行继承和买卖。公民只能拥有一处宅基地，只是就申请而言的，法律上不应当禁止公民通过继承等方式取得两处以上的宅基地使用权。当然，公民拥有两处以上的宅基地可能会造成土地的浪费，如果宅基地长期闲置的，集体应当有权重新规划、调整，以保证土地资源的有效利用，集体如果因规划调整需要收回宅基地的，应当给予恰当的补偿。所以，建议将立法改为"一户只能申请一处宅基地"。

2. 宅基地使用权的流转。

（1）宅基地使用权是否可以转让。为了保证"居者有其屋"，我国法律对宅基地的转让给予了极为严格的限制。《土地管理法》第62条第4款规定"农村村民出卖、出租住房后，再申请宅基地的，不予批准。"虽然法律并不禁止农村村民住房的转让，宅基地上的房屋所有权可以转让，但是根据房地一致原则，房屋所有权转让，势必宅基地使用权也随同转移。因此，村民只能将自己的住宅转让给同村的村民，以确保该村民有取得宅基地之使用权之资格。同时，法律对农民的宅基地使用权的转让是严格限制的，宅基地使用权的转让必须符合以下条件：宅基地使用权的受让主体有一定的范围，宅基地使用权只能转让给本集体经济组织的成员，如果转让给村外人员，该受让人必须在本村落户并且符合申请宅基地的条件，且该成员必须符合宅基地使用权的条件，即一户一宅且面积符合规定；宅基地使用权的转让必须同房屋同时转让；转让人不得再申请宅基地使用权；宅基地使用权转让后，应当及时办理变更登记。

土地和住房历来是农民的生存基础，几千年来农民对土地有极大的依赖性，限制宅基地转让有利于保障农民的基本生存权，稳定农村的社会秩序，故宅基地使用权不得非法转让，宅基地使用权确需转让的，应符合相关法律的规定，并履行相关的登记和审批手续，不可私下买卖。

案例与评析

甲因工作原因长期在外地城市居住，遂将其在农村的宅基地上的房屋出卖给了同村的没有其他宅基地的乙。后甲退休后想回农村居住，于是向土地管理部门提出申请，希望能申请到一新的宅基地使用权，以建一新的住宅。但未获批准。甲是否有权重新申请新的宅基地使用权。

本案涉及的农村宅基地使用权的转让问题。农村宅基地不允许买卖，但村民的房屋是可以买卖的，但需办理《农村宅基地使用证》变更登记手续。甲和其邻居乙都是村集体组织成员，且买方并无其他宅基地，因此不违反一户一宅的规定。但是，根据《土地管理法》第62条第4款的规定，农村村民出卖、出租住房后，再申请宅基地的，不予批准。甲出卖了自己宅基地上的房屋，也因此失去了申请新的宅基地使用权的权利。因此，进城务工的村民需慎重出卖在农村中的房产，防止再回到农村时无房屋居住。

（2）宅基地使用权的出租。我国《土地管理法》禁止将集体土地使用权出让、转让或者出租用于非农业建设。农民并不是宅基地所有权人，而仅仅是享有宅基地的使用权，宅基地使用权在本质上仍然是一种集体土地使用权，因此，宅基地使用权的行使也应该满足法律对集体土地使用权规定的条件，不得出让、转让或者出租用于非农业建设。单位和个人依法取得农村集体土地使用权后，必须按照其申请建设用地时被有权限的人民政府批准的土地用途使用土地，这是土地使用者使用土地的法定义务。只有按照批准的用途使用土地，才是合法、合理地利用集体土地，才能保证乡（镇）村土地利用规划的实施。《土地管理法》第65条规定，不按照批准的用途使用土地的，农村集体在经过法定程序后，可以收回土地使用权。不按照批准的用途使用土地，就是指单位或者个人取得集体土地使用权后，擅自改变依法批准的用途，将土地用于其他建设项目或者达到某种目的。因此，如果宅基地使用权人将宅基地使用权出租，会因未按批准的用途使用土地而丧失宅基地使用权。

（3）宅基地使用权的抵押。宅基地的所有权属于农民集体，农民个人享有的仅是宅基地的使用权，宅基地使用权和村民的"身份"有一定的联系，具有一定的福利性质。如果允许农民将宅基地抵押，一旦债务人不能偿还债务，抵押权人就会实现其抵押权，此时，宅基地使用权的主体就会发生变更，新的主体有可能不符合法律的规定。因此，我国《物权法》和《担保法》都明确禁止将宅基地使用权用于抵押。但农村的房屋属于农民个人的合法财产，可以设定抵押，因此，农民可以将房屋与宅基地使用权一并抵押。

现行立法对宅基地使用权的转让和抵押采取禁止或限制的态度。主要是考虑到目前我国农村社会保障体系尚未全面建立，土地承包经营权和宅基地使用权是农民安身立命之本，因此，从全国范围看，放开土地承包经营权、宅基地使用权的转让和抵押的条件尚不成熟。然而，法律的这一规定，至少意味着宅基地的交换价值不能实现，也不利于农民利益的切实保护。所以，从发展农村经济出发，是否需要完全禁止宅基地使用权的流转值得探讨。

四、集体土地其他利用方式

上述土地承包经营权、宅基地使用权和地役权是《物权法》规定的集体土地用益物权。集体土地还可以其他方式加以利用，但依据物权法定原则，这些利用方式尚不能直接认定为具有物权效力。

（一）乡村企业建设用地使用权

现行乡村集体企业用地的法律规定是自20世纪80年代初农村乡镇企业的兴起和发展而得以产生和确立并由《土地管理法》加以规定的，为乡村集体企业的发展提供了物质基础。

乡村企业建设用地使用权，是指为乡村企业以企业建设为目的而对集体土地的使用权。该项权利的主体是乡村企业，权利客体是集体建设用地，是集体土地所有权的一种利用方式。

《土地管理法》第60条第1款规定："农村集体经济组织使用乡（镇）土地利用总体规划确定的建设用地兴办企业或者与其他单位、个人以土地使用权入股、联营等形式共同举办企业的，应当持有关批准文件，向县级以上地方人民政府土地行政主管部门提出申请，按照省、自治区、直辖市规定的批准权限，由县级以上地方人民政府批准；其中，涉及占用农用地的，依照本法第44条的规定办理审批手续。"可见，在我国乡村企业建设用地使用权申请主体存在单一性，只有集体性质的企业才能申请农村土地。

根据上述规定，乡村企业建设用地不同于农村宅基地使用权，其设定不是向农村集体经济组织这一所有人提出申请，而是必须向人民政府提出申请，这是值得商榷的。首先，乡村企业不一定属于集体经济组织所有，还可能属于农民合伙或农民个人。对于本集体经济组织所有或控股的乡村企业，由于其建立本身就是出于集体的意思，用地不必再向集体申请尚可理解，但如果是其他并非属于集体组织的乡村企业用地也不向土地所有人申请，似乎不符合民法的基本原理，政府有权审查其用地是否符合土地利用规划，是否须进行土地用途转审批，而无权决定农村集体组织应怎样使用自己的土地，否则将有侵占农村集体经济组织对集体土地处分权的嫌疑。

我国《土地管理法》第63条规定："农民集体所有的土地的使用权不得出让、转让或者出租用于非农业建设；但是，符合土地利用总体规划并依法取得建设用地的企业，因破产、兼并等情形致使土地使用权依法发生转移的除外。"《担保法》第36条第3款规定："乡（镇）、村企业的土地使用权不得单独抵押。以乡（镇）、村企业的厂房等建筑物抵押的，其占用范围内的土地使用权同时抵押。"可见，我国乡村企业建设用地使用权流转受到严格的限制。

（二）乡村公益建设用地使用权

公益事业使用人，以公益建设为目的，可以在集体土地设定乡村公益建设用地使用权。公益目的，包括公共设施和公益事业建设，公益建设用地使用权，其权利人不得进行转让和抵押。我国《担保法》第37条规定，学校、幼儿园、医院等以公益为目的的事业单位、社会团体的教育设施、医疗卫生设施和其他社会公益设施不得抵押。公益事业用地使用权，应当无偿使用，因使用集体土地产生的利益，应当归集体共有而非仅归属于该土地使用权人。

第四节　土地征收征用制度

一、土地征收制度

（一）土地征收的概念与特征

1. 土地征收的概念。征收是国家强制性收购私人财产以实现公共利益的一种制度。[1] 土地征收制度是世界各国为发展社会公共事业而设置的一种法律制度，在我国，所谓土地征收，指国家出于公共利益的目的，依法定条件和法定程序强制性地收买集体所有的或为私人使用的属国家、集体所有的土地的法律行为。公共利益主要是指国家或政府兴办的以公共利益为目的的各种公益事业，如城市基础设施、公共休息场所等建设。

2. 土地征收的法律特征。土地征收是保证国家公共设施和公益事业建设所需土地的一项重要措施。无论是资本主义国家还是社会主义国家，为了发展社会公共事业，都设置了土地征收法律制度。我国《宪法》第 10 条第 3 款规定："国家为了公共利益的需要，可以依照法律规定对土地实行征收或者征用并给予补偿。"《土地管理法》第 2 条和《物权法》第 42 条也作出了同样的规定。这是我国实行土地征收的法律依据。土地征收具有下列特征：

（1）征收主体是国家。只有国家才能在国家建设征收土地法律关系中充当征收主体，因为只有国家才能享有国家建设之需要依法征收集体所有土地的权利，尽管直接需要土地的并非国家，而是具体的国家机关、企事业单位、社会团体以及个人。但是他们作为土地需要的单位只能根据自己用地的实际需要，依照法律规定地程序向土地机关提出用地申请，并在申请批准后获得土地的使用权，另外还要明确国家虽是征收土地的主体，但是实际行使征收土地权的是各级土地管理机关和人民政府，他们对外代表国家具体行使此权。

（2）征收目的是公共利益的需要。征收土地的原因是国家建设之需要，也即《宪法》第 10 条所指的公共利益的需要。这里所讲的国家建设需要或是公共利益需要，均是从广义上理解的，大体可以从两个层次上加以理解：①是直接的国家建设需要或公共利益的需要。比如发展和兴办国防建设、公用事业、市政建设、交通运输、水利事业、国家机关建设用地等等，皆是以公共利益为直接目的的事业。②是广义的国家建设需要或者广义的公共利益需要。就是说，凡是有利于社会主义现代化建设，有利于人民生活水平的提高，有利于综合国力的加强，

---

[1]　高富平、黄武双：《房地产法学》，高等教育出版社 2006 年版，第 28 页。

诸如设立国家主管机关批准的三资企业、兴办国家主管机关批准的民办大学以及其他社会公益事业等等，均是广义上的国家建设和公共利益之需要。这些情况都可作为国家建设征收土地的原因。

（3）征收标的是集体土地。国家建设征收土地的标的，建国以来经历了一个发展变化的过程，随着农业合作社在全国范围内的实现，农村土地都变成了农村合作经济组织集体所有以后，到了1986年土地管理法规定的征收土地的标的就只能是集体土地了。应当指出的是，国家建设用地需要用集体所有的土地来满足，也需要用国家所有的土地来满足，用集体所有的土地满足国家建设用地的法定办法是征收，用国有土地来满足国家建设用地之需要的法定办法是出让、划拨等方式而非征收方式，因为国有土地本来就是国家的，不需要再通过其他方式取得所有权，国家可直接行使处分权利。

（4）征收行为具有强制性。国家建设征收土地并非民事行为，而是国家授权的并依照法律规定的依据和程序所实施的行政行为。这是因为国家建设征收土地法律关系的主体——国家与土地被征收的集体组织（农村集体经济组织或者村民委员会）的地位是不平等的。土地征收法律关系的产生并非基于双方的自愿和一致，而是基于国家单方面的意思表示，无需被征收土地的所有人同意。国家征收土地的指令，是行政命令，对此，土地被征收的集体经济组织必须服从，而且在这种法律关系中也不遵循等价有偿原则。

（5）征收导致土地权属变更。集体土地被征收后，其性质变为国有土地。这表明国有土地的数量在扩张。国家征收后，土地交给建设单位使用，国家和建设单位再以一定方式确定土地使用权。[1]

（6）征收必须给予补偿。国家建设征收土地与没收土地不同，它不是无偿地强制地进行，而是有偿地强制进行。土地被征收地集体经济组织应当依法取得经济上的补偿。按照《物权法》第42条第2款的规定："征收集体所有的土地，应当依法足额支付土地补偿费、安置补助费、地上附着物和青苗的补偿费等费用，安排被征地农民的社会保障费用，保障被征地农民的生活，维护被征地农民的合法权益。"应当指出的是，尽管土地为国家征收，但是土地补偿费以及其他费用并不是由国家直接支付，而是由用地单位支付，这是因为国家并不直接使用这些土地。用地单位支付这些费用的义务是直接产生于国家征收土地行政行为和国家批准用地单位用地申请被征收土地使用权的行为。

---

[1] 袁家仪、杨守信：《房地产法学》，中国法制出版社2001年版，第149页。

（二）土地征收的程序

根据《土地管理法》、《土地管理法实施条例》和《建设用地审查报批管理办法》等法律、法规的规定，征收土地一般是按照下列工作程序办理的。

1. 建设用地的申请。《土地管理法》第43条第1款规定："任何单位和个人进行建设，需要使用土地的，必须依法申请使用国有土地；但是，兴办乡镇企业和村民建设住宅经依法批准使用本集体经济组织农民集体所有的土地的，或者乡（镇）村公共设施和公益事业建设经依法批准使用农民集体所有的土地的除外。"如果依法申请使用的土地属于农民集体所有的土地，则应由国家进行征收后再办理出让等有关手续。

2. 农用地转用的审批。如果征收的土地用途为农用地，应当依照《土地管理法》第44条的规定先行办理农用地转用审批手续，即将农用地转为建设用地的审批手续。转用手续的审批权限为：

（1）省、自治区、直辖市人民政府批准的道路、管线工程和大型基础设施建设项目、国务院批准的建设项目占用土地，涉及农用地转为建设用地的，由国务院批准。

（2）在土地利用总体规划确定的城市和村庄、集镇建设用地规模范围内，为实施该规划而将农用地转为建设用地的，按土地利用年度计划分批次由原批准土地利用总体规划的机关批准。在已批准的农用地转用范围内，具体建设项目用地可以由市、县人民政府批准。

（3）其他建设项目占用土地，涉及农用地转为建设用地的，由省、自治区、直辖市人民政府批准。

3. 征收的审批。

（1）征收下列土地的，由国务院批准：①基本农田；②基本农田以外的耕地超过35公顷的；③其他土地超过70公顷的。

（2）征收其他土地的，由省、自治区、直辖市人民政府批准，并报国务院备案。

如果所征收土地为农用地，经国务院批准农用地转用时，同时办理征地审批手续，不再另行办理征地审批；经省、自治区、直辖市人民政府在征地批准权限内批准农用地转用的，同时办理征地审批手续，不再另行办理征地审批，超过征地批准权限的，应当依照上述规定另行办理征地审批。

4. 公告与补偿登记。《土地管理法》第46条规定："国家征收土地的，依照法定程序批准后，由县级以上地方人民政府予以公告并组织实施。被征收土地的所有权人、使用权人应当在公告规定期限内，持土地权属证书到当地人民政府土地行政主管部门办理征地补偿登记。"

5. 补偿。《土地管理法》第 47 条第 1 款规定："征收土地的，按照被征收土地的原用途给予补偿。"该法第 48 条规定："征地补偿安置方案确定后，有关地方人民政府应当公告，并听取被征地的农村集体经济组织和农民的意见。"被征地的农村集体经济组织应当将征收土地的补偿费用的收支状况向本集体经济组织的成员公布，接受监督。禁止侵占、挪用被征收土地单位的征地补偿费用和其他有关费用。

（三）土地征收的补偿与安置

集体土地征收的补偿，是征地工作的主要内容，亦是一项难度较大的重要工作，涉及国家、集体、个人利益，既要考虑建设项目的投资和国家建设的发展，又要考虑被征地单位以及农民的生产生活水平，力求做到国家利益优先，兼顾用地单位、被征地单位和农民的各方利益。

1. 征收补偿原则。

（1）保持被征地农民原有生活水平的原则。土地是农民最基本的生产资料，征收农民的土地等于剥夺了他们的生活来源。因此，征地补偿应以使被征地农民的生活水平不降低为原则，保障农民的利益不因征地而受损。

（2）按照被征收土地的原用途给予补偿的原则。征收土地的补偿标准和补偿范围不能因征收土地之后的用途改变而改变，而是按照被征收土地的原用途确定补偿标准和补偿范围。原来是耕地的，按耕地的标准给予补偿，原来是林地的，按林地的标准给予补偿，对地上物的补偿和对人员的安置也是如此。

2. 土地征收补偿标准。依据《土地管理法》第 47 条规定，征收耕地的补偿费主要包括：土地补偿费、安置补助费、地上附着物和青苗的补偿费。《物权法》第 42 条第 2 款也规定："征收集体所有的土地，应当依法足额支付土地补偿费、安置补助费、地上附着物和青苗的补偿费等费用，安排被征地农民的社会保障费用，保障被征地农民的生活，维护被征地农民的合法权益。"

（1）土地补偿费。主要是因国家征收土地而对土地所有人和使用人的土地投入和收益损失给予的补偿，征收耕地（包括菜地）的补偿费标准为该耕地被征收前 3 年平均年产值的 6～10 倍，年产值按被征地前 3 年平均产量和国家规定的价格计算。大中型水利水电工程建设征收耕地的补偿费标准，为该耕地征收前 3 年平均产值的 6～8 倍。征收其他土地的土地补偿费的标准，由省、自治区、直辖市参照征收耕地的土地补偿费的标准规定。征收城市郊区的菜地，用地单位应当按照国家有关规定缴纳新菜地开发建设基金。具体标准由各省、自治区、直辖市在国家规定的范围内规定。

（2）安置补助费。安置补助费是为了安置以土地为主要生产资料并取得生活来源的农业人口的生活所给予的补助费用。征收耕地的安置补助费，按照需要安置的农业人口数计算，需要安置的农业人口数，按照被征收的耕地数量除以征地前被征收单位平均每人占有耕地的数量计算。每一个需要安置的农业人口的安置补助费标准，为该耕地被征收前 3 年平均年产值的 4 ~ 6 倍，但是每公顷被征收耕地的安置补助费，最高不得超过被征收前 3 年平均年产值的 15 倍。征收其他土地的安置补助费标准，由省、自治区、直辖市参照征收耕地的安置补助费标准规定。依照规定支付土地补偿费和安置补助费，尚不能使需要安置的农民保持原有生活水平的，经省、自治区、直辖市批准，可以增加安置补助费。但是，土地补偿费和安置补助费的总和不得超过土地被征收前 3 年平均年产值的 30 倍。

对于剩余劳动力的安置。因国家建设征收土地造成的多余劳动力，由县级以上地方人民政府土地管理部门组织被征收单位，用地单位和有关单位，通过发展副业生产和举办乡镇企业等途径加以安置，安置不完的，可以安排符合条件的人员到用地单位或者其他集体所有制单位和全民所有制单位就业，并将相应的安置补助费转拨给吸收劳动力的单位。

国务院根据社会、经济发展水平，在特殊情况下，可以提高征收耕地的土地补偿费和安置补助费的标准。

（3）地上附着物和青苗的补偿费。①地上附着物补偿费是对因自然或人工而与土地结合在一起的私人或集体所有的房屋及水井、坟墓等设施造成损失的补偿。但是，凡是在协商征地方案后抢建的设施，一律不予补偿。②青苗补偿费是对因征地造成的农民种植在被征地上尚未成熟的农作物损失的补偿。但是，凡是在协商征地方案后抢栽抢种的农作物、树木等，一律不予补偿。

被征收土地上的附着物和青苗的补偿标准，由省、自治区、直辖市规定。

3. 土地补偿费用的处理。根据《土地管理法实施条例》第 26 条的规定，土地补偿费归农民集体经济组织所有；地上附着物及青苗补偿费归地上附着物及青苗的所有者所有。征用土地的安置补偿费必须专款专用，不得挪作他用。需要安置的人员由农村集体经济组织安置的，安置补助费支付给农村集体经济组织，由农村集体经济组织管理和使用；由其他单位安置的，安置补助费支付给安置单位；不需要统一安置的，安置补助费发放给被安置人员个人或者征得被安置人员同意后用于支付被安置人员的保险费用。另外，根据《土地管理法》第 48、49 条的规定，征地补偿安置方案确定后，有关地方人民政府应当公告，并听取被征地的农村集体经济组织和农民的意见。被征地的农村集体经济组织应当将征用土地的补偿费用的收支状况向本集体经济组织的成员公布，接受监督。禁止侵占、挪用被征用土地单位的征地补偿费用和其他有关费用。

二、土地征用制度

（一）土地征用的概念

在民法上，征收和征用是不同的概念。如前所述，土地征收是土地所有权的一种取得方式。而土地征用是指国家因公共事业的需要，以给予补偿为条件，对他人土地所有权以外的土地他项权利的利用，待特定公共事业目的完成时，仍将土地归还其所有者。也就是说，土地征收的对象为土地所有权，土地的征用的对象为土地使用权；土地征收的后果在于使土地所有权消灭，土地征收的后果则是暂时使用他人的土地使用权。这样的差异，其实不仅符合汉语辞义的分析，即"收"意在"接收"，"用"意在"使用"，而且也反映了立法者通过土地征收和土地征用追求的目的是不同的，土地征收的最终目的旨在获得对被征客体的最终支配权，土地征用的最终目的在于满足国家的一定的需求。[1]

（二）土地征用的法律特征

1. 征用主体是国家。只有国家才拥有为了公共利益的目的依法征用集体所有土地的权利。

2. 征用目的是公共利益的需要。征用土地的原因是国家建设之需要，也即宪法等所指的公共利益的需要。

3. 征用行为具有强制性。土地征用法律关系的主体，即国家与土地被征用的单位和个人的地位是不平等的，土地征用法律关系的产生并非基于双方的自愿和一致，而是基于国家的单方面的意思表示，无需被征用土地的所有人同意。

4. 征用并不导致土地权属变更。集体土地被征后，其所有权仍然属于原主体，国家仅仅是对被征用土地进行利用，并不取得土地所有权。

5. 征用必须给予补偿。征用土地不是无偿地强制进行，而是有偿地强制进行。按照《物权法》第44、121条的规定，单位、个人的不动产或者动产被征用或者征用后毁损、灭失的，应当给予补偿；因不动产或者动产被征收、征用致使用益物权消灭或者影响用益物权行使的，用益物权人有权依法获得相应补偿。

（三）土地征用与土地征收的比较

1. 目前，关于征收与征用的学说主要有：①征收独立说。该说将征收完全独立于征用之外，认为征收是国家依照法律规定的条件无偿地将集体或者个人的某项财产收归国家所有的一种措施，例如征收祠堂、庙宇、学校等团体在农村中的土地及其耕地，具有强制性和无偿性。与此同时，该说认为征用是与征收完全不同的另一个概念，征用是指国家为了某种需要依法以强制方式在一定期间内有

---

[1] 费安玲："对不动产征收的私法思考"，载《政法论坛》2003年第1期。

偿或无偿地将财产征为公用的措施。②征收与征用混合说。该说将征收与征用没有作严格区分，在名称上统称为征用，或土地征用。该说认为：征用是国家为进行经济、文化、国防建设以及兴办社会公共事业的需要，依法将集体所有的土地转为国有。被征用的土地之所有权归于国家，使用权归于用地建设单位。用地建设单位要向被征用的集体组织支付规定的土地补偿费、土地附着物和青苗补偿费以及安置补助费。

2. 土地征收与土地征用的区别。在上个世纪80年代以后，我国立法实践将征用与征收混合在一起使用，被冠以一个统一的名称——征用。被征用的客体多为不动产及其权利，同时包括动产及其权利。我国现行法律严格区分了征收和征用，有关土地征收和征用的法律依据有：①《宪法》第10条第3款规定："国家为了公共利益的需要，可以依照法律规定对土地实行征收或者征用并给予补偿。"②《物权法》第44条规定："因抢险、救灾等紧急需要，依照法律规定的权限和程序可以征用单位、个人的不动产或者动产。被征用的不动产或者动产使用后，应当返还被征用人。单位、个人的不动产或者动产被征用或者征用后毁损、灭失的，应当给予补偿。"第121条规定："因不动产或者动产被征收、征用致使用益物权消灭或者影响用益物权行使的，用益物权人有权依照本法第42条、第44条的规定获得相应补偿。"③《土地管理法》第2条第4款规定："国家为了公共利益的需要，可以依法对土地实行征收或者征用并给予补偿。"

从上述法律规定中，我们可以理解到土地征收与土地征用的区别主要有：

（1）二者的法律效果不同。土地征收是土地所有权的改变，土地征用则是土地使用权的改变。土地征收是国家从被土地征收人手中直接取得土地所有权，其结果是所有权发生了转移；土地征用则主要是在紧急状态下的对土地的强制使用，一旦紧急状态结束，被征用的土地应返还给原权利人。

（2）对二者的补偿是不同的。在土地征用的情况下，因为所有权没有移转，如果土地没有毁损灭失，就应当返还原物；而在土地征收的情况下，不存在返还的问题。由于土地征收是土地所有权的移转，对被土地征收人造成的损失更大，对其作出的补偿也相对更高一些。

（3）二者的适用条件不同。土地征用一般适用于临时性的紧急状态，而土地征收则不一定是在紧急状态中适用，即使不存在紧急状态，为了共同利益的需要也可以土地征收。由于土地征收要发生所有权的移转，所以土地征收的程序比土地征用更为严格。

（4）行为的客体不同。土地征收的客体主要是土地，而征用的客体除了土地外，还包括动产和劳务等。

（5）主观目的不同。土地征用的实施必须是直接满足公共使用的需要，而土地征收的主观目的要宽泛些,既包括直接运用于公共目的,也包括各种有利于公共利益的使用。

■思考题

1. 土地所有权的概念是什么?对土地所有权有哪些法律上的限制?
2. 简述国家土地所有权的概念和取得。
3. 我国国有土地的用益物权制度有哪些内容?
4. 集体土地所有权的概念与特征是什么?
5. 简述农村集体土地的范围。
6. 集体土地的用益物权有哪些?
7. 论述我国集体土地利用方式及其区别。
8. 论述我国土地征收制度和征用制度的区别与联系。

■参考文献

1. 李延荣主编:《房地产法研究》,中国人民大学出版社 2007 年版。
2. 高富平、黄武双:《房地产法学》,高等教育出版社 2006 年版。
3. 王利明:《物权法论》,中国政法大学出版社 2003 年版。
4. 许卫凌、廖瑶珠等主编:《中国房地产投资·开发·经营实用全书》,法律出版社 1993 年版。
5. 王卫国:《中国土地权利研究》,中国政法大学出版社 1997 年版。
6. 符启林主编:《房地产法教程》,首都经贸大学出版社 2002 年版。
7. 程惠瑛:《房地产开发与交易——房地产法原理与实务》,复旦大学出版社 1998 年版。
8. 刘保玉:《物权法》,上海人民出版社 2002 年版。
9. 江平:《中国土地立法研究》,中国政法大学出版社 1999 年版。
10. 袁家仪、杨守信:《房地产法学》,中国法制出版社 2001 年版。
11. 费安玲:"对不动产征收的私法思考",载《政法论坛》2003 年第 1 期。

第四章　土地使用权的取得与流转法律制度

■学习目的和要求

　　本章主要讲述土地使用权的取得与流转法律制度。对本章的学习，应掌握我国国有土地使用权出让和划拨的基本制度内容，掌握国有土地使用权的流转制度内容。理解国有土地使用权出让制度与划拨土地使用权制度之间的差异和相互转化。了解我国土地使用权制度的发展历程。

第一节　土地使用权出让制度

一、土地使用权出让的概念与特征

（一）土地使用权出让的概念

根据《城镇国有土地使用权出让和转让暂行条例》第 8 条的规定，土地使用权出让是指国家以土地所有者的身份将土地使用权在一定年限内让与土地使用者，并由土地使用者向国家支付土地使用权出让金的行为。土地使用权出让应当签订出让合同。

土地使用权出让制度乃参考我国香港地区"批租"制度并结合我国国情创设，[1] 是我国土地使用制度改革中产生的一种新的用地方式。然而在长期的社会发展进程中，中国已形成了一套独特的土地法律制度。建国后在社会主义建设过程中确立了我国土地的社会主义公有制地位，并在土地管理和土地利用上形成了一套与计划经济体制相适应的模式。国家的土地使用权以无偿划拨的方式授予用地单位，而用地单位享有无期限的无偿使用权。这种状况直至 20 世纪 70 年代末才有所改变，随着改革开放方针的贯彻实施，市场经济日趋活跃，土地作为一种重要的生产要素游离于市场之外的矛盾更加突出。尤其是具有私有性和营利性的利益主体——外商投资企业的出现，对外商投资企业的用地不能继续沿用无偿

---

〔1〕　高富平、黄武双：《房地产法学》，高等教育出版社 2006 年版，第 39 页。

划拨的方式，而只能采用有偿提供土地使用权的市场方式。1979 年 7 月颁布的《中外合资经营企业法》第 5 条明确规定："中国合营者的投资可包括合营企业经营期间提供的场地使用权。如果场地使用权未作为中国合营者投资的一部分，合营企业应向中国政府缴纳使用费。"随后该法的实施细则又对场地使用费的收费办法等事项作了进一步的规定。外商投资企业有偿用地制度的确立，打破了传统观念的禁锢，由此开始了国有土地有偿使用的时代。

1988 年 4 月，全国人民代表大会通过的《宪法》修正案明确规定："土地的使用权可以依照法律的规定转让"，从而为建立土地使用权二级市场和完善土地有偿使用制度提供了根本法律依据。1988 年 12 月修改公布的《土地管理法》规定："国有土地和集体所有的土地使用权可以依法转让，土地使用权转让的具体办法由国务院另行规定"，该法的颁布，提供了国家依法实行国有土地有偿使用制度的基本法律依据，标志着我国土地有偿使用法制化进入了新的阶段。随后在市场经济体制大潮的带动下，为进一步培育和发展土地使用权市场，1990 年 5 月国务院颁布了《城镇国有土地使用权出让和转让暂行条例》、1994 年 7 月颁布了《城市房地产管理法》（并于 2007 年 8 月 30 日予以修订）、1998 年 8 月修订了《土地管理法》、1999 年国土资源部下发了《关于进一步推行招标拍卖出让国有土地使用权的通知》、2001 年国务院发布了《关于加强国有土地资产管理的通知》、2004 年 11 月通过了《最高人民法院关于审理涉及国有土地使用权合同纠纷案件适用法律问题的解释》（以下简称最高人民法院《国有土地使用权合同纠纷适用法律的解释》），与此同时国家还颁布了《公司法》、《担保法》、《合同法》、《招标投标法》、《拍卖法》、《物权法》等一系列涉及国有土地使用权市场的相关法律。上述法律、法规的颁布实施，确立了我国现行土地使用制度的基本法律框架。土地有偿使用制度的确立，使土地作为生产资料的基本要素恢复了长期被湮没的经济地位。土地使用权进入市场流动的新机制的建立，使土地资源通过市场配置得到了更为合理的开发和集约利用，从客观上满足了我国社会主义市场经济建设的需要。

（二）土地使用权出让的法律特征

1. 土地使用权出让方的唯一性和受让方的广泛性。出让方是土地的所有者——国家，其他任何单位和个人不能充当出让人。但由于国家是一个抽象的主体，在具体行使权利时，一般由各级人民政府的土地行政主管部门代表政府主管国有土地使用权的行政工作，负责土地使用权出让的组织、协调、审查、报批和出让方案的具体落实，负责土地使用权转让、出租、抵押等交易活动的审核与权属管理。土地使用权的受让方即欲获得土地使用权的人，理论上受让人是没有范围限制的，可以是公民个人、法人包括外国自然人和法人。

2. 取得的土地使用权是有偿的。土地使用者取得一定年限内的土地使用权应向国家支付土地使用权出让金。国家凭借土地所有权取得的土地经济效益，表现为一定年期内的地租，一般以土地使用者向国家支付一定数额的货币为表现形式。

3. 取得的土地使用权是有期限的。土地使用者享有土地使用权的期限以出让年限为限。出让年限由出让合同约定，但不得超过法律限定的最高年限。《城镇国有土地使用权出让和转让暂行条例》第12条按不同用途，对土地使用的最高年限作了规定：①居住用地70年；②工业用地50年；③教育、科技、文化、卫生、体育用地50年；④商业、旅游、娱乐用地40年；⑤综合或者其他用地50年。

4. 取得的土地使用权是一种物权。土地使用权出让的实质是国家按照土地所有权与使用权分离的原则，把国有土地以约定的面积、价格、使用期限、用途和其他条件，让与土地使用者占有、使用、经营和管理。由于出让土地使用权具备了物权所包含的基本权利，即占有的权利、一般意义上使用的权利、收益的权利和一定程度的处分权利，所以它是除土地所有权之外的较为完整的物权。当然，按照《物权法》第139条的规定，设立建设用地使用权的，应当向登记机构申请建设用地使用权登记；建设用地使用权自登记时设立。

案例与评析

甲村委会通过决议，将村中一块解散企业的用地出让给乙，并签订了土地使用权出让合同，约定土地使用权出让金为10万元，出让期限10年，该村村民丙认为法律规定农村集体的土地不能出让，遂向村委会提出意见，但不被采纳，丙遂投诉到土地管理局。请问该案应如何处理？

本案涉及的是土地使用权的出让范围以及出让方的主体资格问题。根据我国《土地管理法》等法律、法规的有关规定，只有国有土地使用权才能够出让，农村土地属于集体所有，不得采用出让方式转让土地使用权。另外，土地使用权的出让权只能由国家行使，在执行过程中，由土地所在地县级以上人民政府土地管理部门在国务院授权的范围内行使，由此得知，甲村委会无权对集体所有的土地进行使用权的出让。因此，本案中，甲村委会的做法违反了法律的规定，该出让合同应该被撤销，10万元的使用权出让金应返还给乙。

二、土地使用权出让的程序

（一）出让计划的拟定与审核、批准

出让国有土地使用权，须按出让计划进行。出让计划由市、县土地管理部门·

拟订，经同级人民政府审核，报省、自治区、直辖市人民政府批准。

（二）出让方案的拟定

土地使用权出让方案由市、县人民政府土地管理部门会同城市规划、建设、房产管理部门共同拟定。土地使用权出让方案包括出让块地的位置、出让用途、出让年限和其他条件。这里，"出让用途"是指土地使用权出让后，该出让的土地用于何种目的，是用于住宅、工业、商业用地，还是教育、科技、文化、卫生、体育等用地；"出让年度"，是指在国家规定的最高出让年限范围内，根据出让土地的用途，确定实际出让年限；"其他条件"是指除出让用途、年限以外的条件，这些条件包括：土地的开发期限、建筑密度、容积率、建筑高度、配套设施建设、绿化比例等。

除旧城改造和已开发的建设用地以外，出让国有土地使用权的用地指标，应纳入国家下达的地方年度建设用地计划。需增加用地计划指标的，按《建设用地计划管理暂行办法》的有关规定办理。

（三）出让方案的预报

出让国有土地使用权实行预报制度。出让方案初步确定后，按照国务院规定的出让国有土地使用权批准权限，须经上级人民政府批准的，市、县土地管理部门应及时向上级人民政府的土地管理部门预先报告。

预报内容主要包括：出让地块的位置、面积、利用现状、出让年限、规划用途、出让方式、地价评估、效益测算及方案实施进展情况等。

（四）出让方案的审批

出让方案确定后，报同级人民政府审核，并经上级土地管理部门审查后，由土地管理部门按照法律的规定，报有审批权的人民政府批准。

1. 按照国务院《关于出让国有土地使用权批准权限的通知》，出让国有土地使用权的批准权限为：

（1）出让耕地 1000 亩以上、其他土地 2000 亩以上的，由国务院批准；

（2）出让耕地 1000 亩以下、其他土地 2000 亩以下的，由省、自治区、直辖市人民政府批准；

（3）出让耕地 3 亩以下、其他土地 10 亩以下的，由县级人民政府批准；

（4）省辖市、自治州人民政府的批准权限，由省、自治区人民代表大会常务委员会决定。

各地必须严格执行上述规定，对一次出让国有土地使用权的土地不得"化整为零"，变相扩大批准权限。

人民政府对出让土地使用权的批准，不仅仅是对出让土地面积的批准，而是对整个出让方案的批准。

2. 报批出让国有土地使用权需送下列附件：

（1）《出让国有土地使用权呈报表》；

（2）出让地块的地理位置图和规划设计；

（3）征地、拆迁补偿安置方案或有关协议；

（4）土地使用条件；

（5）《出让国有土地使用权合同（草案）》；

（6）人民政府或有关部门的文件或意见；

（7）土地管理部门的审查意见。

出让国有土地使用权采用协议方式和用于吸收外商投资进行成片土地综合开发经营的，还需附经批准的建设项目设计任务书（可行性研究报告）和企业批准证书副本。

（五）出让方案的组织实施

土地使用权出让方案由有批准权的人民政府批准后，由市、县人民政府土地管理部门组织实施。因出让的方式不同（协议、招标、拍卖），组织实施也不一样，因此应按具体的出让方式组织实施。

三、土地使用权出让方式

国有土地使用权出让方式有协议、拍卖、招标、挂牌四种。根据《城市房地产管理法》第13条第2款规定："商业、旅游、娱乐和豪华住宅用地，有条件的，必须采取拍卖、招标方式；没有条件，不能采取拍卖、招标方式的，可以采取双方协议的方式。"另外，根据《招标拍卖挂牌出让国有土地使用权规定》第4条的规定，扩大了拍卖、招标的竞价方式的适用范围，不仅商业、旅游、娱乐和商品住宅等各类经营性用地，必须以招标、拍卖或者挂牌方式出让，而且该条第2款也规定"前款规定以外用途的土地的供地计划公布后，同一宗地有两个以上意向用地者的，也应当采用招标、拍卖或者挂牌方式出让。"新出台的《物权法》第137条第2、3款规定："工业、商业、旅游、娱乐和商品住宅等经营性用地以及同一土地有两个以上意向用地者的，应当采取招标、拍卖等公开竞价的方式出让；严格限制以划拨方式设立建设用地使用权。采取划拨方式的，应当遵守法律、行政法规关于土地用途的规定。"这就是说，招标、拍卖等公开竞价的方式是优先适用的。

（一）协议出让土地使用权

协议出让土地使用权是指土地使用权的有意受让人直接向土地所有者提出有偿使用土地的愿望，由土地所有者即出让方与受让人在没有第三人参与的条件下通过谈判、协商达成出让土地使用权协议的方式。

与拍卖和招标方式比较，协议出让缺乏公开性、竞争性，受当事人主观因素影响较大，土地的真实价值很难体现出来，容易出现出让金偏低的不正常现象，故协议出让的范围一般应适用于市政工程、公益事业、非盈利单位或项目用地。

一般而言，协议出让土地使用权的程序是：

1. 申请。协议出让土地使用权的，首先由用地者向政府提出申请，提交用地申请报告、说明用地依据、面积、用途及项目初步布置图等文件。

2. 协商。用地申请经政府同意后，用地者与政府协商出让土地的用地面积、使用年限、出让地价等用地条件，双方就有关内容达成一致后，草签土地使用权出让合同。

3. 报批。土地使用权出让合同草签完毕后，持有关材料，按审批管理的规定报有批准权限的政府批准出让土地使用权。

4. 登记。土地使用权受让人按合同约定数额和方式支付出让金价款后，由政府按合同约定提供土地使用权，办理土地使用权登记的有关手续，并领取土地使用证。

（二）招标出让土地使用权

招标出让国有土地使用权，是指市、县人民政府土地行政主管部门发布招标公告，邀请特定或者不特定的公民、法人和其他组织参加国有土地使用权投标，根据投标结果确定土地使用者的行为。

招标出让土地使用权是政府对某块土地有了明确的开发意图和规划条件后，在市场中寻求一个有利于实现政府开发计划的开发者而采取的一种方式，这种方式要求在规定的期限内，符合规定的单位和个人以书面形式提出开发愿望，经政府选择后，确定将土地使用权出让给某个开发者。在这种方式中，投标者有多个，有一定程度的竞争机制，政府选择中标者时，不但考虑投标价，而且考虑投标者对实施这块土地开发是否有利。

招标出让土地使用权的程序是：

1. 招标。招标通常先由招标人通过媒介或通知等形式发出招标通告，公布招标出让土地使用权的位置、面积、用途、年限等事项。由有意受让人提出投标申请，然后由招标人根据确定的投标人资格范围对有意受让人进行资格审查，并向合格者发送招标文件。招标文件包括：投标须知、土地使用规则、土地使用权投标书、土地使用权合同书、中标证明通知书等。

2. 投标。土地使用权有意受让人收到或领取招标文件后，应先制作投标书，投标书是投标人能否中标的一个重要环节。标书制作好后在投标截止时间前将标书投入标箱，标书投入标箱后，不可撤回，投标人应对标书和有关书面承诺承担责任。招标公告允许邮寄标书的，投标人可以邮寄，但出让人在投标截止时间前收到的方为有效。

3. 开标、评标和决标。在招标出让土地使用权时，招标人要会同有关部门并聘请有关专家组成评标委员会，开标、评标、决标的工作由评标委员会主持。

开标时招标人按照招标公告规定的时间、地点开标，邀请所有投标人参加。由投标人或者其推选的代表检查标箱的密封情况，当众开启标箱，宣布投标人名称、投标价格和投标文件的主要内容。投标人少于 3 人的，出让人应当依照《招标拍卖挂牌出让国有土地使用权规定》重新招标。

评标小组由招标人代表、有关专家组成，成员人数为 5 人以上的单数。评标小组可以要求投标人对投标文件作出必要的澄清或者说明，但是澄清或者说明不得超出投标文件的范围或者改变投标文件的实质性内容。评标小组应当按照招标文件确定的评标标准和方法，对投标文件进行评审。

招标人根据评标结果，确定中标人。中标人应与招标人签订成交确认书，并按确认书规定的时间与招标人签订土地使用权出让合同。招标活动结束后，招标人应在 10 个工作日内将招标出让的结果在土地有形市场或指定场所、媒介公布。

（三）拍卖出让土地使用权

拍卖出让国有土地使用权，是指出让人发布拍卖公告，由竞买人在指定时间、地点进行公开竞价，根据出价结果确定土地使用者的行为。拍卖土地使用权是政府对某块土地有了明确的规划条件后，由第三方或专业的拍卖机构主持，在指定的时间、地点，组织符合条件的有意受让人到场，对出让使用权的土地公开叫价竞投，按"出价最高者得"的原则确定受让人。这种方式主要用于竞争激烈的某类或某块用地。拍卖应当有本地的公证机关参加，并出具公证书。

拍卖出让土地使用权的程序是：

1. 拍卖公告。由拍卖人通过媒介或通知等形式发出拍卖通告，公告内容包括：拍卖地块的位置、面积；拍卖地块的用途、年限；拍卖的规则；拍卖保证金的数额和支付方式；拍卖的地点、日期等事项。

2. 拍卖。在规定的时间、地点，首先由主持人介绍拍卖土地的位置、面积、用途、使用年限，宣布起叫价和增价规则及增价幅度，没有底价的，应当明确提示。主持人报出起叫价后由竞买人举牌应价或者报价，主持人连续 3 次宣布同一应价而没有再应价的，主持人落槌表示拍卖成交。

3. 签约。经过激烈的竞投程序后主持人宣布最高应价者为竞得人。然后由应价最高者与土地使用权出让人签订土地使用出让合同。拍卖活动结束后，拍卖人应在 10 个工作日内将招标出让的结果在土地有形市场或指定场所、媒介公布。

（四）挂牌出让土地使用权

挂牌出让国有土地使用权，是指出让人发布挂牌公告，按公告规定的期限将拟出让宗地的交易条件在指定的土地交易场所挂牌公布，接受竞买人的报价申请并更新挂牌价格，根据挂牌期限截止时的出价结果确定土地使用者的行为。

挂牌也是一种公开竞价确定受让人的方式，这种方式区别于拍卖、招标之处在于竞得人在遴选上更加灵活。根据《招标拍卖挂牌出让国有土地使用权规定》第19条的规定："挂牌期限届满按照下列规定确定是否成交：在挂牌期限内只有一个竞买人报价，且报价高于底价，并符合其他条件的，挂牌成交；在挂牌期限内有两个或者两个以上的竞买人报价的，出价最高者为竞得人；报价相同的，先提交报价单者为竞得人，但报价低于底价者除外；在挂牌期限内无应价者或者竞买人的报价均低于底价或均不符合其他条件的，挂牌不成交。在挂牌期限截止时仍有两个或者两个以上的竞买人要求报价的，出让人应当对挂牌宗地进行现场竞价，出价最高者为竞得人。"

挂牌出让土地使用权的程序是：

1. 挂牌公告。在挂牌公告规定的挂牌起始日，出让人将挂牌宗地的位置、面积、用途、使用年限、规划要求、起始价、增价规则及增价幅度等，在挂牌公告规定的土地交易场所挂牌公布（挂牌时间不得少于10个工作日）。

2. 竞买人报价。符合条件的竞买人填写报价单报价；出让人确认该报价后，更新显示挂牌价格（在挂牌期间，出让人可根据竞买人竞价的情况调整增价幅度）；出让人继续接受新的报价。

3. 签订确认书。出让人在挂牌公告规定的挂牌截止时间确定竞得人。挂牌活动结束后，挂牌人应在10个工作日内将挂牌出让的结果在土地有形市场或指定场所、媒介公布。

四、土地使用权出让合同

（一）出让合同的概念及特征

土地使用权出让合同是指市、县人民政府土地管理部门作为出让人将国有土地使用权在一定年限内让与受让人，受让人支付土地使用权出让金的合同。

土地使用权出让合同具有以下几个方面的法律特征：

1. 土地使用权出让合同是一种民事合同。土地使用权出让合同是依照平等、自愿、有偿的原则签订的，政府作为合同中的出让人，用地人是合同中的受让人，只有双方意思表示一致，出让合同才能成立。政府虽在合同中表达国家意志，但国家意志在合同中仅仅是土地所有人的意志，对他方并不具有强制性。没有受让人的同意，国家的单方意志不能成立合同，也不能对他人产生约束力。出让合同确定的是平等的民事主体之间的权利义务关系，由出让方和土地使用者在充分协商的基础上共同签订的。当事人任何一方违背土地使用权出让合同规定的权利和义务，都要承担相应的法律责任。所以土地使用权出让合同是一种民事合同。

2．土地使用权出让合同的目的在于设定不动产物权。受让人签订出让合同是为了在特定的土地上取得占有、使用和收益的权利。政府签订出让合同是为了使国家土地所有权的权能发生分离，由受让人在支付出让金的前提下，获得部分土地所有权权能，实现用益目的。所以，土地所有权出让合同不仅是民事合同，还是民事合同中的物权合同。

3．土地使用权出让合同是一种要式合同。土地使用者在支付全部土地使用权出让金后，应当依照规定办理登记、领取土地使用证，取得土地使用权。因此，只有在按规定办理登记、领取土地使用证以后才发生土地使用权转移的效力。

（二）出让合同的订立

1．订立的原则。

（1）遵守国家法律、法规和政策的原则。双方当事人在签订土地使用权出让合同时必须遵守《土地管理法》、《城市房地产管理法》及其他相关法律的规定，明确土地使用权出让的主体、期限、用途等内容，不得与法律、法规相违背。

（2）符合土地利用总体规划要求，保障国民经济可持续发展的原则。土地作为一种有限的资源，决定了其经济属性上的稀缺性。土地使用者应当按照土地规划的要求开发、利用、经营土地；需要改变土地使用权出让合同规定的土地用途，应征得出让方同意并经土地管理部门批准办理变更登记手续。

（3）土地使用权依法设定原则。土地使用权必须由法律设定，不能由当事人任意创设，这是物权法定原则的体现。

2．订立的程序。土地使用权出让合同是由国家与土地使用者签订的合同，出让主体为市、县人民政府，合同的订立及履行等具体行为由市、县人民政府所属的土地行政管理职能部门代行。市、县人民政府在签订土地使用权出让合同时应遵守以下程序：

（1）土地管理部门会同城市规划部门、建设部门、房产部门共同拟定有关土地使用权出让的地块、用途、年限和其他条件；

（2）将上述方案按照国务院规定的批准权限报经批准后，由土地管理部门实施；

（3）土地使用者在支付全部土地使用权出让金后，应当依照规定办理登记，领取土地使用证；

（4）取得土地使用权后土地使用者应当按照土地使用权出让合同的规定和城市规划的要求，开发、利用、经营土地。

（三）出让合同的主要条款与双方的权利义务

1. 出让合同的主要条款。采取招标、拍卖、协议等出让方式设立建设用地使用权的，当事人应当采取书面形式订立建设用地使用权出让合同。建设用地使用权出让合同一般包括下列条款：

（1）当事人的名称和住所；

（2）土地界址、面积等；

（3）建筑物、构筑物及其附属设施占用的空间；

（4）土地用途；

（5）使用期限；

（6）出让金等费用及其支付方式；

（7）解决争议的方法；

（8）当事人双方约定的其他事项。

另外，土地使用权出让合同应当附有城市规划管理部门根据批准的详细规划提供的出让地块的各项规划要求和附图。

2. 出让方的权利和义务。土地使用权出让人享有以下权利：

（1）合同签订权。土地使用权出让，应当签订书面出让合同。土地使用权出让合同由市、县人民政府土地管理部门与土地使用者签订。

（2）合同解除权。土地使用者必须按照出让合同约定，支付土地使用权出让金；未按照出让合同约定支付土地使用权出让金的，土地管理部门有权解除合同。

（3）违约赔偿请求权。土地使用者必须按照出让合同约定，支付土地使用权出让金、履行合同义务，未按照出让合同的规定履行义务的，土地管理部门有权解除合同，并可以请求违约赔偿。

（4）无偿收回权。土地使用权出让合同约定的使用年限届满，土地使用者未申请续期或者虽申请续期但依照前款规定未获批准的，土地使用权由国家无偿收回。

土地使用权出让人应承担以下义务：

（1）出让土地使用权应遵守法律、法规的规定。根据《城市房地产管理法》第12、13条的规定出让的地块、用途、年限、方式和其他条件，应按照国务院规定，报经有批准权的人民政府批准后，由市、县人民政府土地管理部门实施。

（2）依照出让合同的规定，交付土地使用权。土地使用者按照出让合同约定支付土地使用权出让金的，市、县人民政府土地管理部门必须按照出让合同约定，提供出让的土地。

（3）附随义务。出让人应当向土地使用者提供有关资料和文件，包括土地的位置和环境；土层的深度、地表下的管线设施、土地的物理结构；建筑容积率、密度、净空限制等各项规划要求。

（4）土地使用权出让金的上缴义务。土地使用权出让金应当全部上缴财政，列入预算，用于城市基础设施建设和土地开发。土地使用权出让金上缴和使用的具体办法由国务院规定。

（5）担保义务。土地使用权出让人在出让土地使用权时，应保证土地使用权人所取得的权利不被第三人追索。

3．受让方的权利和义务。土地使用权受让人享有以下权利：

（1）对所受让的土地享有开发、利用和经营的权利。

（2）有权依法转让、出租和设置抵押权的权利。

（3）合同的解除权。土地使用者按照出让合同约定支付土地使用权出让金的，市、县人民政府土地管理部门必须按照出让合同约定，提供出让的土地；未按照出让合同约定提供出让的土地的，土地使用者有权解除合同。

（4）要求违约赔偿的权利。土地使用者按照出让合同约定支付土地使用权出让金，使用出让的土地。出让人未按照出让合同约定提供出让的土地的，土地使用者有权解除合同，由土地管理部门返还土地使用权出让金，土地使用者并且可以请求违约赔偿。

（5）获得相应补偿的权利。国家对土地使用者依法取得的土地使用权，在出让合同约定的使用年限届满前不收回；在特殊情况下，根据社会公共利益的需要，可以依照法律程序提前收回，但应根据土地使用者使用土地的实际年限和开发土地的实际情况给予相应的补偿。

（6）申请续展的权利。住宅建设用地使用权期间届满的，自动续期。非住宅建设用地使用权期间届满后的续期，依照法律规定办理（现有规定是：土地使用权出让合同约定的使用年限届满，土地使用者需要继续使用土地的，应当至迟于届满前1年申请续期，除根据社会公共利益需要收回该幅土地的，应当予以批准）。该土地上的房屋及其他不动产的归属，有约定的，按照约定；没有约定或者约定不明确的，依照法律、行政法规的规定办理。

土地使用权受让人应承担以下义务：

（1）缴纳土地使用权出让金的义务。土地使用者应当在签订土地使用权出让合同后60日内，支付全部土地使用权出让金。土地使用者在支付全部土地使用权出让金后，应当依照规定办理登记，领取土地使用证，取得土地使用权。

（2）改变土地用途的申报义务。建设用地使用权人应当合理利用土地，不得改变土地用途；需要改变土地用途的，应当依法经有关行政主管部门批准。具体是取得出让方和市、县人民政府城市规划行政主管部门的同意，签订土地使用权出让合同变更协议或者重新签订土地使用权出让合同，相应调整土地使用权出让金。

（3）土地使用者有依照土地使用权出让合同的规定和城市规划的要求使用土地的义务。土地使用者应当按照土地使用权出让合同的规定和城市规划的要求，开发、利用、经营土地。

（4）建设用地使用权消灭的，出让人应当及时办理注销登记，返还土地使用权。登记机构应当收回建设用地使用权证书。

（四）出让合同的变更和解除

根据《合同法》、《物权法》、《城镇国有土地使用权出让和转让暂行条例》的有关规定，土地使用权出让合同一经依法订立，就具有法律效力，任何部门、单位和个人不得擅自变更和解除；建设用地使用权自登记时设立，登记机构应当向建设用地使用权人发放建设用地使用权证书，任何人不得擅自侵害使用人的物权。但是在订立出让合同后，由于因社会经济的发展、国内外市场供求情况变化、国家公共利益等原因要求改变合同规定的土地用途，如果继续履行原来订立的出让合同将造成更大损失时，法律允许当事人依法变更和解除土地使用权出让合同，收回土地使用权。

1. 土地使用权出让合同的变更。《城镇国有土地使用权出让和转让暂行条例》第18条规定："土地使用者需要改变土地使用权出让合同规定的土地用途的，应当征得出让方同意并经土地管理部门和城市规划部门批准，依照本章的规定重新签订土地使用权出让合同，调整土地出让金，并办理登记。"《物权法》第140条规定："建设用地使用权人应当合理利用土地，不得改变土地用途；需要改变土地用途的，应当依法经有关行政主管部门批准。"

2. 土地使用权出让合同的解除。是指在合同生效之后、未全部履行之前，基于法定的原因或出让人、受让人一方或双方的意思表示，使当事人之间的合同关系提前消灭的行为。主要有以下情形：出让方和受让方协商解除；受让方逾期未全部支付土地出让金的；出让方未按合同约定提供土地使用权的；因不可抗力、土地灭失等致使合同目的不能实现的；受让方未按合同约定的开发日期满2年，被出让方收回土地使用权而使合同解除。例如，《物权法》第148条规定："建设用地使用权期间届满前，因公共利益需要提前收回该土地的，应当依照本法第42条的规定对该土地上的房屋及其他不动产给予补偿，并退还相应的出让金。"

第二节 土地使用权划拨制度

一、土地使用权划拨的概念与特征

（一）土地使用权划拨的概念

土地使用权划拨就是指县级以上人民政府依法批准，在土地使用者缴纳补偿、安置等费用后将该幅土地交付其使用，或者将土地使用权无偿交付给土地使用者使用的行为。以划拨方式取得土地使用权的，除法律、行政法规另有规定外，没有使用期限的限制。

划拨土地使用权是建设用地使用权的一种，本质上属于物权中的他物权。虽然这种物权是受到限制的、不完整的财产权——不具有完全的市场交易性，但是有关的法律、法规还是作了特别规定以解决大量划拨土地使用权在现实中的处置问题。事实上，划拨土地使用权与出让土地使用权就土地使用权本身具有的根本性质并无不同，都属于用益物权的一种，同样属于财产权，只是土地使用权取得方式不同。对于划拨土地使用权，土地使用者具有占有、使用、部分收益和一定程度的处分权能。

（二）土地使用权划拨的特征

1. 土地使用权划拨是一种具体的行政行为，国家行使社会经济管理者的行政权力，将土地使用权进行分配或调整。土地使用权划拨主要有两种情形：①在原集体土地上从事建设而发生的国有土地使用权划拨，即建设单位需要利用集体土地时，通过征地，使集体土地变为国有土地，然后再进行划拨；②原本为国有的荒山、荒地以及原属其他单位使用的国有土地的使用权的划拨。

2. 土地使用权划拨是一种无偿的行为，土地使用者取得使用权无需支付地价。这种无偿的行为实际是具有相对性的，划拨土地使用权人长期使用土地不可能对土地没有投入，况且一些用地者在取得划拨土地使用权时也缴纳了拆迁安置、补偿费用，并非完全是"无偿"。实际上取得划拨土地使用权一般分为两种情况：一种是土地使用者先缴纳对原土地所有人或使用人的补偿、安置等费用后，国家将土地交付其使用；另一种情况是国家将国有土地使用权无偿交付给土地使用人。对第一种情况而言，划拨土地使用权的取得显然不能说是完全无偿的。尽管土地使用者有时尚须缴纳补偿和安置等费用，但那并不是地价。另外，依照1988年国务院发布的《城镇土地使用税暂行条例》的规定，划拨土地使用者也应当缴纳土地使用税。

3. 划拨土地使用权一般是无期限的，但也可以是有期限的。由于以划拨方式取得土地使用权一般是无偿的，且主要用于公益事业，因此除非使用目的已经完成或满足征收条件予以收回，一般是无期限的。但是也存在划拨土地使用权有期限使用的情形，如合作经营中以经营期限为限制的情况。

4. 划拨的土地使用权，除法律另有规定外，不可以转让、出租、抵押。《城镇国有土地使用权出让和转让暂行条例》第44条规定："划拨土地使用权，除本条例第45条规定的情况外，不得转让、出租、抵押。"

二、划拨土地使用权的取得

（一）使用划拨土地的法定情形

划拨土地使用权的基本特性决定了它在日益深化的经济改革中只适用于公益事业或国家重点工程项目。所以，《城市房地产管理法》第24条明确规定，下列建设用地的土地使用权，确属必需的，可以由县级以上人民政府依法批准划拨：

1. 国家机关用地和军事用地；
2. 城市基础设施用地和公益事业用地；
3. 国家重点扶持的能源、交通、水利等项目用地；
4. 法律、行政法规规定的其他用地。

由此，法律中确定的划拨土地使用权原则只适用于公益目的，这与先前计划体制下的划拨土地不同，后者不管用于工商业还是公益事业均采用划拨方式。

（二）国有土地使用权划拨的程序

土地使用权划拨是一种具体的行政行为，这是它的重要特征，依法取得国有土地使用权的也就必须要遵循一定的程序，这个程序各个地方政府在具体操作时会有一些差别，但是基本都包括以下四个部分：

1. 建设项目可行性研究论证时，建设单位向县以上国土资源和房屋管理局提出建设项目用地预审，国土资源和房屋管理局出具建设项目用地预审报告。可行性研究报告报批时，必须附国土资源和房屋管理局出具的建设项目用地预审报告。

2. 建设单位持下列建设项目的有关批准文件，向县以上国土资源和房屋管理局提出建设项目用地申请。国土资源和房屋管理局拟定供地方案，报有批准权的人民政府批准。

3. 有批准权的人民政府向建设单位颁发建设用地批准书，并由同级人民政府土地行政主管部门向土地使用者核发国有土地划拨决定书，签订交地备忘录。

4. 颁发国有土地使用权证。国土资源和房屋管理局参与工程竣工验收，工程竣工验收合格后，需要进行划拨土地使用权登记，登记机构应当向建设用地使用权人发放建设用地使用权证书，划拨建设用地使用权自登记时设立。

三、划拨土地使用权的收回

划拨土地使用权一般没有期限，除非满足国家有关收回土地使用权的条件予以收回时才丧失使用权，这些条件主要指：

1. 土地使用者因迁移、解散、撤销、破产或者其他原因而停止使用土地的，市、县人民政府应当无偿收回其划拨土地使用权。

2. 对划拨的土地使用权，市、县人民政府可以根据城市建设发展需要和城市规划要求无偿收回。具体有：

（1）为公共利益需要使用土地的；

（2）为实现城市规划进行旧城区改建，需要调整使用土地的；

（3）土地出让等有偿使用合同约定的使用期限届满，土地使用者未申请续期或者申请续期未获批准的；

（4）因单位撤销、迁移等原因，停止使用原划拨的国有土地的；

（5）公路、铁路、机场、矿场等经核准报废的。

无偿收回划拨土地使用权时，对其地上建筑物、其他附着物，市、县人民政府应当根据实际情况依据《物权法》第 42 条、《城市房屋拆迁管理条例》等法律规定给予补偿。

第三节　土地使用权的流转

《物权法》第 143 条规定："建设用地使用权人有权将建设用地使用权转让、互换、出资、赠与或者抵押，但法律另有规定的除外。"我们依据《物权法》、《城市房地产管理法》等法律、法规的规定，重点讲述出让土地使用权和划拨土地使用权的转让、出租和抵押等流转问题。

一、出让土地使用权的流转

（一）出让土地使用权的转让

1. 出让土地使用权转让的概念与特征。出让土地使用权转让是指出让土地使用者将土地使用权再转移的行为。土地使用权转让的形式包括出售、交换和赠与。与土地使用权出让相比，出让土地使用权转让的法律特征有：

（1）土地使用权转让的主体是土地使用权权利人。所谓土地使用权权利人就是指拥有合法处分土地使用权权利的人，包括房产所有人及土地使用权人。国有土地的所有者是国家，只有国家才有处分国有土地所有权的权利。但是，依法取得国有土地使用权的使用者对国有土地使用权也享有处分权，即在符合法律规定条件的情况下，有权转让国有土地的使用权，房屋所有权人有权转让其所有的房屋所有权及该房屋占用范围内的国有土地使用权。如果转让人主体不合法，那么其转让行为无效。

（2）土地使用权转让的客体是国有土地使用权。这类不动产权属的转让需要办理变更登记。另外，土地使用权作为一种关系国计民生的不动产，其转让需要经过国家主管部门的审查，特殊情况下需要有关部门的审批。

（3）土地使用权转让意味着权属的完全转移。转让完成后，除非附有条件，否则原来的权属人不再拥有任何权利和义务。以出让方式取得土地使用权的，土地使用权转让时，土地使用权出让合同载明的权利、义务随之转移。在这一点上，土地使用权转让区别于土地使用权抵押和土地使用权租赁。

（4）土地使用权转让是要式行为。要式不仅表现在权属登记方面，还表现在书面形式上。土地使用权转让需要签订书面的转让合同。在不需要书面转让合同的特殊情况下，需要其他书面文件，如人民法院执行转让的执行文书。

（5）土地使用权转让的方式具有多样性。土地使用权转让的方式包括土地使用权买卖、土地使用权赠与、以土地使用权折价入股以及其他合法方式。

（6）受出让合同的约束。从现行法律规定来看，土地使用权出让时，土地使用者应当在签订土地使用权出让合同后 60 日内，支付全部土地使用权出让金。土地使用者支付出让金后，须依法办理土地使用权登记手续，领取《国有土地使用证》，并按照出让合同的要求开发、利用和经营土地，若要改变土地用途的，须经政府及有关部门审批，重新签订出让合同。对于未按出让合同规定期限和条件开发、利用土地或擅自改变其土地用途的，将受到政府部门的行政处罚，直至收回土地使用权。而在土地使用权转让时，当事人的权利义务主要限定在土地使用权出让合同所规定的范围之内。土地使用权转让后，转让人便不再与土地使用权出让人发生权利义务关系，而由转让行为中的新的受让人继承尚未履行的义务。同时，转让双方当事人应就转移土地使用权及出让合同和登记文件中所载明的权利义务等办理过户登记手续。

2. 出让土地使用权转让的原则与条件。

（1）土地使用权转让的原则。土地使用权转让应遵循民法的一般原则，如合法、公平、自愿和诚实信用的原则。另外，作为不动产的土地使用权的转让，还应遵循一些特殊的转让原则，这些原则主要包括：

第一，房地一体原则。它是指土地使用权和土地上的房屋等建筑物和附着物的所有权归属于同一主体，在土地使用权转让时，房屋所有权必须和土地使用权同时转让。房地一体原则也被称为"房随地走"原则或"地随房走"原则，其源于房产与地产不可分离的自然属性。

第二，转让时登记原则。《城市房地产管理法》第 60 条规定："国家实行土地使用权和房屋所有权登记发证制度。"《物权法》第 145 条规定："建设用地使用权转让、互换、出资或者赠与的，应当向登记机构申请变更登记。"根据该条规定，土地使用权权属变更后应该到有关管理机关进行权属变更登记。

第三，土地使用权评估原则。土地使用权价格评估，应当遵循公正、公平、公开的原则，按照国家规定的技术标准和评估程序，以基准地价、标定地价和各类房屋的重置价格为基础，参照当地的市场价格进行评估。

第四，成交价格申报原则。土地使用权权利人转让土地使用权，应当向县级以上地方人民政府规定的部门如实申报成交价，不得瞒报或者作不实的申报。

（2）出让土地使用权转让的条件。以出让方式取得土地使用权的，转让土地使用权时，应当符合下列条件：①按照出让合同约定已经支付全部土地使用权出让金，并取得土地使用权证书。②按照出让合同约定进行投资开发，属于房屋建设工程的，应完成开发投资总额的 25% 以上；属于成片开发土地的，依照规划对土地进行开发建设，完成供排水、供电、供热、道路交通、通信等市政基础设施、公用设施的建设，达到场地平整，形成工业用地或者其他建设用地条件。③转让土地使用权时房屋已经建成的，还应当持有房屋所有权证书。

3. 土地使用权转让的方式。

（1）土地使用权买卖。土地使用权买卖，是指土地使用权人将土地使用权转让给土地使用权买受人，由买受人为此支付相应价款的行为。实践中，常常将国有土地使用权（非所有权）转让称为"土地买卖"，这在理论上容易混淆概念，是不可取的。

（2）土地使用权赠与。土地使用权赠与，是指土地使用权权利人自愿将自己拥有的土地使用权无偿转移给他人的行为。

（3）其他合法方式。①以土地使用权估价入股，与他人成立企业法人，土地使用权权属发生变更的。以土地使用权入股，意味着股东将土地使用权权属转移给入股成立的企业法人，这是一种特殊的转让。②一方提供土地使用权，另一方或者多方提供资金，合资、合作开发经营土地使用权，而使土地使用权权属发生变更的。一般情况下，一方原有的土地使用权会因房屋的建造变为合资、合作各方共有，因而发生权属变更。③因企业被收购、兼并或合并，土地使用权权属随之转移的。企业被收购、兼并或合并，企业原有的土地使用权随之会转移到收购方、兼并方或合并后成立的新企业。④以土地使用权抵债的。土地使用权抵债意味着土地使用权由债务人转让给债权人。⑤法律、法规规定的其他情形，如土地使用权的出让、人民法院执行转让等。

4. 出让土地使用权禁止转让的情形。

（1）司法机关和行政机关依法裁定、决定查封或者以其他方式限制土地使用权权利的土地使用权不得转让。此种土地使用权，其权利转移已被司法权力强行禁止，权利人无权对之进行处分，故不能转让。

（2）依法收回的土地使用权不得转让。土地使用权被国家收回后，原权利人已经无权转让土地使用权。

（3）共有土地使用权未经其他共有人书面同意的，不得转让。

（4）权属有争议的土地使用权不得转让。权属未确定时，真正的权利人并未确定，若擅自予以转让的话，有可能损害真正的权利人的利益。

（5）未经依法登记领取权属证书的土地使用权不得转让。土地使用权属于典型的不动产，权属证书是权利人享有权利的合法证明。未经依法登记领取权属证书的土地使用权，无法确定其合法的权利人，故禁止转让。

（6）法律、行政法规规定禁止转让的其他情形。

案例与评析

甲于 2005 年 5 月 2 日和乙签订土地使用权转让合同，合同约定将甲取得的位于该市南山的一块土地以 100 万的价格转让给乙，乙在 10 日内支付价款，后乙按约定支付了价款。5 月 20 日，甲因资金周转困难，又将该块土地以 125 万元的价格转让给丙，丙于当日付清价款，并办理了土地使用权登记过户手续。后来，乙催促甲履行合同，办理过户手续，才得知甲已将土地转让给丙，遂向人民法院提起诉讼，要求判决甲与丙的土地使用权转让合同无效，并要求甲交付土地。请问法院应如何判决？

本案主要涉及的是建设用地使用权流转的要件问题。根据《物权法》第 9 条第 1 款规定："不动产物权的设立、变更、转让和消灭，经依法登记，发生效力；未经登记，不发生效力，但法律另有规定的除外。"最高人民法院《关于审理房地产管理法施行前房地产开发经营案件若干问题的解答》第 13 条规定："土地使用者与他人签订土地使用权转让合同后，未办理土地使用权变更登记手续之前，又另与他人就同一土地使用权签订转让合同，并依法办理了土地使用权变更登记手续的，土地使用权应由办理了变更登记手续的受让方取得。转让方给前一合同的受让方造成损失的，应当承担相应的民事责任。"在上述案例中，乙虽然先签订的转让合同，但是并没有办理土地使用权变更登记手续，而丙后签订的转让合同，却办理了变更登记手续。根据相关规定，丙依法取得了该土地的使用权。同时，依据合同法和物权法的规定，两份合同都是有效合同，所以乙要求法院判决甲与丙的转让合同无效不应被支持，由于丙获得了土地使用权，所以乙要求甲交付土地的诉讼请求也不应被支持，不过，甲应向乙承担违约责任。

（二）出让土地使用权的出租

1. 出让土地使用权出租的概念。土地使用权出租是指土地使用者作为出租人将土地使用权随同地上建筑物、其他附着物租赁给承租人使用，由承租人向出租人支付租金的行为。提供土地使用权的一方当事人为出租人，使用土地并支付租金的一方当事人为承租人。土地使用权为租赁的标的。如果土地上存在建筑物或其他附着物，该建筑物或附着物将随同土地使用权一并作为租赁的标的。

2. 土地使用权出租的特征。与国有土地租赁相比，国有土地使用权的租赁具有以下法律特征：

（1）主体不同。国有土地出租人为国有土地所有权人的代表——县级以上土地行政主管部门；而国有土地使用权的出租方为通过出让形式取得的国有土地使用权者，包括自然人、法人及非法人组织。

（2）客体不同。土地租赁的客体是土地，是物；而国有土地使用权租赁的客体是国有土地使用权，是权利。

（3）租金包含的内容不同。国有土地的出租租金与地价相均衡，因为土地出租是土地所有权得以实现的一种经济形式，因此，租金标准就与地价基本相等；而国有土地使用权租赁是土地使用权者的一种地产经营活动，租金为土地使用权者让渡土地使用权的对价，不仅包括相当于地价的出让金等取得土地使用权的代价、土地的开发成本以及合理的利润，还包括了转让土地使用权的经营利润。

（4）限制条件不同。土地出租的限制主要是法律、法规的直接规定，而土地使用权的租赁的限制除不得违反法律、法规之规定外，还受土地使用权出让合同的制约，如出租人不得超出出让合同约定的年限、用途向承租人提供土地。

（5）土地使用权出租后，出租人必须继续履行土地使用权出让合同。也就是说，出租人并不退出出让合同法律关系。

（6）土地使用权和地上建筑物、其他附着物出租，出租人应当依照规定办理登记。

3. 土地使用权租赁的条件。根据《城镇国有土地使用权出让与转让暂行条例》的规定，土地使用权出租应具备如下条件：

（1）土地使用权租赁必须符合土地使用权出让合同规定的条件。土地使用权租赁是土地使用者将通过出让合同取得的土地使用权出租的行为，因此，土地使用者在出租土地使用权时，出让合同规定的权利与义务对承租人有约束力。未按土地使用权出让合同规定的期限和条件投资开发、利用土地的，土地使用权不得出租。

（2）土地使用权租赁不得改变土地使用权出让合同约定的土地用途。土地用途在土地使用权出让时就已经确定，土地使用权者要改变土地用途必须征求出让方即土地管理部门的同意，并经城市规划部门批准，重新订立土地使用权出让合同，调整土地使用权出让金，并办理登记手续。土地使用权租赁是土地使用者与第三方对该土地使用的约定，自然受出让合同约定的土地用途的限制，如在出租时擅自改变土地用途，则租赁关系无效，承租人构成非法使用土地。

（3）土地使用权租赁期限，不得超过出让合同约定的期限。出租人实际可出租的年限为出让合同约定的年限减去出租人已经使用的年限后剩余的期限。

（4）土地使用权租赁合同应采用书面形式。土地使用权出租，出租人与承租人应当签订租赁合同。租赁合同不得违背国家法律、法规和土地使用权出让合同的规定。由于土地使用权属于房地产用益物权，其租赁的期限一般较长，合同确定双方的权利与义务关系较为复杂，为维护双方当事人的权益，便于日后纠纷之解决，应采取书面形式。

（三）出让土地使用权的抵押

所谓出让土地使用权的抵押，是指债务人或者第三人不转移土地的占有，将土地使用权作为债权的担保。债务人不履行债务时，债权人有权依法以该土地使用权折价或者以拍卖、变卖的价款优先受偿。

关于土地使用权抵押的具体问题，本书将在第 13 章进行详细讲述。

二、划拨土地使用权的流转

（一）划拨土地使用权的流转的条件

在现实中，划拨土地使用权也存在应用于商业的情况，而且现行法也允许特定的划拨土地使用权流转。[1] 依照《城镇国有土地使用权出让和转让暂行条例》第 44 条规定：划拨土地使用权，除本条例规定的情况外，不得转让、出租、抵押。该条例又规定：符合法定的，经市、县人民政府土地管理部门和房产管理部门批准，其划拨土地使用权和地上建筑物、其他附着物所有权可以转让、出租、抵押，这些条件是：①土地使用者为公司、企业、其他经济组织和个人；②领有国有土地使用证；③具有地上建筑物、其他附着物合法的产权证明；④依照法律规定签订土地使用权出让合同，向当地市、县人民政府补交土地使用权出让金或者以转让、出租、抵押所获收益抵交土地使用权出让金。

由上可知，划拨土地使用权不能单独进行流转，包括不能单独、直接进行转让、出租和抵押，只有在划拨土地之上的房屋进行流转之时，划拨土地使用权才可以一同流转，但必须符合法定的条件。

---

〔1〕 高富平、黄武双：《房地产法学》，高等教育出版社 2006 年版，第 63 页。

（二）划拨土地使用权的转让

1. 以划拨方式取得土地使用权的，转让房地产时，应当按照国务院规定，报有批准权的人民政府审批。有批准权的人民政府准予转让的，应当由受让方办理土地使用权出让手续，并依照国家有关规定缴纳土地使用权出让金。

2. 以划拨方式取得土地使用权的，转让房地产报批时，有批准权的人民政府按照国务院规定决定可以不办理土地使用权出让手续的，转让方应当按照国务院规定将转让房地产所获收益中的土地收益上缴国家或者作其他处理。

（三）划拨土地使用权的出租

土地使用权出租，是指土地使用者作为出租人将土地使用权随同地上建筑物、其他附着物租赁给承租人使用，由承租人向出租人支付租金的行为。《城市房地产管理法》第56条规定："以营利为目的，房屋所有权人将以划拨方式取得使用权的国有土地上建成的房屋出租的，应当将租金中所含土地收益上缴国家。具体办法由国务院规定。"

（四）划拨土地使用权的抵押

虽然划拨土地使用权不能单独进行抵押，但是，划拨土地使用权可以与房屋一起抵押，从而在划拨土地使用权上设定抵押权，这是我国"地随房走"或"房随地走"原则的体现。值得注意的是：在划拨土地使用权设定抵押权的情况下，依法拍卖该房地产后，应当从拍卖所得的价款中缴纳相当于应缴纳的土地使用权出让金的款额后，抵押权人方可优先受偿。

三、划拨土地与出让土地的转化

由于我国在计划体制下都采用土地划拨制度，致使城镇大部分需要进行再开发的土地都属于不可交易的划拨土地，这些划拨土地怎样才能进入市场运作完成土地转轨就成为一个重要的问题，为此，国家土地管理局1992年发布了《划拨国有土地使用权管理暂行办法》、《划拨国有土地使用权补办出让手续及办理土地登记程序的说明》（以下简称《说明》）。

（一）划拨土地使用权转化为出让土地使用权的程序

1. 原划拨土地使用者提起转化申请。原划拨土地使用者应首先向有批准权的人民政府提出转化申请。申请时所需提交的文件有：

（1）土地使用者《申请审批表》，若是经济组织外的其他组织，须附其上级主管部门的批准文件；

（2）《国有土地使用权证》；

（3）地上建筑物、其他附着物的合法产权证明；

（4）对已经发生划拨土地使用权转让、出租、抵押行为而补办出让手续的，还须提交所在地市、县土地管理部门的处理意见和土地使用权转让、租赁、抵押合同；

（5）需要改变土地用途的，须附城市规划部门的审查意见。

2．对转化申请的审批。政府接到申请后要进行相应的勘察审批手续，符合条件给予批准。这些条件主要指：《城镇国有土地使用权出让和转让暂行条例》第44条规定的有关条件；出让宗地实际使用状况与文件、资料所载是否一致，是否对四邻及自身工作秩序造成不良影响；对于已发生市场化处分行为的，还要审查转让、租赁、抵押合同书内容是否符合有关规定。

3．签订出让合同和交纳出让金。在得到政府主管部门的批准后，由政府主管部门（以政府的名义）与土地使用者签定出让合同并交纳出让金。出让合同的内容大致与一般的出让合同相同，出让年限不得超过《城镇国有土地使用权出让和转让暂行条例》规定的最高年限。《说明》中规定土地使用权出让金，应区别土地使用权转让、出租、抵押等不同方式，按标定地价的一定比例收取。标定地价由土地所在地市、县土地管理部门根据基准地价，按土地用途、出让期限和宗地条件核定。付款方式有直接交付和以转让、出租、抵押所获收益抵交两种。若用所获收益抵交出让金，应在缴付定金的基础上，在合同中约定所获收益优先用于缴付出让金及最后期限。

4．出让土地使用权的登记。登记的方法为在该宗地原《土地登记卡》上进行登记，登记内容为：①土地使用权取得方式由划拨变为出让的依据；②标定地价；③出让金额；④出让期限及起止日期；⑤土地用途。

同时，根据《土地登记卡》更改国有土地使用证的相应栏目，向原划拨土地使用权人颁发出让土地使用权证。如果土地使用者在缴纳出让金和办理出让登记之前已经签订土地使用权转让、租赁、抵押合同的，土地管理部门在办理土地使用权出让登记的同时，办理土地使用权转让、出租、抵押登记。

以上程序完成后，原划拨土地使用权正式转变为出让土地使用权，适用出让土地使用权的所有规则。例如，土地使用权变成有期限的权利，土地使用权期满后，土地使用者再转让、出租、抵押的，须重新签订土地使用权出让合同，支付土地使用权出让金，办理变更登记手续。

（二）划拨土地使用权转化的例外

对于需要进行市场化处分的划拨土地一般都需要按照上述程序办理，但是，在下述情形下，经有批准权的人民政府批准，可以不办理土地使用权出让手续，但应当将转让房地产所获收益中的土地收益上缴国家或者作其他处理。这些情形是：

1．经城市规划行政主管部门批准，转让的土地用于建设《城市房地产管理法》第24条规定的项目的；

2. 私有住宅转让后仍用于居住的；

3. 按照国务院住房制度改革有关规定出售公有住宅的；

4. 同一宗土地上部分房屋转让而土地使用权不可分割转让的；

5. 转让的房地产暂时难以确定土地使用权出让用途、年限和其他条件的；

6. 根据城市规划土地使用权不宜出让的；

7. 县级以上人民政府规定暂时无法或不需要采取土地使用权出让方式的其他情形。

依照上述规定缴纳土地收益或作其他处理的，应当在房地产转让合同中注明。

■思考题

1. 什么是土地使用权出让的概念与特征？

2. 简述土地使用权出让的程序。

3. 简述土地使用权出让方式及各种方式之间的区别。

4. 什么是土地使用权划拨的概念与特征？

5. 划拨土地使用权的取得条件是什么？

6. 论述出让土地使用权和划拨土地使用权在流转制度上的区别与联系。

■参考文献

1. 李延荣主编：《房地产法研究》，中国人民大学出版社 2007 年版。

2. 高富平、黄武双：《房地产法学》，高等教育出版社 2006 年版。

3. 黄河主编：《房地产法》，中国政法大学出版社 1991 年版。

4. 谢晖："论法律事实"，载《湖南社会科学》2003 年第 5 期。

5. 张跃庆：《中国房地产市场研究》，经济日报出版社 2002 年版。

6. 张景伊：《房地产法律与应用》，北京市城市发展研究所 1992 年版。

7. 王利明：《物权法论》，中国政法大学出版社 2003 年版。

8. 刘保玉：《物权法》，上海人民出版社 2002 年版。

第五章　房屋所有权法律制度

■学习目的和要求

　　本章主要讲述我国房屋所有权法律制度。对本章的学习，应掌握房屋所有权的概念，重点掌握建筑物区分所有权制度的内容。理解房地产相邻关系的主要内容，理解城市房屋拆迁的补偿和安置的主要内容。了解房屋所有权的分类、城市房屋拆迁的概念和相关法律责任。

第一节　房屋所有权制度

一、房屋所有权的概念与分类

（一）房屋所有权的概念

　　房屋所有权系以房屋为其标的物，由所有人独占性地支配其所有的房屋的权利。

　　在权能内容上，房屋所有权包括房屋所有人对房屋所享有的占有、使用、收益和处分的权利。所以，房屋所有权是一种典型的物权，它具有所有权的完整权能，自古以来房屋所有权即最大限度地体现了物权的绝对性和排他性；在现代社会，虽然土地所有权的绝对性和排他性受到了很大限制，但房屋所有权因其与居住权、生存权相关联，受到了宪法的保护，其法律地位非但未受贬损，反而有所提升，在一定程度上已突破了财产权的意义。由于长期以来土地的财产权属性得不到承认，因此对于不动产，人们最关心、最重视的只能是房屋所有权，而且在土地所有权与房屋所有权分离的情况下，作为房屋所有权人也必然更关心属于自己所有的房屋所有权。

　　我国计划经济体制下公房所有权已与行政管理权混同，私房所有权受到压制，房屋所有权在整体意义上严重贬值，人们也失去了追求这种最重要的财产权利的可能。《物权法》实施以后，通过对包括房屋在内的财产进行确权和定分止争，人们追求财富的热情空前高涨，也促进了我国房地产市场的迅速发展。

　　房屋所有权是一种要式物权，属于不动产。一般动产物权的取得、转移和存续虽然要以法律允许的方式，但其具体形式是多种多样的和可以选择的。而房屋所有权作为典型的不动产，其取得、转移和存续，均须严格遵守法定的方式，以特定形式确定和证明其存在。与大多数国家一样，我国《城市房地产管理法》和《物权法》明确规定国家实行土地所有权和房屋所有权登记发证制度，根据现行法律，除继承之外，新建的房屋所有权的取得须依房产管理部门核发的房屋所有权证书确认，其他房屋所有权的取得、转移、抵押及房屋的出租，均以政府有关部门的登记为成立要件，以领取或变更房屋所有权证书为表现形式。除非有人民法院认定的相反证据，否则，政府房产管理部门核发的房屋所有权证就是房屋所有权的合法证明。

（二）房屋所有权的分类

1. 根据房屋所处位置进行划分。根据房屋所处位置的不同，我国房屋所有权可分为城镇房屋所有权和农村房屋所有权。

（1）城镇房屋所有权指位于城镇国有土地上的房屋。城镇房屋所有权依取得方式的不同可分为：一般城镇私房所有权，落实私房政策主要针对的是这类房产；商品私房所有权，指通过房地产市场购入商品房而取得的房产所有权；公房出售后转变为私房的所有权；自建公助房屋的所有权等。其中前两类私人房产的所有权比较纯粹，而后两类私房的所有权往往附带一些限制。

（2）农村房屋所有权指位于农村集体所有土地上的房屋，一般为农村集体经济组织和农民个人或家庭所有。这类房屋所有权的主体和流转依现行法律的规定受到严格的限制，一般不允许城市的单位和个人到农村购地建房或直接购房，但并未禁止农村集体经济组织与其他经济组织通过联营、合资经营等形式对农村房屋共有。

2. 根据房屋所有权主体性质的不同进行划分。根据房屋所有权主体性质的不同，可以分为国有房屋所有权、集体房屋所有权、私人房屋所有权、外商投资企业和外产房屋所有权以及其他主体享有的房产所有权。

（1）国有房屋所有权。即全民所有制房屋的所有权。这种所有权主体是代表全民的国家，其权能目前主要根据统一领导、分级管理的原则，按国家有关规定授权房产行政管理部门或国家机关、人民团体、企事业单位和部队分别在授权范围内行使并承担相应的义务。但是在任何情况下，处分国有房屋所有权都必须经国家主管机关特别批准并征得当地房产管理部门的同意。这类房屋所有权根据管理者的不同又可分为直管公房所有权和自管公房所有权，前者是指由各级房产管理部门直接代表国家行使的国有房产所有权，房屋所有权的主体是国家，但由政府房产管理部门代表国家实施经营管理，房产管理部门因此而具有双重身份，既是房产行政管理部门，又是国家房产的代表；后者是指由机关、团体、企事业单位实行经营管理，在进行产权登记时，一般将管理经营者登记为产权人。

（2）集体房屋所有权。即集体企事业单位对归其自有的房产享有的所有权。这种所有权的主体是集体企事业单位，而其成员个人则不是所有权主体，亦不构成集体成员的共有。这种房产在登记的分类上纳入自管公房所有权，但与国有的自管公房所有权有本质的区别。

（3）私人房屋所有权。指房屋是由私人个人、家庭、数人共有或私营企业拥有的房产所有权。私人房产大部分为住宅，亦包括私营企业生产经营用房。

（4）外商投资企业和外产房屋所有权。外商投资企业主要指"三资企业"，其在我国境内投资兴建或购买的房产的所有权受中国法律保护，其中中外合资企业和中外合作企业的房产又称为中外共有产。外产房屋是指外国政府、社会团体、国际机构和外国侨民在我国境内建造或购买的房屋。目前我国对这类具有涉外因素的房屋所有权作为专门房产所有权登记注册。

（5）由其他主体享有的房产所有权。如宗教团体房产所有权等，也包括上述各类主体对一项房产的各种形式的共有关系。

3. 按房屋所有权主体对房屋享有权利的构成不同可分为：

（1）单独所有的房屋所有权，即由单个独立承担民事责任的民事主体独有的房屋所有权。

（2）共同所有的房屋所有权，即数人对一项房产共同享有所有权，包括共同共有和按份共有。前者要求共有人在共有期间不能按确定份额分割和单独处分共有的房产，共有人平等地行使权利和承担义务；后者的特点是共同所有权人对共有一项房产的权利义务可分割为若干的份额，共有人按其所占的份额享有权利和承担义务。

（3）有限产权或部分产权的房屋所有权，指在住房制度改革过程中，城镇居民按标准价（优惠价）购买公房，取得部分产权，即占有权、使用权、有限的收益权和处分权，并可继承，而居民所在单位保有另一部分产权而有权对居民的处置权予以限制的产权关系，其性质不是一项法定物权，可类推为共有权。

（三）房屋使用权问题

我国一些房地产法论著中有房屋使用权的提法，将其定义为使用权人对房屋依法占有和利用的权利。当房屋由房屋所有权人自己使用时，房屋使用权作为所有权的四项权能之一存在；当房屋由非所有权人使用时，房屋使用权因租赁、借用等原因而与所有权分离，成为一项独立的权利，而这种独立的权利属于债权还是物权则有不同的主张。由于长期以来我国住房制度以福利分房为主，公房的所有权虚拟化，居住者的权利完全表现为使用权，而且这种使用权是无限期的甚至可以继承，这与划拨土地使用权这种物权非常相似，使之具有了物权的色彩，亦往往被人们视为一种独立的物权。我们认为：虽然在我国立法和司法实践中基本上不承认这种使用权为一种独立物权，但确实存在亟需对廉租住房等房屋使用权的权利性质进行重新定位的问题。廉租住房使用权不同于一般的房屋租赁权，比如它的双方主体具有特定性、它的目的具有救济性等，这种权利是否应该通过法律确定为物权，值得进一步研究和探讨。

由上可知，我国已初步形成了多元化的房屋所有权体系，个人拥有房屋所有权的比重逐步增大，国家所有或由国家房管部门直管的住房比重逐年下降。今后，随着国家对住房制度改革力度的进一步加大和市场经济体制的完善，房屋所有权的商品化和市场化程度将会进一步提高，完善的房屋权属制度也将逐步建立起来。

二、房屋所有权与土地使用权的关系

房屋等建筑物属于土地上之定着物，与土地有着极为密切的关系，法律上也通常将两者统称为不动产或房地产。

（一）房屋所有权与土地使用权的关系的两种立法例

在法律上，对土地和建筑物的权利是否可以分开而将其作为相互独立的两项房地产，存在着结合主义与分离主义两种不同的立法例。

1. 分离主义。以日本民法为代表，认为土地和建筑物都可以作为独立的不动产，建筑物可以独立于土地而存在。我国台湾地区"民法"也采此观点，例如史尚宽先生认为，构造上得独立登记之建筑物以及依权原使附着于土地之定着物，例如地上权人、永佃权人、租赁权人，在他人土地所有建筑物或其他定着物，为独立的不动产。

2. 结合主义。以德国、瑞士民法为代表，认为建筑物应为土地的一部分，不能构成独立的不动产。这一立法是受罗马法"附着于土地之物即属该土地"的思想影响形成的。在罗马法上，确定了一个添附原则，即"根据自然法，地面上的物品添附于地皮"，或者说"建筑物添附于地皮，一切被建筑在地皮上的物添附于地皮。"例如，对土地拥有所有权的人，即使使用他人的建筑材料进行建筑，其土地所有权也扩张至土地上的建筑物；而拥有建筑材料所有权在他人土地上进行建筑的人，不可以取得建筑物的所有权。所以这一原则也称为土地和建筑物在法律上不可分离原则。

在我国，没有走德国土地、地上建筑物这样一元化的路子，而是采取了土地是一个不动产、房屋是另外一个不动产这样一个路径，所以在我国就出现了土地权利和房屋权利的二元化结构。这不仅可以从《土地管理法》规定了国家、集体的土地所有权，《城市房地产管理法》、《城镇私有房屋管理条例》等法律、法规确认了国家、集体、个人的房屋所有权中可以明确这一点；而且，新出台的

《物权法》也确认了这一原则。但是，由于我国土地属于国家所有或集体所有，土地所有权不可买卖，因此地产的核心在于土地使用权，而房屋所有权的客体范围仅及于地上建筑，土地使用权与房屋所有权结合共同构成我国房地产权的概念。

（二）我国土地使用权与房屋所有权的关系的特征

1. 不可分性。土地使用权和房屋所有权构成的房地产权是一个完整的有机整体，具有不可分性，表现在：

（1）主体的不可分性。土地使用权和房屋所有权的主体是不可分的，两种权利的主体必须保持一致性，土地使用权的依法转让，其地上建筑物和附着物随之转移，反之亦然。我国和大多数国家的法律规定，土地使用权和房屋所有权必须同时转让，不得分别转让。

（2）客体的不可分性。在房地产关系中，房屋的所有权离不开土地，这是显而易见的；在一个房地产项目中，可能有部分无建筑物的土地，如绿地、停车场等，但这部分土地完全是以房屋为主的房地产的组成部分，在房地产业中，离开房屋的单纯的土地使用权同样也是不可能长久存在的。

（3）内容的不可分性。这两种权利是互为依存的，一方面，土地使用权是房屋所有权的前提，没有依法取得土地使用权，就不得进行地上建筑，更谈不上取得房屋所有权。某一期限的土地使用权届满，原权利人的土地使用权和房屋所有权将同时丧失，因此房屋所有权及其各项权能是不可能离开土地使用权单独存在的。另一方面，房屋所有权不仅是直接利用土地的结果，更是合法地行使土地使用权以及土地使用权本身的合法存续的体现。即房地产市场中的土地使用权必须借助房屋所有权来体现。没有房屋所有权的土地使用权是不可能长期存在的，虽然法律允许土地使用权在一定期限内的闲置状态，但这并非确定土地使用权的目的，而只能视为法律允许的为通过开发建设最终产生房屋所有权的准备期限。

《物权法》进一步确立了房屋所有权和土地权利不可分割的相互关系。体现在：一方面，虽然土地使用权与房屋所有权是两种性质不同的权利（或财产），但"国家对不动产实行统一登记制度"，房屋所有权和土地权利登记部门应逐步走向统一。另一方面，法律上实行房屋所有权与土地使用权"权利人一致原则"和"共同流转原则"、"同时抵押原则"，即人们通常所谓的"房随地走"、"地随房走"。这种立法模式符合我国目前国情，有利于保护房屋和土地的不同方面、不同层次的权利和利益，既有利于物的利用效益，又有利于房地产物权的流通。

2. 以房屋为主的权利设置。房地产的重心是房产。土地使用权的价值在于土地的利用效能，利用的直接目的是为了建设房屋而满足人们的生产经营和生活居住需要。如果说房屋所有权不得离开土地使用权单独转让是源于房地产的自然属性的话，土地使用权不得离开房屋所有权单独转让则完全是人为的设置，而这种规定体现了房产的中心地位。我国房地产法律规定，禁止或严格限制土地使用权的单独转让，不仅是针对已建成房屋的土地，而且也包括无建筑物的土地使用权，法律对"炒地皮"的禁止或限制亦体现了房产重心的意义。

（三）房屋所有权与土地使用权的结合形式

房屋所有权不可能脱离土地的权利而独立地存在，它必须以一定的土地权利作为存在的基础。房屋所有权与土地权利的结合有不同的形式：

1. 房屋所有权与土地所有权的结合。我们认为，乡镇、村集体办公用房等基础设施和公益设施是以集体土地所有权作为存在基础的。

2. 房屋所有权与土地用益物权的结合，这是最典型和普遍的形式。包括房屋所有权与宅基地使用权的结合、房屋所有权与建设用地使用权的结合等。商品房的土地权利基础就是建设用地使用权。

3. 房屋所有权与土地租赁权的结合。《物权法》第142条规定："建设用地使用权人建造的建筑物、构筑物及其附属设施的所有权属于建设用地使用权人，但有相反证据证明的除外。"该条规定的"除外"情形应该包括作为债权的土地租赁权与房屋所有权结合的情形。

案例与评析

李某通过出让方式取得了一块土地的使用权，土地上房屋10间。2004年5月，李某与张某签订土地转让合同，以100万的价格将该土地使用权转让，合同签订后，双方都按照合同约定履行了义务。2005年8月，李某又以40万元的价格将土地上原来的房屋转让给丙。2006年2月，张某以李某侵权为由将李某告上法庭。

本案涉及的是转让土地使用权时，在该幅土地范围内的房屋是否一同转让的法律问题，即房屋所有权和土地使用权的关系问题。转让土地使用权时，如果在该土地范围内已经建造房屋的情况下，那么如果只转让土地使用权而不转让房屋所有权，则对受让人来说，只是取得了土地使用权而没有取得房屋所有权，此时，受让人虽然已经取得土地使用权，但是因为土地上面已经建有房屋，他无法真正使用这片土地，这时的土地使用权和该土地上的房屋所有权是相互分离的，不属于同一个人，仅仅取得土地使用权的受让人如果想要使用土地，还必须征求房屋所有权人的同意，这对该受让人是不公平的，他获得的是不完整的权利。因此，在实际的日常生活中，为了避免土地使用权转让而房屋所有权不转让所产生的法律问题，我国的《物权法》、《城市房地产管理法》等法律都作了规定：土地使用权转让时，该土地范围内的土地上的房屋所有权必须同时转让；同样，房地产转让时，房屋所有权和该房屋所占用范围内的土地使用权必须同时转让。所以，根据我国《物权法》第 146 条和《城市房地产管理法》第 32 条的规定，本案中张某在取得土地使用权的同时，就必然依法取得了该幅土地范围内房屋的所有权，由于按照土地使用权转让合同的规定李某张某双方已经履约完毕，张某取得了土地使用权和房屋所有权，而在 2005 年 8 月，李某又将该土地上的房屋卖于丙，已经构成无权处分，即李某在处分张某所有的房屋。此时，李某侵犯了张某对房屋的所有权，应当承担侵权责任，而张某完全可以基于自己对房屋的所有权来排除李某的侵害。

三、建筑物区分所有权

（一）建筑物区分所有权的概念与特征

1. 建筑物区分所有权的概念。建筑物区分所有权作为当代民法一项重要的房地产所有权形式，自 19 世纪初叶至 20 世纪 60 年代，已为英美法系与大陆法系各国民事立法所普遍确立。据不完全统计，建筑物区分所有权已被法国、德国、日本、意大利、奥地利、美国、英国、瑞士、新加坡、加拿大、澳大利亚等国以及我国台湾地区、香港特别行政区的民事立法所确立。但是，关于"建筑物区分所有权"一词的表述，各国立法例上不尽相同，日本称之为"建筑物区分所有权"，德国和奥地利、英国、新西兰称之为"住宅所有权"，法国称之为"住宅分层所有权"，瑞士称之为"楼层所有权"，美国一般称之为"公寓所有权"。这些表述尽管名称有异，但实质内容相同，我国立法采"建筑物区分所有权"之名称。

建筑物区分所有权，是指多个区分房地产所有权人共同拥有一幢区分所有建筑物时，各区分房地产所有权人对建筑物内的住宅、经营性用房等专有部分享有所有权，对专有部分以外的共有部分享有共有和共同管理的权利的总称。这一定义可称之为建筑物区分所有权的"三元论说"，为德国著名法学家贝尔曼先生所倡导。《德国住宅所有权法》采取了三元论说，该法上的所有权概念系由专有所有权、持分共有权和共同所有人的成员权三部分所组成。

建筑物区分所有权是现代民法形成的一项重要的不动产所有权形式。我国新出台的《物权法》对建筑物区分所有权作了较为详细的规定。

2. 建筑物区分所有权的特征。建筑物区分所有权是各国立法上的新型房地产权利，和传统的所有权理论有很大的冲突，因为传统的所有权理论认为所有权的客体必须为独立的物体，建筑物的一部分是不能成为所有权的客体的。但是"住宅危机"的出现迫使法律必须在这个问题上作出规定，人口在增长，城镇化在加快，用地在短缺，大批的人口涌到城市里，各国纷纷以高层建筑物作为解决危机的对策，这就使得在法律上创设建筑物区分所有权成为必要。建筑物区分所有权与传统的房屋所有权相比具有自己的特点：

（1）身份的复合性。建筑物区分所有权是由专有所有权、共有部分共有权及成员权三要素构成的特别所有权；而一般房地产所有权，其构成则是单一的，仅系权利主体对房地产享有占有、使用、收益及处分的权利。由此，建筑物区分所有权人具有专有所有权人、共有权人、成员权人三种身份；而一般房地产所有权的主体不可能兼具所有权人和共有权人双重身份。

（2）身份一体性。即构成建筑物区分所有权的三要素专有所有权、共有部分持份权及成员权结成一体，不可分割。在转让、抵押、继承时，应将三者一体转让、抵押、继承；他人在受让区分所有权时，也须同时取得此三项权利。

（3）权利的限制性。建筑物区分所有权人同住在一幢楼上，生活息息相关，起居紧密相连，因此个人之区分所有权行使时受到很多限制，如区分所有权人就法定事项以外情形缔结管理规约，成立区分所有权人会议、管理委员会、选定服务管理人对全体区分所有人进行约束和管理。当区分所有权人对其专有部分的利用妨碍建筑物正常使用或违反区分所有人共同利益或对共有部分擅自不当使用时，其行为得被要求禁止及至被诉请法院强制迁离。

（二）专有部分的专有所有权

1. 专有部分。建筑物的专有部分指在构造上能够明确区分，具有排他性且可以独立使用的建筑物的构成部分，它由一定平面的长度与一定立体的厚度所构成，与其他专有部分以墙壁、天花板、地板相间隔，如一幢公寓楼的一套单元住宅。一般认为构成专有部分需要具备两个要件：

（1）构造上具有独立性。就是某一专有部分须与建筑物的其他部分在建筑物上能够客观的区分其范围，比如一套三室一厅的住房。

（2）利用上具有独立性。就是专有部分须与一般独立的建筑物相同，具有能满足一般生活目的的独立机能，能够单独使用并具有独立的经济效用。比如室内卫生间就属于区分建筑物所有权人的专有部分，它符合利用上的独立性要件，但是楼道中垃圾通道就不属于专有部分，因为它并不归某个所有权人单独使用。

2. 专有所有权。专有所有权是建筑物区分所有权人对专有部分享有的自由使用、收益和处分的权利，其性质系属单独所有权。

建筑物区分出来的专有部分，因为具有以上两个要件才具有排他支配的可能性，这样就可以通过立法技术上的操作，借登记簿上所登记之笔数、位置、面积等完成房地产的公示，表现出其独立的所有权性质。

区分所有权人可以自由处分他的专有所有权，在法律规定的范围内可以自由处分，如自己为居住、经营目的而占有使用，将其出租给他人或者设定抵押，或者将专有部分卖于他人。但是，专有所有权由于其物理上的特性，受到法律和业主规约的很多限制，主要有：区分所有权人对专有部分的利用，不得妨碍建筑物的正常使用及违反区分所有权人共同利益的行为，比如装修自己的房屋时不得在和他人共有的墙壁上凿洞；其他区分所有权人或管理委员会因维护修缮、设置楼内管线等情形进入专有部分时，区分所有权人无正当理由不得拒绝，比如物业公司为修理通水管道，需要进入你的住宅查看，你不得无理拒绝；在业主公约有特殊约定时，区分所有权人应按约定使用专有部分，不得擅自变更，比如约定专有部分用途限于住宅，则区分所有权人不得作为营利场所利用。

（三）共有部分的共有所有权

1. 共有部分。建筑物的共有部分，是指建筑物及其附属物中除专有部分之外的由全体或部分区分所有人共有的其他部分；其中，全体区分所有人的共用部分主要有电梯、楼梯、走廊、庭院、管道、屋顶、储藏室、外墙等；部分区分所有人的共用部分主要有：各单元内的楼梯，各楼层之间的楼板，两套住宅之间的隔墙等等。

关于建筑物区分所有权中的共有部分的范围，向来有较大的争议。根据《物权法》第 73 条的规定："建筑区划内的道路，属于业主共有，但属于城镇公共道路的除外；建筑区划内的绿地，属于业主共有，但属于城镇公共绿地或者明示属于个人的除外。建筑区划内的其他公共场所、公用设施和物业服务用房，属于业主共有。"建筑区划内的车位、车库是否属于共有的范围，需区分不同情况。按照《物权法》第 74 条的规定，占用业主共有的道路或者其他场地用于停放汽车的车位，属于业主共有；而其他的规划用于停放汽车的车位、车库并不能当然认定为共有，其归属应当由当事人通过出售、附赠或者出租等方式约定。不过，建筑区划内的车位、车库应当首先满足业主的需要。

根据以上规定，我们将建筑物的共有部分分为法定共有和约定共有两种：①由法律直接规定属于共有的部分为法定共有，如建筑区划内的道路、建筑区划内的绿地、建筑区划内的其他公共场所、公用设施和物业服务用房以及占用业主共有的道路或者其他场地用于停放汽车的车位等。②由区分所有人约定使某专有部分成为共有的部分称为约定共有，如非占用业主共有的道路或者其他场地规划用于停放汽车的车位、车库可以由当事人约定为共有。

2. 共有所有权。区分所有中共有房地产所有权，也称共有部分持份权，是指建筑物区分所有人依照法律或管理规约的规定，对区分所有建筑物之共有部分所享有的占用、使用及收益的权利。

区分所有人作为共有人，享有以下权利：

（1）共用部分的使用权。这是共有人的基本权利，各共有所有权人在兼顾其他区分所有人权益的前提下，有权对共用部分按照其用法予以使用，包括共同使用和轮流使用，比如在屋顶上晾晒衣服，各共有人可以一起晾晒，也可以轮流晾晒。

（2）共用部分的收益分享权。因共用部分为营利性使用所生的利益，比如将共用的庭院、墙壁出租的收益，区分所有人应按其应有份额分享。

（3）共用部分单纯的修缮改良权。区分所有人在不影响或损及共用部分固有性质的前提下可修缮或改良建筑物共用部分，比如在共用墙壁上的涂料脱落的情况下，共有人单方面的粉刷。

在享有权利的同时必须履行相应的义务，主要义务有：

（1）应当依共用部分的本来用途使用共用部分。如民用住宅的区分所有人不得在共用的庭院里堆放自家杂物，不得在楼道内晾晒自己的衣服妨碍他人的通行。

（2）分担共同的费用和负担。所谓共同费用和负担，一般包括日常维修及更新建筑物的共同部分和公共设备的费用、管理事务的费用等，关于费用的分担原则，各个国家规定大体一致，应该按照区分所有人对共用部分潜在的应有份额比例算定。

（3）不得擅自对共用部分进行修缮或拆除等。对共用部分的修缮、管理、改良或拆除等重大处分行为须经由区分所有人会议（业主大会）或管理委员会决定，个人无权擅自进行。

需要注意的是，《物权法》第 72 条第 1 款规定："业主对建筑物专有部分以外的共有部分，享有权利，承担义务；不得以放弃权利不履行义务"。因此，共有人不得以放弃权利为由而不履行义务，例如以不乘电梯为由拒不支付电梯维护费等。

（四）成员权

建筑物区分所有中还涉及共同管理的权利即成员权问题。成员权又称社员权，指建筑物区分所有权人基于在一幢建筑物的构造、权利归属及使用上的不可分离的共同关系而产生的，作为建筑物的一个团体组织的成员而享有的权利与承担的义务。[1] 这一权利在我国新出台的《物权法》中有明确的规定。

成员权主要体现的是一种管理关系，具有管理的因素存在，但是它和建筑物的存在也密不可分，只要建筑物存在，就始终存在区分所有人的成员权。所以，

---

〔1〕 陈华彬：《现代建筑物区分所有权制度研究》，法律出版社 1995 年版，第 196 页。

该权利的享有以区分所有人享有建筑物的区分房地产所有权为前提并附随于区分房地产所有权，且非为物权性的权利，故只有具有区分房地产所有权人的权利内容时才有成员权的问题。成员权从权利的角度主要包括：表决权、参与订立规约权、选举及解任管理者的权利、对公共管理事项及公共利益的应得份额所享有的请求权。[1] 据此，建筑物区分所有人可以设立业主大会，选举业主委员会，从而实现共同管理的权利。

所有权人转让建筑物内的住宅、经营性用房等专有部分的所有权，其对共有部分享有的共有和共同管理的权利一并转让。

案例与评析

李某在某市某区购买一套三室一厅的商品房。2007 年 11 月 6 号，李某雇装修公司装修其房屋，装修公司在按照李某的要求在李某和张某共用的墙壁上掏了一个高 2 米，宽 1.5 米的壁橱，张某并不知情，12 月 10 号，张某在挪动家具时不小心碰着共用墙壁，导致墙壁坍塌，并将张某砸伤。经过仔细查看，张某发现由于李某掏壁橱过深，导致墙壁仅剩很薄的一层，只要有轻微的碰撞就可以使墙壁坍塌。于是，张某要求李某将墙壁恢复原状，并赔偿其的损失。李某认为墙壁是他房子的一部分，他已经出钱买了房子，就有权掏壁橱，而且是由于张某自己的碰撞导致墙壁坍塌的，所以不仅拒绝赔偿张某的损失，而且要求张某将墙壁修复完好，双方争执不下，张某诉至人民法院。

本案涉及建筑物区分所有权人对其房屋的专有所有权和共有所有权行使的问题。本案争议的焦点是李某张某房屋共有的墙壁到底归谁所有和谁有权使用。根据《物权法》的规定，李某和张某的房屋毗连，共用一墙壁，此墙壁应该属于部分区分所有人的共用部分，双方对墙壁都享有权利，同时也都必须履行一定的义务，即在行使自己权利的同时，不得损害他人的合法权益。

李某在使用共用墙壁时，没有顾及张某的合法权利，对墙壁过度使用，造成对墙壁的极大损害，应该承担恢复墙壁的责任，于情合理，于法有据。另外，李某是否应当承担对张某造成损害的责任呢？我们认为应该承担，因为它符合侵权的全部要件：首先李某滥用自己权利，不合理的使用共用墙壁，造成墙壁变薄，是有过错的；其次张某在没有任何过错的情况下挪动家具，致使墙壁坍塌而被砸伤，有一定的损害；最后是由于李某的过错导致张某的损害的，按照正常情况考虑，在张某轻微的碰撞下，是不会发生墙壁坍塌的，恰恰是因为李某掏壁橱过深

---

[1] 张燕强、郭力群编著：《房地产法原理与实务》，上海交通大学出版社 2002 年版，第 126 页。

所导致。李某违反对共有权行使的义务，应当承担修复墙壁和赔偿张某的损害的责任。

四、房地产相邻关系

（一）房地产相邻关系概念与特征

1. 房地产相邻关系的概念。房地产相邻关系，简称相邻关系，是指相互毗连或邻近的房地产之所有人或使用人之间在行使房地产所有权或使用权时，因相互间依法应当给予方便或接受限制而发生的权利义务关系。相邻关系的实质是相邻房地产的所有人或使用人行使其权利的扩张或限制，这种扩张或限制既不损害所有人或使用人的合法权益，又给与了相邻他方必要的方便，有利于增进物的利用效益和社会的安定团结。

相邻关系，从权利角度来讲又称为相邻权，它是为调节在行使房地产所有权中的权益冲突而产生的一种权利。根据法律的规定，房地产所有人和使用人行使权利，应给予相邻的房地产所有人和使用人以行使权利的必要的便利。这样，对于一方来说，因提供给对方必要的便利，就使自己的权利受到了限制；对于另一方来说，因为依法取得了必要的便利，则使自己的权利得到了延伸。

2. 房地产相邻关系的特征。在法律上，相邻关系具有以下特点：

（1）相邻关系的主体必须是两个或两个以上的人，因为一人不可能构成相邻。相邻关系可以在公民之间，也可以在法人之间，或在公民与法人之间发生。

（2）相邻关系是因为主体所有或使用的房地产相邻而发生的。例如因为房屋相邻产生了通风采光的相邻关系。在许多情况下，相邻关系的发生也与自然环境有关。例如，甲、乙两个村处于一条河流的上下两个相连的地段，就自然构成了甲、乙生产队互相利用水流灌溉和水力资源的相邻关系问题。

（3）在内容上，相邻关系因种类不同而具有不同的内容。但基本上是相邻一方有权要求他方提供必要的便利，他方应给予必要的方便。所谓必要的便利，是指非从相邻方得到便利，就不能正常行使其所有权或使用权。当事人在行使相邻权时，应尽量避免或减少给对方造成损失，不得滥用其权利。

（4）相邻关系的客体主要是行使房地产权利所体现的利益。相邻各方在行使权利时，既要实现自己的合法利益，又要为邻人提供方便，尊重他人的合法权益。所以，相邻关系的客体是行使房地产的所有权或使用权所体现的财产利益和其他利益。

（二）相邻关系的种类

房地产相邻关系产生的原因很多，种类复杂。依据《物权法》第86条至第92条的规定及其他相关法律的规定，主要的相邻关系有以下几方面：

1. 因土地、山岭、森林、草原等自然资源的使用或所有而产生的相邻关系。相邻各方对其享有使用权或所有权的土地、山岭、森林、草原、荒地、滩涂、水面等自然资源，都必须合理利用，认真保护和管理，不得滥用其所有权或使用权，损害相邻他方的利益。

2. 相邻疆界关系。相邻房屋及其他附属物设施的占有、使用应当明确界线。相邻各方对于宅基地的地界发生争议时，四至明确的，应以四至为准。四至不清，或土地证上所载的面积与实际丈量的面积不符的，应当首先查明在四至上的院墙、墙桩、界石、树木等历史遗留下来的标记，以此作为确定宅基地的根据。无法查实的，应参照历史形成的使用情况，本着有利于生产和生活的原则，合理地确定界线。

3. 因用水、排水产生的相邻关系。房地产权利人应当为相邻权利人用水、排水提供必要的便利。多方共临一水源时，各方均可以自由使用水源，但不得因此影响邻地的用水。土地使用人不得滥钻井眼、挖掘地下水，使邻人的生活水源减少，甚至使近邻的井泉干涸。对自然流水的利用，应当在房地产的相邻权利人之间合理分配；对自然流水的排放，应当尊重自然流向。在修造房屋时，应注意地势及排污水的通道，不应使污水流入他人的房屋、庭院，还应为他人房屋留有一定距离，避免使污水或雨水直接流入他人房屋。相邻一方必须利用另一方的土地排水时，他方应当允许；但使用的一方应采取必要的保护措施，造成损失的，应由受益人合理补偿。

4. 因修建施工、防险发生的相邻关系。相邻一方因建造、修缮建筑物以及铺设电线、电缆、水管、暖气和燃气管线等必须利用相邻土地、建筑物的，该土地、建筑物的权利人应当提供必要的便利。但是施工应选择对他人损失最小的方案，并按照双方约定的范围、用途和期限使用，房地产权利人挖掘土地、建造建筑物、铺设管线以及安装设备等，不得危及相邻房地产的安全，施工完毕后应及时清理现场，恢复原状。因此而给他人造成损失的，施工一方应当给予适当补偿。相邻一方在自己的土地上挖水沟、水池、地窖、水井和地基等时，应注意对方房屋、地基以及其他建筑物的安全。

5. 因排污产生的相邻关系。相邻一方在修建厕所、粪池、污水池或堆放腐朽物、有毒物、恶臭物、垃圾等的时候，应当与邻人生活居住的建筑物保持一定的距离，或采取相应的防范措施，防止空气污染。房地产权利人不得违反国家规定弃置固体废物，排放大气污染物、水污染物、噪声、光、电磁波辐射等有害物质，妨碍邻人的生产和生活。

6. 因通风、采光和日照而产生的相邻关系。相邻各方修建房屋和其他建筑物，必须与邻居保持适当距离，不得违反国家有关工程建设标准，妨碍相邻建筑物的通风、采光和日照。相邻一方违反有关规定修建建筑物，影响他人通风采光的，受害人有权要求停止侵害、恢复原状或赔偿损失。

7. 因通行产生的相邻关系。房地产权利人对相邻权利人因通行等必须利用其土地的，应当提供必要的便利。因通行而利用相邻房地产的，应当尽量避免对相邻的房地产权利人造成损害；造成损害的，应当给予赔偿。

（三）相邻关系的处理原则

相邻关系常常具有普遍性和复杂多样性，公民和法人在生产和生活中无不涉及到这种关系。相邻关系处理得不好，容易发生纠纷，影响人们的生产和生活，甚至会造成人身伤亡和财产的重大损害，影响社会秩序的稳定。所以，正确处理好相邻关系，保护相邻人的合法权益，对于巩固国家、集体和个人之间的和谐关系，减少不必要的损失和浪费，保护环境，稳定社会经济秩序，都具有重要的意义。根据《民法通则》第83条、《物权法》第84、85条和有关司法解释的规定，在处理相邻关系时应当坚持的原则是：有利生产、方便生活；团结互助、公平合理；此外，还应注意尊重历史和当地习惯。

案例与评析

张三和李四住在同一栋楼同一单元上下层。为了防盗，李四在其阳台及窗户部分安装了外置式防盗网。张三见后便要求李四拆除，被李四以在自家房子上装防盗网为由予以拒绝。某一天，小偷沿着李四所安装的防盗网，爬入张三家行窃，造成了经济损失1万多元。张三要求李四承担损害赔偿责任。

原则上，区分所有权人可以按照自己的需要对专有部分进行利用，包括进行加固或安设防护设施，因此李四有权为了自家的安全需要而安装防盗网。但是，相邻居住的业主之间存在相邻安全防范义务。本案中，李四安装外置式防盗网客观上给二楼邻居带来了不安全因素，有违相邻防险义务。当然，这类不安全因素不是物理上的，而是治安方面的。因此，关于相邻防险义务是否延伸到这种不安全因素，理论上还存在争论。但是，鉴于张三家被盗与李四安装防盗网的行为存在着一定的因果关系，法院若判决李四承担一定的赔偿责任，也未尝不可。目前，此类案件在各地时有发生，司法机关应形成一套统一的规则，以指导居民正确利用各自的房屋。

第二节　房屋拆迁制度

一、城市房屋拆迁概述

（一）城市房屋拆迁的概念与特征

1. 城市房屋拆迁的概念。由于城市规划和国家专项建设工程的需要，必须对城市国有土地的使用权进行再分配，从而达到对土地资源的合理配置，使土地利用效率最大化。这往往需要拆除大量旧房，在原有的土地上进行新的房地产开发建设。但是由于土地的附着物凝结了原用户的资金与劳动力，并且可能是原用户赖以生存和生活的基本物质条件，因此必须对原用户的损失给予适当的补偿，并对其进行妥善的安置。房屋拆迁既关系到拆迁人和被拆迁人的切身利益，又关系到城市规划的具体落实，近年来随着城市建设的快步进行，拆迁成了敏感的社会问题。我国急需完善拆迁法规，对城市拆迁行为进行规范，以保护当事人合法利益。

2001 年 11 月 1 日，国务院出台了新的《城市房屋拆迁管理条例》（以下简称《条例》），对原有城市拆迁管理的规定作出了较大修改，加快了我国城市拆迁法律制度的改革进程。《条例》规定：城市房屋拆迁是指拆迁人根据建设规划要求和政府所批准的用地文件，在取得拆迁许可证的情况下，依法拆除建设用地范围内的房屋和附属物，将该范围内的单位和居民（简称被拆迁人）重新安置，并对其所受损失予以补偿的一系列活动。

根据该规定，拆迁人只能是获得拆迁许可证的单位而不包括个人，被拆迁人只包括所有人而没有使用人，这与原条例规定相比有了较大改进。但是，《条例》对拆迁问题的规定仍然存在以下缺陷：①没有区分公益拆迁和商业拆迁，混淆了国家行为与企业行为；②在强化行政关系的强制性的同时，剥夺了被拆迁人表达自身意愿的机会，拆迁人想要获得拆迁许可，只需单方面向政府房屋拆迁管理部门提交一系列文件即可，不需要获得被拆迁人同意；③拆迁补偿原则与标准因行政权力的过度介入显示出明显的行政法律关系倾向。

这些缺陷说明《条例》并没有体现我国《宪法》有关规定的精神。我国《宪法》第 10 条第 3 款规定："国家为了公共利益的需要，可以依照法律规定对土地实行征收或者征用并给予补偿。"也就是说，只有为了公共利益的拆迁，国家权力才可以介入，才可以行使强制手段。如果只是商业利益，应由开发商和居民平等协商，贯彻契约自由的精神。但《条例》不论公益私利，都通过国家行政权力介入，使公众对拆迁即便是公益拆迁也同样强烈抵触。

2007 年 10 月 1 日起施行的《物权法》对城市拆迁问题作出了新的规定。

《物权法》第 42 条规定："为了公共利益的需要，依照法律规定的权限和程序可以征收集体所有的土地和单位、个人的房屋及其他不动产。征收集体所有的土地，应当依法足额支付土地补偿费、安置补助费、地上附着物和青苗的补偿费等费用，安排被征地农民的社会保障费用，保障被征地农民的生活，维护被征地农民的合法权益。征收单位、个人的房屋及其他不动产，应当依法给予拆迁补偿，维护被征收人的合法权益；征收个人住宅的，还应当保障被征收人的居住条件。任何单位和个人不得贪污、挪用、私分、截留、拖欠征收补偿费等费用。"

《物权法》的上述规定改变了《条例》所确定的公权力由开发商行使的错误模式，理顺了基本的法律关系；同时明确了征收的目的只能是为公共利益，如果不是基于公共利益，仅为商业开发则不能适用《物权法》该条的规定，不能进行征收。《物权法》对拆迁模式的重新定位体现了宪法基本理念，即只有为了公共利益国家才可以依照法律对公民的私有财产实行征收或征用并给予补偿，这有利于公民私有财产的保护。

《物权法》出台后，2007 年 8 月 30 日，十届全国人大常委会根据《物权法》的规定对房屋所有权的征收和拆迁补偿问题作了修改。

案例与评析

杨姓夫妇享有所有权的一处房屋是位于重庆某步行街附近的一座建于 20 世纪 50 年代的危旧二层小楼，面积 219 平方米，商业用途。该房屋所处区域被规划建一个大型商场，甲开发商在取得拆迁许可证后，却未能与被拆迁方杨姓夫妇就拆迁补偿达成协议。由于双方争执较大，不能达成一致意见，拆迁主管部门于 2007 年 1 月 16 日向被拆迁人杨姓夫妇送达拆迁行政裁决书。在强制执行过程中，虽然法院多次组织双方进行协商，但均无结果。因此事引起了社会的广泛关注，双方最后都作出让步，以拆迁方与被拆迁方达成和解而告终。

该案引发了人们对城市房屋拆迁中的许多法律问题的思考。我们认为：危旧房改造后建成商场不应属于"公共利益"的范畴，所以拆迁补偿协议应该在拆迁人和被拆迁人之间进行充分的平等协商基础上达成，而不应当由行政机关过多地强制性参与。该案以和解而告终也正体现了在拆迁补偿中拆迁人和被拆迁人意思自治基础上的平等法律关系。

2. 城市房屋拆迁的特征。

（1）房屋拆迁是一种土地集约化经营行为。房屋拆迁一般是房地产开发的一个前提环节，拆迁主要是为了获取土地，对土地进行再开发，实行集约化经营。现代城市寸土寸金，平面铺展的建设方式因土地资源的有限性已成为不可能。

（2）房屋拆迁是一项行政和民事相交叉的法律行为。房屋拆迁一方面体现了国家意志的强制力，即国家对拆迁活动有监督管理的职能，房屋拆迁必须符合城市规划和有利于旧城区的改造，在规定的搬迁期限内完成拆迁，这正体现了房屋拆迁的行政性；另一方面，拆迁关系到拆迁当事人双方关于补偿安置的数额及方式等利益，又属于民事法律关系中的平等主体之间的民事法律行为，应当遵守我国民法"等价有偿，诚实信用"的基本原则。

（3）房屋拆迁应兼顾各方面的利益。房屋拆迁，实行集约化经营，是一项牵涉面十分广泛而利益冲突又十分集中的严峻的社会问题。在房地产开发法律制度中，没有哪项工作如房屋拆迁一样敏感、复杂、社会化，做好房屋拆迁工作，就要处理好国家、单位及个人几方面的利益。

（二）城市房屋拆迁的分类

按照不同的标准，城市拆迁可以分为以下种类：

1. 以建设投资不同的资金来源为标准，可分为市政拆迁和社会拆迁。所谓市政拆迁，是指城市人民政府基于基础设施建设需要而发生的房屋拆迁行为。其中，基础设施一般包括城市供水、排水、供热、道路交通和环境卫生等。这类拆迁是为全社会服务的，基本上属于公益拆迁，拆迁资金的主要渠道是地方财政，被拆迁地方的房屋安置通常由投资者安排，补偿经费由市政建设经费统一支出。所谓社会拆迁，是指机关、团体、企事业单位基于基本建设用地需要而发生的房屋拆迁行为，这类拆迁主要来源是企事业单位的自有资金及有关的专项基金，少部分来源于政府的基本建设资金，被拆迁方的安置与补偿也均由拆迁人统一负责。

2. 以土地权属的不同为标准，可以分为征地拆迁和非征地拆迁。征地拆迁是指建设单位在征用集体所有的土地时发生的房屋拆迁行为，这类拆迁主要发生于城市的新城区，不仅改变了原土地所有权的归属，而且也确定了征地单位的土地使用权。非征地拆迁是指建设单位在国有土地上发生的房屋拆迁行为，《城市房屋拆迁管理条例》（以下简称《条例》）所规定的拆迁行为是指在城市国有土地上的非征地拆迁。

3. 以拆迁主体的不同可以分为统一拆迁、自行拆迁和委托拆迁。统一拆迁是指由当地人民政府或者其专门委托的单位统一进行拆除、补偿、安置工作。统一拆迁使政府介入具有竞争性的房地产行业，政企不分、政事不分，极易产生权力寻租现象，也最容易出现问题。《条例》取消了拆迁方式中的统一拆迁，目的就是为了适应转变政府职能的要求，把政府管理与市场主体剥离开，使行政权力逐步退出地产市场。自行拆迁是指拆迁人自己对被拆迁人进行拆迁安置和补偿，实践中，房屋开发公司一般都有自己的拆迁机构以进行拆迁工作。委托拆迁是指拆迁人将房屋拆迁补偿和安置工作委托他人进行。被委托人必须具有房屋拆迁资格证书，并且房屋拆迁主管部门不得接受拆迁委托。

（三）城市房屋拆迁的管理体制

1. 城市房屋拆迁管理部门的设置。城市房屋拆迁的主管部门是国务院房地产行政主管部门和县级以上地方人民政府房地产行政主管部门或人民政府授权的部门。

具体而言，国务院房地产行政主管部门是中华人民共和国建设部；县级以上地方房地产行政主管部门，在省、自治区一级是指省、自治区建委或者建设厅，在城市（直辖市、市和建制镇）指的是房地产管理局；人民政府授权的部门有两种情况：一是有些城市没有独立的房地产管理局，由人民政府授权建委、城建局作为房屋拆迁主管部门；二是有些城市在设立了房地产管理局的同时，又设有人民政府拆迁办公室。

2. 城市房屋拆迁管理部门的职责。《条例》对于政府在拆迁中的角色有很大的修改，以适应市场经济的要求，根据城市拆迁管理法规的有关规定，政府拆迁主管部门的主要职责是：

（1）房屋拆迁许可证的审批；

（2）延期拆迁的审批；

（3）拆迁委托合同的备案管理；

（4）暂停办理有关手续的通知书的发放；

（5）拆迁裁决；

（6）受理强制拆迁的申请；

（7）拆迁建设项目的管理；

（8）拆迁补偿安置资金使用的监督；

（9）拆迁产权不明确房屋的补偿安置方案的审核；

（10）对拆迁非法行为的查处；

（11）接受委托拆迁单位的资格认定。

二、城市房屋拆迁的程序

（一）房屋征收决定与房屋拆迁许可证的申请

为了公共利益的需要，县级以上地方人民政府征收房屋的，应当作出房屋征收决定。县级以上地方人民政府在作出房屋征收决定前，应当将征收目的、征收范围、实施时间等事项向社会公告，征求公众意见，并组织专家论证；必要时，举行听证。公告听证的时间、地点应事先公告。

经公开征求意见，县级以上地方人民政府作出房屋征收决定的，应当同时收回国有土地使用权。县级以上地方人民政府应当将房屋征收决定予以公告。公告应当载明征收目的、征收范围、实施时间和行政复议、行政诉讼权利等事项。

拆迁房屋需要取得房屋拆迁许可证。根据《条例》第7条规定，拆迁人申请领取房屋拆迁许可证的，应当向房屋所在地的市、县人民政府房屋拆迁管理部门提交下列资料：

（1）建设项目批准文件；

（2）建设用地规划许可证；

（3）国有土地使用权批准文件；

（4）拆迁计划和拆迁方案；

（5）办理存款业务的金融机构出具的拆迁补偿安置资金证明。

也就是说，拆迁人首先应当依法取得拆迁地块的土地使用权及建设项目的批准文件并按照规定向有关政府规划管理部门申请建设用地规划许可证，由规划管理部门确定拆迁房屋的地域范围。之后，拆迁人应当到当地公安派出所和房管所摘录拆迁范围内的常驻人员以及全部房产情况；成立拆迁小组，对所有被拆迁人逐一采访、摸清要求、作好记录；然后根据核实的情况和国家、地方的拆迁安置的规定，编制出详细的拆迁计划和方案。由于原《条例》对拆迁单位的拆迁补偿安置资金运用缺乏有效的监管，有的拆迁人取得拆迁许可证后抽逃资金，导致安置房不能及时建设、补偿安置资金不能及时到位的情况时有发生。因此，《条例》加强了对拆迁补偿安置资金的管理，拆迁人必须向主管部门提交办理存款业务的金融机构出具的拆迁补偿安置资金证明，做到专款专用，不得挪作他用。

（二）发布拆迁公告与拆迁补偿方案公告

市、县人民政府房屋拆迁管理部门应当自收到申请之日起30日内，应对申请事项进行审查；经审查，对符合条件的，应当颁发房屋拆迁许可证。房屋拆迁管理部门在发放房屋拆迁许可证的同时，应当将房屋拆迁许可证中载明的拆迁人、拆迁范围、拆迁期限等事项，以房屋拆迁公告的形式予以公布。房屋拆迁管理部门和拆迁人应当及时向被拆迁人做好宣传、解释工作。权利人和利害关系人要求听证的，应当在公告期间提出。拆迁部门应当根据权利人和利害关系人的要求，在公告期满后及时举行听证。

公告期满或者听证后，拆迁部门应当将拆迁补偿方案报作出房屋征收决定的县级以上地方人民政府批准。报送审批的材料中应当附具征求意见的处理情况和理由；举行听证的，还应当附具听证情况。

拆迁补偿方案经批准后，由拆迁部门予以公告。公告应当载明拆迁补偿方式、房源情况以及搬迁过渡方式、过渡期限等事项。

（三）拆迁人与被拆迁人签订拆迁补偿、安置协议

拆迁公告发出以后，拆迁人与被拆迁人应根据国家和本地区的有关法律、法规规定，就补偿方式和补偿金额、安置用房面积和安置地点、搬迁期限、搬迁过渡方式和过渡期限等事项，进行协商，订立拆迁补偿安置协议。如果房屋所有人与使用人为同一人，拆迁人只需与被拆迁人签订一份拆迁协议即可；如果是出租房屋的，拆迁人应当与被拆迁人、房屋承租人订立拆迁补偿安置协议。

拆迁协议应当采取书面形式，其主要内容包括补偿方式和补偿金额、安置用房面积和安置地点、搬迁期限、搬迁过渡方式和过渡期限等事项。除上述主要内容外，协议一般还应包括违约责任、解决争议的办法等条款。上述所列拆迁补偿安置协议的主要内容，并非所有的拆迁补偿安置协议都需载明。具体载明哪些内容，还应视拆迁补偿的方式不同而不同：对于实行货币补偿的，拆迁补偿安置协议主要应载明补偿金额、搬迁期限；对于实行产权调换，拆迁补偿安置协议主要应载明安置用房面积和安置地点、搬迁期限、搬迁过渡方式和过渡期限等。

拆迁补偿和安置属于民事法律关系，因此，拆迁人和被拆迁人在签订协议时应当在法律地位平等的基础上，进行充分的协商，体现自愿和有偿原则。一方当事人不能把意志强加给另一方，另一方当事人亦不能利用某些优势提出不合理的要求。拆迁当事人之间的民事行为，应当根据双方的协议，按照民法通则、合同法等法律去规范。拆迁补偿安置协议签订以后，是否进行公证，由双方当事人自行选择。但如果是房屋拆迁管理部门代管的房屋需要拆迁的，拆迁补偿安置协议必须经公证机关公证，并办理证据保全，拆迁协议才能生效。

（四）拆迁纠纷的处理

1. 无法达成拆迁补偿安置协议的纠纷处理。《条例》规定，如果拆迁人与被拆迁人或者拆迁人、被拆迁人与房屋承租人达不成拆迁补偿安置协议的，经当事人申请，可以向房屋拆迁管理部门申请进行裁决；房屋拆迁管理部门是被拆迁人的，应由同级人民政府进行裁决。主管机关应当自收到申请之日起 30 日内作出裁决；如果当事人对裁决不服的，可以自裁决书送达之日起 3 个月内向人民法院起诉；拆迁人依法已经对被拆迁人给予货币补偿或者提供拆迁安置用房、周转用房的，诉讼期间不停止拆迁的执行，这就是房屋拆迁的行政裁决制度。

为了规范城市房屋拆迁行政裁决行为，维护拆迁当事人特别是被拆迁人的合法权益，依据《城市房屋拆迁管理条例》，建设部下发了《城市房屋拆迁行政裁决工作规程》，自 2004 年 3 月 1 日起施行。该规程进一步明确了行政裁决及强制拆迁的程序，对拆迁人、被拆迁人申请裁决需要提供的材料，受理申请、作出裁决和强制执行的条件、程序、时限，裁决书的内容以及不服裁决的司法救济程序等作出了详细规定。规程还增加了行政调解程序和拆迁听证制度，并确立了拆迁

补偿安置标准的裁决原则，尤其是针对实践中反映强烈的强制拆迁问题进行了严格规范。

2. 拆迁补偿安置协议达成后的纠纷处理。如果在拆迁补偿安置协议订立后，被拆迁人或者房屋承租人在搬迁期限内拒绝搬迁的，拆迁人有两种选择：①可以依法向人民法院起诉，诉讼期间，拆迁人可以依法申请人民法院先予执行；②可以依法向仲裁委员会申请仲裁，被拆迁人或者房屋承租人在裁决规定的搬迁期限内未搬迁的，由房屋所在地的市、县人民政府责成有关部门强制拆迁，或者由房屋拆迁管理部门依法申请人民法院强制拆迁，即城市房屋强制拆迁制度。

（五）实施房屋拆迁

拆迁人应当在房屋拆迁许可证确定的拆迁范围和拆迁期限内，实施房屋拆迁。一般而言，拆迁期限不得超过 1 年；需要延长拆迁期限的，拆迁人应当在拆迁期限届满 15 日前，向房屋拆迁管理部门提出延期拆迁申请；房屋拆迁管理部门应当自收到延期拆迁申请之日起 10 日内给予答复，延长的期限一般也不超过 1 年。

三、城市房屋拆迁补偿和安置

房屋拆迁补偿是拆迁人依法对被拆迁房屋及其附属物的所有人因拆迁所受到的损失给予合理的弥补。作为房屋拆迁工作的重要环节，拆迁补偿直接关系到国家、集体和个人的利益，因此，必须谨慎处理，严格坚持统一作价、等价交换、区别对待和按质论价的原则。

（一）拆迁补偿的对象和范围

拆迁补偿的对象是被拆迁房屋及其附属物的所有人，包括产权人、代管人和国家授权的国有房屋及其附属物的管理人。

原《条例》曾规定：拆迁补偿的对象为被拆迁房屋的所有人和使用人，这一规定适应了当时城市房屋产权结构以城市公房为主的情况。但随着城镇住宅制度的改革和住宅货币化分配制度的实行，现今城市房屋产权结构已经转变为个人拥有住房为主。在实践中，有的城市将货币补偿安置资金的大部分给了房屋使用人，而房屋所有人却得到很少，一些拆迁人甚至不征求房屋所有人的意见，直接与房屋使用人达成拆迁补偿协议，使房屋所有人的利益受到损害，对拆迁产生抵触情绪。《条例》针对这一问题作了修改，实行对所有人补偿，兼顾对使用人安置的原则，明确规定被拆迁人为房屋所有人，拆迁补偿的对象为被拆除房屋的所有人，这一修改体现了对房屋所有人的尊重，有利于保护房屋所有人的合法权益，理顺房屋拆迁当事人之间的财产关系。

拆迁补偿的范围是被拆迁的房屋及其附属物，但限于合法建筑，违章建筑和超过批准期限的临时建筑，不属于拆迁补偿的范围，但如果是对未超过批准期限的临时建筑进行拆除，则应当给予适当补偿。拆迁产权不明确的房屋，拆迁人应当提出补偿安置方案，报房屋拆迁管理部门审核同意后实施拆迁。拆迁前，拆迁人应当就被拆迁房屋的有关事项向公证机关办理证据保全。

（二）城市房屋拆迁补偿的方式与标准

房屋拆迁补偿的方式有三种，即产权调换、货币补偿和产权调换与货币补偿相结合。除法律的特别规定之外，被拆迁人有权利根据自己的实际情况对补偿的方式作出选择。

1. 产权调换。是指拆迁人用易地的房屋或原地再建的房屋与被拆迁人的房屋进行交换，拆迁后被拆迁人取得交换房屋产权的补偿方式。产权调换房屋应当符合国家质量安全标准。

实行产权调换时，偿还房屋的建筑面积与被拆除房屋的建筑面积往往不相等；即使相等，也可能两者在结构上不相同，需要进行价格结算。应当计算被征收房屋的价格和所调换房屋的价格，结清产权调换的差价。

为保护承租人不因拆迁而影响其合法的承租权，被拆除的房屋如是已出租的房屋，当被拆迁人与房屋承租人对解除租赁关系达不成协议的，法律要求拆迁人应当对被拆迁人实行房屋产权调换的补偿方式，并继续保持租赁关系，但租赁合同要重新签订，这主要是为了兼顾出租人和承租人的双方利益，保持租赁关系的稳定。在拆迁实践中，因产权人经济能力或者其他原因不宜实行产权调换，产权人放弃产权调换主张时，可以实行作价补偿。这时拆迁人应当对承租人进行安置，拆迁人与承租人形成新的租赁关系。当然，原租赁合同会因房屋的变化而作相应地变更和调整。

产权调换有利于保护被拆迁人的房屋产权，特别是对继续需要住房的被拆迁人或租用人来说，更具有实际意义。当然，产权置换在有些情况下难以适用，比如拆迁人不可调换的房屋，或者拆除的是地上附属建筑物。

需要注意的是，在为了公共利益而进行的征收和拆迁活动中，为了保证被征收人有房居住，对于征收个人住宅的，作出房屋征收决定的县级以上地方人民政府应当为被征收人提供适当房源。被征收人的家庭符合廉租住房保障对象或者经济适用住房供应对象条件的，作出房屋征收决定的县级以上地方人民政府应当提供廉租住房保障或者经济适用住房。

2. 货币补偿。是指拆迁人以支付货币的形式，赔偿被拆迁人因拆除房屋所造成的经济损失的补偿方式。货币补偿应当对被拆除的房屋按照一定程序、标准和方式进行估价。评估价格主要是根据房屋的区位、用途以及建筑面积等因素来确定。房屋坐落的位置是决定房屋价格的因素之一，即使是两幢完全一样的房屋，若其所在的位置不同，两者的价值就会存在很大的差别；房屋的用途也是决定房屋价值的一个因素，城市中心的房屋是用于居住还是用于经商，其价值也就截然不同；除了前面两个因素，房屋的建筑面积也在很大程度上决定了房屋的市场价格，对于建筑面积的计算，目前主要适用两个国家标准，即《建筑面积计算规则》和《商品房销售面积计算及公用建筑面积分摊规则》，建筑面积是套内建筑面积和分摊的公用建筑面积之和。

货币补偿的方式将房屋拆迁、安置中的种种问题简化为单纯的金钱补偿给予一次性解决，简化了有关法律程序，有利于提高房地产开发商的经营效益，能够解决拆迁人无房可换的困难，但有可能使得拆迁人从事的房地产开发初始投资过大。另外，拆迁非公益事业房屋的附属物，不作产权调换，由拆迁人给予货币补偿；拆迁公益事业用房的，拆迁人应当依照有关法律、法规的规定和城市规划的要求予以重建，或者给予货币补偿。

3. 产权调换和货币补偿相结合。是指拆迁人按照被拆迁房屋的建筑面积数量，以其中一定面积的房屋补偿被拆除房屋的所有人，其余面积按照作价折合成货币支付给被拆迁房屋的所有人。这是一种比较灵活的折衷形式，有利于调和拆迁双方在补偿形式问题上的分歧，尤其是对那些被拆除房屋面积较多，又难以支付补偿房屋与被拆除房屋结构差价的被拆迁人较适用。

（三）城市房屋拆迁补偿的几种特殊情况

1. 出租房屋的拆迁补偿。我国目前大约还有30%的公房尚未出售，必须注意保护这一部分公房承租人使用房屋的合法利益。因此，《条例》第27条规定："拆迁租赁房屋，被拆迁人与房屋承租人解除租赁关系的，或者被拆迁人对房屋承租人进行安置的，拆迁人对被拆迁人给予补偿。被拆迁人与房屋承租人对解除租赁关系达不成协议的，拆迁人应当对被拆迁人实行房屋产权调换。产权调换的房屋由原房屋承租人承租，被拆迁人应当与原房屋承租人重新订立房屋租赁合同。"《条例》不仅体现了对房屋所有人补偿的原则，保障了房屋所有人选择补偿方式的权利；并且设定了拆迁人对被拆迁人给予补偿的前提，即被拆迁人必须妥善安置承租人或者双方协商一致解除租赁关系。如果房屋所有人与房屋承租人对解除租赁关系达不成协议，拆迁人失去对拆迁补偿方式的选择权，只能进行产权调换，产权调换后的房屋由原承租人承租，被拆迁人应当与原房屋承租人订立房屋租赁合同，这样既保证了对房屋所有人的补偿，又使房屋承租人不会因拆迁而无房可住，防止产生社会不安定因素。

2. 有产权纠纷房屋的拆迁补偿。房屋产权纠纷，是指房屋的产权关系有争议或者产权人尚不能确定，由于产权纠纷的房屋产权人不明确，拆迁人无法与被拆迁人协商拆除房屋的补偿形式、补偿金额等。因此，《条例》第29条规定，拆迁产权不明确的房屋，拆迁人应当提出补偿安置方案，报房屋拆迁管理部门审核同意后实施拆迁。拆迁前，拆迁人应当就被拆迁房屋的有关事项向公证机关办理证据保全。按照该规定，在拆迁决定公布后，产权纠纷的当事人应就产权关系尽快协商，协商一致后由产权人出面解决拆迁补偿问题。如果产权纠纷不能在规定的期限内予以解决，由拆迁人根据被拆除房屋和规划、建设项目的实际情况，提出对该房屋的补偿安置方案，但该方案须经县级以上人民政府房屋行政主管部门批准后才能施行。同时为了避免施行该方案可能产生的争议，在拆除该房屋前，应当由房屋拆迁主管部门组织拆迁人对该房屋进行勘察并作好记录，将有关该房屋的证据材料送当地公证机关办理证据保全。

3. 设有抵押权房屋的拆迁补偿。根据《担保法》及其司法解释，抵押因抵押物的灭失而消灭，在抵押物灭失、毁损或者被征用的情况下，抵押权人可以就该抵押物的保险金、赔偿金或者补偿金优先受偿。

如果产权人（抵押人）选择产权调换的，抵押人应当以调换的房屋作为抵押物，并与抵押权人重新签订抵押合同。如果抵押人选择作价补偿的，由抵押权人和抵押人重新设立抵押权或者由抵押人清偿债务后，方可给予产权人补偿。如果抵押权人和抵押人在房屋拆迁主管部门公布的规定期限内达不成抵押协议的，由拆迁人参照产权争议房屋的拆迁规定实施拆迁。抵押权人可以请求人民法院对保险金、赔偿金或补偿金等采取保全措施。因此，房屋拆迁使得原先设有抵押权的房屋被拆除，抵押权随之消灭；如果抵押人因为抵押物灭失而得到了补偿金，应当作为抵押财产。

（四）城市房屋拆迁的安置

安置是指拆迁人将被拆除房屋的所有人安排到由拆迁人新建、购置或拆迁人提供的其他房屋中居住或供其使用。[1] 拆迁人拆除被拆迁人的房屋，除对被拆迁人的损失要按照国家的标准进行补偿之外，还要对被拆迁人进行妥善的安置。对于拆迁安置问题，《条例》对此前的条例作出了很大修改。房屋使用人不再是房屋拆迁法律关系的当事人，使用人的安置问题由房屋所有人解决。现在的房屋安置，指的是拆迁人对被拆迁人进行的搬家补助及过渡期限内对被拆迁人提供临时安置房。

拆迁人应当提供符合国家质量安全标准的房屋，用于拆迁安置。拆迁人应当对被拆迁人或者房屋承租人支付搬迁补助费。在过渡期限内，被拆迁人或者房屋承租人自行安排住处的，拆迁人应当支付临时安置补助费，被拆迁人或者房屋承租人使用拆迁人提供的周转房的，拆迁人不支付临时安置补助费。搬迁补助费和

---

[1] 高富平、黄武双：《房地产法学》，高等教育出版社 2006 年版，第 200 页。

临时安置补助费的标准，由省、自治区、直辖市人民政府规定。临时安置补助费的期限是规定的过渡期，如果由于拆迁人的事由造成过渡期延长的，拆迁人应当承担违约责任。因拆迁人的责任延长过渡期限的，对自行安排住处的被拆迁人或者房屋承租人，应当自逾期之月起增加临时安置补助费；对周转房的使用人，应当自逾期之月起付给临时安置补助费。同时，法律规定周转房的使用人也应当按时腾退周转房。

此外，《条例》在确定了新的补偿标准的同时，取消了原《条例》将户口因素作为确定安置面积的标准的规定，避免了有的人利用户口在拆迁中谋取不正当利益。

四、房屋拆迁中的法律责任

（一）房屋拆迁中的行政责任

1. 县级以上地方人民政府有下列行为之一的，由上级人民政府责令改正，通报批评；对直接负责的主管人员和其他直接责任人员，依法给予降级、撤职处分；造成损失的，依法承担赔偿责任：

（1）因非公共利益需要征收房屋的；

（2）违反法定程序作出房屋征收决定的；

（3）未将房屋征收决定予以公告的；

（4）对不符合规定的拆迁补偿方案予以批准的；

（5）作出的拆迁补偿决定违反拆迁补偿方案的；

（6）违反法定条件责成有关部门强制拆迁的。

2. 拆迁部门有下列行为之一的，由本级人民政府责令改正，通报批评；对直接负责的主管人员和其他直接责任人员，依法给予降级、撤职处分；造成损失的，依法承担赔偿责任：

（1）未依法公告拆迁补偿方案的；

（2）未按照房屋征收决定确定的征收范围实施拆迁的；

（3）实施强制拆迁前，未按照规定对被征收人先予货币补偿或者提供产权调换房屋、周转用房的；

（4）委托不具有拆迁资质的单位实施拆迁的；

（5）采取中断供水、供热、供气、供电等方式实施拆迁的。

（二）房屋拆迁中的刑事责任

县级以上地方人民政府及其拆迁部门的工作人员在房屋征收与拆迁补偿工作中，滥用职权、玩忽职守、徇私舞弊，构成犯罪的，依法追究刑事责任；尚不构成犯罪的，依法给予处分。违反《条例》规定，受委托实施拆迁的单位采取中断供水、供热、供气、供电等方式实施拆迁的，由拆迁部门责令限期改正，给予警告；情节严重的，由发证机关吊销资质证书。受委托实施拆迁的单位、被征收人、房屋承租人的行为违反治安管理的，由公安机关依法给予治安管理处罚；构成犯罪的，依法追究刑事责任。

■ 思考题

1. 什么是房屋所有权？
2. 房屋所有权的种类有哪些？
3. 论述房屋所有权与土地使用权的关系。
4. 论述我国《物权法》规定的建筑物区分所有权的主要内容。
5. 房地产相邻关系有哪些？
6. 城市房屋拆迁的程序是什么？
7. 如何进行城市房屋拆迁的补偿与安置？

■ 参考文献

1. 陈华彬：《现代建筑物区分所有权制度研究》，法律出版社 1995 年版。
2. 张燕强、郭力群编著：《房地产法原理与实务》，上海交通大学出版社 2002 年版。
3. 李延荣主编：《房地产法研究》，中国人民大学出版社 2007 年版。
4. 高富平、黄武双：《房地产法学》，高等教育出版社 2006 年版。
5. 王利明：《物权法论》，中国政法大学出版社 2003 年版。
6. 谢晖："论法律事实"，载《湖南社会科学》2003 年第 5 期。
7. 张跃庆：《中国房地产市场研究》，经济日报出版社 2002 年版。
8. 张景伊：《房地产法律与应用》，北京市城市发展研究所 1992 年版。
9. 江平：《中国土地立法研究》，中国政法大学出版社 1999 年版。
10. 袁家仪、杨守信：《房地产法学》，中国法制出版社 2001 年版。
11. 费安玲："对不动产征收的私法思考"，载《政法论坛》2003 年第 1 期。

第六章　房地产登记法律制度

■学习目的和要求

　　本章主要讲述房地产登记的有关问题，通过本章的学习，能够对房地产登记的概念和具体制度安排有一个基本的了解。本章重点掌握房地产登记的模式，我国房地产登记的法律效力以及房地产登记中的预告登记、更正登记和异议登记制度，理解房地产登记的功能，了解我国房地产登记的相关程序。

第一节　房地产登记法律制度概述

一、房地产登记的概念

　　房地产权属，即房地产权利的归属，是指房地产产权在主体上的归属状态。房地产权属登记，又称房地产登记，是指房地产产权登记机关对房地产权利人、房地产权利性质、房地产权利来源、取得时间、变更情况和房地产的面积、结构、用途、位置等，在专门的簿册中进行记载，依法确认房地产权属关系的行为。房地产属于不动产范畴，或者说不动产主要表现为地产、房产或房地产。因此，房地产登记又被称为不动产登记。

　　房地产登记的主体，涉及登记的申请人和登记的机关。登记的申请人，为向登记机关申请进行过户登记、变更登记、撤销登记、异议登记等登记行为的房地产所有权人、他项权人以及与登记房地产有利害关系的人。对于登记机关，不同国家有不同规定，大体可以分为两类：一类是附属于法院系统的登记机关，比如德国的不动产登记机关为附属于地方法院系统的土地登记局，瑞士的登记机关大多数为各州法院，日本的登记事务则由具有司法行政性质的法务局管辖；另一类则是国家设立的行政机关，比如英国的"政府土地登记局"、美国的"地政登记办公室"等。不论登记机关属于司法系统还是属于行政系统，其从事登记活动的依据都是法律的明确规定，经法律授权而代表国家或政府来履行登记职责。

二、房地产登记的功能

房地产权属登记作为不动产登记的一种，是私有制发展到一定阶段的产物。由于物权具有对世性，最初的土地所有者往往通过将自己的土地用栅栏围起来或是竖立地界的方式，来确认和保护自己的所有权。后来，国家出于税收的需要，开始对土地进行登记。随着社会的发展，国家出于税收而进行的登记，不足以满足商品经济日益发展情况下土地交易日益频繁、交易安全亟需保护的要求了，登记制度开始发生前所未有的变化。登记不再仅仅是为了维护国家的利益，还是为了保护权利人的个人私利，同时也是为了维护社会经济秩序的稳定。房地产或不动产登记成为现代民法物权公示原则的具体体现，通过登记对不动产的状况进行表彰和公开，极大地提高了公众对不动产所有权的认可度以及交易的安全性和效率，人们在进行不动产交易时，无需担心因交易对方没有真正的所有权而受到第三人的追索，从而使自己的利益遭受损害。不动产登记制度的功能随之发生了转化，从便利国家税收征收到保护当事人的所有权，再到保护交易安全，实现了从着重公权保障到着重私权保障的转化，从而完成了从旧登记制度到现代登记制度的过渡。[1] 现代房地产登记制度的功能可以概括为以下几个方面：

（一）权利确认功能

房地产登记制度的权利确认功能，是指房地产权属登记确认房地产权利归属状态，经登记的房地产权利受国家强制力保护，可以对抗权利人以外的任何人。产权的归属是从事产权交易的前提和基础，如果没有有效的手段向社会昭示权利的存在，不仅会使权利人自己对权利的界限发生模糊认识，也会使第三人对权利人的权利认识不清，进而无法对权利的侵犯提供有效的救济途径。登记制度是不动产物权公示的最好选择，通过登记将不动产物权的主体、客体的范围、权利存在的期间、权利的性质及权利的转移等记载于登记簿上，向社会公示，并通过颁发权利证书，使权利人可以向社会其他主体公告其权利人身份，从而解决权利存在状况的模糊性。同时，登记制度确立后，当出现房地产权属纠纷时，法官确认权属的主要依据也是登记，法官可以直接依据登记进行裁判，减少调查取证的困难。

（二）权利公示功能

房地产登记制度的权利公示功能，是指房地产权属登记公开房地产权利变动状况，昭示利益关系人与社会公众，保障房地产交易的安全。各国普遍以登记作为不动产物权的变动公示方法，以交付作为动产物权的公示方法，房地产登记的

---

〔1〕　许明月：《财产权登记法律制度研究》，中国社会科学出版社 2002 年版，第 31～33 页。

任务就是记载房地产权利的详细信息，并在法律许可的范围内将其提供给社会。这一方面使得权利人与不动产之间的法律支配关系公开化、透明化；另一方面，第三人乃至社会公众可以通过登记知悉当前不动产权利的归属及变动状况，为自己履行尊重他人不动产物权的绝对义务以及是否进行某种法律行为作出判断，从而维护不动产的占有秩序和交易安全，切实保障权利人和第三人的利益。

登记的公示公信效力，主要来源于国家的信誉和行为。房地产是涉及国计民生的重要权利，只有通过国家出面登记，以国家的信誉和行为做保障，才能使社会全体对其产生一致信赖，尤其是在我国现阶段市场体制仍不健全，信用体系缺失的情况下，房地产登记显得更加重要。

（三）管理功能

房地产登记制度的管理功能，是指房地产权属登记实现国家的管理意图，是国家干预房地产资源开发和利用、防止房地产资源滥用和浪费的体现。房地产是个人生存发展的必要条件，不仅对个人意义重大，往往还牵涉社会生活乃至整个国民经济，是国家对重要生产资源和市场要素的信息把握和适度监控的重要领域。一方面，可以通过登记建立产籍资料，进行产籍管理，可以为国家的宏观经济和社会发展规划提供一定的依据，也为国家对房地产税收的监管奠定基础；另一方面，通过登记审查相关权利设立、变更、终止的合法性，还可以取缔违反法律、法规和社会公共利益的行为，确保国家法律法规的贯彻执行和城乡规划的落实。

长期以来我国不动产由行政机关进行登记，登记制度主要侧重于行政管理性，而忽视登记本身还应具有的私法效果和私法意义，登记制度中体现和服务于物权公示原则的规定较为缺乏，背离了现代不动产登记制度设立的目的。例如，原本是建立公开、公平、公正的市场秩序，依法保护房地产权利人合法权益重要手段的登记公开查询制度，在我国长期不能建立和良性运行。在《物权法》的起草过程中，法学学者一再重申登记的私法功能，引起了立法和实务的重视。《物权法》的出台则明确了登记的确认和公示功能。据此，国土资源部于2008年2月1日起施行的《土地登记办法》规定："国家实行土地登记资料公开查询制度。土地权利人、利害关系人可以申请查询土地登记资料，国土资源行政主管部门应当提供。"建设部颁布的并于2007年1月1日起施行的《房屋权属登记信息查询暂行办法》规定："房屋权属登记机关对房屋权利的记载信息，单位和个人可以公开查询"。但是，由于我国没有建立统一的登记电子化查询机制，登记机关之间的信息共享、异地查询不能充分实现，这降低了登记作为物权公示手段的价值，削弱了登记保护交易安全的功能。

三、房地产登记的模式

鉴于房地产登记的重要功能，各国几乎都建立了自己的登记制度，但是由于各国法律传统、管理体制的不同，登记立法所依据的法理差异相当大，登记的模式和效力也不同。与我国现行立法具有一定关系的模式大致有三种：

（一）契据登记制

契据登记制，又称登记对抗主义，因其最先由法国创立，故又称"法国主义"，法国、意大利、日本、西班牙等国采用，其理论基础是物权变动的债权意思主义。该理论认为，房地产产权的变更和设定，在当事人订立债权合约之时就已经生效，物权变动是债权行为的当然结果，登记对于不动产物权变动而言只有确认或者是证明的作用，而不是其生效与否的要件。当事人之间债权合意达成之际，债的关系产生同时房地产权利的变动也完成，但是不登记不能对抗第三人。例如，《法国民法典》第1583条规定，在因买卖契约而发生的所有权转移中，当事人就标的物及其价金相互同意时，即使标的物尚未交付、价金尚未支付，买卖即告成立，标的物的所有权即依法由出卖人转移于买受人。[1]

契据登记制的法律特征为：

1. 登记为对抗要件。房地产权利变更因当事人意思表示一致，即生效力；登记仅为对抗第三人的要件，而非生效要件。

2. 登记采取形式审查，不进行实质审查。登记机关只审查契约及登记手续是否完备，不问契约所载内容真实与否。申请登记所提出的书面文件完备，就应按照契据所载的内容予以登记，至于所载事项实质上是否存在、有无瑕疵，登记机关在所不问，也不承担错误登记的责任。

3. 登记无公信力。已登记事项在实体法上不能成立时得以推翻，不得对抗第三人。

4. 登记簿的编例是以权利人为标准按登记的先后顺序编簿，而不以不动产为标准。

（二）权利登记制

权利登记制，又称登记要件主义，最早由德国创立，因此又称"德国主义"，德国、瑞士、奥地利、荷兰等国及我国台湾地区采用，其理论基础为物权变动的物权形式主义或债权形式主义。权利登记制下，不用说对社会第三人，就是双方当事人之间，房地产物权变动若未进行公示——登记，也将确定地不发生物权变动的效力。当事人之间物权变动的意思表示，若没有伴随法定的公示方

---

〔1〕 刘保玉：《物权法》，上海人民出版社2003年版，第87页。

法，既不发生公示效力，也不发生公信力，登记是物权变动的成立或生效要件。

虽然同为权利登记制，但由于对契约性质的理解不同，德国和瑞士的做法又有所区别。德国以"物权形式主义"为理论基础，承认物权行为的独立性与无因性，乃至将登记对不动产物权变动的效力理解为：物权变动可以与原因行为（主要指契约行为）相分离独立，以登记为独立的物权行为，其成立不受原因行为的影响；瑞士、奥地利则采用"债权形式主义的模式"，它不承认物权行为理论，登记作为不动产物权变动的法定必要手续而不是单独的当事人物权变动的合意，如果不动产物权变动的原因行为（主要指契约行为）无效或者被撤销的，经登记的不动产物权也会相应无效或者被撤销。

权利登记制的法律特征为：

1. 登记为房地产产权变更的生效要件。房地产权利得失变更若不经登记，在任何人之间均不产生物权变动的效力。

2. 登记采取实质审查制度。登记机关除形式审查申请手续之外，还审查权利变动原因是否真实，有无瑕疵，对于不符合法律规定的不予登记。

3. 登记具有公信力。登记事项即使在实体法上不成立，但基于信赖保护原则，也可对抗第三人，有绝对效力。

4. 登记簿采取物的编成主义，以地号为顺序编成。

（三）托伦斯登记制

该种模式由澳大利亚托伦斯爵士于 1858 年设计提出，为大多数英美法系国家采用。这种模式也强调登记对房地产权利的转移或者设定具有绝对的效力，但在登记方式上与德国模式有所不同。首先，由政府对土地进行一次总清理，将土地按照自然区划作成不动产登记簿或土地登记簿；然后将土地的权利人对号入座，按照土地权利人确定其权利的"地籍"进行登记；后来的不动产物权变动则在此基础上进行变更。它规定，将房产的权属状态记载于依法制成的地券上，一式两份，一份由权利人保存，一份由登记机关存查，权属状态发生变化时，登记申请人应将旧地券交还登记机关重新颁发新地券。

托伦斯登记制下的登记，其法律效力与权利登记制相同，也具有权利登记制上述四个特点。此外，托伦斯登记制的特点还包括：

1. 登记机关设置赔偿基金。登记如有错误、虚伪或遗漏而导致真正权利人受有损害时，受害人有权请求登记机关进行赔偿。

2. 任意登记制。初次登记是任意的，不强制所有土地都必须申请所有权或他项权利的登记，但初次登记之后，已登记权利若发生变更，则登记是不动产物权变动的生效要件。

3. 按照权利人登记次序编排登记簿，并且附土地和建筑物位置图。托伦斯登记制下，由于确定了土地的"地籍"，即土地与行政区划之间明确了地理位置关系，从而为现代登记制度（如登记的电子化）确定了基础，[1] 在国际上有很大的影响。而登记对抗主义与登记要件主义，则为显著对立的立法主义。登记对抗主义充分尊重当事人的意思自治，但是由于其登记缺乏公信力，不利于对买受人的保护；物权变动未经登记即可生效，固然可以加快不动产的流转速度，但同时也对市场稳定性产生了挑战。登记要件主义是通过行政手段来维持交易秩序，但同时也提高了交易的成本。尤其是德国法中以"物权形式主义"为理论基础，将物权行为独立并承认其无因性的做法，更是因其晦涩难懂、极其不利于出卖人的保护而受到质疑。[2] 不同立法例孰轻孰重，很难有一个绝对的判断，这与一国的经济条件、实践需要、法律政策和人们的观念等有关。我们应当结合本国实际情况进行吸收和借鉴，不宜撇开具体的经济环境、社会需求和相关配套制度来判断其优劣。

四、我国房地产登记制度

（一）我国房地产登记的效力

2007 年 10 月 1 日起实施的《物权法》，建立、健全了不动产物权变动登记生效为主、登记对抗为辅、不经登记生效为例外的三项制度。我国的登记具有强制性，登记对不动产物权变动的效力可以分为三种情况：

1. 一般情况下，不动产经登记生效。《物权法》第 6 条规定："不动产物权的设立、变更、转让和消灭，应当依照法律规定登记。"第 9 条第 1 款规定："不动产物权的设立、变更、转让和消灭，经依法登记，发生效力；未经登记，不发生效力，但法律另有规定的除外。"因为物权属于绝对权、对世权，故物权的任何变动均应进行公示，动产物权的公示手段是交付，而不动产物权的公示手段是登记，所以登记发挥着向社会展示当事人的不动产物权变动的公示和公信的作用。由此不动产物权登记作为物权变动生效要件的效力得以确立，从而结束了实践中不动产物权登记效力无法可依的状况。

例如，某甲有一套房子，他先与乙签订了房屋买卖协议，约定将该房屋以 20 万元的价格卖给乙，乙将 20 万元房款交付给了甲，甲同时将房屋交付给乙，乙对房屋进行了装修并搬进去居住，但没有进行过户登记。后来，由于房屋价格上涨，甲就背信弃义地撕毁了与乙签订的合同，又与丙签订了合同，将上述房屋又以更高的价格卖给了丙，并且办理了过户登记手续。这时，丙拿着房产证找到乙，要求乙腾房，乙认为自己买房在先，并且实际取得了该房屋，自己才是房屋

---

〔1〕 尹春燕主编：《房地产权属登记》，中国民主法制出版社 2006 年版，第 17 页。

〔2〕 梁慧星、陈华彬：《物权法》，法律出版社 1997 年版，第 88 页。

的所有人,于是拒绝搬出。双方发生争议。由于乙购买了房屋后没有进行过户登记,该房屋的所有权并没有转移,因此乙虽然交付了房屋价款,但并没有从法律上取得房屋的所有权。相反,丙虽然没有实际占有房屋,但由于他已经进行了过户登记,根据《物权法》第9条的规定,丙已经从法律上取得了房屋的所有权。这就是不动产登记的效力。

2. 某些情况下,登记仅是不动产物权产生对抗效力的要件。出于我国农村不动产登记的实际状况,《物权法》第129、158条对不动产物权登记的效力也作了例外规定,用益物权中的土地承包经营权的互换、转让以及地役权,不经登记不得对抗第三人。

3. 例外情况下不经登记也可以发生不动产物权变动。《物权法》第9条第2款、第28、29、30条规定,某些不动产物权效力的变动不以登记为要件:一是规定依法属于国家所有的自然资源,所有权可以不登记;二是规定因人民法院、仲裁委员会的法律文书或者人民政府的征收决定等,导致物权设立、变更、转让或者消灭的,自法律文书或者人民政府的征收决定等生效时发生效力;三是规定因继承或者受遗赠取得物权的,自继承或者受遗赠开始时发生效力;四是规定因合法建造、拆除房屋等事实行为设立或者消灭物权的,自事实行为成就时发生效力。上述规定属于非因法律行为取得、设立、丧失及变更不动产物权的情形,不以登记为生效要件。尽管如此,根据《物权法》第31条,以上述第二至第四种方式取得物权的,在处分该物权时,依照法律规定仍需要办理登记,未经登记,不发生物权效力,即在登记之前不得处分已取得的不动产物权。

关于不动产登记的效力,是一个重要的理论和实务问题。《物权法》在不动产登记的效力方面,作出了既有理论上的科学性又符合我国实际可操作性的规定。这一物权制度安排,有助于确立交易中的权利归属和义务承担,为解决交易纠纷提供了合理而又明确的依据。对于不动产物权登记的公示效力,《物权法》明确不动产登记簿的记载是物权归属和内容的根据,规定不动产权证书只是权利人享有该不动产物权的证明,两者记载不一致的,除有证据证明不动产登记簿确有错误外,以不动产登记簿为准,从而为登记簿的公示、公信提供了良好的基础,使不动产登记簿具有了较强的公信力。

同时,《物权法》第15条规定当事人之间的不动产物权变动合同自成立之时生效,除法律另有规定或合同另有约定外,未办理物权登记,只是物权变动不生效,并不影响合同效力,也就是说,我国物权法将物权变动与其原因行为进行了区分。但遗憾的是,我国具体采纳的是德国法上的物权形式主义还是瑞士法上的债权形式主义,《物权法》并未明确。

（二）我国房地产登记的基本程序

不动产登记是一种程序要求很高的经济活动，《物权法》规定了不动产登记程序的基本要求。

1. 不动产登记的管辖。《物权法》第 10 条第 1 款规定："不动产登记，由不动产所在地的登记机构办理。"

2. 不动产登记的启动。由当事人首先提出申请，不动产登记采取当事人申请为主的方式。《物权法》第 11 条规定："当事人申请登记，应当根据不同登记事项提供权属证明和不动产界址、面积等必要材料。"

3. 不动产登记的审查与错误赔偿制度。《物权法》第 12 条规定了登记机构应当履行的职责即审查登记义务包括：①查验申请人提供的权属证明和其他必要材料；②就有关登记事项询问申请人；③如实、及时登记有关事项；④法律、行政法规规定的其他职责。申请登记的不动产的有关情况需要进一步证明的，登记机构可以要求申请人补充材料，必要时可以实地查看。

物权法规定的不动产登记制度中，有一个非常令人瞩目的制度安排，是以往的法律、法规没有明确的，那就是明确了登记机关错误登记的赔偿责任。《物权法》第 21 条规定："当事人提供虚假材料申请登记，给他人造成损害的，应当承担赔偿责任。因登记错误，给他人造成损害的，登记机构应当承担赔偿责任。登记机构赔偿后，可以向造成登记错误的人追偿。"登记责任制度的完善，对于规范不动产登记活动秩序，充分实现不动产登记的法律价值和社会价值，都有着十分重要的意义。当然，上述规定中登记机关是属于实质审查还是形式审查，以及承担民事赔偿责任还是国家赔偿责任可能会产生争议，这些都需要《物权法》的配套法律、法规或司法解释来进一步明确。

案例与评析[1]

孙某于 2005 年 2 月用多年积蓄购买了位于北京市宣武区的一座二手房。为了购房安全，孙某十分慎重，同卖房人"郭某"在宣武区国土资源和房屋管理局办理完房屋产权过户手续之后，才将房款付给对方。谁知，与孙某签订购房合同、办理产权登记的卖房人并非真正的房主郭某，而是郭某房屋的承租人制造假的证件冒充而来。2005 年 3 月 6 日，原真正的房主郭某发现自己的房屋已经被过户给孙某，向公安机关报案，孙某才知道卖房人"郭某"是假房主。据查，房主郭某于 2005 年 1 月将该房屋委托给北京市一家房地产经纪公司出租，假冒

---

[1] 案例来源于王晓东："买房人损失由谁承担"，载《中国青年报》2005 年 7 月 3 日。

人"郭某"是从房屋经纪公司租了房主的房子，向宣武区国土资源和房屋管理局提供了一套伪造的身份证、房屋所有权证、已购公房上市出售申请表等材料后，出售给孙某的。房主郭某遂向法院起诉，要求北京市建设委员会撤销孙某的房产证。本案的被告房地产登记机关认为，在办理该房屋产权过户手续过程中，其始终是按照有关规定执行，程序合法无误，不应当承担赔偿责任，但表示其有权撤销因欺诈而进行的登记。而孙某作为第三人则认为，自己在办理房产过户手续中并没有任何过错，也不知道"郭某"是骗子，自己房产过户手续办理完毕，并基于对行政机关的信任，已经付款给"郭某"，被告不能将自己的行政过错责任转移给自己，撤销善意第三人的房屋产权登记。

本案发生于《物权法》出台之前，为分析方便，我们按照《物权法》规定评析。本案的焦点在于两点：首先，房地产登记的原因行为如果违法而无效，则登记是否产生物权变动的效果；其次，对于该房地产登记导致的损害，登记机关是否应当承担赔偿责任。

对于前者，虽然我国《物权法》没有明确登记行为是否是物权行为、没有明确物权行为及其无因性，但是《物权法》第106条确立了不动产的善意取得制度："无处分权人将不动产或者动产转让给受让人的，所有权人有权追回；除法律另有规定外，符合下列情形的，受让人取得该不动产或者动产的所有权：①受让人受让该不动产或者动产时是善意的；②以合理的价格转让；③转让的不动产或者动产依照法律规定应当登记的已经登记，不需要登记的已经交付给受让人。受让人依照前款规定取得不动产或者动产的所有权的，原所有权人有权向无权处分人请求赔偿损失。"同时，建设部《房屋登记办法》第81条规定："司法机关、行政机关、仲裁委员会发生法律效力的文件证明当事人以隐瞒真实情况、提交虚假材料等非法手段获取房屋登记的，房屋登记机构可以撤销原房屋登记，收回房屋权属证书、登记证明或者公告作废，但房屋权利为他人善意取得的除外。"因此，孙某符合不动产善意取得的要件，行政机关不应当撤销登记，孙某实际取得了该房屋的不动产物权。

对于后者，《物权法》规定，登记机关在"错误登记"的情况下承担赔偿责任，但是对"错误登记"的含义没有作具体说明。一般认为，登记错误可以包括两种情况：一是因登记过程中的事由导致的错误登记，如登记机关没有认真审核资料导致的重复登记、一房两主；二是因登记原因行为的瑕疵导致的错误登记。[1] 那么，是否上述错误登记都应由登记机关承担责任？这需要明确登记机

---

〔1〕 柴振国、田邵华："论不动产登记机关错误登记的赔偿责任——析《物权法》第21条第2款"，载李明发等编：《安徽大学法律评论》2007年第1辑，安徽大学出版社2007年版。

关的审查义务。各国对不动产登记机关的审查方式，有三种不同的立法例：①严格的实质审查主义，这种审查方式为早期普鲁士法所采纳，即登记机关对登记的审查范围相当广泛，不仅要审查申请书的制作是否符合规定的形式要件，而且也要审查作为登记基础的原因关系（即债权关系）是否合法有效。这种方式过于加重了审查机关的负担。②形式审查主义，这种审查方式为目前德国法所采纳，即登记机关只审查当事人之间是否存在登记合意，而无需审查当事人之间实体法律关系（即登记原因法律关系）的效力。但在土地所有权出让以及设定、变更或者移转地上权的情形，当事人双方的物权合意例外地成为登记机关审查的对象。这种方式是和德国民法中承认物权行为及其无因性相适应的。③折衷的实质审查主义，这种审查方式为瑞士所采纳。依瑞士法，登记的要件除了需有"申请"和"登记承诺"外，还需证明有"登记簿册的处分权的法律原因"，即物权变动得以发生的、以权利义务为根据的原因关系。但对该原因法律关系的审查则仍采取了"窗口式"（即形式意义）的审查方式，即登记机关审查的重点并非原因法律关系是否有效，而是当事人是否能够证明原因关系的存在，主要是其提交的原因关系的证明是否践行了必要的形式，如是否按法律规定进行了公证，是否具有书面的合同，或是否具有唯一继承人的证明等。一般认为，我国《物权法》第12条和登记实践中采取的是类似于瑞士法的折衷的实质审查主义。笔者认为，在本案中，登记机关只要要求了申请人提供原因关系存在的证明，并对其进行了一般形式审查即可。在责任构成要件上，应当以过错原则为基础，登记机关因过错承担相应责任。如果其按照工作要求进行审核，仍无法辨认出假造的身份证件和权利证书，登记机关就可以免责，原房主应通过向假冒人主张侵权损害赔偿。当然，我国今后也可以倾向保护受害人的利益，严格登记机关的实质审核义务，同时将公证引入房地产登记，使其成为登记的前置程序，以弥补实质审核造成的登记效力低下问题。

4. 登记簿制度。《物权法》第16条规定："不动产登记簿是物权归属和内容的根据。"第14条规定："不动产物权的设立、变更、转让和消灭，依照法律规定应当登记的，自记载于不动产登记簿时发生效力。"

（三）我国房地产登记的现状

随着我国法治建设的不断加强和房地产权属管理实践的发展，我国的房地产登记制度也从无到有，不断发展完善。尤其是我国刚刚出台的《物权法》，从基本法角度构建了我国的不动产登记制度，对建立和完善我国房地产登记制度具有重大意义。但客观地说，我国现行房地产权属登记制度仍不完善，实践中还存在一些有待解决的问题。

1. 房地产登记法律依据不一致，没有统一的不动产法。我国《物权法》对于不动产登记的规定仍然较为简单，甚至对一些棘手的问题采取了搁置处理的方式。除《物权法》外，目前的不动产登记制度主要散见于《土地管理法》、《城市房地产管理法》、《森林法》、《草原法》、《担保法》、《土地管理法实施条例》等法律和行政法规之中；至于专门的不动产登记规则，主要有土地主管部门发布的《土地登记办法》和建设主管部门制定的《房屋登记办法》等部门规章；此外还有各省、市、自治区、各部委以及一些较大城市制定的地方性法规、规章、通知、决定、批复等。由于各法律法规之间本身衔接不紧密，加上各部门或各地方立足本部门、本地区的利益，致使房地产登记的规定立法层级多且相互交叉冲突。

房地产登记法律制度，同时涉及民法、行政法等分属于公私法两大领域的实体法规则，并且实体规范与程序规范混合，从各国的立法实践上看，通行做法是依据本国民法典的有关规定，再另行制定不动产登记法。我国应当借鉴他国立法例，在物权法的基础上加紧制定单独的不动产登记法，统一立法以满足房地产登记实践的要求。

2. 房地产登记多头管理、分级登记，登记机关不统一。《物权法》第10条虽然明确规定对不动产实行统一登记制度，但对于统一登记机构仍然采取了搁置处理的方法，究竟哪一个机构是统一的登记机构尚不明确。目前我国不动产登记部门主要是依据行政管理的职能来确定，房屋、土地分别属于不同的政府职能部门管理，关于房地产的登记也就相应地分散在不同的行政机关。根据我国现行的法律，房地产登记涉及的登记机关有土地管理部门、房产管理部门、公证部门以及县级以上人民政府规定的部门等。同时，在同一行政部门内部还存在级别的划分，登记进行分级管理。我国《城市房地产管理法》第61条就规定："以出让或者划拨方式取得土地使用权，应当向县级以上地方人民政府土地管理部门申请登记"。县级以上人民政府包括县级人民政府、市级人民政府、省级人民政府和国务院。

多个部门登记已经相当混乱，而同一个部门又存在级别的划分，使得登记申请人在确定负责登记的具体机关时更加无所适从。目前我国房地产登记往往收取一定费用，登记机关的分散又人为地加重了登记申请人的负担，此外，现行的多头管理、分级登记的体制使得正常的房地产物权秩序被割裂，引起权利实现的法律冲突。例如，当土地使用权人为开发土地而借贷，在土地管理部门登记抵押土地使用权之后，开发建成后的房产又因其他原因如生产经营需要借贷而设定抵押权，则该房产的抵押权将登记于房产管理部门。两个抵押权登记于不同的登记簿上，它们之间没有法律上的顺位先后，从而导致无法确定先实现哪个权利。另外，登记机关不统一，也不方便社会公众的查询，影响登记的公示效力，不利于保证交易安全。

我国《物权法》第 10 条已经确立了统一登记机关的构想，可以看出建立统一的不动产登记机关已成定局。如何从长期形成的"多头管理、分级登记"的体制中确立一个统一的登记机关、如何整合分布在不同登记机关的登记资源、如何协调统一后的登记机关和若干不动产管理机构的关系，这仍然是物权法出台以后的重点问题和难点问题。[1]

3. 房地产权属登记尚未全面完成，城乡差异较大。我国自 1987 年以来，在全国范围内开展了土地和房屋的普查登记，取得了很大成绩，但是总登记尚未完成。虽然建设主管部门要求房屋登记率最好应达到 90%，发证率应达到 85%，但除少数先进城市外，多数地区的房地产登记存在缺漏。之所以出现这样的情况，城镇房地产登记方面一个很重要的原因是一些开发商和建设单位未办理土地规划手续或施工许可证就进行项目施工建设，导致了一些城镇房屋无法办理权属登记。另外，由于某些历史遗留问题，以及登记管理人员变动频繁、队伍不稳定，图件资料陈旧，也使一些城镇房屋没有明确登记，不能满足管理和公示的需要。

我国房地产权属登记城乡差异明显，尤其是农村集体土地所有权的范围、集体土地上各类房屋登记不完全的情况比较普遍。在农村，往往仅对宅基地颁发宅基地使用权证，而农村房屋的产权登记则几乎被遗忘。之所以出现这样的情况，一个客观原因是由于农村的房屋相对比较稳定，农民自建房屋主要是为了自住而不是出卖，因此进行房屋登记的必要性不是很紧迫。另外，我国农村土地还没有纳入房地产开发的一级市场，也使得农村房地产交易和流转受限。但是，随着我国新农村建设的发展和我国农村集体所有权制度的进一步改革，农村房地产交易必将日益频繁，房地产登记制度应当为城乡一体登记做好准备、创造条件。

第二节 土地登记制度

一、土地登记的概念

土地登记，是指将国有土地使用权、集体土地所有权、集体土地使用权和土地抵押权、地役权以及依照法律、法规规定需要登记的其他土地权利记载于土地登记簿公示的行为。土地登记的完整意义应当包括两个方面，即对土地现状的描

---

〔1〕 于海涌："论我国不动产登记中的主要缺陷"，载易继明主编：《私法》第 7 辑第 2 卷，华中科技大学出版社 2007 年版。

述和对土地权利归属变化情况的记载。[1] 土地登记制度作为物权变动以及国家管理土地资源的重要措施，已成为我国不动产登记制度的重要组成部分。

进行土地登记的房地产权利，包括国有土地使用权、集体土地所有权、集体土地使用权和土地他项权利。国有土地使用权，包括国有建设用地使用权和国有农用地使用权；集体土地使用权，包括集体建设用地使用权、宅基地使用权和集体农用地使用权（不含土地承包经营权）。国有土地所有权无须以登记发证的形式确认，不属于土地登记范围。

二、土地登记的类型

依据《土地登记办法》的规定，我国现行土地登记体系包括土地总登记、初始登记、变更登记、注销登记和其他登记。其他登记具体又包括更正登记、异议登记、预告登记和查封登记。

（一）土地总登记

土地总登记，是指在一定时间内对辖区内全部土地或者特定区域内土地进行的全面登记。这种登记的主要特点是具有普查的性质，不论土地权利人在拥有或使用土地期间是否发生过土地权利变更，是否有登记的愿望和要求，都必须按照人民政府土地管理机关的要求，通过一定的程序在统一的簿册上进行重新登记，颁发或换发土地证书。总登记是编制和整理产权资料的主要手段，也是产权管理工作的一种重要手段，是土地权属登记的基础登记。我国在《土地管理法》颁布施行之后，曾用大约 3 年时间在全国范围开展了土地总登记，为我国土地权属管理制度的建立提供了有益的经验，对维护权利人的合法权益、界定土地权属关系、预防土地纠纷、解决土地争议发挥了重要作用。土地总登记的程序为：

1. 通告。在进行土地总登记时，相关主管部门应当对土地登记区的划分、土地登记的期限、土地登记收件地点、土地登记申请人应当提交的相关文件材料和需要通告的其他事项发布通告。

2. 公告。对符合总登记要求的宗地，由国土资源行政主管部门予以公告。公告的主要内容包括：土地权利人的姓名或者名称、地址；准予登记的土地坐落、面积、用途、权属性质、使用权类型和使用期限；土地权利人及其他利害关系人提出异议的期限、方式和受理机构；需要公告的其他事项。

3. 登记。公告期满，当事人对土地总登记审核结果无异议或者异议不成立的，由国土资源行政主管部门报经人民政府批准后办理登记。

---

[1] 李延荣主编：《房地产法研究》，中国人民大学出版社 2007 年版，第 38 页。

（二）土地初始登记

土地初始登记，是指土地总登记之外对设立的土地权利进行的登记，也就是对土地权利的第一次登记。初始登记是进行其他登记的前提和基础，对于明确地产归属具有重大意义。土地权利的设立，包括土地所有权设立、土地使用权设立和土地他项权利设立。

1. 国有土地使用权的初始登记。根据《土地登记办法》的规定，国有土地使用权设立主要发生在以下几种情况：

（1）依法以划拨方式取得国有建设用地使用权的，当事人应当持县级以上人民政府的批准用地文件和国有土地划拨决定书等相关证明材料，申请划拨国有建设用地使用权初始登记。新开工的大中型建设项目使用划拨国有土地的，还应当提供建设项目竣工验收报告。

（2）依法以出让方式取得国有建设用地使用权的，当事人应当在付清全部国有土地出让价款后，持国有建设用地使用权出让合同和土地出让价款缴纳凭证等相关证明材料，申请出让国有建设用地使用权初始登记。

（3）划拨国有建设用地使用权已依法转为出让国有建设用地使用权的，当事人应当持原国有土地使用证、出让合同及土地出让价款缴纳凭证等相关证明材料，申请出让国有建设用地使用权初始登记。

（4）依法以国有土地租赁方式取得国有建设用地使用权的，当事人应当持租赁合同和土地租金缴纳凭证等相关证明材料，申请租赁国有建设用地使用权初始登记。

（5）依法以国有土地使用权作价出资或者入股方式取得国有建设用地使用权的，当事人应当持原国有土地使用证、土地使用权出资或者入股批准文件和其他相关证明材料，申请作价出资或者入股国有建设用地使用权初始登记。

（6）以国家授权经营方式取得国有建设用地使用权的，当事人应当持原国有土地使用证、土地资产处置批准文件和其他相关证明材料，申请授权经营国有建设用地使用权初始登记。

2. 集体土地使用权的初始登记。根据《土地登记办法》的规定，集体土地使用权设立主要发生在以下几种情况：

（1）依法使用本集体土地进行建设的，当事人应当持有批准权的人民政府的批准用地文件，申请集体建设用地使用权初始登记。

（2）集体土地所有权人依法以集体建设用地使用权入股、联营等形式兴办企业的，当事人应当持有批准权的人民政府的批准文件和相关合同，申请集体建设用地使用权初始登记。

（3）依法使用本集体土地进行农业生产的，当事人应当持农用地使用合同，申请集体农用地使用权初始登记。

3. 集体土地所有权初始登记。属于国家的自然资源所有权无须登记，但是农民集体所有的土地，集体所有权人应当持集体土地所有权证明材料，申请集体土地所有权初始登记。但是由于我国集体土地所有权制度在权利主体、权利内容和权利运行上还需进一步完善，因此，对农村集体土地所有权是否登记生效并没有明确规定。

4. 土地他项权利登记。

（1）土地抵押权登记。依法抵押土地使用权的，抵押权人和抵押人应当持土地权利证书、主债权债务合同、抵押合同以及相关证明材料，申请土地使用权抵押登记。同一宗地多次抵押的，以抵押登记申请先后为序办理抵押登记。

符合抵押登记条件的，国土资源行政主管部门应当将抵押合同约定的有关事项在土地登记簿和土地权利证书上加以记载，并向抵押权人颁发土地他项权利证明书。申请登记的抵押为最高额抵押的，应当记载所担保的最高债权额、最高额抵押的期间等内容。

（2）地役权登记。在土地上设定地役权后，当事人申请地役权登记的，供役地权利人和需役地权利人应当向国土资源行政主管部门提交土地权利证书和地役权合同等相关证明材料。符合地役权登记条件的，国土资源行政主管部门应当将地役权合同约定的有关事项分别记载于供役地和需役地的土地登记簿和土地权利证书，并将地役权合同保存于供役地和需役地的宗地档案中。

供役地、需役地分属不同国土资源行政主管部门管辖的，当事人可以向负责供役地登记的国土资源行政主管部门申请地役权登记。负责供役地登记的国土资源行政主管部门完成登记后，应当通知负责需役地登记的国土资源行政主管部门，由其记载于需役地的土地登记簿。

（三）土地变更登记

土地变更登记，是指因土地权利人发生改变，或者因土地权利人姓名或者名称、地址和土地用途等内容发生变更而进行的登记。根据《土地登记办法》的规定主要包括以下几种情况：

1. 土地权利转移时的变更登记。土地权利转移，是指土地权利发生易手，权利主体变为他人的情况。国有土地使用权可以因出让、租赁、作价出资、入股或法人及其他组织合并、分立、兼并、破产等原因而发生移转，当事人应当持原国有土地使用证、土地权利发生转移的相关证明和当事人协议、有关部门批文等材料，申请国有建设用地使用权变更登记。若该转让发生在土地使用权抵押期间，则当事人还应当提交抵押权人同意转让的书面证明。

我国实行"房随地走、地随房走"的制度，因依法买卖、交换、赠与地上建筑物、构筑物及其附属设施也可使建设用地使用权发生转移。当事人应当持原土地权利证书、变更后的房屋所有权证书及土地使用权发生转移的相关证明材料，申请建设用地使用权变更登记。涉及划拨土地使用权转移的，当事人还应当提供有批准权人民政府的批准文件。

因人民法院、仲裁机构生效的法律文书或者因继承、受遗赠取得土地使用权，当事人申请登记的，应当持生效的法律文书或者死亡证明、遗嘱等相关证明材料，申请土地使用权变更登记。权利人在办理登记之前先行转让该土地使用权或者设定土地抵押权的，应当依法先将土地权利申请登记到其名下后，再申请办理土地权利变更登记。

已经抵押的土地使用权转让后，当事人应当持土地权利证书和他项权利证明书，办理土地抵押权变更登记。经依法登记的土地抵押权因主债权被转让而转让的，主债权的转让人和受让人可以持原土地他项权利证明书、转让协议、已经通知债务人的证明等相关证明材料，申请土地抵押权变更登记。

已经设定地役权的土地使用权转移后，当事人申请登记的，供役地权利人和需役地权利人应当持变更后的地役权合同及土地权利证书等相关证明材料，申请办理地役权变更登记。

2. 土地权利内容与土地用途变更。

（1）土地权利内容变更，是指不改变权利人的情况下，权利人姓名、地址以及土地用途等登记事项的变更。土地权利人姓名或名称、地址发生变化的，当事人应当持原土地权利证书等相关证明材料，申请姓名或者名称、地址变更登记。

（2）土地的用途发生变更的，当事人应当持有关批准文件和原土地权利证书，申请土地用途变更登记。土地用途变更依法需要补交土地出让价款的，当事人还应当提交已补交土地出让价款的缴纳凭证。

（四）土地注销登记

土地注销登记，是指因土地权利的消灭等而进行的登记。引起土地权利终止或消灭的法律事项包括法律事件和法律行为，主要包括国有土地使用权被依法回收；农民集体土地所有权被依法征收；因人民法院、仲裁机构的生效法律文书致使原土地权利消灭；因自然灾害等原因造成土地权利消灭；非住宅国有建设用地使用权期限届满，国有建设用地使用权人未申请续期或者申请续期未获批准的；已经登记的土地抵押权、地役权终止的等情况。

当发生上述规定的情况时，原土地所有者、使用者或他项权利的享有者应当在法律规定的期限内持原有的权利证书申请注销登记，并由土地登记部门收回原权利证书，或在土地登记簿上注明，并经公告后废止。当事人未按规定申请注销登记的，国土资源行政主管部门应当责令当事人限期办理；逾期不办理的，进行注销公告，公告期满后可直接办理注销登记。但是，当土地抵押期限届满，当事人未申请土地使用权抵押注销登记的，除设定抵押权的土地使用权期限届满外，国土资源行政主管部门不得直接注销土地使用权抵押登记。

（五）土地其他登记

土地其他登记，包括更正登记、异议登记、预告登记和查封登记。更正登记、异议登记、预告登记详见本章第 4 节，这里仅介绍查封登记。

土地查封登记，是指国土资源行政主管部门应当根据人民法院提供的查封裁定书和协助执行通知书，报经人民政府批准后，将查封或者预查封的情况在土地登记簿上加以记载的登记。对被人民法院依法查封、预查封的土地使用权，在查封、预查封期间，不得办理土地权利的变更登记或者土地抵押权、地役权登记。在协助人民法院执行土地使用权时，国土资源行政主管部门不对生效法律文书和协助执行通知书进行实体审查。

根据 2005 年 1 月 1 日起施行的《最高人民法院关于人民法院民事执行中查封、扣押、冻结财产的规定》，《土地登记办法》还规定了土地的轮候查封登记制度。轮候查封登记是指两个以上人民法院对同一宗土地使用权、房屋进行查封的，国土资源、房地产管理部门为首先送达协助执行通知书的人民法院办理查封登记手续后，对后来办理查封登记的人民法院作轮候查封登记，并书面告知该房地产已被其他人民法院查封的事实及查封的有关情况。轮候查封登记的顺序按照人民法院送达协助执行通知书的时间先后进行排列，查封法院依法解除查封的，排列在先的轮候查封自动转为查封；查封法院对查封的土地使用权全部处理的，排列在后的轮候查封自动失效；查封法院对查封的土地使用权部分处理的，对剩余部分，排列在后的轮候查封自动转为查封。

轮候查封登记制度解决了重复查封的问题。所谓重复查封，是指两个或两个以上人民法院对于同一财产在同一期间同时进行查扣的行为。我国法律规定查封制度不仅是对查封财产的一种保全，也是对查封财产能顺利变现的一种保障制度。查封对于人民法院实现当事人的债权有积极的意义，它本身就是赋予了人民法院对查封财产的单独处分权。如果两个以上的法院均对同一财产同时进行查封，则当一家法院对该财产进行处分时就要受到另一法院的制约或者说无法处分，这不仅违背了法院审判、执行权的唯一性和独立性，也违背了法律当初规定查封制度的意义。可见，"轮候"的概念就是为了使同一土地权利在其价值范围内能保护多个债权人的利益，轮候查封登记是我国登记制度的一个进步。

三、土地登记的程序

（一）登记申请

土地权属登记程序，依照国家土地管理部门颁发的《土地登记办法》和《城镇地籍调查规程》办理。按规定，土地登记必须由权利人提出申请。

1. 申请人。土地权利人是土地登记的申请人。土地登记应当由交易双方当事人共同申请，但是土地总登记，国有土地使用权、集体土地所有权、集体土地使用权的初始登记，非因法律行为而取得土地权利的登记、更正登记或者异议登记，土地权利证书的补发或者换发等情况，可以单方申请。两个以上土地使用权人共同使用一宗土地的，可以分别申请土地登记。某些情况下，当事人可以由代理人代理申请登记。包括未成年人的土地权利由其监护人代为申请登记的情况，以及其他当事人委托代理人申请土地登记的情况。代理境外申请人申请土地登记的，授权委托书和被代理人身份证明应当经依法公证或者认证。

2. 申请登记应当提交的文件。申请人申请土地登记，应当根据不同的登记事项提交下列材料：土地登记申请书；申请人身份证明材料；土地权属来源证明；地籍调查表、宗地图及宗地界址坐标；地上附着物权属证明；法律、法规规定的完税或者减免税凭证等。申请人申请土地登记，应当如实向国土资源行政主管部门提交有关材料和反映真实情况，并对申请材料实质内容的真实性负责。

（二）土地登记机关的受理与审核

对当事人提出申请登记的土地不在本登记辖区的，土地登记机关应当当场作出不予受理的决定，并告知申请人向有管辖权的国土资源行政主管部门申请；对于申请材料存在错误或不齐全、不符合法定形式的，则令其当场或于法定期限内更正或补充；申请材料齐全、符合法定形式，或者申请人按照要求提交全部补正申请材料的，应当受理土地登记申请。

土地登记部门受理土地登记的申请后，认为必要的，可以就有关登记事项向申请人询问，也可以对申请登记的土地进行实地查看。土地登记部门应当自受理土地登记申请之日起 20 日内，办结土地登记审查手续；特殊情况需要延期的，经国土资源行政主管部门负责人批准后，可以延长 10 日。

（三）土地登记机关的处理

土地登记机关应当根据审查结果，作出登记或不登记的行为。对于符合要求的，登记机关按照法律规定办理登记手续，包括登记于土地登记簿、办理土地归户卡和发放土地权属证书。土地权利证书记载的事项，应当与土地登记簿一致；记载不一致的，除有证据证明土地登记簿确有错误外，以土地登记簿为准。

土地权属有争议的、土地违法违规行为尚未处理或者正在处理的、未依法足额缴纳土地有偿使用费和其他税费的、申请登记的土地权利超过规定期限或其他依法不予登记的情况，登记机关应不予登记，并书面告知申请人不予登记的理由。

第三节　房屋登记制度

一、房屋登记的概念

房屋登记，又称房屋产权登记，是指房屋登记机构依法将房屋权利和其他应当记载的事项在房屋登记簿上予以记载的行为。房屋登记是我国房地产管理法律制度的核心部分，是依法确认房屋所有权的法定形式之一。

新中国成立以后，我国大部分城市都没有进行房屋所有权的登记，因此，房屋产权不清的现象普遍存在，纠纷很多，影响了城镇房屋的管理工作，亟待加强法制建设。20世纪80年代中期，我国在城镇房屋普查的基础上，开展了城镇房屋产权登记和发证工作，同时制定了《城镇房屋所有权登记暂行办法》，对房屋登记的申请、种类、期限及税费问题进行了原则性规定。此后，相关主管部门又多次制定了相关的规范性文件，初步建立了我国的房屋登记制度。目前，配合《物权法》的规定，建设部出台了《房屋登记办法》，于2008年7月1日起施行。该办法在物权法等基本民事法律的基础上，细化了房屋登记的具体制度，为房屋产权登记和管理提供了依据和保障。

二、房屋登记的种类

与土地登记类似，房屋登记也可以分为初始登记、变更登记、异议登记、预告登记、注销登记。由于我国土地和房屋产权登记的现状具有城乡分化的特点，城市房屋登记和农村集体土地上的房屋登记有诸多不同之处。因此，《房屋登记办法》按照土地所有权性质的不同，将登记首先分为国有土地上的房屋登记和集体土地上的房屋登记两大类。

（一）国有土地范围内房屋登记

1. 所有权登记。因合法建造房屋应当申请房屋所有权初始登记。需要注意的是，针对我国城镇建筑物区分所有制度的发展，业主与开发商之间对住宅区共有部分的范围、配套设施的权属争议日益频繁。《房屋登记办法》专门规定，房地产开发企业申请房屋所有权初始登记时，应当对建筑区划内依法属于全体业主共有的公共场所、公用设施和物业服务用房等房屋一并申请登记，由房屋登记机构在房屋登记簿上予以记载，不颁发房屋权属证书。

2. 抵押权登记。以房屋设定抵押的，当事人应当提交相应文件，申请抵押权登记。当依法登记的房屋抵押权因主债权转让而转让，从而申请抵押权转移登记的，主债权的转让人和受让人应当办理房屋抵押权变更登记。当主债权消灭、实现、抵押权人放弃抵押权等情况时，权利人应当申请抵押权注销登记。同时，《房屋登记办法》也在证明文件、抵押登记变更、注销等方面，详细规定了最高额抵押、在建工程抵押等特殊的抵押。

3. 地役权登记。与房屋所有权和抵押权"应当"进行登记不同，在房屋上设立地役权的，当事人"可以"申请地役权设立登记，不登记地役权也成立，只是不能对抗善意第三人。对符合规定条件的地役权设立登记，房屋登记机构应当将有关事项同时记载于需役地和供役地房屋登记簿，并可将地役权合同附于供役地和需役地房屋登记簿。

（二）集体土地范围内房屋登记

依法利用宅基地建造的村民住房和依法利用其他集体所有建设用地建造的房屋，可以依照本办法的规定申请房屋登记。根据《物权法》的相关规定，集体土地范围内的房屋，登记并非是其具有物权的生效要件。

在登记申请、程序等方面，集体土地范围内房屋与国有土地范围内的房屋没有太多区别。需要注意的是，申请村民住房所有权初始登记的，应当提交申请人属于房屋所在地农村集体经济组织成员的证明。农村集体经济组织申请房屋所有权初始登记的，应当提交经村民会议同意或者由村民会议授权经村民代表会议同意的证明材料。房屋登记机构对集体土地范围内的房屋予以登记的，应当在房屋登记簿和房屋权属证书上注明"集体土地"字样。

三、房屋登记的程序

办理房屋登记，一般应当经过申请、受理、审核、记载于登记簿和发证等程序，必要时，房屋登记事项应当进行公告。

（一）申请

房屋应当按照基本单元进行登记。申请登记材料应当提供原件，不能提供原件的，应当提交经有关机关确认与原件一致的复印件。并且，申请人应当对申请登记材料的真实性、合法性、有效性负责，不得隐瞒真实情况或者提供虚假材料申请房屋登记。

（二）受理

申请人提交的申请登记材料齐全且符合法定形式的，应当予以受理，并出具书面凭证。申请人提交的申请登记材料不齐全或者不符合法定形式的，应当不予受理，并告知申请人需要补正的内容。

（三）审核

房屋登记机构应当查验申请登记材料，并根据不同登记申请就申请登记事项是否是申请人的真实意思表示、申请登记房屋是否为共有房屋、房屋登记簿记载的权利人是否同意更正，以及申请登记材料中需进一步明确的其他有关事项询问申请人。询问结果应当经申请人签字确认，并归档保留。房屋登记机构认为申请登记房屋的有关情况需要进一步证明的，可以要求申请人补充材料。

办理房屋所有权初始登记、在建工程抵押权登记、因房屋灭失导致的房屋所有权注销登记等情况时，房屋登记机构应当实地查看，申请人应当予以配合。

房屋登记机构的审核有时限的要求，自受理登记申请之日起，房屋登记机构应当于法定时限内，作出登记或不予登记的决定：国有土地范围内房屋所有权登记为 30 个工作日；集体土地范围内房屋所有权登记为 60 个工作日；抵押权、地役权登记为 10 个工作日；预告登记、更正登记为 10 个工作日；异议登记为 1 个工作日。因特殊原因需要延长登记时限的，经房屋登记机构负责人批准可以延长，但最长不得超过原时限的 1 倍。公告时间不计入审核时限。

(四) 登记发证

1. 登记发证的条件。《房屋登记办法》从正反两个方面分别规定了应当予以登记的条件和不予登记的情况。

房屋登记机关应予登记的条件包括：①申请人与依法提交的材料记载的主体一致；②申请初始登记的房屋与申请人提交的规划证明材料记载一致，申请其他登记的房屋与房屋登记簿记载一致；③申请登记的内容与有关材料证明的事实一致；④申请登记的事项与房屋登记簿记载的房屋权利不冲突。

有以下情形之一的，房屋登记机构应当不予登记：①未依法取得规划许可、施工许可或者未按照规划许可的面积等内容建造的建筑申请登记的；②申请人不能提供合法、有效的权利来源证明文件或者申请登记的房屋权利与权利来源证明文件不一致的；③申请登记事项与房屋登记簿记载冲突的；④申请登记房屋不能特定或者不具有独立利用价值的；⑤房屋已被依法征收、没收，原权利人申请登记的；⑥房屋被依法查封期间，权利人申请登记的；⑦法律、法规和本办法规定的其他不予登记的情形。若房屋登记机构经审核认为不应予以登记的，应书面告知申请人不予登记的原因。

2. 登记簿与房产证书的要求。房屋登记簿应当记载房屋自然状况、权利状况以及其他依法应当登记的事项。房屋登记簿可以采用纸介质，也可以采用电子介质。采用电子介质的，应当有唯一、确定的纸介质转化形式，并应当定期异地备份。房屋登记机构应当根据房屋登记簿的记载，缮写并向权利人发放房屋权属证书。

房屋权属证书是权利人享有房屋权利的证明，包括《房屋所有权证》、《房屋他项权证》等。申请登记房屋为共有房屋的，房屋登记机构应当在房屋所有权证上注明"共有"字样。预告登记、在建工程抵押权登记以及法律、法规规定的其他事项在房屋登记簿上予以记载后，由房屋登记机构发放登记证明。

房屋权属证书、登记证明与房屋登记簿记载不一致的，除有证据证明房屋登记簿确有错误外，以房屋登记簿为准。

第四节 不动产登记的特殊制度

《物权法》出台前，法律、法规对不动产的登记类型有一些相关的规定，但都不够全面。为适应我国不动产交易的市场需要，解决不动产登记过程中可能出现的争议，《物权法》科学地完善和发展了一些新的登记制度，这些制度主要发生在某些特定的情况之下，因此又称特殊登记，主要包括预告登记、异议登记和更正登记等。

一、预告登记

（一）预告登记的含义

所谓预告登记，就是为保全关于不动产物权的请求权而将此权利进行的登记。预告登记在性质上属于预备登记，即它是在本登记（一般不动产物权登记）之前进行的一项登记，并不具有终局的、确定的效力，其针对的是将来会产生的不动产物权，而非已经现实存在的不动产物权。预告登记作出后，并不导致不动产物权的设立或变更，只是登记申请人具有了请求将来发生物权变动的权利。

由于预告登记制度能够有效地保障不动产物权变动中债权人的合法权益，且便利于法院判决的执行，因此被《德国民法典》的制订者所接受，此后相继为《瑞士民法典》、《日本不动产登记法》以及我国台湾地区的"土地法"所借鉴。我国《物权法》总结了各地关于预告登记的实践，在第20条第1款规定："当事人签订买卖房屋或者其他不动产物权的协议，为保障将来实现物权，按照约定可以向登记机构申请预告登记。预告登记后，未经预告登记的权利人同意，处分该不动产的，不发生物权效力。"该规定对于保障不动产物权变动中债权人的合法权益以及未来我国建立统一、完善的预告登记制度，具有极为重要的意义。

（二）预告登记的效力

1. 担保效力。预告登记的首要效力在于担保功能，即防止不动产权利人违反义务对不动产进行处分。在不动产物权的设定和转让中，由于当事人自身意志或者受外界客观原因影响使得不动产不能马上发生移转，这就使债权契约的作成和不动产的登记之间常因各种原因而存在一定的时间差。此时，物权的预定取得人除了享有债权法上的请求权外，并无排斥第三人的权利，因此其权利往往会因登记义务人的擅自变更行为而受到侵害。如房地产开发商甲将在建中的商品房预售给乙，但由于此时房屋尚未建成，乙不能要求办理房屋的过户登记。待房屋建成后，甲擅自悔约又将该房售于丙并办理了过户登记手续。按照登记的物权确认效力，丙取得该房屋物权，而乙只能以开发商违约为由主张债权的违约损害赔偿请求权，其获得不动产物权的目的则无法实现。若放任此种行为的泛滥，整个社会的诚信机制亦将面临极大挑战。若根据不动产预告登记制度，乙在对其预购的商品房进行了预告登记后，虽然该商品房尚不为其所有，但其所拥有的债权发生了"债权物权化"，具备了物权的排他性，开发商甲与丙之间的登记因此不具有物权的效力，丙不能获得该房所有权。

2. 顺位效力。预告登记的顺位效力是指由于预告登记已经表明了被担保的请求权经过履行后将要产生某种不动产物权，因此将来该物权一旦产生后就会取得预告登记所具有的顺位。预告登记具有保全本登记顺位的法律效力，它使已登记的不动产物权变动请求权具有排斥后序登记权利的性质。当预告登记推进到本登记时，该本登记的权利位于预告登记后、本登记前所为的一切权利之前。换句话说，不动产权利的顺位并不依本登记的日期确定，而是以预告登记的日期为准加以确定。

但由于我国不动产登记制度不健全，抵押登记等不动产登记并未实行顺位固定主义，而是根据登记的时间先后确立顺序先后，因此抵押权设定的时间顺序比预先确定顺位更为重要，预告登记在顺位保证方面的作用并不明显。

3. 增强效力。预告登记的增强效力又称满足效力、破产保护效力，是指由于预告登记已经表明了被担保的请求权经过履行后将要产生某种不动产物权，因此该请求权被作为该项将来才能产生的不动产物权来看待，具有了与之相同的效力。这一点主要体现在破产的时候，例如，甲将其一栋房屋出卖给乙，约定两年后交付，买受人乙为了担保此项债权请求权而进行了预告登记，如果不久甲就破产了，此时乙虽然并非该不动产的所有权人而只是债权人，但是由于进行了预告登记，所以他有权要求甲的破产管理人将该房屋交付给他。此外，在相对人死亡时，预告登记的增强效力依然存在，继承人不得以继承为由而请求涤除不动产上的预告登记。《物权法》没有明确规定预告登记的增强效力，根据物权法定原则，我国预告登记不能产生该效力。

（三）我国的预告登记制度

从《物权法》的规定来看，我国预告登记制度具有以下特征：[1]

1. 预告登记的目的在于"保障将来实现物权"。预告登记是一种必须在不动产登记簿上登记的担保手段，它是为了保障债权人实现其进行物权权利变更的债权请求权。它限制债务人违背其义务对不动产进行处分的权限，使得债权人在

---

〔1〕 程啸：《试论〈物权法〉中规定的预告登记制度》，载《中国房地产》2007 年第 5 期。

债务人违反义务进行处分的情况下也能够取得物权。

2. 预告登记的适用范围是保全物权为目的的债权请求权。预告登记所记载事项的范围是以保全物权为目的的债权请求权。参考国外相关立法例，预告登记的债权请求权可以是基于合同而产生的，也可以是依法产生的，甚至对于将来的请求权或者附条件的请求权也可以进行预告登记，其范围一般包括以下几项：①以不动产物权的设定、移转、变更或消灭为内容的请求权；②以附有始期、停止条件或有其他可于将来确定的有关物权变动的债权请求权；③不动产权利内容或次序变更的请求权。

根据《物权法》第20条规定，我国预告登记制度适用的范围仅限于"当事人签订买卖房屋或者其他不动产物权的协议"情形，即只有当房屋及其他不动产物权进行买卖时才得以启用预告登记，不动产物权抵押、消灭、优先权次序变更以及附条件、附期限的请求权等，均不在可以适用的范围之内，其涵盖性不仅远较德国、日本、我国台湾地区等成熟立法要窄，甚至还不如上海、南京等地方性条例的规定，不能满足实践中千差万别的现实需要。

预告登记制度的宗旨就是保全请求权，为债权人实际取得不动产物权提供保障，因此只要是以将来引发不动产物权变动为内容的请求权，均可以纳入预告登记保护的范围。随后由国土资源部和建设部出台的《土地登记办法》和《房屋登记办法》注意到了这一问题，并进行了扩张规定，预购商品房、以预购商品房设定抵押、房屋所有权转让、抵押等情况，以及当事人签订土地权利转让的协议后，当事人都可以进行预告登记。

预告登记制度建立之前，我国已经实行商品房预售合同登记备案制度。在此制度下，办理预售合同备案手续是日后办理产权登记的前提。当同一套房屋已出售并且办理了预售合同登记备案手续时，如果开发商再将该房屋出售给第三人，则后一合同不能办理登记备案手续，也就意味着其将来无法办理产权证，可见该制度与预告登记在目的和功能上基本相同。但是，预售合同的登记就其本质而言是一种备案登记，并不能像预告登记那样明确地具有物权取得的担保效力。备案，主要指的是向主管部门报告事由以备考查，备案中并无审查、批准的要求，其本质仍然是行政管理的方式。因此，物权法确立了预告登记制度之后，我们应当通过进一步立法，将原有的商品房预售合同登记备案制度进行改造，纳入预告登记的体系中。

3. 预告登记具有从属性。根据《物权法》规定，预告登记后，债权消灭或者自能够进行不动产登记之日起3个月内未申请登记的，预告登记失效。预告登记本身的目的就是为了保全某项债权请求权，因此，存在应受保护的请求权是预告登记的前提，如果该债权请求权因履行、免除、诉讼时效经过、债权合同无效或被撤销等原因而消灭时，预告登记也随之自动消灭。另外，如果预告登记权利人在已经实现了债权请求权、本应进行本登记时却迟迟不进行登记，将会导致不动产的流通性受到限制。因此《物权法》规定，预告登记后，自能够进行不动产登记之日起 3 个月内预告登记权利人未申请登记的，预告登记失效。这里所谓的"能够进行不动产登记之日"就是指正在建造的房屋如预购商品房、在建工程已经办理了所有权初始登记，此时预告登记权利人能够将预告登记转为本登记，如预购商品房抵押的预告登记可以转为房屋他项权利登记。无论预告登记是因债权消灭而失效，还是自能够进行不动产登记却未在法定期间内申请登记而导致预告登记失效，登记名义人均有权向登记机构申请注销预告登记。

4. 预告登记可以依据当事人的协议进行，也可以依据法律的规定。观诸国立法，预告登记的发生方式有两种：一是在当事人同意时纳入登记；二是因为请求权外于不诚实的行为造成的危险中而需要保全时，根据单方面的申请由法院发布命令而予以登记。[1] 我国《物权法》明确允许当事人通过协议约定向登记机构申请预告登记，但对于当事人是否能够单方申请预告登记没有明确说明。但是根据我国《房屋登记办法》规定，商品房预售中，预售人未按照约定与预购人申请预告登记的，预购人可以单方申请预告登记。

由于登记名义人往往处于比较强势的地位，如果强制要求登记名义人与预告登记申请人必须在有协议约定的情况下才能向登记机构申请办理预告，就会出现登记名义人拒绝协助办理预告登记从而损害他人合法权益的现象，不符合预告登记制度保护当事人的合法权益的本意。单方申请的情况仅仅出现在商品房预售中是不够的。在《物权法》颁布之前，我国的一些地方性法规就明确规定在一定的情形下当事人有权单方进行预告登记，起到了良好的效果。我国有必要进一步完善预告登记制度，在《物权法》的基础上，详细规定一定条件下当事人单方申请进行预告登记的权利。

二、更正登记

（一）更正登记的含义

所谓更正登记，即不动产物权人或者登记机关发现登记的错误而进行的予以更正的登记。《物权法》第 19 条第 1 款规定："权利人、利害关系人认为不动产登记簿记载的事项错误的，可以申请更正登记。不动产登记簿记载的权利人书面同意更正或者有证据证明登记确有错误的，登记机构应当予以更正。"从而确立了我国的更正登记制度。

---

[1] 参见《日本不动产登记法》第 32 条、《德国民法典》第 885 条。

更正登记的制度价值在于法律对真实权利人的保护。不动产物权登记作为物权公示原则的重要组成部分，体现了交易安全优先保护的价值取向。不动产登记发生物权变动效力或是对抗效力，均是建立在"登记表征本权"的法律假定基础上，即立法者事先预定登记结果与真实权利之间具有高度盖然性的一致。然而无论采取何种形式进行记载，都会受到具体登记人员主观因素和某些客观因素的影响，即使在正常情况下，偶尔发生登记错误也在所难免。这种以交易安全为首要保护对象的登记制度，就必然以牺牲真实权利为代价。既然错误登记是客观存在的，我们就需要有相应的制度对这种情况下真正权利人的合法权益进行救济，以消除错误登记的影响。更正登记正是为平衡交易安全和真实权利人间的利益，实现保障"静"的安全的重要措施。

实务中，当发生登记错误时，会引发两种不同的法律关系，即登记名义人与真实权利人之间的法律关系，此为内部关系；登记名义人擅自处分登记物权时，登记名义人、真实权利人与物权受让人之间的法律关系，此为外部关系。《物权法》通过"不动产善意取得"制度解决外部关系，通过更正登记和异议登记制度解决内部关系。但异议登记主要是通过阻碍物权受让人对登记簿正确性的信赖，防止发生不动产善意取得，其并不能从根源上消除登记的错误状态，因此是保护真实权利人的暂时性保障手段；而更正登记是彻底修正登记错误，是确保登记权利与真实权利状态相互吻合的机制。

（二）更正登记的适用范围

更正登记适用的前提，是登记簿上所记载的权利状态与事实状态不符，即出现了"不动产登记簿记载的事项错误"，因此对"登记错误"的界定是适用更正登记的关键。一般地，对于"登记错误"的理解，有以下三种立法例：[1]

1. 狭义上的"登记错误"。即基于有效的登记原因而为的登记，因登记错误或者遗漏所致的登记簿上的登记与登记的原始事实状态不符。如甲将房屋卖于乙、丙二人，买卖合同有效，但转移登记时误将受让人登记为乙、丁，或是遗漏了丙而只登记于乙名下。

2. 通常意义上的"登记错误"。不论登记原因是否有效，只要登记簿上的登记与登记的原始事实状态不符，即为登记错误。如上例，甲的房屋转移登记于乙、丙名下后，由于欺诈等原因房屋买卖合同归于无效，乙、丙丧失所有权，则依据该合同的转移登记亦为"错误"。

3. 广义上的"登记错误"。不仅包括通常意义上的登记与原始状态不符，

---

〔1〕　朱程："刍议《物权法》中的'更正登记'"，载《中国房地产》2007年第9期。

还包括虽然在登记时记载与事实状态相一致，但由于嗣后的事由致使登记记载与现在的事实状态不符。例如，甲的房屋转移登记于乙、丙名下后，由于乙死亡而由丁继承，或是丙将名下的房产份额转让于戊，或是该房屋灭失等，原转移登记亦为"错误"。

《物权法》没有明确界定何谓"登记错误"。从更正登记的立法原意而言，不论是在申请登记过程中因登记错误或者遗漏所导致的与事实权利状态的不符，还是由于登记过程背后的原因行为本身的瑕疵所导致的与事实权利状态的不符，均已构成对真实权利和交易安全的妨害，并无本质区别，自应适用同一登记类型。而广义上的"登记错误"中的嗣后错误，完全可以通过变更登记、转移登记、注销登记等予以改动，不应视为更正登记。

（三）更正登记的方式

更正登记可以彻底终止现实登记权利的推定效力，是对原登记权利的涂销，对于真正权利而言，属于初始登记。根据《土地登记办法》、《房屋登记办法》规定，更正登记包括登记机关依职权进行的更正和权利人及利害关系人依申请进行的更正两种。无论是申请更正，还是依职权更正，其前提均是登记时出现"登记错误"。

案例与评析[1]

有一份房屋买卖合同，合同所载明的房屋承受人为张某，他在数年前就已经申请登记并领取了权属证书。但是，张某最近向房屋登记机关声明：他申请登记时所提交的房屋买卖合同上所载明的房屋承受人虽然是他，但这是其他人以他的名义购房、并以他的名义办理了权属登记。现在真正的购房人要求他纠正，他也表示同意。因此，要求登记机关给予更正登记。但登记机关认为，自己是依照当事人的申请进行审查，当时提出登记申请的人是张某，他所提交的合同上所载明的买房人也是张某。如果这类情况也可以作为更正登记，那么，今后任何已登记的权利人都可以自称是别人以他的名义购房，房屋买卖双方就可以办理更正登记而不是转移登记了。这既会造成国家税收的流失、也不利于建立良好的市场交易秩序。因此予以拒绝。但是张某提出他是登记簿记载的权利人，《物权法》已规定了只要登记簿记载的权利人书面同意更正的，就可以更正，从而与登记机关发生纠纷。

本案例的焦点在于：登记机构认为登记簿记载的事项无误，但当事人书面要

---

[1] 案例来源于金绍达："登记机构认为登记簿的记载无误，但当事人要求更正登记的，是否应当更正"，载《中国房地产》2007年第10期。

求更正的，登记机构是否就要予以更正？设立更正登记制度的目的就是为了纠正错误的登记，消除登记簿所记载的权利状态和真正的权利状态不一致的现象，从而起到保护真正的权利人的作用。对《物权法》第19条不能片面理解为只要登记簿记载的权利人书面同意更正就可以更正。更正登记是登记的一种，同样要按登记的程序进行，当事人应提出登记申请，并需要提供证明登记簿记载错误的证明文件。登记机构对更正登记的申请，也要进行审核，确属登记错误的方能予以更正。如果登记档案就能够证明登记簿的记载错误，或登记簿的记载虽然和档案并无冲突，但确有证据能证明登记错误的（如当事人申报时的笔误等），查明后就应予以更正，否则登记机构以书面通知申请人不予更正即可。从本例来看，合同是当事人设立、变更、终止民事权利义务关系的协议，也是当事人申请登记和登记机构对产权进行审核的主要依据，张某提出的登记申请和提供的原因文件内容是一致的，因此，该项登记并无错误，不属于更正登记的范畴。

三、异议登记

（一）异议登记的含义

异议登记，顾名思义，是将登记可能有误的信息记载于登记簿，以警示社会公众，具有中止登记的权利推定和公信力效力。根据《物权法》第19条第2款的规定，如果利害关系人发现不动产登记错误要求更正，不动产登记簿记载的权利人不同意更正的，利害关系人可以申请异议登记，从而确立了我国的异议登记制度。

异议登记制度起始于早期的普鲁士法，德国、瑞士及日本均有规定。由于不动产物权变动规定采取登记的公示方式，不动产登记簿具有公信力。如果登记簿记载事项有错误，事实权利人和利害关系人必须首先根据行政诉讼法的相关规定通过行政复议或诉讼的方式予以解决，民事权利纠纷只有在对行政行为合法与否作出决定后，才可以提起或继续审理，这导致权利保护的过程漫长而复杂，权利保护的成本无形中加大。更有甚者，在行政复议或诉讼过程中，登记簿记载的权利人恶意将该权利予以转让或进行其他处分，因善意第三人制度的确立，可能致使事实权利人或利害关系人的权利无法实现。鉴于此，有必要设立一种新的救济制度来解决所存在的上述问题，以保护事实权利人和利害关系人的合法权益，异议登记制度应运而生。

（二）异议登记的效力

1. 警示效力。异议登记的功能并非让与禁止，而是警示第三人，即申请人通过不动产登记簿上异议登记的记载，向可能与登记簿记载的权利人发生交易的第三人发出关于该物权公信力的警示信息，以阻却可能进行的交易。通过异议登记的方式，与争议权利人进行交易的第三人即可明知其行为风险，使得有关第三人慎重处理可能进行的交易行为，从而避免因登记簿记载的权利状况改变而导致的交易风险。一旦改变物权登记内容，不顾这一警示而继续进行交易的第三人将在诉讼中被认定为恶意取得而丧失物权。

2. 异议登记效力的限制。异议登记具有导致不动产物权不稳定状态的消极作用，为使不动产物权的不稳定状态不致长期延续，异议登记制度对行使异议登记进行了必要的限制。

（1）在时效上，根据规定，申请人在异议登记之日起 15 日内不起诉，异议登记失效。这一规定的立法意图表明，异议登记仅为权利归属争议当事人进入纠纷处理程序前提供过渡性保护，为其前期准备工作提供必要的时间；同时也约束和防止滥用这一程序性权利，避免登记簿上记载的权利人的利益和正常的交易秩序受到严重的影响。其中，该 15 天的时效为除斥期间，不适用中止和中断的规定。

（2）在权利行使上，规定了异议登记不当而给登记权利人的利益造成损害的，应由异议登记申请人承担赔偿责任。从而限制了对异议登记权利的滥用。

（三）异议登记的申请

异议登记须有利害关系人的申请。法律规定异议登记制度只是给利害关系人提供了一个权利保障机制，当事人是否需要利用此制度来保护自己的权利属其意思自治的范围，其对自身权利行使与否是其自由，法律也没有规定人民法院在审理确权纠纷案件时有义务通知登记机关进行异议登记。

异议登记的申请人为利害关系人，主要是指事实上享有不动产物权而未在登记簿上登记的人、在登记簿上错误登记的人以及因登记错误而使其应有权利受到损害的人。换言之，必须是与异议的不动产上的权利有直接利害关系的对象。

异议登记仅仅是登记异议，而不具更正的效力，因此异议登记在利害关系人依自己的认识认为不动产登记错误时即可提出，而不需要有确切的证据证明登记确实有误。

■ 思考题

1. 房地产登记的功能包括哪些？
2. 房地产登记的模式有几种？各有怎样的登记效力？
3. 我国《物权法》中对登记的效力是如何规定的？
4. 我国登记制度和体制有哪些不足？其完善的对策是什么？
5. 什么是土地查封登记？
6. 什么是预告登记？其效力如何？

7. 什么是更正登记? 如何进行更正登记?

8. 什么是异议登记? 其效力如何?

■参考书目

1. 许明月:《财产权登记法律制度研究》,中国社会科学出版社 2002 年版。

2. 刘保玉:《物权法》,上海人民出版社 2003 年版。

3. 尹春燕主编:《房地产权属登记》,中国民主法制出版社 2006 年版。

4. 梁慧星、陈华彬:《物权法》,法律出版社 1997 年版。

5. 柴振国、田邵华:"论不动产登记机关错误登记的赔偿责任——析《物权法》第 21 条第 2 款",载李明发等编:《安徽大学法律评论》2007 年第 1 辑,安徽大学出版社 2007 年版。

6. 于海涌:"论我国不动产登记中的主要缺陷",载易继明主编:《私法》第 7 辑第 2 卷,华中科技大学出版社 2007 年版。

7. 李延荣主编:《房地产法研究》,中国人民大学出版社 2007 年版。

8. 程啸:"试论《物权法》中规定的预告登记制度",载《中国房地产》2007 年第 5 期。

9. 朱程:"刍议《物权法》中的'更正登记'",载《中国房地产》2007 年第 9 期。

10. 金可可:"预告登记之性质——从德国法的有关规定说起",载《法学》2007 年第 7 期。

11. 隋卫东、王淑华主编:《房地产法》,山东人民出版社 2006 年版。

12. 金俭:《房地产法研究》,科学出版社 2005 年版。

第七章　房地产开发法律制度概述

■学习目的和要求

　　本章主要讲述房地产开发的问题，通过本章的学习，能够对房地产开发的概念、流程等有一个框架式的了解。本章重点掌握房地产开发的分类和程序，理解房地产开发的参与主体，了解房地产开发的特征。

第一节　房地产开发概述

一、房地产开发的概念

　　"开发"一词，原意是指以荒地、森林、矿山、水力资源等为劳动对象，通过人力加以改造，以达到为人类所利用的目的的一种生产活动。[1] 以土地和房屋建筑为对象进行的开发，就是房地产开发。

　　房地产开发是指房地产企业按照城乡规划的要求，对土地开发和房屋建设进行"全面规划、合理布局、综合开发、配套建设"，及相应的房地产营销和物业管理，以取得良好的经济效益、社会效益和环境效益为目的的综合性生产经营活动，包括从工程勘察、规划设计、征地拆迁、土地开发到房屋开发项目建设的全过程。广义的房地产开发，除了以上以经营为目的的房地产开发之外，还包括以自用为目的的房地产开发。为了自用而进行的房地产开发，房地产开发者也是房地产的使用者，开发的房地产不进入市场流通，只是满足开发者生产、经营或消费的需要，与经营性房地产开发在性质、程序以及税收等方面有很大不同。本书主要研究商业化的房地产开发活动中存在的法律问题。

　　房地产开发是一个动态的过程，是一项从项目选择、勘察设计、施工招标、工程管理到中介服务、物业租赁与管理等的复杂系统工程，其全过程必须在法律框架内进行。根据我国《房地产管理法》的规定，房地产开发必须以依法取得

---

〔1〕　王春生、王淞：《房地产经济学》，大连理工大学出版社 2002 年版，第 177 页。

国有土地使用权为前提，开发对象是基础设施建设和房屋建设。所谓基础设施建设，也即通常所说的"三通一平"或"七通一平"。三通一平，指通电、通水、通道路，平整土地；七通一平，是在前者的基础上再加上通排水、通煤气、通热力、通邮政。通过基础设施建设，使自然状态的土地变为适合特定的目的需要、可建造房屋及其他建筑物的土地，也就是土地开发。房屋建设，就是在完成基础设施建设的土地上建造房屋等建筑物的活动，包括建造住宅楼、工业厂房、商业楼宇以及其他专门用房。土地开发与房屋建设作为房地产开发的两种行为，具有一定的相对独立性，可以单独进行。例如，土地开发后并不用于房屋建筑而是用于道路建设，就只涉及土地开发；对旧房进行改建扩建则属于单纯的房屋开发。但大部分时候，两者是密切结合的，土地开发的目的一般是进行房屋开发，大多数房地产开发商以进行土地和房屋一体化开发为主。

二、房地产开发的分类

（一）新区开发与旧区改造

以房地产开发方式为标准，可以将其分为新区开发与旧区改造。

1. 新区开发是对生地进行基础设施建设，为城市建设提供新的建筑地段。最简单的新区土地开发是实现土地"三通一平"或"七通一平"。新建建筑开发是在已开发的土地上直接进行房屋等建设的开发，是我国目前房地产开发的主要方式。新区开发首先要解决土地使用权出让以及建筑规划等方面的手续问题，同时，按照《城乡规划法》的要求，城市新区的开发和建设，应当合理确定建设规模和时序，充分利用现有市政基础设施和公共服务设施，严格保护自然资源和生态环境，体现地方特色。

2. 旧区改造，是指对基础设施差、不符合城市规划的地段进行改建扩建，既包括旧房的拆迁改造也包括基础设施的改造与建设。旧区改造涉及大量居民的安置与重新提供住房的问题，因此是一件非常复杂且代价昂贵的工程，既要考虑实际情况，又要具有一定的前瞻性，注意保护历史文化遗产和传统风貌，合理确定拆迁和建设规模，有计划地安排实施。

城市的建设和发展，应当优先安排基础设施以及公共服务设施的建设，妥善处理新区开发与旧区改建的关系，统筹兼顾进城务工人员生活和周边农村经济社会发展、村民生产与生活的需要。

（二）单项开发、小区开发和成片开发

根据房地产开发规模的不同，可以将其划分为单向开发、小区开发和成片开发三种。

1. 单项开发，是指开发规模小、占地不大、项目功能单一、配套设施简单的开发形式。这种开发形式往往在新城区总体开发和旧城区总体改造中形成一个相对独立的项目，但其外貌、风格、设施等要与总体开发项目相协调，并在较短时间内完成这类开发。

2. 小区开发，是指新城区开发中一个独立小区的综合开发或是旧城区改造中一个相对独立的局部区域的更新改造。这类开发形式要求在开发区域内做到基础设施完善，配套项目齐全。与单项开发相比，小区开发规模较大、投资较多、建设周期长，一般分期、分批开发。

3. 成片开发，是指面积更为广阔的综合性房地产开发。这类开发投入资金巨大、项目类型和数量众多、建设周期长，往往是在政府推动下由多个开发商共同参与完成，例如海南杨浦开发区、上海浦东开发区均属于这类成片开发的典型。

（三）独资开发、合资开发与合作开发

根据房地产开发企业资本结合方式的不同，可以将其分为独资开发、合资开发与合作开发。合资开发与独资开发都必须按照《公司法》和有关房地产企业法的规定组建房地产开发公司，按照《公司法》的基本规则运作，按照股权比例分配出售或出租房屋的利润，并承担法律责任。

合作开发，一般是指合作双方约定，由一方提供土地使用权，另外一方提供资金、技术、劳务等，合作开发土地、建筑房产项目，共担风险，共享收益的房地产开发方式。狭义的合作开发，合作主体中至少有一方应具备房地产开发企业的法定条件；在合作方式上，限于一方提供土地使用权，另一方提供资金、技术、劳务等；并且所开发的项目应当是用以经营销售的商品房。其中，提供土地的一方称为供地方，合作的另一方（从事房地产开发经营的房地产开发企业）通常称为建筑方。房地产开发行业投资规模巨大以及土地资源稀缺等特点，促使联合开发房地产的方式应运而生。此方式能够有效地促成土地与资金的结合，在一方有土地没资金，而另一方有资金、有专业开发技术条件而没有土地的情况下，不失为一种最佳的合作方式。

当前，合作开发有三种形式：①设立单独的项目公司，以项目公司的名义进行开发，双方按照出资比例承担风险，获取收益。该种方式由于设立了新的法人，因此责任明确，可以减少纠纷，但是同时也存在组建项目公司耗费时间、费用较高等缺点。②组建非独立法人的联合管理机构，以合伙的方式进行开发。这种方式比较灵活，但联合管理机构不具有独立的民事主体地位，不能独立缔结合同，也不能对外独立承担民事责任。③一些相对简单的项目，可以不成立项目公司和联合机构，就按照合作合同的约定独立履行义务。

合作开发中，确保合作行为的合法以及保证合同条款的清晰、规范是重中之重。房地产开发本身就是投资巨大、程序复杂的行为，而合作开发又在此基础上涉及合作各方关系的协调和利益的均衡，因此更容易出现问题。对此，最高人民法院出台了《国有土地使用权合同纠纷适用法律的解释》，并于 2005 年 8 月 1 日起施行。根据相关法律法规，房地产合作开发需要注意以下法律问题：

（1）对于合作开发的认定，应以共担风险、共享收益为前提。合作开发房地产合同约定提供资金的当事人不承担经营风险，只分配固定数量房屋、只收取固定数额货币或是只以租赁或者其他形式使用房屋的，应当认定为房屋买卖合同、借款合同或房屋租赁合同，不能对开发的房地产享有开发权益。

（2）合作开发房地产，合作方应当按照国家基本建设程序申请立项，共同办理规划许可及施工许可手续。土地使用权人未经有批准权的人民政府批准，以划拨土地使用权作为投资与他人订立合同，合作开发房地产的，应当认定合同无效，除非起诉前已经办理批准手续。

（3）合作开发中关于建筑物的原始取得，一般根据"谁建筑，谁取得房屋所有权"的原则确定，而其中"谁建筑"的标准，不是指项目由谁承揽，而是看谁具有施工许可证。在办理房屋初次登记时，一般只有许可证记载的人才能获得登记，施工许可证是取得房屋所有权的重要依据。因此，合作建房协议不仅要明确约定取得房屋的比例，更要对以谁的名义申领施工许可证作出明确约定。实践中可能出现以各方共同的名义领取、以供地方名义领取、以出资方名义领取或以各自名义领取四种情况，相应地，初始登记就有四种情况。但这只是房屋的原始取得，至于各方具体分配的数额及位置，则要根据分割协议再进行变更登记。并且不管以谁的名义原始取得房屋所有权，一旦房地产开发完毕进行份额分配时，必然导致土地使用权的转让，因此还需要办理土地使用权变更登记。

案例与评析[1]

某市高等职业技术学院为了改善学校的教学和学生住宿条件，经其上级主管部门批准，与某房地产开发公司合作，决定拆除校内女生宿舍危房，腾出地皮，由房地产开发公司全额投资，新修一幢综合大楼。双方在签订合同之前，联合向市计划、规划等部门报告并立项。市规划部门正式下文批复，"同意合建工程，建筑总规模为 6000 平方米"。此后，该校与房地产开发公司签订了正式合建合同。合同中双方约定：由该学院出地皮，由房地产开发公司全额投资合作建房，建筑总规模以规划部门批准的为准。对新修的房屋，学院分得 2000 平方米（1000 平方米教室、1000 平方米学生宿舍），余下的部分归房地产开发公司所

---

〔1〕　案例改编于刘建生："合作建房引出的官司"，载《国家高级教育行政学院学报》2000 年第 2 期。

有。合同中还约定，有关建房的手续，由房地产开发公司全权负责办理。在合建合同签订后房地产开发公司先后两次单方面向市规划部门报告，要求增加建筑总面积，并获规划部门书面批复同意，该合建工程最后实际竣工面积为 11 000 平方米，且全部通过规划审核。当该学院发现合建工程总面积比第一次规划部门批复的 6000 平方米还多出 5000 平方米时，要求对新增加的 5000 平方米进行再分配。房地产开发公司则称：在合建合同中双方已经明确约定，该学院只分 2000 平方米，剩余部分属开发公司所有。双方协商不成，学校起诉至法院。

本案的焦点在于对超出第一次规划建成的房屋面积双方的权益如何。根据最高人民法院《国有土地使用权合同纠纷适用法律的解释》，房屋实际建筑面积超出规划建筑面积，经有批准权的人民政府主管部门批准后，当事人对超出部分的房屋分配比例协商不成的，按照约定的利润分配比例确定。该案中，合作双方先向规划部门报批 6000 平方米的建筑面积之后，又签订了合作开发合同，约定建筑总面积以规划部门批准为准，学校分得 2000 平方米。学校在签约时对自己份额的认识本意应为"6000 平方米中的 2000 平方米"，且开发公司在未告知合作方的情况下单方申请变更规划，对合作方影响巨大，不符合诚信要求。法官应当根据双方真实意思解释合同，结合最高人民法院的司法解释，按照双方利润分配比例分配多余的份额。

三、房地产开发的特征

(一) 房地产开发涉及面广，具有综合性

房地产开发活动的合法组织者是具备开发资格的房地产开发商，其在从事开发时必须坚持"全面规划、合理布局、综合开发、配套建设"的方针，注重"综合性"与"配套性"。房地产开发过程中环节很多，涉及到的部门（规划、设计、施工、供电、交通、教育、卫生、消防、环境、园林等）与利益关系（征地、拆迁、安置、融资等）也很多，需要多部门综合协作。不仅如此，房地产开发还必须与本国、本地区各产业部门的发展相协调，并起到一定的先导作用，避免脱离国情、区情，发展速度过快或过缓，规模过大或过小而给经济和社会的发展带来不良影响。

(二) 房地产开发的长期性、大投资与高风险性

进行土地基础设施建设与房屋开发，往往都是以开发商少量自有资本推动巨额外源性资本参与运营。不仅如此，房地产开发从投入资本到资金回收，从破土动工到形成产品一般需要经过几个阶段的工作，投资回收周期长，往往经过几年甚至更长的时间，许多因素可能带来市场变化。加之房地产产品具有很强的刚性，项目在相当长时间内几乎没有重建的可能性，因此，房地产开发属于高风险

行业。

（三）房地产开发具有很强的程序性

房地产开发必须按照一定的操作程序进行，即策划——规划设计——拆迁——建设——销售——物业管理。从空间上看，需要按照基础——主体——装饰——配套——交付使用——物业管理的顺序进行。这些程序都是在建设活动客观规律的基础上总结出来的，也是房地产开发各个环节相互衔接的次序，不以当事人意志为转移，如果违反程序，往往会带来严重的经济损失和资源浪费。各国均十分重视这一点，我国也颁布了不少关于开发程序方面的法律法规，以确保房地产开发科学、合理地进行。

第二节　房地产开发的参与主体及开发程序

一、房地产开发的参与主体

（一）房地产开发企业

1. 房地产开发企业的含义。根据《房地产管理法》与《房地产开发经营管理条例》的相关规定，房地产开发企业是指依法设立，从事房地产开发和经营的营利性法人组织。开发商是房地产开发项目的出资者、组织者、管理者、协调者和整个过程的参与者，包括从项目公司到大型的跨国公司等多种类型，其目的很明确，即通过实施开发过程获取利润。

根据房地产开发企业所有制性质的不同，可将其分为国有（全民所有）、私有、中外合资、外商独资四种类型。

根据房地产开发企业经营性质的不同，可将其分为专营企业、兼营企业和项目型企业。①专营企业，即专门进行房地产开发与经营的企业。②兼营企业是指某些以其他行业，如商业、建筑业、金融业为主业务，在注册时申请并被批准兼营房地产开发业务的一类企业。③项目型企业，是指针对某一开发项目而设立的开发企业。这类企业通常在开发项目经过可行性论证并经立项之后组建，而在项目建成并销售完成后自然解散终止，如北京为举办2008年奥运会所成立的项目开发企业就属于这一类。

房地产开发企业除具有独立法律人格、独立承担责任等一般法人都具有的特征之外，由于其经营范围限于房地产开发，因此房地产开发的特殊性决定其在设立条件、设立程序、资质管理等方面还应满足特殊的法律要求。

2. 房地产开发企业的设立。房地产开发企业的设立条件包括：①有自己的名称和组织机构。企业名称是此企业区别于彼企业的重要标志，它代表着企业的资信，是企业无形资产的一部分。组织机构是指由决策机构、管理机构、生产经营组织以及相应分支机构组成的组织体系。②有固定的经营场所。经营场所是企业主要办事机构所在地，也是房地产开发企业进行开发活动的中心，同时是国家对企业进行监督管理的必要条件。③有符合法律法规规定的注册资本。注册资本是反映企业经济实力的重要标志，也是企业对外承担经济责任的基础。根据《城市房地产开发经营管理条例》的规定，房地产开发企业的设立，应有 100 万元以上的注册资本，而且是实有资本，这是法定注册资本额的最低要求。④有足够的专业技术人员。依法设立的开发企业须有 4 名以上持有资格证书的房地产专业、建筑专业的技术人员，2 名以上持有资格证书的专职会计人员。省、自治区、直辖市人民政府可以根据本地方的实际情况，对设立房地产开发企业的注册资本和专业技术人员的条件作出高于以上条件的规定。⑤法律、法规规定的其他条件。

房地产开发企业设立的程序包括：①申请登记。首先应向县级以上人民政府工商行政部门提出登记申请，提供创办企业的可行性研究报告和各项经济技术资料。工商部门对符合法定条件的，自收到申请之日起 30 日内予以登记，对不符合法定条件的不予登记，但应说明理由。②依法备案。为了加强对房地产开发企业的行业管理，我国的法律法规明确规定，房地产开发企业应当自领取营业执照之日起 30 日内，持有关文件到登记机关所在地的房地产开发企业主管部门备案。备案时应提供的资料包括：营业执照复印件、企业章程、验资证明、企业法定代表身份证明、专业技术人员的资格证书和聘用合同。

（二）建筑承包企业

房地产开发商往往需将其建设过程中的工程施工工作发包给建筑承包商。建筑承包商是房地产开发项目产品质量的责任人，同时也是房地产开发项目建设阶段风险的承担者，例如其将承包建筑安装工程的业务扩展至购买土地使用权、参与项目的资金筹措和市场营销。

选择一个合格的建筑商，对一项房地产开发至关重要。目前，我国对建筑行业实行资格资质行政许可制度，建筑行业企业和从业人员都必须按照行政许可的要求具备一定的资格资质，从事与本资格资质相符合的项目建设。通过资格资质管理，保证工程建设的质量和房地产开发的顺利进行。

（三）政府及政府机构

政府及政府机构在参与房地产市场运行的过程中，既有制定规则的权力，又有监督、管理的职能，在有些方面还要提供有关服务。开发商从购买土地使用权开始，就不断和政府的土地管理、城市规划、建设管理、市政管理、房地产管理等部门打交道，以获取投资许可证、土地使用证、规划许可证、开工许可证、市政设施和配套设施使用许可证、销售许可证和房地产产权证书等。作为公众利益的代表者，政府在参与房地产市场的同时，也对房地产市场其他参与者的行为产生着影响。

房地产开发投资者对由政府行为带来的影响相当敏感。建筑业、房地产业常被政府用来作为"经济调节器"，与房地产有关的收入又是中央和地方政府财政收入的一个重要来源，而对物产的不同占有、拥有形式则反映了一个国家的政治取向。因此，房地产开发投资者必须认真考虑政府的政策和对开发的态度，以评估其对自己所开发或投资的项目所可能产生的影响。

（四）金融机构

金融机构不仅是房地产开发项目建设资金的支持者，也是房地产开发项目消费资金的支持者。房地产的生产过程和消费过程均需大量资金，没有金融机构的参与，房地产市场就很难正常运转。

与房地产投资有关的银行贷款大多可以用房地产作抵押，这大大降低了金融机构所承担的风险，因此国外金融机构在房地产抵押贷款市场上竞争激烈。随着我国金融体制的改革和银行商业化的进程，尤其是房地产抵押管理法规的陆续出台，许多金融机构在积极拓展有关房地产抵押贷款业务、丰富贷款品种、完善服务等方面进行着不懈的努力。

（五）专业顾问

由于房地产开发投资及交易管理过程相当复杂，房地产市场上的大多数买家或卖家不可能有足够的经验和技能来处理房地产生产、交易、使用过程中遇到的各种问题，因此市场上的供给者和需求者很有必要在不同阶段聘请专业顾问提供咨询服务。主要包括建筑师、工程师、规划师、景观建筑师、环境顾问、交通顾问、房地产估价师、会计师、地产代理、物业管理经理、市场研究专家、经济师、造价工程师以及律师等等。

二、房地产开发的程序

房地产开发的主要程序包括八个步骤，即投资机会寻找、投资机会筛选、可行性研究、获取土地使用权、规划设计与方案报批、签署有关合作协议、施工建设与竣工验收、市场营销与物业管理。这八个步骤又可以划分为四个阶段，即可行性研究阶段、前期工作、建设阶段和租售阶段。如果开发项目在建设前或建设中就预售或预租给置业投资者或使用者的话，则第四阶段就会在第二、第三阶段之前进行。但无论顺序怎样变化，这些阶段基本上能概括大多数居住物业、商业物业及工业物业开发项目的主要实施步骤。开发过程主要程序中的每一阶段都对其后续阶段产生重要的影响。开发商在整个开发过程中每一阶段的决策或工作，既要"瞻前"，更须"顾后"，这是开发商成功与否的关键所在。

（一）可行性研究阶段

投资决策分析是整个开发过程中最为基本、最为关键的一项工作，其目的就是通过一系列的调查研究和分析，为开发企业选择一个最佳的、可行的项目开发方案或舍弃项目提供依据。这一阶段的主要内容是投资机会选择和决策分析。

1. 投资机会选择。所谓投资机会选择，主要包括投资机会寻找和筛选两个步骤。在机会寻找过程中，开发商往往根据自己对某地房地产市场供求关系的认识，寻找投资的可能性，亦即通常所说的"看地"。此时，开发商面对的可能有几十种投资可能性，对每一种可能性都要根据自己的经验和投资能力，快速地在头脑中初步判断其可行性。在紧接着的机会筛选过程中，开发商就将其投资设想落实到一个具体的地块上，进一步分析其客观条件是否具备，并通过与土地当前的拥有者或使用者、潜在的租客或买家、自己的合作伙伴以及专业人士接触，提出一个初步的方案，如认为可行，就可以草签购买土地使用权或有关合作的意向书。

2. 决策分析。投资决策分析主要包括市场分析和项目财务评价两部分工作。前者主要分析市场的供求关系、竞争环境、目标市场及其可支付的价格水平；后者则是根据市场分析的结果，就项目的经营收入与费用进行比较分析。这项工作要在尚未签署任何协议之前进行。这样，开发商可有充分的时间和自由度来考虑有关问题。从我国房地产开发企业的工作实践来看，对房地产开发项目进行财务评估的方法已经比较成熟，但人们对至关重要的市场研究却很少予以充分的重视。应当注意到，市场研究对于选择投资方向、初步确定开发目标与方案、进行目标市场定位起着举足轻重的作用，它往往关系到一个项目的成败。

（二）前期工作阶段

前期工作阶段是指在投资决策分析后到正式施工之前的一段时间，这一时间内要完成的主要工作是获取土地使用权、落实资金和项目的规划设计。

当通过投资决策研究确定了具体的开发地点与项目之后，在购买土地使用权和开发项目建设开始以前还有许多工作要做。主要包括以下几个方面：①分析拟开发项目用地的四至范围与特性、规划允许用途及获益能力的大小；②获取土地使用权；③征地、拆迁、安置、补偿；④规划设计及建设方案的制定；⑤与城市规划管理部门协商，获得规划部门许可；⑥施工现场的通水、通电、通路和场地平整，即"三通一平"；⑦市政设施接驳的谈判与协议；⑧安排短期和长期信贷；⑨对拟建中的项目寻找预租（售）的客户；⑩对市场状况进行进一步的分析，初步确定目标市场、租金或售价水平；⑪对开发成本和可能的工程量进行更详细的估算；⑫对承包商的选择提出建议，也可与部分承包商进行初步洽商；⑬开发项目保险事宜洽谈。

上述工作完成后，对项目应再进行一次财务评估。因为前期工作需要花费一定时间，而决定开发项目成败的经济特性可能已经发生了变化。所以，明智的开发商一般在其初始投资分析没有得到验证，或修订后的投资分析报告还没有形成一个可行的开发方案之前不会草率行动。

通过市场机制以招标、拍卖或协议方式获取土地使用权时，土地的规划使用条件已在有关"公告"、"文件"中列明（如容积率、建筑覆盖率、用途、限高等），但有关的具体设计方案仍有待规划部门审批。

获取土地使用权后的最后准备工作就是进行详细设计、编制工程量清单，与承包商谈判并签订建设工程施工承包合同。进行这些工作往往要花费很多时间，因此，在准备项目可行性研究（财务评估）报告时必须考虑这个时间因素。

最后，在开发方案具体实施以前，还必须制定项目开发过程的监控策略，以确保开发项目工期、成本、质量和利润等目标的实现。

（三）开发项目的建设实施阶段

开发项目的建设实施阶段是将开发过程中涉及到的人力、材料、机械设备、资金等资源聚集在一个特定的空间与时点上，将项目建设计划正式付诸实施的活动。这一阶段的主要工作内容包括落实承发包、施工组织、建设监理、市政和公建配套等，具体应当包括办理开工审批手续、选择施工企业、开发项目工程管理与控制、项目的竣工验收等。这部分工作除开工审批手续之外，基本上应当按照合同的约定进行，由于该阶段已经选定了开发地点，确定了开发项目的具体细节，此时对有些问题的处理就不像前面两个阶段那样具有弹性，重点应当放在按照规范的合同约定对施工进行投资、质量和进度的控制上。尤其对许多小项目而言，一旦签署了承包合同，就几乎不再有变动的机会了。

（四）房屋租售和物业管理阶段

1. 房屋租售。实际上房屋的租售工作并非在房屋竣工后进行，当房屋施工达到一定程度时，应及时进行房屋的预租售工作，竣工验收后申请办理房地产产权登记。

2. 物业管理。物业管理是利用现代管理和先进的维修、养护技术，以经济手段管理物业（包括建筑物及其附属设施和相关场地），为业主和非业主使用人提供高效、优质、经济的服务，使物业发挥最大的使用效益和经济效益。

房地产开发是非常复杂的过程，涉及大量的法律事务。具体而言可以分为两种，一种是国家对房地产进行管理而形成的行政法律事务，如规划和项目的审批、房地产税费、房地产行业管制等；一种是房地产开发过程中平等民事主体之间的法律关系，如建筑承包、委托监理等。这些法律关系不仅涉及传统的房地产法，还需要结合建筑法、合同法等相关法律分析处理。

■思考题

1. 房地产开发可以分为哪几类?
2. 什么是房地产合作开发? 合作开发应当注意什么问题?
3. 房地产开发有哪些参与主体?
4. 房地产开发可以分为哪几个阶段?

■参考书目

1. 王春生、王淞:《房地产经济学》,大连理工大学出版社 2002 年版。
2. 朱树英:《房地产开发法律实务》,法律出版社 2004 年版。
3. 吕萍等编著:《房地产开发与经营》,中国人民大学出版社 2007 年版。
4. 朱征夫:《房地产项目公司的法律问题》,法律出版社 2002 年版。

第八章　房地产开发建设中的行政法律制度

■学习目的和要求

　　本章主要讲述房地产开发与建设中涉及的行政法律制度，通过本章的学习，能够对房地产开发建设中的行政法律制度有一个基本的了解。本章重点掌握其中的行政许可制度，理解房地产开发中政府宏观管理的手段，了解我国房地产开发行政管理的模式。

第一节　政府对房地产开发的宏观管理

一、管理模式

　　房地产开发作为一种营利性商事行为，应当依靠市场竞争而自治自律地发展。但是由于房地产行业关系到国土资源的利用和城镇开发，房地产开发的数量、类型、质量等直接关系到社会的稳定和人民生活的长期利益，所以政府需要对其进行宏观的行政管理。政府管理房地产市场的主要职能，应该是实施有效的宏观调控和按市场发育程度建立清晰完备的法制系统，保障房地产市场参与者的合法权益，使房地产市场的运作纳入法制的轨道。为此，1994年全国人大制定了《城市房地产管理法》，并于2007年8月30日进行了修改，1998年7月20日国务院出台了《城市房地产开发经营管理条例》。这些法律、行政法规以及其他部门规章等形成了房地产管理的法律体系。

　　房地产，从经济学意义上讲，应该是一个有机联系的整体，因而应当只有一个主管部门。然而根据我国《城市房地产管理法》的规定，国务院建设行政主管部门、土地管理部门依照国务院规定的职权划分，各司其职，密切配合，共同管理全国房地产工作。县级以上地方人民政府房产管理、土地管理部门的机构设置及其职权由省、自治区、直辖市人民政府确定。这是由于我国原来实行计划经济，城镇土地实行无偿划拨，住房是福利制，所以与之相适应的管理体制就是将房产和地产分开。但经过一系列改革，我国已经实行土地有偿使用，住房也实现了商品化，房与地的结合程度日趋紧密。目前我国房地产"房地分割而治"的管理体制弊端已日益明显。首先，房管部门与土地部门衔接脱节，致使土地开发和房产开发不能有效配合，加上信息失真及各种因素的影响，造成开发商无力或不愿继续开发的情况，导致了大量城镇土地资源浪费。其次，两个部门分而治之也使得房地产管理上缺乏协调、易发矛盾。例如，在有关房屋拆迁的问题上，房管部门对拆迁房屋的房屋重置价、房屋市场价进行评估，而土地部门又评估拆迁的地价，结果往往是房屋市场价不等于房屋重置价与地价之和，拆迁补偿的价格无法让人信服。在房地产登记方面也存在着分别登记、不利于公示的弊端。因此，在房地一体化趋势愈加明显的情况下，应当对现行房地产管理体系进行改革，实行"房地合一"，将原来的房管部门与土地部门进行有效合并，使之成为真正意义上的"房地产"管理部门。

二、管理内容

政府对房地产开发的管理涉及到房地产开发的方方面面，除了前面介绍的土地用途管制之外，还包括对开发主体资格资质的管理、规划管理、项目管理、房地产开发质量管理、房地产开发市场宏观调控以及产权登记、价格评估管理等。下面对其中几项进行详细介绍。

（一）房地产开发项目管理

1. 房地产开发立项管理。立项，是指房地产开发企业提出的房地产开发项目，经可行性研究并经主管部门批准后确立。我国对房地产开发实行项目审批制度。

根据国土资源部2004年的《建设项目用地预审管理办法》，在建设项目可行性研究阶段，有关人民政府土地行政主管部门依法对建设项目涉及土地利用的事项进行审查，又称建设项目用地预审。具体而言包括以下内容：

在申请主体方面，需审批的建设项目在可行性研究阶段，由建设用地单位提出预审申请；需核准、备案的建设项目在申请核准、备案前，由建设用地单位提出预审申请。在项目预审的机构方面，项目用地预审实行分级制度，需人民政府或有批准权的人民政府发展和改革等部门审批的建设项目，由该人民政府的国土资源管理部门预审；需核准和备案的建设项目，由与核准、备案机关同级的国土资源管理部门预审。预审机构根据符合土地利用总体规划、保护耕地特别是基本农田、合理和集约利用土地以及国家供地政策等原则，对建设项目进行以下审核：①建设项目用地选址是否符合土地利用总体规划，是否符合土地管理法律、法规规定的条件；②建设项目是否符合国家供地政策；③建设项目用地标准和总规模是否符合有关规定；④占用耕地的，补充耕地初步方案是否可行，资金是否有保障；⑤建设项目用地依法需要修改土地利用总体规划的，规划的修改方案、建设项目对规划实施影响评估报告等是否符合法律、法规的规定。

建设项目预审意见是建设项目批准、核准的必备文件，也是建设用地申请的前置条件，未经预审或者预审未通过的，不得批准农用地转用、土地征收，不得办理供地手续。

根据国务院1998年出台的《城市房地产开发经营管理条例》，确定房地产开发项目，应当符合土地利用总体规划、年度建设用地计划和城市规划、房地产开发年度计划的要求。确定房地产开发项目，应当坚持旧区改建和新区建设相结合的原则，注重开发基础设施薄弱、交通拥挤、环境污染严重以及危旧房屋集中的区域，保护和改善城市生态环境，保护历史文化遗产。这些是项目审批部门在审批时要考虑的因素。另外，按照国家有关规定需要经计划主管部门批准的，还应当报计划主管部门批准，并纳入年度固定资产投资计划。

土地使用权出让或者划拨前，县级以上地方人民政府城市规划行政主管部门和房地产开发主管部门应当对下列事项提出书面意见，作为土地使用权出让或者划拨的依据之一：房地产开发项目的性质、规模和开发期限；城市规划设计条件；基础设施和公共设施的建设要求；基础设施建成后的产权界定；项目拆迁补偿、安置要求。房地产开发企业应当将房地产开发项目建设过程中的主要事项记录在房地产开发项目手册中，并定期送房地产开发主管部门备案。

从以上两个规范性法律文件可以看出，土地管理部门、规划管理部门和房地产开发管理部门对建设项目的审查既有交叉又有不同。某种程度上说，这也是房地分别管理带来的弊端之一，各种审核手续的关系还需要进一步理顺。

2. 房地产开发项目转让管理。房地产开发项目转让，是指已经获得立项批准的房地产开发项目，在开发公司之间转让，或向他人转让其开发项目以及项目股权或合作开发权益的行为。房地产开发项目经过审批之后，该项目所属企业就可以按照项目设计的步骤进行开发和经营。但是由于房地产开发是一种高投入、高风险、回报周期长的行业，因此有的房地产开发公司在立项、取得土地使用权后，由于后续资金投入不足或其他原因，希望引入新的投资者共同开发或将项目转让给他人以获利。房地产开发项目的转让也是一种交易，其交易对象是具体的已审批项目，而不是土地使用权或商品房屋。

目前，房地产开发项目的转让比较常见，基本属于市场交易行为，由合同法等法律进行规制，但政府也对其中的某些事项进行要求与管理，根据《城市房地产开发经营管理条例》的规定，其主要是项目转让的备案制度，即转让房地产开发项目，转让人和受让人应当自土地使用权变更登记手续办理完毕之日起30日内，持房地产开发项目转让合同到房地产开发主管部门备案。

3. 房地产开发项目资本金制度。为了深化投资体制改革，建立投资风险约束机制，有效地控制投资规模，提高投资效益，促进国民经济持续、快速、健康发展，自1996年起，国家对于各种经营性投资项目，包括国有单位的基本建设、技术改造、房地产开发项目和集体投资项目，试行资本金制度。投资项目必须首先落实资本金才能进行建设。项目资本金是指在项目总投资中，由投资者认缴的出资额，属于自有资金。根据《城市房地产开发经营管理条例》，房地产开发项目资本金占项目总投资的比例不得低于20%。

2006年5月，国务院办公厅转发了建设部等部门《关于调整住房供应结构稳定住房价格意见》（该转发通知被称为"国十五条"）。为抑制房地产开发企业利用银行贷款囤积土地和房源，该意见规定，对项目资本金比例达不到35%等贷款条件的房地产企业，商业银行不得发放贷款。也就是说，项目资本金制度作为政府宏观调控的一种方式，其比例要求并非是一成不变的。

（二）房地产开发工程质量管理

1. 工程质量管理的含义。房地产开发建设中的工程质量，是指在国家现行的有关法律、法规、技术标准、设计文件和合同中，对工程的安全、适用、经济、美观等特性的综合要求。工程质量对房地产开发而言至关重要，我国颁布了一系列关于工程质量的法律、法规、规章，具体而言：法律包括1988年第七届全国人大颁布的《标准化法》，1997年第八届全国人大颁布的《建筑法》等；国务院行政法规包括《建设工程质量管理条例》、《建设工程勘察设计管理条例》等；建设行政主管部门出台了《建设工程质量检测管理办法》、《实施工程建设强制性标准监督规定》、《工程建设国家标准管理办法》、《工程建设行业标准管理办法》、《房屋建筑工程和市政基础设施工程竣工验收备案管理暂行办法》、《房屋建筑工程质量保修办法》以及《建设工程勘察质量管理办法》等行政规章。

我国对建筑工程质量进行管理的体系包括宏观管理和微观管理两个方面。

（1）宏观管理是国家对建筑工程质量所进行的监督管理，具体由建设行政主管部门及其授权机构实施，是外部的、纵向的控制。例如，行政主管部门对于房地产开发建设各个环节质量的监督检查、对建筑工程主体的从业资格认定和审查、质量体系认证、工程成果质量检测、建筑工程质量标准化、建筑工程验收备案、建筑工程维修等，其目的是维护社会公共利益，保证技术法规和标准得以贯彻执行。住房和城乡建设部是国家建筑工程质量监督工作的主管部门；市、县建设工程质量监督站是建筑工程质量监督的实施机构。

（2）我国法律法规对微观管理规定了以下几个方面：①建筑工程承包单位，如勘察单位、设计单位、施工单位对自己所承担的工作的质量管理，是内部的、自身的控制。它们应按要求建立专门的质检机构，配备相应的质检人员，建立相应的质量保证制度，如培训上岗制、审核校对制、质量抽检制、各级质量责任制和部门领导质量责任制等等。②建设单位委托社会监理单位对工程建设的质量进行监理，是外部的、横向的控制，其目的在于保证工程项目能够按合同规定的质量要求达到业主的建设意图，取得良好的投资效益。目前我国实行自愿监理和强制监理相结合的制度。房地产开发中，成片开发建设的住宅小区工程、利用外国政府或者国际组织贷款、援助资金的工程等必须实行监理。

另外，发包单位也就是房地产开发企业，对于自己责任范围内的事项承担质量责任。例如开发企业必须给承包人提供与建设工程有关的原始资料、按照合同约定由开发企业负责采购原材料的开发企业必须保证提供合格的材料和配件等。

2. 建设工程质量标准化与质量体系认证。

（1）工程质量标准化。建筑工程勘察、设计、施工的质量必须符合国家有关建筑工程安全标准的要求，具体管理办法由国务院规定。有关建筑工程安全的国家标准不能适应确保建筑安全的要求时，应当及时修订。

建设工程质量的标准，分为国家标准和行业标准，这两个分类中，又都包括强制性标准和推荐性标准。根据《合同法》的相关规定，合同生效后，当事人就质量要求不明确，不能达成补充协议，也无法按照合同有关条款或者交易习惯确定的，应按照国家标准、行业标准履行；没有国家标准、行业标准的，按照通常标准或者符合合同目的的特定标准履行。

工程建设标准化是在建设领域有效地实行科学管理、强化政府宏观调控的基础和手段，对确保建设工程质量和安全，促进建设工程技术进步，提高建设工程经济效益和社会效益等都具有重要意义。目前，建设行政主管部门把直接涉及工程安全、人体健康、环境保护和公共利益而必须严格执行的技术规定编成《工程建设标准强制性条文》，以利于建设主体执行和主管部门监督检查。这些标准、规范、规程覆盖着各类建设工程和工程建设的各个环节，基本上满足了建设工作的实际需要。

（2）工程质量认证体系。产品质量认证是指依据产品标准和相应的技术要求，经认证机构确认并通过颁发认证证书和认证标志来证明某一产品符合相应标准和相应技术要求的活动。产品质量认证制度实质上是一种高商品信誉的标志，通过认证标志向社会和购买者提供产品的明示担保，证明该产品的质量可以信赖。《产品质量法》把质量体系认证制度分为两类：一类是企业质量体系认证制度，是国家根据国际通用的质量管理标准推行的企业质量体系认证制度；另一类是产品质量认证制度。我国对从事建筑活动的单位推行质量体系认证制度。从事建筑活动的单位根据自愿原则可以向国务院产品质量监督管理部门或者其授权部门认可的认证机构申请质量体系认证。经认证合格的，由认证机构颁发质量体系认证证书。我国于 1992 年颁布了等同采用国际标准 GB/T19000 – ISO9000《质量管理和质量保证》系列标准，这一系列标准是为了帮助企业建立、完善质量体系，提高质量意识和质量保证能力，提高管理素质和市场经济条件下的竞争能力。我国的建筑业所涉及的设计、施工、监理等企事业单位，在建立企业内部质量管理体系时，一般情况下应当选择其中的 GB/T19004 - ISO9004 标准。

3. 建设工程质量监督管理。建设工程质量监督管理，可以由建设行政主管部门或者其他有关部门委托的建设工程质量监督机构具体实施。县级以上地方人民政府建设行政主管部门及其他有关部门应当加强对有关建设工程质量的法律、法规和强制性标准执行情况的监督检查。有关部门履行监督检查职责时，有权采取下列措施：要求被检查的单位提供有关工程质量的文件和资料；进入被检查单位的施工现场进行检查；发现有影响工程质量的问题时，责令改正。有关单位和个人对县级以上人民政府建设行政主管部门及其他有关部门进行的监督检查应当支持与配合，不得拒绝或者阻碍建设工程质量监督检查人员依法执行职务。

建设工程发生质量事故，有关单位应当在 24 小时内向当地建设行政主管部门和其他有关部门报告。对重大质量事故，事故发生地的建设行政主管部门和其他有关部门应当按照事故类别和等级向当地人民政府和上级建设行政主管部门及其他有关部门报告。特别重大质量事故的调查程序按照国务院有关规定办理。任何单位和个人对建设工程的质量事故、质量缺陷都有权检举、控告、投诉。

4. 建设工程竣工验收管理。交付竣工验收的建设工程，必须符合规定的建设工程质量标准，有完整的工程技术经济资料和经签署的工程保修书，并具备国家规定的其他竣工条件。建设工程竣工后经验收合格，方可交付使用；未经验收或者验收不合格的，不得交付使用。

建设单位收到建设竣工报告后，应当组织设计、施工、工程监理等有关单位进行竣工验收。建设工程竣工验收应当具备下列条件：完成建设工程设计和合同约定的各项内容；有完整的技术档案和施工资料；有工程使用的主要建筑材料、建筑构配件和设备及进场试验报告；有勘察、设计、施工、工程监理等单位分别签署的质量合格文件；有施工单位签署的工程保修书。

建设单位应当自建设工程竣工验收合格之日起 15 日内，将建设工程竣工验收报告和规划、公安消防、环保等部门出具的认可文件或者准许使用文件报建设行政主管部门或者其他有关部门备案。建设行政主管部门或者其他有关部门发现建设单位在竣工验收过程中有违反国家有关建设工程质量管理规定行为的，责令停止使用，重新组织竣工验收。

实践中，常常有些建设单位因种种原因，对未经验收的建筑工程即擅自使用。例如，有的开发商为了不交或少交延迟交房违约金，将未验收或未完全验收的房屋交付购房者使用。当发生质量问题时，开发商和建筑商又相互扯皮。对此，最高人民法院于 2004 年 9 月 29 日通过的《关于审理建设工程施工合同纠纷案件适用法律问题的解释》中第 13 条规定："建设工程未经竣工验收，发包人擅自使用后，又以使用部分质量不符合约定为由主张权利的，不予支持；但是承包人应当在建设工程的合理使用寿命内对地基基础和主体结构质量承担民事责任。至于购房人，根据合同相对性原理，应当向开发商主张有关权利。"

案例与评析[1]

2007 年 7 月 1 日，武汉市某小区商品房交房正在进行，该楼盘的业主发现小区存在众多问题：电梯无红外感应装置，容易夹人；户内窗户玻璃无 3C 标志，未达到国家要求的"安全玻璃"标准等。开发商称，房屋已经经过开发单位、建筑单位、监理单位的验收签字，质量只是微有瑕疵，总体是合格的，其正在向行政机关申请验收备案，房屋已经达到交房条件。而业主认为，开发商没有出具行政机关对建设项目的综合验收备案表即交房，欲起诉开发商违约。

本案的焦点在于，行政机关对商品房的验收备案到底是什么性质，是否是交房必须达到的条件。针对商品房交付条件，我国相关立法作出了一些规定：《城市房地产管理法》第 26 条规定，房地产开发项目竣工，经验收合格后，方可交付使用。但对何谓竣工验收合格并没有作出明确规定。《城市房地产开发经营管理条例》第 17 条规定，房地产开发项目竣工，经验收合格后，方可交付使用。同时进一步规定必须要经过房地产开发主管部门组织相关部门进行验收。2000 年国务院颁布实施的《建设工程质量管理条例》第 16 条规定，建设单位收到建设工程竣工报告后，应当组织设计、施工、工程监理等有关单位进行竣工验收。第 49 条规定，建设单位应当自建设工程竣工验收合格之日起 15 日内，将建设工程竣工验收报告和规划、公安消防、环保等部门出具的认可文件或者准许使用文件报建设行政主管部门备案。

可以看出，立法虽然明确了交付的房屋应当是验收合格的房屋，但是对验收合格的标准没有明确规定。立法赋予了开发商对房屋的验收权和建设行政主管部门的监督权，但是没有进一步明确享有房屋验收决定权的主体，也没有明确规定验收合格的证明文件的形式。对于行政主管部门对房屋质量进行验收备案的性质，学界也有争议。有的观点从保护购房人权益出发，要求行政机关对房屋质量进行实质审查或准实质审查，没有政府的备案，购房人可以拒绝收房。但同时有人指出，行政机关没有相应的专业知识，没有时间、经验对具体的工程质量做实

---

[1]　案例改编于胡晓莉："偷梁换柱，开发商也太歪了点"，载《长江商报》2007 年 8 月 2 日。

质审查，如此要求与行政机关的性质和能力均不符。笔者认为，在实行强制监理的情况下，政府对工程质量的监督检查和备案应当是形式性的，因此不能一刀切地将备案表作为交房条件。目前，各地对备案表是否是强制的交房条件规定不一，除非地方有特殊规定，否则，是否以备案表作为交房条件和房屋质量合格的证据，应当由当事人在购房合同中加以约定。本案中的开发商如果能够提供房屋经过设计、施工、监理单位的验收和规划，消防、环保等部门的认可证明，就应当认定具备交房条件。

5. 建设工程质量保修制度。建设工程实行质量保修制度。建设工程的保修范围应当包括地基基础工程，主体结构工程、屋面防水工程和其他土建工程，以及电气管线、上下水管线的安装工程，供热、供冷系统工程等项目。根据国务院《建设工程质量管理条例》，在正常使用条件下，工程最低保修期限为：基础设施工程、房屋建筑的地基基础工程和主体结构工程，为设计文件规定的该工程的合理使用年限；屋面防水工程、有防水要求的卫生间、房间和外墙面的防渗漏为5 年；供热与供冷系统为2 个采暖期、供冷期；电气管线、给排水管道、设备安装和装修工程为2 年。其他项目的保修期由发包方与承包方约定。建设工程在保修范围和保修期限内发生质量问题，施工方应当履行保修义务，并对造成的损失承担赔偿责任。

(三) 房地产开发市场宏观调控

对于一个完善的房地产市场而言，市场的自由运作非常重要，政府不能过分参与及干预房地产市场的自由运作，这样才能保证本地及外来投资者对当地房地产市场的信心，进而保证房地产市场的稳定发展以及整个社会经济的安定繁荣。但是，房地产市场具有特殊性，必须实行国家的宏观调控。这是因为房地产市场不是一个一般的市场，它依托于土地市场。由于土地资源的不可再生性，决定了房地产市场价格的调节无法解决供给量的增加，只能通过价格的上升来调节供需矛盾。当价格上升到背离房地产实际价值时，诱发投机出现，房地产投机形成对资金的强大需求，投机资金的大量注入形成房地产泡沫。不仅如此，土地资源还具有封闭性，不能像其他资源和商品一样可以跨国界流动，无法通过土地资源的国际流动来解决土地资源分布不均问题。如果这种有限竞争的商品进入到无限竞争的市场，其后果可能就是，有钱人占有更多的土地资源，对资源的占有不均最终导致财富占有的更加不均。另外，房地产开发包含了房地产商的投资，所以房地产具有商品特性，具有可交易性。但同时，房地产中的土地作为国土资源，它的价值又具有不可交易的一面，国民在本国土地上的居住权是公民基本权利的一部分，他在其户籍所在的城市或农村的居住权不能因为没有购买力而被剥夺。因此，住房所具有的交易性和不可交易性的双重特性，决定了房地产市场是一个有限竞争市场，需要政府参与市场的调节。政府宏观调控房地产市场的手段包括：

1. 土地供应计划。政府作为国有土地所有者，对土地一级市场实行垄断经营，通过制定和调整年度土地开发供应计划来调控整个房地产市场的发展。这既是行政手段，又符合经济规律中的供求关系。目前，国家对土地实行收购储备，政府通过土地储备机构将目前分散在各土地使用者手中的土地使用权，以收购、有偿收回或无偿收回的方式加以集中、储备后，按照土地供应计划，以招标、拍卖、挂牌等方式公开推向市场。土地供应计划是透明的土地供应信息，是避免盲目竞争的重要手段。一个城市的土地开发和供应计划，一般由城市土地管理部门和规划管理部门按城市总体发展要求、土地开发潜力以及城市规划的要求制定。

2. 土地价格调控。房地产价格是政府调控市场的主要对象，虽然房地产价格主要取决于市场供求关系，但由于地价对房地产价格影响很大，城市土地又由政府垄断出让，所以政府可以用地价对房地产市场进行调控。

3. 税收政策。房地产税收政策是政府调控房地产市场的核心政策之一。正确运用税收杠杆不但可以理顺分配关系、保证政府土地收益，还可以通过税赋差别体现政府的税收政策和产业政策，进而对抑制市场投机、控制房地产价格、规范房地产市场交易行为等发挥明显的作用。

4. 金融政策。房地产业与金融业息息相关，金融业的支持是房地产业繁荣发展必不可少的条件。国家可以通过利率调整、信贷规模、贷款方式等金融手段影响房地产市场。例如，我国自 2002 年 2 月 21 日开始，居民一年期储蓄存款利率进一步下调到 1.98%，再加上 20% 的利息税和个人住房抵押贷款利率同时下调，导致居民个人住房消费大幅度增加；房地产开发建设贷款利率的下调，使房地产开发尤其是住宅建设投资有了显著增长。这些金融税收政策，明显地达到了启动个人住房消费、扩大住宅建设投资规模、带动国民经济增长的效果。

5. 住房政策。住房问题不仅是经济问题，而且是社会问题。各国的经验表明，单靠市场或是全部依赖政府均不能很好地解决住房问题，而市场和非市场的结合，才是解决这一问题的有效途径。目前我国城市住宅的供给主要有三类，即廉租房、经济适用房和市场价商品住宅。其中，廉租房面向最低收入家庭，其供应、分配和经营完全由政府控制，廉租房不能进入市场流通；经济适用房是面向中低收入家庭的准商品住宅，政府对其建设在土地供应和税费征收上给予很多优惠，但其销售价格和销售对象要受政府的指导；市场价商品住宅则采取完全市场化的方式经营，是城市房地产市场的主要组成部分。如果政府对廉租房和经济适用房的供给和分配政策控制不严格，就会使市场价商品住宅受到前两类住宅的冲击。政府的住房分配和消费政策，对商品住宅市场的调控作用也是显而易见的。

三、房地产行政管理职能转变

在新的形势下，我国政府应当转变职能，加强管理，推动行业自治，进一步推动和保障房地产市场的健康运行。具体而言，可以表现在以下方面：[1]

（一）房地产行政管理职能的性质由实体管理转变成程序性管理

在传统管理模式下，行政管理部门实行"大统一"的管理，房管部门也是如此，行政管理的束缚产生大量弊端。在房管部门改变过去的管理性质后，程序化管理使那些原来技术性的任务全由市场化的企业来完成，房管部门仅是在程序上给予确认便可。例如房地产价格评估机构脱钩改制以后，房地产价值评估都由企业化的价格评估机构来完成，房管部门只是根据技术规范进行确认，而不再进行实体管理、亲自评估、自己确认。同样，房地产测量机构、交易部门都有与原挂靠单位脱钩改制的必要，只有这样才能完全实现房管部门从实体管理到程序性管理的转换。这样做可以发挥企业的自主权，使其市场经济主体地位得以完全实现，并消除行政垄断、部门垄断和不正当竞争，从而维护行业公平竞争。同时，转变为程序性管理还可以减轻行政管理部门的负担、精简机构和人员、减少财政支出、降低责任风险、提高行政管理工作效率，利于行政管理部门集中力量作好宏观调控和产业政策的制定。

（二）房地产行政管理具体职能实施方向和方式的转移

要实行"虚拟管理"和具体管理职能代位行使。所谓"虚拟管理"并非不管理而是不直接管理，由行业自律组织〔包括各种学（协）会、联合会等〕具体管理，行业自律组织对房管部门负责。看起来，房管部门没有进行行政管理，但实际上这一行为已由行业自律组织代位用具体行业管理执行了，当然这需要由房管部门授权。随着经济体制改革和经济的发展，房地产业行业自律组织有了一定的发展，为我国房管部门试行"虚拟管理"，提前向行政管理的规范化和现代化迈进奠定了基础。

（三）房地产行政管理对象的转变

房地产行政管理职能的转变引起管理对象的变化，即由单个管理变为行业管理。行业管理具有整体化、集中化的优点，便于集中管理，而且在行业政策指导上更具科学性和全面性，对管理者本身而言，也可以减轻工作量，提高管理质量。房地产行政管理职能的转变就是将房管部门从被动的管理局面中解脱出来，用科学、合理的方式实现管理职能性质和方式的转变，从而能集中精力进行行业政策制定、产业规模和市场前景预测、市场与行业组织的监督与管理、技术规范

---

〔1〕 邓刚："我国房地产行政管理体制改革发展刍议"，载《中国房地产》2002年第11期。

的指导、信息网的建立与查询、法律法规的制定与督导，而这些才是房管部门的应有职能所在。

（四）从执行主体转变为法律及政策的制定者和监督者

我国房管部门历来都是房地产法律法规及各项政策的制定者和具体执行者，即"自己制定，自己实施"，部门利益往往参与其中。职能转变可以使房地产法律法规及各项政策真正成为约束市场主体的有效措施。房管部门不再作为执行主体，而是市场和新执行主体的监督者，这样房管部门最终可以在各项政令制定时尽量考虑市场和市场主体的要求，不再考虑自己的要求。

从当前发展的趋势看，我国房地产行政管理体系正逐步向市场化、法制化、正规化、现代化的方向迈进，这也是实现我国房地产业发展壮大的必备条件，因此要努力创造条件促进这一转变的完成。

第二节 房地产开发建设中的行为行政许可

一、房地产开发与建设中的行政许可概述

行政许可，是指行政机关根据公民、法人或其他组织等行政相对人的申请，经过依法审查，准许其从事某种特定活动的行为。行政许可的目的，在于抑制公益上的危险或影响秩序的因素。以行政许可的目的和形式为标准，可分为行为行政许可和资格行政许可。行为行政许可是指行政机关允许符合条件的申请人从事某项活动的许可，如生产、经营许可等。这类许可在内容上仅限于许可被许可人进行某项行为活动，不包括赋予相对人从事某种行业或具有某种行为能力的资格和权能，也无须对被许可人进行资格能力方面的考核。资格行政许可是指行政机关应申请人的申请，经过一定的考核程序，核发相应的证明文书，允许其享有某种资格或具有某种能力的许可，[1] 如造价工程师证、监理工程师证。

房地产开发与建设中也存在着行政许可制度，是国家对房地产开发建设进行管理的手段之一，可以分为行为许可与资格许可两种。房地产开发中的行为行政许可，主要表现为项目开发当中的规划与建筑许可，是指建设规划行政主管部门或其他有关行政主管部门准许、变更和终止公民、法人和其他组织从事房地产开发建筑活动的具体行政行为，包括用地规划许可证、工程规划许可证、施工许可证等制度。房地产开发建设中的资格许可，主要表现为对房地产开发与建设中主体从业资格与资质的许可，包括对房地产开发建设主体单位的资质许可与对房地

---

〔1〕 张世信、周帆主编：《行政法学》，复旦大学出版社2001年版，第188页。

产开发建设从业人员的资格许可两种。

房地产开发与建设如果违反行政许可，将会使开发中的民事行为无效，并将承担相应的行政责任。房地产开发与建设行政许可实际上类同于在宏观的房地产开发与建筑市场的"门口"设立了一个"售票员"和"检票员"，通过这个"售票"和"检票"的程序，防止不具备条件的建筑工程的上马，防止不具备法定资格的公民或者企业涉足房地产开发与建筑工程，从而维护市场秩序，保证行业健康、有序地发展。

二、规划许可

城乡规划是指为了实现一定时期内城乡经济和社会发展目标，确定城市和乡村性质、规模和发展方向，合理利用土地，协调城乡空间布局和各项建设而进行的综合部署和具体安排，包括城镇体系规划、城市规划、镇规划、乡规划和村庄规划等。在我国现行体制下，房地产开发只能在国有出让土地上进行，因此，房地产开发必须符合城市规划、镇规划和历史文化名城建设的各项要求。房地产开发必须遵循规划法律法规是世界各国房地产开发建设的通则。我国历来重视城乡规划，2007 年 10 月 28 日第十届全国人民代表大会常务委员会第三十次会议通过了统一的《城乡规划法》，成为房地产开发和规划管理的重要法律依据。

《城乡规划法》对城市规划的编制原则、要求、程序等作出了具体的规定，要求国家按行政建制设立的城市和镇的房地产开发建设都必须科学规划。城市规划还确定了城市总体布局和不同地块的使用性质、容积率、控制指标等。各类建设项目可以使用哪块土地、不可以使用哪块土地，如何在保证建设项目功能和使用要求的条件下经济、合理地利用城市土地等，都必须符合城市规划。

为了保证城市规划的实施和落实，规划法建立了规划行政许可制度。项目的开发商和建设者只有沿着规划许可的轨迹，才能使自己的开发建设行为符合国家的意志和科学合理的客观要求，才能取得预期的开发效果。具体而言，城乡规划行政主管部门主要通过建设用地规划许可证制度和建设工程规划许可证制度，对房地产开发项目规划进行具体管理。[1]

（一）房地产开发规划条件与用地规划许可证

1. 规划条件。房地产开发项目在获取土地使用权阶段，就需要受到规划管理的制约。根据《城乡规划法》，在城市、镇规划区内以出让方式提供国有土地使用权的，在国有土地使用权出让前，城市、县人民政府城乡规划主管部门应当依据控制性详细规划，提出出让地块的位置、使用性质、开发强度等规划条件，

---

〔1〕 2007 年新颁布的《城乡规划法》规定，除划拨用地上进行的建设项目之外，其他建设不需要向城乡规划主管部门申请核发选址意见书。因此，选址意见书正式退出房地产开发规划管理领域。

作为国有土地使用权出让合同的组成部分。未确定规划条件的地块，不得出让国有土地使用权。规划条件未纳入国有土地使用权出让合同的，该国有土地使用权出让合同无效。

2. 用地规划许可证。

（1）用地规划许可证含义。建设用地规划许可证是由城市规划行政主管部门确定建设项目的用地位置和范围，证明建设项目符合城市规划，允许建设单位依一定条件使用土地的凭证。

建设用地规划许可证是对城市用地进行规划管理的重要制度，以出让方式取得国有土地使用权的建设项目，在签订国有土地使用权出让合同后，都应当持建设项目的批准、核准、备案文件和国有土地使用权出让合同，向城市、县人民政府城乡规划主管部门领取建设用地规划许可证。城市、县人民政府城乡规划主管部门不得在建设用地规划许可证中，擅自改变作为国有土地使用权出让合同组成部分的规划条件。对未取得建设用地规划许可证的建设单位批准用地，将由县级以上人民政府撤销有关批准文件；占用土地的，应当及时退回；给当事人造成损失的，应当依法给予赔偿。

（2）用地规划许可证申请与审批条件。房地产开发建设单位申请用地规划许可证，一般需要提交以下材料：建设用地规划许可证《申报表》及申请人身份证明材料；发展改革等项目审批部门批准的建设项目可行性研究报告和相关批准文件；申报项目涉及相关行政主管部门的，提交相关部门的书面意见和有关文件；符合格式要求的地形图；道路红线等规划控制线图；《国有土地使用权出让合同书》及勘测定界图；涉及房地产开发的用地，应提交房地产开发资质证书等。

规划主管部门对提交申请的材料进行审核，一般符合下列条件即可批准：建设项目符合城乡规划；有土地行政主管部门对建设项目用地的预审意见或其他相关文件；建设项目涉及环保、城管、国家安全、消防、文物保护等部门的，应提供各相关行政主管部门的书面意见；以出让方式供地的建设项目，已取得国有土地使用权等。

（二）房地产开发建设工程规划许可证

1. 工程规划许可证的含义。建设工程规划许可证是建设单位提出申请，经规划行政主管部门审查，确认建设工程符合城市规划并准予开工的凭证。建设工程规划许可证是证明建设活动合法、保护建设单位和个人合法权益的依据；是规划行政主管部门检查、验收建设工程，对违反建设工程规划许可证内容的行为进行处罚的依据。

《城乡规划法》第 40 条规定，在城市、镇规划区内进行建筑物、构筑物、道路、管线和其他工程建设的，建设单位或者个人应当向城市、县人民政府城乡规划主管部门或者省、自治区、直辖市人民政府确定的镇人民政府申请办理建设工程规划许可证。城市、县人民政府城乡规划主管部门或者省、自治区、直辖市人民政府确定的镇人民政府应当依法将经审定的修建性详细规划、建设工程设计方案的总平面图予以公布。多年来，各地城市规划管理部门一直实行核发建设工程规划许可证制度，实践证明，这一制度对于促进各项建设按照城市规划要求进行，防止违法建设活动的发生发挥了重要的作用。

2. 工程规划许可管理的内容。工程规划许可证，是针对房地产开发项目具体建筑工程的规划管理，它的主要内容包括：对建设工程的性质、规模、位置、标高、高度、造型、朝向、间距、建筑率、容积率、色彩、风格等进行审查和规划控制；对道路的走向、等级、标高、宽度、交叉口设计、横断面设计及道路的附属设施进行审查和规划控制；对各类管线（供水、供气、供热、供电、排水、通信等）的性质、走向、断面、架设高度、埋置深度、相互间的水平距离、垂直距离等进行审查和规划控制。

3. 取得建设工程规划许可证的程序。一般而言，取得工程规划许可证需要经过以下程序：审查申请单位提交的批准文件是否齐备和合法；建设工程涉及相关行政主管部门的，征求有关行政主管部门的意见，如环境保护、交通、防疫、安全、文物等部门；提出规划设计要求，作为编制建设工程初步设计方案的依据，审定初步设计方案是否符合规划设计要求；审查施工图；核发建设工程规划许可证。

案例与评析[1]

2003 年 8 月，北京市学院路的富润家园小区开发商将本该属于小区配套工程的 7 号楼出卖，7 号楼原来的幼儿园、文化活动站将成为一座名为"浪淘沙沐浴会馆"的洗浴中心。对于开发商变更规划，擅自去除《城市居住区规划设计规范》要求的小区必须配建的公共配套设施的行为，小区业主们强烈反对，并多次与开发商交涉，但开发商以该变更通过了行政许可为由拒绝改正。原来，开发商拿到了北京市海淀区教育委员会出具的"关于富润家园配套意见书"，意见书中声称，因原设计中配套幼儿园的建筑面积较小，不易办学，建议取消配套。开发商以此为由，向北京市规划委员会申请撤销原来的工程规划许可证，将 7 号楼的用途变更为"办公、变电室"并获得批准，后再次获得批准变更为"商业、

---

〔1〕 案件来源于申易："行政许可法第一案，业主赢了规划委"，载《北京青年报》2004 年 7 月 10 日。

变电室"。富润小区业主遂向北京市海淀区人民法院提起行政诉讼，请求撤销变更后的工程规划许可证。

业主们认为，北京市规划委变更规划、取消幼儿园等生活配套设施的行为，没有与业主协商，没有进行听证，变相地为开发商将上述用房出售并开设洗浴中心创造条件，影响了自己的合法权益，是违法的。北京市规划委则认为，自己是依照富润公司变更规划的申请，在对其提交的消防、环保、人防等有关部门的审核意见进行审查并征求教育主管部门的意见后，认为其符合城市规划而准许变更规划许可的，并未违反法定程序。本案的焦点在于变更该建筑工程规划许可证中7号楼的工程性质的行为是否合法。工程规划许可证的批准是有条件的，其变更也有相应的程序要求。《城乡规划法》规定，建设单位应当按照规划条件进行建设，确需变更的，必须向城市、县人民政府城乡规划主管部门提出申请。变更内容不符合控制性详细规划的，城乡规划主管部门不得批准。城市、县人民政府城乡规划主管部门应当及时将依法变更后的规划条件通报同级土地主管部门并公示。本案中，变更后的规划确实不符合有关的规划标准，不应属于可以变更的范围。本案发生于《城乡规划法》颁布之前，法院根据《城市规划法》以及《行政许可法》的相关规定最终判决北京市规划委败诉。

三、施工许可

（一）施工许可的含义

建筑工程施工许可制度，是指建设行政主管部门根据建设单位的申请，依法对建筑工程是否具备施工条件进行审查，符合条件的，准许其开始施工的一种制度。施工许可证，就是建筑工程开始施工之前，建设单位向建筑行政主管部门申请的可以施工的证明。根据《建筑法》的规定，建筑工程开工前，建设单位应当按照国家有关规定向工程所在地县级以上人民政府建设行政主管部门申领施工许可证。必须申请领取施工许可证的建筑工程未取得施工许可证的，一律不得开工。

并非所有的工程施工都必须领取施工许可证。根据建设部《建筑工程施工许可证管理办法》，工程投资额在30万元以下或者建筑面积在300平方米以下的建筑工程，可以不申请办理施工许可证。省、自治区、直辖市人民政府建设行政主管部门也可以根据当地的实际情况，对限额进行调整，并报国务院建设行政主管部门备案。另外，按照国务院规定的权限和程序批准其开工报告的建筑工程，不需要再领取施工许可证。

（二）申请领取施工许可证的条件

施工许可证的申请条件，即申请领取施工许可证应当达到的要求，具体包括以下几个方面：

1. 已经办理该建筑工程用地批准手续。

2. 在城市规划区的建筑工程，已经取得建设工程规划许可证。

3. 施工场地已经基本具备施工条件，需要拆迁的，其拆迁进度符合施工要求。在城市旧区进行建筑工程的新建、改建、扩建，拆迁是施工准备的一项重要任务。进行成片综合开发的，应根据建筑工程建设计划，在满足施工要求的前提下，分期分批进行拆迁。拆迁必须按计划和施工进度要求进行，过早或过迟都会造成损失和浪费。拆迁应当根据《城市房屋拆迁管理条例》的规定进行。

4. 已经确定施工企业。建筑工程的施工必须由具备相应资质的建筑施工企业来承担，建筑工程开工前，建设单位必须确定承包该建筑工程的建筑施工企业。建设单位确定建筑施工企业可以通过招标或直接发包两种方式。建设单位通过以上方式确定建筑施工企业后，双方应当签订书面的建筑安装工程承包合同，并将该合同的副本作为申领施工许可证的必备材料之一报建设行政主管机关。

5. 有满足施工需要的施工图纸及技术资料，施工图、设计文件已按规定进行了审查。这一项包括两个方面：一方面要有满足施工需要的施工图纸，另一方面要有满足施工需要的技术资料。施工图纸是实现建筑工程的最根本技术文件，是施工的依据。施工技术资料根据所施工工程的不同而不同。但不管是什么工程，都应当依据相应标准、规范、规程等规定，具备必需的技术资料，以保证开工后工程施工的顺利进行。

6. 有保证工程质量和安全的具体措施。施工企业编制的施工组织设计中有根据建筑工程特点制定的相应质量、安全技术措施，专业性较强的工程项目编制了专项质量、安全施工组织设计，并按照规定办理了工程质量、安全监督手续。

7. 按照规定应该委托监理的工程已委托监理。

8. 建设资金已经落实。建设工期不足一年的，到位资金原则上不得少于工程合同价的50%，建设工期超过一年的，到位资金原则上不得少于工程合同价的30%。建设单位应当提供银行出具的到位资金证明，有条件的可以实行银行付款保函或者其他第三方担保。

9. 法律、行政法规规定的其他条件。

上述条件是房地产开发建设单位申请施工许可证开工建设必须具备的条件。实践证明，实行施工许可可以保证建设工程的合法性和可行性，监督建设单位尽快建成拟建项目，防止闲置土地影响社会公共利益。对于房地产开发企业而言，可以避免由于不具备施工条件而盲目上马所造成的不必要损失。同时，施工许可证也有助于建设行政主管部门对在建项目实施有效的监督管理。

第三节　房地产开发建设中的资格行政许可

一、房地产开发建设主体资质许可法律制度

（一）房地产开发企业资质许可制度

根据建设部 2000 年颁布的《房地产开发企业资质管理规定》，房地产开发企业应当依法申请核定企业资质等级，未取得房地产开发资质等级证书的企业，不得从事房地产开发经营业务。

房地产开发企业按照企业条件分为四个资质等级。各资质等级企业的条件与核准范围如下：

1. 一级资质。注册资本不低于 5000 万元；从事房地产开发经营 5 年以上；近 3 年房屋建筑面积累计竣工 30 万平方米以上，或者累计完成与此相当的房地产开发投资额；连续 5 年建筑工程质量合格率达 100%；上一年房屋建筑施工面积 15 万平方米以上，或者完成与此相当的房地产开发投资额；有职称的建筑、结构、财务、房地产及有关经济类的专业管理人员不少于 40 人，其中具有中级以上职称的管理人员不少于 20 人，持有资格证书的专职会计人员不少于 4 人；工程技术、财务、统计等业务负责人具有相应专业中级以上职称；具有完善的质量保证体系，商品住宅销售中实行了《住宅质量保证书》和《住宅使用说明书》制度；未发生过重大工程质量事故。

2. 二级资质。注册资本不低于 2000 万元；从事房地产开发经营 3 年以上；近 3 年房屋建筑面积累计竣工 15 万平方米以上，或者累计完成与此相当的房地产开发投资额；连续 3 年建筑工程质量合格率达 100%；上一年房屋建筑施工面积 10 万平方米以上，或者完成与此相当的房地产开发投资额；有职称的建筑、结构、财务、房地产及有关经济类的专业管理人员不少于 20 人，其中具有中级以上职称的管理人员不少于 10 人，持有资格证书的专职会计人员不少于 3 人；工程技术、财务、统计等业务负责人具有相应专业中级以上职称；具有完善的质量保证体系，商品住宅销售中实行了《住宅质量保证书》和《住宅使用说明书》制度；未发生过重大工程质量事故。

3. 三级资质。注册资本不低于 800 万元；从事房地产开发经营 2 年以上；房屋建筑面积累计竣工 5 万平方米以上，或者累计完成与此相当的房地产开发投资额；连续 2 年建筑工程质量合格率达 100%；有职称的建筑、结构、财务、房地产及有关经济类的专业管理人员不少于 10 人，其中具有中级以上职称的管理人员不少于 5 人，持有资格证书的专职会计人员不少于 2 人；工程技术、财务等业务负责人具有相应专业中级以上职称，统计等其他业务负责人具有相应专业初

级以上职称；具有完善的质量保证体系，商品住宅销售中实行了《住宅质量保证书》和《住宅使用说明书》制度；未发生过重大工程质量事故。

4. 四级资质。注册资本不低于 100 万元；从事房地产开发经营 1 年以上；已竣工的建筑工程质量合格率达 100％；有职称的建筑、结构、财务、房地产及有关经济类的专业管理人员不少于 5 人，持有资格证书的专职会计人员不少于 2 人；工程技术负责人具有相应专业中级以上职称，财务负责人具有相应专业初级以上职称，配有专业统计人员；商品住宅销售中实行了《住宅质量保证书》和《住宅使用说明书》制度；未发生过重大工程质量事故。

5. 暂定资质。新设立的房地产开发企业应当自领取营业执照之日起 30 日内，到房地产开发主管部门备案；房地产开发主管部门应当在收到备案申请后 30 日内向符合条件的企业核发《暂定资质证书》。《暂定资质证书》有效期 1 年，延长期限不得超过 2 年。房地产开发企业应当在《暂定资质证书》有效期满前 1 个月内向房地产开发主管部门申请核定资质等级。

一级资质由省、自治区、直辖市人民政府建设行政主管部门初审，报国务院建设行政主管部门审批，其承担房地产项目的建设规模不受限制，可以在全国范围承揽房地产开发项目。二级资质及二级资质以下企业的审批办法由省、自治区、直辖市人民政府建设行政主管部门制定，可以承担建筑面积 25 万平方米以下的开发建设项目，承担业务的具体范围由省、自治区、直辖市人民政府建设行政主管部门确定。各资质等级企业应当在规定的业务范围内从事房地产开发经营业务，不得越级承担任务。任何单位和个人不得涂改、出租、出借、转让、出卖资质证书。

房地产开发企业的资质实行年检制度。对于不符合原定资质条件或者有不良经营行为的企业，由原资质审批部门予以降级或者注销资质证书。房地产开发主管部门应当将房地产开发企业资质年检结果向社会公布。

(二) 建筑业企业资质许可制度

根据 2007 年 9 月 1 日起施行的建设部《建筑业企业资质管理规定》，建筑业企业应当按照其拥有的注册资本、专业技术人员、技术装备和已完成的建筑工程业绩等条件申请资质，经审查合格，取得建筑业企业资质证书后，方可在资质许可的范围内从事建筑施工活动。

建筑业企业资质分为施工总承包、专业承包和劳务分包三个序列。取得施工总承包资质的企业，可以承接施工总承包工程。施工总承包企业可以对所承接的施工总承包工程内各专业工程全部自行施工，也可以将专业工程或劳务作业依法分包给具有相应资质的专业承包企业或劳务分包企业。取得专业承包资质的企业，可以承接施工总承包企业分包的专业工程和建设单位依法发包的专业工程。

专业承包企业可以对所承接的专业工程全部自行施工，也可以将劳务作业依法分包给具有相应资质的劳务分包企业。取得劳务分包资质的企业，可以承接施工总承包企业或专业承包企业分包的劳务作业。

施工总承包资质、专业承包资质、劳务分包资质序列按照工程性质和技术特点分别划分为若干资质类别，各资质类别按照规定的条件划分为若干资质等级。一般情况下，企业只能按照主管部门核定的承包范围进行工程承包活动。

建筑企业资质管理体系是一个动态管理体系，如果企业实际情况变化，可以进行资质等级或承包范围的调整，并实行资质年检和其他形式的监督检查制度。当然，企业也可能因此而受到降级等处理和处罚。

（三）勘察设计企业资质许可制度

根据2007年9月1日起施行的建设部《建设工程勘察设计资质管理规定》，从事建设工程勘察、工程设计活动的企业，应当按照其拥有的注册资本、专业技术人员、技术装备和勘察设计业绩等条件申请资质，经审查合格，取得建设工程勘察、工程设计资质证书后，方可在资质许可的范围内从事建设工程勘察、工程设计活动。

工程勘察资质分为工程勘察综合资质、工程勘察专业资质、工程勘察劳务资质。工程勘察综合资质只设甲级；工程勘察专业资质设甲级、乙级，根据工程性质和技术特点，部分专业可以设丙级；工程勘察劳务资质不分等级。取得工程勘察综合资质的企业，可以承接各专业（海洋工程勘察除外）、各等级工程勘察业务；取得工程勘察专业资质的企业，可以承接相应等级相应专业的工程勘察业务；取得工程勘察劳务资质的企业，可以承接岩土工程治理、工程钻探、凿井等工程勘察劳务业务。

工程设计资质分为工程设计综合资质、工程设计行业资质、工程设计专业资质和工程设计专项资质。工程设计综合资质只设甲级；工程设计行业资质、工程设计专业资质、工程设计专项资质设甲级、乙级。根据工程性质和技术特点，个别行业、专业、专项资质可以设丙级，建筑工程专业资质可以设丁级。取得工程设计综合资质的企业，可以承接各行业、各等级的建设工程设计业务；取得工程设计行业资质的企业，可以承接相应行业相应等级的工程设计业务及本行业范围内同级别的相应专业、专项（设计施工一体化资质除外）工程设计业务；取得工程设计专业资质的企业，可以承接本专业相应等级的专业工程设计业务及同级别的相应专项工程设计业务（设计施工一体化资质除外）；取得工程设计专项资质的企业，可以承接本专项相应等级的专项工程设计业务。

国务院建设主管部门对全国的建设工程勘察、设计资质实施统一的监督管理。县级以上地方人民政府建设主管部门负责对本行政区域内的建设工程勘察、设计资质实施监督管理。

(四) 监理企业资质许可制度

工程建设监理，是指监理单位受项目开发商的委托，依据国家批准的工程项目建设文件、有关工程建设的法律法规和工程建设监理合同以及工程建设合同，对项目实施或工程建设全过程进行监督和管理。工程监理，具有很强的专业性，监理单位与专业人员独立于工程发包人（也就是房地产开发商），根据其与发包人之间的委托监理合同对承包人的建设活动进行监督。实行独立的工程监理，是确保工程进度、质量和实现投资控制的重要环节。

根据 2007 年 8 月 1 日起施行的建设部《工程监理企业资质管理规定》，从事建设工程监理活动，应当申请工程监理企业资质，并在工程监理企业资质证书许可的范围内从事工程监理活动。

工程监理企业资质分为综合资质、专业资质和事务所资质。其中，专业资质按照工程性质和技术特点划分为若干工程类别。综合资质、事务所资质不分级别。专业资质分为甲级、乙级；其中，房屋建筑、水利水电、公路和市政公用专业资质可设立丙级。该规定还对每个资质等级的条件和监理范围、监理资质的管理作出了详细规定。

(五) 造价咨询单位资质许可制度

房地产开发企业与建筑企业能够通过该工程项目实现盈利，很大程度上依赖于对该工程项目造价的计算，因此有所谓"挣钱不挣钱，就看预算员"的说法。工程造价咨询企业，是指接受委托，对建设项目投资、工程造价的确定与控制提供专业咨询服务的企业。工程造价咨询企业可以对建设项目建议书及可行性研究投资估算、项目经济评价报告、建设项目概预算进行编制与审核，配合设计方案比选、优化设计、限额设计等工作进行工程造价分析与控制；也可以对建设项目合同价款的确定、合同价款的签订与调整以及工程款支付结算及竣工结（决）算报告进行编制与审核，提供工程造价信息服务及工程造价经济纠纷的鉴定和仲裁的咨询等。

根据 2006 年 7 月 1 日起施行的建设部《工程造价咨询企业管理办法》，从事工程造价咨询活动的企业应当依法取得工程造价咨询企业资质，并在其资质等级许可的范围内从事工程造价咨询活动。

工程造价咨询企业资质等级分为甲级、乙级。甲级工程造价咨询企业可以从事各类建设项目的工程造价咨询业务。乙级工程造价咨询企业可以从事工程造价在 5000 万元人民币以下的各类建设项目的咨询业务。申请甲级工程造价咨询企业资质的，应当向申请人工商注册所在地的省、自治区、直辖市人民政府建设主管部门或者国务院有关专业部门提出申请。工程造价咨询企业依法从事工程造价咨询活动，不受行政区域限制。

二、房地产开发建设从业人员资格许可法律制度

执业资格制度，是指具备一定专业学历、资历的从事房地产建设活动的专业技术人员，通过考试和注册确定其执业的技术资格，获得相应建筑工程文件签字权的一种制度。从事房地产建筑活动的专业技术人员，应当依法取得相应的执业资格证书，并在执业资格证书许可的范围内从事房地产建设活动。目前，我国对从事房地产开发建设的专业技术人员已经建立起了房地产经纪人和房地产估价师（详见第16章）、注册建筑师、注册结构工程师、注册建造师、注册造价工程师、注册监理工程师等从业资格制度。当然，房地产开发当中还需要相关专业的从业人员，例如会计师、律师等。

（一）注册建筑师

注册建筑师，是指依法取得注册建筑师证书并从事房屋建筑设计及相关业务的人员，分为一级注册建筑师和二级注册建筑师。不同级别的建筑师，其报考条件、执业范围均不相同。一级注册建筑师的注册，由全国注册建筑师管理委员会负责；二级注册建筑师的注册，由省、自治区、直辖市注册建筑师管理委员会负责。

注册建筑师有权以注册建筑师的名义执行注册建筑师业务，二级注册建筑师不得以一级注册建筑师的名义执行业务，也不得超越国家规定的二级注册建筑师的执业范围执行业务。国家规定的一定跨度、跨径和高度以上的房屋建筑，应当由注册建筑师进行设计。任何单位和个人修改注册建筑师的设计图纸，应当征得该注册建筑师同意，因特殊情况不能征得该注册建筑师同意的除外。相应地，因设计质量造成的经济损失，由建筑设计单位承担赔偿责任；建筑设计单位有权向签字的注册建筑师追偿。

注册建筑师应当履行下列义务：遵守法律、法规和职业道德，维护社会公共利益；保证建筑设计的质量，并在其负责的设计图纸上签字；保守在执业中知悉的单位和个人的秘密；不得同时受聘于2个以上建筑设计单位执行业务；不得准许他人以本人名义执行业务。

（二）注册结构工程师

注册结构工程师，是指取得中华人民共和国注册结构工程师执业资格证书和注册证书，从事房屋结构、桥梁结构及塔架结构等工程设计及相关业务的专业技术人员。注册结构工程师分为一级注册结构工程师和二级注册结构工程师。一级注册结构工程师的执业范围不受工程规模及工程复杂程度的限制。

非注册结构工程师不得以注册结构工程师的名义执行注册结构工程师业务。国家规定的一定跨度、高度等以上的结构工程设计，应当由注册结构工程师主持设计。任何单位和个人修改注册结构工程师的设计图纸，应当征得该注册结构工程师同意，但是因特殊情况不能征得该注册结构工程师同意的除外。因结构设计质量造成的经济损失，由勘察设计单位承担赔偿责任；勘察设计单位有权向签字的注册结构工程师追偿。

（三）注册建造师

注册建造师，是指通过考核认定或考试合格取得中华人民共和国建造师资格证书，并依法注册取得中华人民共和国建造师注册证书和执业印章，担任施工单位项目负责人及从事相关活动的专业技术人员，分为一级注册建造师和二级注册建造师。注册建造师可以从事建设工程项目总承包管理或施工管理、建设工程项目管理、建设工程技术经济咨询以及法律、行政法规和国务院建设主管部门规定的其他业务。建设工程施工活动中形成的有关工程施工管理文件，应当由注册建造师签字并加盖执业印章。施工单位签署质量合格的文件上，必须有注册建造师的签字盖章。

在实施注册建造师制度之前，从事该项工作的人员一般被称为项目经理。实施注册建造师之后，建造师与项目经理是有区别的。前者是一种从业资格，后者是一种职务。一般而言，项目经理应当由建造师来担任。

（四）注册造价工程师

注册造价工程师，是指通过全国造价工程师执业资格统一考试或者资格认定、资格互认，取得中华人民共和国造价工程师执业资格，并按照本办法注册，取得中华人民共和国造价工程师注册执业证书和执业印章，从事工程造价活动的专业人员。

注册造价工程师执业范围包括：建设项目建议书、可行性研究投资估算的编制和审核，项目经济评价，工程概、预、结算、竣工结（决）算的编制和审核；工程量清单、标底（或者控制价）、投标报价的编制和审核，工程合同价款的签订及变更、调整，工程款支付与工程索赔费用的计算；建设项目管理过程中设计方案的优化、限额设计等工程造价的分析与控制，工程保险理赔的核查；工程经济纠纷的鉴定。注册造价工程师应当在本人承担的工程造价成果文件上签字并盖章。

（五）注册监理工程师

注册监理工程师，是指经考试取得中华人民共和国监理工程师资格证书，并按照本规定注册，取得中华人民共和国注册监理工程师注册执业证书和执业印章，从事工程监理及相关业务活动的专业技术人员。

注册监理工程师可以从事工程监理、工程经济与技术咨询、工程招标与采购咨询、工程项目管理服务以及国务院有关部门规定的其他业务。工程监理活动中形成的监理文件由注册监理工程师按照规定签字盖章后方可生效。因工程监理事故及相关业务造成的经济损失，该注册监理工程师的聘用单位应当承担赔偿责任；聘用单位承担赔偿责任后，可依法向负有过错的注册监理工程师追偿。

■思考题

1. 政府对房地产开发的宏观管理大体包括哪些方式？
2. 我国有哪些行政管理法律制度来保障房屋的工程质量？
3. 我国房地产行政管理的体制如何？
4. 房地产开发与建设中的行政许可主要包括哪些？
5. 什么是用地规划许可证和工程规划许可证？其申请需要哪些条件？
6. 什么是施工许可证？其申请需要哪些条件？
7. 建筑企业的资质分为哪些等级？其许可的范围相应是什么？
8. 房地产开发建设从业人员的资格许可有哪些种类？

■参考书目

1. 林建伟：《房地产法基本问题》，法律出版社 2006 年版。
2. 高富平、黄武双：《房地产法新论》，中国法制出版社 2002 年版。
3. 张培忠、隋卫东主编：《建筑与招投标法规教程》，山东人民出版社 2005 年版。
4. 邓刚："我国房地产行政管理体制改革发展刍议"，载《中国房地产》2002 年第 11 期。
5. 张世信、周帆主编：《行政法学》，复旦大学出版社 2001 年版。

第九章　建设工程合同法律制度

■学习目的和要求

　　本章主要讲述房地产开发与建设中的合同法律制度，通过本章的学习，能够对房地产开发建设中的各类合同有一个基本的了解。本章重点掌握建设工程合同的分类以及建设工程合同解除的效力；同时应当掌握合同无效的情形和处理。理解建设工程合同索赔的含义和原因，理解我国建设工程合同优先受偿权的现状和不足，了解建设工程合同的特征和订立程序。

第一节　建设工程合同概述

一、建设工程合同的概念

　　合同是平等主体的自然人、法人、其他组织之间设立、变更、终止民事权利义务关系的协议。在工程建设过程中，各个项目参与方为了明确相互之间的权利义务，订立了大量的合同，如发包单位与施工单位、发包单位与勘察设计单位、发包单位与监理单位之间订立的合同等，这些都需要通过建设工程合同法律制度来规范。根据我国《合同法》第 269 条的规定："建设工程合同是承包人进行工程建设，发包方支付价款的合同，包括工程勘察、设计、施工合同。"根据这一定义，对建设工程合同的概念可以作以下解释：[1]

　　1. 建设工程合同的当事人是发包人和承包人。发包人，一般为建设工程的建设单位，即投资建设该项工程的单位，通常也称作"业主"，房地产开发中就是开发商。建设工程的承包人，即实施建设工程的勘察、设计、施工等业务的单位，包括对建设工程实行总承包的单位和承包分包工程的单位。承包人的基本义务就是按质、按期地进行工程建设，包括勘察、设计和施工。发包人的基本义务就是按照约定支付价款。

---

[1]　王建东：《建设工程合同法律制度研究》，中国法制出版社 2004 年版，第 9 页。

2．建设工程合同包括工程勘察合同、工程设计合同、工程施工合同。根据工程建设的进程，我国合同法将建设工程合同分为了以上三种。在工程建设过程中，国家推行建筑工程监理制度，尤其在房地产开发过程中，建设项目几乎无一例外都必须实行监理。开发建设单位与监理单位的监理合同与建设工程勘察、设计、施工合同具有密切关联性。而且，建设工程监理合同本质上属于委托合同，与建设工程合同一样，同属于《合同法》15 种有名合同之一。有的学者鉴于两者的密切关系，将监理合同视为广义的建设工程合同。[1] 本书在此一并介绍监理合同的有关内容。

建设工程合同具备完成工作合同的一般特征，即它的标的是完成一定工作成果，并具备诺成、双务、有偿的特性，所以，传统民法将它作为加工承揽合同的一类。但是，与加工承揽合同相比，建设工程合同的标的不是一般的加工定作物，而是建设工程项目，这些工程项目耗资大、履行期长，并且有严格的质量要求。建设工程的特殊性，使得法律需要对其采取一系列特殊的规制方式。因此，《合同法》将建设工程合同从加工承揽合同中独立出来，与其并列作为有名合同之一。同时规定，建设工程合同章节中没有规定的，适用承揽合同的有关规定。

3．建设工程合同的标的为建设工程。《合同法》规定，建设工程合同是"承包人进行工程建设，发包方支付价款的合同"，工程建设中的工程作何界定关系到《合同法》对建设工程合同的调整范围，也是正确认定和处理建设工程合同纠纷的一个前提。根据建设部《建设工程质量管理条例》，建设工程应当包括土木工程、建筑工程、线路管道和设备安装工程及装修工程。另外，《合同法》将建设工程合同单列的原因就在于建设工程投资大、技术复杂。因此，对于一些投资小、技术简单，对承包人主体资格没有特殊要求的建设工程，不应认定其属于需要建设工程合同法律制度调整的范围，而宜按照承揽合同处理。例如，居民为自己居住而建造住宅、房屋修缮、家庭装饰、临时简易房屋建筑等。

二、建设工程合同的特征

建设工程合同是承包人为发包人完成工程的勘察、设计或施工等任务的合同，是一种特殊的以不动产为加工对象的加工承揽合同，因此它除了具有承揽合同的一般法律特征之外，还具有以下特征：

（一）合同主体的严格性

承揽合同中，法律对合同主体没有限制，定作人和承揽人既可以是自然人，也可以是法人或其他组织。但是，由于建设工程合同的标的为建设工程项目，与

---

〔1〕 张培忠、隋卫东主编：《建筑与招投标法规教程》，山东人民出版社 2005 年版，第 159 页。

国家利益及社会公共利益直接相关，作为从事工程建设的承包人需要掌握相关的专业技术，因此法律对建设工程合同的主体提出了更严格的要求。自然人个人不具有作为承包人的资格，不能签订建设工程合同，承包方须是依法成立的法人。从事建筑工程活动的法人除了建筑施工企业和勘察、设计单位之外，还包括工程监理企业以及法律、法规规定的其他企业或单位（如工程招标代理机构、工程造价咨询机构等）。

我国对从事建筑活动的建筑企业、勘察企业、设计企业、工程监理单位、工程造价咨询单位、工程建设项目招标代理机构实行资质审查制度，对注册建筑师、监理工程师等从事建筑活动的专业技术人员实行资格认证制度。根据我国《建筑法》规定，从事建筑活动的建筑施工企业、勘察单位、设计单位和工程监理单位，应当在取得相应等级的资质证书后，方可在其资质等级许可的范围内从事建筑活动。因此，承包人只有在具备相应的资质证书后，才能在资质等级许可的范围内承揽建设工程，订立相关的建设工程合同。

（二）建设工程合同的计划性和程序性

在市场经济条件下，建设工程合同和其他合同一样，从本质上讲已经不是实现国家计划的工具。但是，由于建设工程投资额巨大，与国民经济许多部门和行业联系紧密，与国家的产业政策、投资政策、金融政策也存在密切关系，很大程度上将影响国家经济的健康和谐发展，并且，建设工程涉及到对土地、能源等自然资源的开发利用，影响到自然环境、生态环境，因此，国家有必要对建设工程合同进行一定的计划干预。国家对建设工程计划的干预集中表现在一系列行政许可制度上，例如工程项目的立项、用地规划许可、工程规划许可等。另外，属于国家重大建设工程的合同还应当根据国家规定的程序和国家批准的投资计划、可行性研究报告等文件订立。国家重大建设工程在事先应当进行可行性研究，对工程的投资规模、建设效益进行论证分析，并编制可行性研究报告，申请立项；立项批准后，据此进行投资计划并报国家有关计划部门进行批准；投资计划批准后，有关建设单位根据工程的可行性研究报告和国家批准的投资计划，遵照国家规定的程序进行发包，与承包人订立建设工程合同。

建设工程合同不仅具有计划性，同时也有严格的程序要求。建设工程从立项到完工，需要经历一个很长的周期，工程各个阶段之间具有严密的程序要求，只有在完成前一程序的基础上才能进入下一道程序。这是由工程建设的客观规律决定的。违反这一规律，将会在工程质量、施工安全等方面造成严重后果。目前大量存在的豆腐渣工程，大都是所谓边设计、边修改、边施工的"三边"工程。因此，法律规定建设工程未经立项，不能订立勘查、设计合同；没有完成勘查、设计工作的，也不能签订施工合同；没有签订施工合同的，一般也不能签订监理合同。

（三）建设工程合同的签订及履行受到国家的监督管理

一般的合同在订立和履行过程中充分体现当事人的意思自治，国家不涉及合同这一典型的私法领域。但是因为建设工程合同涉及国家和社会的公共利益，事关人民群众生命财产安全，因此国家要对其进行一系列的监督和管理。这些监管不仅在《合同法》中有明确规定，还体现在《建筑法》、《招标投标法》等一系列经济行政法律法规当中。例如，对于大型基础设施、公用事业等关系社会公共利益、公众安全的项目等属于强制招标范围的工程建设项目，包括项目的勘察、设计、施工、监理以及与工程建设有关的重要设备、材料等的采购，一般必须通过招标投标的方式选定承包人，并订立建设工程合同。建设单位必须在建设工程获得立项批准后，工程发包前，向建设行政主管部门或其授权的部门办理工程报建登记手续。未办理报建登记手续的工程，不得发包，不得签订工程合同。建筑工程开工前，除个别工程外，建设单位应当按照国家有关规定向工程所在地县级以上人民政府建设行政主管部门申请领取施工许可证，未领取施工许可证的，不得开工。

（四）建设工程合同为要式合同

《合同法》第 10 条规定："当事人订立合同，有书面形式、口头形式和其他形式。法律、行政法规规定采用书面形式的，应当采用书面形式。当事人约定采用书面形式的，应当采用书面形式。"口头合同具有形式简便、交易迅捷等特点，日常生活中大量存在，但是一旦发生纠纷，因为没有必要的凭证，往往举证困难，不易分清责任。建设工程合同标的额大、履行周期长，而且履行中情况复杂。签订书面合同，详细明确约定各方的权利义务，一方面，可以使当事人严格按照合同履行，防止纠纷发生；另一方面，即使发生纠纷，也容易分清法律责任。因此，建设工程合同应当采用书面形式。书面形式是指合同书、信件以及数据电文（包括电报、电传、传真、电子数据交换和电子邮件）等可以有形地表现所载内容的形式。在实践中，较大工程建设一般采用合同书的形式订立合同。

出于保护社会公共利益的目的，同时为了方便建设工程合同当事人，建设部、国家工商局相继发布了建筑行业的合同示范文本，由国家行业主管部门制订并向全国推荐使用。如建设工程施工合同示范文本（GF - 1999 - 0201）、建设工程委托监理合同示范文本（GF - 2000 - 0202）等。实践中，当事人可以根据自己的需要参照有关的合同示范文本订立建设工程合同。

三、建设工程合同的分类

（一）按照工程建设阶段分类

1. 勘察合同。工程建设遵循勘察、设计、施工的先后次序，勘察作为第一个必经环节，指的是根据建设工程的要求，查明、分析、评价建设场地的地质、地理环境特征和岩土工程条件，编制建设工程勘察文件的活动。勘查是一项专业性很强的工作，一般应当由专门的地质工程单位完成，其主要内容包括工程测量、水文地质勘察和工程地质勘察。目的在于查明工程项目建设的地形地貌、地层土壤岩性、地质构造、水文条件等自然地质条件资料，作出鉴定和综合评价，为建设项目的选址、工程设计和施工提供科学、可靠的依据。

勘察合同指的是发包人与勘察人就完成建设工程地理、地质等状况的调查研究工作而达成的协议。勘察合同是反映并调整发包人与受托地质工程单位之间权利义务关系的依据。经发包人同意，承包人也可以与勘察人签订勘察合同。我国《合同法》第274条规定："勘察、设计合同的内容包括提交有关基础资料和文件（包括概、预算）的期限、质量要求、费用以及其他协作条件等条款。"

2. 设计合同。建设工程的设计，指的是根据建设工程的要求，对建设工程所需要的技术、经济、资源、环境等条件进行综合分析、论证，编制建设工程设计文件的活动。设计文件是安排建设计划和组织施工的主要依据。根据我国现行规定，一般建设项目按初步设计和施工图设计两个阶段进行，所以设计合同实际上包括两个合同：①初步设计合同，即在建设工程立项阶段，承包人为项目决策提供可行性资料的设计而与发包人签订的合同。②施工设计合同，是指国家计划部门批准立项之后，承包人与发包人就具体施工设计达成的协议。实践中，发包方与承包方一般都按照《建设工程设计合同（一）（示范文本）》（GF－2000－0209）［民用建设工程设计合同］或《建设工程设计合同（二）（示范文本）》（GF－2000－0210）［专业建设工程设计合同］签订设计合同。

3. 施工合同。建筑工程施工合同，又称为建筑工程承包合同，指的是建设单位为发包方，施工企业为承包方，依据基本建设程序，为完成特定建筑安装工程，协商订立的明确双方权利义务关系的协议。经发包人同意，承包方也可以与施工企业签订施工分包合同。施工合同主要包括建筑和安装两方面内容，这里的建筑是指对工程进行营造的行为，安装是指与工程有关的线路、管道、设备等设施的装配。施工企业要负责整个建筑物的完工，承担着工程项目施工责任（如文物保护、环境保护、地下管线设施保护等）和施工安全责任，因此，在建设工程合同中，施工合同的签订和履行是核心。实务中，建设单位与施工单位一般都采用《建设工程施工合同（示范文本）》（GF－1999－0201）签订施工合同。

4. 监理合同。建设工程监理，是指由具有法定资质条件的工程监理单位根据发包人的委托，依照法律、行政法规及有关的建设工程技术标准、设计文件和建设工程合同，在工程建设过程中，对承包人在施工质量、建设工期和建设资金使用等方面，代表发包人实施监督的专门活动。我国实行自愿监理和强制监理相结合的方式。根据 2000 年 1 月 30 日国务院颁布的《建设工程质量管理条例》，国家重点建设工程、大中型公用事业工程、成片开发建设的住宅小区工程、利用外国政府或者国际组织贷款及援助资金的工程等必须实行监理。因此，房地产开发中，应当实行监理。

建设单位与其委托的工程监理单位应当订立书面委托监理合同。监理合同，指的是建设单位作为委托方，委托具有相应资质的监理单位，就对工程建设参与者的行为进行监督、控制、督促、评价和管理而达成的协议。监理合同的主要内容包括：监理的范围和内容，双方的权利与义务，监理费的计取与支付，违约责任，双方约定的其他事项等。

建设单位与监理单位是一种委托与被委托的关系。实施建筑工程监理前，建设单位应当将委托的工程监理单位、监理的内容及监理权限，书面通知被监理的建筑施工企业。监理单位与被监理单位属于监理与被监理的关系。在这种关系中，被监理单位应当尊重和服从监理单位依照法律、法规、规章、标准、规范以及建设单位与被监理单位签订的合同进行的监理工作。监理单位及监理工程师应当客观公正地履行和行使监理职责和权利。

工程监理单位不按照委托监理合同的约定履行监理义务，对应当监督检查的项目不检查或者不按照规定检查，给建设单位造成损失的，应当承担相应的赔偿责任。工程监理单位与承包单位串通，为承包单位谋取非法利益，给建设单位造成损失的，应当与承包单位承担连带赔偿责任。

（二）按照签约主体和承包人承包的内容分类

1. 总承包合同。建设工程的总承包，又称为"交钥匙承包"，是指发包人将建设工程的勘察、设计、施工等工程建设的全部任务，一并发包给一个具备相应的总承包资质条件的承包人，由该承包人负责工程的全部建设工作，直至工程竣工，向发包人交付经验收合格的建设工程的发承包方式。《建筑法》中提倡对建筑工程实行总承包，建筑工程的发包单位可以将建筑工程的勘察、设计、施工、设备采购一并发包给一个工程总承包单位，也可以将建筑工程勘察、设计、施工、设备采购的一项或者多项发包给一个工程总承包单位。但是不得将应当由一个承包单位完成的建筑工程肢解成若干部分发包给几个承包单位。

总承包合同是发包人与总承包人订立的由承包人负责全部建设工作的合同。总承包人承包建设工程后，根据总承包合同中的分包约定或经建设单位认可后，可以将其承包的某一部分工程或某几部分工程，依法再发包给其他具有相应资质条件的分承包人。但是实行施工总承包的，建设工程的主体结构必须由总承包单位自行完成，不得分包。主体结构，是指保证整个建筑物支撑的主架结构，如建筑主体和承重结构等。因此，承包人承包全部施工任务的，该工程的主体结构必须由承包人自行完成，即使经发包人同意，也不得将主体工程的施工再分包给第三人，将工程主体部分的施工任务分包给第三人的分包合同无效。

工程总承包是国内外建设活动中较多使用的发承包方式，有利于充分发挥在工程建设方面具有较强技术力量、丰富经验和组织管理能力的大承包商的专业优势，综合协调工程建设中的各种关系，强化对工程建设的统一指挥和组织管理，保证工程质量和进度，提高投资效益。

建设工程发包制度当中，有一种禁止行为，即肢解发包。肢解发包是指建设单位将应当由一个承包单位完成的建筑工程分解成若干部分发包给不同承包单位的行为。根据相应的法律要求，承包人只能根据自己的等级资质承包相应规模的工程，肢解发包，一般是建设单位为了让资质低的承包人能够参与招投标并中标而采取的规避手段，这样虽然会降低发包人价款的支付额，但也会使工程由不具备相应资质的承包人承包，并由此引发安全与质量问题。因此，法律严格禁止肢解发包。

2. 分包合同。建设工程的分包，是指工程总承包人承包建设工程后，将其承包的某一部分工程或某几部分工程，再发包给其他承包人，与其签订总承包合同项下的分包合同，总承包人在分包合同中即成为分包合同的发包人。分包合同是承包合同中的总承包人与分包人之间订立的合同。由于建设工程的工程量都比较大，工期相对较长，而总承包人在设备、资金等方面可供投入的资源不足，或是总承包商对某一些部分的工程施工不具备长处，如果借助分包，就可以分散风险、降低成本，并借助专业性较强的分包商保证工程质量。

按照合同法的相关规定和理论，建筑工程总承包单位按照总承包合同的约定对建设单位负责；分包单位按照分包合同的约定对总承包单位负责。总包合同与分包合同是两个不同的合同，各自具有相对的独立性，各方首先应当按照各自的合同确定各自的权利和义务。但是，总包合同与分包合同的标的是有联系的，分包合同的标的是总包合同的一部分，因此，发包人、总包人和分包人之间就形成了一个相对复杂的法律关系。首先，对于全部的工程建设任务，总包人都应当对发包人负责，无论其中某一部分的工程是否由第三人完成。其次，当总包人将工程的某一部分交由第三人完成时，总包人仍然是与发包人签订建设工程合同的当事人，对交由第三人完成的部分，总包人应当与第三人共同对发包人承担连带责任。另外，为防止总承包人擅自将应当由自己完成的工程分包出去或者将工程分包给发包人所不信任的第三人，分包建设工程必须经过发包人的同意，而且总承包人只能将部分工程分包给具有相应资质条件的分包人，主体结构的施工不能分包。即使总承包人根据合同约定或者经过发包人的同意将承包合同范围内的部分建设项目分包给他人，总承包人也得对分包的工程向发包人负责。因分包的工程出现问题，发包人既可以要求总承包人承担责任，也可以直接要求分包人承担责任。

案例与评析[1]

甲开发企业与乙建筑承包公司签订了工程总承包合同。其后，经甲同意，乙分别与丙建筑设计院和丁建筑工程公司签订了工程勘察设计合同和工程安装施工合同。勘察设计合同约定由丙对甲的写字楼及其附属工程提供设计服务，并按勘察设计合同的约定交付有关的设计文件和资料。施工合同约定由丁根据丙提供的设计图纸进行安装施工，工程竣工时依据国家有关验收规定及设计图纸进行质量验收。合同签订后，丙按时将设计文件和有关资料交付给乙，丁依据设计图纸进行施工。工程竣工后，甲会同有关质量监督部门对工程进行验收，发现工程存在严重质量问题，是由于设计不符合规范所致。原来丙未对现场进行仔细勘察即自行进行设计，导致设计不合理，给甲带来了重大损失。丙以与甲没有合同关系为由拒绝承担责任，乙又以自己不是设计人为由推卸责任，甲遂以丙为被告向法院起诉。法院受理后，追加乙为共同被告，判决乙与丙对工程建设质量问题承担连带责任。

本案中，甲是发包人，乙是总承包人，丙和丁是分包人。本案涉及到建设工程合同如何订立承包与分包合同的问题。《合同法》第272条规定："发包人可以与总承包人订立建设工程合同，也可以分别与勘察人、设计人、施工人订立勘察、设计、施工承包合同，发包人不得将应当由一个承包人完成的建设工程肢解成若干部分发包给几个承包人。总承包人或者勘察、设计、施工承包人经发包人同意，可以将自己承包的部分工作交由第三人完成。第三人就其完成的工作成果与总承包人或者勘察、设计、施工承包人向发包人承担连带责任。"对工程质量问题，乙作为总承包人应承担责任，而丙和丁也应该依法分别向发包人甲承担责任。总承包人企图以不是自己勘察设计和建筑安装为理由不对发包人承担责任，以及分包人以与发包人没有合同关系为由不向发包人承担责任，都是没有法律依据的。所以，本案判决乙和丙共同承担连带责任是正确的。

（三）按照建设工程合同的计价方式分类

1. 固定价合同。固定价格是指在合同约定的风险范围内不可调整的合同总价或者单价，以此作为计价方式的建设工程合同为固定价合同，又称一次包死价

---

[1]　案例来源：http://www.eduhot.com/zaojia/anli/zhidao/20071010/5462/.

合同。此类合同的工程价格在工程实施期间一般不因价格变化而调整，例如甲与乙双方约定工程由乙包工包料负责施工，后因市场价格上涨，同样的钢材价格上涨了 40%，乙方也不得再要求甲方加价。但是，固定价合同价格的不可调是指在合同约定风险之内不可调，超出了约定的风险，仍然可以调整。一次性包死合同有利于发包方控制工程价格，提高投资效益，有利于承包方提高管理水平。早在国务院 1983 年的《建设工程承包合同条例》中就有工程价款一次性包定的规定，这就从法律上确定了工程价款一次性包定的有效性。如果甲乙双方在合同中作出这种的约定是双方当事人自由意志的表现，则应当予以尊重。

需要注意的是，2005 年 1 月 1 日起施行的《最高人民法院关于审理建设施工合同纠纷案件适用法律问题的解释》（以下简称最高人民法院《建设施工合同纠纷适用法律的解释》）第 22 条规定："当事人约定按照固定价结算工程款，一方当事人请求对建设工程造价进行鉴定的，不予支持。"根据该条款，由于法律不支持对固定价进行鉴定，从而无法推翻合同约定的固定价，因此造价管理文件和审计报告都无法影响合同固定价的结算，除非得益一方同意妥协。这是因为当初订立合同时，双方如果对工程造价设定了一个固定值，就意味着双方同意，无论今后工程的实际造价如何变化，发包方所应支付给承包方的款项就是当初商定的数额。这是双方共同的意思表示，应当约束双方，承包方不得要求增加款项，发包方也不得要求减少款项。因此双方应当对市场风险充分考虑，谨慎适用固定价合同。实践中，采用固定总价合同时，当事人应注意约定工程项目增减等调价条款，否则，如果施工中取消了许多项目，承包人有权获得全部固定总价；反之，如果增加了许多项目，承包人也不能获得固定总价以外的支付。工程量清单计价采用固定单价合同，当事人应在合同中约定可调价项目和材料价差的计算方法。例如工程量清单中的大理石项目，如果合同不约定大理石材料可以调价，双方只能按固定价结算，即使大理石的采购单价比合同订立时高一倍或者低一倍。

2. 可调价合同。可调价格是指合同总价或单价在合同实施期间内，可以根据合同约定的办法调整，以此作为计价方式的合同为可调价合同。也就是说，工程价款的总数是不确定的，但计算工程价款的因素是确定的，或者说它的标准是确定的。双方约定的就是这个计算的标准，而不是具体计算出来的价款总数额。实践中，可调价合同计价标准有三种：

（1）工程定额的计价方法。定额是由建设部下属的建设工程质量管理总站与各省的分站编制的。按照不同的地区、不同的时间段、甚至按照企业不同的所有制性质划分不同的取费定额，比如兰州和东营、上海、广州的定额标准是完全不一样的。定额的性质是一个任意性规范，当事人可以选择约定。如 2001 年订立的合同可以选用 2001 年的定额，也可以选择适用 1996 年的定额。1996 年的定额是最高的，所以很多承包人在 2000 年以后签订的合同中仍选用 1996 年的定额，主要是为了降低成本。定额带有很重的计划经济体制色彩，把市场主体在不同时间和不同地区划分为不同的取费标准，还有的是按照资质等级来取费。然而，定额的计划经济色彩不仅没有阻碍市场经济的发展，就目前建筑市场的情况来看，定额反而起到了规范市场的作用。定额相当于一个保护价，保护了建筑行业的最低利润，限制了低于成本的竞争。因此，实践中法院审判这类案件，在没有标准的时候，可以套用定额来计算工程价款。

（2）工程量清单计价。定额并不是一个最终发展趋势，所以建设部在 2003年开始推行工程量清单计价，也叫综合单价计价方法，是指投标人根据招标文件中的工程量清单以及相关要求，结合工程施工现场的实际情况、要求，自行制定工程施工方案或施工组织设计，并考虑风险因素，由其自主报价所确定的工程造价。在定额计价模式下，建设工程造价的确定是依照国家或地区所发布的预算定额为核心，最后所确定的工程造价实际上是社会信息平均价。在工程量清单计价模式下，建设工程造价的确定是以企业自主定额为核心，最后所确定的工程造价是企业自主价格。这一模式在极大程度上体现了市场竞争机制。

（3）合理低价。合理低价是承包商的个别成本价，它是工程实际投入的人、机、料、税结合企业自身技术水平、管理水平、风险等因素，低于社会平均工程造价的投标报价，是承包商在竞争激烈的市场环境中所承诺并被发包商所接受的不低于建筑产品成本价的价格，也是比较合理的价格。

在订立可调价合同作为计价方式的建设工程合同时，必须对价格调整的范围和方法作出十分明确而具体的约定，以避免引发合同价款的纠纷。

3. 工程成本加酬金合同。所谓成本加酬金的计价方式，实际上是指按照建筑产品的生产成本加上承包人的利润所构成的价格，以此作为计价方式的建设工程合同称之为工程成本加酬金合同。在这种合同中，工程成本按照现行计价依据以合同约定的方法计算，酬金按照工程成本乘以通过竞争确定的费率计算，从而确定工程竣工结算价。成本加酬金合同实际上是将合同价款划分成直接成本费和承包方完成工作后应得酬金两部分。工程实施过程中发生的直接成本费由发包方实报实销，工程完工后再按合同约定的方式另外支付给承包方相应报酬。这种合同的计价方式主要适用于在工程内容及技术经济指标尚未全面确定、投标报价的依据尚不充分而发包方因工期要求紧迫必须发包工程的情况；或者发包方与承包方之间有着高度的信任，承包方在某些方面具有独特的技术、特长或经验的情况。

第二节　建设工程合同的订立

一、建设工程合同的订立方式

建设工程合同的订立，又称建设工程的发包与承包。建设工程发包，是指建设单位通过招标方式或者直接将建筑工程的全部或部分交由他人承包，并支付相应费用的行为。建设工程承包，是指通过招标方式或者直接取得建筑工程的全部或部分并取得相应费用而完成建筑工程的全部或部分的行为。建设工程发包的方式有两种，即招标发包与直接发包。

（一）建设工程的招标发包

招标发包，即根据《招标投标法》的规定，通过招投标来确定工程的承包人。招投标具有公开性、公正性等特点，是保证建设工程发包公平竞争、择优录取的最好选择，因此成为了建设工程合同订立的主要方式。建筑工程依法实行招标发包，发包单位应当将建筑工程发包给依法中标的承包单位。

1. 强制招标的范围。我国实行自愿招标与强制招标相结合的制度。根据《招标投标法》第3条的规定，在中华人民共和国境内进行下列工程建设项目，包括项目的勘察、设计、施工、监理以及与工程建设有关的重要设备、材料等的采购，必须进行招标。招标包括公开招标与邀请招标两种形式。具体包括：

（1）大型基础设施、公用事业等关系社会公共利益、公众安全的项目。大型基础设施项目包括：煤炭、石油、天然气、电力、新能源等能源项目；铁路、公路、管道等交通运输项目；邮政通信项目；防洪灌溉等水利项目、道路桥梁等城市设施项目、生态环境保持项目以及其他基础设施项目。公用事业项目包括：供水、供电、供气等市政工程项目；科技、教育、文化、体育、旅游、卫生、社会福利等项目；商品住宅包括经济适用房等公用事业项目。

（2）全部或部分使用国有资金投资或者国家融资的项目。（详细参见《工程建设项目招标范围和规模标准规定》）

（3）使用国际组织或者外国政府贷款、援助资金的项目。具体包括：使用世界银行、亚洲开发银行等国际组织贷款的项目；使用外国政府及其机构贷款的项目；使用国际组织和外国政府资金的项目。

（4）强制招标的规模限制。需要指出的是，上述三类项目只是一个大的、概括的范围。项目的具体范围和规模标准，即投资额多大的项目需要招标，何种性质的工程需要招标，采购额多大的设备、材料需要招标，什么品种上的设备、材料需要招标，由国务院发展计划部门会同国务院有关部门制订，报国务院批准后发文公布施行。

根据经国务院批准、由国家计委 2000 年发布的《工程建设项目招标范围和规模标准规定》的要求，《招标投标法》规定的上述各类工程建设项目包括项目的勘察、设计、施工、监理以及与工程建设有关的重要设备、材料等的采购达到以下标准之一的，必须进行招标：施工单项合同估算价在 200 万元人民币以上的；重要设备、材料等货物的采购，单项合同估算价在 100 万元人民币以上的；勘察、设计、监理等服务的采购，单项合同估算价在 50 万元人民币以上的；单项合同估算价低于前述三项规定的标准，但项目总投资额在 3000 万元人民币以上的。

2. 可以不进行招标的项目范围。

（1）《招标投标法》第 66 条规定："涉及国家安全、国家秘密、抢险救灾或者属于利用扶贫资金实行以工代赈、需要使用农民工等特殊情况，不适宜进行招标的项目，按照国家规定可不进行招标。"

（2）《工程建设项目招标范围和规模标准的规定》第 8 条规定："建设项目的勘察、设计，采用特定专利或者专有技术的，或者其建筑艺术造型有特殊要求的，经项目主管部门批准，可以不进行招标。"

（3）2003 年 3 月 8 日，国家发展和改革委员会等七部委令第 30 号发布的《工程建设项目施工招标投标办法》第 12 条规定，施工企业自建自用的工程，且该施工企业资质等级符合工程要求的；在建筑工程中追加的附属小型工程或者主体加层工程，原承包人仍具备承包能力的，或符合法律、行政法规规定的其他情形，可不进行招标。

（二）建设工程的直接发包

对不适于招标发包的建设项目，可以直接发包。直接发包，就是发包单位与承包单位通过一对一的协商直接订立建设工程合同的发包方式。建筑工程实行直接发包的，发包单位应当将建筑工程发包给具有相应资质条件的承包单位。直接发包不利于公开、公平的竞争，因此主要适用于特殊工程，如保密工程、特殊专业工程等。房地产开发的过程中，一般不会涉及直接发包的情况，而是属于强制性招标的范围。

二、建设工程合同的订立程序

《合同法》第 13 条规定："当事人订立合同，采取要约、承诺方式。"要约和承诺是合同订立的必经阶段。

（一）要约

1. 要约的概念和构成要件。要约指的是希望和他人订立合同的意思表示。根据《合同法》第 14 条的规定，要约的构成要件是：

（1）要约是由具有缔约能力的特定人作出的意思表示。

（2）要约需具有订立合同的意图。要约是具有法律约束力的，要约人在要约有效期间要受自己要约的约束，并负有与作出承诺的受要约人签订合同的义务。要约一经要约人发出，并经受要约人承诺，合同即告成立。

（3）要约须向要约人希望与其缔结合同的受要约人发出。

（4）要约的内容须具体确定。由于要约一经受要约人承诺，合同即为成立，所以要约必须是能够决定合同主要内容的意思表示。要约的内容首先应当确定，不能含糊不清；其次还应当完整和具体，应包含合同得以成立的必要条款。要约不同于要约邀请。《合同法》第 15 条规定，要约邀请是希望他人向自己发出要约的意思表示，也称要约引诱。寄送的价目表、拍卖广告、招标公告、招股说明书、商业广告等为要约邀请。当然，如果商业广告的内容符合要约规定的，则视为要约。如在某建设工程施工合同的签订过程中，建设方发出招标公告，希望有承揽意图的施工企业投标，施工企业制作标书投标。招标公告属于要约邀请，投标属于要约。

2. 要约的生效。我国采取了到达主义的立法体例，即要约到达受要约人时生效。要约自生效时起对要约人产生约束力，受要约人承诺时，要约人负有与其签订合同的义务，而不得随意撤销要约。

（二）承诺

1. 承诺的概念和构成要件。根据《合同法》第 21 条的规定，承诺是指受要约人同意要约的意思表示。承诺的构成要件包括：

（1）承诺须由受要约人作出。

（2）承诺的内容应当与要约的内容一致。根据《合同法》第 30 条和第 31 条的规定，受要约人对要约的内容作出实质性变更的，为新要约。有关合同标的、数量、质量、价款或者报酬、履行期限、履行地点和方式、违约责任和解决争议方法等的变更，是对要约内容的实质性变更。承诺对要约的内容作出非实质性变更的，除要约人及时表示反对或者表明承诺不得对要约的内容作出任何变更的以外，该承诺有效，合同的内容以承诺的内容为准。

2. 承诺生效的时间。《合同法》第 22 条规定："承诺应当以通知的方式作出，但根据交易习惯或要约表明可通过行为作出承诺的除外。"《合同法》第 26 条规定："承诺通知到达要约人时生效。承诺不需要通知的，根据交易习惯或者要约的要求作出承诺的行为时生效。采用数据电文形式订立合同的，承诺到达时间的确定方式与确定要约到达时间的方式相同。"

三、建设工程合同的变更

建设工程合同的变更，是指建设工程合同出于法定原因或是根据双方的约定，发包人和承包人就建设工程合同内容达成的修改或补充协议。

1. 法定的变更。例如合同出现重大误解、显失公平或欺诈、胁迫等情况，有权的当事人一方向法院申请撤销或变更合同。

2. 建设工程合同变更的另一大类型就是协议变更。由于建设工程合同履行的长期性和复杂性，发包人与承包人往往会对建设工程合同履行中可能导致合同变更的各种情况进行约定。例如，GF－1999－0201 示范文本第 31.1 条规定："承包人在工程变更确认后 14 天内，提出变更工程价款的报告，经工程师确认后调整合同价款。变更合同价款按下列方法进行：①合同中已有适用于变更工程的价格，按合同已有的价格变更合同价款；②合同中只有类似于变更工程的价格，可以参照类似的价格变更合同价款；③合同中没有适用或类似于变更工程的价格，由承包人提出适当的变更工程的价格，经工程师确认后执行。"

建设工程合同在施工履行当中，经常会出现一些情况，例如，因设计有问题不能按照图纸进行施工，或者因为一些甲方的原因导致返工而增加了工作量。这些工作量在图纸上是显示不出来的，将会影响以后的价款结算支付。在这种情况下，承包方需要做好现场签证，主要是让甲方确认此工程量，以便于最终决算的时候确定正确的工程量。承包人提出签证而工程师签字认可的，就属于常见的建设工程合同变更的一种。

四、建设工程合同的转让

（一）概念

建设工程合同的转让，指的是合同的一方当事人依法将合同的权利义务全部或部分地转让给第三人，而合同内容并未发生变化的行为。其实质是建设工程合同主体的变更。建设工程合同的转让可以分为以下几种：

1. 建设工程合同权利的转让。它指的是建设工程合同的权利人与第三人订立合同，将自己的合同权利全部或部分转移给第三人。根据《合同法》第 79 条的规定，债权人可以将合同的权利全部或者部分转让给第三人，如承包人按照施工合同完工后，发包人拖欠工程款，承包人将索要工程款的权利转让给第三人。

因为当事人将合同权利转让给第三人基本不会增加债务人的负担，所以《合同法》第 80 条规定，债权人转让权利的，应当通知债务人。未经通知，该转让对债务人不发生效力。

2. 建设工程合同义务的转让。它指的是建设工程合同中负有义务的一方当事人，将自己的合同义务全部或部分转让给第三人的行为。如发包人将支付拖欠工程款的义务协议转让给第三人。

因为合同义务的转让关系到债权人的权利能否实现和在多大程度上实现，所以《合同法》第 84 条规定，债务人将合同的义务全部或者部分转移给第三人的，应当经债权人同意。承包人分包或者转包工程理应如此，发包人将付款义务转移给他人也理应如此。

3. 建设工程合同权利义务的概括转让。指的是建设工程合同的当事人将其在合同中的权利义务一并转让给第三人的行为，包括合同转让和企业合并或分立引起的概括转让。如发包方与承包人签订施工合同后，因故将合同转让给第三人，由第三人取代原发包方在施工合同中的地位，承受其权利义务。

因为权利义务的概括转让，涉及受让人的履行能力和债权人的权利实现，所以《合同法》第88条规定，当事人一方经对方同意，可以将自己在合同中的权利和义务一并转让给第三人。

从理论上讲，建设工程合同是《合同法》规定的有名合同，《合同法》并没有禁止其转让。但是，由建设工程合同的特殊性所决定，建设工程合同的转让应当区分不同的情况而定。从发包人的角度看，其权利转让、义务转让或权利义务概括转让，只要符合《合同法》的条件，其转让并无障碍。但是从承包人的角度看，如果建设工程合同是经过招投标的程序而订立的，承包人取得的承包权以及进行工程建设的主要义务，即使在受让人具有相应资质条件的情况下，也属于《招投标法》所禁止的转让范围，无论发包人是否同意，承包人均不可转让，否则将无视招投标的严肃性，影响投标人之间的公平竞争。如果合同不是通过招投标程序而订立，而是属于非强制招标的范围，经一对一地协商而签订，那么只要符合《合同法》的条件，应当允许承包人转让其合同权利和义务。

（二）转让与转包的区别

建设工程合同的转包，指的是建设项目的承包人在与发包人订立建设工程合同之后，违法地将自己在合同中的权利义务全部转让给第三人。实践中，有的总承包人为了赚取转包费，将工程整体转包给第三人或是将工程肢解之后全部分包给多个第三人。转包的内在驱动力是营利，因此合同层层转包就会导致最终承建项目的实际施工单位成本增大、利润大幅减少，从而产生偷工减料谋取非法利益的结果；另外，转包过程中也会不可避免地出现受让人不具备相应的资质而承揽工程的现象，这些都导致了建设工程质量的严重降低，甚至出现"豆腐渣"工程。因此，《建筑法》第28条规定："禁止承包单位将其承包的全部建筑工程转包给他人，禁止承包单位将其承包的全部建筑工程肢解以后以分包的名义分别转包给他人。"由此可见，无论建设项目的转包是否经过发包人的同意，转包合同都是无效的。

建设工程合同的转让与转包从表面上来看有相似之处，但实际上二者存在着本质区别：①建设工程合同转让与转包的主体不同。建设工程合同转让的主体可以是发包人或承包人；而转包主体则只能是承包人。②合同权利义务依法全部转让后，转让人退出原建设工程合同，受让人取代转让人的法律地位，成为原合同的一方当事人，受让人直接对发包人负责；而在转包中则存在两个合同关系，一个是原合同，当事人是发包人与承包人，另一个是转包合同，当事人是承包人与受让转包的新承包人，新承包人对原承包人负责，原承包人对发包人负责。③建设工程合同的转让只要依法进行，就是有效的；而转包无论是否经过了发包人的同意，均是无效的，当出现问题时，建设工程合同的承包人（转包合同的转让人）不能逃脱法律责任的承担。

五、建设工程合同的终止

（一）概念

建设工程合同的终止，指的是建设工程合同因某种原因而引起当事人权利义务的消灭，包括合同履行完毕的自然终止和履行过程中某种原因导致的合同提前终止。

根据《合同法》第91条的规定，导致合同终止的原因主要有：债务已经按照约定履行；合同解除；债务相互抵销；债务人依法将标的物提存；债权人免除债务；债权债务同归于一人（即混同）；法律规定或者当事人约定终止的其他情形，如具有人身性质的合同之债，因当事人死亡而解除。上述情形同样适用于建设工程合同的终止。

（二）建设工程合同的解除

1. 建设工程合同解除的概念。建设工程合同的解除，指合同成立之后，尚未履行或未全部履行之前，合同当事人依法行使解除权或者双方协商决定，提前解除合同效力的行为。

2. 解除的种类。

（1）约定解除。根据《合同法》第93条的规定："当事人协商一致，可以解除合同。当事人可以约定一方解除合同的条件。解除合同的条件成就时，解除权人可以解除合同。"约定解除包括：①当事人协商一致解除合同。由于建设工程周期较长，在履行过程中出现了某种情况，当事人认为没有必要继续履行合同，经双方协商一致而解除原合同。②约定一方解除合同条件的解除。当事人在合同中约定了解除合同的条件，在履行过程中约定解除条件出现时，当事人一方单方行使解除权，从而终止合同关系。如《建设工程施工合同（示范文本）》"通用条款"第26.4条规定："发包人不按照合同约定支付工程款，双方又未达成延期付款协议，导致施工无法进行，承包人可停止施工，发包人承担违约责任。"通用条款另根据第44.2条的规定："停止施工超过56天，发包人仍不支付工程款，承包人有权解除合同。"

（2）法定解除。法定解除主要适用于当事人不履行合同的主要义务，致使合同目的无法实现的情形。《合同法》第94条规定："有下列情形之一的，当事人可以解除合同：因不可抗力致使不能实现合同目的；在履行期限届满之前，当事人一方明确表示或者以自己的行为表明不履行主要债务；当事人一方迟延履行主要债务，经催告后在合理期内仍未履行；当事人一方迟延履行债务或者有其他违约行为致使不能实现合同目的；法律规定的其他情形。"

最高人民法院 2005 年 1 月 1 日起施行的《建设工程施工合同纠纷适用法律的解释》对《合同法》第 94 条关于合同解除权的规定适用于建设工程施工合同进行了具体解释，分别规定了发包人和承包人的解除权，其目的是通过明确解除合同的条件，防止合同随意被解除，从而保证建设工程施工合同全面实际履行。根据其第 8、9 条的规定，承包人具有下列情形之一，发包人请求解除建设工程施工合同的，应予支持：①明确表示或者以行为表明不履行合同主要义务的；②合同约定的期限内没有完工，且在发包人催告的合理期限内仍未完工的；③已经完成的建设工程质量不合格，并拒绝修复的；④将承包的建设工程非法转包、违法分包的。发包人具有下列情形之一，致使承包人无法施工，且在催告的合理期限内仍未履行相应义务，承包人请求解除建设工程施工合同的，应予支持：①未按约定支付工程价款的；②提供的主要建筑材料、建筑构配件和设备不符合强制性标准的；③不履行合同约定的协助义务的。

3. 解除权的行使。法律规定或者当事人约定解除权行使期限，期限届满当事人不行使的，该权利消灭。法律没有规定或者当事人没有约定解除权行使期限，经对方催告后在合理期限内不行使的，该权利消灭。解除权的行使期限一般只存在于约定解除期限的解除和法定解除中，而协商解除是当事人双方协议解除合同，一般不会发生解除期限问题。

当事人一方依照《合同法》第 93 条第 2 款、第 94 条的规定主张解除合同的，应当通知对方。合同自通知到达对方时解除。对方有异议的，可以请求人民法院或者仲裁机构确认合同解除的效力。法律、行政法规规定解除合同应当办理批准、登记手续的，依照其规定。

4. 合同解除的法律后果。

（1）合同解除后，尚未履行的，终止履行。无论何种情形的解除，都是因为合同没有履行的必要或合同不能继续履行下去，因此，建设工程合同解除后，原合同失去法律效力，不应继续履行。

（2）已经履行的，根据履行情况和合同性质，当事人可以要求恢复原状、采取其他补救措施，并有权要求赔偿损失。因为施工人已完成的工程存在严重的质量瑕疵，必须拆除重建，发包人会因承包人的严重违约解除合同，同时有权要求承包人拆除已建工程，恢复原状。当然，如果承包人已建部分工程符合质量安全等法律和合同约定的标准，发包人因其他原因解除合同的，就不能要求承包人拆除。另外，建设工程因一方违约导致合同解除的，违约方应当赔偿因此而给对方造成的损失。

（3）合同的权利义务终止，不影响合同中结算和清理条款的效力。建设工程合同终止后，往往还涉及施工人已完成了部分工程，发包人也已支付部分工程款，已履行部分如何结算等问题。合同当事人进行经济结算以及处理合同善后事宜仍需要有依据，因此结算和清理条款具有相对的独立性，不因合同的解除而失效。根据最高人民法院《建设工程施工合同纠纷适用法律的解释》第 10 条规定，建设工程施工合同解除后，已经完成的建设工程质量合格的，发包人应当按照约定支付相应的工程价款；已经完成的建设工程质量不合格的，修复后经竣工验收合格的，承包人承担修复费用，修复后的建设工程经竣工验收仍不合格，承包人不能请求支付工程价款。

案例与评析[1]

2002 年 7 月 20 日，甲公司与乙公司签订建设工程施工合同一份，合同约定：乙公司承建甲公司综合楼一栋，面积为 4000 平方米，工期 690 天；工程款拨付采取分段付款的方式，在每阶段完成后，由甲公司审核已完工程报表并扣除主材费后，按完成工程量的 95% 拨款给乙公司。合同签订后，乙公司依照合同约定时间如期开工。该综合楼地下室工程完工后，因甲公司未及时拨付工程款，乙公司无法施工而停工。嗣后，甲公司未再拨付工程款，并通知乙公司要求解除双方签订的合同，双方因此发生纠纷。甲公司诉至法院，请求依法解除双方所签订的合同。乙公司反诉甲公司，要求解除合同并由甲方赔偿其直接损失和可得利益损失。

本案的焦点首先在于双方能否解除合同。根据最高人民法院《关于审理建设工程施工合同纠纷案件适用法律问题的解释》第 9 条的规定，本案中的甲公司未按约定支付工程款才导致了乙公司的停工，因此乙公司在催告甲公司仍无法得到工程款的情况下，可以解除合同，乙公司反诉解除合同的请求应予支持。其次，合同解除后的法律后果，应当根据《合同法》第 97、98 条以及该《解释》第 10 条处理。如果乙公司的地下室工程合格，甲公司应当支付价款。并且，合同的解除是由于甲公司的违约引起的，甲公司应当赔偿乙公司合理的损失。对于损失赔偿的范围，首先应当包括乙公司因停工、窝工造成的直接损失。但是，对合同如果履行的可得利益，不应当属于赔偿的范围。有学者认为合同解除后，对

---

[1]　案例来源于腰崇堂："对一起建设工程施工合同纠纷案件的解析"，载《法学杂志》2004 年第 11 期。

于合同如果能够履行的可得利益，权利人有权主张。该观点误解了合同解除后责任与违约责任处理方式的不同。合同解除至少终止了合同向后的效力，而追究违约责任的前提是不能终止合同，而是以继续有效的合同为依据请求对方承担违约金或赔偿损失。既然权利人已经选择了放弃合同的继续履行，则相当于其放弃了合同在未来履行期间的获利权。因此，合同一旦依法解除，权利人则无权再依据合同约定来主张若不解除合同的可得利益。因此，乙公司对于直接损失有权获得赔偿，对于可得利益不能获得赔偿。

第三节 建设工程合同的效力及履行

一、建设工程合同的效力概述

（一）建设工程合同的生效要件

根据《民法通则》、《合同法》以及《建筑法》的相关规定，建设工程合同生效应当具备以下要件：

1. 合同的当事人即发包人和承包人应当具备相应的民事行为能力。建设工程合同的发包人，可以是具备法人资格的国家机关、事业单位、国有企业、集体企业、私营企业、经济联合体和社会团体，也可以是依法登记的个人合伙、个体经营户或自然人。但在房地产开发当中，发包人是具有通过合法、完备手续取得进行工程建设项目发包资格的房地产开发企业。

建设工程合同的承包人必须是法人，且必须在自身拥有的资质等级许可范围内承揽工程。虽然《合同法》在总则和关于建设工程合同的第16章没有明确规定建设工程合同承包人的主体资格限制，但在《建筑法》和大量的建设方面的行政法规中均明确规定了建设工程施工合同的承包人只能是法人。同时，我国对于建设工程承包人实行严格的市场准入制度，禁止建筑施工企业超越本企业资质等级许可的业务范围或者以任何形式用其他建筑施工企业的名义承揽工程。

2. 意思表示真实，发包人和承包人就合同的内容协商一致。当事人意思表示真实，是指行为人的意思表示应当真实反映其内心的意思，即当事人是否订立建设工程合同，对合同对方当事人的选择，以及合同内容的确定等均出于真实的意愿，非受到欺诈、胁迫或乘人之危，也不属于因产生重大误解而订立合同，或合同内容显失公平违背对方真实意思订立合同的情况。由于合同成立后，当事人的意思表示是否真实往往难以从其外部判断，法律对此一般不主动干预，是否缺乏真实意思表示，应当由当事人举证证明。

3. 建设工程合同应当符合法律规定的形式要件和程序要件。《合同法》第270条规定，建设工程合同应当采用书面形式。第275条规定，施工合同的内容包括工程范围、建设工期、中间交工工程的开工和竣工时间、工程质量、工程造价、技术资料交付时间、材料和设备供应责任、拨款和结算、竣工验收、质量保修范围和质量保证期、双方相互协作等条款。

由于建设工程合同具有标的额大、履行时间长、不能即时清结等特点，因此应当采用书面形式。对有些建设工程合同，国家有关部门制定了统一的示范文本。采用示范文本或其他书面形式订立的建设工程合同，在组成上并不是单一的，凡能体现发包人和承包人协商一致内容的文字材料，包括各种文书、电报、图表等，均为建设工程施工合同的组成部分。

建设工程合同的当事人在签订合同的过程中应当履行法律和行政法规规定的必须履行的程序。建设工程往往涉及到国计民生而且一般投资规模较大，所以国家对建设行为予以更多的关注，并通过法律、行政法规和部门规章以及地方性法规对其进行约束和规范。例如，任何单位和个人不得将依法必须进行招标的项目化整为零或者以其他任何方式规避招标。依法应当招标而未招标的建筑工程合同无效。

4. 内容合法，不违反法律或社会公共利益。合同的内容合法，即合同条款中约定的权利、义务及其指向的对象及标的等，应符合法律的规定和社会公共利益的要求；合同的目的合法，即当事人缔约的原因和预达目的是合法的，不存在以合法的方式达到非法目的等规避法律的事实。

需要注意的是，最高人民法院《关于适用〈中华人民共和国合同法〉若干问题的解释（一）》［以下简称《合同法解释（一）》］第 4 条明确规定："合同法实施以后，人民法院确认合同无效，应当以全国人大及其常务委员会制定的法律和国务院制定的行政法规为依据，不得以地方性法规、行政规章为依据。"然而，建设工程合同受到不同领域的多部法律及其他规范性文件调整，如果违反这些规范都以违反法律强制性规定为由而认定合同无效，不符合《合同法》的立法本意，不利于维护合同的稳定性，也不利于保护各方当事人的合法权益，同时也会破坏建筑市场的正常秩序。法律和行政法规中的强制性规定，有的属于行政管理规范，如果当事人违反了这些规范应当受到行政处罚，但是不应当影响民事合同的效力。因此，最高人民法院《建设工程施工合同纠纷适用法律的解释》中将建设工程施工合同认定无效的标准严格界定为五种情况，从而将建设工程合同无效的情形主要限定在了合同违反保障建设工程质量的规范以及维护建筑市场公平竞争秩序的规范的情形。[1] 根据该解释，在司法实践中，大量违反行政法规和部门规章强制性规定的建设工程合同有可能被认定为有效合同或效力待定的合同或可撤销的合同。例如，开发商没有办理好规划许可证和施工许可证就与建筑企业签订了施工合同，根据"主张救济之手需为清洁之手"的法理，建设方不得以此主张合同无效。但违反法律或社会公共利益的建设工程施工合同仍然属于绝对无效的合同。当然，《民法通则》和《合同法》等基本法律规定的合同无效的情形，也应当适用于建设工程施工合同。

建设工程合同同时具备以上四个要件，即为有效的建设工程合同，当事人应当信守合同，不履行合同或者履行合同不符合约定的，要承担相应的违约责任。

（二）效力有瑕疵的建设工程合同

1. 效力待定的合同。效力待定的合同，指的是合同当事人欠缺相应的缔约能力而订立的合同，其法律效力能否发生尚未确定，一般须经有权人表示追认方能生效；有权人拒绝追认，无权处分人事后又未取得处分权的，或与越权行为人订立合同的相对人为恶意的，合同无效。效力待定合同包括：

（1）限制民事行为能力人订立的合同；

（2）无权代理人订立的合同；

（3）无处分权人处分他人财产的合同；

（4）法人或者其他组织的法定代表人、负责人越权订立的合同。

在建设领域里，效力待定的合同主要是因为无权代理而订立的建设工程合同。因无权代理行为订立的合同，是指行为人没有代理权、超越代理权限范围或者代理权终止后仍以被代理人的名义订立的合同。无权代理订立的建设工程合同，如果无权代理行为具有"外表授权"的假象，即客观上使第三人有理由相信该无权代理人有代理权而与之订立建设工程合同，则该无权代理行为属于表见代理，对被代理人发生有权代理的法律效果。如建筑公司借用其他具有较高资质的建筑公司承揽工程所使用的空白合同，由于被借用单位出具合同专用章、印鉴等，足以使第三人信赖借用单位有代理权，此时订立的建设工程合同虽属于无权代理，但发生与有权代理相同的法律后果。不具备"外表授权"假象的无权代理合同属于效力待定的合同。未经被代理人追认，对被代理人不发生效力，由无权代理的行为人自己承担责任。

2. 可撤销可变更的合同。可撤销可变更的合同，指的是欠缺当事人真实意

---

[1] 黄松有："依法保护当事人权益促进建筑市场健康发展——最高人民法院副院长黄松有就《关于审理建设工程施工合同纠纷案件适用法律问题的解释》答记者问"，载《人民法院报》2004年10月27日。

思表示而订立的合同，又称为相对无效的合同，一方当事人可以依照自己的意思，请求人民法院或仲裁机构作出变更或者撤销。可撤销可变更的合同包括：①因重大误解订立的；②在订立合同时显失公平的；③一方以欺诈、胁迫的手段或者乘人之危，使对方在违背真实意思的情况下订立的合同。对以上合同，受害方有权请求人民法院或者仲裁机构变更或者撤销。

根据《合同法》第55条的规定，具有撤销权的当事人自知道或者应当知道撤销事由之日起1年内没有行使撤销权的，撤销权消灭；如果具有撤销权的当事人知道撤销事由后明确表示或者以自己的行为放弃撤销权的，撤销权消灭。

案例与评析[1]

2001年3月，A公司因建办公楼向包括B公司在内的多家施工单位进行招标。A公司的《招标须知》规定，报价由各施工单位公平竞争，最后中标单位标价即为工程总造价。合同实行固定价，工程完工后如无增减项目，不另行决算。此后，各施工单位进行了投标。由于竞争比较激烈，B公司在原1600万的总价基础上又进行了让步，最终报价为1250万元。2001年4月25日，双方签订正式的《工程合约书》。协议签订后，B公司进场施工。在施工过程中，B公司认为1250万元的合同价格低于成本价，且A公司指定的材料供应商增加了成本，遂要求提高合同价格，但A公司不同意。2001年12月4日，B公司向法院提起诉讼，称合同显失公平，要求撤销合同，并判令A公司补偿工程价款250万元。

本案的焦点在于合同是否属于显失公平可以撤销的范围。根据《合同法》第54条，订立合同时显失公平的，当事人一方可以向人民法院或仲裁机构请求撤销。显失公平，是指在实施某种民事行为时，一方当事人利用己方优势或利用对方没有经验，从而导致双方的权利与义务明显失衡，严重违反公平、等价有偿原则的情况。根据学术界的通说，显失公平的合同应当有两个构成要件：一是一方故意利用其优势或另一方无经验订立了显失公平的合同；二是客观上当事人利益不平衡。综观本案事实，上述两要件都未成就。首先，B公司称A公司利用其优势，就是因为A公司是建设单位，B公司是施工单位，在建筑市场买方优势的情况下，B公司处于不利位置。然而，建筑市场的这种情况，是市场竞争产生供求关系的正常反映，属于正常的交易风险，并非绝对的优势。如果把占有供求关系上的优势也作为"优势"的话，显失公平的合同就太多了。B公司作为一家

---

[1] 案例改编于黄松有编：《民事审判指导与参考》2003年第1卷，法律出版社2003年版。

建筑企业，拥有专业技术人员，具有较强的预算能力，其在投标时为了承接这项工程，没有注意成本控制，导致投标失误，作为市场主体应当自行承担决策失误的经营风险。其次，我国现行法律制度没有规定显失公平的具体标准或限度，但参考他国立法，一般认为波动至少应当在一倍以上。就本案而言，B公司主张补偿的250万元工程款只占工程总造价的1/5，显然不应属于显失公平的情况，因此本案不能适用显失公平原则对合同进行撤销和变更。

3. 无效的合同。无效合同，指的是欠缺合法性要件而订立的合同，不能产生当事人订立合同所预期的效果。按照《合同法》第52条的规定，无效合同包括：

（1）一方以欺诈、胁迫的手段订立合同，损害国家利益的；

（2）恶意串通，损害国家、集体或者第三人利益的；

（3）以合法形式掩盖非法目的；

（4）损害社会公共利益的；

（5）违反法律、行政法规的强制性规定的。

另外，根据《合同法》第53条的规定，合同当事人在合同中预先约定的，旨在限制或免除其未来责任的下列免责条款无效：①造成对方人身伤害的；②因故意或者重大过失造成对方财产损失的。

二、建设工程合同的无效

建设工程合同的无效，是指合同虽然已经成立，但因违反法律、行政法规的强制性规定或者社会公共利益，自始不能产生法律约束力。

（一）建设工程合同无效的情形

根据《合同法》以及最高人民法院《建设工程施工合同纠纷适用法律的解释》，有下列情形之一的，应当认定建设工程合同无效：

1. 承包人未取得建筑施工企业资质或者超越资质等级的。承包人应当具有与所承包工程相适应的资质证书（允许低于资质等级承揽的工程），否则所订立合同无效。主要表现在：

（1）施工单位无证、无照承包工程，所签订的合同无效，不过一般的农建工程除外；

（2）施工单位超越经营范围、资质等级承包工程所签订的合同无效；

（3）建筑公司的分支机构对外承包工程所签订的合同无效；

（4）两个施工单位联合共同承包工程的，应按资质等级低的单位的业务许可范围承包，否则合同无效。

应当注意，根据最高人民法院《建设工程施工合同纠纷适用法律的解释》

的规定，承包人超越资质等级许可的业务范围签订建设工程施工合同，在建设工程竣工前取得相应资质等级，不能按照无效合同处理。

2. 没有资质的实际施工人借用有资质的建筑施工企业名义的。《建筑法》第26条规定，禁止建筑施工企业以任何形式允许其他单位或者个人使用企业的资质证书、营业执照，以本企业的名义承揽工程。因此，施工单位借用、冒用、盗用营业执照、资质证书承包工程所签订的合同应当无效。

建筑工程承包实务中，存在一种较为普遍的挂靠建筑企业的现象，即一些个体工程队或没有相应资质证书的建筑企业作为挂靠企业以被挂靠建筑企业的资质证书、营业执照进行投标，以被挂靠企业第几工程队或第几项目部的名义组织施工；挂靠企业或个人向被挂靠企业按工程量的一定比例缴纳管理费。挂靠建筑企业的行为，实质上属于无证承包或借用他人资质证书进行的承包，违反国家禁止性规定，这种非法挂靠订立的建设工程合同应当被认定为无效。任何单位和个人不得涂改、伪造、出借、转让《建筑业企业资质证书》。转让、出借资质证书的违法行为人要承担相应的法律责任，一旦涉诉，挂靠的企业或个人和被挂靠的建筑企业应当为共同被告，按责任大小共同承担或连带承担民事责任。

3. 建设工程必须进行招标而未招标或者中标无效的。

（1）依法应当招标而未招标的合同无效；

（2）因下列无效的中标而订立的建设工程合同应当认定无效：①招标代理机构违反《招标投标法》规定，泄露应当保密的与招标投标活动有关的情况和资料的，或者与招标人、投标人串通损害国家利益、社会公共利益或者他人合法权益，影响中标结果的，中标无效；②依法必须进行招标的项目的招标人向他人透露已获取招标文件的潜在投标人的名称、数量或者可能影响公平竞争的有关招标投标的其他情况，或者泄露标底，影响中标结果的，中标无效；③投标人相互串通投标或者与招标人串通投标的，投标人以向招标人或者评标委员会成员行贿的手段谋取中标的，中标无效；④投标人以他人名义投标或者以其他方式弄虚作假，骗取中标的，中标无效；⑤招标人在评标委员会依法推荐的中标候选人以外确定中标人的，依法必须进行招标的项目在所有投标被评标委员会否决后自行确定中标人的，中标无效。

4. 承包人非法转包建设工程的。转包行为是指在工程建设中，承包单位不履行承包合同规定的职责，将所承包的工程一并转包给其他单位，对工程不承担任何经济、技术、管理责任的行为。转包人以营利为目的将建设工程转手，扰乱了建筑市场秩序，因此转包合同一律无效。

5. 承包人违法分包建设工程的。分包工程承包人必须具有相应的资质，并在其资质等级许可的范围内承揽业务。违法分包是法律法规、部门规章明确禁止的，因此无效。违法分包主要表现在：

（1）分包工程发包人将专业工程或者劳务作业分包给不具备相应资质条件的分包工程承包人；

（2）施工总承包合同中未有约定，又未经建设单位认可，分包工程发包人将承包工程中的部分专业工程分包给他人；

（3）分包单位将其承包的工程再分包或转包；

（4）承包人将其承包的全部建设工程肢解后，以分包名义转包给第三人；

（5）建设工程总承包人将承包工程中的建筑工程主体结构的施工分包给他人；

（6）建设项目的中标人违反《招标投标法》规定，将中标项目的部分主体、关键性工作分包给他人。

（二）建设工程合同无效的处理

1．无效的合同或被撤销的合同，丧失法律效力。

（1）合同部分或全部丧失法律效力。根据《合同法》第56、58条，无效的合同或者被撤销的合同自始没有法律约束力。合同部分无效，不影响其他部分效力的，其他部分仍然有效。合同无效或者被撤销后，因该合同取得的财产，应当予以返还；不能返还或者没有必要返还的，应当折价补偿。据此，建设工程合同被确认无效后将产生溯及力，使合同从订立时起即不具有法律约束力，尚未履行的合同不再履行，一方从对方取得的财产，如工程预付款等，应当作为不当得利返还；正在履行的，应立即终止履行。

（2）解决争议的条款不因合同无效而无效。根据《合同法》第57条的规定，合同无效、被撤销或者终止时，不影响合同中独立存在的有关解决争议的条款的效力。因此，建设工程合同中关于解决争议方式的条款的效力具有相对的独立性，合同无效后，当事人可能会产生谁是合同无效的责任人以及经济责任如何承担等争议，对善后事宜的处理应当依据原合同中的争议解决条款。如建设工程施工合同的当事人约定采用仲裁方式解决争议的，合同无效后，仍应依据当事人关于仲裁的约定，通过仲裁途径定纷止争。

2．建设工程施工合同无效但建设工程质量合格的，也可参照合同约定结算工程价款。施工合同被确认无效后，原则上不应依据合同的约定确定工程价款。但建设工程施工合同具有特殊性，合同履行的过程就是将劳动和建筑材料物化在建筑产品中的过程。施工方付出了劳动，投入了资金，在施工过程中上述财产只是从一种形态转化为另一种形态，其价值并未改变，并已全部转移到新的建筑工程之中。因此，合同被确认无效后，已经履行的内容不能适用返还的方式使合同恢复到签约前的状态，而只能按照折价补偿的方式处理。从建设工程施工合同的实际履行情况看，合同无效后的折价补偿方式主要有两种：

（1）以工程定额为标准，通过鉴定确定建设工程价值。目前我国建筑市场上，有的发包人签订合同时往往把工程价款压得很低，并不按照定额取费，如果合同被确认无效还按照工程定额折价补偿，将会造成无效合同比有效合同的工程价款还高，超出了当事人签订合同的预期。

（2）参照合同约定结算工程价款。这种折价补偿的方式不仅符合双方当事人在订立合同时的真实意思，而且还可以节省鉴定费用，提高诉讼效率。根据我国建筑行业的现状，为了衡平合同各方当事人的利益，《建设工程施工合同纠纷适用法律的解释》第2、3条规定，建设工程施工合同被确认无效以后，建设工程质量合格的，可以参照合同约定结算工程价款。也就是说，此种情况下，如果双方在合同中对工程结算的计价标准和方法有明确约定，且不违反法律规定的，可以按合同约定结算工程价款。

当然，参照合同约定结算工程价款的折价补偿原则，仅适用于建设工程质量合格的无效合同，不包括质量不合格的建设工程。也就是说，虽然建设工程合同因某种原因而被认定无效，但建设工程经竣工验收合格，或者经竣工验收不合格，但是经过承包人修复后，再验收合格，可以按照合同约定结算工程价款。当然，修复费用应当根据发包人的要求或者在工程款中抵扣或者另行支付。

3. 建设工程施工合同无效且建设工程经竣工验收不合格的，承包人请求支付工程价款的，不予支持。

（1）根据《建设工程施工合同纠纷适用法律的解释》第3条的规定，建设工程经竣工验收不合格的，修复后也未经竣工验收合格的，承包人请求支付工程价款的，不予支持。建设工程施工合同属于特殊形式的承揽合同，法律规定承包人的主要合同义务就是按照合同约定向发包人交付合格的建设工程，如果承包人交付的建设工程质量不合格，发包人订立合同的目的就无法实现，发包人不仅可以拒绝受领该工程，而且也可以不支付工程价款。这是民事法律调整加工承揽关系的原则。另外，根据上述司法解释的规定，承包人对经验收不合格的建设工程可以进行修复，经过修复建设工程质量合格的，发包人应当按照约定支付工程价款；如果经修复建设工程仍不合格，该工程就没有利用价值，在这样的情况下让发包人支付工程价款是不公平的。

（2）因建设工程不合格造成的损失，发包人有过错的，也应承担相应的民事责任。不能按照合同约定支付工程价款，会给承包人造成损失，但承包人是建设工程的建设者，对工程质量不合格应当承担主要责任。因此，一般说来，造成的损失也应当由承包人承担。但是，如果发包人对造成工程质量不合格也有过错的，也应当承担与过错相适应的责任。也就是说，在发包人有过错的情况下，发包人虽然可以不承担按照合同约定支付工程价款的给付义务，但是应当对承包人不能得到工程价款的损失按照过错承担赔偿责任。

承、发包双方当事人按照过错分别承担相应的责任，这样规定不仅符合建筑市场的实际情况和民法原则，同时也有利于承包人重视建设工程质量，加强对工程质量的监督和管理。对于建设工程施工合同的无效，发包方和承包方应当根据当事人的过错大小各自承担相应的法律责任。由于承包人未取得建筑施工企业资质或者超越资质等级等原因导致合同无效的，承包人对合同无效在主观上应负主要过错，承担主要责任，建设方因未尽到必要的审查义务，也负有相应的过错责任。由于建设工程必须进行招标而发包方未招标或者中标依法无效的，以及其他严重违反国家基本建设程序导致合同无效的，对建设工程不合格造成的损失，发包方承担主要过错责任，承包方承担次要过错责任。

4. 一方或双方故意违法损害社会公共利益的，应对其非法所得予以收缴。根据《建设工程施工合同纠纷适用法律的解释》第4条的规定："承包人非法转包、违法分包建设工程或者没有资质的实际施工人借用有资质的建筑施工企业名义与他人签订建设工程施工合同的行为无效。人民法院可以根据民法通则第134条的规定，收缴当事人已经取得的非法所得。"施工合同无效，而且工程质量经竣工验收不合格的，不能参照合同约定结算工程价款。至于合同约定的工程价款与实际给付款的差价部分如何处理，我们认为，该部分差额如果由建设方取得则无法律依据，可考虑依据《民法通则》第134条规定，以"非法活动的财物和非法所得"予以收缴。这样做，既不会使承包人因无效的施工合同而获得有效合同的利润和效果，也不会使建设方因合同的无效而获得不当得利。[1]

（三）建设工程"黑白合同"问题

建设工程"黑白合同"又称"阴阳合同"，它是指建设工程施工合同的当事人就同一建设工程签订的两份或两份以上实质性内容相异的合同。通常把经过招标投标并经备案的正式合同称为"白合同"，把实际履行的协议或补充协议称为"黑合同"。例如，招投标人均按造价管理的规定计算，进行招投标，并将中标结果备案。之后招标人与中标人又通过补充协议等形式，修改"白合同"的主要条款，包括工程承包范围、工程价款、工期、质量等级、给付款项期限等，或是招标人与中标人私下又签订一个合同，约定承包人中标后进行一定程度的让利。

工程招标中的"黑白合同"不仅相当普遍而且难以查处，究其原因无一例

---

〔1〕 张培忠、隋卫东主编：《建筑与招投标法规教程》，山东人民出版社 2005 年版，第217页。

外都是为了规避有关政府部门的监管。其中，"黑合同"往往违反了《招标投标法》、《合同法》和《建筑法》的有关规定，极易造成建筑工程质量隐患，并产生纠纷和带来诉讼。根据《招标投标法》第43、46条，在确定中标人前，招标人不得与投标人就投标价格、投标方案等实质性内容进行谈判。招标人和中标人应当自中标通知书发出之日起30日内，按照招标文件和中标人的投标文件订立书面合同，招标人和中标人不得再行订立背离合同实质性内容的其他协议。最高人民法院《建设工程施工合同纠纷适用法律的解释》第21条规定，当事人就同一建设工程另行订立的建设工程施工合同与经过备案的中标合同实质性内容不一致的，应当以备案的中标合同作为结算工程价款的根据。以上这些规定，为我国建设领域中"黑白合同"的效力认定提供了法律依据。

（四）建设工程合同带资垫资条款的效力

建设工程合同，一般应当由建设单位向施工单位以拨付预付款、进度款和结算款的方式进行出资而进行工程建设。带资、垫资条款，是指建设工程的承、发包双方在签订施工合同时明确约定，建设单位不预付工程款，而由施工单位自带资金先行施工，工程实施到一定阶段或程度时，再由建设单位分期分批地给付施工单位工程款的建筑工程施工合同条款。房地产开发属于资金密集型行业，目前建筑市场又处于供大于求的状况，为了转嫁资金缺口或谋求资金效益的最大化，建设方强行要求施工方带资、垫资施工，并以此作为发包条件的现象非常普遍。发包人要求承包人垫资，如果承包人不带资、垫资就难以承揽到工程。国际上带资承包也非常普遍，如BOT（Build – Operate – Transfer）工程就是带资承包的模式。

关于垫资的效力，在我国有一个认识变化的过程。建设部、国家计委、财政部曾于1996年6月4日发出了《关于严格禁止在工程建设中带资承包的通知》，明确指出任何建设单位都不得以要求施工单位带资承包作为招标投标条件，更不得强行要求施工单位将此类内容写入工程承包合同，违反这一禁令的建设单位和施工单位都将受到经济处罚。两部一委的这一通知出台后，垫资施工被视为国家的一项禁令。在实践中，人民法院一般将建设工程施工合同中的垫资条款或者另行签订的垫资合同的性质认定为企业法人间违规拆借资金的行为，因违反国家金融法规规定而无效，并另行制作民事制裁决定书对垫资及利息予以收缴。

随着《合同法》及其司法解释的出台，人民法院确认合同无效，应当以全国人大及其常委会的法律和国务院制定的行政法规为依据，不再以地方性法规、政府规章为依据。至此，以"部委通知"这样的行政管理规范性文件认定垫资施工合同为无效的做法终结。

最高人民法院《建设工程施工合同纠纷适用法律的解释》第6条规定："当

事人对垫资和垫资利息有约定，承包人请求按照约定返还垫资及其利息的，应予支持，但是约定的利息计算标准高于人民银行发布的同期同类贷款利率的部分除外。当事人对垫资没有约定的，按照工程欠款处理。当事人对垫资利息没有约定，承包人请求支付利息的，不予支持。"

三、建设工程合同履行纠纷及处理

（一）建设工程合同质量纠纷及处理

工程建设由于涉及面广、生产过程复杂、建设周期长、受自然条件影响大等特点，其工程质量往往比一般工业产品的质量更加难以控制。现行法律法规当中，建立了一系列制度保障工程质量，例如从事工程建设的主体必须具有相应的资质，工程建设的勘察、设计、施工各个环节均有严格的技术要求，监理单位根据建设单位的委托也将重点对工程质量进行监督。工程完工后，如果没有监理师对工程质量认可的签字，工程无法验收。然而，实践中由于建设单位降低造价、缩短工期、不按建设程序运作进行三边工程以及勘察、设计、施工单位偷工减料、怠于在施工前检验产品甚至不具备施工资质等种种原因，导致目前建设领域工程质量纠纷十分常见。另外，合同价款是合同双方经济利益的直接体现，很多其他纠纷最终都将体现为合同价款的纠纷。建设工程合同纠纷当中，质量纠纷也经常与价款纠纷相伴，加大了处理难度。

对于承包方工程质量是否达到要求、是否属于质量瑕疵履行，首先应当看工程完工后双方是否经过竣工验收，建设方组织竣工验收后是否认可工程质量。判断质量是否达到要求的标准，首先应当由合同明确约定。根据《合同法》第61、62条，合同生效后，当事人就质量、价款或者报酬、履行地点等内容没有约定或者约定不明确的，可以协议补充；不能达成补充协议的，按照合同有关条款或者交易习惯确定。仍不能确定的，按照国家标准、行业标准履行；没有国家标准、行业标准的，按照通常标准或者符合合同目的的特定标准履行。应当注意，一旦工程师（由建设方甲方和监理方组成）在验收文件上签字认可，就可以认为承包方的工程已经达到质量合格的要求。根据最高人民法院《建设工程施工合同纠纷适用法律的解释》第13条的规定，建设工程未经竣工验收，发包人擅自使用后，又以使用部分质量不符合约定为由主张权利的，不予支持；但是承包人应当在建设工程的合理使用寿命内对地基基础和主体结构质量承担民事责任。合同双方当事人就工程质量和价款达不成一致的，可以由双方共同提交中介机构进行鉴定，或是在诉讼阶段由司法机关依职权或依申请对工程质量或价款进行司法鉴定。

对于工程质量纠纷，关键是分清责任。"谁勘察、谁设计、谁施工，谁负责"，是对质量责任的简介概括，也是国际工程领域的惯例。根据《合同法》第

280、281 条的规定，勘察、设计的质量不符合要求或者未按照期限提交勘察、设计文件拖延工期，造成发包人损失的，勘察人、设计人应当继续完善勘察、设计，减收或者免收勘察、设计费并赔偿损失。因施工人的原因致使建设工程质量不符合约定的，发包人有权要求施工人在合理期限内无偿修理或者返工、改建。经过修理或者返工、改建后，造成逾期交付的，施工人应当承担违约责任。

案例与评析[1]

甲房地产开发公司与乙建筑公司签订了建设工程施工合同，由乙公司承包建设甲公司开发的某小区四栋住宅楼。合同约定工程造价按照投标中标文件为 1463 万元，一次包死，不留活口。建设工程质量应当达到优良工程的等级。乙公司按照约定进场施工，按时完工后，甲方组织相关部门验收，认定该工程质量合格，但未出具工程质量优良的认定。乙公司要求甲公司支付剩余工程款，但甲公司认为，乙公司的工程质量不符合合同约定，且保修期内已经开始出现一系列质量问题，甲公司向购房人交房的过程中，有的房屋即出现防水层渗漏的现象，导致甲公司向购房人赔付一定款项，因此拒绝支付工程款。双方诉至人民法院。

本案的焦点在于房屋质量等级下降和保修期内出现质量问题能否构成拒付工程款的有效抗辩。在建设工程施工合同纠纷中，施工方追讨工程欠款，发包方多会以质量问题提起抗辩或反诉。我们可以从两个方面理解，首先发包方与施工方是依据双方签订的建设工程合同而产生的债权债务关系，施工方主张工程款是其合同权利，依据双方合同，施工方交付验收合格的工程，发包方即应支付工程款，保修期内是否会发生质量问题并不是是否付款的前提。如果双方对质量等级有明确要求的，若工程等级下降，则相应降低价款。其次，保修期内存在质量问题，发包方可以提出反诉，而不是直接拒付工程款。如果发包方反诉并提供相应证据，发包方的质量问题损失应当由承包方负责，可以在工程款中扣除。一般根据惯例，合同中会有关于质量保证金的约定，保修期内的质量问题可以通过扣除质保金的方式解决。因此，本案中甲公司应当支付给乙公司工程款，但由于乙公司交付的工程等级下降，应当进行适当扣减。甲公司因保修期内出现质量问题的损失，应当通过反诉或扣除质保金的方式解决。

（二）建设工程索赔

1. 索赔的概念。建设工程的承包是一项复杂的系统工程，持续周期长、可

---

[1] 案例改编于曲修山、何红峰：《建设工程施工合同纠纷处理实务》，知识产权出版社 2004 年版，第237 页。

变因素多、涉及的相关主体众多，在实施过程中可能会遇到各种各样的问题，为维护承包商的正当权益，建设领域的工程索赔已成为国际惯例。所谓索赔，指的是在合同履行过程中，对于并非自己的过错而是应由对方承担责任的情况所造成的实际损失，向对方提出经济补偿和/或工期顺延的要求。索赔在一般情况下都可以通过协商方式友好解决，若双方无法达成妥协，则争议可通过仲裁解决。

建设工程合同索赔可以成为建设工程当事人维护自己权益、避免损失、提高效益的重要手段。目前在建筑市场上，发包方处于优势地位，承包方在激烈的竞争中，可以通过"中标靠低价，赚钱靠索赔"的做法谋求合理合法的利润。索赔制度还可以督促各方确保建设工程合同得到切实履行，提高建设工程项目的管理水平。例如，在我国首个利用世界银行贷款实施国际招投标的工程——鲁布革水电站引水系统招标中，日本大成公司报价最低，仅为标底的56.6%。然而日本公司在以自己的成本控制和技术条件能够保证不亏本的情况下，向中方提出了各种各样数额巨大的索赔，让改革之初的中国大开眼界，日方获取了超出中方预料的盈利。

索赔是当事人实现合法权益的救济手段，也是一个过程。一般意义的索赔包括两个阶段，第一阶段中，当事人一方直接向另一方提出赔偿和补偿的主张，建筑行业称其为索赔通知。如果能够通过协商达成一致，则索赔结束。实践中表现为索赔对方对索赔通知的内容予以确认，也就是工程签证，从而直接作为结算的依据。如果双方未能达成一致，一方当事人向裁决机构提出索赔主张，那么就进入了索赔的第二个阶段，即争议的解决阶段。工程索赔作为建筑实践中的一种特殊现象，主要指施工合同履行过程中的索赔，也就是第一阶段的索赔。

工程索赔必须依赖于证据。工程索赔的提出是基于对施工过程中发生的情况变化的原因、责任的承担以及涉及费用增减的数量双方持不同意见，一方对另一方提出的签证要求持有异议，双方未达成一致意见或者当时未履行签证手续，日后又达不成一致意见的情况。在这种双方认识存在分歧的情况下，一方坚持自己的主张而要获得对方的确认，当然只有依靠证据，并且只能以确凿、充分的证据来证明自己提出的主张。所以说，证据是工程索赔能否成功的关键。

2. 建设工程索赔的特点。索赔是双向的，承包人和发包人可以相互索赔。通常情况下，索赔是指承包商（施工单位）在合同实施过程中，对非自身原因造成的工程延期、费用增加而要求业主补偿损失的一种权利要求。承包商是工程项目的承建者，在整个项目施工的全过程中始终面临设计问题、设备材料问题、不能按期支付等矛盾，因而提出索赔较为频繁。但如果业主（建设单位）由于施工单位因工期、质量等应承担责任的问题发生了实际损失，也可以向施工单位要求赔偿，这称为反索赔。

索赔以发生实际损失为前提。索赔的本质属性在于，非过错方对自己的经济损失有权要求过错方弥补，因此，"无损失无索赔"。索赔的性质属于经济补偿行为，而不是惩罚。索赔的目的是弥补实际损失，故体现为补偿性而非惩罚性。

需要注意的是，索赔不以对方的违约行为为前提条件。只要索赔方没有过错，而根据约定是因应当由对方承担责任的情况造成实际损失的，都有权向对方提出索赔。

3. 索赔的分类。

（1）按索赔的目的分类，可分为工期索赔和费用索赔。工期索赔就是要求业主延长施工时间，使原规定的工程竣工日期顺延，从而避免了违约罚金的发生。工期索赔的依据是合同中的相关条款，这些条款应规定承包人在何种情况下可以获准延期完成工程。获准延期对承包人非常重要，他可以减少或者免除因延误而支付违约罚金的责任。

费用索赔就是要求业主或承包商补偿费用损失，进而调整合同价款。费用索赔的条款应在合同中列明，主要有：合同文件内容的错误；发包人的风险造成工程的破坏；化石、矿石、文物的处理；为特殊荷载而加固桥梁；由于发包人委托的其他承包人行为而对承包人工作的不利影响；工程的剥露和开孔；工程的暂停等。

承包人提出费用索赔一般有三种情况：承包人遇到未能预料的恶劣实际情况或者障碍，而这些障碍或者条件是一个有经验的承包人无法合理地在投标时所预见到的；承包人不满意监理工程师所确定的费率或者附加工作、额外工程的费用索赔；承包人有权提出的其他费用索赔，如遇到工程延误、中断，以致影响到工程进度，导致了有关费用的增加。

（2）按索赔的处理方式分类，可分为单项索赔和总索赔。单项索赔就是在施工过程中某一索赔事件发生之后，索赔方在合同规定的时限内就此事件提出索赔，即采取一事一索赔的方式，按每一件索赔事项报送索赔通知书，编报索赔报告，要求单项解决支付，不与其他的索赔事项混在一起。索赔一经批准便可列入下个月的进度款支付中，即时结清。

总索赔，又称综合索赔或一揽子索赔，即在工程竣工前，索赔方对整个工程（或某项工程）中所发生的数起索赔事项综合在一起进行索赔，向对方提交一份索赔报告，经审核及双方协商后列入工程结算。

单项索赔由于涉及的事件单一且及时，金额也较少，所以处理起来较容易，双方往往容易达成协议。而一揽子索赔，由于涉及事件多，有些事件事过境迁之后说服力不强，因此双方在协商时容易引起争执，所以一般不宜采用。根据我国的建设工程施工合同范本规定，只能采用单项索赔。

（3）按照索赔的依据分类，可分为合同内索赔和合同外索赔。合同内索赔，是合同有明文规定的索赔。如果难以直接从合同条款中找到依据，但可以从对合同条件的合理推断或将其他有关条款联系起来论证得到索赔，就是合同外索赔。

4. 索赔的原因。

（1）勘查、设计方面的原因。勘查、设计方面的原因造成工程地质情况与合同规定的不一样，或者设计与实际间的差异，以及设计变更、设计错误等造成施工方损失，导致工程项目在工期、人工、材料等方面的索赔。

（2）发包方的原因。例如，发包方没有按合同规定的要求交付设计资料、设计图纸，没有按合同规定的日期交付施工场地、交付行驶道路、接通水电，使承包商的施工人员和设备不能进场，没有按合同规定的时间和数量支付工程款、供应材料，或供应材料不合格，延误工期。发包方提供的有关信息错误；发包方拖延图纸批准，拖延隐蔽工程验收，拖延对承包商问题的答复，不及时下达指令、决定，造成工程停工或要求加快工程进度指令承包商采取加速措施等；发包方作出错误的指令，提供错误的数据、资料等，造成工程修改、报废、返工、停工、窝工等。

（3）施工合同方面的原因。例如，合同约定不完备，双方在签订施工合同时未能充分考虑和明确各种因素对工程建设的影响，合同文件不完备或文件之间矛盾、不一致，甚至约定错误，致使施工合同在履行中出现问题，从而引起施工索赔；承发包双方在履行施工合同的过程中因一些意见分歧和经济利益驱动等人为因素，不严格执行合同文件，从而引起施工索赔。另外，各种原因造成的合同变更也会引起索赔。

（4）不可预见因素引起的索赔。在施工过程中，不可抗力的发生，如反常的气候条件、洪水、革命、暴乱、内战、政局变化、战争、经济封锁、禁运、罢工和其他任何一个有经验的承包商无法预见的自然力作用等，使工程中断或合同终止引起的施工索赔。由于外部环境影响（如征地拆迁、施工条件、用地的出入权和使用权等），也会引起索赔。

（5）监理工程师指令导致的索赔。

（6）其他原因导致的施工单位的索赔。例如，业主在验收前或交付使用前，擅自使用已完或未完工程，造成工程损坏的，或者保修期内由于业主使用不当或其他非承包商责任造成损坏，业主要求承包商予以修理等原因引起的索赔。

四、建设工程承包人的优先受偿权

（一）建设工程优先受偿权的含义

建设工程承包人价款的优先受偿权，是指建筑工程竣工后，发包人未按照合同约定给付工程价款，工程价款的债权与抵押权或其他债权同时并存时，承包人就该工程折价或者拍卖所得的价款，享有优先于抵押权和其他债权受偿的权利。

由于我国的建筑市场长期供大于求，因此普遍存在承包人垫资进场的做法。在这种情况下，一旦发包人出现债务危机或者故意拖欠工程款，所有的风险都将集中到承包人的身上。一旦工程款不能支付，不仅会使其血本无归，而且将影响其资金周转，严重的甚至危及企业生存。在发包人拖欠的工程款中，有相当一部分是应当支付给工人的工资和劳务费，工程款拖欠导致工人拿不到其赖以生存的薪金，使工人及其家人的生活无法得到保障，从而严重危害了工人的生存利益。因此，拖欠工程款不但会对个人经济、企业经营带来不利影响，甚至会影响社会秩序的稳定。为了解决建筑市场拖欠工程款的问题，平衡房地产开发或建设单位与施工企业之间的利益，我国《合同法》第286条规定了建设工程承包人的优先受偿权，最高人民法院还于2002年6月20日公布了《关于建设工程价款优先受偿权问题的批复》，这些共同构筑了我国的建设工程优先受偿权制度。

（二）建设工程优先受偿权的性质

对于建设工程承包人优先受偿权的法律性质，我国学界颇有争议。第一种观点认为承包人优先受偿权的性质为不动产留置权，若发包人不按约定支付工程价款，承包人即可留置该工程并以此优先受偿。第二种观点认为建设工程承包人的优先受偿权不是留置权也不是抵押权，因为留置权的标的物限于动产，而不动产抵押权则以登记为生效要件，所以承包人的优先受偿权在性质上应为优先权。第三种观点认为承包人的优先受偿权符合抵押权的主要特征，是一种法律直接规定的抵押权。

笔者赞同上述第三种意见，建设工程承包人的优先受偿权应当界定为法定抵押权。根据《物权法》，留置权的对象仅限于动产，而承包人的优先受偿权的权利客体是建设工程，属于不动产，因此认为此项优先受偿权属于留置权是错误的。认为承包人的优先受偿权在性质上是优先权也不合适。从优先权的创置目的以及我国现行的有关法律规定来看，优先权多为保障特别的债权而设，如船员的工资、职工的工资等，对这些债权若不给予特殊的保护则可能危及债权人生活之基本权利。但若以此目的来衡量工程承包人的优先受偿权的设置，似有牵强之虞，建设工程承包人难以概言在经济上处于弱势，且我国民事立法也没有关于优先权制度的一般规定。相反，我国具有比较具体而完善的抵押权制度，而现行的承包人的优先受偿权，符合抵押权的行使条件。又因为这种抵押权非因抵押合意产生而是依法律规定当然产生，一般不要求以登记为必要，故应称之为"法定抵押权"。

（三）建设工程优先受偿权的行使

1. 建设工程法定抵押权行使的条件。根据《合同法》第286条的规定，建设工程法定抵押权的成立应符合下列条件：

（1）所担保的主债权必须是基于建设工程承包合同所生的债权。此处的建设工程合同应作狭义解释，仅指合同法第269条第2款中的施工合同，而勘察合同和设计合同不包括在内。当然，该承包合同必须是有效合同。如果承包合同无效，则承包人不享有建设工程法定抵押权。

（2）发包人未在约定期限内支付工程价款。此处的"价款"是指建设工程承包合同约定的承包费，包括承包人因施工而支付的劳动报酬、所投入的材料费和所垫付的其他合理费用，以及因合同所发生的损害赔偿；此处的"约定期限"是指承包合同所规定的支付价款的期限。

（3）该建设工程具有可折价、拍卖的性质。依照《合同法》第286条的规定，"依照建设工程的性质不宜折价、拍卖的"，建设工程承包人就不能行使该法定抵押权。所谓不宜折价、拍卖的建设工程，包括法律禁止流通的公有物与公用物。前者如国家机关的办公楼，后者如公共道路、桥梁、机场等。

（4）承包人履行了催告义务。承包人就工程价款的催告是建设工程法定抵押权行使的首要和必要程序，也是必不可少的条件。根据《合同法》第94条，当事人一方迟延履行主要债务，经催告后在合理期内仍未履行的，当事人可以解除合同。发包人不能按照约定支付工程价款的，承包人不能直接行使法定抵押权，而应当催告发包人并给予发包人合理的履行期限，合理期限内发包人仍未支付价款的，承包人才可以行使法定抵押权。

除此之外，值得注意的是，法定抵押权的标的物一般限于建设工程本身。但是如果该建设工程占用的相应范围的基地使用权属于建设工程发包人所有，则其应当属于法定抵押权的范围；反之则不然。因装潢而增值的部分，如果该装潢属于承包人一起施工所创造的价值，则应属于法定抵押权的范围。至于建设工程安装的设备，因其一般不属于发包方所有，如果允许承包人行使法定抵押权，则可能会损害设备供应商的合法权益，因此，安装的设备一般不宜行使法定抵押权。

2. 建设工程法定抵押权行使的方式。根据《合同法》第286条的规定，行使建设工程法定抵押权的方式有两种：一是由承包人与发包人协议将该建设工程折价，二是由承包人申请法院依法拍卖。采用这两种方法的前提是工程款已被确认，同时承包人已书面催告，给发包人以还款的合理期限。法定抵押权人向法院申请依法拍卖的，须提出证明法定抵押权存在及法定抵押权具备执行条件的证据。法院受理后，应当通知发包人。发包人就法定抵押权是否成立及是否符合执行条件提出异议的，应当终止执行程序，驳回承包人之申请。此种情形，应由承包人另外提起确认之诉，以确认法定抵押权之成立，待获得生效胜诉判决后，始能申请法院依法拍卖。

（四）建设工程优先受偿权的效力

1. 优先于抵押权和其他债权受偿。根据最高人民法院《关于建设工程价款优先受偿权问题的批复》的规定，人民法院在审理房地产纠纷案件和办理执行案件时，应认定建筑工程的承包人的优先受偿权优于抵押权和其他债权，即法定抵押权应优先于一般抵押权。同时，承包人优先受偿权作为法定抵押权，属于担保物权，也应当优先于其他没有担保的一般债权受偿。

承包人的优先受偿权是一种法定权利，法定权利应当优先于约定权利，因此其具有优先实现的效力。从法律政策上考虑，法定抵押权所担保的债权中相当部分是建筑工人的劳动工资，并且建设工程是靠承包人付出劳动和垫付资金建造的，如果允许约定抵押权优先行使，则无异于以承包人的资金清偿发包人的债务，等于发包人将自己的欠债转嫁给属于第三人之承包人，违背公平及诚实信用原则，不利于保护劳动者利益和鼓励建筑、创造社会财富的政策目的。

目前，我国承包人优先受偿权制度仍有很大不足。《合同法》以及最高院的批复，其原意是为了追求公平正义，矫正建设工程承包人在发包人面前的利益失衡，从而直接赋予承包人就建设工程优先受偿的权利。然而，我国的承包人优先受偿权制度不是在整个担保物权体系下的具体表述，而是以《合同法》中孤零零的单一条款为基础，对此项权利的性质和与其他债权、担保物权的冲突规则等具体问题缺乏立法层面的规定。这些与建筑市场中承包人恶劣的竞争环境共同导致了实践中该权利被架空。例如，承包人在招投标竞争当中，往往会被发包方要求放弃优先受偿权，而投标人为了争取中标，也往往答应这一条件。银行在向开发商贷款时，也会要求开发商提供建筑承包商放弃优先受偿权的声明。这些问题都需要进一步讨论，以期在今后的立法中进行完善。

2. 不得对抗已交付购买商品房的全部或者大部分款项的买受人。在建设工程为商品房的情况下，如果在该商品房竣工之前开发商已与消费者分别订立了房屋买卖合同，在发包人拖欠承包费用时，即可能发生承包人法定抵押权与消费者权利的冲突。在已经办理产权过户登记的情形下，消费者已经取得房屋所有权，就该房屋而言，法定抵押权归于消灭，承包人的工程款依担保法理论，可以从开发商出卖房屋的价款中得到实现，即抵押权的物上代位性，而不需要对抗买受人，两种权利不会发生冲突。在开发商尚未交房或虽已交房但尚未办理产权过户的情形下，该房屋仍属于开发商所有，仍在法定抵押权的标的物范围内。承包人享有的优先受偿权就会与消费者的权利发生冲突。

对于承包人优先受偿权与购房人之间的利益冲突，最高人民法院《关于建设工程价款优先受偿权问题的批复》规定，消费者交付购买商品房的全部或者大部分款项后，承包人就该商品房享有的工程价款优先受偿权不得对抗买受人。需要注意的是，购房人只要支付了商品房全部或大部分款项即可对抗承包人的优先受偿权，不必以办理房屋产权登记或预告登记为前提。

理论上看，承包人拥有的是法定抵押权，消费者拥有的是合同债权，依据物权优先于债权的民法理论，承包人的法定抵押权应当优先于消费者的合同债权。但如果允许承包人行使法定抵押权，无异于用消费者的资金清偿开发商的债务，等于开发商将自己的债务转嫁给广大消费者，严重违背特殊保护消费者的法律政策。消费者属于生存利益，承包人属于经营利益，生存利益应当优先于经营利益。因此，承包人的优先受偿权效力不能对抗付出相应价款的买房人。

3. 行使建设工程法定抵押权的期限为 6 个月。按照上述《批复》第 4 条的规定，建设工程承包人行使优先权的期限为 6 个月，自建设工程竣工之日或者建设工程合同约定的竣工之日起起算。此为承包人优先受偿权效力的时间限制。这就要求承包人无论是签订合同之时，还是在工程竣工结算中，一定要与此 "6 个月" 的期限相联系，不要因为自己的过错而 "错失良机"。

■ 思考题

1. 什么是建设工程合同？其性质如何？
2. 按照合同价款计算方式的不同，建设工程合同可以分为哪几类？
3. 什么是建设工程合同的分包？什么是肢解发包？转包与合同转让有什么区别？
4. 建设工程合同的订立方式是什么？我国强制招标的范围是什么？
5. 建设工程合同解除分为哪几种？合同解除后的效力如何？
6. 建设工程合同生效的要件是什么？
7. 建设工程合同无效的情形有哪些？
8. 什么是建设工程索赔？
9. 什么是建设工程承包人优先受偿权？其效力如何？

■ 参考书目

1. 王建东：《建设工程合同法律制度研究》，中国法制出版社 2004 年版。
2. 张培忠、隋卫东主编：《建筑与招投标法规教程》，山东人民出版社 2005 年版。
3. 黄松有："依法保护当事人权益 促进建筑市场健康发展——最高人民法院副院长黄松有就《关于审理建设工程施工合同纠纷案件适用法律问题的解释》答记者问"，载《人民法院报》2004 年 10 月 27 日。
4. 吴清旺、贺丹青：《房地产开发中的利益冲突与平衡》，法律出版社 2005 年版。
5. 曲修山、何红峰：《建设工程施工合同纠纷处理实务》，知识产权出版社 2004 年版。
6. 孙镇平：《建设工程合同——合同法理论与审判述要丛书》，人民法院出版社 2000 年版。
7. 周泽："建设工程'黑白合同'法律问题研究——兼对最高法院一条司法解释的批评"，载《中国青年政治学院学报》2006 年第 1 期。
8. 雷运龙、黄锋："建设工程优先权若干问题辨析"，载《法律适用》2005 年第 10 期。

第十章　房地产开发中的环境与
资源保护法律制度

■学习目的和要求

　　本章主要讲述房地产开发中的环境保护法律制度。该章的内容是
与房地产法律制度相关的内容，是随着环境保护问题的突出而逐渐引
起人们重视的一些环境保护法律制度。对本章的学习，主要是掌握房
地产开发中的污染防治制度、水资源保护制度、土地资源保护制度。
了解我国房地产开发中的主要环境保护问题，了解我国有关房地产开
发中环境保护制度的现状与不足。

第一节　房地产开发中的环境保护法律制度概述

一、我国房地产开发环境保护的立法

　　我国房地产环境法律制度以《环境保护法》为基点，以《固体废物污染环
境防治法》、《大气污染防治法》、《环境噪声污染防治法》为龙头，结合《城市
市容和环境卫生管理条例》、《建设项目环境保护管理条例》、《城市绿化条例》、
《环境保护法规解释管理办法》、《环境保护行政处罚办法》、《建设项目环境影响
评价资格证书管理办法》、《建设项目竣工环境保护验收管理办法》、《城市绿线
管理办法》、《非煤矿矿山建设项目安全设施设计审查与竣工验收办法》、《建设
项目环境保护设计规定》、《建设项目环境保护设施竣工验收管理规定》、《城市
建筑垃圾管理规定》、《建设项目环境保护管理程序》等法规的实施细则，并辅
以国家环保与建设部门关于某些专项问题的复函、答复、意见、通知等来综合指
导我国司法实践当中的房地产环境法律问题。

二、我国房地产开发环境保护立法中的不足

（一）法律体系不健全

　　这是最关键也是最首要的问题。对于某些房地产立法实践中的显著问题，仅

有某些普通的相关法律、政策、环境标准加以规范，没有专门的法律加以规制，这对于彻底解决某些显著的环境问题仍然是杯水车薪。很多环境问题在房地产开发中日益明显，要根治这些房地产活动中的环境障碍必然要等待相关法律法规的出台。

（二）立法技术不足

某些司法实践中的困境是由于立法技术的不成熟所造成的。比如有关房地产实践中的环境噪声问题。《环境噪声污染防治法》第2条规定了"环境噪声污染"的定义：本法所称环境噪声污染，是指所产生的环境噪声超过国家规定的环境噪声排放标准，并干扰他人正常生活、工作和学习的现象。那么，对于排污单位排放的噪声符合环境噪声排放标准，但确实又干扰了他人正常生活的情形如何处理？这就是因为对于"环境噪声污染"定义考虑不够周全，从而使得在具体执法中遇到不少实际困难。实际上环境是否被污染，并不能以排污者的排污是否超过排放标准为根据，而应以污染物的排放对当地环境质量的影响是否足以使该地居民不能进行正常的生活、工作和学习为主要依据。实践中，以《物权法》中有关相邻关系的规定来处理此种情形的环境噪声污染案件，有利于保护受害者的权利，但也存在一些问题。最根本的解决方式是修改相关立法，完善有关噪声污染的规定。

（三）法规可操作性较低

徒法不足以自行，任何法律都应当有其具体的实施细则和相关的配套法规，而这也正是我国房地产环境法律的不足之处。例如对于住宅中的氨污染问题，主要是由于房地产开发商急于赶工程进度而过量使用某种添加剂造成的，但是法律并未禁止使用此种添加剂，并且对于过量使用的法律责任只字未提。法律责任的空缺也是我国相关立法的重要漏洞之一。

所以，对于我国房地产开发中的环境保护立法的不足，我们应加快立法步伐，针对司法实践中的显著问题制定专项的强有力的法律法规；克服立法技术的不足，避免不必要的执法障碍；加快相关法律的配套法规建设，制定相关的实施细则，尤其是应重视法律责任的设置，保障法律的实施效果；重视相关机构的建设，明确划分法律责任，避免司法实践中的推诿和扯皮现象的发生。

第二节 房地产开发中的环境污染防治法律制度

一、房地产开发中的环境污染

房地产开发项目的环境污染，是指房地产开发建设过程（施工期）及房地产开发后居住、使用过程（运行期）对环境产生的物理性、化学性或生物性的作用及其造成的环境变化和对人类健康及福利可能造成的影响。房地产开发中的环境污染包括：

（一）废气污染

房地产开发项目中的有害气体对人的影响是很大的，有害气体主要来源于建筑材料、装饰涂料以及有害家具。有害的气体主要有氨气、氡、甲醛、苯以及过多的二氧化碳等。我国虽已经出台了一些相应的标准，但是总体来说做得不够。

（二）废水污染

房地产开发项目的废水污染源主要来自项目施工期的施工废水，运营期洗浴、冲厕、餐饮等生活污水。应根据房地产建设项目的性质、特点做相应的用排水平衡分析，明确建设项目污水量及排污去向。确定项目运营期污水处理方案，污水经化粪池处理后排入城市污水处理厂，其排放水质要满足污水处理厂的入水水质要求；建设项目选址未设有完善的市政排水管网的，不能将污水排入城市污水处理厂，项目应建设污水处理站，依据建设项目的性质、规模，确定中水回用处理方案。污水处理及中水回用设施应在项目建设过程中同时设计、同时施工、同时运行。

（三）噪声污染

房地产开发项目的噪声污染主要来自空调、冷却塔、风机、水泵、换热站等设备的噪声。房地产开发中的噪声污染主要是建筑施工噪声污染。建筑施工噪声是指在建筑施工过程中产生的干扰周围生活环境的声音。

（四）固体废物污染

房地产开发项目的固体废物主要是建筑垃圾。建筑垃圾，是指建设单位、施工单位新建、改建、扩建和拆除各类建筑物、构筑物、管网等，以及居民装饰装修房屋过程中所产生的弃土、弃料及其他废弃物。以石棉为例，石棉是一种被广泛应用于建材防火板的硅酸盐类矿物纤维，也是唯一的天然矿物纤维，具有良好的抗拉强度和隔热性与防腐蚀性，不易燃烧。石棉的最大危害来自于它的纤维，细小到肉眼几乎看不见，释放以后却可长时间浮游于空气中，被吸入的话可以多年积聚在人体内，引致石棉沉着病（石棉肺）、肺癌和间皮瘤（胸膜或腹膜癌）。这些与石棉有关的疾病症状往往会有很长的潜伏期，肺癌一般为 15 ~ 20 年，间皮瘤则通常为 20 ~ 40 年，所以石棉已被国际癌症研究中心确定为致癌物。在西欧、北美、日本和澳大利亚，每年大约有 3 万人被诊断患有和石棉相关的癌症，而这都是由于几十年前的石棉暴露而导致的结果。

二、房地产开发中的污染防治法律制度

（一）房地产开发中的大气污染防治

《大气污染防治法》第 4 条规定："向大气排放污染物的单位，必须遵守国家有关规定，并采取防治污染的措施。"这是该法对排污单位在防治大气污染方面应尽的法律义务的总规定。在房地产开发中，排污单位是指房地产开发企业，这些企业向大气排放废气不论是否超过国家或者地方规定的排放标准，都有义务采取防治大气污染的措施，而不是超标准排放污染物时才应当"负责治理"。可见，《大气污染防治法》的这一规定体现了严格要求的立法思想，有利于推动对日益严重的大气污染的防治工作。

房地产开发中的大气污染防治的重点是扬尘的防治。建筑施工场地必须设置统一的围栏，拆迁施工现场应根据实际情况设置临时围栏。高层或多层建筑清理施工垃圾，必须搭设封闭式临时专用垃圾道或采用容器吊运，严禁随意凌空抛撒。施工垃圾应及时清运，适量洒水，减少扬尘。施工现场残土、沙料等易生尘物料必须采取覆盖防尘网（布）或喷洒覆盖剂等有效措施，并要经常进行洒水保湿。水泥和其他易飞扬的细颗粒散体材料，应安排在库内存放或严密遮盖。清运残土、沙土及垃圾等的装载高度不得超过车辆护栏，并采取苫布全覆盖措施。施工现场应结合设计中的永久道路布置施工道路。施工道路的基层做法按设计要求执行，面层可分别采用礁渣、细石、沥青或混凝土，以减少道路扬尘。施工车辆出入现场必须采取冲洗轮胎等措施，防止车辆带泥沙出现场。在居民稠密区、风景区、疗养区及文物保护地区的施工现场，应制定洒水降尘制度，配备洒水设备及指定专人负责。在易产生扬尘的季节，要洒水降尘。混凝土搅拌不应在工地进行混凝土搅拌操作，由专业厂家提供商品混凝土。市区内施工项目混凝土进车、卸料、浇注应加强管理，做到文明生产。料斗应封闭，不能有泄料口。落地残料应一车一清，不能形成堆积现象，车体轮胎应人工清理干净后再离开工地。

（二）房地产开发中的水污染防治

1. 总量控制制度。总量控制制度是指省级以上人民政府，对实现水污染物达标排放仍不能达到国家规定的水环境质量标准的水体，可实施重点污染物排放的总量控制的法律规定。

2. 城市污水集中处理制度。对废水进行集中处理，比每个单位单独设污水处理设施经济。又由于城市污水处理设施建立进展缓慢，且已建成的处理厂常常因缺乏经费不能正常运转，建设城市污水集中处理设施并依法征收污水处理费，已成为防治城市水污染的当务之急。为此，《水污染防治法》第19条规定，国务院有关部门和地方各级人民政府必须有计划地建设城市污水集中处理设施，并向排污者提供污水处理的有偿服务，收取污水处理费。

3. 公众参与环境影响评价制度。该项法律制度是广大群众参与水环境保护和监督管理的法律依据，也是党的群众路线在环境保护领域的重要体现。它要求，报送建设项目环境影响报告书的单位，应当广泛征集附近单位和居民对该建设项目可能对环境的影响的意见，并如实连同环境影响报告书送交其主管部门预审，然后按照规定的程序上报有关环境保护部门审批。预审部门或者审批部门如发现上报的环境影响报告书中未附有所在地单位和居民意见的，应当退回令其补报。如若意见的内容属反对该建设项目的，应经调查核实并作出不予同意上报或者批准的决定。

（三）房地产开发中的噪声污染防治

《环境噪声污染防治法》规定了建筑施工噪声污染防治，主要规定有：

1. 在城市市区范围内向周围生活环境排放建筑施工噪声的，应当符合国家规定的建筑施工场界环境噪声排放标准。

2. 在城市市区范围内，建筑施工过程中使用机械设备可能产生环境噪声污染的，施工单位必须在工程开工 15 日以前向工程所在地县级以上地方人民政府环境保护行政主管部门申报该工程的项目名称、施工场所和期限、可能产生的环境噪声值以及所采取的环境噪声污染防治措施的情况。

3. 在城市市区噪声敏感建筑物集中区域内，禁止夜间进行产生环境噪声污染的建筑施工作业，但抢修、抢险作业和因生产工艺上要求或者特殊需要必须连续作业的除外。因特殊需要必须连续作业的，必须有县级以上人民政府或者其他有关主管部门的证明。并且经批准的夜间作业，必须公告附近居民。所谓的"噪声敏感建筑物集中区域"，是指医疗区、文教科研区和以机关或者居民住宅为主的区域。所谓的"夜间"是指晚 22 点至晨 6 点之间的期间。

（四）房地产开发中的建筑垃圾污染防治

建筑垃圾的污染防治包括对建筑垃圾的倾倒、运输、中转、回填、消纳、利用等处置活动造成的污染的防治。

建筑垃圾防治实行"三化"原则。"三化"即减量化，使建筑垃圾不产生和少产生；资源化，已产生的建筑垃圾在生产过程中回收、循环、再利用或用为另一种生产的原料；无害化，通过各种处理、处置方式使建筑垃圾安全、无污染地进入环境。

任何单位和个人不得将建筑垃圾混入生活垃圾，不得将危险废物混入建筑垃圾，不得擅自设立弃置场受纳建筑垃圾。建筑垃圾储运消纳场不得受纳工业垃圾、生活垃圾和有毒有害垃圾。居民应当将装饰、装修房屋过程中产生的建筑垃圾与生活垃圾分别收集，并堆放到指定地点。建筑垃圾中转站的设置应当方便居民。装饰、装修施工单位应当按照城市人民政府市容环境卫生主管部门的有关规定处置建筑垃圾。

施工单位应当及时清运工程施工过程中产生的建筑垃圾，并按照城市人民政府市容环境卫生主管部门的规定处置，防止污染环境。施工单位不得将建筑垃圾交给个人或者未经核准从事建筑垃圾运输的单位运输。任何单位和个人不得随意倾倒、抛撒或者堆放建筑垃圾。建筑垃圾处置实行收费制度。

（五）建设项目环境影响评价制度

1. 建设项目环境影响评价的概念。建设项目环境影响评价，是指对房屋建设过程（施工期）及房屋建设后居住、使用过程（运行期）对环境产生的物理性、化学性或生物性的作用及其造成的环境变化和对人类健康及福利可能造成的影响进行系统分析和评估，并提出减少这些影响的对策措施。建设产生污染的建设项目，必须遵守污染物排放的国家标准和地方标准；在实施重点污染物排放总量控制的区域内，还必须符合重点污染物排放总量控制的要求。工业建设项目应当采用能耗物耗小、污染物产生量少的清洁生产工艺，合理利用自然资源，防止环境污染和生态破坏。改建、扩建项目和技术改造项目必须采取措施，治理与该项目有关的原有环境污染和生态破坏。

2. 建设项目环境影响评价的分类。国家根据建设项目对环境的影响程度，按照下列规定对建设项目的环境保护实行分类管理：

（1）建设项目对环境可能造成重大影响的，应当编制环境影响报告书，对建设项目产生的污染和对环境的影响进行全面、详细的评价；

（2）建设项目对环境可能造成轻度影响的，应当编制环境影响报告表，对建设项目产生的污染和对环境的影响进行分析或者专项评价；

（3）建设项目对环境影响很小，不需要进行环境影响评价的，应当填报环境影响登记表。

3. 建设项目环境影响报告书的内容与审批。环境影响报告书应包括以下内容：

（1）建设项目概况；

（2）建设项目周围环境现状；

（3）建设项目对环境可能造成影响的分析和预测；

（4）环境保护措施及其经济、技术论证；

（5）环境影响经济损益分析；

（6）对建设项目实施环境监测的建议；

（7）环境影响评价结论。

涉及水土保持的建设项目，还必须有经水行政主管部门审查同意的水土保持方案。

建设单位应当在建设项目可行性研究阶段报批建设项目环境影响报告书、环境影响报告表或者环境影响登记表；但是，铁路、交通等建设项目，经有审批权的环境保护行政主管部门同意，可以在初步设计完成前报批环境影响报告书或者环境影响报告表。按照国家有关规定，不需要进行可行性研究的建设项目，建设单位应当在建设项目开工前报批建设项目环境影响报告书、环境影响报告表或者环境影响登记表；其中，需要办理营业执照的，建设单位应当在办理营业执照前报批建设项目环境影响报告书、环境影响报告表或者环境影响登记表。

建设项目环境影响报告书、环境影响报告表或者环境影响登记表，由建设单位报有审批权的环境保护行政主管部门审批；建设项目有行业主管部门的，其环境影响报告书或者环境影响报告表应当经行业主管部门预审后，报有审批权的环境保护行政主管部门审批。海岸工程建设项目环境影响报告书或者环境影响报告表，经海洋行政主管部门审核并签署意见后，报环境保护行政主管部门审批。

国务院环境保护行政主管部门负责审批下列建设项目环境影响报告书、环境影响报告表或者环境影响登记表：

（1）核设施、绝密工程等特殊性质的建设项目；

（2）跨省、自治区、直辖市行政区域的建设项目；

（3）国务院审批的或者国务院授权有关部门审批的建设项目。

其他的建设项目环境影响报告书、环境影响报告表或者环境影响登记表的审批权限，由省、自治区、直辖市人民政府规定。

建设项目环境影响报告书、环境影响报告表或者环境影响登记表经批准后，建设项目的性质、规模、地点或者采用的生产工艺发生重大变化的，建设单位应当重新报批建设项目环境影响报告书、环境影响报告表或者环境影响登记表。

4. 环境保护设施建设。建设项目需要配套建设的环境保护设施，必须与主体工程同时设计、同时施工、同时投产使用。建设项目的初步设计，应当按照环境保护设计规范的要求，编制环境保护篇章，并依据经批准的建设项目环境影响报告书或者环境影响报告表，在环境保护篇章中落实防治环境污染和生态破坏的措施以及环境保护设施投资概算。建设项目的主体工程完工后，需要进行试生产的，其配套建设的环境保护设施必须与主体工程同时投入试运行。建设项目试生产期间，建设单位应当对环境保护设施的运行情况和建设项目对环境的影响进行监测。

建设项目竣工后，建设单位应当向审批该建设项目环境影响报告书、环境影响报告表或者环境影响登记表的环境保护行政主管部门，申请该建设项目需要配套建设的环境保护设施竣工验收。环境保护设施竣工验收，应当与主体工程竣工验收同时进行。需要进行试生产的建设项目，建设单位应当自建设项目投入试生产之日起2个月内，向审批该建设项目环境影响报告书、环境影响报告表或者环境影响登记表的环境保护行政主管部门，申请该建设项目需要配套建设的环境保护设施竣工验收。分期建设、分期投入生产或者使用的建设项目，其相应的环境保护设施应当分期验收。环境保护行政主管部门应当自收到环境保护设施竣工验收申请之日起 20 日内，完成验收。建设项目需要配套建设的环境保护设施经验收合格，该建设项目方可正式投入生产或者使用。

第三节　房地产开发中的水资源保护法律制度

一、水资源及其在房地产开发中的问题

（一）水资源的概念

生态保护法中的水资源，主要是指陆地水资源。我国《水法》规定：本法所称水资源，是指地表水和地下水。海水的开发、利用、保护和管理，另行规定。由此可见，水资源通常包括地表水和地下水。地表水是指江河、湖泊、池塘、水库、运河、冰川、积雪等所含的水，而地下水则指位于地壳上部岩石中的浅层地下水。水资源是人类赖以生存的重要物质基础，是可持续发展的物质前提，也是生态环境重要的控制性要素。

（二）我国水资源现状及其在房地产开发中的问题

我国是一个水资源短缺的国家。人均水资源量约为 2200 立方米，约为世界平均水平的 1/4。依据联合国可持续发展委员会人均水资源量 2000 立方米的标准，我国被列为世界 13 个贫水国之一。此外，在水资源短缺的情况下，我国水资源分布极不平衡，呈南多北少、东多西少、冬春少、夏秋多的区域性与季节性特点。

在房地产开发过程中，水资源环境面临着前所未有的挑战，具体表现在：短缺与浪费并存，水污染突出，水资源过度开发与生态系统退化，水危机加剧。全国 668 个城市中有 400 多个城市供水不足，其中 100 多个城市严重缺水，2000 多万人口饮水困难。与此同时，水资源浪费问题严重。据有关数据统计，我国水资源利用率低下，平均每立方米实现的国内生产总值仅为世界水平的 1/5。受上述水问题的影响，我国过度开发利用水资源、地下水资源又导致一些地区出现水生物数量下降、地下水位下降、海水入侵和地面沉降等严重问题。这些问题所引发的水危机已成为制约我国经济社会可持续发展的瓶颈。

二、房地产开发中的水资源保护法律制度

（一）水资源规划制度

规划是实施水资源保护的前提与依据。新《水法》规定，开发、利用、节约、保护水资源和防治水害，应当按照流域、区域统一制定规划。规划分为流域规划和区域规划。流域规划包括流域综合规划和流域专业规划；区域规划包括区域综合规划和区域专业规划。房地产开发活动应严格遵守水资源规划制度。

（二）有偿使用制度

国家对水资源实行取水许可制度和有偿使用制度。但是，农村集体经济组织及其成员使用本集体经济组织的水塘、水库中的水的除外。水资源有偿使用制度确立了资源有价的指导思想，为在房地产开发中合理、有效地开发利用水资源，实现房地产开发中的水资源的优化配置提供了制度保障。

（三）节约用水

在房地产开发中，应大力推行节约用水措施，推广节约用水新技术、新工艺，发展节水型开发模式，建立节水型社会。实行取水许可制度，房地产开发活动中直接从江河、湖泊或者地下取用水资源的单位和个人，应当按照国家取水许可制度和水资源有偿使用制度的规定，向水行政主管部门或者流域管理机构申请领取取水许可证，并缴纳水资源费，取得取水权。新建、扩建、改建建设项目，应当制订节水措施方案，配套建设节水设施。节水设施应当与主体工程同时设计、同时施工、同时投产。

（四）水域保护

首先是实行水功能区划制度，按照流域综合规划、水资源保护规划和经济社会发展要求，拟定国家确定的重要江河、湖泊的水功能区划。其次是饮用水水源保护制度，划定饮用水水源保护区，并采取措施，防止水源枯竭和水体污染，保证城乡居民饮用水安全。禁止在饮用水水源保护区内设置排污口。再次是地下水保护制度，开采地下水必须在水资源调查评价的基础上，实行统一规划，加强监督管理；在地下水超采地区，县级以上地方人民政府应当采取措施，严格控制开采地下水。在地下水严重超采地区，经省、自治区、直辖市人民政府批准，可以划定地下水禁止开采或者限制开采区；在沿海地区开采地下水，应当经过科学论证，采取有效措施防止地面沉降和海水入侵。

第四节 房地产开发中的土地资源保护法律制度

一、土地资源的概念与特征

（一）土地资源的概念

土地是极其宝贵的自然资源，是人类和地球上所有生物生存的基础，是生产力的重要要素。土地的概念可以从地理、生物、经济、社会等各个方面进行界定。从资源角度看，土地资源是指在当前和可预见的未来对人类有用的土地。从狭义看来，有人认为土地资源是地球表面陆地部分，不包含河湖、海洋所包含的面积。如《简明大不列颠百科全书》中解释到："土地就是土壤，即陆地的疏松表层，动物、植物和人类的生存基地。"[1] 从广义看，有人认为土地资源是由地貌、岩石、土壤、植被和水文等因素共同作用下形成的自然综合体。如英国经济学家马歇尔认为："土地是指大自然为了帮助人类，在陆地、海上、空气、光和热等方面所赠予的物质和力量。"[2] 联合国粮农组织的《土地评价纲要》也认为："土地包括影响土地用途潜力的自然环境，如气候、地貌、土地、水文与植被，它包括过去和现在的人类流动的成果。"[3] 广义的定义突出了土地在整个自然资源中的主导地位。

我国《土地管理法》将土地分为农用地、建设用地和未利用地。我国还颁布了《森林法》、《草原法》及《矿产资源法》。从我国法律的规定可以看出，我国土地资源仅指地球表面陆地部分，不包括水域、植被和地下的矿产资源，土地是与水、森林、矿产各自独立、相互并列的环境要素之一。可见，我国法律采用了最狭义的理解。

（二）土地资源的特征

土地的特征是土地本质的外部体现，可分为自然特征和经济特征两个方面。

1. 土地的自然特征。

（1）土地的不可创造性。土地是自然的恩赐，在人类社会产生之前土地就已经存在，土地也不因人类的消灭而消灭。这就是土地的永恒性。人类的活动只能改变土地的占有、利用、分配等关系，或者只能影响土地的肥力及相对位置的变化，而不能创造土地。这也是土地与其他产品的不同。

（2）土地面积具有有限性。土地是自然产物，是不可创造的。土地的面积不可能增加，也没有其他生产资料可以代替。人类有排山倒海的力量，却不能改变土地的面积，而只能根据需要和科学技术的允许，提高土地生产力，提高土地资源的利用率或改变土地的用途，土地的总面积则一般是无法改变的。

（3）土地位置的不可移动性。土地是自然生成物，总是固定在地球表面的某一个经纬度上。土地位置的固定性，决定了它不能移动也不能调换。因此，土地的利用就具有鲜明的地域性。在民法上，土地亦属于典型的不动产，并且为各种不动产权利的承载体或物质基础。

（4）土地质量具有差异性。首先，土地的肥沃程度主要是由土壤的构成、湿度、日照时间、地温、地形和人为保护程度等因素综合决定的。而这些因素随着地域的不同而有所不同。土地肥沃程度造成的土地质量差异明显。现代科学技

---

〔1〕《简明大不列颠百科全书》第8卷，中国大百科全书出版社1986年版，第22页。

〔2〕［英］马歇尔：《经济学原理》上卷，朱志泰译，商务印书馆1964年版，第157页。

〔3〕张薰华主编：《土地与市场》，上海远东出版社1996年版，第26页。

术的发展虽然可以将土地肥沃程度的差别减小，但同时实践也证明，科学技术进步的不平衡性又使得它们的差异更加扩大了。其次，土地位置的不同也使得土地的价值具有差异性。土地距离市场的远近及交通状况亦深刻地影响着土地价格。虽然随着交通业的发展，土地位置的差异会相对缩小，但土地位置差异带来的土地质量的差异却是始终不会消失的。

（5）土地使用价值具有永存性。一般说来，无论是生产资料还是生活资料，都会在使用中丧失其使用价值，然而土地则能始终为人类所利用，永远不会丧失其使用价值。耕地在正确的使用和保护下，其肥力会不断得到改善和提高，已耕地总是能够比荒地产生更多的粮食。即使耕地的肥力丧失，土地还可以改作他用。非农业用地则更是如此，越是反复使用，越合乎使用目的。马克思说："……只要处理得当，土地就会不断地改良。土地的优点是，各个连续的投资能够带来利益，而不会使以前的投资丧失作用。"[1] 随着人口的增加和社会的发展，人们对土地的需求越来越大，不存在没有使用价值的土地，只有尚未被使用的土地。

2. 土地的经济特征。土地的经济特征（或称土地的社会特征），以土地的自然属性为基础和前提，是人们在占有、利用土地的过程中所引起的经济关系。主要有以下几个方面：

（1）土地的有限性以及由此引起的土地经营的垄断。土地的面积是有限的，其稀缺性十分明显，表现在土地的供给上，即适合人们要求的土地与人们的需求相比总是相对不够。土地的有限性不仅是指土地的总量是有限的，更主要是指某一地区用于某种特定目的的土地的数量是有限的。土地的总供给是无弹性的，而土地的需求是有弹性的，因此常常导致土地供给与土地需求的矛盾，导致地租和地价的上涨。在现代的大城市中，土地供不应求的状况尤其严重，在某些繁荣的地段甚至达到"寸土寸金"的程度。现实生活中，商品房价格偏高，很大程度上也是因为地价在建房成本中所占比重过大，地价偏高造成的。土地的稀缺性，必然造成土地经营上的垄断。土地经营上的垄断，是土地自然特性的必然结果。如果土地的位置可以移动，土地不存在肥力和位置上的差别，土地报酬不会递减，土地也不会产生供应上的稀缺和经营上的垄断。

（2）土地报酬具有递减的可能性。土地报酬递减现象是指在技术不变的情况下，对单位面积土地连续投资超过一定限度之后，投资效益有递次减少的趋势，即收益的增加比例低于土地投资的增加比例。比如对一块农地增加施肥，可

---

[1]　《马克思恩格斯全集》第 25 卷，人民出版社 1978 年版，第 879~880 页。

能在一定限度内提高产量，但不会无限制地增产。这个规律同时也存在于房地产制造业。美国一项研究显示，在一块相当面积和地价的土地上建造一座 5 层大楼的投资回报率是 4.26%，建一座 10 层大楼回报率是 6%，20 层则是 7.05%，25 层就下降到了 6.72%，而建一座 30 层的大楼则降到 5.65%。这清楚地表明，建筑物超过 20 层其利润就会递减。这个规律是由土地使用的自然特性和一定时期的技术水平决定的。土地不是聚宝盆，并非不断投入就会不断产出。土地是有一定使用限度的。这也要求人们必须科学、节约地使用土地。[1]

（3）变更土地使用方向具有困难性。土地有许多用途，但变更土地的使用方向则往往是缓慢和困难的事。比如要把一块荒地改造成耕地，要耗费很长的时间。尤其是耕地成为建设用地易，而建设用地复原成为耕地难。土地及其上的建筑物和构建物是结合在一起的，将建筑物移走不仅很困难，而且对社会资源也是一种浪费。并且土地复垦更是很难达到原有土地的质量。因此土地在利用用途上具有准单向性。我国耕地资源相对缺乏，在工业化进程中不可避免的存在城市建设与耕地保护之间的矛盾。土地利用上的准单向性更加要求我们必须注重利用土地的科学性，建立和完善包括土地总体规划和土地用途审批在内的各项制度，谨慎扩展建设用地范围，以可持续发展的态度进行房地产开发，稳定我国耕地保有量。

（4）土地兼具私益性和公益性。土地作为一种重要的生产生活资料，无论对个人、国家还是社会都有重要的意义。就个人而言，土地作为一种财产，是个人衣食住行的基础。无论何人，如不占有、利用一定范围的土地，将无以为生，个人的健全发展更无从谈起。土地这种私有的、独占的经济品格的法律表现即土地的私益性。在我国，个人不能拥有土地所有权，因而土地的私益性是通过个人对公有土地的使用权体现的。就国家和社会而言，土地是构成国家的四要素之一，是社会存在和发展的前提。土地作为数量固定的稀缺资源，除具有一般财货私有的、独占的性格之外，尚具有社会的、公共的性格。[2] 土地与国家、民族和社会整体利益密切相关，因此土地权利的行使还须不违反公共利益，甚至要增进公共利益，这就是土地的公益性，集中体现在国家对土地私有权行使的限制上。土地私益性与公益性结合的特点不因土地所有制是公有还是私有而不同。我们在进行房地产建设时，一定要注意土地私益性与公益性结合的特点，站在社会可持续发展的高度进行土地开发，在维护社会公益的同时追求个人私益的最大化。

---

〔1〕　符启林：《城市房地产开发用地法律制度研究》，法律出版社 2000 年版，第 5 页。

〔2〕　温丰文：《现代社会与土地所有权理论之发展》，台北五南图书出版公司 1984 年版，第 127 页。

二、我国土地资源的特点及其在房地产开发中存在的问题

（一）我国土地资源的特点

1. 土地资源丰富，但人均占有量小。我国幅员辽阔，土地总面积960万平方公里，居世界第三位，占世界陆地总面积的1/15，各类土地资源绝对量都较大。但我国人口达13亿之巨，占世界总人口的22%，人均土地占有量还不到世界人均占有量的1/3。不仅如此，我国土地资源结构不甚理想，农用土地资源比重小。中国土地总面积虽然很大，但是按现有经济技术条件，可以被农林牧渔各业和城乡建设利用的土地资源仅627万平方公里，占土地总面积的65%。其他约1/3的土地，是难以被农业利用的沙漠、戈壁、冰川、石山、高寒荒漠等。在可被农业利用的土地中，耕地约1.35亿公顷，占土地总面积的14%；林地约1.67亿公顷，占17%，耕地和林地所占比重相对较小，只占世界耕地总面积的7%，相当于加拿大的1/17，美国的1/8。由此可见，我国人多地少的矛盾十分突出。

2. 我国土地中山地多、平地少，难以利用和质量低劣的土地比重大。我国属多山地国家，山地（包括丘陵、高原）面积约622万平方公里，占土地总面积的66%，全国1/3的人口、2/5的耕地和9/10的林地分布在山地。山地中有相当一部分是难以被开发利用的。另外，我国土地分布不均匀，高产稳产田数量少且都集中在中东部地区。据统计，在现有耕地中，涝洼地占4%，盐碱地占6.7%，水土流失地占6.7%，红壤低产地占12%，各类低产田合计占耕地总面积的26%，这更加剧了开发利用难度。

3. 耕地后备资源不足。据统计，在我国天然草地、蔬林地、灌木林地和滩涂中，适宜于开垦种植农作物、发展人工牧草和经济林木的土地尚有约3530万公顷，只占全国土地总面积的3.7%，现有可利用荒地资源中，宜农荒地不足世界宜农荒地的2%，且大多分布在边远山区，土地贫瘠，可开发的难度很大。

人口多、人均土地占有量和人均耕地占有量少、耕地后备资源不足，是我国土地资源的基本国情。

（二）我国土地开发保护中存在的问题

我国土地资源在现实生活中遭受着严重破坏。长期以来，我国对土地自然属性和经济属性的认识不足，片面强调发展经济而忽视了对土地资源进行保护，土地开发利用不当，政府管理不力，造成土地资源退化、破坏和浪费严重。主要表现在以下几点：

1. 水土流失严重。中国是世界上水土流失最严重的国家之一，目前全国水土流失面积达367万平方公里，占全国国土面积的38.2%。由于水土流失，全国每年流失土壤超过50亿吨，占世界流失总量的1/5，相当于全国耕地削去了1

厘米厚的肥土层，损失了相当于4000万吨的养分。黄河中上游水土流失面积45万平方公里，平均每年有16亿吨泥沙进入黄河，大量淤积在黄河下游，抬高了河床，造成"地上黄河"的奇观。长江中上游水土流失面积55万平方公里，每年有4亿吨泥沙进入长江，严重影响了三峡工程的建设。与此同时，全国每年人为新增的水土流失面积超过1万平方公里。并且由于水土流失引起了一系列的环境问题。如果这种情况延续下去，问题就会更严重。[1]

2. 土地沙漠化严重。我国土壤沙化现象严重。由于盲目开发、过度放牧、工矿交通建设对植被的破坏及水源变化和沙丘本身的移动，中国土壤沙漠化形势严峻。1985～1995年，我国每年土地沙化面积增加2640平方公里，损失相当于一个中等县的面积。20世纪90年代后期沙化速度更是进一步加剧。目前，我国有5万多个村庄和上百个城市经常受到风沙灾害，对我国经济和社会可持续发展造成了巨大的威胁。[2]

3. 耕地面积锐减。随着人口的增加和城市化、工业化的进行，人们对土地的要求不断增加。我国长期以来对土地资源保护缺乏深刻理解和重视，管理不严，政府保护不利，导致一些地方违法批地，乱开发、乱占地，滥用、浪费土地现象严重。我国的城市数量已达到600多个，比建国初期翻了好几倍。建国以来，我国耗用耕地的总量达8.5亿亩，仅"九五"期间，耕地面积就净减1200万亩。在我国，城镇外延建设和村庄分散建设占用耕地现象严重。其实城市的发展和扩大并不是一定要依靠外延土地面积，它可以向空中和地下发展，在相同的土地面积上作更多的投资，提高土地的集约利用程度。我国在土地开发建设中没有很好地意识到这一点，建设用地集约利用程度不高，更加剧了人地矛盾。

此外，我国还存在土地污染加剧和土壤肥力下降等问题。因此，现阶段加强对土地问题的研究，以可持续发展的眼光对土地资源进行保护性开发利用，是我们十分重要的一项工作。

三、房地产开发中的土地资源保护法律制度

土地资源的自然属性及特征决定了对其进行法律保护的重要性和必要性，从而也决定了其保护情况对环境质量的影响。土地资源的经济属性和自然属性之间存在矛盾，表现为个人利益和公共利益的冲突，为了解决这一冲突，法律应该使个人承担一定的义务，从而对个人利益加以控制。[3] 从我国的立法实践及国外

---

〔1〕 蔡守秋：《环境法学教程》，科学出版社2002年版，第262页。

〔2〕 曲格平："关于《中华人民共和国防沙治沙法（草案）》的说明"，载《中华人民共和国全国人民代表大会常务委员会公报》2001年第6号。

〔3〕 楚道文："物权的生态化研究"，载《政法论丛》2008年第1期。

有关法律制度来看，对土地资源的保护，集中体现为对农地的保护，我国一般称其为耕地保护。耕地保护法律制度是土地资源保护法的核心内容。

耕地是土地资源中的精华，其直接关系到国民经济的发展、人民生活的安定和子孙后代的生存。因此，加强有关立法，完善农业用地法律制度，是国家法制建设的一项重要任务。我国属于人多地少、土地资源相对贫乏的国家，无论人均占有耕地面积还是人均占有土地面积，都大大低于世界平均水平。这种客观情况决定了我国的土地立法必须把农业用地，尤其是耕地的管理、利用和保护作为中心内容，建立起较为完备的耕地保护法律制度，对耕地实行特殊保护。这是我国国情的要求，也是保护人民根本利益和长远利益的需要。

从有关立法的发展可以看出，我们国家对耕地的保护主要体现在两个方面：一是稳定耕地的面积；二是保护耕地的质量。

（一）稳定耕地数量的法律制度

1. 用途管制制度。耕地数量减少的主要原因是各项经济建设占用耕地和农业生产结构调整占用耕地。因此，保护耕地的重要措施就是对耕地转为非耕地实行严格的限制。

（1）实行严格的用途管制制度，通过制定土地利用总体规划，限定建设可以占用土地的区域；

（2）通过年度建设用地计划，控制各项建设占用土地（包括耕地）的数量；

（3）农用地转为建设用地要报省级以上人民政府批准。通过这些具体的制度使各项建设占用耕地的数量降到最低限度。

2. 占用耕地补偿制度。我国《土地管理法》明确规定，非农业建设项目经批准占有耕地的，要按照"占多少，垦多少"的原则，由占用耕地者负责开垦与所占用耕地的数量和质量相当的耕地，没有条件开垦或者开垦的耕地不符合要求的，应当按照省、自治区、直辖市的规定缴纳耕地开垦费，专款用于开垦新的耕地。

3. 基本农田保护制度。基本农田是根据一定时期人口和国民经济对农产品的需求以及对建设用地的预测，而确定的在土地利用总体规划期内，未经国务院批准不得占用的耕地。[1] 划定基本农田保护区，对基本农田保护区内的耕地实行特殊保护，是我国国情的需要。基本农田保护划定的范围包括：

（1）经国务院有关主管部门或县级以上地方人民政府批准确定的粮、棉、油生产基地内的耕地；

---

[1] 卞耀武、李元主编：《中华人民共和国土地管理法释义》，法律出版社 1998 年版，第 115 页。

（2）有良好的水利和水土保持设施的耕地，正在实施改造计划以及可以改造的中、低产田；

（3）蔬菜生产基地；

（4）农业科研、教学试验田；

（5）国务院规定应当划入基本农田保护区的其他耕地。

依照《土地管理法》的规定，各省、自治区、直辖市划定的基本农田应占本行政区域内耕地的80%以上。这些具体措施和制度的严格执行，对我国耕地数量的保护和保证耕地总量动态平衡目标的实现，起到了十分重要的作用。

4．退耕补贴制度。对于因生态建设退耕和灾害毁损等原因减少的耕地，国家从中央收缴的土地有偿使用收益中，对退耕和灾毁耕地较多的省、区，予以开垦耕地经费上的补贴。

（二）保护耕地质量的法律制度

耕地质量的退化必然导致耕地生产能力的下降，直接影响农业生产的发展。而耕地质量退化的主要原因是水土流失、土壤污染、土地沙化和盐碱化等。为了保护耕地，防止土地质量下降，建国后国家制定的许多规范性文件中，都对耕地质量保护问题作了规定。归纳起来，主要有以下几个方面：

1．防止水土流失。我国的水土流失是比较严重的，因此保护耕地质量首先要防止水土流失。早在1978年我国制定的《水土保持暂行纲要》中，就明确规定了预防水土流失的具体措施。1982年国务院发布的《水土保持工作条例》进一步明确规定"25°以上的陡坡地禁止开荒种植农作物。省、自治区，直辖市人民政府可以根据当地地形、地貌、土壤，耕地和人口密度等情况，规定低于25°的禁垦坡度。"同时还规定："现有的坡耕地在禁垦坡度以上的，应根据不同情况区别对待：人少地多的社队，应在平地和缓坡地积极建设基本农田，提高单位面积产量，将坡耕地退耕还林种草，人多地少的社队退耕确有困难的，应当按照坡度大小，规定期限，修成梯田或者采取其他水土保持措施，现有坡耕地在禁垦坡度以下的，应采取等高耕种，等高垄沟种植，草田轮作，修梯田等水土保持措施，防止水土流失。"1991年6月29日颁布的《中华人民共和国水土保持法》，总结过去水土保持工作的经验，规定"各级人民政府应当组织农业集体经济组织和农民，有计划地对禁止开垦坡度以下、5度以上的耕地进行治理，根据不同情况，采取整治排水系统、修建梯田、蓄水保土耕作等水土保持措施。"这就为耕地的保护提出了更高的要求。[1]

---

〔1〕 高俊杰主编：《实用土地管理》，中国科学技术出版社1992年版，第795页。

2. 防止耕地盐碱化。土地盐碱化，主要是由于水的排灌措施不当或受海潮浸渍和海水倒灌顶托的影响而排水困难引起的。为了防止土地盐碱化，保护耕地质量，我国的《土地管理法》、《环境保护法》以及其他相关法规都明确规定，各级人民政府在开发、利用、调度、调节水资源的时候，应当维持地下水体的合理水位，以防止过量抽取地下水，导致土地盐碱化，并要求各级人民政府采取措施保护耕地，维护排灌工程设施，改良土壤以提高地力，防止土地沙化、盐渍化。

3. 防止耕地污染。在农业生产中，由于化肥和农药的大量使用，以及污水灌溉和来自大气的沉降物，耕地污染日益严重。防止土地污染已成为保护耕地质量的重要环节。为了防止耕地污染，保护耕地质量，国家制定的许多法规中都对此作了规定。例如《农田灌溉水质标准》规定，农业部门和单位在利用工业废水和城市污水灌溉时，应当持积极慎重的态度，确实做到既充分利用污水的水肥资源，促进农业生产，又避免污染环境和农产品。《工业企业设计卫生标准》也规定，选择场地时，必须防止工业废气扩散，防止工业废水的排放和工业废渣的堆置污染土壤。《中华人民共和国环境保护法》还规定："要积极发展高效、低毒、低残留农药，推广综合防治和生物防治，合理利用污水灌溉，防止土壤和作物污染。"

4. 土地复垦制度。1998 年国务院颁布的《土地复垦条例》对土地复垦作出了明确规定：

（1）开采矿产资源、烧制砖瓦、燃煤发电等生产建设活动造成土地破坏的，应当按"谁破坏，谁复垦"的原则，对因挖损、塌陷、压占等造成破坏的土地，采取整治措施，使其恢复到可供利用的状态。

（2）因挖损、塌陷、压占等造成土地破坏的，用地单位和个人应当按照有关规定负责复垦，没有条件复垦或者复垦不符合要求的，应当缴纳土地复垦费，专项用于土地复垦。

（3）人民政府应当制定土地复垦计划，并根据经济合理的原则和自然条件及土地破坏的状态，确定复垦后的土地用途。

（4）有土地复垦任务的建设项目的可行性报告和设计任务书中应有土地复垦的内容。

5. 耕作层的保护。耕地的耕作层是经过多年耕种形成的宝贵资源，为了保护耕地质量，我国的《土地管理法》借鉴国外工程建设将耕作层剥离用于新开垦耕地的成功经验，明确规定县级以上地方人民政府可以要求占用耕地的单位，将所占耕地耕作层的土壤用于新开垦耕地、劣质地或者其他耕地的土壤改良。

实践证明，这些耕地保护制度的实施对于我国耕地质量的保护及土地污染的防治发挥了重要的作用。

■思考题

1. 简述我国房地产开发环境保护的立法及其不足。
2. 我国房地产开发中的污染防治法律制度有哪些?
3. 简述我国房地产开发中的水资源保护法律制度。
4. 试回答土地资源的概念与特征。
5. 论述我国土地资源开发中存在的问题及主要的保护法律制度。

■参考文献

1. 《简明大不列颠百科全书》第 8 卷,中国大百科全书出版社 1986 年版。
2. [英] 马歇尔:《经济学原理》上卷,朱志泰译,商务印书馆 1964 年版。
3. 张薰华主编:《土地与市场》,上海远东出版社 1996 年版。
4. 《马克思恩格斯全集》第 25 卷,人民出版社 1978 年版。
5. 符启林:《城市房地产开发用地法律制度研究》,法律出版社 2000 年版。
6. 温丰文:《现代社会与土地所有权理论之发展》,台北五南图书出版公司 1984 年版。
7. 蔡守秋:《环境法学教程》,科学出版社 2002 年版。
8. 曲格平:"关于《中华人民共和国防沙治沙法(草案)》的说明",载《中华人民共和国全国人民代表大会常务委员会公报》2001 年第 6 号。
9. 卞耀武、李元主编:《中华人民共和国土地管理法释义》,法律出版社 1998 年版。
10. 高俊杰主编:《实用土地管理》,中国科学技术出版社 1992 年版。

第十一章　房屋转让法律制度

■学习目的和要求

　　本章主要讲述我国的房屋转让法律制度。对本章的学习，应着重掌握商品房买卖的概念、商品房买卖合同制度、商品房预售制度，掌握商品房买卖的法律特征、预售商品房的条件和程序。理解商品房现售与商品房预售之间的区别，理解商品房买卖合同效力的认定等问题。了解商品房预售中的监管制度、农村房屋转让和涉外房屋转让的有关制度。

第一节　商品房买卖概述

一、商品房买卖的概念和法律特征

（一）商品房买卖的概念

　　房屋转让，是指房屋权利人通过买卖、赠与或者其他合法方式将其房屋转移给他人的行为。其中，房屋买卖是主要的转让方式。按照房屋所有权人的不同，房屋的买卖可以分为公房买卖、城镇私房买卖、农村房屋买卖、商品房买卖等几种类型。

　　商品房是我国特有的概念，仅指房地产开发商开发出来的用于租售的房屋。[1] 商品房是指房地产开发商在国有土地上开发，建成后用于出售的住宅、商业用房以及其他建筑物。商品房买卖是本章论述的重点内容，它是指商品房所有权人将其商品房转让给买受人，并由买受人支付价金取得商品房所有权的法律行为。

　　在商品房买卖市场中，因出卖主体的不同而划分为一级市场和二级市场。商品房买卖一级市场通常称为商品房销售市场，是以开发商作为出卖人的商品房买卖市场，包括商品房现售和商品房预售。所谓商品房现售，是指房地产开发企业

---

〔1〕　高富平、黄武双：《房地产法学》，高等教育出版社2006年版，第211页。

将竣工验收合格的商品房出售给买受人，并由买受人支付房价款的行为。所谓商品房预售，是指房地产开发企业将正在建设中的商品房预先出售给买受人，并由买受人支付定金或者房价款的行为。商品房买卖二级市场是指以开发商以外的其他主体作为出卖人的商品房买卖市场。

（二）商品房买卖的法律特征

1. 商品房买卖主体的平等性。商品房买卖的当事人为平等的民事主体，当事人双方根据意思自治的原则在法律规定的范围内自由地设定双方的权利义务关系，并主要通过合同的形式将其加以明确。

2. 商品房买卖对象的特殊性。商品房买卖的对象是作为特殊商品的商品房。商品房的特殊性在于它属于不动产，因为区域差异性和不可移动性等特点，使得商品房具有唯一性，即不存在完全相同的两处商品房。

3. 商品房买卖行为的要式性。根据《城市房地产管理办法》第41条的规定，商品房买卖应签订书面合同。可见，商品房买卖行为属于要式法律行为。

我国在规范商品房买卖方面的法律法规多种多样，既有关于商品房买卖的基本法律《城市房地产管理法》，也有关于商品房买卖的规章，如：《城市房地产转让管理规定》、《商品房销售管理办法》、《商品房预售管理办法》等。我国还有大量的关于商品房买卖的地方法规，这些地方法规一方面能够根据当地的商品房买卖市场的实际情况对其作出法律调整，另一方面对于全国性立法尚不完善之处作出了相应的法律规定，弥补了全国性立法的不足。此外，在《合同法》、《物权法》、《担保法》等其他法律法规中，也对商品房买卖的相关制度作出了相应的规定。另外，最高人民法院等制定的相关司法解释也是商品房买卖相关法律制度的重要渊源。

二、商品房买卖的主要制度

（一）商品房买卖的原则

我国商品房买卖的主要原则是房屋所有权与土地使用权同时转让原则。[1]商品房建筑于土地之上，当事人就商品房进行买卖，就会涉及土地或土地使用权与商品房之间的关系。《城市房地产管理法》第32条规定："房地产转让、抵押时，房屋的所有权和该房屋占用范围内的土地使用权同时转让、抵押。"按照该规定，商品房的所有权和该商品房占用范围内的土地使用权必须同时转让。商品房附着于土地之上，商品房的所有权与其所占土地的使用权的权利主体必须合

---

〔1〕 也有学者称其为房地产权利主体一致原则，即土地使用权和土地上的房屋等建筑物和附着物所有权的主体一致，两项权利归属于同一主体。参见唐德华、高圣平主编：《房地产法及配套规定新释新解》，人民法院出版社2002年版，第453页。

一，如若商品房所有权人未取得土地使用权，则其就商品房所占范围内的土地上所为的一切行为均应取得土地使用权人的同意，否则就会构成对土地使用权人权利的侵害，而所有权的价值在于其是一项排除任何他人干涉的权利，一旦其行使受到限制，就是一项不完整的权利，也即商品房所有权人取得的所有权就没有实际意义。同样地，土地使用权转让时，当土地上未有建筑物时，则不受此原则限制，可是当土地之上有商品房时，此商品房也必须随土地使用权一同转让。如若土地使用权人未取得商品房的所有权，则其要使用土地就必须征得商品房所有权人的同意，否则就构成对商品房所有权人权利的侵害，这样的权利同样是不完整的，土地使用权人所取得的使用权也就失去了实际意义。

（二）商品房价格管理制度

商品房价格管理制度包括商品房管理价格定期公布制度、商品房价格评估制度和商品房成交价格申报制度三个方面。

1. 商品房价格定期公布制度。《城市房地产管理法》第 33 条规定："基准地价、标定地价和各类房屋的重置价格应当定期确定并公布。具体办法由国务院规定。"与商品房买卖相关的是房屋的重置价格公布制度。尽管商品房买卖是平等的民事主体之间的行为，商品房买卖价格的确定也应交由当事人双方按照意思自治的原则加以确定，国家不宜过多干涉，但是我国房地产市场刚刚形成，房地产价格还比较混乱，房地产开发经营企业通过各种不正当价格欺瞒购房者，对于其他经营者构成不正当竞争，进而牟取暴利的情况屡见不鲜。因而国家对商品房价格实施宏观管理，有利于加强对整个房地产市场的宏观调控，对于房地产市场秩序的维护，对于整个房地产业的健康发展都有着重要的意义。

2. 商品房价格评估制度。《城市房地产管理法》第 34 条规定："国家实行房地产价格评估制度。房地产价格评估，应当遵循公正、公平、公开的原则，按照国家规定的技术标准和评估程序，以基准地价、标定地价和各类房屋的重置价格为基础，参照当地的市场价格进行评估。"本条对于商品房价格评估的原则、内容、形式作出了原则性的规定。另外，建设部发布的《城市房地产市场估价管理暂行办法》也对商品房价格评估管理的相关制度作出了相应的规定，特别是对于商品房价格的评估和程序问题作出了详细的规定。实行商品房价格评估制度，为商品房的转让提供基础价格，有利于商品房买卖市场秩序的规范，也有利于维护商品房权利人的合法权益，同时还有利于保证国家的税收征收，从而保证国家利益不受损失。

3. 商品房成交价格申报制度。《城市房地产管理法》第 35 条规定："国家实行房地产成交价格申报制度。房地产权利人转让房地产，应当向县级以上地方人民政府规定的部门如实申报成交价，不得瞒报或者作不实的申报。"实行商品房成交价格申报制度，不但有利于国家加强税收征收管理，保障国家税收收入，而且有利于国家了解和掌握商品房市场的行情，实施必要的宏观调控。此项制度具体包括两项内容：首先不得瞒报，即商品房权利人必须按照有关规定及时申报成交价格，而不能隐瞒不报；其次不得虚报，即商品房权利人必须申报转让商品房的实际价格，而不能做不实的申报。

国家对于商品房买卖的价格进行管理，能够较好地抑制商品房买卖市场中的投机行为，对商品房市场的可持续发展有着重要的意义。

（三）商品房登记公示

《城市房地产管理法》第36条规定："房地产转让、抵押，当事人应当依照本法第五章的规定办理权属登记。"该法第五章对于房地产权属登记作了详细的规定，同时《物权法》以及2008年2月15日由原建设部发布的《房屋登记办法》对房屋的登记作了专门的规定。根据物权法的一般原则，不动产物权的变动以登记为公示原则。以买卖方式取得商品房，需将移转权利的意思登记公示，否则不能产生商品房权利变动的效力。公示对于市场经济秩序的建立和维护具有十分重要的意义，其有利于确定物权归属，解决物权冲突，保护交易安全和维护交易秩序，减少交易费用和提高效率，实现国家对商品房交易的宏观调节和监控。

案例与评析

甲有商品房一套，因出国工作，欲出售于他人。2006年6月1号，经与乙协商，甲以15万元的价格将房屋卖给乙，双方签订了书面买卖合同，约定乙先交6万元预付款，甲将房屋交给乙使用，因为甲外出比较急，所以约定等甲回来后再办理房屋产权过户登记，到时乙再付另外的9万元。12月6号，甲从国外回来，发现房价已涨，要求乙再加付2万元，乙不同意。12月12号，甲背着乙将该房屋以17万元的价格卖给丙并立即办理了房屋产权过户登记。12月20号，甲将5万元预付款交还乙，并要求乙搬出其房屋，遭到乙拒绝，双方争执不下，诉至人民法院。

这个案例就是典型的关于"一房二卖"的问题。依据《合同法》的规定，甲和乙、甲和丙的买卖合同都是有效的。又根据《物权法》第9条，不动产物权的设立、变更、转让和消灭，经依法登记，发生效力；未经登记，不发生效力，但法律另有规定的除外。所以，在房屋双重买卖的情况下，两个房屋买卖合同都是有效的，但只有办理过户登记的一方能够取得房屋的所有权，而另一买受人只能以履行不能要求出卖人承担违约责任。[1] 甲和乙的买卖合同虽然已经履行，但是并没有办理房屋产权过户登记，不发生所有权转移的效力，不能对抗第三人，所以乙并没有取得该房屋的所有权。而丙到房地产部门办理了登记过户手续，房屋所有权发生转移，丙取得房屋的所有权。但是，虽然乙没有取得房屋所有权，他和甲之间的买卖合同却是真实有效的，只不过因为丙已经取得了房屋的所有权，甲乙之间的合同就发生了履行不能，甲必须承担合同履行不能的违约责任，包括返还已付购房款及利息、赔偿损失等。基于以上分析，本案中丙取得了房屋的所有权，其权利应该受到法律的保护；而乙由于没有办理登记过户手续，所以不能取得房屋的所有权，但是可以请求甲承担返还已付购房款及利息、赔偿损失和不超过已付购房款一倍的赔偿责任。

当然，如果是先买受人办理了登记手续，则房屋所有权已经发生移转，出卖人其后再将同一标的物出卖与他人的，就其性质而言，与出卖他人之物没有差别。[2]

三、商品房现售

商品房现售，是指房地产开发企业将竣工验收合格的商品房出售给买受人，并由买受人支付房屋价款的行为。与其他商品销售一样，商品房现售受法律特别是民法关于商品销售的各种规定的调整。但是，由于其销售的标的是商品房，价值一般比较大，且当事人双方在财力上往往处于不平等的地位，特别是买受人一方常常处于弱势地位，因而相关的法律特别是房地产法律对商品房现售又有一些特殊的规定，我们在此处将就商品房现售的一些特殊问题进行介绍。

（一）商品房现售的出卖人和买受人

商品房现售的出卖人一般为房地产开发商或者是其委托的中介机构，而对于商品房的买受人，各地一般根据实际情况对不同种类的商品房规定了不同类别的买受人。如许多地方实行外销商品房和内销商品房分类管制的作法。在这种分类管制下，各地的内销商品房仅出售给具有本地常住户口的居民和在本地注册登记的机关、企事业单位。但是随着房地产市场规模的扩大以及商品房买卖的日益增多，为了适应房地产市场的发展，各地已经相应调整了对内销商品房买受人的限制政策。以上海为例，上海在1992年规定内销商品房的销售对象为：有上海市常住户口的居民（包括归侨、侨眷）；在上海市注册登记的机关、企业、事业单位；中央和外省市驻沪机构；来沪经营的单位、个人和经批准引进的外地人才；

---

[1] 付欣刚：“房屋双重买卖的若干问题探讨”，载《政法论丛》2004年第2期。
[2] 付欣刚：“房屋双重买卖的若干问题探讨”，载《政法论丛》2004年第2期。

要求购买住房给常驻上海市的亲属（或代理人）居住的港澳台同胞、华侨和外籍华人；为解决本企业外籍职工临时居住而购买住宅的在沪外商投资企业。1993年，上海对利用外资开发经营内销商品住宅项目的销售对象放宽为国内的个人或企业、事业单位、机关、团体等。从1996年8月1日起，上海市新建内销商品房的买受人扩大为：境内内资企业、事业单位、机关、团体、其他组织及具备合法身份的中国公民，在境外留学或工作、未取得长期居留权的中国公民，在境外注册的"三资"企业（限于购买新建内销商品住宅，供本单位员工居住）。从1999年12月1日起，上海市内销商品住宅的销售对象又扩大为：中国境内的公民、法人、其他组织和改革开放后赴境外的中国公民。而从2001年8月开始，我国在上海市首先实行内外销商品房并轨，取消了内销与外销的限制。

（二）商品房现售的条件

依据《城市房地产管理法》，特别是《商品房销售管理办法》第7条的规定，商品房现售一般应具备以下几项条件：

1. 现售商品房的房地产开发企业应当具有企业法人营业执照和房地产开发企业资质证书；由房地产开发企业自行销售的，必须经房地产开发主管部门核准；委托中介机构销售的，接受委托的中介机构必须取得相应的资格；

2. 取得土地使用权证书或者使用土地的批准文件；

3. 持有建设工程规划许可证和施工许可证；

4. 已通过竣工验收，即：商品房工程已竣工并经建设工程质量监督部门验收合格，取得验收合格证书；

5. 拆迁安置已经落实；

6. 供水、供电、供热、燃气、通讯等配套基础设施具备交付使用条件，其他配套基础设施和公共设施具备交付使用条件或者已确定施工进度和交付日期；

7. 物业管理方案已经落实。

此外，房地产开发企业应当在商品房现售前将房地产开发项目手册及符合商品房现售条件的有关证明文件报送房地产开发主管部门备案，并且经测绘机构对房屋和土地使用权面积进行测定。属于住宅商品房的，需经过住宅建设管理部门审核，取得《住宅交付使用许可证》。出售房产应到房地产登记部门办理新建商品房初始登记，取得《房地产权证》。如果房地产开发企业销售设有抵押权的商品房，其抵押权的处理按照《担保法》、《城市房地产抵押管理办法》、《物权法》的有关规定执行。

同时，《商品房销售管理办法》第10条至第12条对于商品房销售规定有禁止性条件：

1. 房地产开发企业不得在未解除商品房买卖合同前，将作为合同标的物的商品房再行销售给他人；

2. 房地产开发企业不得采取返本销售或者变相返本销售的方式销售商品房；

3. 房地产开发企业不得采取售后包租或者变相售后包租的方式销售未竣工商品房；

4. 商品住宅按套销售，不得分割拆零销售。

（三）商品房销售代理

1. 代理机构。代理机构是接受房地产开发企业的委托，提供商品房销售中介服务的机构。按照《商品房销售管理办法》第25条的规定，房地产开发企业委托中介服务机构销售商品房的，受托机构应当是依法设立并取得工商营业执照的房地产中介服务机构。

2. 委托合同。委托合同是开发商与代理销售机构之间以商品房销售代理行为中的权利义务为内容达成的协议。按照《商品房销售管理办法》第25条的规定，该委托合同是要式合同，房地产开发企业应当与受托房地产中介服务机构订立书面委托合同，并且应在委托合同中载明委托期限、委托权限以及委托人和被委托人的权利、义务等内容。

3. 商品房销售代理中的行为约束。

（1）受托房地产中介服务机构销售商品房时，应当向买受人出示商品房的有关证明文件和商品房销售委托书。

（2）受托房地产中介服务机构销售商品房时，应当如实向买受人介绍所代理销售的商品房的有关情况。

（3）受托房地产中介服务机构不得代理销售不符合销售条件的商品房。

（4）受托房地产中介服务机构在代理销售商品房时不得收取佣金以外的其他费用。

（5）商品房销售人员应当经过专业培训，方可从事商品房销售业务。

第二节 商品房买卖合同

一、商品房买卖合同的概念

商品房买卖合同，是指商品房买卖人与受让人之间订立的转让房地产的协议。这种合同的签订是在当事人平等、自愿基础之上的一种民事法律行为。这种合同应遵循一般民法的基本原则，当事人的法律地位、权利义务、责任承担等均应适用民法的一般规定。

二、商品房买卖合同的订立

按照《城市房地产管理法》和《商品房销售管理办法》的规定，商品房买卖必须签订书面合同。而且按照《合同法》的规定，房地产买卖合同的订立必须经历要约与承诺两个阶段。

（一）要约

要约是一方当事人向对方当事人提出签订买卖房地产合同的意思表示。该意思表示必须符合如下要求：

1. 明确地向对方表明买卖房地产的意图；

2. 具体写明房地产的数量、质量、坐落、价格、交付方式及期限等主要内容；

3. 表明请对方当事人在规定的期限内给予答复的要求；

4. 要约必须送达受要约人。

要约不同于要约邀请。要约是具有法律约束力的意思表示，要约人要受到自己发出的要约的约束；而要约邀请仅是邀请对方向自己发出要约，要约邀请不具有法律效力。广告宣传一般为要约邀请，不具有法律约束力，但在实践中有的开发商故意夸大其辞，宣传推介商品房，实际交付的房屋却与广告宣传有较大差异，导致购房人的合法权益得不到相应的保障。针对实践中出现的争议，2003年6月1日起实施的《最高人民法院关于审理商品房纠纷案件适用法律若干问题的解释》第3条明确规定：商品房的销售广告和宣传资料为要约邀请，但是出卖人就商品房开发规划范围内房屋及相关设施所作的说明和允诺具体确定，并对商品房买卖合同的订立以及房屋价格的确定有重大影响的，应当视为要约。该说明和该允诺即使未载入商品房买卖合同，亦应视为合同内容，当事人违反的，应当承担违约责任。这一规定，有利于保障购房人的合法权益。

（二）承诺

承诺则是当事人一方对另一方所提出的要约或反要约表示完全同意的意思表示。承诺必须明确表示同意要约人或反要约人的意见，并且全部接受了对方提出的合同内容。

（三）合同成立与生效

《合同法》第44条规定："依法成立的合同，自成立时生效。法律、行政法规规定应当办理批准、登记等手续生效的，依照其规定。"双方当事人订立合同经过要约与承诺过程之后，合同成立。依法成立的合同具有法律约束力。当事人应当按照约定履行自己的义务，不得擅自变更或者解除合同。

在司法实务中，有的买受人为了减少交易成本以达到规避税费缴纳之目的，常常要求出卖人配合，以表面上赠与的方式进行商品房买卖，即双方签订一个具有真实意思表示的买卖合同，同时签订一个赠与合同，并持该赠与合同办理产权转移过户登记手续，作为双方真实意思的买卖合同被隐藏起来，则该买卖合同的效力如何？这属于法律上的隐藏行为，即表意人为虚假的意思表示，但其真意为发生另外法律效果的意思表示。关于隐藏行为的效力，通说认为，隐藏行为中的虚假意思表示无效，隐藏的真实意思表示是否有效，应依该真实意思的相关法律规定确定。根据法学理论，被隐藏的房屋买卖合同应当具有法律效力，而虚假的赠与合同应当无效。但实务中，当事人因此发生纠纷的，往往无法举出有力的证据证明双方交易为"假赠与真买卖"，因此，往往以赠与合同确定当事人之间的法律关系。这对于出卖方来说，可能面临无法收取房屋价款的风险。

另外，这种隐藏交易对于买受方还有其他不容忽视的风险。如根据相关法律规定，如果新的房屋所有权人再次进行房屋转让的话，应按照房屋的总价额征收个人所得税，而不是按照买入和卖出的价差征收个人所得税。

与上述现象相似的是：在实践中还存在着一种"阴阳合同"的问题。所谓"阴阳合同"指的是当事人一次房屋交易，却故意签订两份买卖合同，一份为当事人真实意思表示的买卖合同，另一份为送交房地产管理部门办理过户登记手续使用的合同，也即经过登记的合同并不是当事人真实要履行的合同。后者因为送交有关部门备案，因此称之为"阳合同"，前者因为属于私下签订，不能公开，称为"阴合同"。由于房屋交易税费按照房屋成交价格的一定比例缴纳，因此，有的当事人为了少缴部分税费，通过"阴合同"约定真实的交易价格，通过"阳合同"约定较低的交易价格。对于"阴阳合同"的效力问题，实务中经常发生争议。一方面因为举证责任难的问题，另一方面也因为当事人签订两个合同具有恶意，因此，若是发生法律纠纷的话，人民法院将会依据经过登记的合同来确定当事人的权利义务关系。

三、商品房买卖合同的主要内容

商品房买卖合同是明确双方当事人权利义务的主要依据。一般而言，商品房买卖合同应当具备以下内容：

（一）当事人名称或者姓名和住所

在实践中，一般要求在合同中列明当事人双方的名称或姓名，记载营业执照或身份证号码，列明双方当事人的住所等确定身份的事项。

（二）商品房基本状况

商品房买卖合同的标的就是商品房。在订立买卖契约时，对于商品房首先要审查其是否符合有关法律对商品房买卖的要求。同时，合同必须明确商品房坐落位置、部位、类型、结构、房屋朝向、门牌号码等，房屋附属设施是否一同转让也应注明。根据《城市房地产管理法》的规定，合同中应当载明土地使用权的取得方式。公共配套建筑等物业的产权归属应当在合同中明确列明，这是减少纠纷的一个十分重要的措施。

（三）商品房的销售方式

前已述及，商品房销售分为商品房现售和商品房预售，应在商品房买卖合同中注明是何种销售方式。

（四）商品房价款

这是商品房买卖合同中的核心条款，包括商品房价款的确定方式及总价款、付款方式、付款时间等事项。

这是受让人取得商品房产权所支付的代价，是商品房买卖合同必备的条款。我国实行对房地产价格规定基础价格的制度，即国家定期确定并公布地产基准地价、标定地价及各类房屋的重置价格，同时实行商品房价格评估制度及商品房成交价申报制度。

按照《商品房销售管理办法》的规定：商品房建筑面积由套内建筑面积和分摊的共有建筑面积组成，套内建筑面积部分为独立产权，分摊的共有建筑面积部分为共有产权，买受人按照法律、法规的规定对其享有权利，承担责任。商品房可以按套（单元）计价，也可以按套内建筑面积或者建筑面积计价。按套（单元）计价或者按套内建筑面积计价的，商品房买卖合同中应当注明建筑面积和分摊的共有建筑面积。按套（单元）计价的现售房屋，当事人对现售房屋实地勘察后可以在合同中直接约定总价款。

按套（单元）计价的预售房屋，房地产开发企业应当在合同中附所售房屋的平面图。平面图应当标明详细尺寸，并约定误差范围。房屋交付时，套型与设计图纸一致，相关尺寸也在约定的误差范围内，维持总价款不变；套型与设计图纸不一致或者相关尺寸超出约定的误差范围，合同中未约定处理方式的，买受人可以退房或者与房地产开发企业重新约定总价款。买受人退房的，由房地产开发企业承担违约责任。

实践中，各地的商品房买卖价款通常是采取按建筑面积或套内面积计价的方式，但也允许当事人选择以按套（单元）计价的方式。如果商品房买卖合同中未明确究竟是采取按建筑面积计价还是采取按套（单元）计价的方式，则应从一般法理出发，对合同的有关条款作出合理的解释。合同中表明每平方米单价的，除了有相反的明确约定以外，应当认定是采取按面积计价的方式结算房款；合同中未标明每平方米单价而只有房价款总额的，应当认定是采取按套（单元）计价的方式结算房价款。

（五）面积和面积误差的处理方式

合同中关于面积数量的约定必须明确，应当使用明确的量词，而不应笼统称几房几室等。注明面积，应明确是建筑面积还是实际使用面积，同时还必须明确公用面积的分摊等。

按套内建筑面积或者建筑面积计价的，当事人应当在合同中载明合同约定面积与产权登记面积发生误差的处理方式。合同未作约定的，依据《商品房销售管理办法》第 20 条的规定，按照以下原则处理：①面积误差比绝对值在 3% 以内（含 3%）的，据实结算房价款。②面积误差比绝对值超出 3% 时，买受人有权退房。买受人退房的，房地产开发企业应当在买受人提出退房之日起 30 日内将买受人已付房价款退还给买受人，同时支付已付房价款利息。买受人不退房的，产权登记面积大于合同约定面积时，面积误差比在 3% 以内（含 3%）部分的房价款由买受人补足；超出 3% 部分的房价款由房地产开发企业承担，产权归买受人。产权登记面积小于合同约定面积时，面积误差比绝对值在 3% 以内（含 3%）部分的房价款由房地产开发企业返还买受人；绝对值超出 3% 部分的房价款由房地产开发企业双倍返还买受人。

其中，面积误差比的计算公式如下：

$$面积误差比 = \frac{产权登记面积 - 合同约定面积}{合同约定面积} \times 100\%$$

（六）交付

该条款包括合同价款的交付和合同标的的交付两个方面。价款的交付包括价款的交付方式和期限等问题，如一次性付款、分期付款以及以按揭贷款的方式付款。商品房的交付包括商品房交付时的使用条件、交付日期、过户登记手续的办理、有关税费的缴纳等事项。

商品房交付时的使用条件在实践中是经常发生纠纷的一个问题。所以，双方当事人应当在合同中明确约定商品房交付时的装饰、设备标准，供水、供电、供热、燃气、通讯、道路、绿化等配套基础设施和公共设施的交付承诺及有关权益、责任等事项。

（七）违约责任

商品房买卖合同亦适用民事合同的全面履行原则，如果当事人违反合同的约定，不履行或者不完全履行合同规定的义务，则必须承担违约责任。具体承担责任的方式有支付违约金、赔偿损失；有定金约定的应当执行定金罚则。合同既约定了违约金又约定了定金的，只能是选择适用，守约人不能主张两者同时并用。

上述七点是商品房买卖合同的必备条款，除此之外，商品房买卖合同还可以包括设计变更、争议的解决方式等条款。

四、商品房买卖合同与土地使用权出让合同的关系

1. 商品房买卖合同以土地使用权出让合同的存在为有效的前提条件。商品房买卖合同的出卖人对土地并无所有权而只有使用权，出卖人的使用权是基于其与土地所有人签订的土地使用权出让合同而产生的。出让合同是受让人享有使用权的依据，也是确定商品房买卖合同的出卖人使用权范围的标准。如果出让合同不存在或者无效，出卖人转让土地使用权的行为就是无权处分，商品房买卖合同就不产生法律效力。

2. 土地使用权出让合同中规定的受让人的权利义务、土地使用规则、其他建设条件等条款仍然适用于商品房买卖合同，且必须成为转让合同的一部分内容。无论商品房买卖合同中的买受人是谁，也无论经过多少次买卖，新的土地使用权人都要承担出让合同规定的权利义务。随着商品房买卖合同的订立与生效，出让合同规定的建设条件、土地用途和规划要求随之转移并且应严格执行。如需改变，应向出让人提出申请，经政府有关部门审查、批准后，重新签订出让合同。

3. 商品房买卖合同约定的土地使用权使用年限受到土地使用权出让合同约定的年限的限制。我国《城市房地产管理法》第43条规定："以出让方式取得土地使用权的，转让房地产后，其土地使用权的使用年限为原土地使用权出让合同约定的使用年限减去原土地使用者已经使用年限后的剩余年限。"这说明，商品房买卖合同约定的土地使用权的使用年限以原土地使用权出让合同约定的期限为限。不过按照《物权法》第149条的规定，住宅建设用地使用权期间届满的，自动续期；非住宅建设用地使用权期间届满后的续期，依照法律规定办理。也就是说，如果商品房买卖合同的标的是住宅，则买受人对商品房所占土地使用权的使用期限不再受先前出让合同的限制，而是自动续期；而非住宅商品房的买受人则受到严格的限制。

五、因出卖人的欺诈行为而导致的商品房买卖合同纠纷的处理

近年来发生了不少商品房购买人以开发商欺诈为由，诉讼要求适用《消费者权益保护法》第49条判决双倍赔偿的案件。[1] 原因就在于：商品房买卖过程中，因出卖人的欺诈行为而导致商品房买卖合同发生纠纷的情况时有发生。实务中，该如何适用相关的法律规定来解决类似的问题呢？理论界与实务界曾一度就此问题是否适用《消费者权益保护法》第49条的规定展开讨论。《消费者权益保护法》第49条规定："经营者提供商品或者服务有欺诈行为的，应当按照消费者的要求增加赔偿其受到的损失，增加赔偿的金额为消费者购买商品的价款或者接受服务的费用的一倍。"实践中出现了一些商品房买受人依据该条规定，以开发商欺诈为由向法院提起诉讼，要求获得双倍赔偿的案例，而部分受理法院也确实依据该规定判决开发商给予双倍赔偿，但亦有法院未使用该条规定。在全

─────────

[1] 高富平、黄武双：《房地产法学》，高等教育出版社2006年版，第285页。

国性立法尚不明确的情况下，有些地方性法规已经就此问题作出了尝试。如《浙江省实施〈中华人民共和国消费者权益保护法〉办法》、《福建省房屋消费者权益保护条例》等都将商品房买受人划归入《消费者权益保护法》的保护范围内。

2003 年 3 月 24 日最高人民法院审判委员会通过了《最高人民法院关于审理商品房买卖合同纠纷案件适用法律若干问题的解释》（以下简称最高人民法院《商品房买卖合同纠纷适用法律的解释》），该解释第 8 条规定：具有下列情形之一，导致商品房买卖合同目的不能实现的，无法取得房屋的买受人可以请求解除合同、返还已付购房款及利息、赔偿损失，并可以请求出卖人承担不超过已付购房款一倍的赔偿责任。这些情形包括：①商品房买卖合同订立后，出卖人未告知买受人又将该房屋抵押给第三人；②商品房买卖合同订立后，出卖人又将该房屋出卖给第三人。

该解释第 9 条规定：出卖人订立商品房买卖合同时，具有下列情形之一，导致合同无效或者被撤销、解除的，买受人可以请求返还已付购房款及利息、赔偿损失，并可以请求出卖人承担不超过已付购房款一倍的赔偿责任。这些情形包括：①故意隐瞒没有取得商品房预售许可证明的事实或者提供虚假商品房预售许可证明；②故意隐瞒所售房屋已经抵押的事实；③故意隐瞒所售房屋已经出卖给第三人或者为拆迁补偿安置房屋的事实。

以上两条对于商品房出卖人的欺诈行为作出了"惩罚性赔偿"的规定，此解释出台后，各地就出现了一些与"惩罚性赔偿"相关的案例。

不可否认，该解释对于解决商品房买卖合同纠纷确实存在着重要的意义，其首次明确地规定为欺诈行为的商品房出卖人应为惩罚性赔偿，能够较好地保护商品房买受人的合法权益。对于此"惩罚性赔偿"，有人认为其与《消费者权益保护法》中的"双倍赔偿"是相同的，而我们认为，该解释所规定的"惩罚性赔偿"与《消费者权益保护法》中的"双倍赔偿"的规定确有相似之处，然而两者之间还是有区别的。"惩罚性赔偿"的适用条件比较严格，第 8 条所规定的两种情形为恶意违约的行为，这种违约行为必须导致商品房买卖合同目的不能实现即买受人无法取得房屋时方可适用；而第 9 条所规定的三种欺诈行为均有特定的范围，与《消费者权益保护法》中泛指的欺诈行为不同。

但是，该解释也存在着种种不足，包括：①对于惩罚性赔偿数额的弹性规定，使得法院具有非常大的自由裁量权，而且，解释中规定买受人"可以"请求，但并不必然得到法院的支持。所以说，买受人如果基于此解释要求双倍赔偿就需要承担较大的诉讼风险，一旦自己的诉讼请求得不到法院的完全支持，就可能要承担一笔数额较大的诉讼费及律师费。②对于"惩罚性赔偿"种种适用条件的规定，缩小了商品房买受人请求赔偿的适用范围，不利于对买受人进行更加强有力的保护。③在实践中适用该"惩罚性赔偿"存在若干障碍和漏洞。例如：要适用"惩罚性赔偿"，那么作为购房者必须以舍弃自己选购的商品房为代价，这是很多购房者所不愿意的。再者，对于"故意隐瞒"，现实中开发商较容易规避，因为在目前卖方市场的条件下，开发商甚至可以向购房人明言而不"故意隐瞒"，结果还是有很多的购房者愿意去购买。这样一来，由于不是"故意隐瞒"，导致最终无法适用"惩罚性赔偿"。

综上所述，惩罚性赔偿制度在商品房买卖过程中的引入并以司法解释的形式出现，是我国房地产立法进一步发展的表现；但是，该项赔偿原则在商品房买卖法律关系中的适用毕竟和《消费者权益保护法》中的双倍赔偿的规定不完全相同，而且由于存在相当多的缺陷，尚有待进一步完善。

第三节　商品房预售制度

一、商品房预售的概念和特征

（一）商品房预售的概念

期房，又称楼花，是指正在建造中的商品房或虽然已经建成但尚不具备交付房屋和产权转移条件的商品房。所谓商品房预售，俗称"卖楼花"，是指房地产开发企业（出卖人，也称预售人）将正在建设中的商品房，即期房，预先出售给买受人（预购人），并由买受人支付定金或者房价款的行为。

商品房预售制度在 1954 年首创于我国香港地区，[1] 后经由经济特区、沿海开放城市传入我国内地，现在已经在我国内陆地区得到广泛使用。商品房预售制度的创设有着积极的作用。一方面，目前我国房地产开发企业大多资金不足，而通过预售制度使得开发商能够获得充足的工程建设款，便于及时地开发项目；另一方面，商品房买受人可以通过分期付款的形式支付价款而不必一次性付清的形式也减轻了其付款压力，刺激了广大居民的住宅消费，扩大了房地产的需求。目前，商品房预售与银行按揭贷款相伴随，已成为我国房地产销售市场中一种主要的交易模式。我国《城市房地产管理法》、《城市商品房预售管理办法》、《城市房地产开发经营管理条例》以及一些地方性法规都对商品房预售作了详细的规定。

---

〔1〕 李延荣主编：《房地产法研究》，中国人民大学出版社 2007 年版，第 96 页。

（二）商品房预售的特征

1. 商品房预售合同签订时，买受人只获得商品房的期待权。作为买卖标的物的商品房并未建成或虽已建成但尚不具备产权转移条件，因此，商品房预售合同签订后，房地产开发商无法将房屋的产权立即转移给买受人。签订商品房预售合同时，买受人所获得的并非是商品房的所有权而仅仅是合同债权，即请求开发商交付房屋并移转所有权的权利。然而，在预售合同签订以后，房屋交付和产权过户之前的这段时间内，可能出现因某种原因导致商品房无法建成或交付，或建成后的商品房存在各种质量瑕疵或权利瑕疵，使买受人无法实际获得商品房所有权的情况。对于买受人而言，这就是一定的风险。甚至可以说，我国的预售类似于委托建房，而买受人对于其资金投向等无任何控制和监督权利。[1]

2. 为了保护买受人的权益，国家对商品房预售行为作出了相应的限制。商品房的预售必须符合国家法律对预售条件、程序等方面的规定，否则不能预售商品房。开发商违反规定预售商品房的，将受到相应的行政处罚。根据《城市房地产管理法》第 68 条的规定，对不具备预售条件而预售商品房的行为，将由县级以上人民政府房产管理部门责令停止预售活动，没收违法所得，且可以并处罚款。

3. 商品房预售合同经过登记具有公示对抗第三人的效力。依据《城市房地产管理法》第 45 条第 2 款之规定，商品房预售人应当按照国家有关规定将预售合同报县级以上人民政府房产管理部门和土地管理部门登记备案。关于预告登记的效力，《物权法》第 20 条规定：当事人签订买卖房屋或者其他不动产物权的协议，为保障将来实现物权，按照约定可以向登记机构申请预告登记。预告登记后，未经预告登记的权利人同意，处分该不动产的，不发生物权效力。由此规定看，预告登记具有对抗第三人的效力。《房屋登记办法》对这一效力作了进一步的明确，《办法》第 68 条规定：预告登记后，未经预告登记的权利人书面同意，处分该房屋申请登记的，房屋登记机构应当不予办理。上述规定赋予了经过登记的预售合同对抗其他未经登记的预售合同的效力，保障了经过登记的预售合同之买受人的合法利益。

二、商品房预售的条件

为了保障购房人的利益，稳定房地产交易市场，我国现行法律规定了商品房预售的条件，未满足预售条件的商品房不得在市场上销售。根据《城市房地产管理法》第 45 条的规定，商品房预售必须具备以下几个条件：

---

〔1〕 高富平、黄武双：《房地产法学》，高等教育出版社 2006 年版，第 219 页。

1. 已交付全部土地使用权出让金，取得土地使用权证书。这是商品房预售的前提和基础，没有取得合法的土地使用权证就无法通过建造行为而取得房屋的产权。商品房建造于土地之上，因此获得土地使用权是房地产开发商进行房地产开发建设的前提和基础。开发商只有在交付全部土地使用权出让金并取得土地使用权证书后，才合法拥有对房地产开发用地的土地使用权，才能进行房地产开发建设，进而才能从事包括商品房预售在内的各种房地产交易。

2. 持有建设工程规划许可证和施工许可证。建设工程规划许可证是建设工程符合城市规划要求的法定证件，也是取得土地使用权的条件之一。依据我国《城乡规划法》第40条的规定，在城市、镇规划区内进行建筑物、构筑物、道路、管线和其他工程建设的，建设单位或者个人应当向城市、县人民政府城乡规划主管部门或者省、自治区、直辖市人民政府确定的镇人民政府申请办理建设工程规划许可证。申请办理建设工程规划许可证，应当提交使用土地的有关证明文件、建设工程设计方案等材料。需要建设单位编制修建性详细规划的建设项目，还应当提交修建性详细规划。对符合控制性详细规划和规划条件的，由城市、县人民政府城乡规划主管部门或者省、自治区、直辖市人民政府确定的镇人民政府核发建设工程规划许可证。

3. 按提供预售的商品房计算，投入开发建设的资金达到工程建设总投资的25%以上，并已经确定施工进度和竣工交付日期。此规定与《城市房地产管理法》第39条第1款的规定相一致，其立法目的都在于防止房地产开发商的投机行为。而规定预售商品房必须已经确定施工进度和竣工交付日期，目的在于保障预售商品房合同的实际有效履行。

4. 向县级以上人民政府房产管理部门办理预售登记，取得《商品房预售许可证》。该条件体现了不动产物权变动过程的公示性，其主要目的是为了保护买受人的利益不受侵害。在实践中，商品房买受人判断开发商所出售的商品房是否满足预售条件的最简单最直观的方法是，核实所出售的商品房是否获得《商品房预售许可证》。

开发商是否具备这些条件不是由买受人来判断，而是由商品房的行政主管机关——建设行政主管部门判断。[1] 依据建设部《城市商品房预售管理办法》第7条的规定，开发商办理《商品房预售许可证》，应当提交下列证件（复印件）及资料：

（1）已交付全部土地使用权出让金，取得土地使用权证书；

---

[1] 高富平、黄武双：《房地产法学》，高等教育出版社2006年版，第219页。

（2）持有建设工程规划许可证和施工许可证；

（3）按提供预售的商品房计算，投入开发建设的资金达到工程建设总投资的25％以上，并已经确定施工进度和竣工交付日期；

（4）开发企业的《营业执照》和资质等级证书；

（5）工程施工合同；

（6）商品房预售方案。预售方案应当说明商品房的位置、装修标准、竣工交付日期、预售总面积、交付使用后的物业管理等内容，并应当附商品房预售总平面图、分层平面图。

此外，《城市房地产管理法》还规定：商品房预售人应当按照国家有关规定将预售合同报县级以上人民政府房产管理部门和土地管理部门登记备案。商品房预售所得款项，必须用于有关的工程建设。

案例与评析

2005年6月6日，甲与乙开发商签订商品房买卖合同，购买该乙开发商的三室一厅的楼房一套，同时交了5万元的定金。该套住房建筑面积为150平方米，每平方米单价3000元，总价款45万元，交付日期是2006年6月6日至2006年6月26日。合同签订后甲预付房款10万元。2006年3月4日，乙开发商与甲协商推迟交房日期。甲同意，双方重新约定交房日期，改为2007年2月2日至2007年3月2日，但到期后乙开发商仍然不能交房，双方协商不成，甲诉至人民法院，要求乙开发商双倍返还定金并赔偿损失。经查证，该乙开发商所销售的商品房不具备预售资格，没有办理预售许可证，而在本案诉讼期间，该商品房售价已上涨。

本案是由于房地产开发公司不具备商品房预售条件而向外销售商品房引起的法律纠纷。本案中，被告在未办理预售商品房许可证的情况下就进行房屋的预售交易，其行为明显违反了法律的强制性规定，因而所签商品房买卖合同是无效的，过错责任应由被告承担。根据2003年4月28日最高人民法院发布的《商品房买卖合同纠纷适用法律的解释》的规定，对房地产开发企业故意隐瞒没有取得商品房预售许可证明的事实或者提供虚假商品房预售许可证明的，购房人可以请求返还已付购房款及利息、赔偿损失，并可请求房地产开发企业承担不超过已付购房款一倍的赔偿责任。从案情得知，合同无效的过错在被告一方，因而法院应该判决被告返还原告已付的购房款及其利息，并承担不超过已购房款一倍的赔偿责任。

三、商品房预售的程序

(一) 开发商申领预售许可证

准备预售商品房的房地产开发经营企业，应向房地产所在地的房地产管理部门提供上述材料申请办理预售许可证。房地产管理部门在接到房地产开发经营企业的申请后，应当在10天之内核发预售许可证或者作出不批准的决定并通知申请人。

(二) 签订商品房预售合同

在取得预售许可证以后，开发商即可以推出预售广告并与买受人签订商品房预售合同。实践中，在签订预售合同之前，开发商通常会要求购房人与其签订商品房认购书。

(三) 预售合同登记备案和预告登记

预售合同签订以后，预售人应当将预售合同交县级以上房地产管理部门和土地行政管理部门办理登记备案手续。按照《物权法》和《房屋登记办法》的规定，当事人还可以约定办理预告登记。按照《房屋登记办法》第69条的规定，预售人和预购人订立商品房买卖合同后，预售人未按照约定与预购人申请预告登记，预购人可以单方申请预告登记。

依据《房屋登记办法》第70条的规定，申请预购商品房预告登记，应当提交下列材料：

1. 登记申请书；
2. 申请人的身份证明；
3. 已登记备案的商品房预售合同；
4. 当事人关于预告登记的约定；
5. 其他必要材料。

此外，预购人单方申请预购商品房预告登记，预售人与预购人在商品房预售合同中对预告登记附有条件和期限的，预购人应当提交相应的证明材料。

(四) 交付建成商品房并移转产权

在预售的商品房竣工后，房地产开发商将通知购房人与其签订"房屋交接书"，并将房屋交付给购房人使用。最后，双方应当在合同约定的时间内办理产权过户手续。

四、商品房预售款的监管

为了保护买受人的利益，保障买受人将来能够取得建成的商品房，《城市房地产管理法》第45条第3款规定，商品房预售所得款必须用于有关的工程建设。然而，仅有该条规定还不足以维护买受人的合法权益，为此，各地的地方性法规对预售款的监管作出了具体的规定。依据各地的地方性法规规定，监管机构监管不力造成买受人损失的，应当与预售人一起承担连带赔偿责任。

目前，商品房预售款监管制度已在全国数十个城市得到实施，有的由政府主管部门直接监管。[1] 然而，实践中对预售款的监管情况并不理想，甚至尚有一些地方并未落实对预售款的监管措施。在这种情况下，为了保护自己的利益，商品房的买受人可以在签订预售合同之前，主动要求开发商出示预售款的监管协议。当然，光靠买受人自己去控制合同的风险是难以做到的，政府管理部门在预售款的监管中必须有所作为。最理想的办法就是，在全国性的法律中规定，将预售款监管措施的落实作为商品房预售条件之一，未与监管机构签订监管协议的，开发商不得预售商品房；甚至可以将监管协议规定为预售合同的一个必备附件，即作为预售合同的内容规定。监管机构未尽监管职责给买受人造成损失的，应当承担连带赔偿责任。

五、商品房预售合同条款

对于商品房预售合同的条款而言，有以下几个方面应特别注意：

(一) 预售商品房的具体情况

在该条款中，当事人不仅要对预售商品房的具体地理位置约定清楚，还要对房屋朝向、日照时间、采光程度等自然因素作出约定。买受人在签订合同时应当充分注意这些条款的约定。如，可以约定所购房屋朝南的厅堂及房间于冬至日的日照时间不得少于4小时等。

小区的布局环境是影响房屋价格的主要因素，因此，对于小区内建筑物的高度及相互之间的距离、会所的位置及产权的归属、各种设施（垃圾箱、变电房、水泵房等）、绿化状况（绿化率、绿化植物种类）等要素也必须予以明确，以保障买受人的权益。而且，应当约定当出现以上违约行为时，出卖人应承担的具体民事责任（如赔偿金、违约金或解除合同等条款）。

质量因素是房屋的关键因素，双方可以约定：预售人在交付房屋时能够取得相应的合格证明；既可以执行《建设工程质量管理条例》关于保修期的规定，也可以约定一个更长的保修期；在交付房屋后才发现的质量问题，预售人应当在收到报修通知后的一定时间内及时维修，并承担因此给买受人带来的相关损失。

(二) 合同的生效条件

应特别注意的是：在贷款未获通过时，预售合同是否产生效力的问题。一般而言，买受人均选择以贷款的方式来支付部分房价款，如果买受人的贷款手续未能获得审批，将影响买受人的购房能力。然而在实践中，买受人的贷款申请未获

〔1〕　高富平、黄武双：《房地产法学》，高等教育出版社2006年版，第222页。

通过时，预售人仍坚持要求买受人履行付款义务并发生纠纷的情况并不少见。因此在合同中应尽量载明：贷款申请未获通过时，买受人有权选择解除预售合同，并不承担任何合同责任；如果是预售人的原因导致贷款申请未获通过的，买受人在解除合同时，可以请求预售人承担一定数额的赔偿金或违约金。

（三）合同责任条款

应特别注意的是：有些预售人在合同的履行过程中，故意实施违约行为而迫使买受人主动提出解除合同。其原因在于，此时房屋的价格已经有较大幅度的上涨，如果解除合同，预售人仅仅返还预售合同中约定的价款，对于预售人而言意味着获利。当然，依据我国《合同法》之规定，因一方的过错导致合同解除的，过错方应赔偿对方因此而遭受的全部损失，其中应当包括丧失合同机会而带来的损失。但是，在司法实践中，较多的法院并没有支持该市场差价的损失。因此，买受人应尽量在预售合同中将此损失的赔偿予以约定。

（四）预售合同的登记备案条款

按照《城市商品房预售管理办法》第10条的规定，商品房预售，预售人应当在签约之日起30日内持商品房预售合同向县级以上人民政府房地产管理部门和土地管理部门办理登记备案手续。这就是我国的预告登记制度，《城市房地产管理法》、《物权法》及《房屋登记办法》中也作了相应规定。我们将在下面具体讨论预告登记的有关问题。

商品房预售合同的其他条款，如满足预售条件的文书、预售商品房的面积及误差处理、预售单价和总价、付款方式和期限、竣工、交付及产权移转的时间、风险的负担、税费的负担等事项与前述"商品房买卖合同"的条款相同。

六、商品房预售合同的预告登记

（一）商品房预售合同预告登记的概念

所谓预告登记，又称预登记或预先登记，是指为保全债权的实现、保全物权的顺位请求权等而进行的提前登记。[1]

一般的不动产登记，都是不动产物权完成权的登记，即权利人或利益人在登记时取得或者消灭一项已经完成的不动产物权的登记；而预告登记，是在权利人或利益人在登记时只取得或者涂销关于不动产的请求权，即在未来才能变成完成权的登记。预告登记为德国中世纪民法所设，后来为日本、瑞士及我国台湾地区民法所采纳。

依据债法原理，一物多卖时，只要出卖的标的物所有权未转移，建立在该标

---

〔1〕 王利明主编：《中国物权法草案建议稿及说明》，中国法制出版社2001年版，第3页。

的物之上的数个买卖合同均为有效，各个买方均为合法的债权人。因此，为了保护买受人的利益，创设了预告登记制度，赋予经过登记的合同买受人以对抗其他合同买受人的权利。就预告登记的性质来说，预告登记是债权物权化的一种具体表现。[1]

（二）预告登记的效力

不动产登记行为的私法效果主要表现为：它是不动产物权公示的方式，是贯彻公信原则的基础。[2]　具体来说，预告登记的法律效力表现在：

1. 保全效力。在不动产的债权行为（如不动产买卖合同）成立之后到不动产物权转移之前的这段时间里，虽然不动产的所有人或者其他物权人已经承担了未来移转其所有权或其他物权的义务，但因为合同相对人享有的债权并无对抗第三人的效力，所以债权人的权利仅仅依靠债的请求权是难以实现的。而且对于这种请求权进行预告登记后，对不动产所做的违背预告登记的变更行为将无效，这样便保全了债权人的请求权。从实践来看，预告登记的主要功能就在于通过商品房的预售登记保护买受人所享有的权利。[3]

2. 顺位保证作用。预告登记在保全请求权的同时，还保全了请求权的顺位，即登记为请求权人设定了有力的请求权顺位，先为预告登记的请求权人取得了排斥后序登记的权利人的效力。只有在先序权利人抛弃或丧失因登记而生的优先权的情况下，后序权利人才能行使相应的权利。

3. 债务人破产时对债权人的保护作用。预告登记后，不动产物权人破产时，经过预告登记的债权人取得对抗其他破产债权人的效力。当然，此种效力仅仅限于经过预告登记的债权人取得不动产物权的优先效力，而不是优先受偿的效力。[4]

4. 预警效力。由于预告登记具有保全顺位的效力，因而预告登记对于第三人具有预告的意义。向第三人及社会公开预告登记信息，以便他人了解该标的的全面情况，保障交易安全。[5]

（三）我国法律关于预售合同登记制度的有关规定

可以说，创设预告登记制度有利于对经济上弱者的保护，这也符合当今法律注重保护弱者的价值趋向。[6]　在《物权法》出台以前，我国立法中对预告登记

〔1〕　房绍坤、吕杰："创设预告登记制度的几个问题"，载《法学家》2003 年第 4 期。
〔2〕　王利民、郭明龙："逻辑转换与制度创新"，载《政法论丛》2006 年第 5 期。
〔3〕　王利明："论我国不动产登记制度的完善（下）"，载《求索》2001 年第 6 期。
〔4〕　孙宪忠：《德国当代物权法》，法律出版社 1997 年版，第 153 页。
〔5〕　郭升选："论商品房买卖中的预售登记"，载《政法论丛》2006 年第 6 期。
〔6〕　房绍坤、吕杰："创设预告登记制度的几个问题"，载《法学家》2003 年第 4 期。

制度的规定体现在以下几个方面：

1. 1995 年 1 月 1 日起施行的《城市房地产管理法》第 45 条第 2 款规定：商品房预售人应当按照国家有关规定将预售合同报县级以上人民政府房产管理部门和土地管理部门登记备案。该规定确立了我国商品房预售中的登记备案制度，但可惜的是该法并未明确规定该登记制度的功能。我们认为：这里规定的"登记备案"不同于商品房预售中的"预告登记"，它充其量是一种行政管理措施，不能由此认定具有物权登记的效力，也不能产生对抗第三人的效力。

2. 同样是 1995 年 1 月 1 日起施行的《城市商品房预售管理办法》第 10 条规定：商品房预售，开发企业应当与承购人签订商品房预售合同。预售人应当在签约之日起 30 日内持商品房预售合同向县级以上人民政府房地产管理部门和土地管理部门办理登记备案手续。第 13 条规定：开发企业未按本办法办理预售登记，取得商品房预售许可证明预售商品房的，责令停止预售、补办手续，没收违法所得，并可处以已收取的预付款 1% 以下的罚款。该《办法》的规定在《城市房地产管理法》的基础上作了进一步的补充，包括两个方面：一是规定了进行登记备案的期限要求，即签约之日起 30 日内应办理预告登记；二是规定了相应的法律责任，即预售人不按规定进行登记时应承担相应的行政责任。但是，该《办法》的规定也仅仅是在行政管理方面对商品房预售合同的登记备案作了一些补充，它仍然没有、当然也不能对预告登记的效力作出规定。

3. 1998 年 7 月 20 日发布实施的《城市房地产开发经营管理条例》第 27 条规定：房地产开发企业应当自商品房预售合同签订之日起 30 日内，到商品房所在地的县级以上人民政府房地产开发主管部门和负责土地管理工作的部门备案。值得注意的是，在该《条例》中，对商品房预售合同所作的要求仅仅是进行"备案"，这种"备案"显然不同于《城市房地产管理法》和《城市商品房预售管理办法》中规定的"登记备案"，也肯定不具有"登记"所应当具有的对抗效力。所以，我们认为在商品房预售合同预告登记问题上，该《条例》是一个退步。

由上可以看出，我国先前的立法中规定的商品房预售登记制度存在以下问题：[1]

（1）先前的商品房预售登记仅仅是对预售合同的备案登记。备案加于登记之前，使登记的份量骤然减轻，从而在实践中容易被忽视。

（2）商品房预售登记具有强制性。对预售合同进行登记，是房地产开发企

---

[1] 郭升选："论商品房买卖中的预售登记"，载《政法论丛》2006 年第 6 期。

业的义务，但此义务并非针对购房人的权利而设，而是服从于行政管理的义务。

（3）预售合同登记的机关为房屋与土地管理部门，而商品房的预售管理则由国务院、自治区建设行政主管部门负责。

（4）法律法规并没有明确预售合同登记的内容。但是从登记的部门为房屋与土地管理部门的角度看，似乎应当包括土地权属、在建房屋的权利归属以及购房人等信息的登记和备案。

（5）对登记部门的审查权力与义务没有明确规定。基于备案的定性，登记机关似乎只能进行形式审查，即对于项目本身是否已经具备了预售许可条件、买卖双方是否已经签署商品房预售合同进行审查，而不及于其他。

（6）未按规定办理预售登记备案的，将导致受处罚的行政责任。

在《物权法》出台后，建设部又发布了《房屋登记办法》，它们都对商品房预售登记问题作了新的规定，体现在：

（1）2007年10月1日起实施的《物权法》第20条规定：当事人签订买卖房屋或者其他不动产物权的协议，为保障将来实现物权，按照约定可以向登记机构申请预告登记。预告登记后，未经预告登记的权利人同意，处分该不动产的，不发生物权效力。《物权法》在我国立法中首次确立了预告登记的对抗效力，这是一个巨大的进步。同时，《物权法》对预告登记的规定也使其脱离了"行政管理"的色彩，由当事人自由"约定"是否进行预告登记，而不是《城市房地产管理法》所规定的"应当"。再者，该规定强调：未经预告登记的权利人同意处分该不动产（预售商品房）的，仅仅是不发生"物权效力"，但不影响合同的效力，这里显然区分了合同的生效和预告登记的效力问题，即预告登记与否不影响预售合同的效力。原因在于依据物权法的基本原理，一般认为未进行预告登记的，不影响不动产预售合同的成立与生效，即预告登记并不是合同的成立要件或者生效要件，只要双方达成合意，商品房预售合同即告成立。

（2）2008年7月1日起施行的《房屋登记办法》是《物权法》出台后对房屋登记问题作出详细规定的一个部门规章。在以《物权法》的相关规定为前提的基础上，也有一些突破，表现在：

第一，《房屋登记办法》第67条规定：预购商品房，当事人可以申请预告登记。这里明晰了"预购商品房"作为商品房买卖的一种方式，当事人可以申请预告登记。这可以看作是对《物权法》第20条所规定的"买卖房屋协议"的一种拓展性规定。

第二，《房屋登记办法》第68条第1款规定：预告登记后，未经预告登记的权利人书面同意，处分该房屋申请登记的，房屋登记机构应当不予办理。该规定的积极意义在于：它将《物权法》所赋予的预告登记的对抗效力范围进行了扩大，预告登记不仅仅可以对抗任何与预售人进行交易的第三人，而且可以对抗房屋登记机构。这也可以看作是对《物权法》规定的一种保障：未经预告登记的权利人书面同意而处分预售商品房的行为之所以不发生物权效力，是因为它无法完成在房屋登记机构进行的物权登记，不产生公示效力。

第三，《房屋登记办法》第 69 条规定：预售人和预购人订立商品房买卖合同后，预售人未按照约定与预购人申请预告登记，预购人可以单方申请预告登记。这一规定十分有利于对预购人的保护。实践中，经常发生开发商不按规定进行商品房预售合同登记的现象。之所以这样做，一是开发商为了节约费用，二是在房价上涨，出现更高出价买主时再卖给他人。基于此，《房屋登记办法》赋予了预购人单方申请预告登记的权利。

此外，在《物权法》出台以前，我国各地的地方法规及规章对预告登记制度的功能做了一些更为具体的规定。各地赋予商品房预售合同登记的效力，综合起来有以下两种：一是预售合同的生效要件，[1] 二是具有对抗第三人效力的对抗要件。[2] 在《物权法》等新的法律规定实施后，这些地方规定中不同于《物权法》的内容也就自然失去了效力。

案例与评析

甲打算买一套住房，于是在 2005 年 6 月 22 日与乙开发商签订了商品房预售合同，合同签订后，甲依照约定支付了全部房价款 30 万元。但是因为丙出价 40 万元向开发商预购该房，开发商便以合同未经预售登记为由，强行解除了与甲签订的商品房预售合同，并退还甲全部房价款。之后，开发商将该房转让给丙并办理了预售登记。2005 年 9 月 6 日，甲向法院提起诉讼，要求法院判决开发商与丙签订的商品房预售合同无效，并由开发商承担违约责任。

我国法律对预售商品房实行预告登记制度，《物权法》第 20 条规定：当事人签订买卖房屋或者其他不动产物权的协议，为保障将来实现物权，按照约定可以向登记机构申请预告登记。预告登记后，未经预告登记的权利人同意，处分该

---

[1] 《广州市商品房预售管理实施办法》第 14 条规定："开发企业应当在签约之日起 30 日内持商品房预售合同到市交易登记机构办理审核、登记手续。……凡未经审核、登记的商品房预售行为无效。"《珠海市房地产登记条例》亦有类似规定。

[2] 依据修订之前的《上海市房地产登记条例》第 32 条的规定，未办理商品房预售合同登记的，不得对抗第三人。2002 年 10 月 31 日，上海市人大常委会对条例进行了修正并于 2003 年 5 月 1 日起施行，而根据上海市人民政府 2003 年 4 月 23 日出台并于 2003 年 5 月 1 日起施行的《上海市房地产登记条例实施若干意见》第 23 条第 2 款的规定，有关商品房预售合同登记适用新条例关于预告登记的规定，而在新条例中并未就预售合同的效力作出明确规定。

不动产的，不发生物权效力。在同一商品房存在"一房数卖"的情况下，经预告登记的买卖合同，其效力优于在先成立但未经登记的买卖合同。因此，预售商品房买卖合同签订后，未经预告登记不具有对抗第三人的效力。开发商将预售给原告甲的房屋转卖给丙并经登记后，开发商与丙签订的房屋预售合同合法有效。但是，甲和开发商签订的房屋预售合同虽未经登记，但由于房屋预售合同登记不是房屋买卖中的必经程序，不影响双方预售合同的效力，因此，开发商的根本违约导致甲购买房屋的目的不能实现，甲可以依据合同法的规定，要求开发商承担违约责任，但是，并不能主张开发商与丙签订的房屋预售合同无效。

七、买受人对预售合同债权的转让

预售商品房的转让，又称"炒楼花"，是指在商品房预售合同签订之后，买受人把请求开发商将来交付预售房屋并移转所有权的权利转让给第三人的行为。《城市房地产管理法》第46条规定："商品房预售的，商品房买受人将未竣工的预售商品房再行转让的问题，由国务院规定。"但至今为止，国务院关于该问题的规定一直未出台。各地方就此问题的规定也不相同，有的地方允许再转让，有的地方禁止再转让，有的地方未作任何规定。

我们认为，预售商品房的再转让，实际上是买受人将合同的权利义务转让给他方，其中可能是合同权利义务的概括转让，也可能是合同权利的转让。因此，预售商品房的再转让只要符合合同转让的有关规定即可，不需要做任何其他限制。

（一）预购合同债权的转让

预售商品房买卖合同权利的转让，在现实中也被简化为"预售商品房的转让"。[1]《合同法》第79条规定：债权人可以将合同的权利全部或部分转让给第三人。第80条第1款规定：债权人转让权利的，应当通知债务人。未经通知，该转让对债务人不发生效力。我们认为，如果买受人已经付清全部购房款，则买受人就此合同仅仅享有权利而无义务。此时，买受人将未建成的商品房转让，实际上是将预购合同的债权转让给第三人，因而无须征得合同的相对方——房地产开发商的同意。按照《合同法》的规定，买受人于第三人签订再转让合同以后，买受人只须通知房地产开发商即对其产生法律效力。买受人在转让预售合同权利时，开发商负有协助转让的义务。

预售商品房转让协议签订后，应办理预告登记，即将原先的买受人变更登记

---

〔1〕 高富平、黄武双：《房地产法学》，高等教育出版社2006年版，第227页。

为新的受让人。这样，新的受让人将受预告登记制度的保护。

（二）合同权利义务的概括转让

我国《民法通则》第 91 条规定：合同一方将合同的权利义务全部或部分转让给第三人的，应当取得另一方的同意，并不得牟利。可见，合同当事人一方可以将合同的权利义务概括地转让给第三人，概括转让时只要符合自愿、公平、等价有偿等原则，就并无不可。《合同法》第 88 条规定：当事人一方经对方同意，可以将自己在合同中的权利义务一并转让给第三人。其中，并未禁止转让方从中获利，只不过需要征得对方的同意而已。

在签订预售商品房转让协议后，受让人应当催促办理预告登记变更手续，预售人未按照约定与预购人申请预告登记，预购人可以单方申请预告登记，以保障自己将来能够获得所受让房屋的产权。

案例与评析

甲在 2005 年 5 月与乙房地产开发公司签订了《商品房预售合同》，购买了该开发商的一套三室二厅的楼房，合同约定甲可以采取分期付款的方式，交房日期截止到 2006 年 6 月 22 日。2005 年 9 月，甲在支付了一期房款后，又看中了城郊的另外一套更好的住房，不愿继续支付房款，于是，甲找到好友丙，欲将自己所购买的房屋转让给他，丙同意接受，但是甲在与开发商协商的过程中，却没有得到开发商的同意。开发商指出在合同中已经明确约定：本合同签订后至交付房屋前，乙方不得转让其预购的房屋，如有特殊原因需要转让，必须征得甲方的同意，并签订预售商品房转让书面协议。因此，开发商不同意甲转让，甲则不能擅自转让，甲不服诉至人民法院。

本案主要涉及预售商品房再转让所引起的法律纠纷。我们知道，目前的法律法规中并没有禁止预售商品房再转让的规定，所以当事人要解决这类纠纷主要应当依照合同的约定。那么在本案中，甲和开发商约定了在交付房屋之前，预售商品房不得转让给他人，甲也只能遵守这个约定，因为在签订合同时，甲接受这一禁止转让条款，就应该预料到以后转让不能的风险。所以，甲只能继续履行付款义务，在开发商按约定交付房屋后，甲才可以再行出售。

第四节　其他房屋转让法律制度

一、农村房屋的转让问题

所谓农村房屋，是指在农村集体所有土地上建造的房屋，包括住宅和其他用途房屋。[1] 随着城市和农村联系越来越紧密，城市居民和农村居民相互之间的房地产交易越来越多。农村居民到城市购房基本没有法律障碍，而城市居民在农村取得房地产却缺少法律支持。其核心问题就是将农村房地产转让给市民的合同是否有效。

当前，关于"小产权房"的问题再次激发了人们对农村房地产的转让的法律思考。所谓"小产权房"，是相对于大产权房而言的，国家发产权证的叫大产权。如开发商办理合法的立项开发手续后，办理土地出让手续并按规定上缴给国家土地出让金和使用税（费），由国家发放给开发商土地使用证和房屋预售许可证，这样的房屋称为大产权房屋。而国家不发产权证，由乡镇政府发证书的叫小产权，也就是说在农民的集体土地上的房屋，仅有乡（镇）政府或村委会的盖章以证明其权属，并没有国家房管部门的盖章，这种房屋产权被视为乡产权，即小产权房。小产权房和大产权房的根本区别在于土地使用权。通俗的解释，买的房再转让时不用再交土地出让金的叫大产权房，再转让时要补缴土地出让金的叫小产权房。

对于该问题，主要有两种观点。一种观点认为农村房地产不得转让给市民，城市市民购买"小产权房"显然违法。其依据主要是：《土地管理法》规定的"农民集体所有土地的使用权不得出让、转让或者出租用于非农业建设"；国务院办公厅1999年发布的《关于加强土地转让严禁炒卖土地的通知》规定："农村房屋不得向城市居民出售。"另一种观点认为双方出于真实意思表示而订立的合同是依法成立的合同，对双方当事人具有法律约束力。当事人应当按照约定履行自己的义务，不得擅自变更和解除合同。应该放开农村土地的流转市场。

在司法实践中，以上述两种观点为根据的判例皆有。但是，随着目前国家对土地管理力度的加强，在立法、司法及行政实践中，倾向于禁止农村房地产改变用途向城市居民流动。随着2004年国务院《关于深化改革严格土地管理的决定》和国土资源部《关于加强农村宅基地管理的意见》的出台，各地土地管理部门停止办理农村房地产向城市居民转让的变更登记。司法实践中，很多地方法院将该类合同认定为无效，如《广东省高级人民法院关于审理农村集体土地出让、转让、出租用于非农业建设纠纷案件若干问题的指导意见》第12条规定："当事人将农村村民住宅建设用地转让、出租或以合建形式变相转让农村村民住宅建设用地的合同，一般认定为无效。"

2007年12月30日，国务院办公厅发布的《关于严格执行有关农村集体建

---

[1]　高富平、黄武双：《房地产法学》，高等教育出版社2006年版，第295页。

设用地法律和政策的通知》中明确规定：农村住宅用地只能分配给本村村民，城镇居民不得到农村购买宅基地、农民住宅或"小产权房"。单位和个人不得非法租用、占用农民集体所有土地搞房地产开发。这一规定再次严格禁止农村房地产向城市市民转让的做法。

但是，对于农村房地产是否可以转让给城市居民，《土地管理法》、《房地产管理法》等法律并没有明确界定。《土地管理法》只是规定农民集体所有土地的使用权不得出让、转让或者出租用于"非农业建设"。也就是说，转让给城市居民的农村房地产只要不改变农业建设的用途，就不违反《土地管理法》。根据上述分析，我们认为，我国法律并不禁止农村房地产转让给城市居民，但是该房地产转让后不能改变"农业建设"的用途。如养殖业养殖用房舍转让给城市居民而不改变养殖用途，该转让不违反我国法律，应该认定为有效。

另一个问题是：违规小产权房如何处理，是否允许其缴纳土地出让金，补齐手续后转为合法？对此，我们认为小产权房同样属于土地违规问题，同样要按照土地违规案件处理。但是，我们不可能将所有的小产权房都统统拆掉，那样将造成巨大的浪费和产生一系列的问题。所以，对于一些已经形成一定规模、符合土地利用规划的小产权房，可以考虑让其补齐手续后转为合法。

二、商品房转让未登记的效力问题

商品房买卖合同符合一般合同的生效要件，只要满足以下三个条件即可生效：当事人具有相应的民事行为能力；意思表示真实；合同的内容不违反法律的强行性规定。同时，房屋买卖合同不得违反《合同法》第52条关于合同无效的规定。

根据《城市房地产管理法》第40条的规定：商品房买卖，应当签订书面转让合同。因此，房屋买卖合同为要式合同。未采用书面形式，合同不能有效成立。另外，当事人申请房屋权属移转登记时，必须向登记机关提交书面的房屋买卖合同，否则无法办理产权移转登记。

长期以来，我国的理论界和实务界在没有或不能办理商品房过户登记是否就意味着商品房买卖合同无效的问题上存在较大的争论和分歧。

一种观点认为房地产未变更登记的转让合同无效，其根据是《城市房地产管理法》第36条规定：房地产转让、抵押，当事人应当办理权属登记；《城镇国有土地使用权出让和转让暂行条例》第25条规定：土地使用权和地上建筑物、其他附着物所有权转让，应当按照规定办理过户登记；土地使用权和地上建筑物、其他附着物所有权分割转让的，应当经过市、县人民政府土地管理部门批准，并依照规定办理过户登记。

另一种观点认为，《城市房地产管理法》第36条只是规定房地产转让应当办理登记，并没有表明转让合同的效力，因此不办理登记并不意味着无效，只是不能导致物权的变动。没有进行过户登记不影响房屋买卖合同的效力。因为登记是不动产物权变动的生效要件，概而言之，过户登记就能产生物权变动的法律后果。而房屋买卖合同的生效，往往只不过在当事人双方之间产生一种债权债务关系，并不能产生所谓的"物权变动"的法律后果。房屋所有权的移转以登记为条件，房屋所有权的移转必须履行登记程序，登记具有社会公信力，是一种公示手段，不进行登记，该所有权的移转不发生法律上的效力。登记作为房屋所有权移转的生效要件，具有权利正确性推定的作用，即登记簿记载某人享有某项物权，便推定该人享有某项物权。再者，登记作为房屋所有权的公示手段，具有"善意保护"的功能，即根据登记取得的房屋所有权不受任何人的追夺，但是权利人在取得权利时知悉权利瑕疵或登记有异议抗辩的除外。可见，作为房屋所有权变动要件的登记行为并非是房屋买卖合同成立的法定要件，欠缺这一要件并不影响房屋买卖合同的效力。所以当事人不能以商品房买卖合同未办理登记手续来主张合同不生效或合同无效，而且这一观点有着充分的法律依据，它们是：

1. 1999年12月1日最高人民法院审判委员会第1090次会议通过的《合同法解释（一）》第9条规定：依照合同法第44条第2款的规定，法律、行政法规规定合同应当办理批准手续，或者办理批准登记手续才生效，在一审法庭辩论终结前当事人仍未办理批准登记手续的，人民法院应当认定该合同未生效；法律、行政法规规定合同应当办理登记手续，但未规定办理登记后生效的，当事人未办理登记手续不影响合同的效力，合同标的物所有权及其他物权不能转移。

2. 2005年最高人民法院审判委员会第1334次会议通过的《国有土地使用权合同纠纷适用法律的解释》第8条明确规定：土地使用权人作为转让方与受让方订立土地使用权转让合同后，当事人一方以双方之间未办理土地使用权变更登记手续为由，请求确认合同无效的，不予支持。

3. 《物权法》第15条规定：当事人之间订立有关设立、变更、转让和消灭不动产物权的合同，除法律另有规定或者合同另有约定外，自合同成立时生效；未办理物权登记的，不影响合同效力。《物权法》的这一规定为此种混乱和纷争划上了一个圆满的句号。

三、涉外房屋销售问题

（一）涉外房屋销售的概念和原则

涉外房屋销售是指涉外房地产企业对已经开发的土地、基础设施和房屋进行销售、抵押或者租赁等经营活动。涉外房屋销售应遵循以下原则：

1. 涉外房地产企业应以出让方式取得国有土地使用权，方可按出让合同规定进行交易行为。以行政划拨方式取得国有土地使用权开发建设的房地产，须按规定办理国有土地使用权出让手续，补交土地使用权出让金后方可销售、抵押或出租。

2. 土地使用权和房屋产权同时移转。房屋所有权移转时，相应的土地使用权随之移转，且土地使用权出让合同中所规定的权利义务亦随之转移；土地使用权移转时，相应的房屋所有权亦随之移转。

3. 预售、出售或出租房屋的期限与土地使用权出让合同规定的土地使用权期限一致。

（二）涉外房屋销售的法律限制

涉外房地产企业开发建设的商品房屋的销售对象以境外购买者为主，且购买者的身份应当符合我国公安管理的有关规定，并以外汇结算。境内居民个人可以人民币或境外汇入的外汇购买或租赁涉外房地产中的住宅，但境内的国家机关、团体、事业单位和国有集体企业不得购买或租赁涉外商品房。依我国有关规定，不准销售的涉外房产有：

1. 未持有房屋所有权证的；

2. 虽持有房屋所有权证，但涉外房地产企业对该房屋改建、扩建后未办理房屋变更登记手续的；

3. 涉外房屋所有权的争议尚未解决，或涉外房屋抵押合同尚未注销的；

4. 尚欠国家房地产税费的；

5. 已被批准列为城市建设规划用地范围内的；

6. 经人民法院裁定或中国仲裁机关决定，或城市房地产管理部门决定限制产权转移的；

7. 因其他特殊原因，城市房地产管理部门认为不得进行销售的。

■■ **思考题**

1. 什么是商品房买卖？

2. 商品房买卖的特征是什么？

3. 商品房买卖合同的主要内容有哪些？

4. 简述商品房买卖合同与土地使用权出让合同的关系。

5. 因出卖人的欺诈行为而导致的商品房买卖合同纠纷应如何处理？

6. 什么是商品房预售？

7. 商品房预售的条件有哪些？

8. 商品房预售合同的预告登记有什么效力？

9. 买受人所享有的预售合同债权能否转让？

■参考文献

1. 高富平、黄武双：《房地产法学》，高等教育出版社 2006 年版。
2. 李延荣主编：《房地产法研究》，中国人民大学出版社 2007 年版。
3. 王利明主编：《中国物权法草案建议稿及说明》，中国法制出版社 2001 年版。
4. 房绍坤、吕杰："创设预告登记制度的几个问题"，载《法学家》2003 年第 4 期。
5. 王利明："论我国不动产登记制度的完善（下）"，载《求索》2001 年第 6 期。
6. 孙宪忠：《德国当代物权法》，法律出版社 1997 年版。

第十二章　房屋租赁法律制度

■学习目的和要求

　　本章主要讲述我国房屋租赁法律制度。对本章的学习，应掌握房屋租赁的概念和特征、房屋租赁合同的订立，重点掌握房屋租赁权的性质和房屋租赁登记的效力。理解房屋租赁的分类和范围、房屋租赁合同的内容、房屋转租等。了解房屋租赁合同的变更、解除和终止制度。

第一节　房屋租赁概述

一、房屋租赁的概念和特征

（一）房屋租赁的概念

在商品经济社会中，尤其是市场经济体制下，物质资料（生产生活资料）的所有人或实际占有人与需要使用物质资料的人不断分离，融资与使用的目的不断达到和谐，通过租赁，出租人与承租人双方的利益不经过买卖即可得到满足。[1]《城市房地产管理法》第53条规定：房屋租赁，是指房屋所有权人作为出租人将其房屋出租给承租人使用，由承租人向出租人支付租金的行为。房屋租赁是房地产市场中一种重要的交易形式，能够最大限度地实现社会资源的优化配置。

目前，我国调整房屋租赁关系的法律规范主要有：《民法通则》、《合同法》、《城市房地产管理法》、《城市房屋租赁管理办法》。另外，各地也出台了一些相关的地方性法规。

（二）房屋租赁的特征

1. 房屋所有权与使用权分离。房屋出租后，所有权仍然属于原所有人即出租人，同时，承租人取得对所承租房屋的占有、使用和收益的权利，这个权利被

---

[1]　王家福主编：《中国民法学·民法债权》，法律出版社1991年版，第648页。

称为租赁权。租赁权可以对抗出租人转让房屋的行为，也就是说，在房屋租赁期间，即使出租房屋的所有权发生转移，原租赁合同确立起来的租赁关系也仍然有效，房屋新所有权人必须尊重承租人的合法权益，这就是所谓的"买卖不破租赁"原则。这一原则在我国立法上有很好的体现，《合同法》第229条规定：租赁物在租赁期间发生所有权变动的，不影响租赁合同的效力。最高人民法院《关于贯彻执行〈中华人民共和国民法通则〉若干问题的意见（试行）》（以下简称《民通意见》）第119条第2款规定：私有房屋在租赁期内，因买卖、赠与或者继承发生房屋产权转移的，原租赁合同对承租人和新房主继续有效。

2. 出租人为房屋的所有权人及经出租人授权的处分权人。房屋所有权人指的是取得《房屋所有权证》的单位和个人，具体包括管理公有房屋的各级人民政府房地产行政主管部门、管理自管公房的单位、具有房屋所有权的法人及其他单位以及私房的所有人等。[1] 公有房屋分为直管公房和自管公房两种，公有房屋的所有权人是国家，但在租赁关系中，国家并不作为民事法律关系主体出现，而是采取授权的形式，由授权的单位具体管理。按照目前我国房产管理体制，直管公房一般由各级人民政府房地产行政主管部门管理，由它作为直管公房所有人的代表，依法行使所有权。自管公房由国家授权的企事业单位管理，其法律特征是持有《房屋所有权证》。法人或其他组织是其财产的所有人，对其所有的房屋可以依法出租。私有房屋的所有权人是指持有完全的房屋所有权证的个人。对于持有共有权证书的私房主，只能成为共有人，共有权人必须在其他共有权人同意后方可将房屋出租。

3. 在房屋租赁关系中，出租人只是转移出租房屋租赁期间的占有、使用和收益权，出租房屋的所有权始终属于出租人。在租赁期间因占有、使用租赁房屋获得的收益，归承租人所有。承租人以支付租金作为对价取得房屋使用权与收益权。

4. 租赁的标的系不动产，在租赁期满后，承租人应当及时返还出租房屋。我国《合同法》第214条规定："租赁期限不得超过20年。超过20年的，超过部分无效。租赁期间届满，当事人可以续订租赁合同，但约定的租赁期限自续订之日起不得超过20年。"第215条规定："租赁期限6个月以上的，应当采用书面形式。当事人未采用书面形式的，视为不定期租赁。"区分定期租赁和不定期租赁的意义在于，租赁合同终止的原因有所差异。对定期租赁而言，终止时间以

---

〔1〕 《城市房屋租赁管理办法》第4条规定："公民、法人或其他组织对享有所有权的房屋和国家授权管理和经营的房屋可以依法出租。"具体说来，主要包括国家授权管理和经营的房屋、法人或其他组织所有的房屋以及公民所有的房屋。

合同约定或事后协商变更的时间为准，即租赁合同签订时已经确定；而不定期租赁终止的时间在租赁合同签订时尚未确定，租赁合同履行过程中，任何一方均可以通知对方终止租赁合同并给对方必要的准备时间。租赁合同终止后，承租人应当及时返还出租房屋。

5. 租赁双方原则上应当签订书面的租赁合同，并履行登记备案手续。《合同法》第215条规定：租赁期限6个月以上的，应当采用书面形式。《城市房地产管理法》第54条规定：房屋租赁，出租人和承租人应当签订书面租赁合同，约定租赁期限、租赁用途、租赁价格、修缮责任等条款，以及双方的其他权利和义务，并向房产管理部门登记备案。《城市房屋租赁管理办法》第9条规定：房屋租赁，当事人应当签订书面租赁合同。可见，一般情况下，房屋租赁属于要式行为。

6. 租赁合同是一个双务有偿合同。在房屋租赁关系中，出租人和承租人都享有权利和承担义务：出租人有义务将房屋交付给承租人使用，同时享有向承租人收取租金的权利；承租人有权请求出租人提供房屋给自己使用，同时有按期支付租金的义务，不能无偿使用。房屋租金是指房屋承租人为取得一定期限内房屋的使用权而付给房屋出租人的经济补偿。房屋租金作为房屋使用价值分期出售的价格，是房屋在分期出售中逐渐实现的价值的货币表现。房屋租金分为成本租金、商品租金和市场租金。[1]

案例与评析

2005年2月，甲物业管理公司欲出租在某街区的一栋办公楼，当时该街区进行大面积拆迁，唯独该办公楼进行装修。3月份，该物业公司陆续与数十家公司签订了房屋租赁合同，租赁合同期限3到5年不等，甚至有的公司一次性支付了全部租金。8月份时，承租人得知该市早在2月份就下发了文件，该办公楼属于违章建筑，根据拆迁公司和该办公楼的产权人乙的拆迁协议，现在对办公楼进行拆迁，要求各承租人限期从办公楼中搬出。接到通知后，各承租人纷纷找到出租方甲，要求其履行"租赁期间不拆迁"的合同义务，返还租金，赔偿损失，最后承租人将该物业管理公司告上法庭，要求其承担违约责任。请评析本案。

本案是房屋主体、客体不适当导致租赁合同无效的典型案例。各承租人之所以签订合同并交付租金以后仍然无法正常使用所租赁的房屋，关键在于承租人在

---

[1] 成本租金由成本费加维修费、管理费、投资利息和税金等因素组成；商品租金由成本费、维修费、管理费、投资利息、税金、保险费、地租和利润等因素组成；市场租金是在商品租金的基础上，根据供求关系而形成的租金标准。

签订房屋租赁合同之前，既没有对出租方甲的资格进行审查，也没有对出租办公楼的合法性进行审查，结果签订了无效合同。本案的出租人由于不具备出租人的主体资格，其签订的合同不具有法律效力。物业管理公司在出租房屋时，建筑物的违法性已被公告且该街区拆迁公告已经下发，此时任何租售房屋的行为都是违法的，也是无效的。根据《合同法》的规定：合同无效或者被撤销后，因该合同取得的财产，应当予以返还；不能返还或者没有必要返还的，应当折价补偿。有过错的一方应当赔偿对方因此所受到的损失，双方都有过错的，应当各自承担相应的责任。本案合同无效的主要责任在甲物业公司，因此甲物业公司应当返还租金，并赔偿承租人因为合同无效而造成的损失。

二、房屋租赁的分类

1. 根据租用房屋的使用用途不同，房屋租赁分为住宅用房的租赁和非住宅用房的租赁。其中非住宅用房的租赁，包括办公用房和生产经营用房的租赁。

住宅用房的租赁应当执行国家和房屋所在地城市人民政府规定的租赁政策；租用房屋从事生产、经营的，即非住宅用房的租赁，由租赁双方协商议定租金和其他租赁条款。这说明，在我国实行住宅用房租赁与非住宅用房租赁区别对待、分别管理的政策。这是为了保证居民合法的住房利益不受影响，并使房屋管理尽快适应社会主义市场经济的客观规律。在社会主义市场经济的条件下，二者的区别会逐渐消失，但是对于具有社会保障功能的廉租住宅等住宅的租金的确定仍应当由政府规定统一租金标准，而不应由租赁双方当事人协商约定。

2. 根据出租房屋的所有权性质不同，房屋租赁可以分为公房租赁和私房租赁。私房租赁即公民将自己所有的房屋出租给承租人使用的行为，租赁合同的内容由双方协商确定。私有房屋出租是出租人出租自住有余的房屋，产权必须明确，出租人必须是房屋所有人或房屋所有人授权的人。共有房屋出租的，须提交共有人同意出租的证明书或委托书。

公房租赁即将国家所有或集体所有的房屋出租给他人的行为。公有房屋租赁，出租人必须持有《房屋所有权证》和城市人民政府规定的其他证明文件。公房出租具体包括直管公房租赁和自管公房租赁两类。直管公房租赁是指政府房产管理部门将自己直接经营管理的房屋出租的行为。自管公房租赁是指集体经济组织将其所有的房屋出租的行为及国家机关、全民所有制的企业事业单位将其自行管理的房屋出租的行为。

3. 根据租赁期限的确定与否，房屋租赁可以分为定期房屋租赁和不定期房屋租赁。定期房屋租赁是当事人约定了租赁期限的房屋租赁。定期租赁期间届满的，租赁合同终止。而不定期租赁主要是指当事人没有约定租赁期限。

对于不定期租赁，任何一方当事人都有权依自己的意愿随时解除合同，但在解除合同之前，应预先通知对方。不定期房屋租赁主要包括三种情形：①双方当事人未约定租期；②租赁合同的期限为6个月以上的，应订立书面合同。没有采用书面合同的，视为不定期租赁；③租赁期间届满，承租人继续使用租赁物，出租人没有提出异议的，原租合同继续有效，但租赁期限为不定期。

三、房屋租赁的范围

根据建设部制订的《城市房屋租赁管理办法》的规定，公民、法人或其他组织对享有所有权的房屋和国家授权管理和经营的房屋可以依法出租，但有下列情形之一的房屋不得出租：

1. 未依法取得房屋所有权证的或权属有争议的。这是针对房屋产权归属所作的界定，要求未依法取得房屋所有权证的，或者权属有争议的房屋不得出租。因为房屋出租是由房屋所有权人行使的权利，无法有效地证明自身对房屋享有所有权的，这样出租的房屋就缺乏合法性依据。

2. 司法机关和行政机关依法裁定，决定查封或者以其他形式限制房地产权利的。这是针对房屋所有权受限制的情形，比如在诉讼中司法机关根据当事人的申请依法对房屋实行诉讼保全的，或者房屋管理部门依法列入拆迁范围的房屋，这种房屋的租赁受到了一定的限制。

3. 共有房屋未取得共有人同意的。这是针对共有房屋的，在共有房屋的情形下，共有房屋的共有人之间的关系受到共有法律关系的调整，共有人有权行使其所拥有的那部分权利，但涉及整个共有物的权利时，应该由所有权共有人共同行使，房屋租赁行为也不例外。

4. 不符合安全标准或公安、环保、卫生等主管部门有关规定的。这是针对出租房屋不符合相关规定的情形，即不符合出租安全标准的，或者不符合公安、环保、卫生等主管部门有关规定的，或者属于违法建筑的房屋。因为房屋出租也涉及社会的公共利益，因此政府管理部门对此行使一定的行政管理权，对于违反相关管理规定的房屋，其出租权就受到一定的约束。

此外，属于违章建筑、已抵押的房屋未经抵押权人同意，以及有关法律、法规规定禁止出租的其他情形，都不能将房屋进行出租。

第二节　房屋租赁合同

一、房屋租赁合同的概念

租赁合同是指当事人一方以物交付另一方使用，另一方为此支付租金，并于使用完毕后归还原物的协议。[1]　房屋租赁合同是指由房屋所有权人或其授权的人作为出租人将其房屋出租给承租人使用，由承租人支付租金，并于租赁期限届满时归还房屋给出租人的协议。其中出租房屋的人为出租人，承租他人房屋的人为承租人。

租赁是一种民事法律关系，在租赁关系中出租人与承租人之间所发生的民事关系主要是通过租赁合同确定的。为保证租赁双方合法权益的实现，便于发生纠纷时易于解决，房屋租赁合同应当采用书面形式。

二、房屋租赁合同的内容

（一）房屋租赁合同的主要条款

房屋租赁合同是房屋出租人和承租人在租赁房屋时签订的，用以明确租赁双方当事人权利和义务的协议。一般而言，房屋租赁合同应当包括以下主要条款：

1. 租赁双方当事人姓名或者名称及住所。

2. 房屋的坐落、面积、装修及设施状况。

3. 租赁用途。房屋用途主要分为住宅、办公、工商业、仓库等。出租方有义务保证房屋能作约定的用途使用，承租人也有义务按照约定的用途使用，未经出租人许可，不得擅自改做他用。

4. 租赁期限。房屋租赁的期限是指房屋承租人使用出租人房屋的时间。房屋租赁期限由租赁双方在房屋租赁合同中约定。租赁期限包括了租期和房屋交付期限，期限应写明具体日期。房屋租赁应当是有期限的，而不应是无期限的，未约定租赁期限的，为不定期租赁。但是根据《合同法》的规定，租赁期限不得超过20年，超过20年的，超过部分无效。同时，租赁期限不得超过土地使用权出让合同和土地租赁合同约定的土地使用年限。房屋租赁期满，出租人有权依法收回房屋。承租人如需继续租用房屋，应当在租赁期满前征得出租人的同意，并重新签订房屋租赁合同。

5. 租金及交付方式。房屋租金是指房屋承租人为取得一定期限内房屋的使用权而付给房屋出租人的经济补偿。房屋租金作为房屋使用价值分期出售的价格，是房屋在分期出售中逐渐实现的价值的货币表现。房屋租金分为成本租金、商品租金和市场租金。成本租金是由折旧费、维修费、管理费、融资利息和税金五项组成的；商品租金是由成本租金加上保险费、地租和利益等八项因素构成的；市场租金是在商品租金的基础上，根据供求关系而形成的租金标准。

房屋租金不仅应写明具体数额，还应注明租金交付的方式，是按月还是按季

---

〔1〕　江平主编：《民法学》，中国政法大学出版社2000年版，第679页。

或按年交付。租金由出租人和承租人协商确定，在租赁期限内，不得擅自更改。此外，房屋租金中的土地收益应按照法律规定处理。《城市房地产管理法》规定：以营利为目的，房屋所有权人将以划拨方式取得使用权的国有土地上建成的房屋出租的，应当将租金中所含土地收益上缴国家。具体办法由国务院规定。所以当房屋所有人将以划拨方式取得使用权的国有土地上的房屋出租时，显然是违背了这一公益目的，应当将租金中所含土地收益上缴国家。《城市房屋租赁管理办法》中规定：土地收益的上缴办法，应当按照财政部《关于国有土地使用权有偿使用收入征收管理的暂行办法》和《关于国有土地使用权有偿使用收入若干财政问题的暂行规定》的规定，由直辖市、市、县人民政府房地产管理部门代收代缴。国务院颁布新的规定时，从其规定。

6. 房屋修缮责任。合同中应尽可能明确房屋修缮与保养的项目、方式及费用的承担。合同没有规定的，应按照"谁出租，谁负责"的原则，由出租方负责房屋的维修、保养，但如果因承租人的过错造成房屋及其附属设施损坏的，由承租人负责修复或赔偿。

7. 转租的约定。房屋租赁合同中应约定是否允许承租人转租，如合同中没有相应的规定，将适用法律法规关于转租的规定。

8. 变更和解除合同的条件。

9. 违约责任。

10. 当事人约定的其他条款。

从合同成立角度而言，房屋租赁合同的成立并不要求完全具备以上全部内容，只要具备了房屋租赁合同成立的基本要素，即租赁的房屋和房屋租金，就可以成立一个房屋租赁合同。[1] 其他内容完全可以由当事人另行协商确定或者根据相关法律、法规推定。当然，为避免日后纷争，当事人应尽可能明确细致地约定租赁合同的主要内容。

（二）出租人的权利与义务

1. 出租人的权利。

（1）租金收取权。即出租人将房屋交由承租人占有使用后，享有按合同约定收取租金的权利。无论国有或是公民个人所有的房屋的租赁，都必须公平合理地收取租金。在租赁关系有效期间，可以协商调整租金，但在没有达成一致前，仍按原约定的租金标准执行。

（2）用房监督权。即要求承租人按照约定或合理的方式正确使用租赁物的

---

[1] 高富平、黄武双：《房地产法学》，高等教育出版社 2006 年版，第 312 页。

权利。如果因承租人使用不当，造成租赁物损毁、灭失的，出租人有权要求承租人修复或赔偿。

（3）合同解除权。即在租赁关系有效期间，承租人严重违反合同规定的，出租人有要求解除合同的权利。但出租人不得以此为借口，随意收回房屋。

（4）房屋收回权。即租赁关系终止时，出租人有收回房屋的权利，承租人对所承租的房屋失去占有、使用的权利。

2. 出租人的义务。租赁合同的目的在于承租人在租赁期限内对租赁物的使用和收益。因此，出租人依合同约定交付租赁物给承租人使用、收益，并于租赁关系存续期间保持租赁物合于约定的使用收益状态，是出租人的基本义务，具体来说，包括：

（1）交付房屋并使之适于使用的义务。依合同约定交付租赁物，是出租人的首要义务。所谓交付租赁物，是指转移标的物的占有归承租人。出租人交付租赁物应当在合同约定的时间进行，而且交付的标的物须合于约定的使用收益目的。例如，同为房屋出租，为居住而租赁的，出租人交付的房屋应适于居住；为营业而租赁的，出租人交付的房屋应适于营业。

（2）修缮房屋的义务。出租人应当在租赁期间保持租赁房屋符合约定的用途，对出租房屋的自然损坏负责修缮，但当事人另有约定的除外。租赁期间租赁物的适用性是租赁合同存续的基础，因此出租人不仅应使交付的租赁物适于约定的使用收益状态，而且在租赁关系存续期间应保持租赁物合于约定的使用收益状态。在标的物受到自然侵害而不适于约定的使用收益状态时，出租人应当予以恢复；在第三人妨害租赁物的使用收益时，出租人应当予以排除。

（3）瑕疵担保义务。租赁合同的出租人如同买卖合同的出卖人一样，负瑕疵担保责任。出租人的瑕疵担保责任包括物的瑕疵担保责任和权利瑕疵担保责任。出租人的物的瑕疵担保，是指出租人应担保所交付的租赁物能够为承租人依约正常使用收益，比如除法律或合同另有规定外，当租赁物有修缮的必要和可能时，出租人对租赁物负有修缮的义务；出租人的权利瑕疵担保，是指出租人应担保不因第三人对承租人主张权利而使承租人不能依约定进行使用收益。例如，抵押人将已抵押的财产出租的，抵押权实现后，租赁合同对受让人不具有约束力，如果抵押人未书面告知承租人该财产已抵押的，抵押人对出租抵押物造成承租人的损失承担赔偿责任。

（三）承租人的权利和义务

1. 承租人的权利。

（1）有权要求出租人按规定交付租赁物，在合同约定的期限内有权占有、使用承租房屋；

（2）有权按照合同的约定使用租赁物；

（3）有权根据合同约定或法律规定，要求出租人保障租赁物的良好适用状态；

（4）有权对租赁物进行使用收益；

（5）征得出租人同意，承租人有权将承租的房屋部分或全部转租给他人；

（6）在租赁期限内，出租人转让出租房屋的，承租人有优先购买权。最高人民法院《民通意见》中规定："出租人出卖出租房屋，应提前3个月通知承租人，承租人在同等条件下，享有优先购买权；出租人未按此规定出卖房屋的，承租人可以请求人民法院宣告该房屋买卖无效。"

2. 承租人的义务。

（1）支付租金的义务。承租人履行此项义务时，又有以下几种情况：

第一，承租人应当按照约定的期限向出租人支付租金。

第二，双方对支付期限没有约定或者约定不明确，依照《合同法》第61条的规定，可以用下列方式确定：①双方以事后协议方式补充，即双方当事人经过协商，明确地确定一个租金支付日期；②按合同有关条款确定；③按习惯确定。

第三，如果按《合同法》第61条的规定仍不能确定租金支付期限的，分为以下两种情况支付：①租赁期间不满1年的，应当在租赁期间届满时支付；②租赁期间为1年以上的，应当在每届满1年时支付1次。若剩余期间不满1年的，应当在租赁期间届满时支付。

（2）按约定方式使用租赁物的义务。关于租赁物的使用方法一般应在租赁合同中予以约定，若对租赁物的使用方法没有约定或约定不明确，则当事人应签订补充协议；如果达不成补充协议，则应按合同中的有关条款确定，无法确定的则按租赁物的性质使用。

（3）妥善保管租赁物的义务。承租人在租赁期间有保管和爱护租赁物的义务。承租人应按合同规定保持原有房屋状态，不能擅自改装添建。承租人如要增设、改装室内设备时，要事先征得出租人的同意。否则，出租人有权要求恢复原状，必要时也可解除合同。

（4）有关事项的通知义务。当出现以下出租人不知道的事项时，承租人有通知出租人的义务：租赁物有修理、防止危害的必要时；第三人就租赁物主张权利时；其他依诚实信用原则应当通知的事由。对因承租人怠于通知致出租人不能及时救济而受到的损害，出租人可以请求承租人赔偿。

（5）不得随意转租及转让租赁权的义务。转租是指承租人不退出租赁关系，而将租赁物出租给次承租人使用收益。在转租中，次承租人与承租人之间为一租赁关系，而承租人与出租人之间的租赁关系仍继续存在。租赁权的转让是指承租人将租赁权转让给第三人，承租人退出租赁关系，而租赁关系存在于受让第三人与出租人之间。承租人转租以及转让租赁权必须经过出租人的同意，未经同意而订立的转租合同及租赁权转让合同为无效合同，发生此情形时，出租人还可以解除原租赁合同。

（6）返还租赁物的义务。承租人于租赁关系终止时应向出租人返还租赁物。租赁关系可以因租赁期限届满而终止，也可因当事人一方行使解除或终止合同的权利及其他原因而终止。承租人返还的租赁物应当合于原状，但依约定方法或根据租赁物的性质所确定的方法为使用收益致租赁物发生变更或者损耗的除外。承租人在租赁期间未经出租人同意对租赁物改建、改装或者增加附着物等，于返还租赁物时，应当恢复原状。承租人的行为经出租人同意的，承租人可不予恢复原状，并可向出租人请求偿还有益费用。当租赁物已不存在时，承租人不负返还义务，如租赁物系承租人的原因灭失的，承租人自应负赔偿责任；若租赁物非因承租人的原因灭失的，则承租人不负责任。

三、房屋租赁合同的订立、变更、解除和终止

（一）房屋租赁合同的订立

依据《合同法》的规定，房屋租赁合同的订立要经过要约和承诺两个阶段，双方当事人意思表示一致，合同即告成立。依法成立的合同即产生法律效力。

在房屋租赁合同的订立过程中，应特别注意以下几个方面的问题：

1. 租赁合同的主体合法。《城市房屋租赁管理办法》第 4 条规定：公民、法人或其他组织对享有所有权的房屋和国家授权管理和经营的房屋可以依法出租。也就是说，对房屋享有所有权或处分权的人才有资格作为出租人将房屋进行出租，其他人不能作为出租人。原来的《城市私有房屋管理条例》第 22 条曾规定：机关、团体、部队、企业事业单位不得租用或变相租用城市私有房屋。如因特殊需要必须租用，须经县以上人民政府批准。也就是说上述主体不能作为城市私有房屋的承租人。但是，《城市私有房屋管理条例》已被国务院废止，所以上述规定已无效力。

2. 租赁合同的客体合法。《城市房屋租赁管理办法》第 6 条规定，有下列情形之一的房屋不得出租：未依法取得房屋所有权证的；司法机关和行政机关依法裁定、决定查封或者以其他形式限制房地产权利的；共有房屋未取得共有人同意的；权属有争议的；属于违法建筑的；不符合安全标准的；已抵押，未经抵押权人同意的；不符合公安、环保、卫生等主管部门有关规定的；有关法律、法规规定禁止出租的其他情形。以上述房屋作为出租合同的客体将直接导致合同的无效。

3. 租赁合同的形式合法。《城市房地产管理法》第 54 条规定：房屋租赁，

出租人和承租人应当签订书面租赁合同，约定租赁期限、租赁用途、租赁价格、修缮责任等条款，以及双方的其他权利和义务，并向房产管理部门登记备案。《城市房屋租赁管理办法》第9条也规定：房屋租赁，当事人应当签订书面租赁合同。可见，一般情况下，房屋租赁属于要式行为。

不过，《合同法》第215条规定：租赁合同的租赁期限为6个月以上的，应当采用书面形式。当事人未采用书面形式的，视为不定期租赁。可见，我国法律也允许口头形式的租赁合同，但要受限制，即租赁期为6个月以上的租赁合同，应当采用书面形式。

（二）房屋租赁合同的变更

房屋租赁合同变更主要包括以下两个方面：

1. 房屋租赁合同主体的变更。

（1）出租人的变更。在下列两种情况下通常会引起出租人的变更：一是因房屋买卖、继承、赠与等法律事实的发生而引起房屋所有权转移时，由买受人、继承人、受赠人成为新的出租人来代替原来的出租人，享有原合同的权利，承担原合同的义务。二是出租人因婚姻关系或合伙行为而形成或终止共有关系，出租单位因分立、合并或联营，都可能引起出租人或出租单位的变更。原合同继续有效，其权利和义务由变更后的出租人享有和承担。

（2）承租人的变更。承租人的变更有以下几种情况：一是原承租人死亡或外迁，与承租人长期共同居住而他处无住房的家庭成员要求继续承租的，经出租人审查符合承租人条件的，可以成为新的承租人。新承租人必须履行原承租人缴纳房租和偿付原承租人欠租的义务。二是承租人因工作或生活需要，经出租人同意，与第三者互换所租房屋使用权而引起的承租人变更。三是承租人为方便生活，在其承租的房屋有条件独立分开使用的情况下，经征得出租人同意，可分立户名，由原来的一个承租人变成两个或两个以上的承租人。分户不得造成任何一方居住困难（单位出具证明负责解决居住困难的除外）和使用困难。分户时要明确公用部位使用权，应依法保护老年人和未成年人的居住使用权或租赁权。四是承租人因联营、合伙、转租、合租等法律事实引起的承租人的变更。承租人将承租房屋用于联营、合伙、转租、合租等，须征得出租人的同意，一般情况下，合伙人、联营人、转租人和次承租人、合租人对出租人负连带责任。

2. 房屋租赁合同内容的变更。当事人权利义务的变更范围一般不涉及法定义务部分，如交纳房地产税，只涉及约定部分权利义务的扩大或缩小。这些变化往往是因修改补充合同的主要条款引起的。主要包括用途变更、租期变更和租金变更三种情况，变更合同程序与订立合同程序基本相同，要经过双方协商一致。

（1）对房屋的使用方式变更。房屋的用途一般是在设计建造时就确定了的，改变房屋用途，往往要先改变房屋的某些结构，这就会不同程度地影响房屋的使用寿命，从而降低房屋的价值，因此，非经房屋的所有权人（经营权人）同意，承租人不得擅自改变房屋的用途。

（2）租期的变更。租赁期限的变更可以基于多种原因，如：出租人继续对房屋恢复使用，可以向承租人提出缩短租期；承租人因无法实现订立租赁合同的目的，可以与出租人协商缩短租期或解除合同；还可以是因为双方协商一致延长或缩短租赁期限等。此外，依据《城市房屋租赁管理办法》第12条的规定，因符合法律规定或者合同约定或因不可抗力等原因也可以变更租赁期限。

（3）租金的变更。这包括两点：①租金标准的变更，包括因改变房屋用途引起的租金标准的变更，因政策、市场等因素引起的租金标准的变更。②租金计算依据的变更。房屋的数量是计算房屋租金的依据，它的增加或减少直接影响房屋租金的数额，如在租赁期间承租人经出租人同意，将承租房屋的一部分退还给出租人，那么租金数额也相应随之减少。

（三）房屋租赁合同的解除

1. 协商解除。根据"意思自治"原则，双方当事人可以协商解除已设定的租赁关系。但无论是一方先提出，还是由双方共同提出，当事人双方必须协商一致，并且不得因此损害国家利益和社会公共利益。双方协商解除合同的程序与订立合同程序基本相同。

2. 一方行使解除权的解除。解除权是因一方的意思表示而使合同解除的权利，是一种形成权。解除权可以因当事人的约定产生，也可以根据法律规定产生；既可以由出租方享有，也可由承租方享有。但是，任何一方行使解除权，必须符合法律规定的解除条件。

（1）出租人行使解除权的条件。根据《城市房屋租赁管理办法》第24条的规定，承租人有下列行为之一的，出租人有权解除合同，收回房屋，因此而造成损失的，由承租人赔偿：①将承租的房屋擅自转租的；②将承租的房屋擅自转让、转借他人或擅自调换使用的；③将承租的房屋擅自拆改结构或改变用途的；④拖欠租金累计6个月以上的；⑤公有住宅用房无正当理由闲置6个月以上的；⑥利用承租房屋进行违法活动的；⑦故意损害承租房屋的；⑧法律、法规规定其他可以收回的。

（2）承租人行使解除权的条件。综合相关法律规定，有下列情形之一的，承租人可以提前解除房屋租赁合同：①租赁物危及承租人的安全或者健康的，即使承租人订立合同时明知该租赁物质量不合格，承租人仍然可以随时解除合同。②因租赁物部分或者全部毁损、灭失，致使不能实现合同目的的，承租人可以解除合同。③双方在合同中约定的解除条件出现的。

无论哪方行使解除权均应提前一定的时期书面通知对方，其结果是使基于合同发生的债权债务关系消灭，但不溯及既往，原来已履行的部分有效，出租人已取得的合法租金不予返还。

（四）房屋租赁合同的终止

房屋租赁合同的终止，是指房屋租赁关系因一定的法律事实的出现而归于消灭的情形。根据终止原因的不同，可以分为合同的自然终止和人为终止。根据我国法律规定及房屋租赁的实践，引起房屋租赁关系终止的原因主要有：

1. 房屋租赁期限届满。这是房屋租赁合同终止的主要原因。

2. 在租赁期限内，因不可抗力使房屋灭失，因合同标的物不再存在，合同亦会终止。

3. 房屋被征收、征用或拆除。出租房屋属于危房或者因国家建设和公共利益需要而被依法征收、征用或拆除时，原房屋租赁关系因客体不存在而告终止。

4. 房屋租赁合同期限未满，承租人死亡，无同居亲属或同居亲属不符合继续承租条件。无论是公房还是私房租赁，承租人取得的均只为房屋使用权，其租赁权均不得继承。承租人死亡后，其亲属或法定继承人确需继续租用该房的，享有优先租赁权，可与出租人签订房屋租赁合同，这属于房屋租赁合同承租人的变更。如承租人死亡后，无同居亲属或同居亲属不符合继续承租条件的，则原房屋租赁关系应当终止。

5. 因房屋租赁合同的解除而提前终止。在房屋租赁期限内，一是双方协商解除；二是由于不可抗力致使合同不能继续履行，当事人一方通知对方解除合同；三是发生法定或约定可以解除合同的情形时，合同一方当事人有权单方解除合同，同时通知对方。

第三节　房屋租赁的其他法律问题

一、房屋租赁权

（一）租赁权的概念

租赁权在我国《合同法》等法律中没有明确的立法定义。有学者提出：租赁权是承租人因租赁物的交付而取得的对其进行使用、收益的权利。[1] 我们也认为：租赁权是指承租人依租赁合同取得的，对租赁物占有、使用和收益的权利，即在租期内，承租人享有租赁物的占有、使用和收益权，在一定条件下还享

---

〔1〕 李开国主编：《合同法》，法律出版社 2002 年版，第 387 页。

有处分权（转租），并且在这些权利受到第三人妨害时，可以请求排除妨碍。

（二）关于租赁权性质的学说

关于租赁权的性质，学术界存在争议，有三种学说，即债权说、物权说和租赁权的物权化说。

1. 债权说。债权说认为租赁本为一种债权债务关系，租赁权也本属于债权，承租人只能向出租人本人主张对租赁物的使用、收益权，租赁权无对抗第三人的效力；承租人对租赁物使用、收益的权利，并非当然地因租赁契约的成立而成立，而是因租赁物的交付取得。但是这种对他人之物使用收益的权利，与物权人能直接支配其标的物的独立权利并不相同，而是从属于租赁权的权能（也有认为是所有权的一项权能的）。[1] 所以租赁权并非物权而是债权。

2. 物权说。物权说认为，虽然许多国家立法都将租赁列入债编加以规定，但租赁权仍然是一种物权。因为债权是请求他人为或不为一定行为的权利，而租赁权对租赁物的使用、收益，是对物的直接支配，且这种支配正是租赁权的本体，承租人请求出租人交付租赁物、修缮租赁物的权利，都不过是由此而生的效果。因此租赁权是一种占有并对物进行支配的物权。

3. 租赁权的物权化说。租赁权的物权化说认为租赁权的性质为债权，但是为加强承租人的地位，保护承租人的利益，法律强化其效力，大多赋予租赁权以物权的性质，从而使其有物权化的趋势。

（三）租赁权是物权化的债权

"债权说"是自罗马法以来的旧说，与罗马法上"买卖破租赁"的法则一致，不利于维护交易的安全，对承租人的照顾不尽周全，现在为大多数国家立法所不采。而且，该说认为承租人对租赁物使用、收益的权利是从属于租赁权或所有权的一项权能的观点，将租赁权作为由租赁合同所生而由承租人享有的合同权利的总和（权利束），否定承租人对租赁物进行使用、收益的权利的独立性，从而模糊了租赁权的本来面目和性质。该学说认为承租人对租赁物进行使用、收益的权利是从所有权的权能中分离出来的，既然不能成为独立的用益物权，就只能是从属于所有权的一项权能，而不是独立的权利。显然这与租赁权的实际情况不符，在理论上解释不通。

"物权说"从租赁权的本体出发，通过严格界定物权与债权的区别，从而认定租赁权在权利性质上就是物权。但是，这一观点并不为学术界广为认同。

所以，我们赞同租赁权为物权化的债权这一观点，并且认为这一物权化的债

[1] 李开国主编：《合同法》，法律出版社 2002 年版，第 387 页。

权具有以下四个方面的效力：

1. 对抗效力。在一般债权关系中，债权人不得以其债权对抗对标的物享有物权的人。但在租赁关系中，承租人在租赁关系存续期间，可以以其租赁权对抗取得租赁物所有权或其他物权的人而对租赁物进行使用、收益。这种情况称为租赁权的对抗力。

2. 对侵害租赁权的第三人的效力。承租人基于其占有权当然可以对第三人的侵害行使损害赔偿请求权及妨害排除请求权。但是，这里的请求权不同于物权请求权，因为，物权请求权是指基于物权而产生的请求权[1] 租赁权并非物权。

3. 租赁权处分的可能性。即租赁权的让与和转租的可能性。按照租赁关系的一般要求，承租人本来不能在未经出租人同意的情况下转租或让与租赁权。但是出租人使承租人可以使用、收益租赁物的积极的债务逐渐地退化为消极的容忍义务，即承租人的使用收益也逐渐呈固定形态，只要能保证出租人租金的收取，承租人是谁已经不再那么重要。所以租赁权处分的可能性逐渐得到承认。

4. 租赁权的永续性。一般来说，债权的存续时间都较短，物权的存续时间则比较长。而租赁合同的期限一般都较长，这也是其物权化的表现[2]

"租赁权的物权化说"为许多国家立法所采纳。《日本民法典》第 605 条、《德国民法典》第 571 条对此都有规定。我国《合同法》第 214 条关于租赁合同期限的规定，第 229 条关于租赁期间发生租赁物所有权变化不影响租赁合同效力的规定也采纳了这一学说[3] 新近实施的《物权法》第 190 条也规定：订立抵押合同前抵押财产已出租的，原租赁关系不受该抵押权的影响。抵押权设立后抵押财产出租的，该租赁关系不得对抗已登记的抵押权。

案例与评析

甲有一栋私有房屋，在 2004 年 9 月 1 日出租给乙，租期 5 年，但是在 2007 年 7 月，甲因为工作调动，准备将房屋出售，在出售房屋之前，甲找到乙协商，说由于工作要调动，准备把房子卖掉，如果乙愿意购买，愿意以 15 万元的低价卖给乙，但是乙由于没有钱购买而只能拒绝。于是甲就通过房屋买卖中介联系到丙，在协商过程中，甲表示房屋已经出租，合同还有两年到期，丙由于急于买

---

[1] 姜广俊："论物权请求权制度"，载《政法论丛》2002 年第 5 期。

[2] 崔建远主编：《合同法》，法律出版社 2003 年版，第 367~369 页。参见李开国主编：《合同法》，法律出版社 2002 年版，第 387 页。在该书中，作者只是特别提示："租赁权尤其是不动产租赁权可以存续很长的时间，体现出物权的特点。各国法律对租赁权一般都设定了最高期限，但也同时承认租赁期间的更新，从而使租赁权呈现出永续的趋势。"

[3] 崔建远主编：《合同法》，法律出版社 2003 年版，第 368~369 页。

房，便愿意出价 18 万元购买房屋。于是，甲与丙签订了房屋买卖合同，丙按照约定支付了房款，甲也协助丙办理了房屋产权过户登记。在 2007 年 12 月 23 日，丙找到乙，要求乙在 10 天之内全家搬出房屋，乙说租赁合同还有 1 年多才到期，况且在 10 天之内也找不到合适的房屋，便拒绝搬出。而丙说："我现在是房子的主人，我让你什么候搬走，你就必须什么时候搬走，我不愿租给你住，你要不搬，我就去法院告你。"双方僵持不下，丙便向人民法院提起诉讼，要求乙搬出自己的住房。法院能否支持丙的诉讼请求？

　　本案主要涉及"买卖不破租赁"原则的法律适用。根据《民通意见》、《合同法》、《城市房屋租赁管理办法》等法律法规的规定，在租赁关系存在的期间内，即使出租人将房屋卖给他人，对租赁关系也不产生任何影响，买受人不能以其已成为房屋的主人为由否认原来租赁关系的存在并要求承租人返还房屋。就本案来说，甲有权将自己的房屋出售，乙作为房屋的承租人与甲签订的租赁合同合法有效，乙明确表示不愿购买房屋，放弃了在同等条件下优先购买房屋的权利，于是甲便出售给丙，甲与丙签订的房屋买卖合同合法有效，甲原来作为房东所享有的权利义务由丙来享有，乙作为承租人不再向甲支付租金，而是向丙履行，直到 2009 年 9 月 1 日合同到期，丙才有权让乙搬出，请其另行租房。但是，在合同到期之前，丙没有权利让乙搬出，因为丙购买房屋时，乙已经租赁了该房，丙对房屋的产权并不能否定掉乙享有的租赁权，租赁合同在丙和乙之间继续有效，这是法律对房屋承租人提供的特殊保护。所以，丙要求乙搬出其房屋的诉讼请求不会得到法院的支持。

二、房屋转租

（一）房屋转租的概念和特征

1. 房屋转租的概念。房屋转租，是指房屋承租人将承租的房屋再出租的行为。房屋转租也是出租房屋的一种经营行为。

转租，我国香港特区法律称为分租，是盘活租务市场的一种法律调节手段，可以说，转租也是承租人合法享有的一种租权。在我国大陆地区，房屋转租还为数不多，租务市场还未形成。与房屋出租的一般情况比较，转租与出租所不同的只是出租主体不同，转租不是房主亲自经营，而是承租人经房主授权所进行的经营活动。因此房屋转租也应该订立房屋租赁合同，即房屋转租合同。

2. 房屋转租的特征。在转租行为中，存在着两个合同关系和三方当事人，两个合同关系是：租赁合同和转租赁合同；三方当事人是：原房屋租赁合同的出租人、承租人和转租赁合同的承租人（次承租人），原租赁合同的承租人同时也是转租赁合同的出租人。

《合同法》第 224 条规定："承租人经出租人同意，可以将租赁物转租给第二人。

承租人转租的，承租人和出租人之间的租赁合同继续有效，第三人对租赁物造成的损失，承租人应当赔偿损失。承租人未经出租人同意转租的，出租人可以解除合同。"《城市房屋租赁办法》规定："转租合同的终止日期不得超过原租赁合同规定的终止日期，但出租人与转租双方协商约定的除外。"同时还明确了房屋转租人的法律地位，即"转租合同生效后，转租人享有并承担转租合同规定的出租人的权利和义务，并且应当履行原租赁合同规定的承租人的义务，但出租人与转租双方另有约定的除外"。由于房屋转租合同是在原房屋租赁合同的基础上成立的，因此原租赁合同不仅对转租合同有着制约作用，而且也是转租合同成立的前提条件。

根据《合同法》的上述规定，房屋转租合同有以下特征：

（1）房屋转租合同以原房屋租赁合同的存在为前提。任何一个转租合同必然存在一个租赁合同，没有租赁合同，也不存在转租合同。转租合同是租赁合同成立后，承租人另行与次承租人就房屋租赁协商一致而成立的合同。

（2）出租人的同意是房屋转租合同订立的前提条件。转租合同的订立应当取得房屋出租人同意，这种同意可以是书面的，也可以是口头的。《合同法》规定，承租人未经出租人同意转租，出租人可以解除合同。租赁合同解除，转租合同也就无存在的根据，转租合同应自动解除。

（3）出租人与次承租人无任何法律上的权利义务关系。当事人之间的权利义务因法律的规定和合同的约定而产生，出租人与次承租人之间没有合同关系。我国《合同法》明确规定，次承租人对租赁物造成的损失由承租人赔偿，法律未规定出租人与次承租人之间的权利义务关系。因此，出租人与次承租人之间不可能存在权利义务关系。

（4）从转租的客体上讲，转租的房屋是出租的房屋，它可以是承租房屋的全部，也可以是承租房屋的部分。

3. 房屋转租与租赁合同转让的关系。租赁合同转让是指承租人将租赁合同的权利义务转让给第三人，承租人退出租赁关系，租赁关系转而存在于受让人与出租人之间。租赁合同转让和房屋转租行为有联系也有区别。

租赁合同转让和房屋转租行为的联系体现在：两者都以同一房屋为行为标的。一方面，租赁合同转让是将租赁合同的权利义务都转让给第三人，而这些权利义务的标的正是租赁合同的标的，即出租房屋；另一方面，按《城市房屋租赁管理办法》第26条的规定，房屋转租是指房屋承租人将承租的房屋再出租的行为。第27条规定，承租人在租赁期限内，征得出租人同意，可以将承租房屋的部分或全部转租给他人。因此，房屋转租的标的仍然是"承租房屋"的部分或全部。

租赁合同转让和房屋转租行为的区别体现在：①在租赁合同转让行为中，原承租人因为将权利义务转让给了第三人，所以不再是合同的当事人，从而退出了租赁合同，租赁关系存在于第三人与出租人之间；而在房屋转租中，承租人不退出租赁关系，原租赁合同仍然有效存在，承租人仍然承担租赁合同的权利义务。②房屋租赁合同转让是原承租人把租赁合同的权利义务完全让与给新的承租人，新承租人的租赁权利和义务以原承租人的租赁权利义务的消灭为前提而成立；而在转租行为中，原租赁合同的权利义务仍属于原来的承租人（转租人），次承租人的合同权利义务实基于转租合同而由转租人对租赁物再度设定的新的租赁权利和义务，原租赁合同的权利义务并没有解除，次承租人的新租赁权利义务以转租人的租赁权利义务存在为前提而成立。③对于次承租人（第三人）来说，在租赁合同转让行为中，次承租人的权利义务是转移来的，属于转移取得方式，转让人（承租人）与受让人（次承租人）之间成立的是一个转让契约而非租赁契约；而在转租行为中，次承租人的权利义务是由承租人创设的，属于设定取得方式，转租人与次承租人之间成立新的租赁契约。

（二）房屋转租的效力

由于转租房屋的使用收益与出租人的利益密切相关，因此近现代各国民法在规定房屋转租制度时，形成了放任主义、限制主义和区别主义三种基本立法模式。放任主义认为转租乃承租人的权利，如无目标性约定，承租人原则上可以转租，主要以法国、奥地利等国为代表；限制主义则规定非经出租人同意，承租人不得转租，以德国、日本等国为代表；而区别主义则强调区别不同情况或放任转租或限制转租，以意大利、俄罗斯及我国台湾地区为主要代表。

我国民法对于房屋转租采取限制主义的态度。我国《合同法》第224条就是这种态度的体现，其规定：承租人经出租人同意，可以将租赁物转租给第三人；承租人转租的，承租人与出租人之间的合同继续有效，第三人对租赁物造成损失的，承租人应当赔偿损失；承租人未经出租人同意转租的，出租人可以解除合同。根据《合同法》的这一规定，房屋转租可分为：同意转租和自行转租。在同意转租和自行转租中，转租的效力有所不同，由此导致当事人的权利义务及其法律地位也有很大的区别。

1. 同意转租的效力。同意转租，是指承租人征得出租人的同意，将房屋转租给第三人。转租行为本质上是对房屋的处分行为，所以一般应取得出租人的同意才可为之。

在出租人同意的前提下，承租人获得将房屋转租的权利，因此承租人与次承租人达成的转租合同当然有效，基于转租合同而形成的承租人和次承租人的权利义务关系与一般租赁关系并无区别。如果因为出租人反悔等原因导致承租人无法向次承租人履行转租合同，则出租人应向承租人承担违约责任。

虽然承租人将房屋又转租给了次承租人，但是出租人和承租人之间的租赁合同不受影响，仍然有效并应得到履行。出租人仅仅是租赁合同的当事人，因此，出租人仅有权要求承租人履行交付租金等合同义务，无权要求次承租人交付租金，这是合同相对性的体现。次承租人与出租人之间不存在直接的合同关系，次承租人不需向出租人履行合同义务。但是，承租人有着双重身份，既是租赁合同的承租人，又是转租合同的出租人，因此承租人同时对出租人和次承租人享有合同权利、承担合同义务，承租人应就因次承租人应负责的事由所产生的损害向出租人负赔偿责任，同时承租人也应就因出租人的原因所产生的损害向次承租人负赔偿责任。

在同意转租中，出租人表示同意的行为是影响转租行为效力的一个重要问题。《城市房屋租赁管理办法》第 28 规定：转租合同必须经出租人书面同意，并应依法办理登记备案手续。依此规定，同意转租的行为应该是要式行为，否则无效。但是在审判实践中，如果以此规章的规定作为认定转租是否有效的依据，则可能造成较多的纠纷。对于出租人同意的方式，《合同法》没有明确规定，根据《民法通则》以及《合同法》的立法精神，民事法律行为以不要式为原则，以要式为例外。因此，出租人的同意不以书面为必要。至于发生纠纷时是否可以举证，则属于另一个问题。以下几种情况应认定为出租人同意转租的意思表示：

（1）在租赁合同中明确约定，承租人可以将房屋转租给第三人。这是最直接、也是最常见的同意转租行为的表现方式。

（2）出租人和承租人签订补充协议，授予承租人以转租的自由。

（3）出租人在转租合同上签字认可。

（4）出租人以口头等方式表示同意承租人转租房屋。

（5）出租人以行为方式表示同意。如出租人明知承租人已将房屋转租，在合理期限内又无异议，甚至有时还有事实上的协助行为，如代转交钥匙等，则可以认定为默示的同意。

2. 自行转租的效力。自行转租，是指承租人未征得出租人的同意，擅自将房屋转租给第三人。

（1）自行转租的法律后果。根据《合同法》第 224 条第 2 款的规定，自行转租应发生以下法律效果：①出租人与承租人之间的关系。承租人未经出租人同意擅自转租为严重的违约行为，出租人有权解除合同。出租人解除合同的，可以请求损害赔偿；出租人不解除合同的，租赁关系仍然有效，不因承租人的转租而受影响。②承租人与次承租人之间的关系。双方之间的租赁合同有效，承租人负有使次承租人取得对租赁物使用收益的义务。承租人不能使次承租人取得使用收益的权利，次承租人可以向承租人要求损害赔偿。③出租人与次承租人的关系。次承租人的租赁权不能对抗出租人。出租人终止租赁关系时，出租人可以直接向次承租人请求返还租赁物。

（2）自行转租合同的效力。对于自行转租合同的效力有三种不同的观点。

第一种观点认为自行转租合同无效。这种观点认为转租须经出租人同意，如果承租人进行转租的行为没有经出租人同意，其性质显然属非法转租，这种情况下转租合同当然无效。

第二种观点认为自行转租合同是效力待定的合同。《合同法》第51条规定：无处分权的人处分他人财产，经权利人追认或者无处分权的人订立合同后取得处分权的，该合同有效。这是关于无权处分的规定，无权处分行为属效力待定行为。非法转租亦属无权处分，因为对于转租而言，虽然承租人擅自转让的只是租赁物的占有、使用、收益权而非他人的财产，但承租人擅自将占有、使用、收益权转让他人，实际上是非法处分他人财产所有权权能的行为。既然非法转租属无权处分行为，其当然是效力待定行为。

第三种观点认为自行转租合同有效。自行转租合同为诺成性合同，经承租人与次承租人双方意思表示一致即有效成立，与出租人没有关系。

对未经出租人同意的转租，依《合同法》规定，出租人可以解除合同，但对于承租人与次承租人之间的租赁合同是否当然有效或无效并未明确。我们认为：根据《合同法》规定，租赁合同为诺成性合同。转租虽未经出租人同意，但这并不发生改变转租合同性质的后果，亦属诺成合同。转租合同从双方意思表示一致时即生效，因此，没有经过出租人同意的转租合同也为有效合同。只不过该生效的转租合同的效力随着出租人对原租赁合同是否行使解除权而发生变化。根据《合同法》第224条第2款的规定，发生自行转租时，出租人可以解除合同，也可以不解除合同。所以在出租人不解除合同时，转租关系依然存在，转租合同当然有效。出租人解除合同时，原生效的转租合同只不过随着出租人解除合同权利的行使而发生终止的法律后果，而非转租合同自始无效。

（三）房屋次承租人的优先购买权

承租人的优先购买权是指出租人在租赁期限内出卖其出租房屋时，作为承租人的公民、法人在同等条件下，有优先于他人购买的权利。房屋优先购买权是一种期待权、专属权、限制权、请求权[1]。但是在转租存续期间出租人出卖房屋，次承租人有无优先购买权？这是现行法律还没有涉及的问题。

有的学者认为，在租赁关系存续期间，因出租人与次承租人不存在直接权利义务关系，出租人欲出卖房屋时，即使承租人放弃优先购买权，次承租人仍不享有该项权利。

---

〔1〕　苑敏："房屋优先购买权论析"，载《政法论丛》1997年第2期。

我们认为：从法律角度分析，转租合同生效后，原租赁合同继续有效存在，原租赁合同的承租人地位并不因此丧失，承租人与次承租人都属于该房屋的合法承租人。既然都属于承租人，当然都享有该处房屋的优先购买权，并且在同意转租的情形下，次承租人所享有的优先购买权还应当优先于承租人的优先购买权。在自行转租的情形下，如果出租人解除租赁合同的，次承租人的优先购买权便无从谈起；出租人没有解除租赁合同的，次承租人一样享有优先购买权，而且次承租人之优先购买权应当优于承租人之优先购买权。原因在于：从优先购买权，其立法本意和利益平衡角度来看，在房屋租赁关系中，法律之所以规定承租人享有优先购买权，其价值追求在于尽可能维护已建立起来的租赁关系，以稳定社会经济生产秩序，避免因出租人随意处分转让房屋造成对承租人生活的重大不利影响。在房屋转租关系中，承租人和次承租人的法律关系共存于同一租赁房屋上，但是，此时承租人已与租赁房屋相脱离，而次承租人却基于转租合同与租赁房屋产生了更加紧密的联系。在承租人和次承租人都享有优先购买权的情况下，次承租人优先购买权顺序优先于承租人的优先购买权。而且次承租人在占有使用房屋时，主张其优先购买权优于原承租人更能实现此立法目的，既可避免其投入的成本遭受无谓的损失，也能够避免社会资源的浪费，充分发挥物的经济效益，故应对其予以保护。

案例与评析

2005 年 6 月 22 日甲将其毗邻某建材公司的两间门面房租给乙用于做零售生意，租赁合同约定：租期两年，租金每月 1000 元。租赁期间房屋修缮费用由承租人承担，所租房屋只准承租人使用，不得转租。2006 年 8 月 2 日，建材公司因扩大规模，与甲谈妥收购其两间门面房的产权，甲随即通知乙准备将房屋转让给建材公司，乙未表异议。12 月 23 日，甲和建材公司办理了房屋产权登记过户手续。2007 年 1 月 16 日，乙却将房屋转租给丙开饭店，租金每月 1500 元，建材公司知道后，要求乙解除和丙的租赁合同，乙却以房屋租自甲为由拒绝了建材公司的要求。

本案是涉及未经出租人同意，承租人转租房屋所引起的法律纠纷。首先，甲和乙的租赁合同真实有效，期限为两年，但是甲作为房屋的所有权人，对该房屋仍享有处分权。在与乙的租赁期间，甲可以将房屋转让，且甲在转让前通知了乙，乙未表示异议，即表示其放弃优先购买权，因此，甲和建材公司的买卖关系合法有效。其次，该房屋在办理过户登记后，房屋的所有权已转为建材公司所有，但根据买卖不破租赁的原则，乙在租赁期间仍享有对该房屋的使用权，直至租赁期限届满。再次，乙虽然享有对房屋的使用权，但在未征得房屋所有权人同意的情况下，不得转让该使用权，即不得转租，否则其转租行为无效。因此，根据《城市房屋租赁管理办法》等法律法规的规定，乙未经建材公司同意，和丙签订的租赁合同无效，不受法律保护，乙应当解除和丙的租赁合同。

三、房屋租赁登记

（一）房屋租赁登记的概念

租赁登记，是指签订房屋租赁合同的双方当事人按法定程序，到房屋所在地的人民政府房地产管理部门将所订合同提交审核，并申领《房屋租赁证》的行为。

我国的房屋租赁登记涉及的法律法规主要有《城市房地产管理法》和《城市房屋租赁管理办法》。《城市房地产管理法》第 54 条规定：房屋租赁，出租人和承租人应当签订租赁合同，约定租期、租赁用途、租赁价格、修缮责任等条款，以及双方的其他权利和义务，并向房地产管理部门登记备案。《城市房屋租赁管理办法》第 13 条规定：房屋租赁实行登记备案制度，签订、变更、终止租赁合同的，当事人应当向房屋所在地市、县人民政府房地产管理部门登记备案。第 14 条规定：房屋租赁当事人应当在租赁合同签订后 30 天内，持本办法规定的文件到市、县人民政府房地产管理部门办理登记备案手续。第 16 条规定：房屋租赁申请经市、县人民政府房地产管理部门审查合格后，颁发《房屋租赁证》。第 17 条规定：《房屋租赁证》是租赁行为合法有效的凭证。

（二）登记备案的效力

对于"双方当事人应到房产管理部门备案"的规定是否影响租赁合同效力的问题，在实务界和学术界争议较大，主要有以下观点：

第一种观点认为，登记备案对租赁合同的效力并无影响。持这种观点的人认为，房地产租赁合同为诺成性合同，"只要双方当事人就合同主要内容达成一致，无需由出租人将租赁物交给承租人，或由承租人将租金交给出租人才算成立，交付房屋或者租金已经是实际履行合同的行为"。[1]

第二种观点认为，登记备案是房屋租赁关系成立的必要条件。持这种观点的人认为："房屋租赁书面合同签订之后，还须向房地产管理部门登记备案，房屋租赁关系才能成立。"[2]

第三种观点认为，登记备案是房屋租赁关系的生效要件。[3] 该观点认为，

〔1〕 梁书文主编：《最新房地产实用全书》，人民法院出版社 1996 年版，第 403~405 页。
〔2〕 金俭：《房地产法的理论与实务》，南京大学出版社 1995 年版，第 219 页。
〔3〕 王文正、韩强主编：《新编房地产法学》，高等教育出版社 1998 年版，第 249 页。

房屋租赁合同作为一种民事法律行为,只要意思表示一致即成立合同关系,但该意思表示尚未生效,只有完成了登记备案后,房屋租赁合同才产生效力。[1]

第四种观点认为,登记备案是房屋租赁关系对抗第三人的要件。[2] 这种观点在有些地方的立法中得到了体现,如《上海市房屋租赁条例》第 15 条规定:房屋租赁合同及其变更合同由租赁当事人到房屋所在地的区、县房地产登记机构办理登记备案手续。房屋租赁合同未经登记备案的,不得对抗第三人。

我们认为,租赁合同之登记仅仅是出于行政管理需要的一种备案制度,租赁合同之登记并不影响合同的效力。理由是:租赁合同是诺成性合同,只要双方当事人协商一致,合同即成立,而无需以交付出租屋或者租金为条件。交付出租房屋或给付租金属于合同的履行。租赁合同登记备案的主要目的是防止非法出租房屋和国家税收的流失,是国家对房屋租赁进行管理和控制的一种手段,具有很强的行政功能,它与民事行为的效力无关。因此,登记备案与否并不影响租赁合同效力。最高人民法院《合同法解释(一)》第 9 条规定:法律、行政法规规定合同应当办理登记手续,但未规定登记后生效的,当事人未办理登记手续不影响合同的效力,合同标的物所有权及其他物权不能转移。《城市房地产管理法》第 54 条并未规定登记是租赁合同生效或者成立的要件。《城市房屋租赁管理办法》第 17 条规定:《房屋租赁证》是租赁行为合法有效的凭证。租用房屋从事生产、经营活动的,房屋租赁证作为经营场所合法的凭证。租用房屋用于居住的,房屋租赁凭证可作为公安部门办理户口登记的凭证之一。可见,经过租赁登记取得《房屋租赁证》只是租赁行为合法性的证据而已,并非租赁合同成立或生效的要件。《城市房屋租赁管理办法》第 32 条也仅规定未得到出租人同意和未办理登记备案,擅自转租的行为无效。

(三)房屋租赁登记的程序

1. 登记申请。房屋租赁当事人应当在租赁合同签订后 30 日内,持有关规定文件到直辖市、市、县人民政府房地产管理部门办理登记备案手续。申请房屋租赁登记备案应当提交下列文件:

(1)书面租赁合同;

(2)房屋所有权证书;

(3)当事人的合法证件;

(4)城市人民政府规定的其他文件。

出租共有房屋,还须提交其他共有人同意出租的证明;出租委托代管的房

---

[1] 高富平、黄武双:《房地产法学》,高等教育出版社 2006 年版,第 317 页。

[2] 高富平、黄武双:《房地产法学》,高等教育出版社 2006 年版,第 317 页。

屋，还须提交委托代管人授权出租的证明。

2．主管部门对租赁合同进行审核。审核的内容主要包括：

（1）合同主体资格是否合格，即出租人与承租人是否具备相应的条件；

（2）客体是否合格，即出租的房屋是否是法律、法规允许出租的房屋；

（3）审查租赁合同的内容是否齐全、完备；

（4）审查租赁行为是否符合国家及房屋所在地人民政府的租赁政策；

（5）审查当事人是否已缴纳了有关税费。

3．房屋租赁申请经市、县人民政府房地产管理部门审查合格后，颁发《房屋租赁证》。

■思考题

1．什么是房屋租赁？

2．房屋租赁的特征是什么？

3．简述房屋租赁合同的主要内容。

4．简述房屋租赁合同的变更和解除的情形。

5．论述房屋租赁权的性质。

6．试论房屋转租的效力及各当事人的权利义务。

■参考文献

1．王家福主编：《中国民法学·民法债权》，法律出版社 1991 年版。

2．江平主编：《民法学》，中国政法大学出版社 2000 年版。

3．高富平、黄武双：《房地产法学》，高等教育出版社 2006 年版。

4．李开国主编：《合同法》，法律出版社 2002 年版。

5．崔建远主编：《合同法》，法律出版社 2003 年版。

6．梁书文主编：《最新房地产实用全书》，人民法院出版社 1996 年版。

7．金俭：《房地产法的理论与实务》，南京大学出版社 1995 年版。

8．王文正、韩强主编：《新编房地产法学》，高等教育出版社 1998 年版。

第十三章　房地产抵押法律制度

■**学习目的和要求**

　　本章主要讲述我国房地产抵押法律制度。对本章的学习，应掌握房地产抵押的概念与特征、房地产抵押合同的订立与生效，重点掌握房地产抵押登记的效力、房地产按揭中的法律关系及房地产按揭的预告登记制度。理解我国房地产抵押权的范围和标的、房地产按揭的概念与性质以及按揭与抵押的区别与联系。了解房地产抵押合同的内容、房地产按揭中的操作流程等内容。

第一节　房地产抵押概述

一、房地产抵押的概念与特征

（一）房地产抵押的概念

　　为担保债务的履行，保障债权的实现，我国1995年《担保法》和1999年《合同法》规定了保证、抵押、质押、留置、定金等担保方式。2007年10月1日正式实施的《物权法》又进一步对抵押权等担保物权作出详细的规定。

　　依据上述法律，房地产抵押是指债务人或者第三人不转移对特定房地产的占有，将该房地产作为债权的担保，债务人不履行债务时，债权人有权依法以该房地产折价或者以拍卖、变卖该房地产的价款优先受偿。其中，债务人或者第三人为抵押人，债权人为抵押权人，提供担保的房地产为抵押物，债权人在抵押中享有的权利称为抵押权。抵押权在担保物权中处于主流地位，是实践中最常使用的一种债权担保手段，被称为"担保之王"。[1]

　　根据《城市房地产抵押管理办法》第3条的规定，房地产抵押是指抵押人以其合法房地产以不转移占有的方式向抵押权人提供债务履行担保的行为，债务人不履行债务时，债权人有权依法以抵押的房地产拍卖所得的价款优先受偿。抵

----

[1]　张成龙："中日抵押制度比较"，载《政法论丛》2000年第3期。

押人，是指将依法取得的房地产提供给抵押权人，作为本人或者第三人履行债务担保的公民、法人或者其他组织；抵押权人，是指接受房地产抵押作为债务人履行债务担保的公民、法人或者其他组织；抵押物，是作为抵押标的的房地产；抵押权人享有的优先受偿的权利称为抵押权。

（二）房地产抵押的特征

1. 房地产抵押所设定的抵押权属于一种担保物权。债务人或第三人以其所有或有权处分的房地产作为抵押物设定抵押权，以担保债务的清偿，债权人成为抵押权人，对抵押物享有担保物权。担保物权具有保障功能，体现在保障债权实现、救济债权损失和保障交易安全三个方面。[1] 一方面，抵押权人虽然不占有抵押物，但是对抵押物享有价值的支配权，如果抵押物在抵押期间转让，抵押权人有权要求抵押人用转让所得价款清偿自己的债权；如果抵押物发生毁损灭失，抵押权人也可以行使物上代位权，其物权效力及于抵押物的代位物，即抵押物毁损灭失所获得的保险金、赔偿金或征用补偿金，用来清偿债权人。另一方面，抵押权具有物权的优先性。在债务人不履行到期债务时，抵押权人可以行使抵押权，通过对抵押物的变现来实现自己的债权，而且抵押权的实现优先于没有设定抵押的普通的债权，在同一抵押物上先设定的抵押权优先于后设定的抵押权，从而抵押权人可以获得优先受偿。此外，房地产抵押权作为担保物权还具有追及性，在抵押人将抵押房地产转让于他人时，抵押权人仍可对抵押房地产行使抵押权，不论抵押房地产由谁所有或占有，抵押权人均可行使追及权，以确保债权得到清偿。新的房地产权利人不得以其不是债务人为由而提出异议。

2. 不转移对标的房地产的占有。债务人或第三人以其所有或有权处分的房地产作为抵押物设定抵押权后，抵押物并不转移到抵押权人的占有之下，抵押人仍然可以对抵押物进行占有、使用、收益和一定的处分，充分发挥抵押物的使用价值，而抵押权人则获得对抵押物的价值支配权，以担保债权的实现。不转移占有是抵押和质押方式的重要区别。因此，实践中设定抵押的物主要是房地产，而设定质押的物主要是动产和权利。

3. 房地产抵押所设定的抵押权主要是以抵押房地产的变价而优先受偿的权利。即债务人不履行到期债务时，债权人有权依照法律的规定以抵押房地产折价或者以拍卖、变卖该房地产的价款优先受偿。债权人因为对抵押房地产享有抵押权而享有的优先受偿权，并不能通过直接获得抵押房地产的所有权来实现。

4. 房地产抵押所设定的抵押权具有从属性和不可分性。房地产抵押权是为

---

〔1〕 孙强："论担保物权的功能"，载《政法论丛》1996 年第 3 期。

担保债权而设立的，其与所担保的债权形成主从关系，具有从属性。房地产抵押权以主债权的存在为前提并随主债权的转让而转让，随主债权的消灭而消灭。《物权法》第177条规定：主债权消灭，担保物权消灭。第192条规定：抵押权不得与债权分离而单独转让或者作为其他债权的担保。债权转让的，担保该债权的抵押权一并转让，但法律另有规定或者当事人另有约定的除外。房地产抵押权的不可分性表现为房地产抵押权的效力及于抵押房地产的全部和被担保债权的全部，不受抵押房地产的分割、部分转让、部分灭失和债权的分割、部分转让、部分清偿的影响。

5. 房地产抵押行为具有要式性。首先，应当由抵押人和抵押权人订立书面的抵押合同，以担保主债务的履行。房地产抵押所担保的主债务数额一般较大，履行期限较长，情形较为复杂，因此当事人应当书面约定抵押房地产的价值评估、抵押率等问题。其次，房地产抵押合同必须办理抵押登记，抵押权才能产生。如《城镇国有土地使用权出让和转让暂行条例》第35条规定：土地使用权和地上建筑物、其他附着物抵押，应当依照规定办理抵押登记。《城市房地产管理法》第62条规定：房地产抵押时，应当向县级以上地方人民政府规定的部门办理抵押登记。《物权法》第187条规定：以房地产或者正在建造的建筑物抵押的，应当办理抵押登记。抵押权自登记时设立。由此可见，抵押登记是抵押权设立的必备要件，未经办理抵押登记的，债权人不能享有抵押权。

6. 房地一并抵押。我国实行"房随地走"、"地随房走"的土地使用权和房屋所有权"连动"原则。《物权法》第182条规定：以建筑物抵押的，该建筑物占用范围内的建设用地使用权一并抵押。以建设用地使用权抵押的，该土地上的建筑物一并抵押。抵押人未按规定一并抵押的，未抵押的财产视为一并抵押。第183条规定：乡镇、村企业的建设用地使用权不得单独抵押。以乡镇、村企业的厂房等建筑物抵押的，其占用范围内的建设用地使用权一并抵押。这些规定，都体现了"房地一并抵押"的要求。

二、房地产抵押权的范围

(一) 房地产抵押物的范围

1. 房地产自身。即作为房地产抵押标的物的土地使用权和房屋所有权本身。以土地使用权抵押的，其地上建筑物、其他附着物随之抵押；以房屋所有权抵押的，其占用范围内的土地使用权也同时抵押。以依法获准尚未建造的或者正在建造中的房屋或者其他建筑物抵押，当事人办理了抵押物登记的，也属于抵押物的范围。

2. 房地产的从物。从物是指两种以上的物互相配合、按一定的经济目的组合在一起时，配合主物的使用而起辅助作用的物。从物是独立的物，而非主物的构成部分，但在客观上、经济上从属于主物，对主物发挥补充辅助效用。根据基本的法理，当事人没有特别约定时，对主物的处分及于从物，以贯彻物尽其用原则。因此，实行房地产抵押权拍卖房地产时，没有特别约定时，其效力应及于房地产的从物。《最高人民法院关于适用〈中华人民共和国担保法〉若干问题的解释》（以下简称《担保法解释》）第 63 条规定，抵押权设定前为抵押物的从物的，抵押权的效力及于抵押物的从物。但是，抵押物与其从物为两个以上的人分别所有时，抵押权的效力不及于抵押物的从物。

3．房地产的从权利。在相互关联着的两个民事权利中可以独立存在的权利是主权利，以主权利的存在为其存在前提的权利是从权利。主权利移转或消灭时，从权利一般随之移转或消灭。因此，以房地产主权利及其所属的标的物设定房地产抵押权时，房地产抵押权之效力及于从权利。

4．孳息。孳息是指因物或权益而生的收益。我国法律实务中，如法律未明确规定或当事人未特别约定，孳息由原所有人收取。《物权法》第 197 条规定：债务人不履行到期债务或者发生当事人约定的实现抵押权的情形，致使抵押财产被人民法院依法扣押的，自扣押之日起抵押权人有权收取该抵押财产的天然孳息或者法定孳息，但抵押权人未通知应当清偿法定孳息的义务人的除外。

5．替代物。按照《物权法》第 174 条的规定，抵押期间，抵押房地产毁损、灭失或者被征收等，抵押权人可以就获得的保险金、赔偿金或者补偿金等优先受偿。被担保债权的履行期未届满的，也可以提存该保险金、赔偿金或者补偿金等。

按照《物权法》第 191 条的规定，抵押期间，抵押人经抵押权人同意转让抵押房地产的，应当将转让所得的价款向抵押权人提前清偿债务或者提存。转让的价款超过债权数额的部分归抵押人所有，不足部分由债务人清偿。抵押期间，抵押人未经抵押权人同意，不得转让抵押财产，但受让人代为清偿债务消灭抵押权的除外。

需要特别注意的是，土地使用权设定抵押后，土地上新建设的房屋不属于抵押物。《物权法》第 200 条规定：建设用地使用权抵押后，该土地上新增的建筑物不属于抵押财产。该建设用地使用权实现抵押权时，应当将该土地上新增的建筑物与建设用地使用权一并处分，但新增建筑物所得的价款，抵押权人无权优先受偿。根据《城市房地产管理法》第 52 条和《担保法》第 55 条的规定，城市房地产抵押合同签订后，土地上新增的房屋不属于抵押物。需要拍卖该抵押的房地产时，可以依法将该土地上新增的房屋与抵押物一同拍卖，但对拍卖新增房屋所得，抵押权人无权优先受偿。之所以这样规定，原因在于当事人就土地使用权设定抵押签订抵押合同时，土地上并不存在房屋等建筑物，当事人并没有就新增房屋设定抵押达成合意。

案例与评析

甲将自己的一房屋抵押给银行，获得贷款30万元。后经过银行同意，甲将房屋以35万元的价格卖给乙，但是，甲得到价款后又将其借给丙以获取高额利息，银行要求甲提前清偿贷款，遭到甲的拒绝，甲以贷款没有到期为抗辩理由。于是，银行诉至人民法院。

本案涉及抵押物转让后效力的问题。《物权法》第191条第1款规定：抵押期间，抵押人经抵押权人同意转让抵押财产的，应当将转让所得的价款向抵押权人提前清偿债权或者提存。转让的价款超过债权数额的部分归抵押人所有，不足部分由债务人清偿。结合本案，抵押人甲经过抵押权人银行的同意转让其抵押物，合法有效，乙可以取得抵押物即房屋的所有权，问题在于，甲在出卖其房屋后应该将所得的价款提前清偿银行的贷款或者到公证处提存，但是，甲却将所得价款借给丙，不符合法律规定。甲以贷款没有到期为抗辩理由不会得到法院的支持。

（二）房地产抵押权的担保范围

1. 约定担保范围。《物权法》第173条规定：担保物权的担保范围包括主债权及其利息、违约金、损害赔偿金、保管担保财产和实现担保物权的费用。当事人另有约定的，按照约定。据此可见，房地产抵押所担保的债权范围首先应当尊重当事人的意思自治，按照抵押合同的约定来确定。即当事人可以选择以抵押物担保主债权及其利息、违约金、损害赔偿金和实现抵押权的费用中的一项或几项，也可以选择抵押担保的范围超出上述范围。

2. 法定担保范围。如果抵押合同没有约定担保的范围，就应当按照法定担保范围进行担保，即债务人不履行到期债务，抵押权人实现抵押权时，主债权及其利息、违约金、损害赔偿金、保管房地产和实现抵押权的费用，都应当优先受偿。

（1）主债权。即主债务合同中所约定的，债权人要求债务人履行特定给付义务的权利。它既是抵押权存在基础，也是抵押权所担保的主权利。在房地产抵押中，主债权往往是银行贷款或其他的金钱债权。如开发商以正在建造的建筑物设定抵押，或买房人以所购房屋设定抵押向银行贷款而向开发商支付购房款等，也有的房地产开发商会以房屋为标的物，对拖欠的工程款、货款等设定抵押担保。

（2）利息。利息是根据本金的数额及本金之债的存续期间，依照一定比例而以金钱或替代物进行给付的一种法定孳息。利息根据产生原因的不同，可以分为法定利息和约定利息。法定利息是依法律直接规定而当然发生的利息。约定利息是指当事人根据合同所协商确定的利息。我国对法定利息和约定利息均给予保护，但是应当注意约定的利息要合法，即根据最高人民法院《关于人民法院审理借贷案件的若干意见》规定，双方的约定利率可以高于银行利率，但民间借贷的利率最高不得超过银行同类贷款利率的 4 倍（包含利率本数），超过此限度的，超出部分的利息不予保护。因此，凡是合法的利息，都属于房地产抵押所担保的债权范围。应当注意的是，法定利息由于被视为主债权的一部分，自然属于担保范围之列。对于约定利息是否属于担保范围，各国规定不同。当然，由于债务人迟延履行而导致的利息即迟延利息，亦属于房地产抵押权的担保范围。

（3）违约金。即一方违反合同约定不履行或不完全履行债务时，依法律规定或者合同当事人的约定，向对方支付的一定数额的金钱。在房地产抵押合同所担保的主合同中约定的违约金，主要表现为债务人不能按期还款时，应向债权人另行支付一定数额的金钱，即逾期还款的违约金。当事人既可以约定一个固定的违约金数额，也可以约定违约金的计算方式。因此，有效的违约金属于抵押担保的债权范围。

（4）损害赔偿金。指债务人不履行主合同而给债权人造成损害时应给予债权人的损失金。违约责任中的损失赔偿，相当于对方因违约所造成的损失，包括实际损失和可得利益的损失。根据《合同法》第 113 条第 1 款的规定，当事人一方不履行合同义务或者履行合同义务不符合约定，给对方造成损失的，损失赔偿额应当相当于因违约所造成的损失，包括合同履行后可以获得的利益，但不得超过违反合同一方订立合同时预见到或者应当预见到的因违反合同可能造成的损失。

（5）保管房地产和实现抵押权的费用。保管房地产和实现抵押权的费用是指债务履行期届满债务人不履行债务后，债权人为了获得债权的清偿而保管房地产和实现抵押权付出的费用，包括保管房地产、确认和实现抵押担保范围的债权而发生的保管费、鉴定费、诉讼费或仲裁费，评估、拍卖或变卖抵押房屋或土地使用权的费用，强制执行公证费、保全费、执行费以及其他合理费用等。

三、房地产抵押权的标的

（一）可以设定房地产抵押权的标的范围

《物权法》第 180 条规定：债务人或者第三人有权处分的下列财产可以抵押：建筑物和其他土地附着物；建设用地使用权；以招标、拍卖、公开协商等方式取得的荒地等土地承包经营权；生产设备、原材料、半成品、产品；正在建造的建筑物、船舶、航空器；交通运输工具；法律、行政法规未禁止抵押的其他财产。第183条规定：乡镇、村企业的建设用地使用权不得单独抵押。以乡镇、村企业的厂房等建筑物抵押的，其占用范围内的建设用地使用权一并抵押。

按照上述规定，可以设定房地产抵押权的标的范围主要是指以下财产：

1. 房屋和其他土地附着物。房屋和其他土地附着物，是指土地上的房屋等建筑物及构筑物。房屋作为一类重要的房地产，其价值较大而且较稳定，并且现代社会房屋交易的便捷性导致房屋交易的流通性增强，以房屋作为抵押物，风险较小，较为容易实现抵押权人的债权。因此，房屋被广泛采用作为抵押物担保债权。

房屋作为抵押物，主要有两种情况：一种是用已竣工的房屋作为抵押物担保。如用房产作抵押以担保债务人向银行借款，以购置生产设备等。另一种是预购商品房贷款抵押，即购房人在支付首期规定的房价款后，由贷款银行代其支付其余的购房款，将所购商品房抵押给贷款银行作为偿还贷款履行担保的行为，实践中常称之为"按揭"。预购商品房贷款抵押的，商品房开发项目必须符合房地产转让条件并取得商品房预售许可证。

应当注意的是，房屋作为不动产不可能是空中楼阁，必须附着于一定的土地之上，因此《城市房地产抵押管理办法》第4条、《城镇国有土地使用权出让和转让暂行条例》第33条、《担保法》第36条、《物权法》第182、183条等都明确规定了"房屋所有权和该房屋占用范围内的土地使用权必须同时抵押"的原则，即"地随房走，房随地走"。抵押房产的，该房屋占用范围内的土地使用权应当一同抵押，土地使用权的抵押属于法定抵押方式，房产的抵押属于约定抵押方式；抵押土地使用权的，该土地上的房产应当一同抵押，房产的抵押属于法定抵押方式，土地使用权的抵押属于约定抵押方式。

2. 建设用地使用权。国家依法实行国有土地有偿使用制度。国家按照所有权与使用权分离的原则，实行城镇建设用地使用权出让、转让制度（但地下资源、埋藏物和市政公用设施除外）。土地使用权出让是指国家以土地所有者的身份将土地使用权在一定年限内让与土地使用者，并由土地使用者向国家支付土地使用权出让金的行为。我国境内外的公司、企业、其他组织和个人，除法律另有规定者外，均可依照《物权法》和《城镇国有土地使用权出让和转让暂行条例》的规定取得土地使用权，进行土地开发、利用、经营。因此，以出让方式获得的建设用地使用权可以用来设定抵押。

对于国家在法律规定的范围内无偿划拨的建设用地使用权，我国现行法律允许在无偿划拨的土地使用权上设定抵押，但是债务人不能履行到期债务，抵押权人实现抵押权时，应当用土地使用权变价后的价款补缴土地使用权出让金后才能优先受偿。《城市房地产管理法》第51条规定：设定房地产抵押权的土地使用权是以划拨方式取得的，依法拍卖该房地产后，应当从拍卖所得的价款中缴纳相当于应缴纳的土地使用权出让金的款额后，抵押权人方可优先受偿。

此外，按照《物权法》第183条的规定，乡镇、村企业的建设用地使用权不得单独抵押。以乡镇、村企业的厂房等建筑物抵押的，其占用范围内的建设用地使用权一并抵押。乡镇、村企业的用地在性质上也属于建设用地使用权，但这种建设用地使用权完全不同于国有土地的建设用地使用权，原因在于它的土地一般属于集体所有；土地使用权的取得并没有经过市场途径，不是依据等价有偿的原则取得的；它的用途受到严格限制，只能作为乡镇、村企业用地等。所以，乡镇、村企业的建设用地使用权设定抵押权与国有土地建设用地使用权设定抵押权有诸多方面的不同。表现在：①乡镇、村企业的建设用地使用权不得单独抵押，只有在厂房抵押时才一并抵押；而国有土地建设用地使用权可以单独抵押。②乡镇、村企业的建设用地使用权设定的抵押权在实现时受到限制，按照《物权法》第201条的规定，以乡镇、村企业的厂房等建筑物占用范围内的建设用地使用权一并抵押的，实现抵押权后，未经法定程序，不得改变土地所有权的性质和土地用途。

3. 土地承包经营权。根据《物权法》第180条的规定，债务人或者第三人以招标、拍卖、公开协商等方式取得的荒地等土地承包经营权可以抵押。土地承包经营权是权利人享有的一种物权，其当然可以进行流转、抵押等处分行为。但是在我国，农村土地，特别是耕地数量有限，人均更少，土地仍然是维护社会稳定、甚至是国家安全的重要保障。所以，《物权法》对土地承包经营权进行抵押规定得较为严格，这与我国保护耕地的基本国策及限制集体土地使用权的流转政策是密不可分的。表现在：债务人或第三人只能以招标、拍卖、公开协商等方式取得的荒地等土地承包经营权进行抵押，这一精神与《担保法》的规定是一致的，根据《担保法》第34条的规定，抵押人依法承包并经发包方同意抵押的荒山、荒沟、荒丘、荒滩等荒地的土地使用权可以抵押。当然，按照《物权法》的规定，权利人以上述权利进行抵押时并不再需要经发包方同意，这不同于《担保法》的规定。所以，这一规定进一步完善了农村土地承包经营权的物权效力。

4. 正在建造的建筑物。正在建造的建筑物一般是指，正在施工或虽已完工但尚未办理移交验收的建设工程，包括在建的新建项目、扩建项目、改建项目以及恢复项目等项目工程。正在建造的建筑物抵押，顾名思义就是在尚未竣工的工程上设定抵押权。由于正在建造的建筑物同预售的商品房一样，尚不能作为完整独立的物而存在，因此不应当作为传统抵押权的标的物，但是考虑到房地产开发商对融资的急切需求，法律特别规定允许了正在建造的建筑物的抵押。根据

《物权法》第180条的规定，债务人或者第三人有权处分的正在建造的建筑物可以抵押。这一规定与先前实施的《城市房地产抵押管理办法》第3条规定的"在建工程抵押"是一致的。

以正在建造的建筑物进行抵押与普通房地产抵押一样，需要办理抵押登记，抵押权自登记时设立，这在《物权法》和《担保法解释》里都有明确的规定。不过，根据《城市房地产抵押管理办法》第34条规定，以依法取得的房屋所有权证书的房地产抵押的，登记机关应当在原《房屋所有权证》上作他项权利记载后，由抵押人收执，并向抵押权人颁发《房屋他项权证》；以预售商品房或者正在建造的建筑物抵押的，登记机关应当在抵押合同上作记载。抵押的房地产在抵押期间竣工的，当事人应当在抵押人领取房地产权属证书后，重新办理房地产抵押登记。也就是说：以正在建造的建筑物进行抵押在登记时不颁发《他项权证》。这一做法在新发布的《房屋登记办法》里也作了进一步的规定。《房屋登记办法》第25条规定：房屋登记机构应当根据房屋登记簿的记载，缮写并向权利人发放《房屋他项权证》，但预告登记、在建工程抵押权登记以及法律、法规规定的其他事项在房屋登记簿上予以记载后，由房屋登记机构发放登记证明。第62条规定：在建工程竣工并经房屋所有权初始登记后，当事人应当申请将在建工程抵押权登记转为房屋抵押权登记。这样做的原因在于：正在建造的建筑物是尚未完成的建筑产品，从基础到主体完成再到竣工验收，随着工程的进展，其价值在不断增长变化，因此，正在建造的建筑物抵押有着很强的特殊性和复杂性，应该作出一些特别的规定。

（二）不得抵押的房地产

按照《物权法》第184条的规定，下列房地产不得抵押：

1. 土地所有权；

2. 耕地、宅基地、自留地、自留山等集体所有的土地使用权，但法律规定可以抵押的除外；

3. 学校、幼儿园、医院等以公益为目的的事业单位、社会团体的作为教育设施、医疗卫生设施和其他社会公益设施的房地产；

4. 所有权、使用权不明或者有争议的房地产；

5. 依法被查封、扣押、监管的房地产；

6. 法律、行政法规规定不得抵押的其他房地产。

此外，根据《城市房地产抵押管理办法》第8条的规定，列入文物保护的建筑物和有重要纪念意义的其他建筑物和已依法公告列入拆迁范围的房地产业不能设定抵押权。

案例与评析

甲系一农村居民，打算买一辆收割机，但苦于没有资金，便向邻居乙借钱，乙同意借甲1万元，但是要求将甲的宅基地抵押给自己，甲表示同意。后来借款到期而甲无力偿还。问：乙能否实现自己的抵押权？

本案涉及到哪些财产可以作为抵押权的标的的问题。根据《物权法》第184条的规定，下列财产不得抵押：耕地、宅基地、自留地、自留山等集体所有的土地使用权，但法律规定可以抵押的除外。结合本案，由于甲的宅基地不能作为抵押权的标的，所以乙的抵押权不能成立，故乙并不能实现自己的抵押权。

四、房地产抵押登记

（一）房地产抵押登记的概念

我国实行房地产抵押登记制度。房地产抵押登记，是指由主管机关依法在登记簿上就房地产上的抵押权状态予以记载。房地产抵押登记包括抵押权设立登记（即抵押权登记）、抵押权变更登记、抵押权转让登记、抵押权注销登记。我们通常所说的抵押权登记指的是抵押权设立登记，即在抵押合同成立后的法定期间内，当事人凭土地使用权证书和房屋所有权证书到房地产管理机关办理的确认抵押权成立的行为。

在抵押权登记的效力即其登记为抵押权的成立要件抑或对抗要件问题上，各国法律的规定不尽一致，大体有两种立法体例：①以德国法为代表的登记成立主义立法例，规定当事人之间设定抵押权必须经法定部门登记，未经登记不仅不发生对抗第三人的效力，在当事人之间也不发生法律效力，即以登记为抵押权成立要件。该立法例的最大优点在于物权变动的时间容易确定，且易为外界所知，减少了纠纷。②以法国法为代表的登记对抗主义立法例，规定有当事人合意就可以成立抵押权，抵押权未经登记不影响其成立，但未经登记的抵押权不得对抗善意第三人。即以登记为抵押权公示要件，登记只具有公示的效力，而不具有使抵押权成立的效力。[1]

我国《物权法》第9条规定：不动产物权的设立、变更、转让和消灭，经依法登记，发生效力；未经登记，不发生效力，但法律另有规定的除外。房地产抵押权经登记后依法成立生效，并取得物权的公示、公信效力，可以使第三人得知房地产商设定权利负担的情况，保护交易安全。因此，房地产抵押权登记是物权行为，是房地产抵押权成立的要件。

---

[1] 蔡思杰："论抵押权登记制度"，载《政法论丛》1998年第1期。

（二）房地产抵押登记的机构

《物权法》第 10 条规定：不动产登记，由不动产所在地的登记机构办理。国家对不动产实行统一登记制度。统一登记的范围、登记机构和登记办法，由法律、行政法规规定。

现实中，我国对土地权利和房屋权利实行分别由不同登记机构进行登记的做法。

对于房屋抵押登记来说，按照《房屋登记办法》第 3 条规定：国务院建设主管部门负责指导、监督全国的房屋登记工作。省、自治区、直辖市人民政府建设（房地产）主管部门负责指导、监督本行政区域内的房屋登记工作。第 4 条规定：房屋登记，由房屋所在地的房屋登记机构办理。这里的房屋登记机构是指直辖市、市、县人民政府建设（房地产）主管部门或者其设置的负责房屋登记工作的机构。第 11 条规定：申请房屋登记，申请人应当向房屋所在地的房屋登记机构提出申请，并提交申请登记材料。由上述规定得出：房屋的登记机构是房屋所在地的县级以上建设（房地产）主管部门或者其设置的负责房屋登记工作的机构。

对于土地使用权抵押登记来说，《担保法》第 42 条规定：以无地上定着物的土地使用权抵押的，登记机构为核发土地使用权证书的土地管理部门。我国实行"房地一体"原则，如果土地之上有房屋，则应一同抵押，其登记机构应该分别是房屋登记机构和土地登记机构。

（三）房地产抵押登记的程序

根据《城市房地产抵押管理办法》第 30 条的规定，房地产抵押合同自签订之日起 30 日内，抵押当事人应当到房地产所在地的房地产管理部门办理房地产抵押登记。房地产抵押权登记由抵押当事人向法律规定的房地产抵押登记机关申请，填写并递交房地产抵押登记表，同时提交法律规定的应当提交的登记文件。房地产抵押登记机关收到当事人的申请后即由负有监督职责的抵押登记部门对当事人提交的抵押登记文件的真实性、合法性予以审查，审查合格者，予以核准登记并公告，核发《他项权利证》。抵押权设立后，如抵押合同中涉及登记事项的内容发生变更，当事人应当办理抵押变更登记。债务人按照约定履行了债务或因为其他原因抵押权消灭的，当事人应当办理注销登记。

具体来说，房地产抵押登记的程序如下：

1. 申请。按照《城市房地产抵押管理办法》和《房屋登记办法》等规定，申请办理房地产抵押权设立登记、变更登记、转移登记和注销登记时所提交的材料有所不同。

（1）设立登记申请。根据《城市房地产抵押管理办法》第 32 条和《房屋登记办法》第 43 条规定：办理房地产抵押设立登记，双方当事人应当共同到有关部门填写房地产他项权利登记申请书，并向登记机关交验下列文件：①申请人的身份证明；②抵押登记申请书；③抵押合同；④《国有土地使用权证》、《房屋所有权证》或《房地产权证》，共有的房屋还必须提交《房屋共有权证》和其他共有人同意抵押的证明；⑤主债权合同；⑥可以证明抵押人有权设定抵押权的文件与证明材料；⑦可以证明抵押房地产价值的资料；⑧登记机关认为必要的其他文件。

（2）变更登记申请。根据《城市房地产抵押管理办法》第 35 条和《房屋登记办法》第 46 条规定，抵押合同发生变更或者抵押登记的内容发生变化时，抵押当事人应当在变更之日起 15 日内，到原登记机关办理变更抵押登记。申请抵押权变更登记，应当提交下列材料：①登记申请书；②申请人的身份证明；③房屋他项权证书；④抵押人与抵押权人变更抵押权的书面协议；⑤其他必要材料。

其中，因抵押当事人姓名或者名称发生变更，或者抵押房屋坐落的街道、门牌号发生变更申请变更登记的，无需提交前款第④项材料。因被担保债权的数额发生变更申请抵押权变更登记的，还应当提交其他抵押权人的书面同意文件。

（3）转移登记申请。根据《城市房地产抵押管理办法》第 35 条和《房屋登记办法》第 47 条规定，经依法登记的房屋抵押权因主债权转让而转让，即依法处分抵押房地产而取得土地使用权和土地建筑物、其他附着物所有权的，抵押当事人应当自处分行为生效之日起 30 日内，到县级以上地方人民政府房地产管理部门申请房屋所有权转移登记，并凭变更后的房屋所有权证书向同级人民政府土地管理部门申请土地使用权变更登记。申请抵押权转移登记的，主债权的转让人和受让人应当提交下列材料：①登记申请书；②申请人的身份证明；③房屋他项权证书；④房屋抵押权发生转移的证明材料；⑤其他必要材料。

（4）注销登记申请。根据《城市房地产抵押管理办法》第 35 条和《房屋登记办法》第 48、49 条规定，在主债权消灭、抵押权已经实现、抵押权人放弃抵押权和法律、法规规定抵押权消灭的其他情形出现时，抵押权消灭，抵押当事人应当在终止之日起 15 日内，到原登记机关办理注销抵押登记。申请抵押权注销登记的，应当提交下列材料：①登记申请书；②申请人的身份证明；③房屋他项权证书；④证明房屋抵押权消灭的材料；⑤其他必要材料。

2. 受理与审查。根据《物权法》第 12、13 条，《城市房地产抵押管理办法》第 33 条和《房屋登记办法》第 44 条的规定，登记机关应当对申请人的申请进行审核，审核的内容包括：

（1）查验申请人提供的权属证明和其他必要材料；

（2）就有关登记事项询问申请人；

（3）如实、及时登记有关事项；

（4）法律、行政法规规定的其他职责。

申请登记的不动产的有关情况需要进一步证明的，登记机构可以要求申请人补充材料，必要时可以实地查看。

在审核抵押权登记申请时，登记机构不得有下列行为：要求对不动产进行评估；以年检等名义进行重复登记；超出登记职责范围的其他行为。

凡权属清楚、证明材料齐全的，应当在受理登记之日起 7 日内决定是否予以登记；对不予以登记的，应当书面通知申请人。

3. 登记与发证。对符合规定条件的抵押权设立登记，房屋登记机构应当将下列事项记载于房屋登记簿：抵押当事人、债务人的姓名或者名称；被担保债权的数额；登记时间。按照《物权法》第 14 条的规定，抵押权的设立、变更、转让和消灭，自记载于房地产登记簿时发生效力。同时，对土地使用权的抵押人填发《土地他项权利证》，对房屋的抵押权人填发《房屋他项权利证》。对于其他登记申请，登记机关对《他项权利证》作相应变更、转让和注销登记。

（四）房地产抵押登记的效力

1. 抵押权设定效力。如前所述，房地产抵押自登记时成立。抵押物登记是物权变动的要件，是抵押权设立的生效要件，主债权人因为办理了房地产的抵押登记而成为抵押权人，在债务履行期届满主债权不能清偿时，享有就抵押房地产变价后的优先受偿权。

2. 抵押权公示效力。物权的存在与变动在满足了公示的要求时，就会引起相应的法律后果，这就是公示的效力。[1] 不动产的公示方式为登记，登记簿上记载的权利人被认定为权利人。抵押物在有关主管部门办理抵押登记后，登记簿上的记载成为抵押权设定的公示。与抵押人进行交易的第三人可以通过查阅登记簿获知权利的负担设定情况，以避免危害到交易安全。

公示的法律功能在于使得抵押权产生公信力。登记的公信力，指的是登记的内容具有可信效力，对因相信登记内容而取得权利的善意者，纵然登记的内容与实际权利不一致，其取得的权利仍然受法律保护。根据《担保法解释》第 61 条的规定，抵押物登记记载的内容与抵押合同约定的内容不一致的，以登记记载的内容为准。

---

[1] 刘保玉："试论物权公示原则在物权性质界定与类别划分中的意义——兼评公示要件主义与对抗主义的立法模式选择"，载《政法论丛》2007 年第 3 期。

五、房地产抵押权的效力

（一）房地产抵押权的对内效力

房地产抵押权一经设定，即在当事人之间产生内部效力，抵押当事人之间产生相应的权利和义务。

1. 抵押人的权利义务。抵押权设定后，抵押人对于抵押的房地产仍然享有占有、使用、收益及处分的权利，但受到一定的限制。

（1）对抵押物的占有权。抵押与质押的主要区别在于：抵押以不转移抵押物的占有为主要特征。抵押权设定后，抵押人仍可以对抵押物的使用价值进行支配，即：占有并使用或允许他人占有、使用抵押的房地产，并有权收取抵押物的孳息。当然，出于对抵押权人的利益保护，抵押人在抵押房地产占用与管理期间应当履行维护抵押房地产的安全与完好的义务。

（2）对抵押物的处分权。根据抵押制度，抵押人在抵押期间对抵押物享有处分权，可将抵押物所有权转让给他人，若抵押物登记，这种转让不影响抵押权的效力，抵押权具有物权的追及性，抵押权人可追及物的所在行使优先受偿权，取得抵押物的第三人不得提出异议。[1] 当然，处分权的行使不得损害抵押权人的利益，因此除有益的保存、改良行为以外，抵押人一般不得对物进行事实上的处分，但是抵押人可以依法对抵押物进行法律上的处分，即：有权将抵押物转让给他人，而将转让所得价款清偿给抵押权人。

根据《物权法》第191条的规定，抵押期间，抵押人经抵押权人同意转让抵押财产的，应当将转让所得的价款向抵押权人提前清偿债务或者提存。转让的价款超过债权数额的部分归抵押人所有，不足部分由债务人清偿；抵押期间，抵押人未经抵押权人同意，不得转让抵押财产，但受让人代为清偿债务消灭抵押权的除外。该规定对抵押期间抵押物的转让规定了以下三项限制：①不经抵押权人同意，转让抵押物的行为无效。但是，在受让抵押房地产的第三人愿意代为清偿债务人的债务，从而消灭抵押权的情况下，抵押房地产可以依法转让。②在经抵押权人同意而转让抵押房地产时，应当将转让所得的价款向抵押权人提前清偿债务或者提存。③转让的价款超过债权数额的部分归抵押人所有，但是，不足部分由债务人清偿。

同时按照《担保法》的规定，在将抵押房地产转让时，抵押人应将该房地产已经抵押的事实告知第三人。抵押人转让抵押物的价款明显低于其价值的，抵押权人可以要求抵押人提供相应的担保，抵押人不提供的，不得转让抵押物。

〔1〕 张成龙："中日抵押制度比较"，载《政法论丛》2000年第3期。

（3）出租抵押房地产。由于抵押权设定后，抵押人继续占有抵押物，抵押人除了自己对抵押物进行使用外，还有权将抵押物出租给他人使用，收取租金。因为抵押权设立在先，承租人的租赁权设定在后，所以抵押权人有权优先实现抵押权，对抵押物变价处分，承租人不能以租赁合同未到期为由，对抗抵押权的实现。按照《城市房地产抵押管理办法》第 37 条规定：经抵押权人同意，抵押房地产可以出租，但出租所得价款，应当向抵押权人提前清偿所担保的债权。超过债权数额的部分，归抵押人所有，不足部分由债务人清偿。

（4）再次抵押。为了充分利用抵押物的交换价值，抵押人有权就同一房地产再次设定抵押权。再次抵押的行为是否受到限制，也就是说，抵押人是否只能在已担保的债权小于其抵押物的价值余额限度内再次抵押，这在认识上有一定的差别。《担保法》第 35 条第 2 款规定：房地产抵押后，该房地产的价值大于所担保债权的余额部分，可以再次抵押，但不得超出其余额部分。《城市房地产抵押管理办法》第 9 条第 2 款也规定，房地产抵押后，该抵押房地产的价值大于所担保债权的余额部分，可以再次抵押，但不得超出余额部分。可见，《担保法》和《城市房地产抵押管理办法》都规定对于房地产抵押后的余额部分抵押人有权再次抵押。但是，《物权法》作为物权的根本法，并未对这一内容作出规定，我们可以依据《物权法》推定：在《物权法》出台后，抵押人就抵押房地产再次抵押时，不再受"余额"的限制。不过，在实现抵押权时，不同抵押权人都享有不同的顺位。也就是说，同一房地产向两个以上债权人抵押的，在抵押权实现时，拍卖、变卖抵押物所得的价款按照抵押物登记的先后顺序清偿；顺序相同的，按照债权比例清偿。

（5）通知的义务。因国家建设需要，将已设定抵押权的房地产列入拆迁范围的，抵押人应当及时书面通知抵押权人；抵押双方可以重新设定抵押房地产，也可以依法清理债权债务，解除抵押合同。

抵押人占用与管理的房地产发生损毁、灭失的，抵押人应当及时将情况告知抵押权人，并应当采取措施防止损失的扩大。抵押的房地产因抵押人的行为造成损失使抵押房地产价值不足以作为履行债务的担保时，抵押权人有权要求抵押人重新提供或者增加担保以弥补不足。

2. 抵押权人的权利义务。

（1）监督、保全权。因为抵押设定后，抵押权人并不能直接占有抵押物，如果抵押人恶意行为导致抵押物价值贬损，将极大损害抵押权人的利益。抵押权人的监督、保全的权利是为了在抵押权实现时，抵押物能够保持设置抵押时的价值状态，主要是通过对抵押人的行为的限制来实现的。

《城市房地产抵押管理办法》第 36 条第 2 款规定：抵押权人有权按照抵押

合同的规定监督、检查抵押房地产的管理情况。

《物权法》第 193 条规定：抵押人的行为足以使抵押房地产价值减少的，抵押权人有权要求抵押人停止其行为；抵押房地产价值减少的，抵押权人有权要求恢复抵押房地产的价值，或者提供与减少的价值相应的担保；抵押人不恢复抵押房地产的价值也不提供担保的，抵押权人有权要求债务人提前清偿债务。

（2）顺位权。按照《担保法》的规定，房地产抵押合同因登记而生效，抵押权因登记而设定，在同一房地产上存在先后设定的两个以上抵押权时，抵押权人按照房地产抵押登记的先后顺序清偿。

当然，作为抵押权人享有的权利，抵押权人可以对顺位权利进行处分。《物权法》第 194 条规定：抵押权人可以放弃抵押权或者抵押权的顺位。抵押权人与抵押人可以协议变更抵押权顺位以及被担保的债权数额等内容，但抵押权的变更，未经其他抵押权人书面同意，不得对其他抵押权人产生不利影响。而且，债务人以自己的财产设定抵押，抵押权人放弃该抵押权、抵押权顺位或者变更抵押权的，其他担保人在抵押权人丧失优先受偿权益的范围内免除担保责任，但其他担保人承诺仍然提供担保的除外。

（3）处分权。房地产抵押权作为一种财产权利，其行使能够给权利人带来利益，因此抵押权人对其抵押权可以进行处分，即抵押权人可以将抵押权（连同主债权）让与他人、抛弃主债权、将抵押权（连同主债权）供作担保以及放弃抵押权的顺位等。只不过，抵押权作为一种主债权的从权利，具有附随性，因此不得与债权分离而单独转让或者作为其他债权的担保。

《物权法》第 192 条规定，抵押权不得与债权分离而单独转让或者作为其他债权的担保。债权转让的，担保该债权的抵押权一并转让，但法律另有规定或者当事人另有约定的除外。这一规定就体现了抵押权的从属性，它是依附于主债权而存在的。《物权法》第 194 条规定，抵押权人可以放弃抵押权或者抵押权的顺位。抵押权人与抵押人可以协议变更抵押权顺位以及被担保的债权数额等内容，但抵押权的变更，未经其他抵押权人书面同意，不得对其他抵押权人产生不利影响。

（4）实现权、优先受偿权。抵押权人有实现抵押权的权利。房地产抵押权的实现，是指抵押权人在其债权已届清偿期而未受清偿的情况下，行使抵押权，对抵押房地产进行变价，并从中优先受偿的法律行为。

《物权法》第 195 条规定：债务人不履行到期债务或者发生当事人约定的实现抵押权的情形，抵押权人可以与抵押人协议以抵押财产折价或者以拍卖、变卖该抵押财产所得的价款优先受偿。协议损害其他债权人利益的，其他债权人可以在知道或者应当知道撤销事由之日起 1 年内请求人民法院撤销该协议。抵押权人与抵押人未就抵押权实现方式达成协议的，抵押权人可以请求人民法院拍卖、变卖抵押财产。抵押财产折价或者变卖的，应当参照市场价格。

按照上述规定，债务履行期届满而抵押权人未受清偿的，或者出现约定的实现抵押权的情形，抵押权人应首先与抵押人协议以抵押房地产折价或者以拍卖、变卖该抵押房地产所得的价款受偿；协议不成的，抵押权人可以向人民法院提起诉讼，自抵押房地产被人民法院依法扣押之日起抵押权人有权收取该抵押财产的天然孳息或者法定孳息，但抵押权人未通知应当清偿法定孳息的义务人的除外。抵押房地产折价或者拍卖、变卖后，其价款超过债权数额的部分归抵押人所有，不足部分由债务人另行清偿。

《城市房地产抵押管理办法》又进一步规定了抵押权人可以实现抵押权的具体情形。根据该办法第 40 条的规定，有下列情况之一的，抵押权人有权要求处分抵押的房地产，从而实现抵押权：①债务履行期满，抵押权人未受清偿的，债务人又未能与抵押权人达成延期履行协议的；②抵押人死亡，或者被宣告死亡而无人代为履行到期债务的；或者抵押人的合法继承人、受遗赠人拒绝履行到期债务的；③抵押人被依法宣告解散或者破产的；④抵押人违反本办法的有关规定，擅自处分抵押房地产的；⑤抵押合同约定的其他情况。

抵押权人的实现行为也受到一定的限制。其一，抵押权人处分抵押房地产时，应当事先书面通知抵押人；抵押房地产为共有或者出租的，还应当同时书面通知共有人或承租人；在同等条件下，共有人或承租人依法享有优先购买权，当然，共有人、承租人的优先购买权必须在一定期限内行使。[1] 其二，抵押权人实现抵押权的行为可因下列情况而中止：抵押权人请求中止的；抵押人申请愿意并证明能够及时履行债务，并经抵押权人同意的；发现被拍卖抵押物有权属争议的；诉讼或仲裁中的抵押房地产；其他应当中止的情况。其三，抵押权人应当在主债权诉讼时效期间行使抵押权；未行使的，人民法院不予保护。

抵押权人实现抵押权的目的是就抵押物的价值优先受偿。抵押权人的优先受偿权表现在：抵押权人的债权优先于一般债权人和顺序在后的抵押权人获得清偿。

案例与评析

2005 年 1 月 23 日甲借给乙 5 万元，丙为乙作担保，将自己的房屋抵押给甲，2006 年 1 月 23 日，乙的借款期限届满，但是乙并未偿还，而甲也没有主张

---

[1] 苑敏："房屋优先购买权论析"，载《政法论丛》1997 年第 2 期。

债权。至 2008 年 2 月，甲才主张对乙的债权，但是债权已过诉讼时效，乙拒绝偿还，于是，甲便主张对丙房屋的抵押权，遭到丙拒绝，甲便将丙告上法庭，要求实现其抵押权。

本案涉及抵押权的权利存续期间和它所担保的主债权诉讼时效的关系。《物权法》第 202 条规定：抵押权人应当在主债权诉讼时效期间行使抵押权；未行使的，人民法院不予保护。结合本案，抵押权人甲应当在 2008 年 1 月 23 日前主张对丙的抵押权，即在其对乙的主债权诉讼时效期间内主张。但是，甲一直到 2008 年 2 月才主张行使抵押权，已过主债权的诉讼时效，人民法院不予保护。

（二）房地产抵押权的对外效力

房地产抵押权的对外效力是指房地产抵押权对抵押关系外部有关抵押物的其他财产权的影响，主要包括对房地产的其他抵押权、用益物权和租赁权的影响。

1. 房地产抵押权对其他担保物权的影响。

（1）登记在先抵押权可以对抗登记在后的抵押权。由于房地产抵押不转移对房地产的占有，而且房地产价值巨大，因此房地产可以设定多个抵押权，而且《物权法》也并未要求再次抵押的价值只能是抵押物价值大于已担保债权的余额部分。在再次抵押的情况下，实现抵押权时就存在受偿权的先后问题。其处理的原则是：顺序在先的抵押权人优先于顺序在后的抵押权人，抵押房地产清偿顺序在先的抵押权人的债权有剩余的，顺序在后的抵押权人才能获得清偿。按照《物权法》第 199 条的规定，房地产抵押权已登记的以登记的先后顺序清偿；顺序相同的，按照债权比例清偿。

抵押权人的优先顺位可以依法处分。《物权法》第 194 条规定：抵押权人可以放弃抵押权或者抵押权的顺位。抵押权人与抵押人可以协议变更抵押权顺位以及被担保的债权数额等内容，但抵押权的变更，未经其他抵押权人书面同意，不得对其他抵押权人产生不利影响。

（2）房地产抵押权优先于人的担保。按照《物权法》第 176 条的规定：被担保的债权既有物的担保又有人的担保的，债务人不履行到期债务或者发生当事人约定的实现担保物权的情形，债权人应当按照约定实现债权；没有约定或者约定不明确，债务人自己提供物的担保的，债权人应当先就该物的担保实现债权；第三人提供物的担保的，债权人可以就物的担保实现债权，也可以要求保证人承担保证责任。提供担保的第三人承担担保责任后，有权向债务人追偿。

（3）房地产抵押权对工程价款优先受偿权的影响。《合同法》286 条规定，发包人未按照约定支付价款的，承包人可以催告发包人在合理期限内支付价款。发包人逾期不支付的，除按照建设工程的性质不宜折价、拍卖的以外，承包人可以与发包人协议将该工程折价，也可以申请人民法院将该工程依法拍卖。建设工程的价款就该工程折价或者拍卖的价款优先受偿。该条确立了建设工程承包人的优先受偿权，使得建设工程承包人请求支付工程款的权利处于优先地位。但是，《合同法》对建设工程承包人的优先受偿权与建设工程上的一般抵押权的顺位问题未作明确规定。为此，最高人民法院《关于建设工程价款优先受偿权问题的批复》规定：人民法院在审理房地产纠纷案件和办理执行案件中，应当依照《合同法》第 286 条的规定，认定建筑工程的承包人的优先受偿权优于抵押权和其他债权。

案例与评析

甲以自己的一处房屋作抵押，获得乙银行贷款 20 万元。由于甲的房屋价值 40 万元，所以又将其抵押给丙银行，获得贷款 20 万元，并将乙、丙的抵押权同时办理了抵押登记。接着，甲又将该房屋抵押给丁，获得丁的借款 10 万元，但是没有办理抵押登记。后甲做生意亏本，导致无法偿还乙银行、丙银行的贷款和丁的借款，于是，三个债权人同时要求实现其抵押权，但拍卖抵押物仅获得 30 万元，不足以清偿甲的全部债务。问：如何处理？

本案主要涉及在同一抵押物之上存在多个抵押权时的处理规则。《物权法》第 187 条规定：以房屋抵押的，应当办理抵押登记；抵押权自登记时设立。第 199 条规定：同一财产向两个以上债权人抵押的，拍卖、变卖抵押财产所得的价款依照下列规定清偿：抵押权都已登记的，按照登记的先后顺序清偿；顺序相同的，按照债权比例清偿。结合本案，由于乙银行和丙银行的抵押权同时进行了登记，而丁的抵押权没有登记，所以，乙银行和丙银行的抵押权按照债权比例同时优先受偿，每人得 15 万元；丁的抵押权没有生效，只能按照普通债权进行清偿。

2. 房地产抵押权对用益物权的影响。房地产抵押权是以房地产的交换价值为债权提供担保，对其抵押物的使用价值没有影响，因此无论是在抵押权设定前或设定后，抵押人均可在抵押的房地产上设定用益物权。与房地产抵押权有关的用益物权主要是地役权，在抵押权存续期内，用益物权人和抵押权人的权利行使互不影响，但是在抵押权实现时，存在优先实现的先后顺序问题。

（1）先设立的抵押权优先于后设定的用益物权。因为物权具有优先受偿性，先设立的物权优先于后设立的物权，因此，根据权利设定时间的先后，当先行设立的抵押权实现时，抵押房地产折价归抵押权人，或者拍卖、变卖归属于第三人，用益物权因为所有人和房地产人的变更而丧失效力。新的权利人可以依法行使其权利。

（2）先设立的用益物权优先于后设立的抵押权。用益物权在房地产抵押权设定之前先行设立的，并且经登记的，可以对抗房地产抵押权。如果抵押权人行使其抵押权，则不能对抗和妨碍在先设立的用益物权的行使。

3. 房地产抵押权对房屋租赁权的影响。房地产租赁权追求的是房地产的使用价值，同时转移房地产的占有，而房地产抵押权追求的是房地产的交换价值，并且不转移房地产的占有。由此可见，房地产抵押权和房地产租赁权为相容之权，可以并存于同一房地产之上。但是，当债权人因债务人不能履行到期债务而对抵押房地产进行处分时，则可能出现因租赁权的存在而使抵押权人不能及时、充分地实现其权利或者因抵押权的行使而影响承租人继续租用该房地产的权利的情形，从而出现了房地产抵押权和房地产租赁权的冲突问题。在冲突的情况下，二者应该依"成立在先，效力优先"原则，先行设立的权利优先行使。正如《物权法》第190条的规定，订立抵押合同前抵押财产已出租的，原租赁关系不受该抵押权的影响。抵押权设立后抵押财产出租的，该租赁关系不得对抗已登记的抵押权。

（1）先行成立的租赁权不受后成立抵押权的影响。按照《物权法》的规定，订立抵押合同前抵押财产已出租的，原租赁关系不受该抵押权的影响。在《担保法》第48条中也作出了类似的规定。由此可见，房屋租赁关系存在于抵押之前的，根据"买卖不破租赁原则"，房地产抵押权的效力不及于该租赁关系。承租人的租赁权和租赁权中包含的优先购买权都不受后设立抵押权的影响。因此，抵押的房屋拍卖或变卖后，原租赁合同对受让者继续有效，租赁权可以对抗新的产权人，原承租人有权继续占有、使用租赁房屋，直至租赁期限届满。在租赁期届满前，新产权人不能要求占有使用租赁房屋，不能解除租赁合同，不能随意变动租金和租期。当抵押人将抵押房屋拍卖时，租赁权人还在同等条件下享有优先购买权。由于租赁权的存在对抵押权的实现造成了一定的不利影响，所以抵押人将已出租房地产设定抵押的，应本着诚信原则将已出租的事实告知承租人和抵押权人。

（2）先成立的抵押权可以对抗后设立的租赁权。按照《物权法》的规定，抵押权设立后抵押财产出租的，该租赁关系不得对抗已登记的抵押权。所以，将已设定抵押权的房屋出租的，则房地产抵押权的效力及于该租赁关系，房地产抵押权实现，租赁关系解除，后成立的租赁关系对先设立的抵押权无对抗效力，"买卖不破租赁原则"不再适用。不过由于抵押权的实现，租赁权的行使将会因为抵押权的实现而终止，致承租人的利益受到不利影响。因此，将抵押房屋出租的，《担保法》要求抵押人应当书面告知承租人该房地产已抵押的事实，由承租人决定是否缔结租赁合同，抵押权实现造成承租人的损失，由承租人自己承担。

但是抵押人未将抵押事实告知承租人的，属于隐瞒与订立合同有关的重要事实，构成法律上的欺诈，抵押人对出租抵押物造成承租人的损失承担赔偿责任。另外，如果租赁合同的租赁期限短于抵押所担保债务的履行期限，租赁合同不会影响抵押权的实现，也就不会发生抵押权与租赁权冲突。

案例与评析

甲承租乙一套三室一厅的住房，办理了租赁登记，租期两年。后乙为了融资将住房抵押给丙，得到丙 20 万元的借款，借期一年。但是，还款期限届满时，乙无力偿还贷款，于是，丙要求拍卖乙抵押的住房以优先受偿，遭到甲的拒绝，丙诉至人民法院，要求甲搬出房屋。

本案涉及房屋抵押权与租赁权发生冲突时如何处理的问题。《物权法》第 190 条规定：订立抵押合同前抵押财产已出租的，原租赁关系不受该抵押权的影响。抵押权设立后抵押财产出租的，该租赁关系不得对抗已登记的抵押权。结合本案，在乙向丙抵押自己的住房时，房屋已经出租给甲，甲和乙的租赁关系不受丙的抵押权的影响，所以，在甲对该住房的租期未届满时，丙并不能主张实现抵押权。

六、房地产抵押权的消灭

《物权法》第 177 条规定：有下列情形之一的，担保物权消灭：主债权消灭；担保物权实现；债权人放弃担保物权；法律规定担保物权消灭的其他情形。

按照上述规定，房地产抵押权消灭的情形有以下几种：

（一）被担保的主债权消灭

房地产抵押合同属于主债权债务合同的从合同，其效力附从于主合同。主合同消灭的，房地产抵押合同的效力自然消灭。从权利的角度来说，抵押权相对于主债权具有绝对的附从性。房地产抵押权与被担保债权同时存在，债权消灭，房地产抵押权也消灭。，

被担保的主债权可因以下原因而消灭：债务人或第三人为全部之清偿；债务人对房地产抵押权人亦存在债权并符合抵销条件时，其债权相互抵销；房地产抵押权人与债务人因继承、合并等而发生混同，房地产抵押权人与债务人成为一人；房地产抵押权人在不损害第三人利益的情况下免除债务人的债务；当事人约定的其他原因。

（二）房地产抵押权实现

房地产抵押权实现是房地产抵押权担保功能实现的最后环节。债务履行期届满，房地产抵押权人行使其抵押权，通过折价或拍卖、变卖抵押房地产就所得价

金优先受偿，房地产抵押担保法律关系消灭，房地产抵押权消灭。

（三）债权人放弃房地产抵押权

房地产抵押权作为一种财产权利，其行使能够给权利人带来利益，因此抵押权人对其抵押权可以进行处分。《物权法》第 194 条规定：抵押权人可以放弃抵押权或者抵押权的顺位。放弃抵押权后，原抵押权人不再对房地产享有优先受偿的权利。

（四）抵押房地产灭失且无替代物

房地产抵押权作为一种担保物权具有物上代位性，当房地产因为第三人侵权行为或因政府征用等原因灭失，而获得赔偿金、保险金或补偿金的，则房地产抵押权的效力及于该房地产灭失获得的替代物即赔偿金、保险金或补偿金，房地产抵押权并不消灭，抵押权人通过赔偿金、保险金或补偿金的优先受偿实现其债权。但是，如果抵押房地产因自然灾害等原因而灭失且无替代物的情况下，房地产抵押权消灭。

第二节　房地产抵押合同

一、房地产抵押合同的概念

房地产抵押合同，是指债务人或者第三人不移转对房地产的占有，将房地产作为债权担保而与债权人达成的明确相互权利义务关系的协议。

房地产抵押合同是主债权债务合同的从合同，抵押人是提供特定房地产作为抵押物担保债权实现的债务人本身或债务人以外的第三人，抵押权人是债权人。当债务人不履行债务时，抵押权人有权依法主张就拍卖该房地产的价款优先受偿。

房地产抵押合同具有从属性。《物权法》第 172 条规定：设立担保物权，应当依照本法和其他法律的规定订立担保合同。担保合同是主债权债务合同的从合同。主债权债务合同无效，担保合同无效，但法律另有规定的除外。所以，一般说来，主债权债务合同无效，抵押合同也无效。

二、房地产抵押合同的订立与生效

债务人或第三人与债权人就特定房地产设定抵押事项达成意思表示的一致，抵押合同即告成立。

房地产抵押合同具备合同生效要件即可生效。按照《合同法》的规定，合同生效应当具备三个要件：当事人具有民事权利能力和相应的民事行为能力；意思表示真实；不违反法律和社会公共利益。对于房地产抵押合同而言，除具备上述三个一般合同的生效要件以外，还应当符合法定的形式要件。《物权法》第

185 条规定：设立抵押权，当事人应当采取书面形式订立抵押合同。如果房地产抵押合同没有采用书面形式，则因违反了法律的强制性规定而影响其效力。

前已讲到，房地产抵押合同订立后，当事人需要进行登记，否则抵押权不生效力。问题是：如果当事人没有进行登记，抵押合同的效力是否受到影响？这一问题在理论认识和立法规定及实务中的处理是不同的。《城市房地产抵押管理办法》第 31 条规定：房地产抵押合同自抵押登记之日起生效。《担保法》第 41 条亦将应当办理抵押物登记的不动产抵押，规定为抵押合同自登记之日起生效。该规定将抵押登记认定为抵押合同生效的要件，司法实践中未办理抵押登记的抵押合同被认定为无效。该立法与大陆法系国家关于抵押合同生效与抵押权成立的规定迥异，引发了学者的争议。学者认为，现行立法和实务混淆了抵押合同的生效与依据抵押合同所发生的物权变动，即抵押权的生效。新通过的《物权法》总结了理论研究的成果和司法实践的经验，作出了新的规定。《物权法》第 15 条规定：当事人之间订立有关设立、变更、转让和消灭不动产物权的合同，除法律另有规定或者合同另有约定外，自合同成立时生效；未办理物权登记的，不影响合同效力。根据该规定，抵押合同属于创设物权的原因行为，而抵押登记属于物权设立行为，是否办理房地产抵押登记与抵押合同是否生效是两回事，房地产抵押登记不是抵押合同的生效要件，未办理抵押登记不影响房地产抵押合同的生效。

三、房地产抵押合同的内容

房地产抵押合同为要式合同，抵押人和抵押权人订立房地产抵押合同，应当采用书面形式并记载法律规定的内容。根据《物权法》第 185 条的规定，设立抵押权，当事人应当采取书面形式订立抵押合同。抵押合同一般包括下列条款：

1. 被担保债权的种类和数额；
2. 债务人履行债务的期限；
3. 抵押房地产的名称、数量、质量、状况、所在地、所有权归属或者使用权归属；
4. 抵押房地产担保的范围。

此外，按照《物权法》第 186 条的规定，抵押权人在债务履行期届满前，不得与抵押人约定债务人不履行到期债务时抵押财产归债权人所有。这就是所谓的"流质禁止"条款。

《城市房地产抵押管理办法》第 26 条对房地产抵押合同的条款作了更为详细的规定，按照该办法，房地产抵押合同一般应当载明以下内容：抵押人、抵押权人的名称或者个人姓名、住所；主债权的种类、数额；抵押房地产的处所、名称、状况、建筑面积、用地面积以及四至等；抵押房地产的价值；抵押房地产的占用管理人、占用管理方式、占用管理责任以及意外损毁、灭失的责任；抵押期限；抵押权灭失的条件；违约责任；争议解决方式；抵押合同订立的时间与地点；双方约定的其他事项等。如抵押权人要求抵押房地产保险的，以及要求在房地产抵押后限制抵押人出租、转让抵押房地产或者改变抵押房地产用途的，抵押当事人应当在抵押合同中载明。实务中，抵押权人往往在房地产抵押合同中把自己约定为抵押房屋毁损灭失时保险赔偿金的第一受益人，即优先受偿人。按照《城市房地产抵押管理办法》第 28 条的规定，以正在建造的建筑物抵押的，抵押合同还应当载明以下内容：《国有土地使用权证》、《建设用地规划许可证》和《建设工程规划许可证》编号；已交纳的土地使用权出让金或需交纳的相当于土地使用权出让金的款额；已投入正在建造的建筑物的工程款；施工进度及工程竣工日期；已完成的工作量和工程量等。

第三节　房地产按揭

一、房地产按揭的概念与性质

（一）房地产按揭的概念

"按揭"一词是英文"mortgage"的粤语译音。[1] 按揭制度是英国普通法中的一种以转移担保物所有权于债权人的特定物担保制度，通常是指购房者（单位或个人）为获得银行贷款而用购房合同作抵押的一种购房抵押业务。我国法律实务中存在的按揭制度是从香港移植而来，但是与英美和香港地区的按揭制度并不完全相同。从我国的司法实践看，通常将按揭作为抵押处理，与大陆法的让与担保制度基本相同。我国大陆现行法律中并没有使用"按揭"的称谓，现行法律中与"按揭"相近的制度规定在《城市房地产抵押管理办法》中，该《办法》第 3 条规定了预购商品房贷款抵押制度；《物权法》虽然没有直接规定"按揭"制度，但《物权法》的一些兜底条款可以涵盖实践中实行的"按揭"制度，而且，《物权法》对"预告登记"的规定就是直接为"按揭"制度准备的。

按揭是以合同构成担保，按揭给予按揭银行一项在担保物上的权益，而这项权益在按揭人清偿债务时要返还给按揭人。我国大陆的按揭，通常仅限于期房按揭（又称为楼花按揭），指的是不能或不愿一次性支付房款的购房人将其与房地产商的房地产买卖合同项下的权益抵押给银行，按揭银行贷款给购房人，并以购房人名义将款项交由房产商支付价款，若购房者到期不能还本付息，按揭银行将

---

[1] 李延荣主编：《房地产法研究》，中国人民大学出版社 2007 年版，第 123 页。

按揭房地产变价并优先受偿，或由售房者（保证人）将该房屋回购，并将回购款偿付银行本息的一种担保方式。

将预售商品房作为抵押权的标的，既符合现代商品经济发展之潮流，也符合当事人之本意。它很好地缓解了房地产市场资金紧缺的状况。[1] 在我国大陆地区，按揭一般均须银行的介入，并且通过银行的介入促成房地产销售者与购房者的交易。银行一般提供七成或八成的按揭，这就是说，购房者首期只需出资房屋价格的三成或两成即可，其余款项通过向银行贷款的方式，由贷款银行将购房人所借贷资金一次性划到房产商帐户，代为履行购房人的余款支付义务，而购房人按照约定的利率逐月偿还给银行，偿还期限可长可短，视购房人还贷能力的不同而不同，短则三五年，长则 20 年，甚至 30 年。

（二）房地产按揭的性质

关于按揭的性质，学者观点各异，主要有以下几种观点：

1. 抵押说。该说认为，按揭实际上属于不动产抵押担保。[2] 根据香港《地产转让及物业条例》第 44 条的规定，自 1984 年起，以法定式产业担保的，必须以契约的形式设定抵押，而不可设定法定式按揭。该日之前设定的法定式按揭从该日起自动转为法定式按揭。

2. 准抵押说。该说认为楼花按揭是以其在预售合同中的全部权益为抵押，而法律规定的抵押是以现存实物为抵押标的，因此称为准抵押。

3. 权利质说。该说认为楼花预售合同中的按揭人事实上对楼花不享有任何真正意义上的可现实支配的物权，而仅仅是一种债权请求权和获得将来利益的期待权，这种权利符合作为权利质押标的的权利的性质：是财产权，具有可转让性，是适于设质的权利。[3] 置业者和开发商间的房屋预售合同的合同书仅仅是债权的内容载体和证明凭证。按揭人只能将对开发商的交付现房请求权作为担保的标的向银行提供担保。因此按揭人不能就尚未生产出来的产品设定抵押，但可以就该产品的交付请求权设定债权质押。

4. 让与担保说。该说认为香港地区所实行的按揭担保相当于大陆法国家如德国、日本的让与担保。该观点认为，楼花按揭的标的具有特殊性，是购房人将其对房地产的期待权和将来取得的全部物业权益转让与银行的贷款担保方式，符合让与担保的特征。将楼花按揭的性质认定为让与担保在于强调在借款人全部偿

〔1〕 曹智："预售商品房抵押贷款发展策略的法律分析"，载《政法论丛》2000 年第 2 期。

〔2〕 李延荣主编：《房地产法研究》，中国人民大学出版社 2007 年版，第 129 页。

〔3〕 刘晋："楼花按揭的理论研究与法律调整"，载马原主编：《房地产案件新问题与判解研究》，人民法院出版社 1997 年版，第 6 页。

还债务前，按揭房产的所有权返还请求权归贷款银行。这样有利于督促借款人为最终取得房产期待权而尽力偿债。

5. 综合性担保物权说。该说认为，我国的按揭是当事人通过契约自由，充分运用抵押、保证、回购等多种制度工具，将不动产买卖、贷款、担保紧密结合而创设的一种新型交易方式，而非一种单一的担保物权类型，是质押、抵押、保证三种担保方式的联立组合。[1]

纵然实务中按揭制度确实属于多种担保方式的综合交易形式，且按揭制度与让与担保存在诸多差异，但是，作为一个大陆法系国家，对德、日等国家的让与担保制度进行我们本土化的吸收和改造，将按揭制度规范放在让与担保制度的法律框架内，也是目前行之有效的方式，有利于实务中的操作和规范。

可见，在期房按揭中，实际存在两个阶段，即：楼房竣工前将对房屋的期待权质押给银行；楼房竣工后办理抵押登记，为银行设定抵押权。《城市房地产抵押管理办法》第 34 条规定："以预售商品房或者在建工程抵押的，登记机关应在抵押合同上作记载。抵押的房地产在抵押期间竣工的，当事人应当在抵押人领取房地产权属证书后，重新办理房地产抵押登记。"

二、房地产按揭中的法律关系及操作流程

（一）房地产按揭中的法律关系

在商品房建筑期间，预购人（按揭人）将其与开发商签订的《商品房预售合同》交于银行占有，并以此合同项下的权益作担保（由商品房预售人作保证人）向银行贷款，于其不能依约清偿银行贷款的本息时，由银行取得该预售合同项下的权益以清偿预购人对银行的欠款，或者由保证人承担保证责任。我国《城市房地产抵押管理办法》第 3 条规定了预购商品房贷款抵押，是指购房人在支付首期规定的房价款后，由贷款银行代其支付其余的购房款，将所购商品房抵押给贷款银行作为偿还贷款履行担保的行为。该规定虽未使用按揭的称谓，但是从其表述内容来看，预购商品房贷款抵押指的就是现房按揭，二者是相同的。

基于以上认识，我们认为：我国大陆房地产按揭涉及三方当事人，涉及六种法律关系，担保和不动产交易紧密结合在一起，法律关系较为复杂。法律关系涉及到：

1. 购房人（按揭人）与房地产商之间的房屋买卖合同关系。

2. 购房人（按揭人）与银行之间的贷款合同关系。

3. 按揭人与银行之间的以所购房屋或合同项下权益为标的的担保合同关系。

---

[1] 徐永峰：《楼花按揭的民法问题研究》，吉林大学硕士学位论文，第 15 页。

4. 购房人与银行之间就划拨资金给房产商的委托合同关系。

5. 房产商与银行之间的保证清偿贷款的保证合同关系。

6. 房产商与银行之间的因按揭人不能偿付本息而按原房价的一定比例回购按揭房屋的回购合同关系。

（二）房地产按揭业务的操作流程

1. 房产商向银行申请由银行帮助向购房客户提供按揭贷款，双方签订按揭合作协议书，银行向房产商发出按揭贷款承诺书；

2. 购房人与房产商签订商品房买卖合同（或者商品房预售合同），并按合同约定付足首付款；

3. 向银行提出申请；

4. 银行对申请人进行初审，审查借款人身份、资信及商业证明、抵押物的合法性及房屋评估报告等；

5. 审查合格，银行与按揭申请人签订按揭贷款合同或房地产抵押贷款合同，同时与房产商签订担保合同，或者三方共同签订三方协议；

6. 到房屋土地管理部门办理抵押登记。

三、房地产按揭的预告登记

《物权法》第 20 条规定：当事人签订买卖房屋或者其他不动产物权的协议，为保障将来实现物权，按照约定可以向登记机构申请预告登记。预告登记后，未经预告登记的权利人同意，处分该不动产的，不发生物权效力。预告登记后，债权消灭或者自能够进行不动产登记之日起 3 个月内未申请登记的，预告登记失效。依据这一规定，按揭登记并非法定义务，是否进行登记完全决定于当事人的约定。不过，一旦对房地产按揭进行了预告登记，即产生法律上的对抗效力，未经预告登记的按揭银行同意，处分该不动产的，不发生物权效力。

新出台的《房屋登记办法》对按揭登记，也就是我国法律上的预购商品房的预告登记作了详细规定，包括以下几个方面的内容：

1. 以预购商品房设定抵押的，当事人可以申请预告登记。

2. 预告登记后，未经预告登记的按揭银行书面同意，处分该房屋申请登记的，房屋登记机构应当不予办理。

3. 预告登记后，债权消灭或者自能够进行相应的房屋登记之日起 3 个月内，当事人申请房屋登记的，房屋登记机构应当按照预告登记事项办理相应的登记；当事人未在 3 个月内申请登记的，预告登记失效。

4. 按揭预告登记由房屋登记机构发放登记证明，并不发放《他项权利证》。

5. 申请预购商品房抵押权预告登记，应当提交下列材料：

（1）登记申请书；

（2）申请人的身份证明；

（3）抵押合同；

（4）主债权合同；

（5）预购商品房预告登记证明；

（6）当事人关于预告登记的约定；

（7）其他必要材料。

同时，《城市房地产抵押管理办法》也规定，预购商品房贷款抵押的，商品房开发项目必须符合房地产转让条件并取得商品房预售许可证。

四、房地产按揭与房地产抵押

虽然房地产按揭与房地产抵押存在许多相似之处，但二者有诸多区别，不应混淆。

（一）适用范围不同

房地产按揭一般发生在预购商品房过程中，它所担保的是银行借贷给购房者的购房款项。传统的房地产抵押不限于购房，可以为满足其他融资需求而设定。房地产抵押的适用范围较为宽泛。

（二）主体不同

房地产按揭中的按揭权人只能是经营房屋按揭业务的商业银行，而传统房地产抵押权人不限于银行，还可以包括银行及其他自然人、法人或其他组织。

（三）客体不同

按揭业务中，必须由贷款者作为按揭人在自己所购房屋上设定按揭权，而房地产抵押的标的物不限于贷款人自有房屋，还可以在贷款人之外的第三人的房屋上设定抵押权。

（四）内容不同

按揭是将房屋的权利移转给按揭权人，而保留在完全履行债务后的赎回权。抵押人并不将房屋的权利转移给抵押权人。按揭权的实现，可以通过就房屋的变价款优先受偿，也可以通过直接对房屋估价取得房屋所有权的方式使债权获得清偿，还可以在设定按揭时，约定债务人到期不履行债务的，房屋的所有权归属于按揭权人。抵押权的实现只能通过折价、拍卖、变卖的变价方式，不能约定流押。

（五）操作程序不同

房地产按揭，一般是先办理他项产权证作为抵押担保，产权在付清购房款后由房地产商转给按揭受益人，所有权证由按揭人持有。房地产抵押，一般是在抵押人先取得土地使用权证书、房屋所有权证书的前提下，办理他项产权证，以产权证抵押而持有他项产权证。

另外，按揭中的法律关系要比房地产抵押中的法律关系复杂的多，所以，虽然实务中有的将房地产按揭业务与房地产抵押混为一谈，而且在操作模式上极为相似，但是二者有着本质的区别。

■ 思考题

1. 什么是房地产抵押?
2. 房地产抵押的特征有哪些?
3. 试述房地产抵押权的范围。
4. 房地产抵押权的标的有哪些?
5. 我国《物权法》对房地产抵押登记的效力是如何规定的，如何理解?
6. 简述房地产抵押权的效力。
7. 简答房地产抵押合同的生效要件。
8. 什么是房地产按揭，它的性质是怎样的?
9. 试述房地产按揭中的法律关系。
10. 试述房地产按揭的预告登记。
11. 请论述房地产按揭与房地产抵押的区别。

■ 参考文献

1. 刘晋："楼花按揭的理论研究与法律调整"，载马原主编：《房地产案件新问题与判解研究》，人民法院出版社 1997 年版。
2. 徐永峰：《楼花按揭的民法问题研究》，吉林大学硕士学位论文。
3. 李延荣主编：《房地产法研究》，中国人民大学出版社 2007 年版。
4. 高富平、黄武双：《房地产法学》，高等教育出版社 2006 年版。
5. 王利明：《物权法论》，中国政法大学出版社 2003 年版。
6. 李宗锷：《香港房地产法》，商务印书馆 1988 年版。
7. 李延荣、周珂著：《房地产法》，中国人民大学出版社 2000 年版。
8. 张跃庆：《中国房地产市场研究》，经济日报出版社 2002 年版。

第十四章　房地产税费法律制度

■学习目的和要求

　　本章主要讲述房地产税费法律制度。通过本章的学习，能够对房地产开发建设和交易中涉及的税费有一个基本的了解。本章重点掌握其中的房地产税收法律制度，尤其是房地产税、费、租的区别，我国目前房地产税的种类，理解我国房地产税费的现状和其改革方向，了解我国房地产费的种类。

第一节　房地产税费法律制度概述

一、房地产税的概述

（一）房地产税的含义

　　税收是国家凭借政治权力，运用法律手段，按照规定的标准强制、无偿取得财政收入的一种特定分配关系，具有强制性、无偿性和固定性三个基本特征。房地产税收是税收概念体系中的一个范畴，是指以房地产或与房地产有关的经济行为为征税对象的税类，是房地产开发、经营、管理、消费的全过程中，房地产开发商与消费者要缴纳的各种税收的总称。

　　房地产税收有广义和狭义两种概念，广义上的房地产税是房地产开发经营中涉及的税赋，包括土地增值税、城镇土地使用税、耕地占用税、房产税、城市房地产税、契税、印花税、城市维护建设税、教育费附加、营业税、企业所得税、个人所得税。狭义上的房地产税，是指以房地产为课税依据或者主要以房地产开发经营流转行为为计税依据的税，包括城镇土地使用税、耕地占用税、城市房地产税、房产税、契税和土地增值税等6种。

　　与房地产税收有关的还有财产税、不动产税和物业税几个概念。财产税是对纳税人拥有或支配的、税法规定的应税财产就其数量或价值额征收的一类税收的总称。财产税包括动产税和不动产税，不动产税是针对地面建筑物及附着物征收的税收，包括针对房产价值征收的房产税和针对房产出租收入征收的税收。物业税最早来自于香港，是指不动产税或房地产税。而我国目前所讲的物业税是一个窄口径的概念，根据已有文献，主要就是把现行房地产税、城市房地产税和土地使用税等税种合并后的一种税。除了财产税范围更广一些，不动产税、房地产税和物业税没有什么实质性的差别，具体选用哪一个概念与个人和某个国家的习惯有关。

我国房地产业涉及的税种共计12个，其中直接以房地产为课税对象的税种有6个，即土地增值税、城镇土地使用税、耕地占用税、房产税、城市房地产税、契税；其中与房地产紧密相关的税种有6个，即营业税、企业所得税、个人所得税、印花税、城市维护建设税及教育费附加。从房地产的流转过程来看，可以将其大体划分为四大类：与房地产开发有关的税收、与房地产交易有关的税收、与房地产保有有关的税收、与房地产所得有关的税收。

（二）房地产税的特征

房地产税收是人类历史上最古老的税种之一，与一般税收相比，房地产税收主要有下列特征：

1. 房地产税收是一种比较稳定的税收来源。房地产税收以房地产为课税对象，房地产具有位置固定、难以隐匿、增值保值等特殊的不动产资产属性，这些都决定了房地产税收具有稳定性的特征。正因为如此，房地产税收成为政府一直十分重视的财政收入的来源。例如，美国地方政府财政收入的75%以上来源于房地产业，且有递增趋势。[1]

2. 房地产税收具有较强的政策功能。房地产具有稀缺性的特点，尤其是土地，供给有限，需求又在不断增长。因此，各国政府在设计房地产税收时往往赋予其较强的政策功能。比如，通过开征房地产保有税，加大房地产持有者的持有成本，促使业仁对房地产更加有效地利用；通过征收适当的土地增值税，调节土地增值收益的分配，防止交易者从房地产交易中谋取暴利；通过对城市空地征收空地税，促进人们提高土地利用率；通过调整有关房地产交易的课税，干预和调控房地产市场，使之平稳运行。

3. 房地产税收是一个多环节征收的税收体系。房地产税收的政策功能是通过对房地产的生产、持有、转让等多环节征税来实现的。房地产税收是围绕房地产的生产、交换、消费过程所形成的一个由各种税种相互作用、相互配合组成的统一的税收体系。在房地产生产过程中，一般要征收营业税、企业所得税等；在房地产的持有环节，一般要征收资产税性质的房地产保有税；在房地产有偿转让

---

〔1〕 陈少英：《中国税法问题研究》，中国物价出版社2000年版，第230页。

环节，一般要征收土地增值税或所得税、契税和印花税等；在房地产赠与、继承等无偿转让环节，一般要征收赠与税和继承税。

4. 房地产税收的征收成本一般较高。房地产商品具有位置差异性，并且易受经济形势和政策变化的影响，因此房地产价格具有可变、多样的特点，房地产的价格信息一般很难从市场中轻易获得，掌握某一房地产的价格水平往往要花费一定的费用。因此，与房地产价格水平相关联的房地产税收，其征收也就相应地需要花费比较高的成本。许多国家和地区为了征收房地产税而专门建立了房地产价格评估体系。各国或地区政府都很注重并建立了比较规范的房地产价格评估制度。例如，日本制定了《不动产鉴定评估法》，不动产鉴定协会和日本政府所属的土地鉴定委员会共同管理房地产评估活动。英国建立了估价师二元制，民间的估价师主要从事契约估价和法定估价，官方的估价师主要为政府的土地估价室、区域办公室及土地法庭工作，当二者的估价结果有差异时，则通过协调乃至土地法庭来解决。

二、房地产费的概念

房地产费是指依据法律和法规，由有关行政机关、事业单位向房地产开发企业、房地产交易各方和房地产产权人等收取的各种管理费、服务费、补偿费等。房地产费并不是基于国家权力，而是基于政府机构实行管理和提供服务而向被管理者或被服务人收取的成本。根据有关规定，我国现行的房地产费主要有土地使用费（不含地租）、房地产行政性收费和房地产事业性收费。土地使用费（不含地租），是指取得国有土地使用权的单位和个人，按照规定向国家交付的除了土地出让金之外的使用土地的费用，主要包括国家对土地的开发成本、征用土地补偿费、安置补助费。房地产行政性收费，即房地产行政管理机关或其授权机关履行行政管理职能管理房地产业所收取的费用，主要包括登记费、勘丈费、权证费、手续费（房地产买卖手续费，办理房地产继承、赠与等手续费）和房屋租赁登记费。房地产事业性收费，即房地产行政管理机关及其所属事业单位为社会或个人提供特定服务所收取的费用，主要包括拆迁管理费、房屋估价收费等。

房地产税和费均表现为交纳一定的金钱，但两者性质不同。征收房地产税的依据是国家税收法律法规，而收取房地产费的依据有些是法律，但大多数都是部门规章或地方法规、规章，有些甚至是收费主体自行决定的。收取房地产税，只能是政府代表国家征收，而房地产费，可以由行政机关、事业单位等收取。更重要的是，房地产税可以增加财政收入，作为经济杠杆，具有调节房地产市场和资源的作用。而收取房地产费，应当是政府行政管理或提供服务的成本，补充的是行政机关、事业单位的开支。[1]

与房地产"税"、"费"相关的，还有一个"租"的概念。地租是指土地所有者将其所拥有的土地及与土地相关的房屋或其他附着物租给他人使用所取得的报酬，在我国地租主要表现为国家收取土地出让金。地租、税收和收费是内涵、性质和功能明显不同的三个经济范畴，反映着不同的经济利益关系。地租是土地所有者凭借土地所有权向土地使用者索取的土地使用报酬，是超额利润的转化，是土地所有权在经济上的实现形式，只要存在土地所有权和使用权的分离，就必然存在地租。税收是国家为了实现其社会管理职能，凭借政治权力，以法律为依据，强制、无偿、固定地参与国民收入的分配和再分配所形成的特殊经济利益关系，是国家政治权力的体现，不是依靠财产权利进行的收入分配。而收费则是对提供服务收取的补偿费用。这三个概念的界限是非常鲜明的，但实际操作中却很模糊，三者之间具有较强的替代性。

三、我国房地产税费制度的发展

在过去相当长的时间里，我国的房地产税收制度很不健全。随着改革开放不断深入，国家在1984年对工商税制进行了改革，房地产税收得以恢复。1986年9月15日，国务院发布了《房产税暂行条例》，规定了房产税的征收范围和征收办法，使房产税成为独立的税种。1987年4月1日，国务院发布《耕地占用税暂行条例》，1988年9月27日，国务院颁布《城镇土地使用税暂行条例》，适应了土地使用制度改革的需要，初步建立了我国的房地产税收法律制度。

为了适应建立社会主义市场经济体制的需要，有力地促进我国社会主义国民经济的持续、健康、快速发展，我国于1993年进行了新一轮的工商税制改革，国务院先后发布了《土地增值税暂行条例》、《营业税暂行条例》、《企业所得税暂行条例》等几个与房地产税收相关的条例，财政部又公布了这几个条例的实施细则以及若干具体问题的规定。1994年我国正式实行中央与地方分税制，开始全面实施新税制，我国的房地产税制得到了进一步的完善。例如，房地产税的计税依据和课税范围进行了修改；增加了土地增值税；土地使用权转让等行为纳入征税范围等等，我国现行的房地产税收体系基本形成。

2003年开始，伴随着新一轮房地产投资迅猛扩张，房地产市场出现了一些不容忽视的问题，引起了中央政府的高度关注。中共十六届三中全会通过的《中共中央关于完善社会主义市场经济体制若干问题的决定》中指出："……实施城镇建设税费改革，条件具备时对不动产开征统一规范的物业税，相应取消有

---

〔1〕 高富平、黄武双：《房地产法新论》第2版，中国法制出版社2002年版，第220页。

关收费。"这预示着从 2004 年开始,我国新一轮房地产税制改革已经进入酝酿阶段。目前,我国现行的房地产税收体系基本涵盖了房地产的取得、保有、交易三个环节,对我国房地产经济的运行起着多层次的调节作用。

四、我国房地产税费制度的缺陷及完善

（一）我国房地产税费制度的缺陷

1. 税费种类繁多,税、租、费概念混淆不清。目前我国与房地产直接有关的税种有 12 种,占我国实际征收税种数量（截至 2005 年底,我国税制体系共有税种 23 个）的一半左右。而涉及房地产业的各种收费项目更是名目繁多,费项总数远多于税项总数。仅从房地产开发企业的收费项目上看,有的地方各种收费（如城市基础设施配套费、商业网点费等）多达 50 多项。许多政府部门和单位巧立名目,事实上已经把收费作为改善本部门和本单位福利的工具。收费过多,导致房地产的高成本和高价格,严重扭曲了房地产商品的真实价值,直接加重了消费者的负担。

不仅税费种类繁多,房地产税费体系中租、税、费混杂现象也很严重,具体表现在:①以税代租,或税中含租。如城镇土地使用税是为"调节土地级差收益"而设立的,其纳税人是土地的使用者,他们缴纳土地使用税体现了土地所有者与土地使用者之间的经济关系,具有明显的地租性质。②以费代租。我国对外资企业及外国企业收取的场地使用费,体现了土地使用者与土地所有者之间的一种经济关系,而其本质就是地租。③以税代费。如城市维护建设税,在税收征收时遵循"谁受益,谁负担,受益不同,负担不同"的原则,实行差别税率,这具有明显的对等性质和补偿性质,属于"费"的范畴。④以费代税。如国家对闲置土地行为征收的土地闲置费,实际上是一种带有明显惩罚性质的税收,是一种罚税。租、税、费的严重错位,极大地削弱了税收的严肃性和规范性,滋长了乱收费的不良风气,也使得税收的宏观调控功能受到了限制和削弱。

2. 我国房地产税收种类"重交易,轻保有"。"重交易,轻保有"是指比较重视交易环节的征收,而不注重保有环节的征收,它体现了政府的一个政策导向,即不支持房地产的交易与流动。目前我国房地产税制政策基本上是不卖不税、不租不税,一旦租售则数税并课,造成房地产保有环节税负畸轻而流转环节税负畸重。例如,对房产而言,保有环节的房产税对所有非营业用房一律免税,起不到作为财产税对收入分配进行调节的作用。在房地产的流转环节,对企业而言,土地增值税的税率高达 30% 至 60%,若再加上 5% 的营业税和 33% 的企业所得税,企业的实际平均税负水平高于世界多数国家和地区的水平;对二手市场的交易者而言,买卖房产时要征收契税、印花税、营业税、个人所得税。

"重交易,轻保有"的税收倾向是计划经济时代的产物,当刺激内需、促进

住宅产业化已经成为现在的发展目标时，这种税收政策的弊端日益明显。首先，这种税制导致了土地闲置、浪费严重。保有阶段税负轻，使得很多人投机房地产，商品房空置率居高不下，从而虚增了有效需求，哄抬了房价，将中低收入者排除出了购买商品房的门外。其次，进入流通时的税负高，使房地产交易双方不堪重负，从而助长了房地产的隐形交易，导致逃税现象严重，减少了国家财政收入。最后，在保有阶段发生的增值部分，由于没有税收的调节机制，使政府无法参与增值价值的再分配，利益流向了保有者，因而刺激了房地产投机行为，导致炒作泛滥，拉大了贫富差距。

3. 我国房地产税负存在不公平现象。[1]

（1）房地产税负因纳税人身份不同而税负不同。我国的房地产税收存在内外两套税制，内资企业缴纳房产税和城镇土地使用税，外资企业缴纳城市房地产税，且仅就房产纳税，地产不需纳税，其税收负担低于内资企业。

（2）房地产税负因经济行为不同而税负不同。现行房产税规定，企业自用的房产按照房产原值扣除10%～30%后的房产余值每年按1.2%的税率计征，而现租房产则按照租金收入的12%计征。处于城市繁华地段的老房产，由于其建造较早，因此账面原值较低，但由于其所处地段较好，若出租则租金往往高于按照房产原值课税与按照房产租金课税税负相等的平衡点。而处于稍偏远地段的新房产，由于其造价较高，有时租金收入会低于按照房产原值课税与按照房产租金课税税负相等的平衡点，此时自用房产会较出租房产承担更多的房产税。如此一来，同一房产仅仅由于自用或出租的经济行为不同而承担不同的税收负担。

（3）房地产税负因所处区域不同而税负不同。我国的房产税和城镇土地使用税的课税范围均为城市、县城、建制镇和工矿区，而处在这些区域之外的房产和土地则不需纳税。目前，许多企业都坐落于房产税和城镇土地使用税课税范围之外的区域，其与坐落于城镇的企业在对公共品的享受方面并没有本质区别，却不需承担房产税和城镇土地使用税的纳税义务。尤其在城镇与非城镇的交界处，一些地方同一条街道两侧的企业，一侧要纳税，而几米之外的另一侧的企业则不需要纳税，更加彰显了房产税和城镇土地使用税课税范围规定的失当。

4. 房地产业税收征收管理不完善。

（1）房地产税收立法层次偏低，税收法规多变。我国现行房地产各税，其法律依据均为国家行政机关制定的暂行条例，而不是由全国人大或人大常委会颁布的税法，立法层次较低。有些20世纪50年代开征的税种，几度废立或变更，

---

〔1〕 樊丽明、李文："房地产税收制度改革研究"，载《税务研究》2004年第9期。

有失国家税法的严肃性和权威性。

（2）税权过度集中于中央，难以满足房地产的区域性特点。在分税制财政体制下，税权过多地集中于中央，地方只有征管权而无立法权，难以适应房地产的区域性特点，无法促进房地产的资源优化配置和有效利用。

（3）税收征管的配套措施不完善。我国目前的财产登记制度不健全，尤其是缺乏私有财产登记制度，致使不少税源流失，更出现化公有财产为私有财产的非法行为，严重影响了税收征管的力度。同时，与房地产税收密切相关的房地产价格评估制度和房地产税收评税政策不健全，而以市场价值为计税依据是房地产税制改革的必然趋势，需要定期对房地产进行评估，这就对评估机构和评估人员提出了较高的要求，但税务部门内部现有的房地产评估机构、评估人员的素质却难以适应税收征管的需要。[1]

（二）房地产税费制度的完善措施

1. 正税、明租、清费。按照税改思路，"正税、明租、清费"将是房地产税改革的基本方向。

（1）正税，就是统一内外税制，避免重复征税，改变流转环节畸重保有环节畸轻的现状，并尽量向宽税基、少税种、低税率的国际通行做法靠拢。统一内外税制，将纳税人确定为内外资企业单位、经济组织和个人，并合并重复设置的、性质相近的、征收有交叉的税种，开征统一的物业税。另外，还应按房地产评估价值作为计税依据，以客观地反映房地产价值和纳税人的承受能力，为避免重复征税，对房屋的租金收入将不再征收新的物业税，而主要应由营业税、城建税、教育费附加以及所得税来调整。

（2）明租，就是将土地出让金收取方式从一次性收取改为分年收取，使其作为地租的性质更加明确。同时，将批租改为年租，还可以减少地方政府在土地一级市场的短期行为。

（3）清费，就是对收费项目进行严格清理，一方面是绝对量的减少，即对于一些不合理的行政事业性收费一律取消；另一方面是相对量的减少，即对于一些必需的但可以合并收取的项目进行兼并，以降低收费成本和提高收费的规模效益。

2. 建立完整的房地产税法体系，适当下放税收权。税收在本质上是国家依靠政治权力实现的特殊分配关系，带有强制性，因此，各种税收必须通过立法的形式来体现其意图。一般而言，税法体系包括税收基本法、税收实体法和税收程

---

[1] 徐健："关于完善我国房地产税制的思考"，载《山东财政学院学报》2004年第2期。

序法。立法先行是世界各国房地产税制得以成功的重要因素，各国房地产税法都对纳税人、征税对象等税收要素作出了明确而又具体的规定。我国目前尚无税收基本法，税收原则和一些重大的税收问题缺乏明确的法律依据，因此，在充分调查研究的基础上制订一部税收基本法是一个必然的选择。

我国是一个中央集权制国家，政治上要求统一和稳定，这就决定了我们不能按西方一些联邦制国家一样实行地方分权制。另外，我国又是一个经济社会发展不平衡的大国，各地区的经济基础、自然条件、人文地理状况不一样，甚至差距很大，这就决定了我们国家不能像日本、法国、新加坡等国一样实行税权集中于中央的中央集权型税收制度。因此，根据我国的政治制度和经济社会状况，我国应实行以中央集权为主、合理给地方放权的形式，只有这样才能使房地产税在一个较为合理的环境下开征，而又不影响中央财政收入的增加和宏观调控能力的加强。

3. 完善房地产税课税的配套制度。

（1）应当强化房地产产权登记制度。在清查土地，建立土地位置、权属及面积台帐的基础上，改变分块管理的现状，理清管理关系，避免房地产私下交易，增强房地产税课征的有效性和严肃性。

（2）应当建立房地产评估机构。目前在市场经济比较发达、财产税制度比较完善的国家，一般以市场价值为计税依据，并建立整套的价格评估制度。随着房地产税制的改革，我国的计税依据必然要跟上发达国家的步伐，以市场价值为计税依据。所以，我国应加强对房地产价格评估理论和方法的研究，逐步形成一套符合我国国情的房地产估价理论、方法体系，为房地产税收计征提供科学的依据。

第二节　房地产税收法律制度

一、与房地产开发有关的税种

（一）耕地占用税

1. 耕地占用税的含义。耕地占用税，是指对占用耕地建房屋或从事其他非农业建设的单位和个人，按其占用耕地的面积实行从量定额征收的一种税。凡在我国境内占用耕地建房或从事其他非农业建设的单位和个人，都是耕地占用税的纳税义务人。其征收依据是由国务院发布、并于 2008 年 1 月 1 日起施行的《中华人民共和国耕地占用税暂行条例》（以下简称《暂行条例》），以及财政部、国家税务总局 2008 年 2 月出台的《中华人民共和国耕地占用税暂行条例实施细则》（以下简称《实施细则》）。

开征耕地占用税，是为了限制非农业建设占有耕地，鼓励在不影响水土保持、不破坏生态平衡的前提下，尽可能利用非农用土地以有效保护耕地资源，这对发展农业生产和提高人民生活水平具有重要意义。

2. 耕地占用税的征收。耕地占用税的征收范围包括用于建房或从事其他非农业建设征（占）用的国家和集体所有的耕地。例如，种植粮食作物、经济作物的粮田、棉田、麻田、烟田、蔗田以及菜地、园地等。另外，根据《暂行条例》及其《实施细则》的规定，林地（包括有林地、灌木林地、疏林地、未成林地、迹地、苗圃等，不包括居民点内部的绿化林木用地，铁路、公路征地范围内的林木用地，以及河流、沟渠的护堤林用地）、牧草地（包括天然牧草地、人工牧草地）、农田水利用地（包括农田排灌沟渠及相应附属设施用地）、养殖水面（包括人工开挖或者天然形成的用于水产养殖的河流水面、湖泊水面、水库水面、坑塘水面及相应附属设施用地）以及渔业水域滩涂（包括专门用于种植或者养殖水生动植物的海水潮浸地带和滩地）都属于耕地占用税的征收范围。

耕地占用税实行从量计征的地区差别定额税制，以规定单位面积的税额作为征收标准。考虑到我国地区之间经济发展不平衡，人均占用耕地数量的差别较大，《暂行条例》按人均占有耕地面积将税额标准分为4个档。具体规定如下：人均耕地不超过1亩的地区（以县级行政区域为单位，下同），每平方米为10元至50元；人均耕地超过1亩但不超过2亩的地区，每平方米为8元至40元；人均耕地超过2亩但不超过3亩的地区，每平方米为6元至30元；人均耕地超过3亩的地区，每平方米为5元至25元。对经济特区、技术开发和经济发达、人均耕地特别少的地区，税额标准可以适当提高，但是最高不得超过上述规定税额的50%。国务院财政、税务主管部门根据人均耕地面积和经济发展情况确定各省、自治区、直辖市的平均税额。各地适用税额，由省、自治区、直辖市人民政府在以上的税额幅度内，根据本地区情况核定。各省、自治区、直辖市人民政府核定的适用税额的平均水平，不得低于国务院财政、税务主管部门规定的平均税额。另外，为了重点保护基本农田，《暂行条例》还规定，占用基本农田的，适用的税额应当在当地适用税额的基础上提高50%。

耕地占用税以纳税人实际占用耕地面积为计税依据，按照规定税率一次性计算征收。耕地占用税由各级财政机关负责征收。目前各地根据不同情况，主要采取预缴税款、联合办公、同级批地同级征收和银行扣款四种办法。

耕地占用税在军事设施、学校、幼儿园、养老院、医院占用耕地时可以免征。铁路线路、公路线路、飞机场跑道、停机坪、港口、航道占用耕地，均按每平方米2元的税额征收，或者根据实际需要，经国务院财政、税务主管部门商国务院有关部门并报国务院批准后，也可以免征或者减征。

农村居民占用耕地新建住宅，按照当地适用税额减半征收耕地占用税。农村烈士家属、残疾军人、鳏寡孤独以及革命老根据地、少数民族聚居区和边远贫困山区生活困难的农村居民，在规定用地标准以内新建住宅缴纳耕地占用税确有困难的，经所在乡（镇）人民政府审核，报经县级人民政府批准后，可以免征或者减征耕地占用税。

2008 年，我国的耕地占用税制度进行了新的改革，与原来的标准和制度相比，大大提高了税额，并加大了对基本农田的保护力度；同时，更加明确了减免税的范围，将内外资企业在耕地占用上的税负同等处理。作为土地占有环节的唯一税种，改革后的税制更能反映土地的价值，有利于防止耕地的流失。

（二）印花税

1. 印花税的含义。印花税，是国家对在经济活动中或经济交往中书立或领受特定凭证的单位和个人征收的一种税。其法律依据是 1988 年 8 月 6 日国务院发布的《印花税暂行条例》。

2. 印花税的征收。房地产印花税的纳税人是在我国境内书立或领受应税房地产凭证的单位和个人。就具体情况而言，房地产转让合同的纳税人是合同订立人，房屋租赁合同的纳税人是合同订立人，房地产权利许可证照（包括房屋所有权证和土地使用权证）的纳税人是领受人。

印花税的征税对象是书立或领受应税凭证的行为，凡书立或领受《印花税暂行条例》列举之凭证的，均为印花税的征税范围，主要包括以下几种：书立应税的合同或具有合同性质的凭证；书立产权转移书据；领受权利、许可证照；书立经财政部确定征税的其他凭证。

印花税的计税依据是应税凭证所记载的价款数额。房地产产权转移书据印花税的计税依据是书据所载明的金额；房地产权利证书的印花税按件定额计收；房屋买卖合同的计税依据是买卖价款金额；房屋租赁合同印花税的计税依据是房屋租金数额。

我国的印花税实行比例税率和定额税率两种税率。比例税率是用于房地产产权转移书据，税率为0.05％，房屋租赁合同税率为0.1％，房屋买卖合同税率为合同所载金额的0.03％。定额税率用于房地产权利证书，包括房屋所有权证和土地使用权证，其税额均为每件 5 元人民币。

印花税实行由纳税人根据规定自行计算应纳税额，购买并一次贴足印花税票的缴纳办法。即纳税人按照应税凭证的类别和使用的税率自行计算应纳税额，自行购花，自行贴花。应纳税额较大或者贴花次数频繁的，纳税人可以向税务机关提出申请，采用以交款书代替贴花或者按期汇总缴纳的办法。

印花税票应贴在应纳税凭证上，并由纳税人在每枚税票的骑缝处盖戳注销或者划销。应纳税凭证应于书立或领受时贴花。

（三）营业税

1. 营业税的含义。营业税，是以在我国境内提供应税劳务、转让无形资产或销售不动产所取得的营业额为征税对象而征收的一种税。法律依据是 1993 年 12 月 13 日国务院颁布的《营业税暂行条例》。

2. 营业税的征收。营业税的纳税人是在中国境内转让土地使用权或者销售建筑物及其他土地附着物及从事房地产代理、租赁等相关服务业务的单位和个人。

营业税的征税对象是转让土地使用权或者销售建筑物及其他土地附着物的收入金额，包括纳税人向交易对象收取的全部款项。

营业税实行比例税率，在房地产开发经营过程中，涉及营业税的范围是建筑、安装、修缮、装饰和其他工程作业及土地使用权转让和不动产销售，有关建筑业务的税率是 3%，而土地使用权转让及不动产销售营业税率均为 5%。另外，根据现行税收政策，二手房交易自 2006 年 6 月 1 日起，5 年内的二手房按交易额的 5% 征收营业税，超过 5 年的普通住房免税，非普通住房按买卖差额的 5% 征收营业税。

（四）城市维护建设税

城市维护建设税是一种行为目的税，其目的是为了满足城市化发展所需资金的需要。负有缴纳消费税、增值税、营业税义务的单位和个人，应当就其实际缴纳的"三税"税额缴纳城市维护建设税。因为没有独立的课税对象，它往往被视为附加税，就房地产业而言，城建税是营业税的附加。

城市维护建设税实行地区差别比例税率，纳税人所在地为市区的，税率为 7%，纳税人所在地为县城、镇的，税率为 5%，纳税人所在地不在市区、县城或者镇的，税率为 1%。

（五）教育费附加

教育费附加是为了加快教育事业的发展，扩大地方教育经费的资金而征收的一项专用基金；它是对缴纳增值税、消费税、营业税的单位和个人，不包括外商投资企业、外国企业和外国人，以其实际缴纳的税额为计算依据征收的一种附加费，其实质是准税收。就房地产开发而言，教育附加费的计费依据是营业税税额，征收比率为 3%。

二、与房地产保有有关的税种

（一）房产税

1. 房产税的含义。房产税是以城镇房产为征税对象，以房产的余值或租金为计税依据向房产所有权人征收的一种税。其法律依据是 1986 年 9 月 15 日国务院发布的《房产税暂行条例》。

2. 房产税的征收。房产税的纳税人为在中国境内拥有房屋产权的单位和个人。外商投资企业和外籍人员、华侨、港澳台同胞不是房产税的纳税人。对于前述人员的房产，征收的是城市房地产税。

房产税计税依据为依照房产原值一次减除10%～30%后的余值。没有房产原值作为依据的，由房产所在地的税务机关参考同类房产核定。房屋出租的，以房屋租金收入为计税依据。房产税的税率根据计税依据的不同分为两种：依照房产余值计算缴纳的税率为1.2%；依照房屋租金计算缴纳的税率为12%。

《房产税暂行条例》规定，房产税在城市、县城、建制镇和工矿区征收，广大的农村地区被排除在房产税征收范围以外。同时，对以下情况可免征房产税：国家机关、人民团体、部队自用的房产；由国家财政部门拨付事业经费的单位自用的房产；宗教寺庙、公园、名胜古迹自用的房产；个人所有非营业用的房产；财政部批准免征税的其他房产。另外，纳税人的房产虽不属于上述范围，但其按税法规定的税率缴纳确有困难的，可申请定期减征或免征房产。

3. 我国房产税制度的完善。房产税属财产税类，从国外经验看，房产税收入是地方财政收入的重要组成部分。而我国情况却恰恰相反，房产税收入在省以下政府财政收入结构中比重很低，且房产税税收政策也比较混乱。现行房产税的弊端首先表现为内外税制不统一，征税范围过窄。我国房产税的内外两套税制、城乡分治以及过大的免税范围，不适合经济大步发展的国情。自20世纪90年代以来，我国房产业迅猛发展，个人购房比重逐步上升。这些购房者大部分属于中、高收入阶层，高收入者购房本质上是财富形态的转换，财富以资金形态存在，政府很难直接调节。个人居住用房免税，使政府失去了以房产形式调节公民收入的机会。随着工业化的推进，农村城市化程度不断提高，特别是在经济发达地区的农村房产规模急剧扩张。放弃农村地区房产税的征收，使国家失去了一大块稳定税源。另外，许多单位或者个人既有符合免征房产税的用房，也有投入经营的房产，两种情况的混同给合理区分和正确适用房产税优惠政策带来了困难。

我国房产税弊端还表现在房产税计税依据和税率设计的不合理上。现行房产税从价计征的"价"指的是房产原值。按照财务制度的口径，房产原值是指纳税人按照会计制度，在账簿固定资产科目中记载的房屋造价。在房产税的征管实践中，税务机关一般是根据企业的资产负债表中记载的房产原值计征房产税，只有认为房产原值明显不合理时，税务机关才以查账或者评估的方式计征。许多纳税人利用税务机关不可能逐一查账和评估征收的现实，在固定资产账面上做文章，用各种方法减少账面房屋价值，逃税避税现象严重。同时，对房屋出租者来说，除了按租金收入征收12%的房产税，还要征收5%的营业税及城市维护建设税、教育费附加。虽然根据《关于调整住房租赁市场税收政策的通知》（财税[2001]125号），对个人按市场价格出租的居民住房应交纳的营业税暂减按3%的税率征收，房产税暂减按4%的税率征收，但仍存在重复征税、税负偏重情况。于是，房屋出租的当事人采取虚报或瞒报租金的方式，向税务机关提供虚假出租合同，以达到少交税款的目的。

由于各税种税制之间有着错综复杂的关联性，房产税税制改革同样是一个系统工程。因此，我国房产税改革的指导思想应遵循"简税制、宽税基、低税率、严征管"的税制改革方针，本着"正税、明租、清费"的房地产税制改革的基本方向，把涉及房产的一些税种进行合并，同时适时取消房产开发环节设置的各种乱收费项目，优化地方税制结构。对于房产税，应当取消内外税制的差别，扩大税基，完善房地产价格评估制度，以房屋现值为基础，征收低税率的房产税。

（二）城镇土地使用税

1. 城镇土地使用税的含义。城镇土地使用税是以国有土地为征税对象，对使用国有土地的单位和个人征收的一种税。其法律依据是1988年9月27日国务院颁布、2006年12月31日修订的《城镇土地使用税暂行条例》。

城镇土地使用税是为了合理利用城镇土地，调节土地级差收入，提高土地使用效益，加强土地管理而设置的。

2. 城镇土地使用税的征收。城镇土地使用税纳税人为在城市、县城、建制镇、工矿区范围内使用土地的单位和个人。

城镇土地使用税以纳税人实际占用的土地面积为计税依据，由税务部门按照所在地主管税务机关确定的使用税额计算征收。城镇土地使用税的税额，按照土地级差收益采用地区差别幅度税额，以城市规模的大小作为征税的标准。城镇土地使用税应纳税额的计算方法一般是实际占用土地面积和年单位税额的乘积。具体而言，土地使用税每平方米年税额大城市1.5元至30元；中等城市1.2元至24元；小城市0.9元至18元；县城、建制镇、工矿区0.6元至12元。省、自治区、直辖市人民政府应当根据城市建设状况、经济发展状况等条件，在规定的税额幅度内，确定所辖地区的适用税额幅度。市、县人民政府应当根据实际情况，将本地区划分为若干个等级，在省、自治区、直辖市人民政府确定的税额幅度内，制定相应的适用税额标准，报省、自治区、直辖市人民政府批准执行。经省、自治区、直辖市人民政府批准，经济落后的地区土地使用税的适用税额标准可以适当降低，降低额不得超过规定最低税额的30%。经济发达地区土地使用税的适用税额标准可以适当提高，但须报经财政部批准。

根据《城镇土地使用税暂行条例》第6条的规定，下列土地免缴城镇土地使用税：国家机关、人民团体、军队自用的土地；由国家财政部门拨付事业经费的单位自用土地；宗教寺庙、公园、名胜古迹自用的土地；市政街道、广场、绿化地带等公共用地；直接用于农、林、牧、渔的生产用地；经批准开山填海整治的土地和改造的废弃土地，从使用月份起免缴 5～10 年；由财政部门另行规定免缴的能源、交通、水利设施用地和其他用地。

3. 我国城镇土地使用税制度的完善。目前城镇土地使用税存在一些问题：①该税税率过低，经 2006 年修改后的《城镇土地使用税暂行条例》，每平方米税额最高也是仅不超过 30 元，起不到抑制滥占土地的作用。②《城镇土地使用税暂行条例》还规定了免交土地使用税的其他 6 种对象。恰恰是国家机关、人民团体和军队等免税对象大量持有土地。这些单位的土地不少都被变相买卖用于商品房开发，投入到社会中。这类土地的收益大量流失，不利于提高土地利用率。③更为重要的是，我国土地使用税的征收不是按价值而是按面积，这种征税方式不能随着课税对象值的上升而上升，具有税源不足而缺乏弹性的缺陷。我国应当适应形势发展，不分城乡、不分经济性质一律征收土地使用税，该税名也应改为"土地使用税"。

三、与房地产交易有关的税种

除了在房地产开发阶段以外，转让、出租和典卖房地产过程中也涉及到营业税、教育费附加和印花税。除此之外，与房地产交易有关的税种还有：

（一）土地增值税

1. 土地增值税的含义。土地增值税，是以土地增值额为课税标准，对土地使用者因转让土地使用权所获收益征收的一种税。其法律依据是国务院 1993 年 12 月 13 日发布的《土地增值税暂行条例》，财政部 1995 年 11 月 27 日发布的《土地增值税暂行条例实施细则》。

从土地增值的原因和本质来看，城市土地增值是指由于城市经济发展和土地投资改良以及对土地的规划和管理等而形成的地价上涨。在土地公有的体制下，源自城市政府对土地的投资及规划条件改变而产生的增值，其增值收益应归城市政府所有，由于土地使用者对土地进行投入而产生的增值，增值收益应归土地使用者所有。土地增值税，正是国家参与土地增值收益分配的具体形式。20 世纪 90 年代初期，我国的社会主义市场经济体制刚刚确立，完善的市场机制远未形成，房地产交易行为尚不规范，土地投机、炒卖之风一度盛行。房地产业的畸形发展，加剧了我国产业结构失衡状况和我国经济产生"泡沫"的风险。在此形势下，我国政府决定于 1994 年 1 月开征土地增值税，运用税收杠杆强化对房地产业的调节、控制，促进其健康发展。

2. 土地增值税的征收。土地增值税纳税人为转让国有土地使用权、地上建筑物及其他附着物并取得收入的单位和个人，具体包括：各类企业、事业单位、国家机关和社会团体及其他组织和个体经营者。

土地增值税的征税范围为国有土地使用权、地上建筑物及其他附着物。集体土地需先由国家征用，转化为国有土地后才能转让；对以继承、赠与等方式无偿转让的房地产不征土地增值税。

土地增值税的计税依据为土地增值额，即纳税人转让房地产所收取的收入减去法定扣除项目金额后的余额。法定扣除项目包括以下5项：取得土地使用权所支付的金额，如土地使用权出让金、土地征用及拆迁费用等；开发土地的成本、费用；新建房及配套设施的成本、费用或者旧房、建筑物的评估价格；转让房地产有关税金；财政部规定的其他扣除项目。

土地增值税税率采用四级超额累进税率：第一级，增值额未超过扣除项目金额50%的，税率为30%；第二级，增值额超过扣除项目金额50%，未超过100%的，税率为40%；第三级，增值额超过扣除项目金额100%，未超过200%的，税率为50%；第四级，增值额超过扣除项目金额200%的，税率为60%。

土地增值税应纳税额按以下公式计算：土地增值额＝转让房地产的总收入－扣除项目金额；应纳税额＝土地增值额×适用税率。

有下列情形之一的，免征土地增值税：①纳税人建造普通标准住宅出售，增值额未超过扣除项目20%的。这里的普通标准住宅指一般居住住宅。这种情形的免征是考虑到我国居民的居住条件比较差的状况，在税收上鼓励、支持建设普通标准住房的一种措施。②因国家建设需要依法征用、收回的房地产，这种情形是指因为城市规划、国家重点建设项目需要拆迁等被政府征用、收回的房地产。③个人因工作调动或改善居住条件而转让原自用住房，经申报核准，凡居住满5年或5年以上的免征（居住满3年以上、5年以下的减半征收）。

3. 我国土地增值税制度的完善。自1994年以来，中国对房地产土地增值税一直实行事前预征、事后清算、多退少补的征收方式。但是在真正的实施过程中存在相当大的问题，导致多年以来对土地增值税的征收一直名不副实，无法真正发挥作用。根据《中华人民共和国土地增值税暂行条例实施细则》的相关规定，预征适用于纳税人在项目全部竣工结算前转让房地产取得收入但由于涉及成本确定等原因无法据以计算土地增值税的情形，清算应于项目全部竣工时办理结算。因此，在一些地方的实际操作中，长期只按房地产企业的销售收入预征1%～5%不等的土地增值税，基本不再清算。

为了改变土地增值税实际征管中的问题，2007年国家税务总局出台了《关于房地产开发企业土地增值税清算管理有关问题的通知》，明确了土地增值税的征收范围，并在征收办法上以实征式的清算制取代税率过低的预征制，在房地产企业完成销售、核定其实际成本后足额缴纳。新的征收办法为了使土地增值税实征更具操作性，做了更多的细致规定。例如规定三种情形应清算土地增值税：一是房地产开发项目全部竣工、完成销售的；二是整体转让未竣工决算房地产开发项目的；三是直接转让土地使用权的。通知还明确划定了清算时限，对取得销售（预售）许可证满3年却仍未销售完毕的项目，均需征缴。分期开发的项目，以分期项目为单位清算。开发项目中同时包含普通住宅和非普通住宅的，应分别计算增值额。这一系列的规定，旨在解决过往这种税种在征缴过程中的各种操作难题，亦使市场相信房地产企业的利润率将受到前所未有的挑战。

（二）契税

1. 契税的含义。契税是在房地产所有权发生转移时，由承受人缴纳的一种税。其法律依据是1997年7月7日国务院发布的《契税暂行条例》，1997年10月28日财政部发布的《契税暂行条例实施细则》。征收契税的主要目的是保证房地产权转移的合法性，防止产权纠纷，增加财政收入。

2. 契税的征收。契税的纳税人为在中国境内发生土地、房屋买卖、典当、赠与、交换等行为的单位和个人，包括企业、事业单位、国家机关和社会团体及其他组织和个人。

契税的征税对象为转移土地、房屋权属的行为，包括国有土地使用权出让，土地使用权转让（出售、赠与和交换），房屋买卖，房屋赠与，房屋交换。其中，土地使用权转让不包括农村集体土地承包经营权的转移。

国有土地使用权出让、土地使用权出售、房屋买卖，计税依据为成交价格；土地使用权赠与、房屋赠与，由征收机关参照土地使用权出售、房屋买卖的市场价格核定；土地使用权转让、房屋交换，计税依据为所交换的土地使用权、房屋的价格的差额。

契税实行比例税率，税率为3%～5%。契税的适用税率，由省、自治区、直辖市人民政府在3%～5%的幅度内按照本地区的实际情况确定，并报财政部和国家税务总局备案。

契税应纳税额依照税率和计税依据计算征收，具体计算方法为：应纳税额＝计税依据×税率。其中，应纳税额以人民币计算；转移土地、房屋权属以外汇结算的，按照纳税义务发生之日中国人民银行公布的人民币市场汇率中间价折合成人民币计算。

有下列情形之一的，减征或免征契税：国家机关、事业单位、社会团体、军事单位承受土地、房屋用于办公、教学、医疗科研和军事设施的，免征；城镇职工按规定第一次购买公有房的，免征；因不可抗力灭失住房而重新购买住房的，酌情予以减征或免征；财政部规定的其他减征、免征契税的项目。

3. 我国契税制度的完善。契税是对土地使用权出让和房地产产权转让征税，存在重复征税问题。例如，在房地产销售中，既要向房地产开发企业征收营业税，也要向购房者征收契税，同一行为征了两次税，这就抬高了住宅价格，加大了购房者的经济负担。如果认定商品房销售是商品流通行为，则不应向购房者征收契税；如果认定商品房销售是财物转让行为，则不应向房地产开发企业征收营业税。另外，3%~5%的税率较高，税负较重，对房地产价格有一定的影响，并且每一次产权转让都征收契税也会阻碍房地产的正常交易。因此，在日后的房地产税收改革中，应当统筹安排，合并税种，取消契税或降低其税率。

（三）城市维护建设税

城市维护建设税是向缴纳消费税、增值税和营业税的单位和个人以其实际缴纳的上述三种税额为计算依据征收的一种税。从事房地产交易的企业，如果发生缴纳营业税的行为，则应该就营业税额缴纳城建税和教育费附加。城市维护建设税根据纳税人所在地不同，分别规定不同的比例税率。纳税人所在地在市区的，税率为7%；纳税人所在地在县城或镇的，税率为5%；纳税人所在地不在市区、县城或镇的，税率为1%。

四、与房地产所得有关的税种

（一）企业所得税

根据《国企业所得税法》的规定，在中国境内的居民企业，应当就生产、经营所得和其他所得依法缴纳企业所得税，适用统一的比例税率25%。具体到房地产行业而言，必须就其来源于土地或房地产的所得（净收益）缴纳企业所得税。

（二）个人所得税

个人因房产租赁或转让取得的所得，应当缴纳个人所得税。按照《个人所得税法》的规定，对于财产租赁所得，每次收入不超过4000元的，减除800元的费用；4000元以上的，减除20%的费用，其余额为应纳税所得额，适用20%比例税率。对于财产转让所得，以转让房地产的收入额减除房地产的原值和合理费用后的余额作为应纳税所得额，适用20%比例税率。

第三节 房 地 产 费

一、房地产行政性收费

房地产行政性收费是指房地产行政管理机关及其授权机关，履行行政管理职能管理房地产行业所收取的费用。房地产"费"的名目繁多，情况也比较复杂，各地的规定也各不相同，大体而言包括：

1. 市政公用设施建设费。市政公用设施建设费主要有三种：

（1）综合开发市政费，按商品房销售收入的15%计收。

（2）分散建设市政费，其中住宅建设项目按住宅建筑面积每平方米价格的15%计收，并于开工前一次缴清。

（3）分散建设生活服务设施配套建设费。此费按建筑面积每平方米价格的15%的标准收取。

2．四源费。四源费是用来兴建自来水、污水处理、煤气、供热厂四项服务设施的费用。由于能源价格低于其成本，政府部门每年要补贴大量资金来维持其简单再生产，为了缓解城市发展对能源的需求，筹集建设资金，政府向开发企业收取了"四源费"。

3．登记费。登记费分为房屋登记费和房地产权登记费。凡办理房地产买卖、租赁登记的，买卖、租赁双方要分别按件数交登记费。同时，因买卖、赠与、继承、交换等发生房屋产权转移的，由房地产权利的承受人交付登记费。

4．手续费。进行房地产交易时，交易双方办理房地产权属登记，应向房地产管理部门缴纳手续费。办理房地产买卖手续的，双方当事人各按实际成交价的1%交手续费；办理房地产继承、分割、赠与等手续的，房屋的承受人应按房屋评估价格的1%交手续费。

5．证书工本费。在房地产交易中，领取房屋所有权证的，房屋所有人应按件交权证费，领取房屋共有权证的也要按件交权证费。有的地区已经不再收取与房地产有关的证书工本费。

6．其他费用项目。在房地产开发过程中，开发企业除按规定交"市政公用设施建设费"和"四源费"外，还会发生多种较小的费用项目，如城建综合开发项目管理费、立项管理费、征地管理费、规划审核费、工程预算审核费、拆迁管理费、划红线费、建设工程许可执照费、投标管理费、白蚁防治费、土地权属地籍调查测量费、防洪费、消防设施费、绿化建设费等。

二、房地产事业性收费

房地产事业性收费是指房地产行政管理机关及其所属的事业单位为社会或个人提供特定服务所收取的费用，主要包括：

1．拆迁管理收费。拆迁管理费，是房地产管理机关向拆迁人收取的费用。由于没有统一的规范，各地的收费标准、收费方法各有差别，一般按照拆迁补偿安置费总额一定比例收取。有的地区，例如北京市，则取消了拆迁管理费。

2．房地产估价收费。房地产估价收费，是房地产管理部门对房地产进行估价，向产权人或委托人收取的费用。土地价格评估收费属于重要的经营性服务收费，实行政府定价。土地价格评估机构要按照"自愿委托、有偿服务"的原则，与委托方签订书面委托合同，明确双方的权利和义务，并根据委托的服务内容，按照规定收取评估费用。一般按照地价采取差额定率累进计费，即按照土地价格的总额大小划分费率档次，分档计算各档的收费。对房屋估价收费，全国也无统一标准，一般也是按照估价金额的一定比例提取。

■思考题

1. 什么是房地产税？其特征有哪些？
2. 什么是房地产费？其与房地产税、房地产租之间有什么区别？
3. 应当如何评价我国现行的房地产税费制度？应当如何改进？
4. 我国现在共有哪些种类房地产税？
5. 我国现在的房地产费大体包括哪些？

■参考书目

1. 陈少英：《中国税法问题研究》，中国物价出版社 2000 年版。
2. 高富平、黄武双：《房地产法新论》第 2 版，中国法制出版社 2002 年版。
3. 樊丽明、李文："房地产税收制度改革研究"，载《税务研究》2004 年第 9 期。
4. 徐健："关于完善我国房地产税制的思考"，载《山东财政学院学报》2004 年第 2 期。
5. 符启林：《房地产法》，法律出版社 2007 年版。
6. 吴春岐主编：《房地产法学》，中国民主法制出版社 2005 年版。
7. 黄河：《房地产法》，中国政法大学出版社 2005 年版。

第十五章　住宅保障法律制度

■学习目的和要求

　　本章主要讲述我国住宅保障法律制度。对本章的学习，应掌握廉租住房的保障对象和保障方式、经济适用住房的保障对象和经济适用住房的建设。理解住宅保障法及其功能，理解我国住宅保障法律完善的有关内容。了解住宅问题与住宅保障，了解住宅合作社制度的有关内容。

第一节　住宅保障法律制度概述

一、住宅问题与住宅保障

　　住宅问题是社会化大生产不断发展的产物。欧洲在 18 世纪 60 年代开始工业革命，首先是英国，随之法、德等国家也陆续实施其工业化进程。工业化使社会生产形式发生了巨大变化，逐渐实现了社会化大生产，伴随而来的就是城市化和发达的商品市场经济。[1] 这些变化破坏了传统农业社会的自然经济和家庭生产方式，因而从根本上动摇了传统家庭保障体系，包括家庭住宅保障社会经济基础，从而形成特定人群的住宅缺乏问题。随着社会经济的发展，特定人群的住宅缺乏问题已不再完全是私人性质的风险，它还关系到社会的各个方面，形成一种社会风险，影响到社会的和谐。美国在 20 世纪 60 年代因住宅问题而引发的社会动荡即是明证。

　　当前，住宅问题是个世界性的普遍问题。尽管由于不同国家具体情况和政策的差异，使住宅问题表现不同，有的解决得好些，有的解决得差些，但无论是发达国家还是发展中国家，无论是社会主义国家还是资本主义国家，至今没有一个国家公开声明，他们的住宅问题已得到圆满解决。相反的是，"闹房荒"、"非法占房"和为争取住宅权利的游行示威，在世界上一些颇负盛名的城市时有发生。

---

[1]　章亮明：《社会保障法》，中国政法大学出版社 2007 年版，第 3 页。

20 世纪 80 年代初，西德汉堡、法兰克福、纽伦堡等 20 多个城市相继发生抢房事件和游行。曾有报道：在日本，官方公开发表的数字表明，大约有1/5 的日本人生活在连最低要求也没有达到的住宅里。据国际劳工组织调查，目前世界上1/4 的人口无家可归或居住条件差。"大约有 1 亿人根本没有栖身之地——他们露宿街头、桥下、空地、小巷和门廊。""第三世界的居住条件尤为恶劣，拉丁美洲有 2000 万儿童露宿在街头。"[1]

我国的住宅问题也较为复杂。住宅商品化、私有化后，人们不能再依赖国家、单位分配住宅来解决住宅问题。对于在社会上具有一定收入的个人、家庭来说，可以通过市场购买解决其住宅问题，住宅的商品化也使人们从单位的住宅束缚中获得了解放，人才的流动、职业的自主选择成为可能。然而，并不是所有的人都能通过这种市场购买住宅的方式解决其住宅问题。大量的低收入阶层，尤其是社会弱势群体，如老人、妇女、残疾人、失业者，他们缺乏在市场中获取住宅的能力与资力，因为缺房少房，仍然无法实现住有所居。建设部、民政部的一项调查显示：全国城镇低保家庭中约有 400 万户住宅困难。目前，廉租住房保障对象主要是这 400 万户低保家庭，截至去年（2006 年）底解决了 26.8 万户，仅占6.7%。另据建设部测算，目前全国仍有人均建筑面积 10 平方米以下的低收入住宅困难家庭近 1000 万户，占城镇家庭总户数的 5.5%。[2] 解决这些人的住有所居问题，只有依靠政府、社会、企业的救济措施。虽然我们已经着力解决这一问题，但是，我国政府在此方面应进一步采取有力的措施，真正实现"住有所居"的美好理想。

我国政府历来十分关心人民的住宅问题。建国以来，从 1950 年到 1985 年，国家（包括全民所有制企事业单位）用于城镇住宅建设投资达 1700 亿元，建成了约 16 亿平方米住宅，使近 80 万人搬入了新居。特别是党的十一届三中全会以后，全国城镇的住宅建设达到了前所未有的速度和规模。据统计，从 1980 年到1990 年，我国城镇住宅投资 2600 亿元，是前 31 年住宅投资的 4.6 倍，住宅竣工面积超过 13 亿平方米，是建国后住宅竣工面积的 1.8 倍。[3] 1995 年的住宅投资比 1978～1990 年 13 年累计投资 3222.85 亿元多 55.34 亿元。"九五"期间城镇住宅竣工面积 23.8 亿平方米，平均每年建设住宅 4.8 亿平方米。近年来，住宅投资的规模每年都有大幅度增长。由于大量兴建住宅，全国城镇到处新房成片，高楼林立，整个城市面貌发生了深刻变化。但是，由于人口增长、过去欠账太多

〔1〕　宋春华主编：《房地产大辞典》，红旗出版社 1993 年版，第 25～26 页。
〔2〕　王炜："政策解读：廉租住房增量扩容时间表排定"，载人民网，访问日期 2007 年 8 月 23 日。
〔3〕　宋春华主编：《房地产大辞典》，红旗出版社 1993 年版，第 26 页。

等原因，目前我国住宅问题仍非常严重。所以，面对我国复杂的住宅问题，必须充分调动政府、单位、个人等各方面的力量，通过多种方式建立多层次的住宅保障制度体系，加快住宅法律建设，以法律的手段保障人们住宅权利的实现。

同时，我们应该清楚地认识到：仅仅依靠市场不能解决所有人的住宅问题，我们还必须努力构建政府支持和参与的住宅保障法律制度，由政府来填补市场保障的空缺，特别是保障那些中、低收入的弱势群体。

二、住宅保障法及其功能

住宅保障法是为了保障人们的住宅权利、满足住宅需求、保持国家经济的发展和社会的稳定而制定的法律规范的总称。住宅保障制度的建立、发展和完善需要多种手段，如行政手段、经济手段、教育手段以及法律手段等。其中法律手段无疑处于最重要的地位，住宅保障法就是最佳的形式。

住宅保障法的功能是多方面的，它涉及国际、社会、经济、政治、家庭、人权等各个领域，但可以归纳为以下几种主要功能：保障和实现住宅权，维护社会和谐，促进经济发展，实现公平分配和政治稳定。

1. 保障和实现住宅权。住宅权是基本人权，住宅保障法的首要功能就是保障和实现住宅权。住宅保障法通过保障性住宅制度、商品住宅制度等实现对人们住宅权利的保障。

2. 维护社会和谐。住宅法律制度从其产生发展至今，无论是在欧美、日本等发达国家，还是在广大发展中国家，对维护社会的稳定和有序运转都发挥着积极作用。住宅法律制度，特别是住宅社会保障制度具有预防性，即不是在因住宅问题引发社会动乱和冲突时才发挥作用，而是预先消除和减轻住宅问题给人们带来的情绪上的不满足感、甚至反社会心理，从而使社会秩序免遭威胁和破坏。因此，我们认为住宅法律制度是现代社会的一种"社会稳定器"。应该说在较早制定和推行住宅法律制度的西方国家，住宅法律制度对维护社会秩序、达成社会和谐、防止社会混乱确实起到了不可忽视的作用。[1]

3. 促进经济发展。住宅保障法通过发展住宅产业[2]促进经济的发展。住宅产业作为房地产业的重要组成部分，在一国经济发展中不可或缺，是促进经济发展的重要力量。住宅保障法规定的住宅权的保障方式有多种，其中通过住宅产业的发展扩大住宅的市场供应，可以极大地缓解住宅短缺的局面。同时，住宅产业

---

〔1〕 不可否认的是，即使是在许多发达国家，住宅法律制度也是在住宅问题引起社会动乱和冲突之后，通过吸取教训而逐渐发展起来的。之后，住宅法律制度起到预防发生新的社会动乱和冲突的作用。

〔2〕 住宅产业可以从广义和狭义两个角度来理解，广义的住宅产业是指所有住宅建设活动；狭义的住宅产业仅指市场化的住宅建设活动。在本书中，住宅产业是在狭义上使用的。

还会极大地带动相关产业的发展。我们也应该看到，如果住宅法律制度设计不合理则会阻碍经济的发展。我国曾经实行的福利性住宅分配制度，过分强调了住宅社会保障方式而没有市场保障的功能，从而造成了效率低下等一系列问题。所以，应该根据我国的具体国情，制定适当的住宅法律制度。

4. 实现分配公平。社会保障是市场机制的必要补充，住宅权作为一项基本权，在社会主义市场经济体制确立和住宅商品化过程中，对低收入家庭的住宅保障不能缺位，需要政府为低收入者承担住宅保障的职能和责任，通过政府调控来弥补市场这只"看不见的手"的缺陷，实现职工住宅由单位保障向社会保障的转化。目前我国城镇居民之间的收入差距明显并不断扩大，最高收入家庭与最低收入家庭收入之比不断扩大。政府必须高度重视在城镇集中出现的低收入群体和近年来日益突出的城镇贫困问题。为减少因收入差距而形成的住宅拥有上的不平等，保障低收入者的住宅权利，需要政府在社会保障体系中建立住宅社会保障制度。比如面对"三无"人员、病残人员和下岗人员中的特困职工等中低收入群体，保障他们的最低生活需求，其内容不仅应涵盖营养标准，还应当包括居住条件。

5. 实现政治稳定。现代工业化的过程，也是城市化的过程。城市作为经济效益的集聚地，工业和人口在城市高度集中，产生了对城市土地和住宅供给的巨大需求，形成了住宅供应的绝对短缺，导致住宅价格上涨，而住宅价格极大高于中低收入家庭的支付能力又产生了住宅有效需求不足的问题。这两大问题导致了大批贫民生活在拥挤不堪的贫民窟中，并由此产生了疾病、犯罪、社会规范和社会道德约束力下降等一系列问题，危害了整个社会的经济发展和政治安定。国外政府在解决这些由住宅问题引起的社会问题的过程中，逐步形成了包括住宅社会保障制度在内的住宅保障制度体系。

三、我国住宅保障法律的完善

（一）住宅制度改革取得的成绩

我国 20 多年的住宅改革成就斐然，主要表现在：基本建立起了市场化、多元化的住宅供应体系，取代了以前单一的、以国家和单位供应为主的共有住宅供给制度，住宅供应充足，中国基本告别了住宅短缺时代。2005 年底，全国城镇房屋建筑面积 164.51 亿平方米，其中住宅建筑面积 107.69 亿平方米，占房屋建筑面积的比重为 65.46%；城镇居民人均住宅建筑面积 26.11 平方米，其中东部地区 28 平方米，中部地区 23.9 平方米，西部地区 25.24 平方米；城镇户均住宅建筑面积 83.2 平方米，户均成套住宅套数 0.85 套；全国城镇私有住宅建筑面积

87.9 亿平方米，住宅私有率为 81.62%。[1] 建立起了市场化、货币化的住宅分配制度，取代了以前福利性、租赁性的住宅实物分配制度，提高了住宅分配的效率，公民的居住条件有了显著的改善；建立起了多元化的住宅投资体制，改变了国家垄断住宅投资、住宅投资不足的住宅金融体制；建立起了住宅私有化为主的多元的住宅产权体制，代替了公有制为主的住宅租赁制度。大部分家庭拥有独立住宅。[2] 城镇居民住宅成套率达到 72.7%，58.7% 的城镇居民住宅结构为二居室或者三居室。拥有暖气设备的家庭占 31.5%，拥有厕所浴室设备的家庭占 40.2%，拥有管道煤气、天然气的家庭占 30.3%。32.3% 的家庭住宅已经装修。[3] 建立起了专业化、市场化的物业管理制度，逐步取代了以前单位化、行政化、福利化的公房管理制度。

从政策过程角度来看，中国住宅改革之所以取得这些巨大的成就，成功的经验主要在于：①坚持了渐进的改革思路，在不断的政策试验和摸索中，总结经验，调整和完善改革的政策和策略，推动改革的发展；②权力下放，积极鼓励地方政府因地制宜，进行政策创新，并将成熟的经验上升为全国政策，推广实施；③逐渐调整中央、地方、单位及个人的权利、责任，尊重各方利益博弈的结果；④注重吸收和借鉴其他国家、地区的经验。

（二）我国住宅保障法律存在的问题

尽管我国的住宅制度改革取得了巨大的成就，但是当前住宅面临的问题仍然严重，表现为房价太高，大多数居民无力负担住宅；住宅不平等现象突出；住宅市场投资过热，增长过快，投资结构不合理以及城市贫困人口住宅问题严峻等。这些问题的出现，很大程度上是由于我国住宅立法的不健全和不合理造成的，主要表现在以下几个方面：

1. 我国有关住宅的立法很不完善。例如，目前关于公共住宅的法律法规均散见于各种政策法规文件中，极大地影响了公共住宅政策作用的发挥。另一方面，我国的住宅立法位阶较低，行政管理色彩较浓，不利于完善的住宅制度的建立。严格来讲，到目前为止，真正通过我国立法机关的立法程序制定的与住宅有关的法律，只有《城市房地产管理法》和《物业管理条例》两部，其他的法规主要是以国务院及其相关部委发布的条例、办法、通知等形式表现出来，行政管

---

〔1〕 参见新浪天津房产网：http：//tj. house. sina. com. cn/n/2006 – 07 – 04/083431591. html，访问日期 2008 年 1 月 10 日。

〔2〕 建设部政策研究中心："2000 年第五次人口普查——住房状况分析报告"，载《长江建设》2003 年第 1 期。

〔3〕 李学芬："房改取得实质性进展政策有待进一步完善——城镇居民住房调查报告"，载《经济界》2000 年第 5 期。

理色彩较浓。

2. 政策目标不统一，更改频繁，甚至出现反复的情况。以住宅供应体系为例，2003 年的《国务院关于促进房地产市场持续健康发展的通知》将国发〔1998〕23 号文提出的"建立和完善以经济适用住房为主的多层次城镇住房供应体系"改变为让"多数家庭购买或承租普通商品住房"，要"增加普通商品住房供应。……采取有效措施加快普通商品住房发展，提高其在市场供应中的比例。……努力使住房价格与大多数居民家庭的住房支付能力相适应。"这一文件的出台确立了以商品住房为主的住房供应体系，将大多数家庭的住房推向了市场，标志着我国的住宅政策实现了从以经济适用住房为主的住房供应体系向开发商垄断的商品住房供应体系转变。这种单一的住房市场化思维，超越了我国经济发展的客观阶段，也成为各级政府开脱住房保障责任的隐讳借口，在实际生活中的负面影响已经表现了出来。[1]

3. 政策导向出现偏差，没有区分住宅政策和房地产政策，过分强调了房地产对推动国民经济的作用，忽视了政府保障公民基本住宅条件的责任，住宅保障制度严重滞后。政府只关注了经济意义上的房地产政策，而没有注意社会意义上的住宅政策。《国务院关于促进房地产市场持续健康发展的通知》明确提出房地产是国民经济的支柱产业，这是符合市场经济的一般发展规律的。但是，在这种情况下，政府忽视了普通民众最基本的住宅需求，住宅保障职责不到位，廉租住房、经济适用房建设滞后。一些地方不重视廉租住房和经济适用住房的建设和管理，相关优惠措施不落实，或被扭曲地施行于不应施行的对象；面向最低收入家庭的廉租住房制度建设额资金来源不稳定、覆盖面积小、保障方式不完善，不能满足最低收入家庭的住宅保障需要……[2]

（三）我国住宅保障制度的完善

我们应确立建立较高水平住宅保障制度体系的目标。我国住宅法律体系的完善过程实质上是逐步建立较高水平的住宅保障法律制度体系的过程，即：遵循一定的法律原则，在充分借鉴国际经验的基础上，不断完善我国住宅保障制度体系，使更多社会成员的住宅权得到更高水平的保障。

制定一部完备的《住宅法》是构建我国较高水平住宅法律体系的关键和核心。制定《住宅法》有利于我国法律体系的完善，有利于同国际法律体系接轨。许多国家已经制定了完善的住宅法律，形成了较完备的住宅法律体系。例如日本

---

〔1〕　贾康、刘军民：《中国住房制度改革问题研究——经济社会转轨中"居者有其屋"的求解》，经济科学出版社 2007 年版，第 100 页。

〔2〕　刘军民："对中国住房制度若干政策的反思"，载《中国经济时报》2006 年 7 月 17 日，第 4 版。

1951年颁布了《公营住宅法》，韩国也于今年上半年通过了《住宅法》修正案。[1]普通法系的代表美国也早于1949年就通过了《全国可承受住宅法》、《住宅法》、《住宅与社区发展法》等法律。[2]另外，《世界人权宣言》第13条规定："人人在各国境内有权自由迁徙和居住"，这一规定也体现在《经济、社会、文化权利国际公约》之中。因此，我国应当加紧制定《住宅法》，这既是对人们住宅权保障的需要，也是我国同国际社会接轨的紧迫要求。

我们认为，我国已经具备制定一部较完备的《住宅法》的条件，这些条件包括：①社会主义市场经济理论的提出和实践，特别是科学发展观和建设和谐社会的理论，以及"十七大"提出的"住有所居"的住宅保障思想等，这些创新性理论的提出为我国《住宅法》的制定提供了理论指导。②自上世纪70年代末期实行改革开放政策以来，我国的经济取得了长期快速的发展，经济实力有了较大的提高。经济的发展，为我们解决住宅问题提供了充足的物质基础，使得我们有经济能力通过制定一部体现较高保障水平的《住宅法》来保障人们的住宅权利。③20多年来，我国对住宅制度进行了大量的卓有成效的探索，积累了丰富的经验，先后实施了安居工程、廉租住房制度、经济适用住房制度等多种住宅保障制度，初步建立起了以商品住宅为主体的多层次的住宅保障体系。住宅保障实践的发展为我国《住宅法》的制定提供了丰富的实践素材和事实依据，其成功或不足之处必将在将要制定的《住宅法》中得到总结和修正。④很多国家已经制定了较为完善的住宅法律，特别是美国、英国、日本、新加坡、韩国、香港等国家和地区，他们都建立了适合其政治经济背景的住宅法律制度体系。国外的住宅立法为我们提供了丰富的立法经验，我国首部《住宅法》的制定必将是国外住宅立法经验和教训的总结，它使得我国将要制定的《住宅法》有条件成为世界上较为先进的一部住宅法。

我国将来制定的《住宅法》应在以下几个方面作出规定：①住宅法的立法目的应确定为保障全体社会成员的住宅权利，促进经济的发展，实现社会的和谐。此外，《住宅法》还应就国家的住宅保障责任作出规定。②在价值取向上，要考虑我国国情，重点考虑对中低收入群体和其他特殊群体的住宅权利的保障，满足住有所居的需求，在制度设计上可以其社会保障性质为重心，其他制度围绕着住宅社会保障而展开。对住宅改善问题应立足循序渐进、可持续发展的原则，

---

〔1〕 参见人民网：http：//house. people. com. cn/GB/98384/99153/6285187. html，访问日期2007年10月20日。

〔2〕 参见人民网：http：//house. people. com. cn/GB/98384/99153/6285187. html，访问日期2007年10月20日。

量力而行，逐步完善。③在立法步骤方面，《住宅法》是我国住宅法律体系的基本法，对其他住宅法律具有指导作用。因此，它主要对住宅法律的一些原则问题作出规定，在《住宅法》出台之后，再陆续出台相关操作性较强的法律法规。④在立法内容上，《住宅法》应包括住宅权和国家住宅保障义务、住宅保障机构的设置、住宅保障的法律制度体系以及住宅法律责任等问题。

第二节　廉租住房制度

一、廉租住房的概念及其特征

廉租住房，是指政府和单位履行住宅社会保障职能，向城镇常住人口的最低收入家庭提供的租金相对低廉的保障性住宅。

廉租住房制度是针对住宅困难的最低收入家庭实施的一种社会救助，是我国住宅保障体系的重要组成部分，是各级政府社会职责的重要内容，也是建立城镇住宅新体制的关键环节。

廉租住房制度的法律特征为：

1. 社会保障性。廉租住房制度是住宅保障的核心内容之一，是政府行使社会保障职能的具体体现，具有社会救助特性。社会救助的含义在于，当社会成员由于各种原因陷入生活困境或无法享有其权益时，由政府和社会按照法定的程序和标准向其提供现金、物资或其他方面的援助与支持。社会救助制度是现代社会保障制度的重要内容，在一些国家和地区甚至是社会保障制度的主体内容，社会救助对于促进社会和谐有着十分重要的意义。廉租住房制度承担了政府社会救助的职能。城镇最低收入家庭按其家庭收入无力购买商品房和经济适用住房，只能依靠政府提供具有住宅保障性质的廉租住房才可能解决其住宅问题。廉租住房制度应是一项以政府负责、财政资金投放为主，由社会共同实施的救助性制度。

2. 公益性。廉租住房不但可以直接使城镇最低收入家庭获得生存空间，有家可归，而且还将产生一系列的社会效益和经济效益。如提高城镇居民整体居住水平、提升城市形象等，具有较强的公益性。

3. 补贴性。廉租住房的对象是城镇最低收入家庭，这部分家庭正是因为无力负担市场房价而无房住或住宅困难的家庭，所以廉租住房的租金必须低于市场价和成本价，需要政府拿出大量资金进行补贴救助。

4. "中央领导、地方实施"的特点。中国的廉租住房制度尚处于起步阶段，主要由国家进行宏观上的指导和制定规范框架，而将制定具体办法的任务和权力交给地方政府，从而使得廉租住房制度可以因地制宜地发展，并使各地能够相互借鉴经验。[1]

此外，廉租住房保障制度应坚持以保障最低收入家庭基本住宅需要为原则，根据财政承受能力和居民住宅状况合理确定，符合规定条件的最低收入家庭才可以申请廉租住房。

二、廉租住房保障对象

享受廉租住房保障的对象，需要具备两个基本条件：①收入困难，必须是本地城镇最低收入家庭，以领取民政部门的困难补助为衡量标准；②住宅困难，各个城市对住宅困难的认定差异较大，有些城市确定的标准为8平方米以下，还有些城市确定为4平方米以下。符合这些条件，才能申请廉租住房。

具体来说，在当前条件下，我国对廉租住房的保障对象应规定以下条件：

1. 以家庭为单位申请，申请人必须具有廉租住房所在地城镇户籍，且满足一定居住年限。我们认为这个居住年限可以设定为5年。

2. 人均住宅面积、家庭收入、家庭资产符合当地规定的标准。人均住宅面积、家庭收入、家庭资产标准由当地住宅保障管理部门会同有关部门根据当地居民居住水平、收入、房价等因素确定并适时调整。

但是，在如何认定家庭成员、家庭住宅、家庭收入、家庭资产等问题上，实践中出现了一些问题，这导致一些地方的廉租住房保障对象的认定界限模糊，甚至一些收入较高的家庭也享受到了廉租住房，使得廉租住房的保障作用没有得到很好的发挥。基于此，我们认为，对上述问题应在法律中作出明确的、具体的规定：①对家庭成员的认定，申请家庭成员之间应具有法定的赡养、扶养或者抚养关系，包括申请人及其配偶、子女、父母等。其他人不能列为家庭成员。②对家庭住宅的认定，家庭住宅是指全部家庭成员名下承租的公有住宅和拥有的私有住宅。申请家庭现有两处或两处以上住宅的，住宅面积应合并计算。现有家庭住宅超出限定面积的，不能享受廉租住房保障。③对家庭收入的认定，家庭收入是指家庭成员的全部收入总和，包括工资、奖金、津贴、补贴、各类保险金及其他劳动收入，储蓄存款利息等。当前，对家庭收入全面、准确认定的条件尚不成熟，这有赖于社会信用体系、个人自觉性等方面的改进和提高。④对家庭资产的认定，家庭资产是指全部家庭成员名下的房产、汽车、有价证券、投资（含股份）、存款（含现金和借出款）等。

对廉租保障对象的家庭收入标准、住宅困难标准和区别家庭人口状况的保障面积标准实行动态管理，由城市人民政府每年向社会公布一次。

---

[1] 文林峰：《城镇住宅保障》，中国发展出版社2007年版，第36~38页。

三、廉租住房保障方式和来源

（一）保障方式

廉租住房制度规定的向低收入家庭提供廉租住房保障的方式有三种，分别是：货币补贴、实物配租和租金减免。实践中，通常是三种方式相结合适用。

1. 实物配租。实物配租是指县级以上地方人民政府向申请廉租住房保障的城市低收入住宅困难家庭提供住宅，并按照规定标准收取租金。

实物配租的廉租住房租金实行政府定价，具体租金标准由各地根据实际情况自行确定。

采取实物配租方式的，配租面积为城市低收入住宅困难家庭现住宅面积与保障面积标准的差额。

实物配租的住宅租金标准实行政府定价。实物配租住宅的租金标准原则上由房屋的维修费和管理费两项因素构成，并与城镇最低收入家庭的经济承受能力相适应，应按照配租面积和市、县人民政府规定的租金标准确定。有条件的地区，对城市居民最低生活保障家庭可以免收实物配租住宅中住宅保障面积标准内的租金。

2. 货币补贴。货币补贴是指县级以上地方人民政府向申请廉租住房保障的城市低收入住宅困难家庭发放租赁住宅补贴，由其自行承租住宅。

采取货币补贴方式的，补贴额度按照城市低收入住宅困难家庭现住宅面积与保障面积标准的差额和每平方米租赁住宅补贴标准确定。

每平方米租赁住宅补贴标准由市、县人民政府根据当地经济发展水平、市场平均租金、城市低收入住宅困难家庭的经济承受能力等因素确定，一般按照市场平均租金与廉租住房租金标准的差额计算。其中对城市居民最低生活保障家庭，可以按照当地市场平均租金确定租赁住宅补贴标准；对其他城市低收入住宅困难家庭，可以根据收入情况等分类确定租赁住宅补贴标准。

3. 租金减免。享受租金减免的主要是一直居住在公有住宅中的低收入家庭。

在三种保障方式中，应该以何为主呢？我们认为实施廉租住房保障，主要通过发放租赁补贴，增强城市低收入住宅困难家庭承租住宅的能力。廉租住房紧缺的城市，应当通过新建和收购等方式，增加廉租住房实物配租的房源。

关于廉租住房保障面积标准，应当由市、县人民政府根据当地家庭平均住宅水平、财政承受能力以及城市低收入住宅困难家庭的人口数量、结构等因素，以户为单位确定。但是，因为廉租住房是为基本住宅需求而提供的保障性住宅，所以廉租住房的建设标准按照小户型、满足基本住宅需求、节能省地的原则建设或收购。新建廉租住房套型建筑面积控制在 50 平方米以内。当然，我们应进一步区别享受保障的家庭的人口状况，即依家庭人口数量和辈数不同予以区别对待，并不是所有的廉租住房都可以建成 50 平方米左右的户型。单一辈分的家庭，应该享受 40 平方米以下的一室户型；两辈以上的家庭，可以享受 50 平方米以内的二室户型。

（二）来源

1. 政府出资新建。新建廉租住房主要采取在"两限"商品房、经济适用住房中按照一定比例配建，不足的可集中建设。

新建的廉租实物住宅用地实行划拨方式供应，免收各项行政事业性收费；住宅保障管理部门按规定价格回购配建的廉租住房，按规定的租金标准向廉租家庭出租的，按有关规定实行税收优惠。

2. 政府出资收购。政府出资收购主要是由政府出资收购市场上的商品住房、上市的公房和其他住房，以此补充廉租住房的不足。

3. 社会捐赠。社会捐赠是接受社会各界向社会捐赠的住房，并作为廉租住房由政府向社会供应，满足廉租住房户的需求。现在，随着社会财富的增长和人们公益意识的提高，社会捐赠的规模越来越大。

4. 其他来源。

另外，对部分房源不足的县（区），上级政府住宅保障管理部门可以适当调剂房源。

（三）廉租住房建设中的相关保障制度

1. 资金保障。廉租住房保障资金采取多种渠道筹措，由市、县（区）政府按一定比例共同承担。其具体来源包括以下方式：

（1）年度财政预算安排的廉租住房保障资金。对中西部财政困难地区，按照中央预算内投资补助和中央财政廉租住房保障专项补助资金的有关规定给予支持。

（2）提取贷款风险准备金和管理费用后的住宅公积金增值收益余额。提取贷款风险准备金和管理费用后的住宅公积金增值收益余额，应当全部用于廉租住房建设。

（3）土地出让净收益中安排的廉租住房保障资金。土地出让净收益用于廉租住房保障资金的比例，不得低于 10%。

（4）政府的廉租住房租金收入。廉租实物住宅的收入和支出应当按照国家财政预算支出和财务制度的有关规定，按照收支两条线原则管理，租金收入上缴同级财政部门，管理所需经费由各级住宅保障管理部门编制预算报同级财政部门审核后纳入部门预算，专项用于廉租住房的维护和管理。

（5）社会捐赠及其他方式筹集的资金。

2. 宅基地保障。

（1）宅基地供应。廉租住房建设用地应当在土地供应计划中优先安排，并在申报年度用地指标时单独列出，采取划拨方式，保证供应。

（2）用地规划。廉租住房建设用地的规划布局应当考虑城市低收入住宅困难家庭居住和就业的便利。

3. 廉租住房规划设计要求。

（1）廉租住房建设应当坚持经济、适用原则，提高规划设计水平，满足基本使用功能，应当按照发展节能、省地、环保型住宅的要求，推广新材料、新技术、新工艺。廉租住房应当符合国家质量安全标准。

（2）新建廉租住房应当采取配套建设与相对集中建设相结合的方式，主要在经济适用住房、普通商品住宅项目中配套建设。配套建设廉租住房的经济适用住房或者普通商品住宅项目，应当在用地规划、国有土地划拨决定书或者国有土地使用权出让合同中，明确配套建设的廉租住房总建筑面积、套数、布局、套型以及建成后的移交或回购等事项。

（3）新建廉租住房应当将单套的建筑面积控制在 50 平方米以内，并根据城市低收入住宅困难家庭的居住需要，合理确定套型结构。

4. 财政税收优惠。

（1）廉租住房建设免征行政事业性收费和政府性基金。

（2）政府或经政府认定的单位新建、购买、改建住宅作为廉租住房，社会捐赠廉租住房房源、资金，按照国家规定的有关税收政策执行。

四、廉租住房审核分配

（一）申请廉租住房应提交的材料

1. 家庭收入情况的证明材料；

2. 家庭住宅状况的证明材料；

3. 家庭成员身份证和户口簿；

4. 市、县人民政府规定的其他证明材料。

（二）审核分配的程序

我国对申请租房补贴和实物配租的家庭实行申请、审核、评议、公示制度。对申请租房补贴和承租廉租住房的家庭实行轮候配租制度。

1. 申请。申请廉租住房保障并且符合条件的家庭，应当由户主向户口所在地街道办事处或者镇人民政府提出书面申请。

2. 审核与公示。

（1）初审。街道办事处或乡（镇）人民政府就申请人的家庭收入、家庭住宅状况是否符合规定条件，通过审核材料、入户调查、组织评议、公示等方式，对申请家庭的住宅、收入、资产等情况进行初审，提出初审意见，并将符合条件的家庭报市（区）、县住宅保障管理部门。人户分离家庭在户口所在地和实际居住地同时进行公示。

（2）复审。区（县）住宅保障管理部门对申请家庭进行复审，符合条件的，将申请家庭的情况进行公示，无异议的，将符合条件的申请人的申请材料转同级民政部门。民政部门就申请人的家庭收入是否符合规定条件提出审核意见，并反馈给同级住宅保障主管部门。

（3）公示与登记。经审核，家庭收入、家庭住宅状况符合规定条件的，由住宅保障主管部门予以公示，对经公示无异议或者异议不成立的，作为廉租住房保障对象予以登记，书面通知申请人，并向社会公开登记结果。住宅保障管理部门对登记的申请家庭建立住宅需求档案，市区共享。

经审核，不符合规定条件的，住宅保障主管部门应当书面通知申请人，说明理由。申请人对审核结果有异议的，可以向住宅保障主管部门申诉。

3. 签订补贴协议或租赁合同。对轮候到位的城市低收入住宅困难家庭，住宅保障主管部门或者具体实施机构应当按照已确定的保障方式，与其签订租赁住宅补贴协议或者廉租住房租赁合同，予以发放租赁住宅补贴或者配租廉租住房。

因保障方式的不同，签订廉租住房租赁合同的双方主体有一定区别。领取租房补贴的家庭应与住宅保障主管部门或者具体实施机构签订补贴协议，与产权人或产权单位签订租赁合同；承租廉租实物住宅的家庭应与房屋产权单位签订租赁合同，按期交纳租金。

租赁住宅补贴协议应当明确租赁住宅补贴额度、停止发放租赁住宅补贴的情形等内容。

廉租住房租赁合同应当明确下列内容：

（1）房屋的位置、朝向、面积、结构、附属设施和设备状况；

（2）租金及其支付方式；

（3）房屋用途和使用要求；

（4）租赁期限；

（5）房屋维修责任；

（6）停止实物配租的情形，包括承租人已不符合规定条件的，将所承租的廉租住房转借、转租或者改变用途，无正当理由连续6个月以上未在所承租的廉租住房居住或者未交纳廉租住房租金等；

（7）违约责任及争议解决办法，包括退回廉租住房、调整租金、依照有关法律法规规定处理等；

（8）其他约定。

（三）审核中应注意的问题

按照我国住宅法"一户一宅"原则的要求，在廉租住房审核中应注意以下问题：

1. 家庭成员已享受廉租住房政策或参与廉租住房申请的，不得重复申请。

2. 符合申请条件的家庭只能选择一种廉租住房保障方式，其中符合实物配租的廉租家庭也可选择租房补贴。

3. 有原住宅的家庭在享受廉租住房保障时，可从原住宅退出或由住宅保障管理部门回购；申请家庭因特殊困难不能退出原住宅的，由住宅保障管理部门按差额面积发放租房补贴或配租实物住宅。

4. 住宅保障主管部门应当综合考虑登记的城市低收入住宅困难家庭的收入水平、住宅困难程度和申请顺序以及个人申请的保障方式等，确定相应的保障方式及轮候顺序，并向社会公开。

5. 对已经登记为廉租住房保障对象的城市居民最低生活保障家庭，凡申请租赁住宅货币补贴的，要优先安排发放补贴，基本做到应保尽保。

6. 实物配租应当优先面向已经登记为廉租住房保障对象的孤、老、病、残等特殊困难家庭，城市居民最低生活保障家庭以及其他急需救助的家庭。

7. 住宅保障主管部门应当根据城市低收入住宅困难家庭人口、收入、住宅等变化情况，调整租赁住宅补贴额度或实物配租面积、租金等；对不再符合规定条件的，应当停止发放租赁住宅补贴，或者由承租人按照合同约定退回廉租住房。

五、廉租住房监督管理

（一）监督管理机构及其职责

国务院建设主管部门指导和监督全国廉租住房保障工作。县级以上地方人民政府住宅保障主管部门负责本行政区域内廉租住房保障管理工作。廉租住房保障的具体工作可以由市、县人民政府确定的实施机构承担。各街道办事处、乡（镇）人民政府应明确廉租住房管理职能，负责本辖区居民廉租住房的申请、受理、审核、租房补贴的发放等工作。

县级以上人民政府发展改革（价格）、监察、民政、财政、国土资源、金融管理、税务、统计等部门按照职责分工，负责廉租住房保障的相关工作。

（二）监督管理内容

1. 保障部门的公布义务。国务院建设主管部门、省级住宅保障主管部门应当会同有关部门，加强对廉租住房保障工作的监督检查，并公布监督检查结果。

市、县人民政府应当定期向社会公布城市低收入住宅困难家庭廉租住房保障情况。

2. 住宅变动情况监督。市（区）、县人民政府住宅保障主管部门应当按户建立廉租住房档案，并采取定期走访、抽查等方式，及时掌握城市低收入住宅困难家庭的人口、收入及住宅变动等有关情况。

3. 被保障人的申报情况。已领取租赁住宅补贴或者配租廉租住房的城市低收入住宅困难家庭，应当按年度向所在地街道办事处或者镇人民政府如实申报家庭人口、收入及住宅等变动情况。

街道办事处或者镇人民政府可以对申报情况进行核实、张榜公布，并将申报情况及核实结果报住宅保障主管部门。

4. 廉租住房的使用。建设、收购的廉租住房产权登记在县（区）政府委托的单位名下，按照属地原则进行管理。廉租住房只能用于申请家庭及其成员自住，城市低收入住宅困难家庭不得将所承租的廉租住房转借、转租或者改变用途。城市低收入住宅困难家庭违反前款规定或者有下列行为之一的，应当按照合同约定退回廉租住房：①无正当理由连续 6 个月以上未在所承租的廉租住房居住的；②无正当理由累计 6 个月以上未交纳廉租住房租金的。

5. 廉租住房的退回。城市低收入住宅困难家庭未按照合同约定退回廉租住房的，建设（住宅保障）主管部门应当责令其限期退回；逾期未退回的，可以按照合同约定，采取调整租金等方式处理。

6. 社会监督。任何单位和个人有权对违反本办法规定的行为进行检举和控告。

第三节　经济适用住房制度

一、经济适用住房的概念及其特征

经济适用住房，是指政府提供政策优惠，限定套型面积和销售价格，按照合理标准建设，面向城市中、低收入住宅困难家庭供应，具有保障性质的政策性住宅，即保障性住宅。所以，经济适用住房制度是解决城市中、低收入家庭住宅困难政策体系的组成部分。

在取消住宅实物分配、实行住宅货币化政策后，让所有低收入家庭到市场上购买商品住宅，实现"人人享有适当的住宅"的目标是不现实的，尤其是近几年来，房价上涨的速度远远大于城镇居民人均可支配收入的增长速度，使一般的工薪阶层更难实现改善住宅条件的愿望。这就需要政府对市场进行有效的调节，通过相应的保障政策来实现构建和谐社会的目标。经济适用住房作为国家住宅保障体系的重要组成部分，正是基于这样的一个目标，即经济适用住房主要是提供给那些在市场上难以买得起适宜他们居住的商品房，但在政府提供一定资助的情况下就能实现住宅愿望的城市低收入家庭。

经济适用住房是住宅社会保障中保障性住宅的重要形式。经济适用住房具有政策性与保障性两个特征，主要体现在：建设用地实行划拨方式供应；减半征收建设和经营中的行政事业性收费；政府负担小区外基础设施建设费用；商业银行可以为建设单位以在建项目作抵押提供开发贷款，个人贷款利率执行优惠贷款利率，住宅公积金贷款优先向购买经济适用住房的个人发放。

长期以来，经济适用住房存在着重建设、轻管理，对购买对象审查不严；对建设标准缺乏有效控制，户型面积偏大；优惠政策不落实，推向市场进程放缓等问题。特别是在 2003 年以后，在地方政府经营城市理念、土地成为第二财政的驱动下，逐渐减少了经济适用住房供应量，到 2005 年，经济适用住房占商品住宅投资额的比例下降到不足 5%，直接导致满足低收入家庭住宅支付能力的低价商品房供应不足，房价上涨迅速，引发了新的社会矛盾。[1]

二、经济适用住房保障对象

经济适用住房保障对象是城市中、低收入住宅困难家庭。这里所指的城市中、低收入住宅困难家庭，是指城市和县人民政府所在地的范围内，家庭收入、住宅状况等符合市、县人民政府规定条件的家庭。这些条件包括：

1. 具有当地城镇户口。需要时，各地方可依据具体情况对申请人的居住时间和年龄作出限制。申请家庭成员之间应具有法定的赡养、扶养或者抚养关系，包括申请人及其配偶、子女、父母等。

2. 家庭收入和家庭资产符合市、县人民政府划定的低收入家庭收入标准。家庭收入是指家庭成员的全部收入总和，包括工资、奖金、津贴、补贴、各类保险金及其他劳动收入，储蓄存款利息等。家庭资产是指全部家庭成员名下的房产、汽车、有价证券、投资（含股份）、存款（含现金和借出款）等。

3. 无房或现住宅面积低于市、县人民政府规定的住宅困难标准。家庭住宅是指全部家庭成员名下承租的公有住宅和拥有的私有住宅。申请家庭现有两处或两处以上住宅的，住宅面积应合并计算。

在确定经济适用住房保障对象的工作中，应注意以下两个问题：①经济适用住房制度是解决城市低收入家庭住宅困难政策体系的组成部分。经济适用住房供应对象要与廉租住房保障对象相衔接。②经济适用住房供应对象的家庭收入标准和住宅困难标准，由市、县人民政府根据当地商品住宅价格、居民家庭可支配收入、居住水平和家庭人口结构等因素确定，实行动态管理，每年向社会公布

---

[1] 文林峰：《城镇住宅保障》，中国发展出版社 2007 年版，第 66～67 页。

一次。

三、经济适用住房的建设

（一）经济适用住房规划设计要求

1. 经济适用住房要统筹规划、合理布局、配套建设，充分考虑城市低收入住宅困难家庭对交通等基础设施条件的要求，合理安排区位布局。

2. 在商品住宅小区中配套建设经济适用住房的，应当在项目出让条件中，明确配套建设的经济适用住房的建设总面积、单套建筑面积、套数、套型比例、建设标准以及建成后移交或者回购等事项，并以合同方式约定。

3. 经济适用住房单套的建筑面积控制在 60 平方米左右。各地人民政府应当根据当地经济发展水平、群众生活水平、住宅状况、家庭结构和人口等因素，合理确定经济适用住房建设规模和各种套型的比例，并进行严格管理。

4. 经济适用住房的规划设计和建设必须按照发展节能省地环保型住宅的要求，严格执行《住宅建筑规范》等国家有关住宅建设的强制性标准，采取竞标方式优选规划设计方案，做到在较小的套型内实现基本的使用功能。积极推广应用先进、成熟、适用、安全的新技术、新工艺、新材料、新设备。

（二）经济适用住房建设管理

1. 经济适用住房采取集中建设和商品住宅项目配建方式筹集；也可采取在市场上收购二手房的方式筹集。

经济适用住房项目应保持合理的开发规模，市、县（区）人民政府每年都要按照计划建设一定规模的经济适用住房。房价较高、住宅结构性矛盾突出的城市，要增加经济适用住房供应。

2. 经济适用住房集中建设按照政府组织协调、市场运作的原则，可以采取项目法人招标的方式，选择具有相应资质和良好社会责任的房地产开发企业实施；也可以由市、县人民政府确定的经济适用住房管理实施机构直接组织建设。在经济适用住房建设中，应注重发挥国有大型骨干建筑企业的积极作用。

3. 经济适用住房建设单位对其建设的经济适用住房工程质量负最终责任，向买受人出具《住宅质量保证书》和《住宅使用说明书》，并承担保修责任，确保工程质量和使用安全。有关住宅质量和性能等方面的要求，应在建设合同中予以明确。

4. 经济适用住房的施工和监理，应当采取招标方式，选择具有相应资质和良好社会责任的建筑企业和监理公司实施。

5. 经济适用住房项目可采取招标方式选择物业服务企业实施前期物业服务，也可以在社区居委会等机构的指导下，由居民自我管理，提供符合居住区居民基本生活需要的物业服务。

（三）经济适用住房建设中的相关保障制度

1. 宅基地保障。经济适用住房建设用地以划拨方式供应。经济适用住房建设用地应纳入当地年度土地供应计划，在申报年度用地指标时单独列出，确保优先供应。但是，鉴于实践中出现的一系列问题，应制定相应措施，严禁以经济适用住房名义取得划拨土地后，以补交土地出让金等方式变相进行商品房开发。

2. 财政税收优惠。经济适用住房建设项目免收城市基础设施配套费等各种行政事业性收费和政府性基金。经济适用住房项目外基础设施建设费用，由政府负担。经济适用住房的建设和供应要严格执行国家规定的各项税费优惠政策。

3. 金融支持政策。经济适用住房建设单位可以以在建项目作抵押向商业银行申请住宅开发贷款。购买经济适用住房的个人可以向商业银行申请贷款。购买经济适用住房可提取个人住宅公积金和优先办理住宅公积金贷款。个人购买经济适用住房的贷款都应执行优惠利率。

（四）经济适用住房的价格

1. 确定经济适用住房的价格应当以保本微利为原则。经济适用住房的销售基准价格及浮动幅度，由有定价权的价格主管部门会同经济适用住房主管部门，依据经济适用住房价格管理的有关规定，在综合考虑建设、管理成本和利润的基础上确定并向社会公布。

房地产开发企业实施的经济适用住房项目利润率按不高于3%核定；市、县人民政府直接组织建设的经济适用住房只能按成本价销售，不得有利润。

2. 经济适用住房销售应当实行明码标价。销售价格不得高于基准价格及上浮幅度，不得在标价之外收取任何未予标明的费用。经济适用住房价格确定后应当向社会公布。价格主管部门应依法进行监督管理。

3. 任何单位不得以押金、保证金等名义，变相向经济适用住房建设单位收取费用。

四、经济适用住房申请与审核

（一）准入和退出机制

经济适用住房管理应建立严格的准入和退出机制。经济适用住房由市、县人民政府按限定的价格，统一组织向符合购房条件的低收入家庭出售。

（二）申请与审核的程序

经济适用住房供应实行申请、审核、公示和轮候制度。

1. 申请。申请经济适用住房保障，应当提供下列材料：

（1）家庭收入情况的证明材料；

（2）家庭住宅状况的证明材料；

（3）家庭成员身份证和户口簿；

（4）市、县人民政府规定的其他证明材料。

经济适用住房资格申请采取街道办事处（镇人民政府）、市（区）、县人民政府逐级审核并公示的方式认定。

2. 审核。审核单位应当通过入户调查、邻里访问以及信函索证等方式对申请人的家庭收入和住宅状况等情况进行核实。申请人及有关单位、组织或者个人应当予以配合，如实提供有关情况。

3. 公示与轮候。经审核公示通过的家庭，由市、县人民政府经济适用住房主管部门发放准予购买经济适用住房的核准通知，注明可以购买的面积标准。然后按照收入水平、住宅困难程度和申请顺序等因素进行轮候。

（三）申请与审核中应注意的问题

1. 市、县人民政府应当制定经济适用住房申请、审核、公示和轮候的具体办法，并向社会公布。

2. 符合条件的家庭，可以持核准通知购买一套与核准面积相对应的经济适用住房。购买面积原则上不得超过核准面积。购买面积在核准面积以内的，按核准的价格购买；超过核准面积的部分，不得享受政府优惠，由购房人按照同地段同类普通商品住宅的价格补交差价。

3. 已参加福利分房的家庭在退回所分房屋前不得购买经济适用住房，已购买经济适用住房的家庭不得再购买经济适用住房。

五、经济适用住房的监督与管理

（一）监督管理机构及其职责

国务院建设行政主管部门负责对全国经济适用住房工作的指导和实施监督。县级以上地方人民政府经济适用住房主管部门负责本行政区域内经济适用住房管理工作。

县级以上人民政府发展改革（价格）、监察、财政、国土资源、税务及金融管理等部门根据职责分工，负责经济适用住房有关工作。

（二）监督管理内容

1. 经济适用住房建设规划管理。市、县人民政府应当在解决城市低收入家庭住宅困难发展规划和年度计划中，明确经济适用住房建设规模、项目布局和用地安排等内容，并纳入本级国民经济与社会发展规划和住宅建设规划，及时向社会公布。

2. 后续监督管理。市、县人民政府要加强对已购经济适用住房的后续管理，经济适用住房主管部门要切实履行职责，对已购经济适用住房家庭的居住人员、房屋的使用等情况进行定期检查，发现违规行为及时纠正。

3. 登记。居民个人购买经济适用住房后，应当按照规定办理权属登记。房屋、土地登记部门在办理权属登记时，应当分别注明经济适用住房、划拨土地。

4. 对经济适用住房权人的限制。

（1）经济适用住房购房人拥有有限产权。购买经济适用住房不满 5 年，不得直接上市交易，购房人因特殊原因确需转让经济适用住房的，由政府按照原价格并考虑折旧和物价水平等因素进行回购。

购买经济适用住房满 5 年，购房人上市转让经济适用住房的，应按照届时同地段普通商品住宅与经济适用住房差价的一定比例向政府交纳土地收益等相关价款，具体交纳比例由市、县人民政府确定。政府可优先回购，购房人也可以按照政府所定的标准向政府交纳土地收益等相关价款后，取得完全产权。

上述内容应在经济适用住房购买合同中予以载明，并明确相关违约责任。

（2）个人购买的经济适用住房在取得完全产权以前不得用于出租经营。

5. 回购。已经购买经济适用住房的家庭又购买其他住宅的，原经济适用住房由政府按规定及合同约定回购。政府回购的经济适用住房，仍应用于解决低收入家庭的住宅困难。

6. 社会监督。任何单位和个人有权对违反本办法规定的行为进行检举和控告。

六、单位集资合作建房问题

（一）单位集资合作建房的条件

1. 距离城区较远的独立工矿企业和住宅困难户较多的企业。各级国家机关一律不得搞单位集资合作建房。

2. 符合土地利用总体规划、城市规划、住宅建设规划的要求。

3. 经市、县人民政府批准。

4. 利用单位自用土地进行集资合作建房。不得利用新征用或新购买土地组织集资合作建房。

5. 参加单位集资合作建房的对象，必须限定在本单位符合市、县人民政府规定的低收入住宅困难家庭。

单位集资合作建房不得向不符合经济适用住房供应条件的家庭出售。已参加福利分房、购买经济适用住房或参加单位集资合作建房的人员，不得再次参加单位集资合作建房。在实施中，应该注意严禁任何单位借集资合作建房名义，变相实施住宅实物分配或商品房开发。

（二）单位集资合作住宅的管理

1. 单位集资合作住宅是经济适用住房的组成部分，其建设标准、优惠政策、供应对象、产权关系等均按照经济适用住房的有关规定严格执行。单位集资合作住宅建设应当纳入当地经济适用住房建设计划和用地计划管理。

2. 单位集资合作住宅在满足本单位低收入住宅困难家庭购买后，房源仍有少量剩余的，由市、县人民政府统一组织向符合经济适用住房购房条件的家庭出售，或由市、县人民政府以成本价收购后用作廉租住房。

3. 向职工收取的单位集资合作建房款项实行专款管理、专项使用，并接受当地财政和经济适用住房主管部门的监督。

4. 单位集资合作建房原则上不收取管理费用，不得有利润。

第四节　住宅合作社制度初探

组织住宅合作社，合作建房，是一项有重大意义的改革，充分体现了国家、集体、个人共同负担解决住宅问题的原则，有利于吸收个人资金，加快住宅建设。从上个世纪90年代初北京、上海、沈阳、武汉、昆明等城市的实践情况看，通过组织住宅合作社，吸收个人资金，合作建房，已经取得了很好的经济效益和社会效益。我们应该坚持科学发展观，与时俱进，从实际情况出发，认真总结经验教训，在21世纪这个新的历史时期，有组织、有计划地组织住宅合作社，发展合作建房，切实解决好人民群众的住宅问题。

一、合作住宅

20世纪80年代到90年代末期，集资合作建房成为房改过渡期的主要建房形式。2004年，《经济适用住房管理办法》正式把集资、合作建房定为经济适用住房。集资、合作建房是经济适用住房的组成部分，其建设标准、优惠政策、上市条件、供应对象的审核等均按照经济适用住房的有关规定严格执行，集资、合作建房纳入当地经济适用住房建设计划和用地计划管理。2007年底出台的新的《经济适用住房管理办法》又进一步规定了集资和合作建房纳入经济适用住房管理的内容。集资、合作建房单位只允许收取规定的管理费用，不得有利润。各市、县人民政府根据当地经济发展水平、住宅状况、居民收入、房价等情况，确定是否发展集资、合作建房以及建设规模。

对于住宅困难户较多的独立工矿区和大型困难企业，经市、县人民政府批准，在符合土地利用总体规划、城市规划和住宅发展计划的前提下，利用单位自有土地进行集资、合作建房。但是对于已经享受房改政策达标或购买了经济适用住房或参加了集资、合作建房的人员，不得再次参加集资、合作建房。

上述的政策规定，将集资合作建房列入经济适用住房的范畴进行严格管理，有它的历史原因。我们认为，住宅保障制度也要从我国国情出发，以与时俱进的科学发展观来解读。一个由廉租住房、经济适用住房、非盈利公益性新型合作住宅、商品住宅组成的"阶梯式"的住宅供应体系，比较符合我国当前社会经济发展的实际情况和人民的要求。

二、住宅合作社

（一）住宅合作社的类型

住宅合作社可以分为以下三种类型：

1. 由当地人民政府安排的有关机构，组织本行政区域内城镇居民参加的社会型住宅合作社；

2. 由本系统或本单位组织所属职工参加的系统或单位的职工住宅合作社；

3. 当地人民政府住宅行政主管部门批准的其他类型的住宅合作社。

国家鼓励和扶持社会型住宅合作社的发展。为了鼓励城镇职工、居民投资合作建造住宅，解决城镇居民住宅困难，改善居住条件，各级政府都要积极扶持和鼓励住宅合作社的发展，特别是积极扶持和鼓励社会型住宅合作社的发展。

（二）住宅合作社的设立及变更程序

1. 住宅合作社的设立。

（1）组建住宅合作社须成立筹建机构，由筹建机构向县以上（含县级，下同）人民政府住宅行政主管部门提出书面申请。申请内容包括：住宅合作社的类型，入社人员构成，法定代表人，组织章程，建设计划以及资金筹措计划等。住宅合作社章程应包括：组织机构、建设资金筹集方式、建设住宅分配和管理办法、社员的权利与义务等。

（2）建立住宅合作社的申请，由市、县（区）政府住宅办公室审核批准。

（3）组建单位持住宅合作社的批准文件，按社团登记管理的有关规定向民政部门申请社团登记。

2. 住宅合作社章程。住宅合作社章程应当规定，单位社员的出资属于公益性行为，没有资格分得合作住宅。经社员大会同意，可以派出代表参与住宅合作社的管理；在公正、公平、公开的原则下，所出资金可以为本单位社员分房加分。

3. 住宅合作社的变更。在住宅合作社存续期间，住宅合作社的登记事项和备案事项发生变动的，须在变更发生之日起30日内履行变更登记手续。

住宅合作社的合并、分立或终止，须经社员大会或社员代表大会讨论决定，报县（区）以上人民政府住宅行政主管部门批准。

住宅合作社合并、分立或终止时，必须保护社内财产，依法清理房屋产权产籍、债权债务，向社员大会或社员代表大会提交房屋产权清理和财务结算报告并获通过后，方可申请办理变更或注销手续。

（三）住宅合作社的社员

1. 社员入社的程序：

（1）提交入社申请书；

（2）个人社员由所在单位提供工作证明和无房证明；

（3）缴纳入社费；

（4）按照规定在指定银行存入合作建房资金。合作建房资金由社员在"合作建房专户"下开立独立账户，存入指定银行，由该银行负责资金监管。存款自愿，取款自由。退社时可以带走存款余额和利息。

（5）由办公室办理入社手续，发给社员证书。

2. 社员享有下列权利：

（1）本社的选举权、被选举权和表决权；

（2）参加本社组织的各项活动；

（3）获得本社建设的合作住宅的优先选择权；

（4）对本社工作的批评建议权和监督权；

（5）入社自愿、退社自由。

3. 社员履行下列义务：

（1）遵守本社章程，执行本社决议；

（2）维护本社的合法权益和声誉；

（3）完成本社交办的工作；

（4）向本社提供的有关资料，特别是本人工作和住宅情况真实准确、无虚假陈述，否则将承担背信责任；

（5）本人与其家庭成员郑重承诺：坚守"一户一宅"原则，购买或租赁本社合作住宅保障自家居住，决不空置、出租或擅自出售。确不需要时一定通过住宅合作社挂牌转让给本社社员，否则将承担背信责任。

（四）住宅合作社的组织机构

1. 住宅合作社社员大会和社员代表大会。住宅合作社成立应召开社员大会或社员代表大会，讨论和通过合作社章程。社员大会或社员代表大会是住宅合作社最高权力机构。其主要职责是：制定和修改章程；选举和罢免理事长、监事长和秘书长；选举和罢免理事、监事；审议理事会、监事会的工作报告和财务报告；决定重大变更和终止事宜；决定其他重大事宜；每年召开一次社员大会，每半年召开一次社员代表大会。

2. 理事会和监事会。理事会由20名以内的理事组成，须有2/3以上的理事出席方能召开，其决议须经到会理事半数以上表决通过方能生效。理事会每届3年。因特殊情况须提前或延期换届的，须由理事会表决通过，报经市社团办批准同意。但延期换届最长不超过1年。社会采取自愿结合的形式，每10名个人社员组成一个小组，选举1名社员代表；每10名社员代表组成一个代表组，选举

1 名监事候选人，由监事候选人选举产生监事长候选人，经社员大会选举产生监事和监事长，任期 3 年，可以连选连任。监事长主持监事会日常工作。若社员总数超过 2000 人，则增加社员代表推选 1 名监事的数额，使监事名额不超过20 名。

三、合作住宅制度的完善

21 世纪初出现在我国的合作建房是具有中国特色的新型住宅合作社的萌芽，其特点是由中等收入的中青年知识分子为主发起的、非盈利公益性的、为社会成员提供成本价住宅的群众性自发组织。它有别于 20 世纪 90 年代中国的住宅合作社，在我国住宅史上还没有先例，是一个具有中国特色的新生事物。新型住宅合作社定位于中等收入人群中的无房户和少房户的自住宅，不支持投机和投资，定位是很准确的。我国城镇居民现在已经有 5 亿多人，到 2020 年要达到 8 亿多人。要实现"居者有其屋"的目标，仅仅依靠政府和开发商是不可能的，必须有住宅合作社的参与。

如果政府因势利导，成立规范的新型住宅合作社，并提供优惠政策加以扶持，如以合理的市场价格进行定地价土地招投标、免收营业税和企业所得税，新型的住宅合作社就一定会得到健康发展。中等收入人群占总人口的大多数，是社会和谐稳定的中坚力量。政府支持住宅合作社的发展，就是支持中等收入家庭自己动手解决住宅问题；满足他们的愿望，就是满足了大部分中国城镇居民的愿望，就是解决了党中央国务院牵挂于心的住宅保障问题。建立新型住宅合作社制度的群众基础很好，既有以前的经验，又有现在的实践。随着我国住宅合作社制度的完善，各种形式的新型住宅合作社必将如雨后春笋，绿遍祖国大地。

■ **思考题**

1. 什么是住宅保障法？它的功能是什么？
2. 什么是廉租住房？
3. 简答廉租住房保障对象。
4. 简述廉租住房保障方式和来源。
5. 什么是经济适用住房？
6. 我国经济适用住房保障对象是什么？
7. 试述单位集资合作建房的法律问题。
8. 论述我国合作住宅制度的完善。

■参考文献

1. 章亮明:《社会保障法》,中国政法大学出版社 2007 年版。

2. 宋春华主编:《房地产大辞典》,红旗出版社 1993 年版。

3. 王炜:"政策解读:廉租住房增量扩容时间表排定",载人民网,访问日期 2007 年 8 月 23 日。

4. 新浪天津房产网:http://tj. house. sina. com. cn/n/2006 - 07 - 04/083431591. html,访问日期 2008 年 1 月 10 日。

5. 建设部政策研究中心:"2000 年第五次人口普查——住房状况分析报告",载《长江建设》2003 年第 1 期。

6. 李学芬:"房改取得实质性进展政策有待进一步完善——城镇居民住房调查报告",载《经济界》2000 年第 5 期。

7. 贾康、刘军民:《中国住房制度改革问题研究——经济社会转轨中"居者有其屋"的求解》,经济科学出版社 2007 年版。

8. 刘军民:"对中国住房制度若干政策的反思",载《中国经济时报》2006 年 7 月 17 日,第 4 版。

9. 人民网:http://house. people. com. cn/GB/98384/99153/6285187. html,访问日期 2007 年 10 月 20 日。

10. 文林峰:《城镇住宅保障》,中国发展出版社 2007 年版。

第十六章　房地产金融与中介服务法律制度

■学习目的和要求

本章主要讲述房地产金融与中介服务中的法律问题，通过本章的学习，能够对有关房地产金融和中介行业的法律问题有一个基本的了解。本章重点掌握房地产开发融资的方式、公积金的含义和房地产证券化的分类，理解房地产保险的分类和作用，了解我国房地产中介管理制度。

第一节　房地产金融法律制度

一、房地产金融概述

（一）房地产金融的含义

金融是指以银行为中心的各种形式的信用活动以及在信用基础上组织起来的货币流通。简单来讲，房地产金融就是与房地产紧密联系的金融活动，但其概念需要严格的定义。房地产金融广义上是指利用各种可能的方法、工具为房地产业各相关部门筹集、融通、清算资金，提供相应服务的所有金融活动。狭义上则是指金融服务于房地产业的行为。

房地产业是由房地产开发、经营、销售、服务等多种部门构成的庞大的产业群，是国民经济的重要组成部分。从产业层次上看，房地产业主要属于第三产业，事实上也包括了建筑、装修等第二产业的成分，有时又包括第一产业的内容（如园林等），是综合性非常突出的产业群。由于房地产的生产和消费都是大额交易，客观上就需要金融服务的大力支持，像所有的大额交易一样，资金成为房地产业的"血液"，房地产金融成为房地产业的重要依赖，两个行业相互影响，互相依存。房地产金融是引导房地产消费、促进住房制度改革的有效途径，通过利率优惠、税收优惠、住房公积金、鼓励居民自购住房等措施，一方面可以满足人民群众的住房消费需求，另一方面又可以推进社会经济的全面发展，有利于实现全面小康。当然，房地产业的不良发展对金融业的影响也是非常重大的：市场过热，造成投资饥渴症，需求过度，房地产价格猛涨，形成房地产泡沫，增加银行风险；市场过冷，则造成需求减少，成交减少，价格下跌，形成实质性通缩，使银行业务量大大减少，利润下降，同样也会大幅提高风险水平。因此，如何促进房地产金融良性发展，完善房地产金融服务法律制度，是我们必须关注的问题。

（二）房地产金融的内容

房地产金融的内容可以根据不同的目的来划分，如根据服务对象和市场主体，可以划分为如下内容：

1. 开发性房地产金融服务，是指为房地产的开发经营提供融资、筹资、结算等服务的金融活动，其服务对象是经营者、建设者。

2. 消费性房地产金融服务，是指为房地产的消费者提供各种金融服务的金融活动，其服务对象主要是消费者、房地产的购买者等，最基本的产品就是按揭和保险，在政策性金融领域，还存在公积金贷款。

3. 市场化房地产金融服务，是指围绕着房地产市场、为广大的金融市场参与者提供全方位金融服务的金融活动，其服务对象是形形色色的市场参与者，提供的产品是各式各样的标准化和差异化服务，但这些产品又都是与房地产紧密联系在一起的、以房地产为标的或以房地产为媒介的金融服务。

（三）我国房地产金融的发展

1978 年以前，我国实行的是非常正规的计划经济，国家的基本政策是高积累低消费，先生产后生活，住房基本上属于被遗忘的事情。住房分配实行福利住房制度，单位分房是诸多福利中的一种，住房建设投入极其有限，导致住房非常紧张和短缺。1978 年后我国开始进行住房制度改革，1978 年到 1987 年的 10 年间实行以"全价卖房"为特征的改革，但由于当时人民群众自有资金非常有限，全价卖房根本就卖不了，不是没人想买，而是都买不起，实践表明此路不通。上世纪 80 年代中期，我国试行"提租"改革，试图通过提高住房租金来弥补住房建设资金的不足，成效也差强人意。两项改革的失败，最终促成了住房制度的全面改革，房改金融出现了，政府通过政策性金融措施推进房改的深化，信贷规模迅猛扩张，建立了房地产金融机构，初步产生了房地产金融产品，为房地产金融的全面市场化创造了条件。20 世纪 90 年代以后，房地产市场化逐渐成形，房地产的大规模发展有力地促进了房地产金融的发展成长，使我国的房地产金融进入了市场化阶段。但与真正市场化的房地产金融相比，我国的房地产金融还存在诸如资金来源单一、金融产品选择性差、法律制度不健全等问题，需要进一步改革完善。

二、房地产开发融资

(一) 房地产开发融资的含义

房地产开发融资,是指房地产开发企业获得房地产开发项目的建设资金的各种行为的总称。如前所述,房地产开发属于资金密集性行业,开发一个房地产项目的投资支出包括土地费用、前期工程费、建筑安装费、基础设施公共配套费等几百万甚至几十亿的资金。这些资金完全靠房地产开发商自有资金是无法满足的,一般都需要进行融资。

传统的融资方式是一个公司主要利用自身的资信能力安排融资,外部资金拥有者在决定是否投资或是否提供贷款时的主要依据是公司作为一个整体的资产负债、利润及现金流量状况,对具体项目的考虑是次要的,这种方式适合开发商本身的财务结构不是很复杂的情况。对于资信良好的开发商来说,直接安排的方式可以获得相对较低成本的资金。另外一种方式是项目融资,即为一个特定项目所安排的融资,贷款人在最初考虑安排贷款时,以该项目的现金流量和收益作为偿还贷款的资金来源,以该项目资产抵押作为贷款的安全保障。如果项目的经济强度不足以保障贷款安全,则贷款人可能需要借款人以直接担保、间接担保或其他形式给予项目附加的信用支持。

(二) 房地产开发融资方式

融资方式可以按照不同标准进行划分,从而形成不同类型的融资方式,不同的划分标准相互之间并不矛盾、排斥,有的还可以交叉与重叠。按照储蓄与投资的联系方式,可以将其分为内源融资和外源融资两大类。

1. 内源性融资。内源融资即开发企业利用企业现有的自有资金来支持项目开发,或通过多种途径来扩大自有资金基础。内源融资主要包括股东出资、自我积累等自有资金和房屋预售收入。房屋预售融资,是指房地产开发经营企业将正在建设中的房屋预先出售给承购人,由承购人支付定金或房价款,以客户资金融资建房的方式。房地产预售是当今房地产企业最为盛行的一种经营方式,同时也是一条重要的筹资渠道,既售房又筹资,资金来源既无息又安全。预售已经成为房地产开发融资的重要手段。房地产预售的价格一般比现房要低,期房、现房的价格差距构成了房地产预售融资的主要成本,在房地产市场发展比较稳定的情况下,房地产企业一般能对物业的价格作出较为准确的估计,所以这种损失一般较小,楼盘预售的融资成本很低。目前我国各主要城市商品房预售比例普遍在80%以上,部分城市甚至达到90%以上。

内源融资不需要实际对外支付利息或股息,不发生融资费用,不需归还,无财务支付风险,且能最大限度保证企业控制权。因此,内部融资的成本远低于外部融资,是首选的融资方式。但是,房屋预售有一定的条件要求,一般无法作为房地产开发的主要启动资金。而从资金安全的角度考虑，有实力的开发商也一般不大愿意过多动用自有资金，因此房地产企业单纯依靠内部融资是不能满足资金需求的，更多的资金还需要通过外部融资获得。

2. 外源性融资。外源融资即来源于开发企业外部的融资，通常所说的融资一般指外源融资。外源融资是企业吸收其他经济主体的储蓄，使之转化为自己的投资的过程，是企业获取资金的主要方式。外源融资对企业的资金获得具有高效性、灵活性、大量性和集中性的特点。

（1）银行贷款。银行贷款是指企业向银行支付利息取得资金使用权的融资方式，是企业筹资的一条重要渠道。房地产贷款的基本方式有三种：①信用贷款，就是银行凭借企业或个人的信誉即可以向其发放贷款。②担保贷款，银行凭借第三方的担保向借款人发放贷款。③抵押贷款，是指银行向企业或个人发放贷款时，需要将其房地产或其他抵押物向银行抵押作为偿还的保证。由于抵押贷款的方式能大大降低银行的风险，所以在银行贷款业务中占主导地位，房地产企业的贷款大部分都是短期贷款，一般不超过 5 年，贷款时间基本上都是和项目建设时间相配合的。中国房地产市场目前 60% 以上的资金来源于信贷资金，当前这种融资模式在我国占有主导地位。

由于我国房地产业起步较晚，在前几年高速发展时期，各家银行都处于抢占市场份额阶段。在激励机制的作用下，一些银行的分支机构出现了急功近利的苗头，对开发商的贷款申请，或降低客户资质等级评定的门槛，或放松贷款审查标准，或对四证不全的房地产开发项目采取变通的方式，以流动资金贷款用于房地产开发项目。据中国人民银行发布的《2004 中国房地产金融报告》统计，直接和间接来自银行的信贷资金往往占到房地产开发资金的 60% 至 70%，有的甚至会高达 90%。房地产融资方式单调，对商业银行的依赖度过高，使得房地产金融风险不断加大，银行不恰当地充当了实际投资者，对房地产泡沫的形成起到了催化作用。目前银行业已经认识到这一点，将防范金融风险提上了日程。随着银行对风险监管的加强，银行逐渐向房地产企业收紧贷款，将国内房地产业列为信贷高风险行业，在贷款期限、贷款额度、担保方式和核批时间等方面，开始对房地产企业规定较为严格的条件，以预防和避免房地产泡沫破灭可能给金融业带来过重的冲击。

（2）股票融资。房地产股票融资就是指房地产企业通过股票市场获得资金的一种方式，它是房地产企业和资本结合的理想方式，是国际房地产企业通行的一种房地产融资方式。目前，房地产股票融资有两种：一种就是直接上市融资，也就是首次发行上市，另一种是间接上市融资，也就是人们常说的买壳上市，即购买上市公司的股权做大股东，然后通过优良资产和有良好收益预期的资产的注入和置换，彻底改变上市公司的经营业绩，从而达到证监会规定的增发和配股的要求，实现从证券市场融资的目的。

上市能够快速聚集大量不需支付利息的资金，能够扩大企业知名度，增强自身品牌等无形资产和融资能力，银行对上市企业也是青睐有加。但直接上市对公司要求较高，还须支付一笔发行费用，并受到公开信息规定的限制。而借壳上市需要巨额资金投入，操作复杂，并且受壳资源品质的影响。从实践看，我国大多数公司借壳上市后并没有寻找到再融资的机会，有的甚至股价大跌。在目前我国股票市场发育不健全的情况下，这种方式尚不能成为房地产融资成熟的、主导的渠道。

（3）债券融资。房地产债券融资就是房地产企业在证券市场发行债券获得资金的方式。在资本市场上发行债券，也可在短期内筹集大量资金，满足商业地产开发的需要。债券融资财务成本较低，债券付息可在税前扣除，企业可利用财务杠杆效应。但发行债券同样对开发商的资质提出较高的要求，在安排债券偿付计划时，要避免还债压力过于集中，企业发债时只能被动接受市场现有的利率水平，对筹资成本的控制缺乏灵活性。除了以上原因，还由于我国债券市场并未发展起来，导致我国企业债券融资的比例较小。[1]

（4）合作开发。房地产合作开发，是指双方当事人约定，由一方提供建设用地使用权，另外一方提供资金，或一方出地、双方或多方出资，合作开发土地、建筑房产等项目，共同投资、共享利润、共担风险的房地产开发方式。

房地产合作开发主要有三种方式：①组建新的法人。即一方出地、一方出资。成立项目公司，以项目公司的名义进行开发，双方按照出资比例承担风险，获取收益。其优点是责任明确，相对而言可以减少纠纷发生的概率。②组建合作管理机构。即合作双方各自派遣若干人员组成联合管理机构，其职责是协调双方的关系，对合作中的重大事项作出决策，具体运作开发项目。合作管理机构与项目公司的最大区别在于它仅作为内部机构，并非独立民事主体，不具有缔结合同等民事权利能力，也不能独立承担民事责任。合作开发双方必须对联合管理机构的法律地位有清晰的认识，并且注意避免对外使用合作管理机构的名义。③按照合同的约定各自独立履行义务。这种方式主要适用于相对简单的项目，比如房屋参建。房屋参建是指参建人以参建名义对已经成立的房地产项目参与投资或预购房屋的行为。实践中常常表现为被参建人非法融资，即被参建人由于项目建设资金短缺，又无法通过其他合法途径获得周转资金，在未取得商品房预售证情况

---

〔1〕　王恩国："房地产企业融资渠道分析"，载《合作经济与科技》2006年第2期。

下，打着"优惠价"、"内部价"旗号，以商品房预售方式吸引参建人投入资金，以获得资金。该类参建行为往往因为没有获得政府主管部门行政批准而被认定为无效法律行为。[1]

房地产开发企业寻找一家或几家有经济实力的企业进行合作开发，是一种分散和转移筹资负担的较好方法，对于缓解开发企业自身资金压力、转嫁风险大有好处。目前，不少资金富裕的企业正以股权投资或合作的方式涉足房地产市场。房地产企业与其结合，实现双赢，不失为一种有效的筹资方式。

合作开发是以牺牲一部分项目开发利益为条件的，这一部分利益损失构成了合作开发融资成本的主要部分，其成本大小取决于双方的谈判和合资合作条件，因此，合作开发融资特别是项目开发后经营的成本较高。

三、住房公积金制度

（一）住房公积金的含义

住房公积金，是指国家机关、国有企业、城镇集体企业、外商投资企业、城镇私营企业及其他城镇企业、事业单位、民办非企业单位、社会团体（以下统称单位）及其在职职工缴存的长期住房储蓄金。住房公积金是国家推行住房保障制度下的一种称谓，属于个人所有并具有社会保障性质的资金，实质上是劳动报酬的一部分，类似于职工工资，是归属于职工个人所有的、专项用于解决职工住房问题的保障性资金。一般认为，住房公积金制度具有以下特点：

1. 强制性。从制度的层面来看，住房公积金制度是一种强制储蓄制度，具有强制性。住房公积金的归集基础主要是政府权力，表现为政府为实现其住房政策，制定专门的住房公积金法律以及通过法律赋予住房公积金的缴存主体法定的缴存义务。

2. 互助性。住房公积金制度的生成直接源于帮助城镇职工通过互济余缺解决住房融资问题。在通过强制储蓄机制归集到一定数量的公积金后，住房公积金参加者有一部分在离退休前不需要提取住房公积金，有的虽然因解决住房问题的需要必然要支取，但在客观上存在着支取时间、支取量上的差异，这必然导致住房公积金出现沉淀，这种沉淀资金可以被其他参加缴存住房公积金的职工以借贷的方式使用，从而实现将部分社会成员闲置或暂时闲置资金按照一定的规则配置给有资金需求的社会成员，实现城镇职工的互助。

3. 福利性。对于公积金，享受企业住房公积金支出免交企业所得税、职工住房公积金以及个人账户存款利息免交个人所得税的政策性福利。另外，低利率

---

〔1〕 王国银："房地产业融资渠道探析"，载《财会通讯》（理财版）2006年第2期。

的职工公积金贷款和公积金贴息的商业贷款都属于政策性住房金融的福利。

4. 专用性。住房公积金在存储期间，只能用于缴存住房公积金的职工的住房消费，包括在购买、建造、翻新、大修自住住房时提取住房公积金账户内的存储余额，以及向住房公积金管理机构申请住房公积金贷款。

住房公积金制度是我国住房制度改革的一项基本内容，是实现职工住房社会化、商品化的一种重要方式，对促进城镇住房建设、提高城镇居民的居住水平有重要影响。长期以来，我国一直积极探索和改革住房公积金制度。1999 年国务院颁布了《住房公积金管理条例》，并于 2002 年进行了修改，建设部、财政部、中国人民银行等部门出台了《住房公积金行政监督办法》、《关于住房公积金管理若干具体问题的指导意见》、《关于住房公积金管理中心职责和内部授权管理的指导意见》、《关于完善住房公积金决策制度的意见》等规范性文件，对我国住房公积金制度进行了规定。

（二）住房公积金的缴存

住房公积金的来源分为两个部分，分别由个人和单位负缴存义务。各单位对本单位应参加住房公积金缴存的职工，在每个月发放工资时，都按照住房公积金制度统一规定的提取比例，从职工工资中提取一部分资金，形成职工自缴的住房公积金；与此同步，也按住房公积金制度规定的统一提取比例，从本单位的规定资金中提取一部分资金，形成单位为职工缴交的住房公积金。这两部分住房公积金都归职工个人所有，由此完成了住房公积金的归集。

《住房公积金管理条例》规定，职工住房公积金的月缴存额为职工本人上一年度月平均工资乘以职工住房公积金缴存比例。单位为职工缴存的住房公积金的月缴存额为职工本人上一年度月平均工资乘以单位住房公积金缴存比例。职工和单位住房公积金的缴存比例均不得低于职工上一年度月平均工资的 5%；有条件的城市，可以适当提高缴存比例。具体缴存比例由住房公积金管理委员会拟订，经本级人民政府审核后，报省、自治区、直辖市人民政府批准。职工个人缴存的公积金由其所在单位从其工资中代扣代缴。

（三）住房公积金的使用和提取

住房公积金完成了存储形成住房公积金库后，就可以投入使用了。住房公积金的使用一般都有严格规定，总的原则是只能用于职工自住住房的投资与消费。同时，在一些特殊情况下也可以使用，如参储职工离退休、完全丧失劳动能力或死亡后。另外，住房公积金的沉淀资金可以用于职工互助性贷款，或用于国债等投资。使用的方式包括申请公积金贷款和提取公积金余额两种。当以公积金申请贷款时，申请人应当提供担保。

(四) 住房公积金的管理

住房公积金虽然是职工工资的组成部分，但不以现金形式发放，并且必须存入住房公积金管理中心在受委托银行开设的专户内，实行专户管理。根据《住房公积金管理条例》，现行住房公积金的管理模式可以概括为："管委会决策、管理中心运作、银行专户存储、财政监督"。具体而言，就是由一个专门的管理机构（住房公积金管理中心）负责公积金的管理运作，决策（住房公积金管理委员会）、执行（住房公积金管理中心）和监督（建设部、财政部、央行等政府部门）机构相对独立、互相制衡，存、贷、结算等具体金融业务委托商业银行代理。

我国住房公积金制度带有较重的福利性质，成为一般职工买房的资金补充，促进了住房私有化的进程，成为一般职工个人购房融资的首选。但是，正是由于住房公积金的福利性质，使得其降低了制度的保障范围和保障能力。目前我国的公积金制度只在城镇建立，农村不建立住房公积金制度。只有城镇在职职工才实行住房公积金制度，无工作的城镇居民不实行住房公积金制度，且因单位的不同，相异行业、单位扣缴的公积金数额也不统一。如何根据他国先进经验改革我国住房公积金制度，扩大其保障范围和保障能力，是一个值得思考的问题。

四、房地产保险

(一) 房地产保险的含义

房地产保险，是指在房屋设计、建造、销售、使用等环节中，投保人根据合同约定，向保险人支付保险费，保险人对于合同约定的可能发生的事故造成的财产损失承担赔偿保险金责任，或者当被保险人死亡、伤残、疾病时承担给付保险金责任的保险。[1]

房地产作为一种存在时间相当长的资产，必然面对各种不确定因素，即要面向各种风险状态，因此房地产保险就成为房地产经营活动过程中非常自然的避险选择。房地产保险是房地产金融的重要组成部分，对房地产业的发展具有突出的"保驾护航"作用。

(二) 房地产保险的种类

1. 房地产财产损失保险。房地产财产损失保险是指以房屋及其附属设施为保险标的的保险，保险人通常对自然灾害或意外事故造成的房屋及其附属设施的损失承担赔偿保险金的责任。投保房地产财产损失保险的可以是企业，例如企业财产保险中对企业所有的厂房等房地产进行的投保；也可以是个人，例如城乡居

---

〔1〕 李延荣：《房地产法研究》，中国人民大学出版社 2006 年版，第 66 页。

民房屋保险（包括房屋普通险和两全险）。

目前存在最多的房地产财产损失险是个人贷款抵押房屋险。在购买房屋时，银行为了保障抵押权的顺利实现，都会要求借款购房者投保房屋财产险，以保障贷款抵押物的安全。该险针对的是因火灾、爆炸、暴风、暴雨等原因造成抵押房屋的损失以及为抢救房屋财产支付的合理施救费用，由保险公司负责赔偿。投保该险可以使购房者通过银行房地产抵押贷款获得资金融通，缩短购房资金的积累时间，同时也使银行降低了与房地产抵押贷款相关的诸多风险，从而使房地产抵押贷款业务不断发展，增加了房地产需求，促进了房地产业的发展。

2. 房地产业务中的责任保险。责任保险是以被保险人可能面临的法律赔偿责任为标的的保险。房地产业务中的责任保险一般包括：

（1）房地产职业责任险。建筑、工程技术人员责任保险是职业责任保险的一种，其保险标的为因建筑师、工程技术人员或监理人员的过失而造成合同对方或他人财产损失与人身伤害并由此导致的经济赔偿责任。

在房地产业务中涉及很多技术性非常强、专业程度非常高的工作，而这些工作的专业人员当然也会有发生各种责任事故的可能性，也需要对他们所从事的工作进行必要的风险管理。例如根据《建筑法》的规定，工程监理单位不按照委托监理合同的约定履行监理义务，对应当监督检查的项目不检查或不按照规定检查，给建设单位造成损失的，应当承担相应的赔偿责任。建筑设计单位不按照建筑工程质量、安全标准进行设计，造成损失的，承担赔偿责任。这些风险往往数额比较巨大，单凭监理人、设计人等专业人员及其单位有时难以全部赔偿。为了保证受害人的利益，我国对于这些风险开发了建筑工程设计责任险、监理责任险等险种进行转移。

（2）房地产质量责任险。房屋作为特殊商品，在消费使用过程中可能因产品缺陷而造成用户或公众的人身伤亡或财产损失，依法应由开发商及其施工单位承担民事损害赔偿责任。因此，开发商和建筑商就需要将这些风险分散或转移出去，即相应地由保险人为其承担这些赔偿责任，而自己仅需要向保险人购买相应的保险产品即可。房地产质量责任保险，就是以开发商或施工单位依照合同或法律，对因工程质量事故给业主或第三人造成损害而承担的赔偿责任为保险标的的保险。

2006年9月19日，在建设部和保监会共同研讨后，中国人民财产保险股份有限公司率先在北京、上海、天津、大连、青岛、厦门、深圳、兰州等14个城市推出了建筑工程质量保险，这标志着全国范围的建筑工程质量保险试点工作正式启动。这种产品不仅针对损失发生后的补偿，而且还建立了包括前期介入、技术检验服务、放弃追偿等一系列经营原则和配套制度，使其具有很强的第三方监督和服务职能，具有很强的社会风险管理功能。目前，建设主管部门正在大力推广此险种，并有计划将其向强制险的方向发展。[1]

（3）房地产雇主责任险。雇主责任保险是以被保险人即雇主所雇佣的雇员，在保险有效期内从事与其职业有关的工作时，由于遭受意外或患职业病所致伤残或死亡，被保险人（雇主）根据法律或雇佣合同应承担的医药费及经济赔偿责任为承保风险的一种责任保险。目前，我国尚没有纯粹的房地产雇主责任险，房地产企业的职工危险作业，往往通过房地产强制意外伤害险的方式进行保障。

3．房地产业务中的信用保证保险。在保险法理论上，保证保险和信用保险是两类不同的保险。前者主要是指被保证人作为投保人，根据权利人（也就是投保人的债权人）的要求，与保险人订立保险合同，担保自己信用的保险。后者则是指凡债权人与保险人订立保险合同，由保险人担保债务人或买方信用的保险。'

在西方成熟的房地产保险市场上，当贷款银行以购房者的信用为保险标的，以自己为受益人与保险人签定由于购房者不能如期付款而造成损失时由保险人赔付该损失的保险合同，这种保险合同就是房地产信用保险合同。保险费由银行缴纳，因为受益人是银行。银行可以在出售抵押房产仍不能收回全部贷款时（比如房市处于低迷期，房价大跌），从保险人那里获得不足部分的赔偿。而当购房者以自己的信用为保险标的，以自己为受益人与保险人签定由于自己收入流中断而不能如期还款时由保险人代为付款的保险合同则是房地产保证保险合同。保险费由购房者缴纳，因为受益者是购房者个人。购房者可以在自己收入流中断的情况下保有所购房屋，不至于流离失所，但当购房者在收入流恢复后有向保险公司偿还所垫付资金的义务。

我国目前存在着房地产还贷保证保险，即个人住房抵押贷款还贷保证保险，其通常的做法是：银行同意办理购房贷款手续的前提是要求借款人把自己所购房产抵押给银行，同时，为了防止购房者不能还款时银行拍卖抵押房产所得不能弥补贷款本息的风险，还要求购买商品房的借款人与保险公司签定一份由购房者缴费、由银行受益的"保证保险"合同。在借款人因死亡、失踪、伤残、患重大疾病或经济收入的减少而在一定期限内无法履行还款义务时，由保险公司负责赔偿银行的损失。银行或者将抵押房产的追偿权和处置权转让给保险人，或者自己处置抵押房产，处置所得不足以弥补贷款本息时，再由保险公司补足差额或在事先约定的保险金额内给予赔付。这种保险业务并不是真正意义上的保证保险，也

---

〔1〕 符振彦："建筑质量强制险工程质量'保险'当先"，载《北京房地产》2006 年第 11 期。

不是真正意义上的信用保险。银行不交纳保险费也不作为投保人，但却得到了信用保险才有的保险赔付；而购房者虽然缴纳了保证保险的保险费，自己却不能得到应有的保障，缴费义务和受益权利严重扭曲。这种状况应当随着我国房地产保险行业的发展和健全得到改变。

4. 房地产人身保险。人身保险，是指以人的身体和寿命作为保险标的的保险。目前，我国房地产人身保险包括：

（1）建筑施工意外伤害保险。根据我国《建筑法》第48条规定，施工企业必须为从事危险作业的职工办理意外伤害保险，支付保险费。目前的建筑施工意外伤害保险，是一种强制保险，投保人是从事各专业建筑工程建造活动的施工企业。由于我国建筑工程往往被层层转包，加之建设部门执法不严，不为职工购买意外伤害险的情况比较普遍，需要加以改进。

（2）房地产住房抵押贷款寿险。由于房地产价值一般都比较大，在住房抵押中，购房人的还款期限较长，如果购房人人身或寿命出了问题，势必影响到银行回收款项。房地产住房抵押贷款寿险，就是由购房借款人或公积金委托银行做投保人，以还款人作为被保险人，与保险人约定，当被保险人因病或意外事故伤残或死亡而影响还款时，保险人代替被保险人向银行支付相当于借款余额的保险金。我国目前的住房抵押贷款寿险还刚起步，可选择的保险产品较少，也缺乏强有力的监管和完善的法律制度与之相配套，有待于进一步发展。

第二节　房地产证券化

一、房地产证券化的概念

（一）证券化

凡是通过在金融市场上发行证券进行筹资的行为，都可称之为证券化。证券化可分为"传统证券化"与"资产证券化"。传统证券化是指借款人发行有价证券，通过证券机构承销再转卖给投资者的融资方式，又称融资证券化。筹资者采取发行证券的方式从金融市场上向资金提供者直接融通资金，而不是采取向银行等金融机构借款的方式间接融资，这是证券化的初级阶段。资产证券化则是指将缺乏流动性但是预期未来能够产生稳定资金流的资产，通过适当的安排，转化为能够在金融市场上出售和流通的证券的行为。

依资产的性质，广义的资产证券化又可以分为金融资产证券化（非固定资产证券化）和不动产证券化（固定资产证券化）。金融资产证券化是指金融机构以未来可产生现金收益流的资产作担保，在证券市场发行证券以募集资金，从而回避长期、固定利率风险的一种融资方式，包括不动产抵押贷款证券化（主要是住宅抵押贷款证券化）、汽车贷款证券化、消费贷款证券化等，主要以贷款债权及其抵押权证券化为代表，后来又扩展到金融机构放贷的债权、企业的应收款项等。所谓不动产证券化，从金融的角度来说，"乃是将对不动产之投资转变为证券形态"，[1] 就是由不动产开发商业机构将变现性低、流动性差的不动产所有权分割，以不动产的出售利益或租赁收益作为担保，以股票或其他受益凭证的方式在证券市场上发行证券以筹集资金的一种融资方式，主要包括不动产有限合伙和不动产投资信托。

（二）房地产证券化

由于房地产是最重要的不动产之一，因此房地产证券化首先应当包含不动产证券化中涉及房地产的部分。其次，房地产证券化还包括金融资产证券化中的不动产抵押贷款证券化。而广义的房地产证券化，还应包括传统证券化中房地产企业或项目通过证券市场直接融资的行为。可见房地产证券化是房地产金融不可忽视的一个方面。

房地产证券化是当代经济、金融证券化的典型代表。作为一种金融创新，房地产证券化对许多国家的金融业有着深刻的影响，欧美、日本等国家以及我国台湾地区已经发展比较成熟，有了一套相对完善的理论体系和实践经验。我国的房地产证券化还处于起步阶段，无论是理论研究、产品设计、发展程度还是配套制度和环境建设上都非常不完善。目前，我国房地产融资的主要渠道仍然是预购人的按揭贷款和开发商抵押贷款，贷款人为单一主体——银行。这不仅使开发商因融资渠道单一而筹资困难，同时也加大了银行的风险。借款人信用风险、抵押物价值维持及变价风险、利率与提前还贷风险、房地产市场及法律政策风险等使得银行不得不考虑将风险向外分摊。房地产证券化，正是分摊风险的好工具。不仅如此，房地产证券化还具有融资社会化的功能，可以实现"资本大众化"。过去，房地产业往往因投资巨大而将规模较小的投资机构和广大公众拒之门外，其融资渠道得不到扩展。房地产经由证券化形式运作后，可以使开发商在短期内筹借到巨额开发资金，又可以让投资者以证券形式持有以便能分享房地产投资收益，不必全额购买房地产，实现开发商与投资者双赢。另外，房地产证券化还可以克服房地产资产流动性差的弱点，以证券化的形式增强资产的易变现性，有利于资产的流动和重组。因此，我国应当借鉴他国房地产证券化的经验，大力发展和促进本国的房地产证券化。

---

[1] 王文宇：《新金融法》，中国政法大学出版社 2003 年版，第 149 页。

二、住房抵押贷款证券化

（一）住房抵押贷款证券化的含义

住房抵押贷款证券化（MBS，Mortgage – Backed Securitization），是指住房抵押贷款发放机构将其持有的住房抵押贷款，按照同质性汇集成抵押贷款库（mortgage pool），出售给特设目的机构 SPV（special purpose vehicle），SPV 将其所购买的抵押贷款进行包装组合，经过信用评级、担保等形式实现信用提升之后，以抵押贷款库的未来现金流为偿还基础，在资本市场上发行证券出售给投资者的一种融资行为。[1]

美国是世界上最早进行包括住房抵押贷款证券化在内的房地产证券化的国家，也是目前房地产抵押贷款证券化最为发达的国家，自 20 世纪 60 年代末期发展到现在，形成了一整套完善的房地产证券化运作机制。2005 年 12 月 15 日，中国建设银行"建元 2005 – 1 个人住房抵押贷款支持证券"的发行则标志着住房抵押贷款证券化在我国的正式起步。

（二）住宅抵押贷款证券化的法律构造

1. 住宅抵押贷款证券化的主体。从法学角度看，资产证券化反映了现代民事财产权利证券化的趋势，住房抵押贷款证券化实质上就是一个设计精妙的债权转移法律行为。商业银行将自身享有的、在未来一段时间内以借款人为相对人的、附抵押的债权以有价证券形式转让给投资者，其全过程是由以合同为主的一系列法律行为组成的，每一个法律行为都会构建起一定的法律关系。整个流程主要涉及以下主体：借款人是对基础资产有偿付义务的主体，即定期向发起人履行还款义务的主体，例如因购房而向银行申请贷款者；发起人，即基础资产的原始权利人，也就是发放住房抵押贷款的商业银行、住房专业银行等金融机构，同时也是转让该资产给 SPV 以便启动证券化的当事人；信用强化者，也称发行人（SPV），是收购住房抵押贷款资产，对其进行整合包装，并负责发行的特殊目的机构；投资人，是指认购 SPV 所发行的住房抵押贷款证券的主体，以及通过二级市场交易持有住房抵押证券的主体；信用增级机构，是指为住房抵押贷款证券提供担保或保险的政府机构、金融担保公司、保险公司等机构。

各方主体在上述活动中进行了包括借贷、债权让与、抵押、委托、保证等一系列民事法律行为。他们之间形成的法律关系如下：

（1）发起人与借款人之间的债权债务关系。发起人是债权人，借款人是发起人的债务人，借款人对发起人负有到期为一定给付行为的义务，发起人对众多

---

[1]　李延荣：《房地产法研究》，中国人民大学出版社 2006 年版，第 267 页。

借款人所享有的债权构成了住房抵押贷款证券化的基础资产。

（2）发起人与SPV之间的债权让与关系。发起人以符合真实销售要件的方式将其对借款人所享有的债权转让给SPV，SPV取得让与的债权后，成为借款人的债权人，而发起人则丧失债权人资格。

（3）SPV与投资人之间的债权债务关系。当SPV发行的证券以债券形式出现时，投资人是债权人，SPV是投资人的债务人，SPV对投资人负有按期给付债券本金和利息以及信息披露的义务，投资人作为债权人，享有按期收回债券本金利息、转让投资以及向SPV了解发行人的财务、经营状况等相关信息的权利。

（4）发起人、SPV与投资人之间的信托关系。信托关系的基础仍为发起人与SPV间的债权转让关系。在信托关系中发起人为委托人，SPV为受托人，信托财产为证券化资产组合，受益人则为SPV发行的信托收益证书的持有人（即投资人）。根据信托的法律关系，发起人将基础资产（债权）信托于SPV之后，这一资产的所有权转移给SPV。这样一来，发起人的债权人就不能就这部分资产向发起人主张权利，从而实现了证券化资产与发起人的破产风险相隔离的要求。

（5）SPV与信用增级机构之间的担保法律关系。住房抵押贷款证券化往往需要信用增级机构的介入，由SPV与信用增级机构签订担保合同、信用证等，信用增级机构为SPV的住房抵押贷款证券提供信用担保及保险服务，作为信用提高的对价，SPV与其签订付费合同。住房抵押贷款证券的风险如果得到保险公司等信用增级机构的担保，该证券就会因为信用可靠而分外得到投资人的青睐。

2. 住宅抵押贷款证券化的流程。住房抵押贷款资产证券化的基本法律流程大致包括：

（1）资产组合。原始权益人（发起人）首先对其住房抵押贷款的融资需求作出科学的分析，对自己所拥有的能够产生未来现金流收入的住房抵押贷款进行清理、估算和考核，然后将其汇集成一个资产池（asset pool）。资产池的质量如何，关系到证券化后该证券的收益如何，因此这是房地产证券化的核心技术所在。

（2）资产转移。首先，应当组建一个特殊目的的载体（SPV），来实现抵押贷款的出售，这是房地产证券化中最具特色、最富魅力的法律机制。唯有组建SPV，才能使"破产隔离"成为可能。SPV可以由发起人设立，也可以单独设立，无论哪种形式，其始终应当是一个以对抵押贷款组合进行证券化为主要目的、具有独立地位的实体。有了SPV之后，发起人将上述资产以债或信托形式转移给SPV，从而使基础资产的所有权从银行手中转移到SPV手中。如果资产仍在发起人手中，则发起人的其他债权人行使求偿权时，证券的持有人对该资产就没有优先性了。因此，独立的SPV和基础资产彻底的真实出售就是房地产证券化的关键。

（3）信用增强与评级。当银行为了规避过大的风险，而将一部分基础资产转移给了 SPV 之后，SPV 怎样才能让投资人相信这些基础资产一定会在未来产生较好的收益从而投资购买该证券呢？这就需要提高资产的信用，例如由信用等级高的保险公司向 SPV 或其发行的证券提供担保，投资者往往比较青睐这种经过信用增强与评级之后的高信用等级证券。

（4）证券发行。SPV 发行证券，并向投资人进行证券偿付。

三、房地产投资信托

（一）房地产投资信托的含义

房地产投资信托（real estate investment trusts，REITs），是指通过公司或信托机构，由具有房地产投资专业知识及经验的人将募集的资金运用于房地产买卖、租赁等经营项目或抵押贷款投资项目，并将所获收益分配给股东或投资人，也可以说是将证券投资信托的投资标的扩及到房地产的结果。

房地产信托业务，20 世纪 60 年代出现于美国，自其确立以来，对美国房地产市场产生了深刻的影响，更迅速被加拿大、日本等国借鉴。REITs 以其特有的运作机制，如其专业管理、自由转让、多样化投资及有效监管等，可以联结房地产市场与资本市场，能够在很大程度上解决房地产企业资金短缺问题的同时，为社会闲散资金寻找新的投资出路，其风险较低、收益率高的特点使其成为房地产证券化中突出的一种形式。

我国的房地产投资信托虽起步较晚，但近年来发展迅速，房地产投资信托在信托投资中所占的比重逐渐上升，投资金额不断增加。房地产投资信托的运行需要健全的法律制度。目前我国信托方面的立法仅有 2001 年的《信托法》和 2007 年银监会颁布的《信托公司管理办法》及《信托公司集合资金信托计划管理办法》等，现有信托法律框架内的一些规定已不能适应发展的需要，实践中存在的一些问题也亟待专门立法来规范。特别是关于房地产投资信托如何具体运作、房地产信托经营业务的税收制度、房屋信托是否需要及如何进行产权转移或变更登记等问题，都是房地产投资信托发展需要探讨和解决的关键问题。

（二）房地产投资信托的分类

在 REITs 最为成熟和发达的美国，依据资金投向的不同可将房地产投资信托分为三类：[1]

1. 权益型。权益型投资信托（Equity REIT），是指投资组合中对具有收益

---

[1] 李智：“房地产投资信托（REITs）法律制度之基本理论”，载《河北法学》2007 年第 9 期。

性的房地产的直接投资超过 75%，其投资标的物的所有权属于整个信托基金。该类 REIT 主要收入来源为房地产出售的资本利得和房地产出租的租金收入。该类 REIT 影响收益之因素主要为房地产的景气与否，故投资风险较高。

2. 抵押型。抵押型投资信托（Mortgage REIT），是指投资组合中对房地产开发公司的放款、房地产抵押贷款债权或抵押贷款债权证券合计超过 75%，而非直接投资于房地产本身。该类 REIT 主要收入来源于贷款利息，其价格的变动与利率有密切的关联，故投资风险较低。

3. 混合型。混合型投资信托（Hybrid REIT），是指投资标的包含房地产本身与房地产抵押贷款，为权益型与抵押型之混合。该类 REIT 影响收益之因素既有房地产市场又有利率，故投资风险居中。

第三节　房地产中介服务法律制度

一、房地产中介服务的概念

一个完善的房地产中介服务体系，可以分为房地产金融中介，包括存贷、投资、信托、保险、抵押、贴现、代理发行房地产证券、结算、审计等；房地产法律中介，包括司法公证、法律仲裁等；房地产服务中介，包括信息咨询、价格评估、经纪代理等。目前，我国房地产金融主要由专业性的金融机构办理，房地产金融中介还没有建立，房地产法律中介也还处于起步阶段，而房地产服务中介发展较快。

房地产中介服务，有广义和狭义之分。广义的房地产中介服务，是指在房地产投资、开发、交易、管理、消费等经济运行的各个环节中，为租赁双方、资金供需双方、房地产纠纷双方、物业所有者与使用者等当事人提供居间服务活动的总称。狭义的房地产中介服务，仅指上文的房地产服务中介，是指具有专业资格的人员在房地产投资、开发、销售、交易等各个环节中，为当事人提供居间服务的经营活动的总称。一般意义的房地产中介服务都是从狭义而言的。

房地产中介是房地产咨询、房地产价格评估、房地产经纪等活动的总称。在市场经济中，中介组织具有服务、沟通、公证、监督等重要功能，发展房地产市场离不开房地产中介组织。作为连接政府与企业、企业与企业、企业与消费者之间的桥梁和纽带，房地产中介随着市场经济的发展应运而生，同时又是房地产市场体系成熟与发达的标志。

我国房地产业的迅速发展带动了房地产中介服务市场的发展。为了加强房地产中介服务管理，维护房地产市场良性运行，保障房地产活动当事人的合法权益，根据《中华人民共和国城市房地产管理法》，建设部于 1996 年 1 月 8 日出台了《城市房地产中介服务管理规定》，自 1996 年 2 月 1 日起施行，并于 2001 年作出修改。各个省市也纷纷出台了地方性法规和规章对房地产中介服务活动进行规范。

二、房地产中介服务的种类

房地产中介服务，其范围比较广泛，房地产咨询、房地产评估、房地产经纪是目前比较重要的三种形式。今后，随着市场经济的不断发展，房地产中介服务的形式也会有新的发展。

（一）房地产咨询

房地产咨询，是指为房地产活动当事人提供法律法规、政策、信息、技术等方面服务的经营活动，从事房地产咨询活动的组织即为房地产咨询机构。其内容主要有：

1. 提供房地产信息咨询。比如各地的地价、房价、房地产租赁价格以及他们的动态走势；待出让地块、待出卖、出租、交换、抵押房地产情况；寻找投资伙伴，投资招商，购房、换房的信息以及有关税收、政策变动等信息的咨询。

2. 法律以及业务咨询。对于房地产法规、政策问题以及办理房地产交易、租赁、抵押业务手续等问题的咨询。

3. 代理。代理研制房地产方面的可行性报告、投资开发方案、项目规划设计方案等方面的业务。

（二）房地产评估

房地产价格评估，是对房地产进行测算，评定其经济价格的经营活动。房地产价格评估机构即为从事房地产价格评估活动的机构。

我国房地产价格评估机构基本上分为政府房地产估价机构和非政府房地产估价机构（即房地产估价事务所）。前者是政府房地产市场管理机构的组成部分，主要承办本行政区域内涉及政府税费收入及由政府给予当事人补偿或赔偿费用的房地产估价业务。后者经过房地产行政管理部门的资格审核，并由工商行政管理部门核发营业执照后方可营业。房地产评估机构接受政府或其他单位、个人的委托，进行测算基准地价、标定地价、各类房屋重置价以及其他房地产价格评估活动。

（三）房地产经纪

房地产经纪，是指为委托人提供房地产信息及居间代理业务的经营活动。房地产经纪机构是从事房地产经纪活动的机构。房地产经纪为房地产交易提供洽谈协议、交流信息、展示行情等服务业务，主要功能在于为房地产交易双方牵线搭桥，提供服务促成交易。

三、我国房地产中介服务的现状

房地产的特性要求房地产市场必须有专业化服务，房地产中介作为房地产业的软环境，是房地产市场发展必不可少的助推器，甚至可以说，发达而完善的房地产中介服务体系是房地产业走向成熟的决定性因素之一。随着房地产业的不断发展，我国房地产中介已经初具规模，发展势头强劲。截至2003年，我国房地产估价师和土地估价师分别超过了2万人。据统计，北京50%的业主委托房地产中介机构出租房屋，上海有90%的二手房交易是通过房地产中介实现的。[1]一方面，中介机构对房地产交易的供求双方起到了媒介和桥梁的作用，促进了房地产交易的专业化、规范化运作；另一方面，由于我国房地产中介服务是一个新兴行业，尚不成熟，仍然存在很多问题，主要表现在：

（一）房地产中介经营范围小、人员素质低，整体行业发展不平衡

目前，我国仍有相当一部分中介处于"手工作坊式"的规模，许多经纪机构是一间门面一张桌，一部电话一个本，小打小闹，遍地开花。中介服务行业内的高素质的专业人才缺乏。在房地产经纪行业中，大量无专业知识和工作经验的人在做中介代理；评估行业中的估价师队伍虽日益扩大，但大量注册估价师虽有资格，却并不执业，真正实践经验丰富的执业估价师少之又少。行业整体技术手段比较落后，方法陈旧。大多数中介组织只是原始商业性信息的收集发布，很少有综合性的市场分析与评述预测，因而对投资商、开发商的导向作用差。房地产中介服务行业要想在 WTO 背景下与国外先进的中介企业竞争，不论是大公司还是小型事务所，都需要走品牌经营的路线，提高自身素质。政府也应当提高中介服务行业的市场准入门槛，为中介服务行业良性运行创造良好的环境。

不仅如此，我国房地产中介服务还存在地区发展不平衡、行业发展不平衡现象。北京的房地产估价师数量占全国的比例达到8.5%，上海所占的比例也达到了8.5%左右；宁夏只占0.6%，而西藏更少，仅占0.04%。[2]具有一级资质的估价事务所更是集中在沿海发达城市。作为房地产中介服务业的一部分，房地产咨询业在国内的发展程度似乎不像估价行业那样发达，也不像经纪行业那样受到社会的普遍关注。目前国内许多房地产估价机构承担了一部分咨询工作，它们经常会为委托单位或是个人提供咨询信息，诠释相关法律法规，以协助委托人进行种种决策。国内专门从事房地产咨询业务的中介机构并不多见，许多房地产开发

---

〔1〕 愈明轩、阎东、蒋一军："房地产中介服务业的发展及对策"，载牛凤瑞编：《中国房地产发展报告》第1卷，社会科学文献出版社2004年版，第159页。

〔2〕 愈明轩、阎东、蒋一军："房地产中介服务业的发展及对策"，载牛凤瑞编：《中国房地产发展报告》第1卷，社会科学文献出版社2004年版，第159页。

企业还在花费大量成本从事小而全的工作。从目前的情况来看，房地产业的飞速发展要求行业分工越来越细，对形形色色专业咨询人员的需求会越来越大，投资分析师、权案策划师、工程咨询师有待进一步发展。

（二）房地产中介行业缺乏诚信，行为不规范，违规甚至违法现象严重

目前，对房地产经纪行业给人们留下的不好印象不能回避。无照经营、超越经营范围、做黑单等都是房地产经纪行业中普遍存在的问题。有的经纪人或中介公司虚构房源、隐瞒房屋质量问题、以次充优，骗取中介费；有的则在买卖双方信息不对称的情况下，压低卖价，抬高买价，从中获取差价收入；合同不规范、不兑现承诺、乱收费也是普遍现象。人们对"中介"两个字眼大有到了闻声色变的地步，不少租赁房屋的启事后甚至附上"中介免谈"的字样。在房地产抵押、城市拆迁补偿中，有的估价师与当事人一方勾结，利用自己的专业知识为一方牟利，作出不符合事实的估价。随着市场经济的进一步深化，提高房地产中介行业道德水准、净化行业氛围，诚信立业，严格执法，成为发展房地产中介行业急需解决的问题。

（三）房地产中介服务的法规和相应管理制度不健全

1995 年 1 月 1 日起施行的《城市房地产管理法》对房地产中介服务的概念、机构设置和中介服务人员资格认定制度做了原则性的规定，建设部以及相关部委也发布了诸如《城市房地产中介服务管理规定》、《房地产估价师执业资格制度暂行规定》、《房地产估价师执业资格考试实施办法》、《房地产经纪人员职业资格制度暂行规定》和《房地产经纪人执业资格考试实施办法》等法规。但是，由于中介服务活动涉及房地产经纪、评估、咨询、诉讼、质监、保险、担保等广泛领域，因此，现有的法规的广度、深度，尤其是效力层次和体系性远远不能满足实际的需要。

目前，由于房地产中介服务的法律法规还不健全，从中介服务机构的注册登记、从业人员的资格认定到管理，都存在多头管理、体制混乱的问题。除房地产管理部门之外，建设、工商、物价、人事等部门都在审批、认可中介服务机构，没有形成统一的资质管理格局。从业人员更是缺乏必要的专业知识、职业道德、相应的培训、考核与认定。房地产中介服务业之所以人员素质跟不上市场需求、违法违规操作多，我国现阶段房地产中介服务立法和管理滞后是很大一个原因。因此，完善我国房地产中介服务立法、理顺中介服务管理体制、建立统一的管理体系已经成为房地产中介服务行业健康发展的关键。

四、房地产中介服务管理法律制度

（一）房地产中介服务机构的设立管理

1. 房地产中介服务机构的设立条件。房地产中介服务机构，是承办房地产

中介服务业务的主体，包括房地产咨询机构、房地产价格评估机构和房地产经纪机构。我国《城市房地产管理法》对中介服务机构的设置进行了规范，规定房地产中介服务机构应当具备下列条件：

（1）有自己的名称和组织机构；

（2）有固定的服务场所；

（3）有规定数量的财产和经费；

（4）有足够数量的专业人员。例如，从事房地产咨询业务的，具有房地产及相关专业中等以上学历、初级以上专业技术职称的人员须占总人数的50%以上；从事房地产评估业务的，须有规定数量的房地产估价师；从事房地产经纪业务的，须有规定数量的房地产经纪人。

2. 房地产中介服务的设立程序。设立房地产中介服务机构，应当向当地的工商行政管理部门申请设立登记，领取营业执照后，方可营业。房地产中介服务机构在领取营业执照后的1个月内，应当到登记机关所在地的县级以上人民政府房地产管理部门备案。跨省、自治区、直辖市从事房地产估价业务的机构，应当到该业务发生地的省、自治区人民政府建设行政主管部门或者直辖市人民政府房地产行政主管部门备案。

房地产管理部门应当每年对房地产中介服务机构的专业人员条件进行一次检查，并于每年年初公布检查合格的房地产中介服务机构名单。检查不合格的不得从事房地产中介业务。

3. 房地产中介服务机构的义务。房地产中介服务机构必须履行下列义务：

（1）遵守有关的法律、法规和政策；

（2）遵守自愿、公平、诚实信用的原则；

（3）按照核准的业务范围从事经营活动；

（4）按规定标准收取费用；

（5）依法交纳税费；

（6）接受行业主管部门及其他有关部门的指导、监督和检查。

（二）房地产中介服务人员的资质管理

房地产中介服务人员，顾名思义，是指隶属于中介服务机构而从事房地产中介服务的人员，包括房地产咨询业务员、价格评估师（员）以及房地产经纪人。为了加强管理，确保专业化、规范化，目前我国对房地产中介服务人员采取统一考试、执业资格认证和登记的管理办法。

1. 房地产咨询从业人员资质管理。从事房地产咨询业务的人员，必须是具有房地产及相关专业中等以上学历、具有与房地产咨询业务相关的初级以上专业技术职称并取得考试合格证书的专业技术人员。房地产咨询人员的考试办法，由省、自治区人民政府建设行政主管部门和直辖市房地产管理部门制订。

2. 房地产价格评估从业人员资质管理。国家实行房地产价格评估人员资格认证制度。房地产价格评估人员分为房地产估价师和房地产估价员。

（1）房地估价师必须是经国家统一考试、执业资格认证，取得《房地产估价师执业资格证书》，并经注册登记取得《房地产估价师注册证》的人员。未取得《房地产估价师注册证》的人员，不得以房地产估价师的名义从事房地产估价业务。房地产估价师的考试办法，由国务院建设行政主管部门和人事主管部门共同制定。

（2）房地产估价员必须是经过考试并取得《房地产估价员岗位合格证》的人员。未取得《房地产估价员岗位合格证》的人员，不得从事房地产估价业务。房地产估价员的考试办法，由省、自治区人民政府建设行政主管部门和直辖市房地产管理部门制订。

3. 房地产经纪人员资质管理。根据《城市房地产中介服务管理规定》，房地产经纪人必须是经过考试、注册并取得《房地产经纪人资格证》的人员。未取得《房地产经纪人资格证》的人员，不得从事房地产经纪业务。

我国人事部、建设部于 2001 年 12 月 18 日出台了《房地产经纪人员职业资格制度暂行规定》和《房地产经纪人执业资格考试实施办法》，国家对房地产经纪人员实行职业资格制度，纳入全国专业技术人员职业资格制度统一规划。凡从事房地产经纪活动的人员，必须取得房地产经纪人员相应职业资格证书并经注册生效。未取得职业资格证书的人员，一律不得从事房地产经纪活动。

（三）房地产中介业务管理

1. 中介服务合同管理。房地产中介服务人员承办业务，由其所在中介机构统一受理并与委托人签订书面中介服务合同。

房地产中介服务合同应当包括下列主要内容：

（1）当事人姓名或者名称、住所；

（2）中介服务项目的名称、内容、要求和标准；

（3）合同履行期限；

（4）收费金额和支付方式、时间；

（5）违约责任和纠纷解决方式；

（6）当事人约定的其他内容。

2. 中介服务禁止行为。房地产中介服务人员在房地产中介活动中不得有下列行为：

（1）索取、收受委托合同以外的酬金或其他财物，或者利用工作之便，牟取其他不正当的利益；

（2）允许他人以自己的名义从事房地产中介业务；

（3）同时在两个或两个以上中介服务机构执行业务；

（4）与一方当事人串通损害另一方当事人利益；

（5）法律、法规禁止的其他行为。

■ 思考题

1. 什么是房地产金融？

2. 房地产开发融资的方式有哪些？

3. 什么是住房公积金？我国对住房公积金是如何规定和管理的？

4. 目前我国的房地产保险产品有哪些？

5. 什么是住房抵押贷款证券化？其流程是怎样的？

6. 什么是房地产投资信托？

7. 房地产中介服务有哪些？我国从哪些方面对房地产中介服务进行管理？

■ 参考书目

1. 王恩国："房地产企业融资渠道分析"，载《合作经济与科技》2006 年第 1 期。

2. 王国银："房地产业融资渠道探析"，载《财会通讯》2006 年第 2 期。

3. 李延荣：《房地产法研究》，中国人民大学出版社 2006 年版。

4. 王文宇：《新金融法》，中国政法大学出版社 2003 年版。

5. 李智："房地产投资信托（REITs）法律制度之基本理论"，载《河北法学》2007 年第 9 期。

6. 愈明轩、阎东、蒋一军："房地产中介服务业的发展及对策"，载牛凤瑞编：《中国房地产发展报告》第 1 卷，社会科学文献出版社 2004 年版。

7. 关涛：《我国不动产法律问题专论》，人民法院出版社 2004 年版。

8. 吴清旺、贺丹青：《房地产开发中的利益冲突与平衡》，法律出版社 2005 年版。

第十七章　房地产物业管理与服务法律制度

■学习目的和要求

　　本章主要讲述房地产物业管理的有关问题，通过本章的学习，能够对房地产物业管理相关问题有一个基本的了解。本章重点掌握业主自治的含义和组织形态、物业服务合同的效力，尤其应关注业主团体的法律地位问题，理解房地产物业服务费和维修资金制度，了解物业服务企业资质制度。

第一节　物业管理与服务概述

一、物业

（一）物业的含义

　　所谓物业，是指已建成并具有使用功能和经济效用的各类供居住和非居住的房屋及与之相配套的设备，市政、公用设施，房屋所在的土地与附属的场地、庭院等。

　　"物业"一词来自于香港方言，上世纪80年代由香港传入大陆。它来自英文 Real Property 或 Real Estate，表示房地产或不动产。在港澳及东南亚一些国家，物业一词往往作为房地产或不动产的别称或同义词。在《香港房地产法》一书中，作者李宗锋先生称"物业"是单元性的房地产。它既可以是单元性的地产，也可以是单元性的房产；既可以是一套住宅，也可以是一栋楼宇或房屋，故而物业所涉及的范围非常广泛。

　　应注意的是，尽管"物业"一词在某些地区和方面常常作为房地产的同义词，但是物业的概念与房地产的概念在很多方面还存在着差别。房地产一词涉及宏观领域，泛指一个国家或地区的整个房地产；而物业则是一个微观的概念，它一般是指一个单项的房地产，或一项具体的实物资产。并且，"房地产"概念的外延包括房地产的投资开发、建造、销售、售后管理等整个过程；"物业"有时虽可用来指某项具体的房地产，但如今我们一般只在房地产的交易、售后服务这一阶段，以人为本，从"物业管理"的角度使用该词，一般不会单独提及"物业"。

（二）物业的构成

1. 物业的物理性构成。作为物质存在的物业，具有二元性，由土地和附属建筑物构成。一般而言，一个完整的物业应当包括如下几个部分：

（1）建筑物本体。建筑物本体是指可供居住或非居住使用的住宅、厂房、商场、仓库等。

（2）附属设施。附属设施就是房屋建筑物内部的各项附属设备。以居住物业为例，附属设施可以包括排水、供水、燃气、管道以及由整幢物业业主使用的照明、电梯、信箱等设备。随着现代房屋功能的日益完善，出现了包括楼宇、通讯、办公、消防、保安自动化设备的智能大厦，附属设施的种类不断增多。

（3）公共设施。物业公共设施，又称公共服务设施。一般是指物业区域内，由业主和物业使用人共同使用的道路、绿地、停车场地、照明路灯、化粪池、垃圾房、居委会、学校用房等设施。根据我国《城市居住区规划设计规范》，城市居住区公共服务设施分为教育、医疗卫生、文化体育、商业服务、金融邮电、社区服务、市政公用、行政管理及其他八大类。不同规模的居住区应当配建符合各自指标和面积的公共服务设施。

（4）建筑地块。即物业所占用的场地。

2. 物业的法律构成。根据物业业主对物业享有的不同权限，物业在法律上可以分为：

（1）专有部分。专有部分是物业在构造和使用上具有相对独立性的部分。除法律有特别规定外，业主对专有部分享有自由占有、使用、受益、处分的权利，并排除他人干涉。

（2）共有部分。在目前区分所有的法律制度体系下，一个完整的物业，除去业主的专有部分，余下的部分都归业主共同所有，此部分即为物业的共有部分。共有部分，又可以分为法定共有和约定共有。前者是指性质上、构造上的共用部分，是基于建筑物的结构设计、功能或效用属于整个建筑物存在不可或缺的组成部分，或者是服务整个建筑物使用的部分，比如楼梯、电梯、中央空调、水暖管道、房屋外墙、变电室等。后者是指在结构、功能上并无作为整个物业利用的必要，而是基于全体业主的约定，将构造上、利用上具有独立性的建筑物、设施确定为共用部分。一般而言可以为业主约定而成为共用部分的大多是建筑物附属物或附属设施，例如底层停车场、庭院、小区会所等。

明确物业产权的归属，确定物业的专有部分和共有部分，是进行合法有效物业管理的前提条件。《物权法》第6章专门规定了业主的建筑物区分所有权，将共有分成了法定共有和约定共有两种，并列举了道路、绿地等法定共有的情况，对于明确物业产权的归属具有重要意义。但是由于实践中的情况千差万别，有些住宅区内的物业归属仍有争议。我国出现的多种物业管理纠纷都与物业权属不明有密切关系，如何实现业主的物业产权，规范利用和管理物业共有部分，仍然是我国目前一个值得讨论的问题。

案例与评析[1]

北京市某栋单体高层住宅的物业服务公司与当地一家广告公司签订了一份《楼宇外墙使用协议》，约定由该广告公司出资租用该住宅临街面外墙用于修建广告牌，其墙面出租收益归物业公司所有，使用期为10年。签订协议的广告公司付款后，物业公司将该笔外墙出租的租金全部归入公司账户。知悉情况的业主几次找物业公司协调，要求物业公司返还租金给他们，但遭到公司的拒绝。该小区成立业主大会和业主委员会之后，业主委员会统一了业主的意见，经多次与物业公司协调无果后，以外墙属于小区全体业主共同所有，并且广告牌侵犯了业主的采光、通风、安全等权利为由，向法院提起诉讼，要求判令广告公司拆除广告牌，停止侵害，恢复原状，并将物业公司已收取的该笔外墙出租的租金全部返还给全体业主。

本案的焦点在于，该外墙是否属于业主共有，物业公司是否有权出租收取租金。我国《物权法》第70条规定，业主对建筑物内的住宅、经营性用房等专有部分享有所有权，对专有部分以外的共有部分享有共有和共同管理的权利。根据《物权法》第39条，所有权人对自己的不动产或者动产，依法享有占有、使用、收益和处分的权利。从一般意义上来说，建筑物的共有部分包括建筑物内共有的走廊、连廊、门厅、阳台、楼宇外立面、院落等，外墙立面作为建筑物不可分割的部分，属于法定共有部分，应由全体业主依法享有对这一共有部分占有、使用、收益和处分的权利。因此，本案例中争议的外墙立面应为业主共有，物业公司将该建筑物的临街外墙面出租给广告公司并将租金据为己有于法不合，应当返还。

二、物业管理

（一）物业管理的概念

物业管理，是指业主通过选聘物业服务企业，由业主和物业服务企业按照物

---

[1] 案例来源于刘熙儒："由一则典型案例读《物权法》之相关规定"，载《中国物业管理》2007年第9期。

业服务合同约定，对房屋及配套的设施设备和相关场地进行维修、养护、管理，维护相关区域内的环境卫生和秩序的活动。

对于物业管理的概念，可以从三个方面把握：

1. 物业管理关系的主体包括两方，一是业主及由其组成的业主大会、业主委员会，一是具有法定资质的物业服务公司。从本质而言，物业管理实际上是业主所有权的一种延伸，物业服务公司进行物业管理需要接受业主的委托，是物业管理行为的具体实施者。

2. 物业管理的对象是业主的共有部分和共同事务，物业管理服务的受益人是业主和物业使用人等物业利益享有者。

3. 物业管理的基础是业主的自治权，物业管理公司与业主之间是平等有偿的民事合同关系。业主们因为共同购买了相同一幢或一个小区的物业而聚集在一起，通过管理规约，业主大会和业主委员会形成全体业主共同的意志，实现自治来管理共同的物业，并通过委托专业化的管理公司实际执行管理活动。

在计划经济体制下，城市房地产产权单一，都归国家所有，房屋的分配、使用、维修、管理和转让都由房地产行政部门用行政手段处理。随着我国市场经济的发展，逐步确立了区分所有法律制度，社区也相应发展，现代意义的物业管理便应运而生。如果物业属于单人所有，业主自己就是物业的管理人，即使因某种原因不能管理而由他人代管，法律也可通过一般民事法律规范加以调整，毋需专门的物业管理制度。但是在产权多元化、区分所有占多数的情况下，如果没有将各个业主组织起来共同解决物业管理问题的专门机制，没有专业化、社会化的物业管理，就极有可能诱发大量的"搭便车"行为，各个业主很难建立对共同物业的利用秩序。

现代物业管理将分散的社会分工汇集起来，统一管理服务，适应了市场经济的模式和要求。比如，每个产权人只要和一家物业服务企业联系，就可以解决诸如清洁卫生、保安执勤、水电供给、园林绿化、市政道路等有关房屋和居住环境的日常维修事宜。良好的物业管理制度是区分所有制度能够顺利运行的保障。并且，现代社区居住中，不仅会产生共用部分的使用和维护问题，也会产生相邻关系和共同居住关系，有必要建立一个共同生活的秩序，现代物业管理制度中对人管理的内容正好符合社区建设的需要。

（二）物业管理的内容

1. 物业管理的内容可以分为对物的管理和对人的管理

（1）所谓对物的管理，是指对建筑物、基地及其附属设施的保存、改良、利用以及处分等所为的物理上的管理。原则上仅限于建筑物的共用部分，专有部分不包括在内。实践中，物业管理中对物的管理主要有维护、保养、修缮等内容。

（2）所谓对人的管理，是指对区分所有权人群居生活关系所为的社区管理。人的管理对象不以居住在区分所有建筑物中的所有权人为限，凡出入于区分所有建筑物的人的行为，都应包括在内。比如实践中为阻止物业使用人对自用部分进行危害整体利益的使用行为，阻止业主对共用部分进行妨害他人利用的行为，车辆停放秩序管理行为等。

2．从物业管理行业角度而言，物业管理的内容包括：

（1）基本业务。包括房屋建筑物的维护、修缮与改造；物业附属设备、设施的维护、保养和更新；相关场地的维护与管理；消防设施的维护、保养和更新等。基本业务是物业管理本身的性质决定的，因此这些业务是所有物业管理公司都必须为业主从事的，物业公司在提供的格式合同中不得对这些内容作出删减，即使合同没有体现，也应当视为物业管理企业承担的责任。

（2）专项服务。包括治安保卫、清扫保洁、庭院护花、车辆管理等。专项业务是某一特定的物业管理公司为物业的全体业主平等提供的，并通过物业委托合同体现出来。一般而言，不得对某一业主额外歧视，并应以合同为准。

（3）经营业务。物业管理的经营业务主要是接受个别业主或使用人的特别委托而提供的各种服务。比如有的小区物业提供的代办车票、代聘家政服务、室内代为清洁等。经营业务实际上并不专属于物业管理范围，它是通过单独委托的方式，在个别业主与物业管理公司之间形成的。

（三）物业管理的类型

1．根据物业管理模式的不同，可以分为委托代管型和业主自管型两种。

（1）委托代管型是由业主自治机构委托物业服务公司对其物业进行专门化的服务管理，住宅小区、写字楼常常采用此种模式，这也是当前最常见的物业管理模式。

（2）业主自管型是由业主自己对其所有或合法取得使用权的物业自主实施管理，宾馆酒店、学校宿舍、医院、商场常常采取此种模式。

两种模式最大的差异在于，委托代管物业管理是不同主体之间的法律关系，而自管型物业管理则属于同一业主的内部行为。

2．根据物业管理公司选聘时间的不同，可以分为前期物业管理和普通物业管理。

（1）前期物业管理是指业主、业主大会选聘物业服务公司之前，由建设单位选聘物业服务企业进行物业管理工作。在小区业主入住之前，直到小区业主大会召开、业主委员会成立，这一段时间业主没有形成共同的意志，但此时小区也需要物业管理服务，于是，法律规定应当由建设单位通过招标投标的方式选聘物业服务企业，进行必要的物业管理活动。相比而言，前期物业管理更多地与建设单位联络合作，在物业"开盘"时，有的前期物业参与楼盘营销，好的物业管理也是吸引业主购买的重要因素，并且前期物业应当提供业主入住的进户管理。目前，一些较有实力的房地产开发企业大都是自己组建物业服务公司，对所出售的房屋进行前期物业管理。前期物业管理的费用，未入住的单元应当由建设单位负责承担。

（2）普通物业管理则是在业主入住之后，通过业主大会，以公开、公平、公正的市场竞争机制选择物业管理企业，订立物业服务合同，按照合同实施的物业管理活动。

两者在物业管理公司的选聘、管理费收取、监督机制的设立运作方面存在较大差异。

3. 根据物业的不同用途，可以分为住宅小区物业管理、商业办公物业管理以及公共设施物业管理等。这些用途不同的物业在物业管理关系的缔结、物业服务的内容等方面都有一定的差异。我国目前常见的物业管理多为住宅小区物业管理，但商业办公、校园后勤、公共场所物业管理也有较大发展，日益成为物业服务企业的重要服务对象。

三、物业管理立法

随着住房制度的改革和房地产的发展，我国物业管理行业发展迅速。然而，良好的物业管理必须建立在完善的立法的基础之上。加速物业管理立法，建立和完善物业管理法律体系，成为我国目前一项十分紧迫的任务。

各国关于物业管理的立法模式，共有四类：

1. 民法模式。此种模式以意大利和瑞士为代表，物业管理被认为是业主所有权的延伸，因此在民法典中以业主的建筑物区分所有权为基点，设若干条款，以规范物业管理中的法律关系。如新《意大利民法典》第 1117～1139 条关于建筑物共有的规定，以及《瑞士民法典》中关于分层建筑所有权的规定。

民法模式以民事基本法形式确立了物业管理法律制度，将物业管理纳入民商法的整体调整范围，使民法典更加丰满和完善。但是该模式无法详尽物业管理的诸项制度，使法律的操作性被削弱，难以发挥作为法律的价值功能，采此种立法例的为个别国家。

2. 住宅法模式。此种模式主要为现今英美法系的英国、加拿大、澳大利亚、新西兰、印度等国所采取，其指的是制定一部住宅法对所有类型住宅的所有、租赁等法律关系进行专门调整，而将物业管理作为其中一部分加以规定。此种模式的优点大概如民法模式。其缺点主要是将物业管理局限于住宅，非住宅物业则无法律调整，与日益发展的物业管理不相适应。

3. 建筑物区分所有权法模式。此种模式以德国、日本、法国等国为代表，指专门制定建筑物区分所有权法，其中设专章或专节对物业管理进行调整。如日本的《有关建筑物区分所有权之法律》，其内容不仅包括建筑物区分所有权，还包括"管理人"、"规约及集会"、"管理团体法人"等。

这种模式将物业管理法律作为建筑物区分所有权的三大要素之一加以规定，揭示了物业管理法律关系与建筑物区分所有权的内在联系，对于明确物业管理中各当事人的法律地位具有重大意义。且从民法模式到住宅法模式再到建筑物区分所有权法模式，对物业管理法律关系进行规制的法律层次更加专业化，内容越来越具体和完整，符合社会实践的发展，因此，此种模式为现代大陆法系绝大多数国家所采纳。

4. 物业管理法模式。此种模式以我国香港和台湾地区为代表，指专设物业管理法，统一规制物业管理法律关系。香港1970年制定《多层大厦（业主立案法团）条例》，旨在加强楼宇、屋村管理的原则指导下更有效发挥业主集体自治；1973年公布的《房屋条例》则给楼宇和屋村管理机构设置的权限提供了较高层次的法律依据。我国台湾地区也于1995年公布了单独的《公寓大厦管理条例》。我国国务院2003年公布施行的《物业管理条例》亦是采此种模式。

这种立法模式将物业管理法律关系从区分所有权法中独立出来，集中规定，具有显著的特色，为物业管理立法的最新模式。

观之各国立法，大都以建筑物区分所有权为立法轴心，形成了各自的物业管理法律制度。虽然物业管理制度不是以建筑物区分所有权的产生、变更、消亡为中心，而是以物业的有效利用和业主共同利益维护为关键，但是，"产权明晰"仍然是物业管理制度良性运行的基础，各国立法正是反映了这一点。我国《物权法》出台前，物业归属不明、物业管理立法效力层次低下、立法不统一等问题严重，导致物业管理关系混乱、纠纷众多。《物权法》出台后，对于物业权属和管理作出了原则性的规定，明确了业主的管理权，物业管理有了基本法层面的支持。物业管理各行政法规和地方性法规、规章纷纷根据其进行了修改，吸收各国物业管理法律制度所长。我国以《物权法》为龙头，包括《物业管理条例》、《业主大会规程》及各种地方法规、规章在内的物业管理法律体系初步建立。

第二节　业主自治

一、业主自治的概念
（一）业主自治的含义
业主自治，是指在物业管理区域内的全体业主，基于建筑物区分所有权，依据法律、法规的规定，根据民主的原则建立自治组织、确立自治规范、自我管理本区域内的物业管理活动的一种基层治理模式。

业主自治由于建筑物区分所有权制度的确立和发展而成为必要。多层建筑或居住小区的共用部位和共用设施的产权由多个区分所有权人共有，但各区分所有权人的要求各异，从而导致各种纠纷发生。为了统一意见、便于管理，业主组成管理团体委托或者自我对小区共用的部位和共用设施设备的维护、公共环境、公共秩序等事项进行自治管理，以避免公共事务无人愿管或无人可管的情况，保证物业的合理使用，使业主有一个良好的生活居住环境。只有业主实现真正自治，物业管理活动才能真正为业主服务，体现业主的利益，从根本上实现物业管理制度的目的。各国物业管理法律制度中业主自治都是基本组成部分。《物权法》规定，业主对共有部分有共同管理的权利，业主可以自行管理建筑物及其附属设施，也可以委托物业服务企业或者其他管理人管理。进行管理的方式主要为业主大会。

（二）业主自治的主体

1. 业主。

（1）业主的含义。根据《物业管理条例》第 6 条的规定，房屋的所有权人为业主。对于业主这一含义，我们有必要做宽泛理解。

首先，根据《物权法》和《房屋登记办法》的规定，房屋买受人若要在法律上获得房屋所有权，除了签订房屋买卖合同，还必须办理房地产过户登记，房屋所有权证是确认房屋所有权的"唯一合法凭据"。因此，严格而论，在我国只有拥有房屋所有权证书才能称得上是房屋所有权人，才能成为业主。但是，实践中由于开发商拖延、房屋产权登记机关工作效率低以及按揭贷款买房中银行的不规范操作等因素，使得大多数购房人普遍是先交房入住，后办理产权证，甚至入住和取得产权证相隔数年之久。如果此时不承认他们的业主身份，则小区的业主大会和业主委员会根本无法建立，当发生物业管理纠纷时也就无法有效行使自己的权利，这是极不公平的，亦有悖于物业管理的精神。因此，尚未取得房屋所有权证书的物业买受人，只要交付物业费，与物业管理公司成立事实上的合同关系，就应当视为业主。

其次，如果物业所有权人将其在物业管理方面享有的权利与承担的义务一同转移给承租人行使时，则支付物业管理费的物业使用人（即承租人）也可以代为行使业主的某些权利。例如由于物业管理公司的失职，使得物业使用人的人身、财产受到损失，而该物业的所有权人不愿意涉及此事，则使用权人可以根据与业主的约定，代位行使业主的权利，向物业管理公司交涉赔偿事宜。

最后，房屋所有权人的配偶除非有特别约定，也应当视为业主。因为按照婚姻法的规定，在婚姻存续期间夫妻取得的财产，只要没有特别约定即属于夫妻共同所有。即使产权证上只有一方姓名，也不影响夫或妻作为业主的资格。并且，即使该房屋是夫或妻一方财产，根据夫妻之间一般事项表见代理的原理，所有权人一方的配偶也可以代为行使业主权利。

（2）业主的权利与义务。业主在物业管理活动中，享有下列权利：按照物业服务合同的约定，接受物业管理企业提供的服务；提议召开业主大会会议，并就物业管理的有关事项提出建议；提出制定和修改管理规约、业主大会议事规则的建议；参加业主大会会议，行使投票权；选举业主委员会成员，并享有被选举权；监督业主委员会的工作；监督物业管理企业履行物业服务合同；对物业共用部位、共用设施设备和相关场地使用情况享有知情权和监督权；监督物业共用部位、共用设施设备专项维修资金的管理和使用；法律、法规规定的其他权利。

业主在物业管理活动中，履行下列义务：遵守管理规约、业主大会议事规则；遵守物业管理区域内物业共用部位和共用设施设备的使用、公共秩序和环境卫生的维护等方面的规章制度；执行业主大会的决定和业主大会授权业主委员会作出的决定；按照国家有关规定交纳专项维修资金；按时交纳物业服务费用；法律、法规规定的其他义务。

2. 业主团体。所谓业主团体，是指物业管理区域内全体业主为管理物业而组成的社会团体。我国《物权法》以及其他物业管理立法上，没有直接规定业主团体这一概念，而是对业主大会和业主委员会作出了具体的规定。业主团体的法律地位如何？是否具有法人地位？是否具有诉讼主体资格？其与业主大会、业主委员会是什么关系？这些问题直接关系到业主团体今后行为的法律后果、定性，以及能否有效实现物业管理权利。对此理论界有所争议，各国立法例也不尽相同，有必要进行探讨。

对于业主团体的法律地位，有如下立法例：

（1）法人模式。该模式法律赋予其法人人格，有行为能力，可实施法律行为，进行诉讼活动。例如，根据香港地区《建筑物管理条例》，管理委员会须在获任后28天内向土地注册处处长申请将各业主根据本条例注册为法团，经注册后成立具有法人地位的业主立案法团。根据法国《住宅分层所有权法》，如果有2名以上拥有建筑物不同部分的区分所有者，即应存在区分所有权人管理团体，而且该2名以上区分所有人团体于法律上当然构成团体，具有法人资格。美国如今也在判例上承认了业主团体的法人资格。该模式有多种益处：业主团体对外以自己名义为法律行为，其直接成为权利义务的归属点，各项法律关系更加明晰。另外，业主团体因具有法人人格，其求偿权更易实现，在诉讼中可以自己的名义直接起诉或应诉。

（2）非法人模式。该模式以德国以及我国台湾地区为代表。认为业主团体是住宅所有权人共同体，不具备权利能力，因而不具备法人人格。该共同体的形成并非法律强制成立，而由住宅所有权人通过契约予以确定，属于不具备当事人能力的非法人团体，其法律性质通说为"无权利能力社团说"。但是，德国法中"无权利能力社团"与法人的差别日益缩小，无权利能力社团享有的权利能力越来越大。德国业主团体可以依业主公约规定从事各种活动，程序上亦享有起诉与应诉的权利。

（3）折衷说。此种模式是根据区分所有权人的数量多少而决定能否成立法人。如《日本区分所有权法》规定，由 30 人以下区分所有权人构成的管理团体，属于无权利能力的社团，区分所有人人数为 30 人以上，经区分所有人及决议权占 3/4 以上的多数集会决议成立法人并登记的，具有法人资格。

我国目前采取法人模式比较困难。首先，我国的业主团体本身没有独立的财产，其财产主要是业主交纳的管理费和维修资金。这与我国《民法通则》中规定法人必须有独立财产的构成要件是不符的。目前业主对于共有部分享有的是共有权，对专项维修资金享有的也是共有权，可见，我国实际上将业主团体视为了合伙而非法人，将其定位为"非法人组织"应该是比较恰当的。其次，采取法人模式对物业公司或其他债权人的保护不利。依法人理论，业主团体是具有独立人格、独立财产、独立责任的民事主体，业主与业主团体之间的关系类似于公司与其股东，物业服务合同往往是业主团体这一独立民事主体与物业公司签订的，与单个业主没有直接关系。在业主拖欠管理费时，物业公司只能借助于有严格条件限制的"揭开公司面纱"理论来解释，不能直接向业主请求偿还债务，对物业公司或其他债权人是不公平的。并且，业主团体一旦独立，其意思和行为也就独立于业主的意思和行为，在我国目前业主自治能力不强的现状下，很容易造成"法人专横"，业主团体的活动有可能损害业主的利益。因此，我国目前不易采用法人模式。

如前所述，我国立法没有使用"业主团体"的概念，而是直接对业主大会和业主委员会进行了规定。根据《物业管理条例》，业主大会是由物业管理区域内全体业主组成的。本书认为，业主大会有两层含义：其一，是指物业管理区域内全体业主组成的联合体，也就是业主团体；其二，是指业主团体的自治机构、议事机构和最高意思机关。业主委员会，由业主大会选举产生，是业主大会的执行机构。《物业管理条例》规定，业主委员会是业主大会的执行机构，但同时规定了业主委员会（而非业主大会）应当登记，可以代表业主与选聘的物业管理公司签订物业管理服务合同。实践中，业主也要求业主委员会承担起相当一部分维权的神圣职责。因此，业主委员会渐渐以一个独立的非法人组织的身份活跃于日常生活中，并频频以当事人身份出现在诉讼当中，地位反超于自己的产生机关——业主大会。基于此，笔者认为，业主委员会首先应该是业主大会的执行机构，但在我国目前的情势下，业主委员会担当起了业主大会的诸多职能，因此有必要在目前的司法实践中承认其民事主体地位，并确认其当事人能力。当然，将来随形势的发展，业主的自治能力和素质有了极大提高，业主大会在我国深入人心且作用明显的时候，业主大会和业主委员会将向其本该有的地位回归，立法者也将在法律中作出合理的选择。

案例与评析[1]

宜静园小区由甘肃兴隆房地产开发有限公司于 2004 年 10 月建设竣工，住宅套数 176 户，地上独立车位 38 个。2004 年 10 月兴隆开发公司与兴隆物业公司签订了《前期物业管理合同》。2005 年 10 月 30 日，宜静园小区召开第一次业主大会，投票选举成立了业主委员会，并根据《物业管理条例》于同年 11 月 22 日到兰州市房地产管理局登记备案，确定小区业主为 174 户。由于兴隆物业管理公司服务质量跟不上且管理费用高，人员素质参差不齐，为了改善小区内业主的生活环境，宜静园小区召开业主大会，决议通过招标方式选聘物业管理企业，将小区房地产开发公司签订的前期"东家"兴隆物业公司赶出去。2006 年 5 月 21日，该小区召开业主大会，到会业主 122 人。会后业主委员会工作人员分别征求业主意见，其中有 118 位业主签字同意该大会的决议事项。业主委员会依据该决议通过招投标的方式选聘了新的物业管理企业，并代表业主与新的物业管理企业签订了《物业管理服务合同》。业主委员会要求兴隆物业公司移交物业管理手续，遭拒绝后，业主委员会便将该公司起诉至兰州市城关区人民法院。此案被称为兰州市"物权"第一案。

本案的焦点在于宜静园小区业主委员会有无诉讼主体资格。兰州法院认为，在物业管理法律关系中，虽然物业管理合同一般是由业主委员会或物业开发商和物业管理公司签订的，但他们签约的后果最终归至全体业主，与业主委员会或开发商并无关系。业主委员会是业主大会的执行机构，不是独立的自然人或法人，本身也并无承担民事责任所需具备的组织机构和财产，不具备当事人的民事权利能力，不享有民事主体资格。出于公共管理事由提起诉讼的，其诉讼主体应为小区全体业主，鉴于全体业主人数众多，在由小区全体业主所提起的诉讼中，可以选派诉讼代表，业主委员会委员在全体业主书面授权或经业主大会的决议确定

---

[1] 案件来源于周文馨："兰州物权第一案：业委会'炒'掉物业成被告"，载《法制日报》2007 年 12月 3 日。

后，在提交相关的文件证明其符合资格后即可以诉讼代表人的身份参加诉讼。本案中，宜静园小区业主委员会是为维护全体业主的利益，出于公共管理事由提起诉讼，诉讼主体应为宜静园小区全体业主，故原告不享有民事主体资格，判决驳回原告诉讼请求。而原告和另一方观点则认为，根据《物业管理条例》，业主委员会可以签订物业合同，因此在其职责范围内可以认为其具有一定的民事行为能力。要求全体业主签名后共同诉讼，这样只会加大业主维权的困难和成本，同时也很难实现，因此只要涉及住宅小区全体业主公共利益的物业管理纠纷，就应当认定业委会具有诉讼主体资格。最高人民法院曾于2003年9月10日以（2002）民立他字第46号批复安徽高院："根据《中华人民共和国民事诉讼法》第49条、最高人民法院《关于适用〈中华人民共和国民事诉讼法〉若干问题的意见》第40条之规定，金湖新村业主委员会符合'其他组织'条件，对房地产开发单位未向业主委员会移交住宅区规划图等资料，未提供配套公用设施、公用设施专项费、公共部位维护及物业管理用房、商业用房的，可以自己名义提起诉讼。"上海、广东等地都有了承认其诉讼地位的规定和案例。因此，从实际需要和司法实践来看，有必要承认其诉讼主体资格。《物权法》对此问题采取了回避的态度。笔者认为，我国应当加强业主团体的概念，业主大会作为业主团体的意思机关，业主委员会作为业主大会的执行机构而存在，并明确业委会的诉讼主体地位。如果根据管理规约和依法召开的业主大会，能够形成决议更换物业、引发诉讼，则可以授权业主委员会进行诉讼，诉讼结果作用于业主全体。

二、业主自治的意思基础——管理规约

（一）管理规约的概念

管理规约，又称业主公约、业主规约等，是物业管理区域内的全体业主就建筑物的管理、使用、维护与所有关系等共同物业利益事项，通过业主大会制定的对全体业主具有约束力的自治规则。

管理规约是由多数人为同一目的而订立的，因此属于民事法律行为理论中的共同行为。同时，管理规约的约束力不仅及于全体业主，还应当及于物业区域内的物业使用人、业主继承人和管理人，因此其有别于契约行为。由于其是业主团体的最高自治规范和根本性自治规则，地位和作用相当于业主团体的"宪法"，因此业主大会和业主委员会的决议和行为都不得与这一最高自治规范相抵触，诸如业主委员会章程、各种具体的管理制度以及物业服务合同均应当以管理规约为指南。

（二）管理规约的内容

管理规约属于业主自治规范，因而其内容应当由业主自由协商确定。有的国

家在相关立法中对其内容做了引导性列举，或由政府相关部门提供管理规约的示范文本以供业主参考。一般而言，管理规约应当以业主的权利义务为核心，对以下事项作出规定：

1. 物业区域概况。包括物业的名称、坐落、面积四至、使用期限、共用部分和公共设施设备等的状况。

2. 业主、开发建设单位、物业管理企业各自的权利和义务。业主的权利义务应当以《物权法》和《物业管理条例》中规定的为基础，并可以针对本物业管理区域的实际情况另行约定其他权利和特别义务。

3. 业主大会、业主委员会产生办法及其议事规则。包括业主大会的召集程序、议事方式、表决程序、业主投票权计算方法；业主委员会的选举、任期、职责以及管理规约的修改程序等。

4. 物业使用、管理、维修的具体规定。比如物业区域内的禁止行为，共用部分和设施的使用方式、经营方式（如是否可以在物业设置广告等经营设施）等。

5. 关于物业管理费和公共维修资金问题。例如，物业管理费的构成，公共维修资金的交纳、保管和使用等。

6. 违反管理规约的责任。管理规约本质上属于自治规范，不得设立公法上的处罚条款，但是，可以约定一些民事责任的责任形式。并且规约可以约定，涉及到需要实施行政处罚措施时，业主委员会可以及时报请有关行政管理部门依法处理。业主行为危害其他业主利益时，受害业主可以直接向人民法院起诉。

7. 业主认为需要约定的其他事项。

管理规约应当经业主大会审议通过，通过之日起生效。

三、业主自治的组织形态

（一）业主大会

1. 业主大会的概念。业主大会，是指由物业管理区域内全体业主组成的，维护物业区域内全体业主共同利益，行使业主对物业管理自治权的业主自治机构。《物业管理条例》第 8 条规定："物业管理区域内全体业主组成业主大会。业主大会应当代表和维护物业管理区域内全体业主在物业管理活动中的合法权益。"业主大会是业主团体利益的代表，也是业主团体的最高意思机关。

同一个物业管理区域内的业主，应当在物业所在地的区、县人民政府房地产行政主管部门或者街道办事处、乡镇人民政府的指导下成立业主大会，并选举产生业主委员会。但是，只有一个业主的，或者业主人数较少且经全体业主一致同意，决定不成立业主大会的，由业主共同履行业主大会、业主委员会职责。

我国《物业管理条例》和《业主大会规程》将业主大会会议分为了定期会

议和临时会议两种，会议召开应当于 15 日以前通知全体业主。业主大会定期会议应当按照业主大会议事规则的规定由业主委员会组织召开。20% 以上业主提议的、发生重大事故或者紧急事件需要及时处理的以及业主大会议事规则或者业主公约规定的其他情况发生时，业主委员会应当组织召开临时业主大会。发生应当召开业主大会临时会议的情况，而业主委员会不履行组织职责的，区、县人民政府房地产行政主管部门应当责令业主委员会限期召开。实践中，由于 20% 的提议比例过高而难以执行，因此一些地方规定或小区议事规则中将该比例降低至 10% 左右，以便宜行事。从比较法角度而言，一般由部分业主提议进行临时会议与部分业主通过主管当局提出临时会议人数比是不同的，为了控制公权力的介入，后者的比例往往要高于前者。[1]

2. 业主大会的职责。根据建设部 2003 年出台的《业主大会规程》，业主大会履行下列职责：

（1）制定、修改管理规约和业主大会议事规则；

（2）选举、更换业主委员会委员，监督业主委员会的工作；

（3）选聘、解聘物业管理企业；

（4）决定专项维修资金使用、续筹方案，并监督实施；

（5）制定、修改物业管理区域内物业共用部位和共用设施设备的使用、公共秩序和环境卫生的维护等方面的规章制度；

（6）法律、法规或者业主大会议事规则规定的其他有关物业管理的职责。

3. 业主大会的议事规则。无论是定期会议还是临时会议，都可以采用集体讨论的形式或采用书面征求意见的形式；但是，应当有物业管理区域内专有部分占建筑物总面积过半数的业主且占总人数过半数的业主参加，业主也可以委托代理人参加业主大会会议。

对于投票权的计算，我国采取的是建筑面积加人数的做法，对于筹集和使用专项维修资金和改建、重建建筑物及其附属设施，应当经专有部分占建筑物总面积 2/3 以上的业主且占总人数 2/3 以上的业主同意；制定和修改业主大会议事规则、制定和修改管理规约、选举业主委员会或者更换业主委员会成员、选聘和解聘物业服务企业等事项，应当经专有部分占建筑物总面积过半数的业主且占总人数过半数的业主同意。

业主大会或者业主委员会的决定，对业主具有约束力。业主大会或者业主委员会作出的决定侵害业主合法权益的，受侵害的业主可以请求人民法院予以

---

[1] 陈鑫：《业主自治——以建筑物区分所有权为基础》，北京大学出版社 2007 年版，第 145 页。

撤销。

（二）业主委员会

业主委员会是由业主大会选举产生，并经房地产行政主管部门登记，在物业管理中代表和维护全体业主合法权益的组织，是业主大会的执行机构。业主委员会应当自选举产生之日起30日内，向物业所在地的区、县人民政府房地产行政主管部门和街道办事处、乡镇人民政府备案。

1. 业主委员会的委员。业主委员会委员应当是业主大会选举出来的业主。根据《业主大会规程》，业主委员会委员应当符合下列条件：

（1）本物业管理区域内具有完全民事行为能力的业主；

（2）遵守国家有关法律、法规；

（3）遵守业主大会议事规则、业主公约，模范履行业主义务；

（4）热心公益事业，责任心强，公正廉洁，具有社会公信力；

（5）具有一定组织能力；

（6）具备必要的工作时间。

业主委员会委员有下列情形之一的，经业主大会会议通过，其业主委员会委员资格终止：

（1）因物业转让、灭失等原因不再是业主的；

（2）无故缺席业主委员会会议连续3次以上的；

（3）因疾病等原因丧失履行职责能力的；

（4）有犯罪行为的；

（5）以书面形式向业主大会提出辞呈的；

（6）拒不履行业主义务的；

（7）其他原因不宜担任业主委员会委员的。

业主委员会应当自选举产生之日起3日内召开首次业主委员会会议，从业主委员会委员中推选产生业主委员会主任1人，副主任1~2人。经业主委员会或者20%以上业主提议，认为有必要变更业主委员会委员的，由业主大会会议作出决定，并以书面形式在物业管理区域内公告。业主委员会委员资格终止的，应当自终止之日起3日内将其保管的档案资料、印章及其他属于业主大会所有的财物移交给业主委员会。

对于业主委员会的组成和委员的任期，应当交由业主大会决定。在我国目前业主自治水平不高的情况下，似乎更应当设定较短的任期，使得更多的业主有机会参与物业管理实践，提高其自治水平和能力。

2. 业主委员会的职责。业主委员会履行以下职责：

（1）召集业主大会会议，报告物业管理的实施情况；

（2）代表业主与业主大会选聘的物业管理企业签订物业服务合同；

（3）及时了解业主、物业使用人的意见和建议，监督和协助物业管理企业履行物业服务合同；

（4）监督业主公约的实施；

（5）业主大会赋予的其他职责。

同时，业主委员会应当督促违反物业服务合同约定逾期不交纳物业服务费用的业主，限期交纳物业服务费用。

业主大会、业主委员会应当依法履行职责，不得作出与物业管理无关的决定，不得从事与物业管理无关的活动。业主大会、业主委员会作出的决定违反法律、法规的，物业所在地的区、县人民政府房地产行政主管部门，应当责令限期改正或者撤销其决定，并通告全体业主。

3. 业主委员会会议及其议事规则。经1/3以上业主委员会委员提议或者业主委员会主任认为有必要的，应当及时召开业主委员会会议。业主委员会会议应当作书面记录，由出席会议的委员签字后存档。

业主委员会会议应当有过半数委员出席，作出决定必须经全体委员人数半数以上同意。业主委员会的决定应当以书面形式在物业管理区域内及时公告。

委员会任期届满2个月前，应当召开业主大会会议进行业主委员会的换届选举；逾期未换届的，房地产行政主管部门可以指派工作人员指导其换届工作。原业主委员会应当在其任期届满之日起10日内，将其保管的档案资料、印章及其他属于业主大会所有的财物移交新一届业主委员会，并办理好交接手续。

4. 业主委员会的场地和经费。业主委员会代表全体业主办理物业小区的日常事务，必然涉及费用的支出和办公场地的使用问题。根据《业主大会规程》，业主大会和业主委员会开展工作的经费由全体业主承担；经费的筹集、管理、使用具体由业主大会议事规则规定。业主大会和业主委员会工作经费的使用情况应当定期以书面形式在物业管理区域内公告，接受业主的质询。

对于办公场地，现行法律法规没有规定。对此，可以比照物业管理用房的做法，在房地产开发阶段就由法律法规强制规定，一定规模的小区必须规划建设一定面积的业主委员会用房，既可以由开发商无偿提供，也可以计入房价，由业主共同承担，从而真正彻底解决办公场地问题。

对于业主委员会委员应不应当有相应的报酬或津贴问题，我国目前的法律法规没有作出规定，实践中也有争议。虽然业主委员会委员作为业主之一有义务参与小区的物业管理，但是与普通业主只需通过行使表决权的方式参与管理不同，业主委员会的委员们需要付出较多的时间和精力实施管理行为。因此，似乎有必要补偿业主委员会委员所付出的劳动，给予其一定的报酬，以调动其工作积极性。至于报酬的具体数额，可以由业主大会来决定。

第三节　物业服务企业与物业服务合同

一、物业服务企业

物业管理以业主自治为基础，同时又离不开物业服务企业这一物业管理的具体执行人。目前，我国法律对物业服务企业就主体形式和等级资质两个方面进行管理。

（一）物业服务企业的含义

物业服务企业是指根据合同接受业主委员会的委托，依据法律、法规的规定或合同的约定，对特定区域的物业实行专业化、有偿化管理的独立法人。

目前，我国的物业服务企业有的为房地产开发商直接设立，对自己开发的房地产进行物业管理，有的物业公司是由原先的房管所改制而成，有的是由企业单位、社会团体或街道办事处投资设立。就主体形式而言，物业服务企业必须具有法人资格，实践中主要以公司的形式出现。

（二）物业管理企业的资质

物业管理企业应当按照我国法律规定设立，并且应当取得相应的资质等级。具有法人资格的物业管理企业必须具备相应的资质才能从事物业管理业务。

根据建设部《物业管理企业资质管理办法》的规定，物业服务企业资质等级分为一、二、三级。国务院建设主管部门负责一级物业服务企业资质证书的颁发和管理，省、自治区人民政府建设主管部门负责二级物业服务企业资质证书的颁发和管理，直辖市人民政府房地产主管部门负责二级和三级物业服务企业资质证书的颁发和管理，设区的市的人民政府房地产主管部门负责三级物业服务企业资质证书的颁发和管理。办法规定，一级资质物业服务企业可以承接各种物业管理项目。二级资质物业服务企业可以承接 30 万平方米以下的住宅项目和 8 万平方米以下的非住宅项目的物业管理业务。三级资质物业服务企业可以承接 20 万平方米以下住宅项目和 5 万平方米以下的非住宅项目的物业管理业务。物业管理资质等级评定实行动态管理，每年进行年检。

（三）物业管理企业对物业管理的介入

根据我国法律法规的规定，开发单位在开发建设项目竣工之后，必须组织相关单位对建设项目实行竣工验收，验收合格后才可以交付使用。如果物业管理企业是在物业竣工验收后才介入物业管理，即称为正常介入。

物业管理企业也可以在建筑设计、施工、验收或接管阶段即介入物业管理服务，称为超前介入。物业公司的超前介入有其积极效果。比如可以完善房屋设计要求、监督施工质量、参与物业销售等，以便于日后的竣工验收和物业管理。

无论正常介入还是超前介入，无论是物业管理企业与开发建设单位签订合同的前期物业管理还是在业主大会召开后与业主委员会签订合同的普通物业管理，在办理交接手续时，都享有向合同另一方索取相关资料的权利。这些资料包括：竣工总平面图，单体建筑、结构、设备竣工图，配套设施、地下管网工程图等竣工验收资料，设施设备的安装、使用和维护保养等技术资料。这些资料对于物业管理运行至关重要，也是分清建设单位与物业管理企业责任的重要依据。目前，有很多小区没有做好竣工验收工作，物业还未完工即交付使用，建设单位和物业公司之间责任不清，就为日后物业管理纠纷埋下了隐患。一旦由于建设单位的原因出现质量问题或规划变动问题，建设单位和物业公司相互推诿，给业主维权和问题解决带来相当大的麻烦。并且，有的物业管理公司是开发建设单位兼营下属的物业公司，与开发商权利义务不平衡，内部管理混乱，开发商操纵下属的物业公司损害业主利益的情况也很普遍。今后的立法应当对物业管理企业的介入交接作出更加明确的规定。

二、物业服务合同

（一）物业服务合同的概念与类型

物业服务合同是指物业服务公司与业主团体在平等、自愿基础上依法签订的以物业服务公司提供物业管理服务、业主支付管理费用为内容的，规范业主与物业服务公司权利义务的协议。

根据签订合同的主体不同，可以将物业服务合同分为前期物业服务合同与普通物业服务合同。①前期物业服务合同，是指物业管理区域内的业主大会和委员会成立之前，由房地产开发商委托物业服务企业管理物业所签订的合同。建设单位与物业买受人签订的买卖合同应当包含前期物业服务合同约定的内容。②普通物业服务合同，是指业主委员会代表物业区域内的全体业主与业主大会选聘的物业管理企业签订的物业服务合同。前期物业服务合同与普通物业服务合同并无本质区别，同样对业主具有拘束力。结合前期物业服务合同的特点，前期物业服务合同可以约定期限。但是，如果期限未满，业主委员会和物业管理企业签订的新的物业服务合同生效的，前期物业服务合同应当终止。

（二）物业服务合同的性质

业主作为物业的所有权人，依据"自己事务自己管理"的原则，本应亲自对物业进行管理。但是，业主受人数众多、精力、时间、能力等方面的限制，根本不能亲自管理物业，因而授权业主委员会代替业主，与专业的物业服务公司签订物业服务合同，对物业进行有效管理，以期达到物业保值、增值的目的。这与委托合同是委托人为了克服自己的某些不足，而利用受托人的优势为自己处理一定事务的价值取向一致。因此，理论界通说认为物业服务合同是一种委托合同。

我们认为，物业服务合同具有与委托合同不同的特点：

1. 根据我国《合同法》，委托合同的双方当事人可以随时解除合同，因解除合同给对方造成损失的，除不可归责于该当事人的事由以外，应当赔偿损失。而物业服务合同的解除需要有严格条件。业主一方解除合同必须经专有部分占建筑物总面积过半数的业主且占总人数过半数的业主同意通过。物业服务公司一方则只有在业主委员会违反合同约定，错误地行使权利或不履行相应的义务，使物业管理公司未完成规定管理目标的情况下，有权要求业主委员会在一定期限内解决，逾期未解决的，才有权终止合同。如果任由一方随意解除合同，必然会造成物业服务公司短期行为，小区管理极度不稳定，从根本上造成对全体业主利益的损害，浪费社会资源，激化各种社会矛盾。

2. 委托合同可以为要式也可以为不要式合同，而《物业管理条例》则明确规定了物业服务合同为要式合同，"业主委员会应当与业主大会选聘的物业服务企业订立书面的物业服务合同"。

3. 委托合同中受托人要亲自处理事务，经委托人同意，受托人可以转委托。而根据《物业管理条例》，物业服务公司除不得将该区域内的全部物业管理一并委托给他人之外，可以将物业管理区域内的专项服务业务委托给专业性服务企业，不需要经过业主委员会同意。

另外，委托合同在狭义上仅指法律行为的委托，广义的委托合同才包括事实行为的委托，而物业服务合同中物业公司一般都是按照合同进行物业管理事实行为。物业服务企业按照物业服务合同约定，通过对房屋及与之相配套的设备、设施和相关场地进行专业化维修、养护、管理，以及维护相关区域内环境卫生和公共秩序，为业主提供服务。物业管理的本质是"服务"，物业管理企业提供"服务"这种产品，业主或非业主使用人享受和使用"服务"，所以，物业服务合同的性质应当是《合同法》规定的有名合同之外的混合型服务合同。

（三）物业服务合同的内容

业主与物业管理企业是平等的民事主体，物业服务合同的内容应当由当事人自由约定。一般而言，物业服务合同应当具有如下条款：

1. 当事人的名称、住所。如甲方为某特定物业区域的业主或其业主委员会，乙方为物业服务公司。

2. 物业服务企业应当提供的服务内容，即物业服务事项。一般而言，物业管理的事项包括：物业共用部位以及共用设备的使用、管理、维修和更新，例如公共道路的保养，电梯、车位、机电设备的维护与管理等；物业管理区域内公共设施的使用、管理、维修和更新，例如小区的文化、体育设施的保养、维修；公共环境卫生服务，例如公共场所的绿化；安全防卫服务，包括如进出管理、消防管理、交通秩序维持等等；物业档案资料保管。此外，物业服务合同还可以根据本物业管理区域的具体情况，就业主或者物业使用人的自有部分有关设备的维修保养管理事宜以及业主或者物业使用人特别委托的物业服务事项作出约定。

3. 物业服务质量。为明确物业服务企业应达到的目标，方便业主对于物业服务企业的服务进行考核，物业服务合同应当对物业服务质量作出规定。例如电梯每日至少运行多少小时，维修等待时间不应长于多少小时等等。

4. 当事人双方的权利义务。例如，物业服务企业可以根据有关的法律法规，结合本物业管理区域的实际情况，制定物业管理的各项详细制度，如卫生公约、治安公约等；物业服务企业可以制止各种违反物业服务合同的行为；在提供物业服务的过程中，物业服务公司有权获得业主大会与业主委员会的协助与支持。业主委员会则主要享有对于物业服务企业的物业服务进行检查、督促的权利，包括审议物业企业的服务情况，检查监督其具体工作，审议有关的物业服务费用的收取标准，讨论有关的财务预决算，依法批准监督专项资金的管理与使用等等。

5. 服务费用与专项维修资金的管理与使用。例如，对哪些服务项目收费、收费标准是什么；维修资金的使用计划和监督实施权。

6. 物业管理用房。物业服务合同应当对于物业管理用房的具体位置、管理企业的具体使用权限、管理用房的日常维护与保养以及设施设备的维修、检修作出规定。

7. 合同的期限。

8. 违约责任。当事人在物业服务合同中应当根据物业服务的具体情形，有针对性地对物业服务合同违约责任承担方式作出规定。一般而言，物业服务合同可以采用强制继续履行合同义务、支付违约金（在物业服务合同中常被称作滞纳金）、赔偿损失等责任方式。

目前，我国实践中业主及物业公司承担违约责任的方式出现了许多问题。比如，物业服务公司为了对抗没有交费的业主，常常采取断水断电的做法。由于我国目前供水供电合同是每个业主与供水、供电企业直接签订的，因此，物业公司无权损害供水供电合同当事人的利益。有的物业公司对于未交费业主限制其进出物业区域，这种做法侵害了业主的所有权人地位，也是不合法的。

9. 其他事项。如风险责任、争议解决方式、合同的更改与补充等。

第四节　物业管理资金

一、物业管理资金的含义

物业管理资金包括用于物业小区管理所需的房屋设备运行费、保洁费、保安费、管理费等经常性支出费用和物业维修资金两大类。物业管理必然涉及费用的开支，物业管理资金是实施物业管理的物质基础。

为规范物业管理资金运作，维护业主和物业管理企业合法权益，我国国家发展和改革委员会以及住宅与城乡建设部出台了《物业服务收费管理办法》和《住宅专项维修资金管理办法》，分别自2004年1月1日和2008年2月1日起施行。目前，我国实践中物业管理资金存在相当多的问题。有必要借鉴国外和我国港台地区现今的经验做法，加强理论研究，以完善相关立法。

物业管理资金，按照谁受益、谁负担的原则，主要由全体业主分担。目前，我国物业业主团体决议将物业区域内公共部位和设施有偿提供给他人使用获得的收益以及物业管理资金的增值，也可以作为物业管理资金。

二、我国物业服务费法律问题

（一）物业服务费的含义和构成

物业服务费，是指物业管理企业按照物业服务合同的约定，对房屋及配套的设施设备和相关场地进行维修、养护、管理，维护相关区域内的环境卫生和秩序，向业主所收取的费用。

物业服务费一般包括以下部分：管理服务人员的工资、社会保险和按规定提取的福利费等；物业共用部位、共用设施设备的日常运行、维护费用；物业管理区域清洁卫生费用；物业管理区域绿化养护费用；物业管理区域秩序维护费用；办公费用；物业管理企业固定资产折旧；物业共用部位、共用设施设备及公众责任保险费用；经业主同意的其他费用；物业管理企业的盈利。

（二）物业服务费的种类

物业服务费区分不同物业的性质和特点可以分为政府指导价和市场调节价两大种类。具体定价形式由省、自治区、直辖市人民政府价格主管部门会同房地产行政主管部门确定。

一般而言，为业主提供的公共卫生清洁、公共设施维修、保养和保安、绿化等具有公共性的服务以及代收代缴水电费、煤气费、有线电视费、电话费等公众代办性质服务收费，应当实行政府指导价。物业服务收费实行政府指导价的，有定价权限的人民政府价格主管部门应当会同房地产行政主管部门根据物业管理服务等级标准等因素，制定相应的基准价及其浮动幅度，并定期公布。具体收费标准由业主与物业管理企业根据规定的基准价和浮动幅度在物业服务合同中约定。属于业主个别需要提供的特约服务，一般采取市场调节价。实行市场调节价的物业服务收费，由业主与物业管理企业在物业服务合同中约定。

（三）物业服务费的收取

物业服务费用的收取，应当根据业主大会、业主委员会的决议，按照业主大会授权的业委会与物业公司签订的物业服务合同的具体内容进行。物业服务费用的收取工作直接影响到物业小区管理活动的正常开展，影响区分所有权人及实际使用人的生活品质，因此，是物业管理法律体系及物业管理实践中的基本问题。

《物业管理条例》规定，物业服务收费应当遵循合理、公开以及费用与服务水平相适应的原则，区别不同物业的性质和特点，由业主和物业服务企业按照国务院价格主管部门会同国务院建设行政主管部门制定的物业服务收费办法，在物业服务合同中约定。业主应当根据物业服务合同的约定交纳物业服务费用。业主与物业使用人约定由物业使用人交纳物业服务费用的，从其约定，业主负连带交纳责任。已竣工但尚未出售或者尚未交给物业买受人的物业，物业服务费用由建设单位交纳。

目前，我国物业管理实践中业主拒绝交付物业服务费的情况较为严重。据不完全统计，全国大城市的商品房物业服务费平均收缴率不足70%，北京平均收缴率不到60%，而内地三级城市的收缴率能达到40%就算不错。对于物业服务费缴费率较低的原因，可以从以下几个方面分析：①可能是开发商的原因。比如开发商造成的房屋质量问题，或在售楼过程中因夸大其词而不能兑现承诺，都会使业主产生上当受骗的感觉。而现在的物业管理企业又大多是开发商自己组建或是安排的企业，从而使得业主把怒气发泄到物业管理企业头上，最直接的表现就是拒交物业服务费。②物业服务企业的原因。由于大部分物业服务企业未能制定出一个详尽的服务费收费标准，使得物管企业与业主在服务费多少的问题上有争议，往往是各执一词，互不相让。而业主无奈之下只有以拒缴来维权。有时，物业企业提供的服务不到位、服务质量不高等等，造成业主的满意度下降而最终拒缴服务费。③从业主方面看，一方面，由于业主交了钱却享受不到应有的服务而感到窝火，从而直接影响下次缴费；另一方面，则是部分业主心存侥幸，以为别人可以不交服务费，自己也可以不交，希望能够"搭便车"。这主要是由于业主在对业主公约和物业服务合同的认识上还存有偏差，缺乏足够的法律意识。[1]

解决"缴费难"的问题，不同情况应当区分对待。厘清开发商、业主和物

---

[1] 任俊山："浅析物业费'收缴率'过低问题"，载《中国房地信息》2006年第9期。

业公司之间不同类型的法律关系，判断各自应当承担的权利义务是前提，业主和物业公司之间签订服务合同，细化服务项目、服务质量及其认定标准是关键。对于没有正当理由拒不缴纳物业费的业主，新加坡立法对于拒绝或迟延交付服务费加收利息及罚金，德国规定管理团体可以剥夺欠交费业主居住权，我国台湾地区规定对管理费滞纳4个月者可以采取断水断电等措施。我国应当借鉴他国立法例，在全国性的物业管理立法中增加具有强制效力的手段，以改变对业主无合法理由拒不缴费欠缺有效措施、物业服务企业陷入困境的情况。

案例与评析[1]

北京某小区的物业公司将其业主曹女士告上法庭，请求法院判令曹女士交纳自2000年以来拖欠的物业费、供暖费及车位管理费。物业公司称，早在商品房出售时，其与曹女士即就物业管理事项签订了《物业管理公约》，其中双方对于物业费标准及服务内容以及违约责任等均有明确的约定。曹女士辩称：其拒交物业费是因为房屋质量存在问题长期得不到解决，物业公司的服务不能令人满意，以及电梯使用费计算不合理等。并且，物业公司在讨要服务费的时候，未经本人同意采取了断水断电的措施进行威吓，亦给本人造成了损失。

本案的焦点首先在于业主不满物业服务是否可以拒交物业费。根据《合同法》和《物业管理条例》，依法订立的合同对于当事人而言相当于法律，物业公司按照合同对业主提供服务，业主应当根据物业服务合同的约定交纳物业服务费用。就物业服务质量而言，如果物业公司所提供的服务不符合合同的约定，或者虽然合同没有约定，但不符合地方性法规、部门规章或者地方政府规章所规定的标准，则业主应当可以以此要求物业公司降低物业收费标准。如果业主不满物业公司的服务，欲解聘进而重新选聘新的物业管理企业的，须符合法律法规所规定的法定程序要件。因此，曹女士对收费标准如有异议，可向相关的主管机关投诉，由有权机关对此予以审查决定。在相关的主管机关没有对物业公司与业主之间约定的物业费的计算是否违法予以认定前，曹女士的上述主张没有事实与法律依据。至于房屋质量问题，业主是不能以此为由拖欠物业公司的物业费的，因为房屋质量应由开发商负责，法律法规并未将确保房屋质量的义务加于物业管理公司，由其承担这一义务是不合理的。因此，曹女士应当支付物业费。另外，对于物业公司以断水断电的方式催缴物业费，根据《物业管理条例》的规定，物业管理区域内，供水、供电、供气、供热、通信、有线电视等单位应当向最终用户

---

[1]　案例来源于王应富："几个典型的物业管理纠纷问题"，载《今日中国》（中文版）2007年第8期。

收取有关费用，也就是说，业主是与供水、供电、供气等相关单位直接发生法律关系，物业服务企业可以接受委托代收相关费用，但不是相关公共产品的提供者，没有权利阻拦相关单位的服务，物业公司应当恢复向曹女士供水供电，并应对其损失进行相应赔偿。

（四）物业服务费的管理

1. 我国对于物业服务费管理的现行规定。根据《物业服务收费管理办法》的规定，交纳物业服务费的方式主要分为"包干制"和"酬金制"两种。在实行包干制的小区，业主将向物业管理企业支付固定的物业服务费用，物业管理企业盈亏自负。实行包干制的，物业服务费用的构成包括物业服务成本、法定税费和物业管理企业的利润。

酬金制是指，预收的物业服务资金中按约定比例或者约定数额提取酬金支付给物业管理企业，剩余全部用于物业服务合同约定的支出，结余资金多退少补给业主。实行酬金制的，预收的物业服务资金包括物业服务支出和物业管理企业的酬金，预收的物业服务支出属于代管性质，为所交纳的业主所有，物业管理企业不得随意将其用于物业服务合同约定以外的支出。物业管理企业应当向业主大会或者全体业主公布物业服务资金年度预决算并每年不少于一次公布物业服务资金的收支情况。业主或者业主大会对公布的物业服务资金年度预决算和物业服务资金的收支情况提出质询时，物业管理企业应当及时答复。物业管理企业或者业主大会还可以按照物业服务合同约定，聘请专业机构对物业服务资金年度预决算和物业服务资金的收支情况进行审计。

2. 我国物业服务费管理中存在的问题及对策。虽然《物业服务收费管理办法》规定物业服务费可以采取酬金制，但是，实践中绝大多数物业管理都是业主将物业管理费直接交给了物业管理企业，物业管理企业将所收取的物业服务费全部存入自己的账户，单独核算、独立管理，业主甚至对于物业服务费的使用情况没有监督审核的权利。这种做法存在相当的弊端。物业管理企业的利益不可能始终与业主的利益保持一致，因此必须保证业主对物业服务费的使用具有监督的权利。而物业管理企业独立核算、管理物业服务费的做法，使得业主监督权无法实现或流于形式（如物业公司隐瞒真实支出和账目）。并且，此时物业管理企业的利润等于收取的服务费减去支出，如果希望增加利润，就必然设法增加服务项目，从而使得物业公司倾向于"大而全"的发展模式。随着物业管理市场不断扩大，分工细化才能降低成本，"大而全"的模式反而不利于物业管理成本的降低，不利于物业管理企业的发展。

国外及我国港台地区实行业主团体管理控制物业管理费用的做法。例如，美国各州的区分所有物业产权法，几乎都规定业主协会向业主收取用于小区共同支出的管理费和用于大修的准备金的权利。[1] 香港《建筑物管理条例》第 27 条规定，管理委员会须备存恰当的帐簿或帐簿记录及其他财务记录，并在法团注册日期起最迟 15 个月内及其后每 12 个月制备收支表及资产负债表。台湾地区"公寓大厦管理条例"第 34 条规定的管理委员会职务包括"收益、公共基金及其他经费之收支、保管及运用"。

我们认为，物业管理费用是全体业主交付的用于物业管理的资金，其所有权应归属于业主团体，并由业主团体实行独立的会计核算，物业管理企业在约定范围内的合理费用须经业主团体核实后才能支出。这样更有利于资金的安全，符合资金运用一般规则。随着业主自治意识和自治能力的觉醒和提高，以及自治组织的发展完善，今后我们应当吸收港台地区物业费用管理的做法，推广和完善酬金制物业服务费管理方式。

三、我国物业维修资金法律问题

物业维修资金，也就是《住宅专项维修资金管理办法》（以下简称《管理办法》）出台前我们所熟知的物业维修资金，是指专项用于住宅共用部位、共用设施设备保修期满后的维修和更新、改造的资金。[2]

物业维修资金对于物业的存在和寿命具有重要意义。没有维修资金，物业共有共用部分大的维修、改造、更新等便没有保障，突发性事故（如台风、暴雨等对物业造成的损坏）便得不到及时处理。这不但会对居民日常生活造成诸多不便，更会严重损害社区业主的经济利益。可以说，物业维修资金是住房的"养老金"。

（一）物业维修资金的交纳

1. 物业维修资金的建立。根据《管理办法》，住宅（但一个业主所有且与其他物业不具有共用部位、共用设施设备的除外）与住宅小区内的非住宅或者住宅小区外与单幢住宅结构相连的非住宅的业主应当按照规定交存住宅专项维修资金。如果物业属于出售公有住房的，售房单位应当按照规定交存住宅专项维修资金。

商品住宅的业主、非住宅的业主按照所拥有物业的建筑面积交存住宅专项维

---

〔1〕　周树基：《美国物业产权制度与物业管理》，北京大学出版社 2005 年版，第 85 页。
〔2〕　原建设部 1998 年发布的《住宅共用部位共用设施设备维修基金管理办法》中，本项资金被称为"维修基金"，2008 年的《住宅专项维修资金管理办法》修改了这一称谓，统一为"维修资金"。一般而言，基金不能使用本金，只能使用增值部分；资金不但可以动用本金，也可以动用所产生的增值收益，而且可以再次收取，以满足房屋维修之用。因此称为"资金"更为准确一些。

修资金，每平方米建筑面积交存首期住宅专项维修资金的数额为当地住宅建筑安装工程每平方米造价的5%至8%。直辖市、市、县人民政府建设（房地产）主管部门应当根据本地区情况，合理确定、公布每平方米建筑面积交存首期住宅专项维修资金的数额，并适时调整。

出售公有住房的，业主按照所拥有物业的建筑面积交存住宅专项维修资金，每平方米建筑面积交存首期住宅专项维修资金的数额为当地房改成本价的2%。售房单位按照多层住宅不低于售房款的20%、高层住宅不低于售房款的30%，从售房款中一次性提取住宅专项维修资金。

商品住宅的业主应当在办理房屋入住手续前，将首期住宅专项维修资金存入住宅专项维修资金专户。已售公有住房的业主应当在办理房屋入住手续前，将首期住宅专项维修资金存入公有住房住宅专项维修资金专户或者交由售房单位存入公有住房住宅专项维修资金专户。公有住房售房单位应当在收到售房款之日起30日内，将提取的住宅专项维修资金存入公有住房住宅专项维修资金专户。未按本办法规定交存首期住宅专项维修资金的，开发建设单位或者公有住房售房单位不得将房屋交付购买人。

2. 物业维修资金的续交。业主分户账面住宅专项维修资金余额不足首期交存额30%的，应当及时续交。成立业主大会的，续交方案由业主大会决定。未成立业主大会的，续交的具体管理办法由直辖市、市、县人民政府建设（房地产）主管部门会同同级财政部门制定。

（二）物业维修资金的归属

物业维修资金的所有人应当是全体业主。从公有住房售房款中提取的住宅专项维修资金属于公有住房售房单位所有。业主转让房屋所有权时，结余维修资金不予退还，随房屋所有权同时过户。因房屋拆迁或者其他原因造成住房灭失的，维修资金代管单位应当将维修资金账面余额退还给业主或单位。

（三）物业维修资金的管理

业主大会成立前，商品住宅业主、非住宅业主交存的住宅专项维修资金，由物业所在地直辖市、市、县人民政府建设（房地产）主管部门代管。已售公有住房住宅专项维修资金，由物业所在地直辖市、市、县人民政府财政部门或者建设（房地产）主管部门负责管理。主管部门应当委托所在地一家商业银行，作为本行政区域内住宅专项维修资金的专户管理银行，并在专户管理银行开立住宅专项维修资金专户。开立住宅专项维修资金专户，应当以物业管理区域为单位设账，按房屋户门号设分户账；未划定物业管理区域的，以幢为单位设账，按房屋户门号设分户账。开立公有住房住宅专项维修资金专户，应当按照售房单位设账，按幢设分账；其中，业主交存的住宅专项维修资金，按房屋户门号设分户账。

业主大会成立后，应当将业主交存的住宅专项维修资金划转由业主控制。具体而言，应当划转至业主大会委托的银行专用账户中。住宅专项维修资金划转后的账目管理单位，由业主大会决定。业主大会应当建立住宅专项维修资金管理制度。业主大会开立的住宅专项维修资金账户，应当接受所在地直辖市、市、县人民政府建设（房地产）主管部门的监督。

（四）物业维修资金的使用

1. 物业维修资金的保值增值。根据《管理办法》的规定，维修资金可以用于购买国债，以实现其保值增值。利用业主交存的住宅专项维修资金购买国债的，应当经业主大会同意；未成立业主大会的，应当经专有部分占建筑物总面积2/3以上的业主且占总人数2/3以上业主同意。利用从公有住房售房款中提取的住宅专项维修资金购买国债的，应当根据售房单位的财政隶属关系，报经同级财政部门同意。

住宅专项维修资金的存储利息、利用住宅专项维修资金购买国债的增值收益、利用住宅共用部位和共用设施设备进行经营的收益（除业主大会另有决定之外）以及住宅共用设施设备报废后回收的残值应当转入住宅专项维修资金滚存使用。

2. 物业维修资金的使用。住宅专项维修资金应当专项用于住宅共用部位、共用设施设备保修期满后的维修和更新、改造，不得挪作它用。住宅专项维修资金的使用，应当遵循方便快捷、公开透明、受益人和负担人相一致的原则，按照相关法规的规定进行分摊。住宅专项维修资金划转业主大会管理前，需要使用住宅专项维修资金的，按照以下程序办理：①物业服务企业根据维修和更新、改造项目提出使用建议；没有物业服务企业的，由相关业主提出使用建议；②住宅专项维修资金列支范围内专有部分占建筑物总面积2/3以上的业主且占总人数2/3以上的业主讨论通过使用建议；③物业服务企业或者相关业主组织实施使用方案；④物业服务企业或者相关业主持有关材料，向所在地直辖市、市、县人民政府建设（房地产）主管部门申请列支；其中，动用公有住房住宅专项维修资金的，向负责管理公有住房住宅专项维修资金的部门申请列支；⑤直辖市、市、县人民政府建设（房地产）主管部门或者负责管理公有住房住宅专项维修资金的部门审核同意后，向专户管理银行发出划转住宅专项维修资金的通知；⑥专户管理银行将所需住宅专项维修资金划转至维修单位。

住宅专项维修资金划转业主大会管理后，需要使用住宅专项维修资金的，按照以下程序办理：①物业服务企业提出使用方案，使用方案应当包括拟维修和更新、改造的项目、费用预算、列支范围、发生危及房屋安全等紧急情况以及其他需临时使用住宅专项维修资金的情况的处置办法等；②业主大会依法通过使用方案；③物业服务企业组织实施使用方案；④物业服务企业持有关材料向业主委员会提出列支住宅专项维修资金；其中，动用公有住房住宅专项维修资金的，向负责管理公有住房住宅专项维修资金的部门申请列支；⑤业主委员会依据使用方案审核同意，并报直辖市、市、县人民政府建设（房地产）主管部门备案；动用公有住房住宅专项维修资金的，经负责管理公有住房住宅专项维修资金的部门审核同意；直辖市、市、县人民政府建设（房地产）主管部门或者负责管理公有住房住宅专项维修资金的部门发现不符合有关法律、法规、规章和使用方案的，应当责令改正；⑥业主委员会、负责管理公有住房住宅专项维修资金的部门向专户管理银行发出划转住宅专项维修资金的通知；⑦专户管理银行将所需住宅专项维修资金划转至维修单位。

依法应当由建设单位或者施工单位承担的住宅共用部位、共用设施设备维修、更新和改造费用以及应当由相关单位承担的供水、供电、供气、供热、通讯、有线电视等管线和设施设备的维修、养护费用不得动用业主的维修资金。因人为损坏住宅共用部位、共用设施设备所需的修复费用也应当由当事人自行承担。另外，根据物业服务合同约定，应当由物业服务企业承担的住宅共用部位、共用设施设备的维修和养护费用也不属于维修资金的使用范围。

（五）我国物业维修资金存在的问题及对策

1. 我国物业维修资金存在的问题。现阶段我国物业维修资金制度运行中出现了一些问题。比如，物业维修资金欠缴和被非法挪用情况严重。从实践中来看，开发商或物业公司擅自挪用物业维修资金可以说是司空见惯。据报道，就广州市房管局房屋安全管理所的统计，从 2003 年到 2005 年 10 月底，物业维修资金应到账约 16 亿元，而历年总共到账仅 8 亿元，至少有 8 亿元疑被开发商或物业公司挪用或侵占。[1] 实践中业主就维修资金问题与开发商和物业公司的纠纷屡见不鲜，由于业主组织松散，与力量相对强大的开发商和物业公司很难抗衡，不仅维修资金很难追回，甚至出现了开发商或物业公司殴打维权业主的现象，不仅业主被侵权，而且影响了社会的稳定。

不仅如此，已经交纳的物业维修资金也存在使用不畅，存在"维而不修"的现象。南京市物业管理部门获悉，截至 2005 年初南京市已经归集物业维修资金共 16 亿元，截至 2004 年底南京共审核使用公共维修资金 3000 万。而 2004 年南京市归集物业维修资金 4 个亿，为历年来最多，其中审核使用的维修基资仅为

---

〔1〕 朱小勇、薛冰、王道斌："广州至少 8 亿元物业维修资金疑被挪用或侵占"，载《信息时报》2006 年 3 月 27 日。

300万。[1] 很多小区投入使用已经好几年了，物业已经进入需要更换、维护的阶段，却由于业主团体自治机构没有建立或是主管部门没有审批而得不到维修，影响使用寿命及业主居住，同时大量维修资金有而不用，严重浪费社会资源。

2. 我国物业维修资金制度的改革与完善。鉴于物业维修资金制度运行中存在问题的严重性，我国加快了物业维修资金的立法建设，以保护业主利益。《物权法》第79条规定，建筑物及其附属设施的维修资金，属于业主共有。经业主共同决定，可以用于电梯、水箱等共有部分的维修。维修资金的筹集、使用情况应当公布。2008年2月1日起，住宅与城乡建设部出台的《住宅专项维修资金管理办法》开始实施。新的《管理办法》针对现阶段维修资金的各种问题采取了相应的措施来改善。

（1）交纳依据方面。在缴存额依据标准方面，原规定是按照购房款的2%～3%来交纳，新《管理办法》按照业主所拥有的建筑面积，按当地每平方米建筑安装工程造价的5%～8%收取，这体现了一种更科学的公平性，不再因为房价的高低不同而出现同一楼上的住户所缴维修资金不同的非正常现象。

（2）维修资金的范围方面。新《管理办法》明确了公有房屋的维修资金交纳办法，使维修资金管理覆盖面更广。同时，规定了维修资金的续存以及可以购买国债以及滚存等保值增值的情况，提高了资金的增值收益能力，减轻了业主负担。

（3）维修资金的管理和使用方面。新《管理办法》加强了对维修资金的管理控制，明确规定了业主这一维修资金的所有人对维修资金的控制权和具体的使用方法。并且，《管理办法》最后一章还规定了较为详细的罚则、对挪用维修资金的处罚程度，强化了处罚力度，对打击挪用维修资金起到了更大的威慑作用。

■思考题

1. 什么是物业管理？物业管理的内容包括哪些？
2. 物业管理立法有哪些模式？
3. 什么是业主自治？业主团体的法律地位如何？
4. 什么是管理规约？其性质如何？
5. 业主自治的组织形态有哪些？
6. 物业服务合同的性质如何？其内容包括哪些方面？
7. 什么是物业服务费？

---

[1] 徐关辉："维修资金累计使用3000万，4亿基金使用不足一成"，载《南京晨报》2005年1月28日。

8. 什么是公共维修资金？我国的公共维修资金管理制度有哪些需要完善的地方？

■参考书目

1. 丁琛主编：《物业管理法律制度解析》，首都经济贸易大学出版社 2007 年版。
2. 高富平、黄武双：《物业权属与物业管理》，中国法制出版社 2002 年版。
3. 周树基：《美国物业产权制度与物业管理》，北京大学出版社 2005 年版。
4. 陈鑫：《业主自治——以建筑物区分所有权为基础》，北京大学出版社 2007 年版。
5. 任俊山："浅析物业费'收缴率'过低问题"，载《中国房地信息》2006 年第 9 期。
6. ［法］托克维尔：《论美国的民主》，董果良译，商务印书馆 2004 年版。
7. 隋卫东、王淑华主编：《房地产法》，山东人民出版社 2006 年版。

第十八章 房地产纠纷处理法律制度

■学习目的和要求

　　本章主要讲述房地产纠纷处理的有关问题，通过本章的学习，能够对房地产纠纷处理方式有一个基本的了解。本章重点掌握房地产行政复议与诉讼，理解房地产纠纷行政调处的含义和房地产仲裁制度的有关问题，了解我国房地产纠纷的成因。

第一节 房地产纠纷概述

一、房地产纠纷的概念

（一）房地产纠纷的含义

　　房地产纠纷，是指平等的民事主体之间因房地产的权益发生争议，或是对人民政府及其主管部门就房地产问题作出的行政处罚决定或就有关房地产权属归属的处理决定不服而发生的争议。

　　房屋和土地是社会生活中人民的基本生产生活资料，涉及当事人重大的物质经济利益，房地产关系又是一种复杂的综合的社会关系，因此发生矛盾和纠纷在所难免。近几年来，随着房地产市场在我国统一开放的市场体系中的建立与逐步走向成熟，同时，由于人们维权意识的不断增强，房地产纠纷案件也在不断增多。当前，我国房地产纠纷出现了以往所不具有的新特点。

（二）房地产纠纷的特点

　　1. 房地产纠纷争议金额较大。房地产纠纷的标的是土地、房屋、宅基地、山林等不动产，不论是在城市还是农村，对自然人还是组织，这些不动产都是其重要的固定资产，有的时候，这些房地产是其进行生产生活的基本物质基础，甚至是发展生死攸关的利益所在。房地产纠纷的合理解决能够保护当事人的合法利益，对经济秩序的稳定和整个社会的和谐都具有重要意义。

　　2. 房地产纠纷涉及的法律关系比较复杂。房地产纠纷涉及的主体非常广泛，不仅包括房地产的产权人、使用人，还包括建筑、规划、土地管理、房屋管理等主管部门，涉及建筑、设计、开发企业、金融保险等各个行业。一宗房地产纠纷案件，可能同时存在两个以上相互牵连的不同性质的法律关系，例如房屋权属争议与房屋产权登记行政争议的混合，房地产开发合同争议与行政审批争议的混合等。即使同为民事争议，也有可能是不同种类请求权的相互牵连，例如房屋产权纠纷与继承和赠与的牵连。这些都增加了房地产纠纷的处理难度。

3. 房地产纠纷中政策性影响因素较多。我国在各个历史时期，关于房地产的各种政策、法律法规及司法解释繁多，其中不乏相互重复甚至抵触的，加之有的房地产往往年代久远，自然状况、管理和使用等变化较大，在查证事实和正确适用法律上把握难度较大。

案例与评析[1]

2002 年，江苏某地政府的国土资源管理部门与某开发商签订了一个国有土地使用权出让合同，出让某地块用于房地产开发。然而，合同进入履行阶段，开发商交纳了一部分的土地出让金后，城市规划发生了调整，出让地块的用地性质变更成了教育用地。因此，市政府召集相关部门和开发商开了一个会，并形成了会议纪要。根据纪要的核心内容，开发商是通过签订出让合同的方式获得的土地使用权，由于用地性质的规划变更，开发商不能再继续开发利用，解决方式为政府再置换一块级别类似或者说相同的土地给开发商。纪要作出之后不久，2002年 5 月国土资源部下发了《招标拍卖挂牌出让国有土地使用权规定》的 11 号令，根据此规定，经营性用地不能再通过协议出让，政府无权将土地协议置换给开发商。出让合同无法实现，开发商将土地部门起诉到人民法院。

本案的焦点在于，该出让合同是否可以解除。政府认为，在规划已经调整的情况下，由于国家土地政策的调整，原出让合同以及会议纪要均无法履行，通过协议的方式置换一块土地属于土地违法。根据《合同法》第 110 条规定，非金钱债务履行当中如果发生法律上不能的情况，可以解除合同。开发商认为，会议纪要是规划调整后双方就问题的解决达成的协议，具有法律效力，市政府应当履行承诺。国土资源部的决定既不是法律，也不是行政法规，甚至不是部门规章，其效力层次是否能够达到法律上履行不能是有疑问的。笔者认为，国土资源部有关经营性用地实行招拍挂的决定，是国家土地政策的变化，虽然它不是法律，但是对于土地出让法律关系还是会产生确定性的影响，所以应该把这个决定看作法律上的履行不能的特殊情形，其具有阻却继续通过协议方式置换土地的效果，合

---

[1] 案例来源于辛正郁："房地产纠纷案件相关法律问题解析"，载《中国地产市场》2006 年第 12 期。

同应当解除。后来该案双方达成了调解协议，由政府支付给开发商一笔补偿金。

二、房地产纠纷的种类

房地产纠纷涉及的法律关系非常复杂，按照不同的标准，可对房地产纠纷做如下的划分：

（一）按照房地产纠纷的主体不同，分为房地产民事纠纷、房地产行政纠纷

1. 房地产民事纠纷是指平等的自然人之间、法人之间、其他组织之间及其相互之间因房地产方面的权益发生的争执。主要包括平等主体之间的房屋买卖纠纷、租赁纠纷、房地产开发合作纠纷等财产权争议以及物业管理、相邻关系等房地产使用中的纠纷。

2. 房地产行政纠纷是指公民、法人、其他组织对人民政府主管部门就土地的所有权归属或就房地产所作出的行政处罚决定不服而发生的纠纷，这种纠纷主要包括土地征收纠纷、房屋拆迁纠纷、房地产行政管理纠纷、房地产行政处罚纠纷和当事人房地产管理机关行政不作为纠纷等。

（二）按照房地产纠纷的客体不同，分为土地纠纷和房屋纠纷

1. 土地纠纷。土地纠纷是指当事人之间基于土地的权属、交易或其他问题产生的纠纷。主要包括：土地产权纠纷，例如土地所有权纠纷、宅基地使用权纠纷、土地使用权租赁纠纷；土地交易纠纷，例如土地使用权出让转让纠纷等。

2. 房屋纠纷。房屋纠纷是指当事人之间基于房屋的权利义务而发生的纠纷。主要包括：房屋产权纠纷，即因房屋所有权的归属而发生的纠纷；房屋转让纠纷，即当事人之间因房屋买卖、抵押、赠与等而发生的纠纷；房屋租赁纠纷，即在房屋租赁期间发生的权利义务纠纷。除此之外，还有房屋典当纠纷、相邻关系纠纷等等。

（三）按照房地产纠纷的权利性质不同，分为房地产物权纠纷和房地产债权纠纷

1. 房地产物权纠纷。房地产物权纠纷是由于当事人侵犯了他人的房地产物权，如房地产所有权、用益物权及抵押权而发生的纠纷，这种纠纷大多是由于房地产物权受到了不法侵害所致。

2. 房地产债权纠纷。房地产债权纠纷是指民事主体在房地产及其有关权益的交换过程中而发生的纠纷。如因房地产的开发、买卖、租赁、抵押等导致的纠纷。

除此之外，对房地产纠纷还可做其他几种分类：如按房地产纠纷的发生时间，可分为历史遗留房地产案件和新发生的房地产案件；按房地产纠纷是否有涉外因素，可分为国内房地产纠纷和涉外房地产纠纷等，不一而足。

三、房地产纠纷的成因

（一）历史原因

新中国历史上的每次运动几乎都涉及房屋、土地问题。从解放初期的土改运动、私房的社会主义改造、公私合营、合作化、"四固定"，到农村人民公社化以后土地所有制的变革及十年"文化大革命"，党的十一届三中全会开始的拨乱反正、落实政策工作，农村实行的"责任田"家庭联产承包制，宪法修正案实施后城镇国有土地的有偿出让及转让，当前的住房制度改革，无不与土地、房屋有着密切的关系。在这些历史的变动中，房地产因政策的不同而不断被国有化，之后又大批量退赔，以及政策造成的土地使用权双轨制的冲突，导致了大量房地产纠纷的产生。

（二）现实原因

现实的原因主要表现在随着社会经济的发展，人口的不断增长，城乡居民的很大一部分资金投在了住房消费上，导致土地和房屋的供不应求，人均住房面积依然紧张，而房地产的价值却在迅速增值，寸土寸金的现象导致寸土必争，扩建、翻建、新建房屋或购买、租赁房屋随时都在发生，人们的房地产权属观念日益增强。同时，由于人们在从事房地产的买卖、租赁、抵押等活动中的行为有不当之处，或者不签合同，或者合同签的不规范、不具体、不明确，或者在合同履行过程中一方或双方存在违约甚至违法侵犯他人合法权益情况，这些都造成大量房地产纠纷的产生。

（三）制度管理原因

前些年我国对房地产行业的管理重视程度不高，国家在房地产行业的法律法规存在诸多欠缺，有的甚至相互冲突，没有形成健全的房地产法律制度和法律体系。例如自建国以来至 1988 年，我国大多数城市没有进行过房屋所有权登记，未换发过权属证书，至今我国农村集体土地所有权的地籍登记也没有全部完成，导致了产籍不清、产权不明的情况，不利于纠纷的解决。再如，房地产按揭这一制度自上世纪 90 年代初就从香港地区传入我国内地并在实践中大量运用，但我国现行的法律法规却未对这一已经成熟的制度作出规定，仅仅散见于一些地方立法和银行的按揭条例中，导致操作混乱，极易发生纠纷。

四、房地产纠纷的解决原则

（一）严格依法办案，维护社会安定团结原则

房地产问题（尤其是土地问题）在我们国家是一个政策性很强的问题，它既关系到千千万万农民的切身利益，还关系到国家经济建设的大局。目前法院受理的集团诉讼中，有关房地产纠纷的案件数量激增，大多表现为与群众利益密切相关的土地征用、土地承包、旧城改造、拆迁安置以及企业改制中的土地使用权

处置等纠纷。这类案件涉及面广、参与诉讼当事人多，处理不好很容易激化矛盾，导致大规模集体上访甚至更严重的群体事件发生，影响社会和谐安定。这些纠纷，除少数情况是由于当事人素质低下、法制观念淡薄之外，大部分与行政机关或司法机关执法不公、方式不妥当有关。因此，各级党政机关在办理此类问题的时候，必须依法行事，依法正确处理土地纠纷问题，同时应当从维护安定团结的大局出发，做耐心细致的说服诱导工作，尽量以调解方式结案，避免矛盾激化。

（二）维护宏观执法严肃性原则

处理房地产纠纷应当体现维护宏观执法严肃性的原则。目前房地产开发操作不规范的情况比较常见，例如，有的单位拿国家划拨的土地与房地产开发企业合作建房，有的开发商在没有完成规划手续审批的情况下就开工甚至建完销售。对于这些情况，一旦发生纠纷，有的地方政府和法院往往采取"尊重历史"、"化解矛盾"、"补办手续"等方式，认定合同有效，使违规建房转为合法建房。虽然房地产一旦建成再进行拆除等处理会对社会资源造成一定浪费，但是将违法的房地产建设行为补办手续视为有效的做法，对房地产市场的混乱局面产生了纵容的负面影响。因此，在房地产纠纷处理当中，不能见小忘大、牺牲整体和长远利益，而应当从宏观的角度严格依法判案、严肃执行，维护法律的权威性。

（三）切实保护公民住宅利益原则

我国《宪法》规定了公民的居住权和房屋所有权不受侵犯，因此作为下位法的房地产法更应当切实保护公民的住宅利益，应当将其置于比一般财产更重要的法律地位，因为住宅是公民赖以居住和生存的基本场所，社会主义社会是不允许出现剥夺公民居住权致其无家可归的局面的。那样势必影响到社会的安定，国家的一系列政策，如安居工程、大量修建经济适用房等，也正体现了保障"居者有其屋"的原则。

（四）兼顾社会各方利益原则

在切实保护公民住宅利益的同时，还应协调好其与国家利益和房地产开发商利益之间的关系。国家是土地的所有者，肩负着切实保护耕地和合理利用每一分土地的职责，而开发商作为房地产的开发者，需要通过房地产开发活动赚取到商业利益才能维持其正常运转，在某些情况下，这三方利益是会发生冲突而引起纠纷的。法律在有限保护弱者利益的同时，还要兼顾双方当事人的利益，以充分发挥法律的协调利益的功能，达到法律公平、公正的宗旨。

第二节　房地产纠纷行政处理与救济

一、房地产纠纷行政处理

（一）房地产纠纷行政调解

调解，是指由当事人以外的组织或者个人主持，在查明事实和分清是非的基础上，通过说服引导，促使当事人互谅互让，友好的解决争议。根据主持调解的主体不同，可以分为个人调解、社会调解、行政调解、人民调解、仲裁调解和诉讼调解等。行政调解，就是行政机关根据法律的规定进行的调解。

通过行政机关调解处理的房地产纠纷主要有两类：一是平等民事主体之间的房地产权属纠纷等，如有关土地所有权、使用权的争议。《土地管理法》规定，土地所有权和使用权争议，由当事人协商解决，协商不成的，由人民政府处理。二是需要由房地产行政管理机关作出决定的纠纷，如土地征收补偿纠纷、房屋拆迁补偿纠纷等。

房地产纠纷的行政调解，一般经过申请与受理、查清事实、调解处理等程序。行政机关接到申请后，在查清事实的基础上对当事人进行调解，并形成调解协议。然而，行政机关作出的调解协议，虽经双方当事人签字却并不具有强制执行效力，如果当事人签字后又反悔，仍然可以不履行并以该争议向人民法院起诉。[1]

目前，我国行政机关的职能主要体现在行政管理与行政执法两大方面，行政调解就是国家行政机关对经济活动和社会生活执行管理和监督的一种方式。它不仅可以调解公民之间的纠纷，还可以调解公民与法人之间、法人与法人之间的争议，这是它不同于人民调解的一个重要特点。多年以来，我国行政机关以其效率和专业优势，调解处理了大量的房地产纠纷，对保护公民、法人和其他组织的合法利益不受侵犯，维护社会稳定，推动社会主义经济建设起到了重要作用。然而，由于我国没有明确行政调解协议的法律效力，使得行政调解的作用大打折扣。应当参考其他国家立法例，在明确行政调解的主体、程序和效力审核机制之后，赋予其强制力，以节约社会资源，提高纠纷解决能力。

（二）房地产纠纷行政处罚

1. 房地产行政处罚的概念和特征。房地产行政处罚，是指享有行政处罚权的房屋、土地等管理部门对违反房屋、土地管理法律、法规，依法应当给予处罚

---

〔1〕　对于行政调解的效力，有观点认为应当视为当事人之间就纠纷解决达成的合同，凡经调解自愿达成的协议，应当具有合同效力，除非合同生效要件有瑕疵，否则应当遵守。

的公民、法人或其他组织所实施的法律制裁行为。

作为行政法律制裁的房地产行政处罚，具有下列特征：

（1）房地产行政处罚的实施主体具有单方性。行政处罚是国家行政机关依法惩戒违反行政管理秩序的公民、法人或其他组织的一种行政行为，属行政制裁措施。是否给予行政处罚，由国家行政机关依法单方面决定。

（2）房地产行政处罚的对象是实施了违法行为，应当给予处罚的相对人。房地产管理行政处罚是针对违反房屋、土地管理法律、法规的应受惩罚的公民、法人或其他组织作出的。

（3）房地产行政处罚职权是法定的。在房地产行政管理活动中，房地产行政处罚权是房屋、土地管理机关通过法律授权所取得的房地产管理权的一部分。

2. 房地产行政处罚的原则。依照现行行政立法的规定，行政处罚的基本原则主要有下列四项：

（1）处罚法定原则。行政处罚必须严格依据法律规定进行，具体要求：行政处罚的设定法定；行政处罚的主体及职权法定；行政处罚的依据法定；行政处罚的程序法定。

（2）处罚公正、公开原则。这是行政机关依法行政的内容之一，该原则要求行政机关对违法行为进行行政处罚必须做到实体和程序公正，并且在处罚的设定和实施上向社会公开。

（3）一事不再罚原则。指针对行政相对人的同一个违法行为，不能给予两次以上罚款的行政处罚。

（4）处罚与教育相结合原则。行政主体在实施行政处罚、纠正违法时，要注意说服教育，实现制裁与教育的双重目的。

3. 行政处罚的案件管辖。依照现行行政立法的规定，行政处罚的案件管辖有以下三种：

（1）级别管辖。房地产行政处罚的级别管辖，是指房屋、土地管理部门的上下级行政机关以及拥有行政职权的有关组织之间受理房地产管理行政处罚案件的分工。在确定级别管辖的时候，主要参考行政法律责任的轻重、行政违法行为人的地位、行政违法行为的程度等因素。

（2）地域管辖。房地产行政处罚的地域管辖，是指房屋、土地管理部门的同级行政机关以及拥有行政职权的有关组织之间受理行政处罚案件的分工。行政机关以及拥有行政职权的有关组织只能受理自己管辖区域内的行政处罚案件，这是由行政管理职权的地域范围所决定的。

（3）指定管辖。房地产行政处罚的指定管辖，指两个以上行政机关对同一违法行为均享有行政处罚权时，应当相互协商或以惯例方式解决，解决不了时，由上一级行政机关来确定由谁管辖。

4. 行政处罚的法定程序。行政处罚的法定程序，是指行政立法所规定的行政机关以及拥有行政职权的有关组织对行政违法行为人实施行政处罚的具体工作规程。

行政处罚的法定程序，具体包括以下几个方面的工作步骤：

（1）立案。国家行政机关通过各种渠道知悉相对人的违法行为，首先予以立案，做好查处违法行为的准备工作。

（2）调查取证。指国家行政机关查明案件的真实情况，取得违法事实证据。调查取证阶段包括传唤、传讯、取证三个步骤。

（3）审议。审议阶段具体包括：汇报有关行政违法行为的事实情况，对行政违法行为进行审查核实、评议，确定处罚意见后呈报有关单位或负责人审批。

（4）裁决。裁决是指国家行政机关依法对行政违法行为人作出行政处罚的裁定。这种裁定一般采取处罚决定书的形式，并由承办人员代表处罚单位向被处罚人宣读。

（5）执行。行政处罚决定书送达被处罚人后，若被处罚人在法定期限内既未申请行政复议或提起诉讼，又不自觉履行，则行政处罚决定发生强制执行效力，作出行政处罚决定的机关可申请人民法院强制执行。

二、房地产纠纷行政处理的救济

（一）房地产纠纷行政复议

1. 房地产行政复议的概念和特征。当不法行政行为对公民、法人和其他组织的合法权利进行了侵害之后，当事人需要通过一些渠道进行事后补救，行政复议、行政诉讼、行政赔偿、行政补偿都属于行政救济的组成部分。[1]

房地产案件的行政复议是指当公民、法人和其他组织认为房地产管理机关的具体行政行为侵犯其合法权益时，依法申请有关行政机关对该具体行政行为的合法性与适当性进行审查并作出裁决的活动。

房地产行政复议具有以下特征：

（1）房地产行政复议的主体，一方是房地产行政主管机关，另一方是行政管理相对人，包括公民、法人和其他组织。

（2）房地产行政复议的客体，是房地产行政管理相对人认为违法、不当的具体行政行为。

（3）房地产行政复议的内容，是国家行政机关对具体行政行为是否合法和

---

〔1〕 张正钊、韩大元主编：《比较行政法》，中国人民大学出版社 1998 年版，第 736 页。

适当进行复查。

2. 房地产行政复议的原则。房地产行政复议应当遵循下列原则：

（1）不受非法干预原则。房地产行政复议机关应当排斥非法干预，依法行使复议职权。

（2）准确、及时原则。行政复议机关应当准确、及时地作出复议决定。

（3）不适用调解原则。复议机关对复议案件进行审理的时候是在代表国家行使复议职权，所以不适用调解。

3. 房地产行政复议的受案范围。房地产行政复议受案范围为：

（1）认为符合法定条件，申请颁发房地产相关证件，而房地产行政管理机关拒绝颁发或在规定期限内不予答复的；

（2）认为房地产管理机关颁发的相关证件内容不当，经申请补正，发证机关拒绝补正或者不予答复的；

（3）认为房地产行政管理机关注销、吊销有关权证，致使其合法权益受到侵害的；

（4）认为房地产行政管理机关没收非法所得、房屋或作出罚款、收取滞纳金的决定不当的。

4. 行政复议的程序。

（1）提出申请。公民、法人或者其他组织认为自己的合法权益受到具体行政行为的侵害，应当在知道该具体行政行为之日起60日内依法向有管辖权的房地产复议机关提出请求，要求对该具体行政行为进行审查处理。逾期不提出申请的，申请复议权消灭。但是，法律规定的申请期限超过60日的除外。在提起行政复议时，申请人应当向行政复议机关递交复议申请书，书写复议申请确有困难的，可以以口头方式提出申请，由复议机关记入笔录，并书面告知被申请人。

（2）复议申请的处理。房地产行政复议机关收到行政复议申请后，应当在5日内进行审查，对不符合法律规定的行政复议申请，决定不予受理，并书面告知申请人；对符合法律规定，但是不属于本机关受理的行政复议申请，应当告知申请人向有关行政复议机关提出。行政复议机关负责法制工作的机构应当自行政复议申请受理之日起7日内，将行政复议申请书副本或者行政复议申请笔录复印件发送被申请人。被申请人应当自收到申请书副本或者申请笔录复印件之日起10日内，提出书面答复，并提交当初作出具体行政作为的证据、依据和其他有关材料。申请人、第三人可以查阅被申请人提出的书面答复、作出具体行政行为的证据、依据和其他有关材料，除涉及国家秘密、商业秘密或者个人隐私外，行政复议机关不得拒绝。

（3）行政复议案件的审理。房地产行政复议机关审查行政复议案件，原则上实行书面方式，复议机关认为有必要时，可以采取其他方式审理。房地产行政复议机关复议案件时，不受复议申请范围的限制，必须全面审查具体行政行为所依据的事实和规范性文件，并对具体行政行为的合法性和适当性进行审查。

（4）行政复议的决定。具体行政行为认定事实清楚，证据确凿，适用依据正确，程序合法，内容适当的，应当决定维持。被申请人不履行法定职责的，应当决定其在一定期限内履行。具体行政行为主要事实不清、证据不足、适用依据错误、违反法定程序、超越或者滥用职权以及具体行政行为明显不当的，决定撤销、变更或者确认该具体行政行为违法，同时可以责令被申请人在一定期限内重新作出具体行政行为。行政复议机关责令被申请人重新作出具体行政行为的，被申请人不得以同一事实和理由作出与原具体行政行为相同或者基本相同的具体行政行为。

房地产行政复议机关作出复议决定后，应当制作行政复议决定书，并加盖印章。复议决定书一经送达即发生法律效力。

（5）执行。被申请人应当履行行政复议决定。被申请人不履行或者无正当理由拖延履行行政复议决定的，行政复议机关或者有关上级行政机关应当责令其限期履行。

申请人逾期不起诉又不履行行政复议决定的，或者不履行最终裁决的行政复议决定的，可以强制执行。维持具体行政行为的行政复议决定，由作出具体行政行为的行政机关依法强制执行，或者申请人民法院强制执行；变更具体行政行为的行政复议决定，由行政复议机关依法强制执行，或者申请人民法院强制执行。

（二）房地产纠纷行政诉讼

1. 房地产纠纷行政诉讼概述。房地产行政诉讼是指公民、法人或者其他组织对房地产行政管理机关就当事人的房地产纠纷所作出的具体行政行为不服而提起的行政诉讼。房地产行政管理机关主要指城市规划的行政主管机关和房屋、土地的行政主管机关、城市建设行政主管机关等。上述机关作出的涉及房地产问题的具体行政行为方式包括：行政许可、行政裁决、房地产登记、房地产行政处罚等，具体表现为：拒发、扣留或吊销房屋建设、施工和土地使用、规划等许可证和执照，裁决不公，登记错误，对房地产建设使用、交易中的违法行为进行罚款、没收、拆除、查封等。因房地产纠纷提起的行政诉讼，由房地产所在地人民法院管辖。我国1990年10月1日起施行的《行政诉讼法》是审理房地产行政诉讼案件的程序法律依据和诉讼活动准则。

房地产行政诉讼制度作为房地产监督行为中的司法监督，主要是指人民法院通过审理行政案件对房地产管理机关及其工作人员的行政行为是否违法实施监督。它既可以促使有关机关不断提高管理人员素质，严格依照国家的法律、法规行使职权，提高行政效率，同时也是行政相对人对不法行政行为的最后救济途径。

2. 房地产行政诉讼的审判原则。

（1）审查具体行政行为合法性原则。人民法院审理房地产行政案件，对房地产行政管理机关的具体行政行为是否合法进行审查，不审查抽象行政行为；人民法院只审查具体行政行为的合法性，不审查具体行政行为的适当性。

（2）被告负举证责任原则。在房地产诉讼过程中，房地产行政管理机关应当对自己作出的具体行政行为的正确性、合法性承担举证的责任。并且，被告只能以作出具体行政行为当时的证据举证，不得收集事后证据。

（3）诉讼期间原具体行政行为不停止执行原则。在房地产诉讼期间，原具体行政行为不停止执行。但有下列情况之一的，停止具体行政行为的执行：①被告认为需要停止执行的；②原告申请停止执行，人民法院认为该具体行政行为的执行会造成难以弥补的损失，并且停止执行不损害社会公共利益，裁定停止执行的；③法律、法规规定停止执行的情况。

（4）不适用调解的原则。房地产行政诉讼，不得采用调解作为审理程序或结案方式，应以判决方式解决房地产纠纷。

3. 房地产纠纷行政诉讼的受案范围。根据《行政诉讼法》的规定，房地产行政诉讼的受案范围主要有：

（1）对罚款、吊销许可证和执照、责令停产停业、没收房地产等行政处罚不服的；

（2）认为房地产行政管理机关侵犯法律规定的房地产企业经营自主权的；

（3）认为符合条件申请房地产行政管理机关颁发产权证、许可证和执照，行政机关拒绝颁发或不予答复的；

（4）申请房地产行政管理机关履行保护人身权、财产权的法定职责，房地产行政管理机关拒绝履行或不予答复的；

（5）认为房地产行政管理机关违法要求履行义务的。

4. 房地产纠纷行政诉讼的管辖。

（1）级别管辖。这是各级法院对第一审房地产行政案件的审判权限的具体规定。基层人民法院管辖第一审房地产行政案件；中级人民法院管辖对国家房地产管理机关或省、自治区、直辖市人民政府房地产管理机关所作的具体房地产管理行政行为提起诉讼的案件和本辖区内重大、复杂的案件；高级人民法院管辖本辖区内重大、复杂的第一审房地产行政案件；最高人民法院管辖全国范围内重大、复杂的第一审房地产行政案件。

（2）地域管辖。确定同级人民法院之间受理第一审房地产行政案件的权限分工。第一审房地产行政案件由最初作出具体管理行政行为的房地产管理机关所在地人民法院管辖。经复议的案件，复议机关改变原具体房地产行政行为的，也可由复议机关所在地人民法院管辖。因不动产提起的行政诉讼，由不动产所在地人民法院管辖。

5. 房地产纠纷行政诉讼程序。

（1）一审程序。行政诉讼的原告是指对具体行政行为不服，依照《行政诉讼法》的规定向人民法院提起诉讼的公民、法人或者其他组织；被告是指原告起诉其具体行政行为侵犯自己的合法权益，并经由人民法院通知应诉的房地产管理机关或法律、法规、规章授权的组织。经复议的案件，复议机关决定维持原具体房地产管理行政行为的，作出原具体行政行为的房地产管理机关是被告；复议机关改变原具体房地产管理行政行为的，复议机关是被告。

当事人向人民法院提起行政诉讼，必须遵守法定的期限：申请人不服复议决定的，可以在收到复议决定书之日起15日内向人民法院提起诉讼；复议机关逾期不作决定的，申请人可以在复议期满之日起15日内向人民法院提起诉讼。当事人不经过行政复议而直接向人民法院提起诉讼的，应当在知道行政机关作出具体行政行为之日起3个月内提出。法律另有规定的除外。

当事人提起行政诉讼，必须同时具备《行政诉讼法》规定的条件，而且要采用书面方式，书写起诉状。人民法院接到起诉状后，经过审查，对符合起诉条件的，应在7日内立案；不符合条件的，应在7日内作出裁定，通知原告不予受理。原告对此裁定可以向上一级人民法院上诉。人民法院在立案之日起5日内，向被告送达起诉书，被告应在收到起诉状副本10日内提交具体房地产管理行政行为的有关材料及答辩状。人民法院在收到答辩状之日起5日内将答辩状副本发送原告，被告不提出答辩的，不影响审理。

房地产管理行政诉讼案件一般以公开审理为原则，经过开庭准备、法庭调查、法庭辩论、合议庭评议四项程序后，可以当庭裁决，也可以定期宣判。

根据《行政诉讼法》的规定，人民法院应当在立案之日起3个月内作出第一审判决，有特殊情况需要延长的，由高级人民法院和最高人民法院批准。

（2）二审程序。二审程序即上级人民法院对下级人民法院，就房地产行政诉讼一审判决、裁定在发生法律效力前，基于当事人上诉，依据事实和法律，对案件进行审理的程序。

上诉经受理的，由原审人民法院在5日内将上诉状副本送达对方当事人，对方当事人在收到后15日内提出答辩状。当事人提起上诉后，在人民法院宣判前，可以申请撤回上诉，上诉撤回后不得再行上诉。

人民法院根据全面审查的原则审理房地产行政诉讼上诉案件，其方式有开庭审理和书面审理两种。开庭审理程序与一审程序相同，而书面审理即在事实清楚的情况下对当事人所提交的诉状、答辩状、其他书面材料和证据进行书面审查和判决。人民法院审理上诉案件的期限为2个月，即从收到上诉状之日起2个月内作出终审判决。

（3）审判监督程序。审判监督程序又称再审程序，是指人民法院对已经发生法律效力的房地产行政诉讼判决、裁定，发现违反有关房地产法律、法规的规定，依法进行再次审理的程序。

（4）判决及执行。人民法院对受理的房地产行政案件经过审理后可以根据不同情况作出不同的判决，如判决维持房地产管理具体行政行为，撤销、部分撤销或者判决重新作出具体行政行为，判决房地产管理部门在一定期限内履行法定职责以及判决变更行政处罚。

公民、法人或其他组织对具体房地产管理行政行为在法定期限内不提起诉讼又不履行的，房地产管理机关可以申请人民法院强制执行。对于房地产管理机关拒不履行人民法院已生效的判决、裁定的，人民法院可以采取强制措施予以执行。

（三）房地产纠纷行政赔偿与补偿

1. 房地产纠纷行政赔偿。行政赔偿，是指国家行政机关或者行政机关的工作人员，在行使职权时违法，侵犯了公民、法人或者其他组织的合法权益并造成了损害，由行政机关作为赔偿义务机关对造成的损害履行赔偿义务，属于国家赔偿的一种。《行政诉讼法》第67条规定："公民、法人或者其他组织的合法权益受到行政机关或者行政机关工作人员作出的具体行政行为侵犯造成损害的，有权请求赔偿。"单独提出赔偿请求的，应先由行政机关解决。对行政机关的处理不服，才可以向人民法院起诉；也可以在提起行政诉讼时，一并提出行政赔偿请求。

构成行政赔偿的，必须同时具备以下四个条件：必须是行政机关行使职权的行为；必须是行为依法确认违法的；必须存在损害事实；损害事实是在执行公务、行使行政管理权过程中发生的，而且与违法的具体行政行为有因果关系。

根据《行政诉讼法》第68条的规定，行政机关作出的具体行政行为造成的损害，由该行政机关负责赔偿；行政机关工作人员作出的具体行政行为造成的损害，由该工作人员所在的行政机关负责赔偿，行政机关赔偿后，应当责令有故意或者重大过失的行政机关工作人员承担部分或者全部赔偿费用。

2. 房地产纠纷行政补偿。行政补偿是指国家行政主体及其工作人员基于社会公共利益的需要，在管理国家和社会公共事务的过程中合法行使公权力的行为致使特定的公民、法人或其他社会组织的合法权益遭受特别损害，或者特定的公民、法人和其他组织为社会公益协助公务而使自身权益受到特别损失的，依公平和保护人权原则，对遭此损害的相对人给予合理补偿的一种行政救济行为。行政补偿的实质在于，对因公益需要在经济上蒙受特别损失的人给予补偿，以调和私有财产权与公共利益的关系，实现公平正义，保障市场经济秩序。

行政补偿制度的要件是：①补偿的主体是国家（通过政府行为实施）；②补偿的前提是"公共利益"需要；③补偿的原则是公平补偿；④补偿的方式多种多样，除了财产补偿外，还可以在生产、生活、就业等方面给予妥善的安置；⑤补偿的程序依照法律程序。

房地产纠纷中的行政补偿，通常发生在两种情况下：一是行政机关为了公共利益征收或征用相对人财产，或是对被拆迁人进行的补偿。二是行政机关根据政策的需要撤销或改变自己原已作出的行政行为，对导致相对人利益的损害进行的补偿。例如，行政机关为了城乡整体发展而变更规划，导致相对人不能履行合同的情况。

第三节　房地产纠纷民事诉讼与仲裁

一、房地产纠纷民事诉讼

（一）房地产纠纷民事诉讼概述

房地产纠纷的民事诉讼是指平等主体的公民、法人和其他组织之间因房地产纠纷依法提起诉讼，人民法院通过审判活动解决争议的一种方式。

以民事诉讼的方式来解决房地产纠纷具有如下特征：

1. 人民法院通过民事诉讼途径解决房地产纠纷是以审判权为根据的。这与行政机关或者仲裁委员会的纠纷解决方式大不相同，因为审判权在我国是只能由人民法院来行使的。

2. 人民法院通过民事诉讼途径解决房地产纠纷具有终局性和强制执行性。在房地产纠纷的行政处理中，行政机关对房地产纠纷只有裁决权，却没有最后的决定权。当事人一方或双方如果对行政机关的行政决定不服，还可以在法定期限内向人民法院起诉。房地产行政管理机关或仲裁机关作出的已发生效力的调解书、决定书或仲裁裁决书，当事人一方若不执行，房地产行政管理机关或仲裁机关都无权强制执行，只能由对方当事人向人民法院申请强制执行。因此，人民法院处理房地产纠纷是最强有力的解决纠纷的途径。

（二）房地产纠纷民事诉讼的受案范围和管辖

1. 房地产纠纷民事诉讼受案范围。在民事诉讼中，房地产纠纷案件的受理范围包括：房地产产权纠纷，房地产开发经营纠纷，房屋买卖纠纷，房屋租赁纠纷，房地产抵押纠纷，房地产典当纠纷，房地产赠与、析产、继承纠纷，房地产相邻关系纠纷等。

案例与评析[1]

2005 年，国家在某地新设立了一个事业单位，该单位为了建设办公楼和家属楼，申请了 20 亩土地，土地管理部门收取了土地出让金之后，为该单位办理了土地使用权证。2006 年，土地管理部门对土地使用权证进行年审时，重新丈量这块土地，发现少了 800 多平方米，于是需要修改土地使用权证上这块土地的面积。由于已经不可能补给土地，所以该单位要求土地管理部门退回相应的土地出让金。土地管理部门认为这 800 多平方米属于去年测量时的合理误差，因此不愿意退款。该单位遂起诉土地管理部门，索要多交的土地出让金。

本案属于土地使用权出让合同纠纷，首先应当判明属于民事诉讼还是行政诉讼。对于这类案件，有观点认为应当按行政诉讼处理。出让合同中一方当事人是市、县人民政府的国土资源管理部门；出让合同的缔结是国土资源管理部门代表国家行使土地所有权，管理、利用国有土地的结果；出让方和受让方之间的权利义务关系，存在一些与民事合同不同的内容，出让方的有些合同权利甚至同时具有行政处罚权的性质；现行法律对出让合同的规定，体现了极强的国家干预色彩，属于刚性规定，当事人的意思自治在这类合同的缔结和履行中并非居于主导地位，所以本案应当属于行政诉讼。我们认为，在国有土地使用权出让法律关系中，国家可以作为民事法律关系的特殊主体出现，可以同公民、法人之间形成债权债务关系；国家应当在出让合同的约定范围内依法享有权利，同时也应履行义务。人民法院在审理有关土地出让纠纷案件时，应严格区分上述法律关系，正确适用法律。对土地管理部门在出让合同所约定的范围内实施的具体行政行为引起的争议，应当依据行政法律法规进行审判；对于当事人就有关合同范围内民事权利义务的部分主张合同无效或违约赔偿的，应适用民事法律进行审判。最高人民法院 2005 年 8 月 1 日起施行的《国有土地使用权合同纠纷适用法律的解释》，也倾向于将此类案件做民事诉讼处理。就本案而言，纠纷系由出让合同瑕疵履行引起的，属于民事争议范围，应当适用民事诉讼法解决。

2. **房地产纠纷民事诉讼管辖。**房地产纠纷民事诉讼的管辖有三种情况：级别管辖、地域管辖和专属管辖。

---

[1]　案例来源于中国法院网法治论坛，http://bbs. chinacourt. org，访问日期 2008 年 4 月 27 日。

（1）级别管辖。基层人民法院管辖第一审房地产民事纠纷案件，但法律另有规定的除外；中级人民法院管辖的第一审房地产纠纷案件有三类，即重大涉外房地产纠纷案件、在本辖区有重大影响的房地产纠纷案件和最高人民法院确定由中级人民法院管辖的房地产纠纷案件，其中最高人民法院确定由中级人民法院管辖的房地产纠纷案件又包括两类情况：一是涉及港、澳、台同胞企业、组织的重大房地产纠纷案件，二是诉讼标的金额大或者诉讼单位属于省、自治区、直辖市的房地产纠纷案件；高级人民法院管辖在本辖区有重大影响的第一审房地产纠纷案件；最高人民法院管辖在全国有重大影响的房地产纠纷案件和其认为应当由自己审理的房地产纠纷案件。

（2）地域管辖。一般地域管辖的原则是"原告就被告"，即被告在哪个法院辖区，原告就应到哪个法院起诉，案件就归该被告住所地人民法院管辖。特殊地域管辖包括：因合同纠纷提起的诉讼，由被告住所地或者合同履行地人民法院管辖；因侵权行为提起的诉讼由侵权行为地或者被告住所地人民法院管辖。

（3）专属管辖。因不动产纠纷提起的诉讼，由不动产所在地人民法院管辖；因继承遗产纠纷提起的诉讼，由被继承人死亡时住所地或者主要遗产所在地人民法院管辖。

（三）房地产纠纷民事诉讼的基本程序

1. 起诉和受理。起诉和受理是启动民事诉讼程序的必经阶段。起诉，是指房地产纠纷的当事人为维护自己的合法权益，以自己的名义请求人民法院通过审判予以法律保护的一种诉讼行为。受理，是指人民法院对房地产纠纷当事人的起诉经审查后，认为符合法定条件，决定立案审理，从而引起诉讼程序开始的诉讼行为。民事案件只有通过起诉和受理，诉讼程序才能开始。

根据我国《民事诉讼法》第108条的规定，起诉必须符合下列条件：

（1）原告是与本案有直接利害关系的公民、法人和其他组织；

（2）有明确的被告；

（3）有具体的诉讼请求和事实、理由；

（4）属于人民法院受理民事诉讼的范围和受诉人民法院管辖的范围。

起诉除必须具备法定的条件外，还必须符合法定的方式。当事人起诉应当向人民法院递交起诉状，并按被告人数提交副本。起诉状中应当记明以下事项：当事人的基本情况；诉讼请求和所依据的事实和理由；证据和证据来源，证人姓名和住所。如果书写起诉状确有困难的，可以口头起诉，由人民法院记入笔录，并告知对方当事人。

人民法院收到起诉状或口头起诉后，要进行审查。我国《民事诉讼法》规定，向人民法院请求保护民事权利的诉讼时效期间为2年（法律另有规定的除外），诉讼时效期间从当事人知道或者应当知道权利被侵害之日起计算。经过行政裁决的案件，必须在法定期限内向人民法院起诉，超过期限的不予受理。人民法院除了进行诉讼时效的审查外，还要审查是否符合起诉条件，符合起诉条件的，应在 7 日内立案受理，并通知当事人；不符合起诉条件和超过诉讼时效期间的，应当在 7 日内裁定不予受理。原告对裁定不服的，可以向上一级人民法院提起上诉。

2. 审理前的准备。人民法院应在立案受理之日起 5 日内，将起诉状副本或口诉笔录抄件发送被告。被告应在 15 日内提交答辩状。被告提出答辩状的，人民法院应当在收到之日起 5 日内将答辩状副本发送原告。被告不提出答辩状或不按期提出答辩状的，不影响人民法院审理。

人民法院对决定受理的案件，应当在受理案件通知书和应诉通知书中告诉当事人有关的诉讼权利和义务。人民法院审理第一审民事案件，除了适用简易程序或者特别程序审理的少数案件实行独任制外，一般应由审判员、陪审员共同组成合议庭或者由审判员组成合议庭。合议庭组成人员确定后，应在 3 日内告知当事人，便于当事人同审判人员取得联系，也便于当事人及时决定是否提出回避申请。

审判人员必须认真审核诉讼材料，调查收集当事人及其诉讼代理人因客观原因无法提供的或人民法院认为审理案件需要的证据。这是审理前准备工作的重要内容。人民法院有权向有关单位和个人调查取证，有关单位和个人不得拒绝。

3. 开庭审理。开庭审理，是指在人民法院审判人员的主持下，在当事人及其他诉讼参与人的参加下，依照法定形式和程序，在法庭上对房地产纠纷案件进行实体审理并依法作出裁判或调解的诉讼活动。

人民法院审理房地产纠纷案件，除涉及国家机密、商业秘密或者法律另有规定的外，应当公开进行。开庭审理一般包括法庭调查、法庭辩论、法庭调解、合议庭评议和裁判等内容。

人民法院对公开审理或者不公开审理的案件，一律公开宣告判决。当庭审判的，应在 10 日内发送判决书；定期宣判的，宣判后立即发送判决书。一般房地产纠纷案件，应在立案之日起 6 个月内审理终结。有特殊情况需要延长的，经本院院长批准，可以延长 6 个月，还需要延长的，须报请上级人民法院批准。

4. 第二审程序。第二审程序，是指上级人民法院根据当事人的上诉，对下一级人民法院未发生法律效力的判决和裁定进行审理和裁判的程序。

房地产纠纷的当事人不服地方人民法院第一审判决的，有权在判决书送达之日起 15 日内向上一级人民法院提起上诉；当事人不服地方人民法院第一审裁定的，上诉期限为 10 日。当事人应当通过原审人民法院提出上诉状，也可以直接向第二审人民法院提出上诉状。

第二审人民法院审理上诉案件，可以进行调解。调解书送达后，原审人民法院的判决即视为撤销。第二审人民法院对上诉案件经过审理，按照下列情形分别处理：

（1）原判决认定事实清楚、适用法律正确的，判决驳回上诉，维持原判决；

（2）原判决适用法律错误的，依法改判；

（3）原判决认定事实错误，或者原判决认定事实不清，证据不足，裁定撤销原判决，发回原审人民法院重审，或者查清事实后改判；

（4）原判决违反法定程序，可能影响案件正确判决的，裁定撤销原判决，发回原审人民法院重审。当事人对重审案件的判决、裁定，可以上诉。

第二审人民法院的判决、裁定，是终审的判决、裁定。人民法院审理对判决的上诉案件，应当在第二审立案之日起 3 个月内审结。有特殊情况需要延长的，须经本院院长批准。审理对裁定的上诉案件，应当在第二审立案之日起 30 日内作出终审裁定。

5. 审判监督程序。审判监督程序，又称再审程序，是指人民法院对已经发生法律效力的判决、裁定，进行再次审理的程序。根据《民事诉讼法》的规定，审判监督程序的发生有以下几种情形：各级人民法院院长对本院已经发生法律效力的判决、裁定，发现确有错误，认为需要再审的，提交审判委员会讨论决定；最高人民法院对地方各级人民法院已经发生法律效力的判决、裁定，上级人民法院对下级人民法院已经发生法律效力的判决、裁定，发现确有错误的，有权提审或者指令下级人民法院再审；最高人民检察院对各级人民法院、上级人民检察院对下级人民法院已经发生法律效力的判决、裁定，发现有违反法律规定的情形之一的，应当按照审判监督程序提出抗诉，由人民法院再审。按照审判监督程序决定再审的案件，应当裁定中止原裁判的执行。当事人对已经发生法律效力的调解书、判决书、裁定书也可以申请再审，经人民法院审查，具备了一定的法定事实和理由的，应当再审。当事人申请再审，应在判决、裁定发生效力后 2 年内提出；2 年后据以作出原判决、裁定的法律文书被撤销或者变更，以及发现审判人员在审理该案件时有贪污受贿，徇私舞弊，枉法裁判行为的，自知道或者应当知道之日起 3 个月内提出。当事人申请再审的，在再审期间并不停止原裁判的执行。

6. 执行程序。执行，是指人民法院的执行组织依照法律规定的程序，对发生法律效力的法律文书确定的给付内容，以国家的强制力为后盾，依法采取强制措施，迫使负有义务的当事人履行义务的行为。

（1）执行的申请和移送。执行分为申请执行和移送执行两种。申请执行是指当事人一方不履行生效法律文书所确定的义务，对方当事人可以向有管辖权的人民法院申请强制执行，以保证自己的合法权益得以实现的法律程序。对于仲裁委员会的裁决，一方当事人不履行的，对方当事人可以向有管辖权的人民法院申请执行，但被申请人提出证据证明仲裁裁决有不应执行的情形，而且经人民法院组成合议庭审查核实后，可以作出裁定不予执行，即有《民事诉讼法》第213条所规定的情形之一的，不予执行。移送执行，是指人民法院的判决、裁定和调解书发生法律效力之后，由审理该案的审判人员将案件直接交付执行人员执行。

申请执行的期限为2年，申请执行时效的中止、中断，适用法律有关诉讼时效中止、中断的规定。执行员在接到申请执行书或移送执行书后，应当向被执行人发出通知，责令其在指定的期间内履行，逾期不履行的，强制执行。

（2）执行措施。执行措施是指《民事诉讼法》规定的，强制实现生效法律文书的具体方法和手段。被执行人未执行被通知履行的生效法律文书所确认的义务的，人民法院有权冻结、划拨被申请执行人的存款，扣押、提取被申请执行人的收入，查封、扣押、拍卖、变卖被申请执行人的财产；隐匿财产的，人民法院有权发出搜查令，对被执行人及其住所或财产隐匿地进行搜查。

强制迁出房屋或者强制退出土地，由院长签发公告，责令被执行人在指定期间履行。被执行人逾期不履行的，由执行员强制执行。强制执行时，被申请执行人是公民的，应当通知他本人或者他的成年家属到场；被申请执行人是法人或者其他组织的，应当通知其法定代表人或者主要负责人到场。拒绝到场的，不影响执行工作的进行。被执行人是公民的，并应通知其工作、劳动所在单位派人参加，通知房屋、土地所在地的基层组织派人协助执行。执行员应当将强制执行情况记入笔录，由在场人签名或者盖章。因强制迁出房屋被搬出的财物，由人民法院派人运至指定场所，交给被执行人。被执行人是公民的，也可以交给他的成年家属。因拒绝接收而造成的损失，由被执行人承担。人民法院强制执行或者委托有关单位或者其他人完成搬迁所产生的费用，也由被执行人承担。执行完毕后需要办理房屋所有权、土地所有权转移手续的，人民法院可以向有关单位发出协助执行通知书，有关单位必须办理。

二、房地产纠纷民事仲裁

（一）房地产纠纷民事仲裁概述

房地产纠纷仲裁是指民事主体就有关房地产民事权益的争议，提交房地产仲裁机关居中裁决的纠纷解决方式。它是一种准司法性的专业化仲裁，区别于房地产行政管理机关的管理活动和人民法院对房地产纠纷的审判活动。

房地产纠纷仲裁根据以下原则进行：

1. 自愿原则。当事人采用仲裁方式解决纠纷，应当双方自愿，达成仲裁协议。没有双方达成的仲裁条款或仲裁协议，任何一方是不得申请仲裁的。当事人选择仲裁，实际上就放弃了向人民法院诉讼的权利，不能再向人民法院起诉，因此选择仲裁须双方当事人自愿。房地产纠纷当事人事前或事后必须达成仲裁协议，否则仲裁委员会无法受理该争议。

2. 一裁终局原则。仲裁机构对房地产纠纷作出裁决以后，除《仲裁法》另有规定外，当事人就同一纠纷再向仲裁机构申请仲裁或者向人民法院起诉的，仲裁委员会和人民法院不予受理。所谓"另有规定"，是指仲裁裁决被人民法院依法裁定撤销或者不予执行的情况。在这种情况下，当事人除可以根据双方重新达成的仲裁协议申请仲裁外，还可以向人民法院提起诉讼。

3. 当事人协议管辖原则。房地产纠纷仲裁不实行级别管辖和地域管辖。仲裁委员会由当事人协议选定，当事人在仲裁协议中共同选择的仲裁委员会是有管辖权的仲裁委员会。仲裁协议对仲裁事项或者仲裁委员会没有约定或者约定不明确的，当事人可以补充协议；达不成补充协议的，仲裁协议无效。

4. 根据事实和法律，公平合理的解决纠纷原则。这一原则是对"以事实为根据，以法律为准绳"原则的肯定和发展。即仲裁同样要坚持以事实为根据，以法律为准绳的原则，但同时在法律没有规定或者规定不全的情况下，仲裁庭可以按照公平合理的一般原则来解决纠纷。

（二）房地产纠纷的仲裁程序

1. 申请和受理。根据《仲裁法》规定，当事人申请仲裁应当符合下列条件：

（1）有仲裁协议。仲裁协议是指当事人愿意将他们之间已经发生的或者可能发生的产生于确定的民事法律关系的争议提交给中立的第三者作出有约束力的裁决的协议。

（2）有具体的仲裁请求和事实、理由。

（3）必须属于仲裁委员会的受理范围。

当事人申请仲裁，应当向仲裁委员会递交仲裁协议、仲裁申请书，并按照被诉人数提交申请书副本。仲裁委员会在收到申请书之日起 5 日内，对符合受理条件的予以立案，对不符合受理条件的应当书面通知申请人不予受理，并说明理由。仲裁委员会受理仲裁申请后，应当在仲裁规则规定的期限内将仲裁规则和仲裁员名册送达申请人，并将仲裁申请书副本和仲裁规则、仲裁员名册送达被申请人。被申请人收到仲裁申请书副本后，应当在仲裁规则规定的期限内向仲裁委员会提交答辩书。仲裁委员会收到答辩书后，应当在仲裁规则规定的期限内将答辩书副本送达申请人。被申请人未提交答辩书的，不影响仲裁程序的进行。

2. 仲裁庭的组成。仲裁庭是指代表仲裁委员会对房地产纠纷案件行使仲裁权，裁决房地产权益争议的组织形式。仲裁员的产生方式有两种：①由双方当事人各自选定一名仲裁员，或者各自委托仲裁委员会主任指定一名仲裁员，第三名仲裁员由双方当事人共同选定；②由双方当事人各自选定一名仲裁员，或者各自委托仲裁委员会主任指定一名仲裁员，第三名仲裁员由当事人共同委托仲裁委员会的主任指定。这两种类型中，第三名仲裁员是首席仲裁员。若当事人约定由一名仲裁员成立仲裁庭的，应当由当事人共同选定或者委托仲裁委员会主任指定仲裁员。

3. 保全措施。房地产纠纷仲裁中的保全措施有两种：

（1）证据保全。在证据可能灭失或者以后难以取得的情况下，当事人可以申请证据保全。当事人申请证据保全的，仲裁委员会应当将当事人的申请提交证据所在地的基层人民法院，人民法院对不同的证据应采取不同的保全措施。

（2）财产保全。财产保全是保护利害关系人或当事人的合法权益免受损失的保护性措施。仲裁委员会在处理房地产纠纷时，为保证裁决生效后的执行和防止造成更大财产损失，可以根据当事人提出的申请，对当事人争议的有关房地产请有管辖权的人民法院作出停用、停建、停止拆除、停止办理变更登记手续等保护性措施的裁定。

财产保全申请有错误的，申请人应当赔偿被申请人因财产保全所遭受的损失；同时，采取保全措施涉及规划、土地、拆迁、建筑管理等事项的，需要事先征求有关管理部门的意见。

4. 开庭和裁决。房地产纠纷仲裁应当开庭进行。当事人协议不开庭的，仲裁庭可以根据仲裁申请书、答辩书以及其他材料作出裁决。仲裁不公开进行。当事人协议公开的，可以公开进行，但涉及国家秘密的除外。

开庭时，仲裁员应认真听取双方当事人的陈述和辩论，出示有关证据，依次询问当事人，并征询其最后意见，在此基础上，经过评议作出裁决。仲裁庭在作出裁决前，可以先行调解。当事人申请仲裁后，也可以自行和解。达成和解协议的，可以请求仲裁庭根据和解协议作出裁决书，也可以撤回仲裁申请。

房地产纠纷仲裁应制作裁决书。裁决书应当写明仲裁请求、争议事实、裁决理由、裁决结果、仲裁费用负担和裁决日期。裁决书由仲裁员签名，加盖仲裁委员会印章。对裁决持不同意见的仲裁员，可以签名，也可以不签名。对裁决书中的文字、计算错误或者仲裁庭已经裁决但在裁决书中遗漏的事项，仲裁庭应当补正；当事人自收到裁决书之日起30日内，可以请求仲裁庭补正。裁决书自作出之日起发生法律效力。

5. 撤销裁决和执行。当事人提出证据证明裁决有下列情形之一的，可以向仲裁委员会所在地的中级人民法院申请撤销裁决：

（1）没有仲裁协议的；

（2）裁决的事项不属于仲裁协议的范围或者仲裁委员会无权仲裁的；

（3）仲裁庭的组成或者仲裁的程序违反法定的程序的；

（4）认定事实的主要证据不足的；

（5）适用法律确有错误的；

（6）仲裁员在仲裁该案时有贪污受贿、徇私舞弊、枉法裁决行为的。

人民法院经组成合议庭审查核实裁决有前款规定情形之一的，应当裁定撤销。另外，人民法院认定该裁决违背社会公共利益的，也应当裁定撤销。

当事人应当履行裁决。一方当事人逾期不履行的，另一方当事人可以依照《民事诉讼法》的有关规定向人民法院申请执行，受申请的人民法院应当执行。有《民事诉讼法》第 213 条第 2 款规定的情形之一、并经人民法院组成合议庭审查核实的除外。一方当事人申请执行裁决，另一方当事人申请撤销裁决的，人民法院应当裁定中止执行。撤销裁决的申请被裁定驳回的，人民法院应当裁定恢复执行。

■思考题

1. 房地产纠纷的特点有哪些？

2. 房地产纠纷的行政处理方式有哪些？

3. 房地产纠纷行政救济方式有哪些？

4. 房地产纠纷民事诉讼的受案范围有哪些？

■参考书目

1. 张正钊、韩大元主编：《比较行政法》，中国人民大学出版社 1998 年版。

2. 王景琪：《房地产诉讼》，法律出版社 2003 年版。

3. 吴春岐主编：《房地产法学》，中国民主法制出版社 2005 年版。

4. 於向平、邱艳：《房地产法律制度研究》，北京大学出版社 2004 年版。

■参考文献

1. 吴清旺、贺丹青：《房地产开发中的利益冲突与平衡》，法律出版社 2005 年版。

2. 曲修山、何红峰：《建设工程施工合同纠纷处理实务》，知识产权出版社 2004 年版。

3. 孙镇平：《建设工程合同》，人民法院出版社 2000 年版。

4. 王建东：《建设工程合同法律制度研究》，中国法制出版社 2004 年版。

5. 林建伟：《房地产法基本问题》，法律出版社 2006 年版。

6. 金俭：《房地产法研究》，科学出版社 2005 年版。

7. 关涛：《我国不动产法律问题专论》，人民法院出版社 2004 年版。

8. 李延荣：《房地产法研究》，中国人民大学出版社 2007 年版。

9. 朱征夫：《房地产项目公司的法律问题》，法律出版社 2002 年版。

10. 丁琛主编：《物业管理法律制度解析》，首都经济贸易大学出版社 2007 年版。

11. 朱树英：《房地产开发法律实务》，法律出版社 2004 年版。

12. 高富平、黄武双：《物业权属与物业管理》，中国法制出版社 2002 年版。

13. 周树基：《美国物业产权制度与物业管理》，北京大学出版社 2005 年版。

14. 陈鑫：《业主自治——以建筑物区分所有权为基础》，北京大学出版社 2007 年版。

15. 王景琪：《房地产诉讼》，法律出版社 2003 年版。

16. 高富平、黄武双：《房地产法新论》，中国法制出版社 2002 年版。

17. 符启林：《房地产法》，法律出版社 2007 年版。

18. 吴春岐主编：《房地产法学》，中国民主法制出版社 2005 年版。

19. 隋卫东、王淑华主编：《房地产法》，山东人民出版社 2006 年版。

20. 黄河：《房地产法》，中国政法大学出版社 2005 年版。

21. 张培忠、隋卫东主编：《建筑与招投标法规教程》，山东人民出版社 2005 年版。

22. 王春生、王淞：《房地产经济学》，大连理工大学出版社 2002 年版。

后　记

当本书划上最后一个句号的时候，长嘘之余，感慨颇多。自去年6月，受出版社之邀，接受撰写一本反映最新理论发展和立法司法实务的房地产法学教材的任务以来，常常是夜不能寐，食之无味。虽然多年从事房地产法的教学、研究和实务工作，并也曾出版过一部房地产法学的教材（《房地产法学》，吴春岐主编，中国民主法制出版社2005年版），但越是随着研究的深入，越是感到房地产法这一学科的博大精深，特别是这一学科具有很强的实践性和学科交叉性更使研究变得千头万绪。根据房地产法学的学科特点，为了高质量的完成任务，我特别邀请楚道文和王倩两位老师加入作者队伍。二位老师均多年从事房地产法的教学、研究和实务工作，也参与了多部房地产法教材和专著的编写和撰稿。让我非常看重的是二位老师还具有与我迥异的学科背景：楚道文老师正在攻读环境法的博士学位，尤其对住宅保障法律制度等领域有比较精深的研究；王倩老师对房地产开发建设中的行政法律制度有多年的研究积累并取得很多的成果。而我本身除了研究房地产法之外，主要研究物权法。如此一来，在我们多年从事房地产法的教学、研究和实务工作的基础上，因为各自具有物权法学、环境法学、行政法学等不同的学科背景，所以我们能够从不同的学科背景和视角共同聚焦到具有很强学科交叉性的房地产法，其研究无疑会更全面，更具创新性。对此，相信读者在对本书体系的编排和具体内容的阅读之中能深切感受到。本书的撰稿提纲由三位作者反复讨论修改后确定，撰稿分工如下：吴春岐：第一章至第六章；楚道文：第十章至第十五章；王倩：第七章至第九章、第十六章至第十八章。全书由吴春岐、楚道文统稿。

感谢中国政法大学出版社对该书出版的重视和支持。感谢我的兄长和朋友郑卫先生对本书的撰写与出版给予的无私帮助和殷切期望。

吴春岐
2008年7月

图书在版编目（CIP）数据

房地产法新论 / 吴春岐，楚道文，王倩著．—北京：中国政法大学出版社，2008.7
高等政法院校规划教材
ISBN 978-7-5620-3245-8

Ⅰ.房... Ⅱ.①吴...②楚...③王... Ⅲ.房地产业-法规-中国-高等学校-教材
Ⅳ.D922.181

中国版本图书馆CIP数据核字(2008)第106200号

出版发行	中国政法大学出版社
经　销	全国各地新华书店
承　印	固安华明印刷厂

787×960　　16开本　　29.25印张　　550千字
2008年7月第1版　　2008年7月第1次印刷
ISBN 978-7-5620-3245-8/D·3205
定　价: 39.00元

社　址	北京市海淀区西土城路25号
电　话	(010)58908325（发行部）　58908285（总编室）　58908334（邮购部）
通信地址	北京100088信箱8034分箱　邮政编码 100088
电子信箱	zf5620@263.net
网　址	http://www.cuplpress.com　（网络实名：中国政法大学出版社）
声　明	1. 版权所有，侵权必究。
	2. 如有缺页、倒装问题，由本社发行部负责退换。
本社法律顾问	北京地平线律师事务所